Printed in France by Amazon
Brétigny-sur-Orge, FR

القرآن الكريم

QURAN

60 PAGES

ḤIZB FORMAT

مصحف المدينة برواية حفص عن عاصم كل حزب على صفحة واحدة

RIWAYAH HAFS

SOURCE: DIGITAL MUṢ-ḤAF MADINAH

MUTAWAKIL OUATTARA

بِسۡمِ ٱللَّهِ ٱلرَّحۡمَٰنِ ٱلرَّحِيمِ

وَنُنَزِّلُ مِنَ ٱلۡقُرۡءَانِ مَا هُوَ شِفَآءٞ وَرَحۡمَةٞ لِّلۡمُؤۡمِنِينَ

60 PAGES

QURAN FORMAT ḤIZB

QURAN text presented in 60 pages (1 Hizb per page), based on **Digital MUS-HAF of Madinah** quranic printing complex

Texte intégral du QURAN, d'après le MUṢḤAF Madīna certifié et vérifié, disponible en ligne dm.qurancomplex.gov.sa/en/ édité ici au format 60 Pages (1 Hizb = 1 Page, 1 Juz = 2 Pages)

HAFṢ مصحف المدينة برواية حفص عن عاصم

عن عثمان بن عفان رضي الله عنه عن النبى صلى الله عليه وسلم قال:

خَيرُكُم من تعلَّمَ القرآنَ وعلَّمَهُ [صحيح] - [رواه البخاري]

The best among you is He who learnt the Quran and taught it (Bukhari)

Le meilleur d'entre vous est celui qui a appris le Coran et l'a enseigné.
Hadith authentique (Bukhāri)

https://dm.qurancomplex.gov.sa/en/?page_id=138

Digital Mushaf of Madinah

Copyright

Based on the approval of His Excellency the Minister of Islamic Affairs, Da'wah and Guidance of the King Fahd Qur'an Printing Complex.

The Qur'an Printing Complex is honored to present to the Muslim public a complete free digital copy of Mus'haf al-Madinah published by the Complex, in the following formats:

- Adobe Illustrator files
- PDF files
- High quality images
- True Type Font

Mus'haf al-Madinah in these previous formats can be used for free in all personal, individual businesses, in works of governmental departments & agencies, in the publications of both private and national institutions, also allows Qur'an printing*, digital publishing, & for media use, can be used also in websites, software, and other similar intermediates.

King Fahd Qur'an Printing Complex is not responsible for any technical or software errors that occur from using the mentioned product.

We ask Allah that He renders this blessed project

beneficial to all Muslims.

*** The printing of the Qur'an inside the Kingdom and importing it from abroad for the purpose of commercial sale is subject to the Royal Decree No. 136/8 of 1/2/1406 AH and the Royal Decree No. 9 / B / 46356 dated 28/9/1424 AH. Which prohibit the printing of the Qur'an inside the Kingdom in any place other than King Fahd Glorious Quran Printing Complex, as well as prevent the import from abroad for the purpose of commercial sale.**

فهرس بأسماء السور وبيان المكي والمدني منها

ح	السُّورَة	ج	رقمها	الصَّفحَة	البَيَان
54	الحديد	27	٥٧	٥٣٧	مَدنيّة
55	المجادلة	28	٥٨	٥٤٢	مَدنيّة
55	الحشر	28	٥٩	٥٤٥	مَدنيّة
55	المُمتحنة	28	٦٠	٥٤٩	مَدنيّة
56	الصَّفّ	28	٦١	٥٥١	مَدنيّة
56	الجُمعة	28	٦٢	٥٥٣	مَدنيّة
56	المنافِقون	28	٦٣	٥٥٤	مَدنيّة
56	التّغابُن	28	٦٤	٥٥٦	مَدنيّة
56	الطّلاق	28	٦٥	٥٥٨	مَدنيّة
56	التّحريم	28	٦٦	٥٦٠	مَدنيّة
57	المُلك	29	٦٧	٥٦٢	مَكيّة
57	القلم	29	٦٨	٥٦٤	مَكيّة
57	الحاقّة	29	٦٩	٥٦٦	مَكيّة
57	المعارج	29	٧٠	٥٦٨	مَكيّة
57	نُوح	29	٧١	٥٧٠	مَكيّة
58	الجنّ	29	٧٢	٥٧٢	مَكيّة
58	المزّمّل	29	٧٣	٥٧٤	مَكيّة
58	المدّثّر	29	٧٤	٥٧٥	مَكيّة
58	القيامة	29	٧٥	٥٧٧	مَكيّة
58	الإنسان	29	٧٦	٥٧٨	مَدنيّة
58	المرسلات	29	٧٧	٥٨٠	مَكيّة
59	النّبإ	30	٧٨	٥٨٢	مَكيّة
59	النّازعات	30	٧٩	٥٨٣	مَكيّة
59	عبس	30	٨٠	٥٨٥	مَكيّة
59	التّكوير	30	٨١	٥٨٦	مَكيّة
59	الانفطار	30	٨٢	٥٨٧	مَكيّة
59	المطفّفين	30	٨٣	٥٨٧	مَكيّة
59	الانشقاق	30	٨٤	٥٨٩	مَكيّة
59	البُروج	30	٨٥	٥٩٠	مَكيّة
60	الطّارق	30	٨٦	٥٩١	مَكيّة
60	الأعلى	30	٨٧	٥٩١	مَكيّة
60	الغاشِيَة	30	٨٨	٥٩٢	مَكيّة
60	الفجر	30	٨٩	٥٩٣	مَكيّة
60	البلد	30	٩٠	٥٩٤	مَكيّة
60	الشّمس	30	٩١	٥٩٥	مَكيّة
60	اللّيل	30	٩٢	٥٩٥	مَكيّة
60	الضّحى	30	٩٣	٥٩٦	مَكيّة
60	الشّرح	30	٩٤	٥٩٦	مَكيّة
60	التّين	30	٩٥	٥٩٧	مَكيّة
60	العلق	30	٩٦	٥٩٧	مَكيّة
60	القدر	30	٩٧	٥٩٨	مَكيّة
60	البيّنة	30	٩٨	٥٩٨	مَدنيّة
60	الزّلزلة	30	٩٩	٥٩٩	مَدنيّة
60	العاديات	30	١٠٠	٥٩٩	مَكيّة
60	القارعة	30	١٠١	٦٠٠	مَكيّة
60	التّكاثر	30	١٠٢	٦٠٠	مَكيّة
60	العصر	30	١٠٣	٦٠١	مَكيّة
60	الهُمزة	30	١٠٤	٦٠١	مَكيّة
60	الفيل	30	١٠٥	٦٠١	مَكيّة
60	قُريش	30	١٠٦	٦٠٢	مَكيّة
60	الماعُون	30	١٠٧	٦٠٢	مَكيّة
60	الكوثر	30	١٠٨	٦٠٢	مَكيّة
60	الكافرون	30	١٠٩	٦٠٣	مَكيّة
60	النّصر	30	١١٠	٦٠٣	مَدنيّة
60	المسد	30	١١١	٦٠٣	مَكيّة
60	الإخلاص	30	١١٢	٦٠٤	مَكيّة
60	الفلق	30	١١٣	٦٠٤	مَكيّة
60	النّاس	30	١١٤	٦٠٤	مَكيّة

1-1-1

سُورَةُ الفَاتِحَةِ

بِسۡمِ ٱللَّهِ ٱلرَّحۡمَٰنِ ٱلرَّحِيمِ ١
ٱلۡحَمۡدُ لِلَّهِ رَبِّ ٱلۡعَٰلَمِينَ ٢
ٱلرَّحۡمَٰنِ ٱلرَّحِيمِ ٣ مَٰلِكِ يَوۡمِ ٱلدِّينِ ٤
إِيَّاكَ نَعۡبُدُ وَإِيَّاكَ نَسۡتَعِينُ ٥ ٱهۡدِنَا
ٱلصِّرَٰطَ ٱلۡمُسۡتَقِيمَ ٦ صِرَٰطَ ٱلَّذِينَ أَنۡعَمۡتَ
عَلَيۡهِمۡ غَيۡرِ ٱلۡمَغۡضُوبِ عَلَيۡهِمۡ
وَلَا ٱلضَّآلِّينَ ٧

1-2-2

سُورَةُ البَقَرَةِ

بِسۡمِ ٱللَّهِ ٱلرَّحۡمَٰنِ ٱلرَّحِيمِ
الٓمٓ ١ ذَٰلِكَ ٱلۡكِتَٰبُ لَا رَيۡبَۛ فِيهِۛ هُدٗى
لِّلۡمُتَّقِينَ ٢ ٱلَّذِينَ يُؤۡمِنُونَ بِٱلۡغَيۡبِ وَيُقِيمُونَ ٱلصَّلَوٰةَ
وَمِمَّا رَزَقۡنَٰهُمۡ يُنفِقُونَ ٣ وَٱلَّذِينَ يُؤۡمِنُونَ بِمَآ أُنزِلَ
إِلَيۡكَ وَمَآ أُنزِلَ مِن قَبۡلِكَ وَبِٱلۡأٓخِرَةِ هُمۡ يُوقِنُونَ ٤
أُوْلَٰٓئِكَ عَلَىٰ هُدٗى مِّن رَّبِّهِمۡۖ وَأُوْلَٰٓئِكَ
هُمُ ٱلۡمُفۡلِحُونَ ٥

1-2-3 إِنَّ ٱلَّذِينَ كَفَرُواْ سَوَآءٌ عَلَيۡهِمۡ ءَأَنذَرۡتَهُمۡ أَمۡ لَمۡ تُنذِرۡهُمۡ
لَا يُؤۡمِنُونَ ٦ خَتَمَ ٱللَّهُ عَلَىٰ قُلُوبِهِمۡ وَعَلَىٰ سَمۡعِهِمۡۖ وَعَلَىٰٓ
أَبۡصَٰرِهِمۡ غِشَٰوَةٞۖ وَلَهُمۡ عَذَابٌ عَظِيمٞ ٧ وَمِنَ ٱلنَّاسِ
مَن يَقُولُ ءَامَنَّا بِٱللَّهِ وَبِٱلۡيَوۡمِ ٱلۡأٓخِرِ وَمَا هُم بِمُؤۡمِنِينَ ٨
يُخَٰدِعُونَ ٱللَّهَ وَٱلَّذِينَ ءَامَنُواْ وَمَا يَخۡدَعُونَ إِلَّآ أَنفُسَهُمۡ
وَمَا يَشۡعُرُونَ ٩ فِي قُلُوبِهِم مَّرَضٞ فَزَادَهُمُ ٱللَّهُ مَرَضٗاۖ
وَلَهُمۡ عَذَابٌ أَلِيمُۢ بِمَا كَانُواْ يَكۡذِبُونَ ١٠ وَإِذَا قِيلَ لَهُمۡ
لَا تُفۡسِدُواْ فِي ٱلۡأَرۡضِ قَالُوٓاْ إِنَّمَا نَحۡنُ مُصۡلِحُونَ ١١ أَلَآ إِنَّهُمۡ
هُمُ ٱلۡمُفۡسِدُونَ وَلَٰكِن لَّا يَشۡعُرُونَ ١٢ وَإِذَا قِيلَ لَهُمۡ
ءَامِنُواْ كَمَآ ءَامَنَ ٱلنَّاسُ قَالُوٓاْ أَنُؤۡمِنُ كَمَآ ءَامَنَ ٱلسُّفَهَآءُۗ
أَلَآ إِنَّهُمۡ هُمُ ٱلسُّفَهَآءُ وَلَٰكِن لَّا يَعۡلَمُونَ ١٣ وَإِذَا لَقُواْ
ٱلَّذِينَ ءَامَنُواْ قَالُوٓاْ ءَامَنَّا وَإِذَا خَلَوۡاْ إِلَىٰ شَيَٰطِينِهِمۡ قَالُوٓاْ إِنَّا
مَعَكُمۡ إِنَّمَا نَحۡنُ مُسۡتَهۡزِءُونَ ١٤ ٱللَّهُ يَسۡتَهۡزِئُ بِهِمۡ وَيَمُدُّهُمۡ
فِي طُغۡيَٰنِهِمۡ يَعۡمَهُونَ ١٥ أُوْلَٰٓئِكَ ٱلَّذِينَ ٱشۡتَرَوُاْ ٱلضَّلَٰلَةَ
بِٱلۡهُدَىٰ فَمَا رَبِحَت تِّجَٰرَتُهُمۡ وَمَا كَانُواْ مُهۡتَدِينَ ١٦
1-2-4 مَثَلُهُمۡ كَمَثَلِ ٱلَّذِي ٱسۡتَوۡقَدَ نَارٗا فَلَمَّآ أَضَآءَتۡ مَا حَوۡلَهُۥ
ذَهَبَ ٱللَّهُ بِنُورِهِمۡ وَتَرَكَهُمۡ فِي ظُلُمَٰتٖ لَّا يُبۡصِرُونَ ١٧ صُمُّۢ
بُكۡمٌ عُمۡيٞ فَهُمۡ لَا يَرۡجِعُونَ ١٨ أَوۡ كَصَيِّبٖ مِّنَ ٱلسَّمَآءِ فِيهِ
ظُلُمَٰتٞ وَرَعۡدٞ وَبَرۡقٞ يَجۡعَلُونَ أَصَٰبِعَهُمۡ فِيٓ ءَاذَانِهِم مِّنَ
ٱلصَّوَٰعِقِ حَذَرَ ٱلۡمَوۡتِۚ وَٱللَّهُ مُحِيطُۢ بِٱلۡكَٰفِرِينَ ١٩ يَكَادُ ٱلۡبَرۡقُ
يَخۡطَفُ أَبۡصَٰرَهُمۡۖ كُلَّمَآ أَضَآءَ لَهُم مَّشَوۡاْ فِيهِ وَإِذَآ أَظۡلَمَ عَلَيۡهِمۡ
قَامُواْۚ وَلَوۡ شَآءَ ٱللَّهُ لَذَهَبَ بِسَمۡعِهِمۡ وَأَبۡصَٰرِهِمۡۚ إِنَّ ٱللَّهَ عَلَىٰ
كُلِّ شَيۡءٖ قَدِيرٞ ٢٠ يَٰٓأَيُّهَا ٱلنَّاسُ ٱعۡبُدُواْ رَبَّكُمُ ٱلَّذِي
خَلَقَكُمۡ وَٱلَّذِينَ مِن قَبۡلِكُمۡ لَعَلَّكُمۡ تَتَّقُونَ ٢١ ٱلَّذِي جَعَلَ لَكُمُ
ٱلۡأَرۡضَ فِرَٰشٗا وَٱلسَّمَآءَ بِنَآءٗ وَأَنزَلَ مِنَ ٱلسَّمَآءِ مَآءٗ فَأَخۡرَجَ
بِهِۦ مِنَ ٱلثَّمَرَٰتِ رِزۡقٗا لَّكُمۡۖ فَلَا تَجۡعَلُواْ لِلَّهِ أَندَادٗا وَأَنتُمۡ
تَعۡلَمُونَ ٢٢ وَإِن كُنتُمۡ فِي رَيۡبٖ مِّمَّا نَزَّلۡنَا عَلَىٰ عَبۡدِنَا فَأۡتُواْ
بِسُورَةٖ مِّن مِّثۡلِهِۦ وَٱدۡعُواْ شُهَدَآءَكُم مِّن دُونِ ٱللَّهِ إِن
كُنتُمۡ صَٰدِقِينَ ٢٣ فَإِن لَّمۡ تَفۡعَلُواْ وَلَن تَفۡعَلُواْ فَٱتَّقُواْ ٱلنَّارَ
ٱلَّتِي وَقُودُهَا ٱلنَّاسُ وَٱلۡحِجَارَةُۖ أُعِدَّتۡ لِلۡكَٰفِرِينَ ٢٤
1-2-5 وَبَشِّرِ ٱلَّذِينَ ءَامَنُواْ وَعَمِلُواْ ٱلصَّٰلِحَٰتِ أَنَّ لَهُمۡ جَنَّٰتٖ
تَجۡرِي مِن تَحۡتِهَا ٱلۡأَنۡهَٰرُۖ كُلَّمَا رُزِقُواْ مِنۡهَا مِن ثَمَرَةٖ
رِّزۡقٗا قَالُواْ هَٰذَا ٱلَّذِي رُزِقۡنَا مِن قَبۡلُۖ وَأُتُواْ بِهِۦ مُتَشَٰبِهٗاۖ
وَلَهُمۡ فِيهَآ أَزۡوَٰجٞ مُّطَهَّرَةٞۖ وَهُمۡ فِيهَا خَٰلِدُونَ ٢٥ ۞إِنَّ
ٱللَّهَ لَا يَسۡتَحۡيِۦٓ أَن يَضۡرِبَ مَثَلٗا مَّا بَعُوضَةٗ فَمَا فَوۡقَهَاۚ فَأَمَّا
ٱلَّذِينَ ءَامَنُواْ فَيَعۡلَمُونَ أَنَّهُ ٱلۡحَقُّ مِن رَّبِّهِمۡۖ وَأَمَّا
ٱلَّذِينَ كَفَرُواْ فَيَقُولُونَ مَاذَآ أَرَادَ ٱللَّهُ بِهَٰذَا مَثَلٗاۘ
يُضِلُّ بِهِۦ كَثِيرٗا وَيَهۡدِي بِهِۦ كَثِيرٗاۚ وَمَا يُضِلُّ بِهِۦٓ
إِلَّا ٱلۡفَٰسِقِينَ ٢٦ ٱلَّذِينَ يَنقُضُونَ عَهۡدَ ٱللَّهِ مِنۢ بَعۡدِ
مِيثَٰقِهِۦ وَيَقۡطَعُونَ مَآ أَمَرَ ٱللَّهُ بِهِۦٓ أَن يُوصَلَ وَيُفۡسِدُونَ
فِي ٱلۡأَرۡضِۚ أُوْلَٰٓئِكَ هُمُ ٱلۡخَٰسِرُونَ ٢٧ كَيۡفَ
تَكۡفُرُونَ بِٱللَّهِ وَكُنتُمۡ أَمۡوَٰتٗا فَأَحۡيَٰكُمۡۖ ثُمَّ يُمِيتُكُمۡ
ثُمَّ يُحۡيِيكُمۡ ثُمَّ إِلَيۡهِ تُرۡجَعُونَ ٢٨ هُوَ ٱلَّذِي خَلَقَ
لَكُم مَّا فِي ٱلۡأَرۡضِ جَمِيعٗا ثُمَّ ٱسۡتَوَىٰٓ إِلَى ٱلسَّمَآءِ
فَسَوَّىٰهُنَّ سَبۡعَ سَمَٰوَٰتٖۚ وَهُوَ بِكُلِّ شَيۡءٍ عَلِيمٞ ٢٩
1-2-6 وَإِذۡ قَالَ رَبُّكَ لِلۡمَلَٰٓئِكَةِ إِنِّي جَاعِلٞ فِي ٱلۡأَرۡضِ خَلِيفَةٗۖ قَالُوٓاْ
أَتَجۡعَلُ فِيهَا مَن يُفۡسِدُ فِيهَا وَيَسۡفِكُ ٱلدِّمَآءَ وَنَحۡنُ نُسَبِّحُ
بِحَمۡدِكَ وَنُقَدِّسُ لَكَۖ قَالَ إِنِّيٓ أَعۡلَمُ مَا لَا تَعۡلَمُونَ ٣٠ وَعَلَّمَ
ءَادَمَ ٱلۡأَسۡمَآءَ كُلَّهَا ثُمَّ عَرَضَهُمۡ عَلَى ٱلۡمَلَٰٓئِكَةِ فَقَالَ
أَنۢبِـُٔونِي بِأَسۡمَآءِ هَٰٓؤُلَآءِ إِن كُنتُمۡ صَٰدِقِينَ ٣١ قَالُواْ سُبۡحَٰنَكَ
لَا عِلۡمَ لَنَآ إِلَّا مَا عَلَّمۡتَنَآۖ إِنَّكَ أَنتَ ٱلۡعَلِيمُ ٱلۡحَكِيمُ ٣٢ قَالَ يَٰٓـَٔادَمُ
أَنۢبِئۡهُم بِأَسۡمَآئِهِمۡۖ فَلَمَّآ أَنۢبَأَهُم بِأَسۡمَآئِهِمۡ قَالَ أَلَمۡ أَقُل
لَّكُمۡ إِنِّيٓ أَعۡلَمُ غَيۡبَ ٱلسَّمَٰوَٰتِ وَٱلۡأَرۡضِ وَأَعۡلَمُ مَا تُبۡدُونَ
وَمَا كُنتُمۡ تَكۡتُمُونَ ٣٣ وَإِذۡ قُلۡنَا لِلۡمَلَٰٓئِكَةِ ٱسۡجُدُواْ لِأٓدَمَ
فَسَجَدُوٓاْ إِلَّآ إِبۡلِيسَ أَبَىٰ وَٱسۡتَكۡبَرَ وَكَانَ مِنَ ٱلۡكَٰفِرِينَ ٣٤ وَقُلۡنَا
يَٰٓـَٔادَمُ ٱسۡكُنۡ أَنتَ وَزَوۡجُكَ ٱلۡجَنَّةَ وَكُلَا مِنۡهَا رَغَدًا حَيۡثُ
شِئۡتُمَا وَلَا تَقۡرَبَا هَٰذِهِ ٱلشَّجَرَةَ فَتَكُونَا مِنَ ٱلظَّٰلِمِينَ ٣٥ فَأَزَلَّهُمَا
ٱلشَّيۡطَٰنُ عَنۡهَا فَأَخۡرَجَهُمَا مِمَّا كَانَا فِيهِۖ وَقُلۡنَا ٱهۡبِطُواْ بَعۡضُكُمۡ
لِبَعۡضٍ عَدُوّٞۖ وَلَكُمۡ فِي ٱلۡأَرۡضِ مُسۡتَقَرّٞ وَمَتَٰعٌ إِلَىٰ حِينٖ ٣٦ فَتَلَقَّىٰٓ
ءَادَمُ مِن رَّبِّهِۦ كَلِمَٰتٖ فَتَابَ عَلَيۡهِۚ إِنَّهُۥ هُوَ ٱلتَّوَّابُ ٱلرَّحِيمُ ٣٧
1-2-7 قُلۡنَا ٱهۡبِطُواْ مِنۡهَا جَمِيعٗاۖ فَإِمَّا يَأۡتِيَنَّكُم مِّنِّي هُدٗى فَمَن تَبِعَ
هُدَايَ فَلَا خَوۡفٌ عَلَيۡهِمۡ وَلَا هُمۡ يَحۡزَنُونَ ٣٨ وَٱلَّذِينَ كَفَرُواْ
وَكَذَّبُواْ بِـَٔايَٰتِنَآ أُوْلَٰٓئِكَ أَصۡحَٰبُ ٱلنَّارِۖ هُمۡ فِيهَا خَٰلِدُونَ ٣٩
يَٰبَنِيٓ إِسۡرَٰٓءِيلَ ٱذۡكُرُواْ نِعۡمَتِيَ ٱلَّتِيٓ أَنۡعَمۡتُ عَلَيۡكُمۡ وَأَوۡفُواْ بِعَهۡدِيٓ
أُوفِ بِعَهۡدِكُمۡ وَإِيَّٰيَ فَٱرۡهَبُونِ ٤٠ وَءَامِنُواْ بِمَآ أَنزَلۡتُ مُصَدِّقٗا
لِّمَا مَعَكُمۡ وَلَا تَكُونُوٓاْ أَوَّلَ كَافِرِۭ بِهِۦۖ وَلَا تَشۡتَرُواْ بِـَٔايَٰتِي
ثَمَنٗا قَلِيلٗا وَإِيَّٰيَ فَٱتَّقُونِ ٤١ وَلَا تَلۡبِسُواْ ٱلۡحَقَّ بِٱلۡبَٰطِلِ وَتَكۡتُمُواْ
ٱلۡحَقَّ وَأَنتُمۡ تَعۡلَمُونَ ٤٢ وَأَقِيمُواْ ٱلصَّلَوٰةَ وَءَاتُواْ ٱلزَّكَوٰةَ
وَٱرۡكَعُواْ مَعَ ٱلرَّٰكِعِينَ ٤٣ ۞أَتَأۡمُرُونَ ٱلنَّاسَ بِٱلۡبِرِّ
وَتَنسَوۡنَ أَنفُسَكُمۡ وَأَنتُمۡ تَتۡلُونَ ٱلۡكِتَٰبَۚ أَفَلَا تَعۡقِلُونَ ٤٤
وَٱسۡتَعِينُواْ بِٱلصَّبۡرِ وَٱلصَّلَوٰةِۚ وَإِنَّهَا لَكَبِيرَةٌ إِلَّا عَلَى ٱلۡخَٰشِعِينَ ٤٥
ٱلَّذِينَ يَظُنُّونَ أَنَّهُم مُّلَٰقُواْ رَبِّهِمۡ وَأَنَّهُمۡ إِلَيۡهِ رَٰجِعُونَ ٤٦
يَٰبَنِيٓ إِسۡرَٰٓءِيلَ ٱذۡكُرُواْ نِعۡمَتِيَ ٱلَّتِيٓ أَنۡعَمۡتُ عَلَيۡكُمۡ وَأَنِّي فَضَّلۡتُكُمۡ
عَلَى ٱلۡعَٰلَمِينَ ٤٧ وَٱتَّقُواْ يَوۡمٗا لَّا تَجۡزِي نَفۡسٌ عَن نَّفۡسٖ شَيۡـٔٗا
وَلَا يُقۡبَلُ مِنۡهَا شَفَٰعَةٞ وَلَا يُؤۡخَذُ مِنۡهَا عَدۡلٞ وَلَا هُمۡ يُنصَرُونَ ٤٨
1-2-8 وَإِذۡ نَجَّيۡنَٰكُم مِّنۡ ءَالِ فِرۡعَوۡنَ يَسُومُونَكُمۡ سُوٓءَ ٱلۡعَذَابِ
يُذَبِّحُونَ أَبۡنَآءَكُمۡ وَيَسۡتَحۡيُونَ نِسَآءَكُمۡۚ وَفِي ذَٰلِكُم بَلَآءٞ
مِّن رَّبِّكُمۡ عَظِيمٞ ٤٩ وَإِذۡ فَرَقۡنَا بِكُمُ ٱلۡبَحۡرَ فَأَنجَيۡنَٰكُمۡ
وَأَغۡرَقۡنَآ ءَالَ فِرۡعَوۡنَ وَأَنتُمۡ تَنظُرُونَ ٥٠ وَإِذۡ وَٰعَدۡنَا مُوسَىٰٓ
أَرۡبَعِينَ لَيۡلَةٗ ثُمَّ ٱتَّخَذۡتُمُ ٱلۡعِجۡلَ مِنۢ بَعۡدِهِۦ وَأَنتُمۡ ظَٰلِمُونَ ٥١
ثُمَّ عَفَوۡنَا عَنكُم مِّنۢ بَعۡدِ ذَٰلِكَ لَعَلَّكُمۡ تَشۡكُرُونَ ٥٢
وَإِذۡ ءَاتَيۡنَا مُوسَى ٱلۡكِتَٰبَ وَٱلۡفُرۡقَانَ لَعَلَّكُمۡ تَهۡتَدُونَ ٥٣
وَإِذۡ قَالَ مُوسَىٰ لِقَوۡمِهِۦ يَٰقَوۡمِ إِنَّكُمۡ ظَلَمۡتُمۡ أَنفُسَكُم بِٱتِّخَاذِكُمُ
ٱلۡعِجۡلَ فَتُوبُوٓاْ إِلَىٰ بَارِئِكُمۡ فَٱقۡتُلُوٓاْ أَنفُسَكُمۡ ذَٰلِكُمۡ
خَيۡرٞ لَّكُمۡ عِندَ بَارِئِكُمۡ فَتَابَ عَلَيۡكُمۡۚ إِنَّهُۥ هُوَ ٱلتَّوَّابُ
ٱلرَّحِيمُ ٥٤ وَإِذۡ قُلۡتُمۡ يَٰمُوسَىٰ لَن نُّؤۡمِنَ لَكَ حَتَّىٰ نَرَى ٱللَّهَ
جَهۡرَةٗ فَأَخَذَتۡكُمُ ٱلصَّٰعِقَةُ وَأَنتُمۡ تَنظُرُونَ ٥٥ ثُمَّ بَعَثۡنَٰكُم
مِّنۢ بَعۡدِ مَوۡتِكُمۡ لَعَلَّكُمۡ تَشۡكُرُونَ ٥٦ وَظَلَّلۡنَا عَلَيۡكُمُ
ٱلۡغَمَامَ وَأَنزَلۡنَا عَلَيۡكُمُ ٱلۡمَنَّ وَٱلسَّلۡوَىٰۖ كُلُواْ مِن طَيِّبَٰتِ
مَا رَزَقۡنَٰكُمۡۚ وَمَا ظَلَمُونَا وَلَٰكِن كَانُوٓاْ أَنفُسَهُمۡ يَظۡلِمُونَ ٥٧
1-2-9 وَإِذۡ قُلۡنَا ٱدۡخُلُواْ هَٰذِهِ ٱلۡقَرۡيَةَ فَكُلُواْ مِنۡهَا حَيۡثُ شِئۡتُمۡ
رَغَدٗا وَٱدۡخُلُواْ ٱلۡبَابَ سُجَّدٗا وَقُولُواْ حِطَّةٞ نَّغۡفِرۡ لَكُمۡ
خَطَٰيَٰكُمۡۚ وَسَنَزِيدُ ٱلۡمُحۡسِنِينَ ٥٨ فَبَدَّلَ ٱلَّذِينَ
ظَلَمُواْ قَوۡلًا غَيۡرَ ٱلَّذِي قِيلَ لَهُمۡ فَأَنزَلۡنَا عَلَى ٱلَّذِينَ ظَلَمُواْ
رِجۡزٗا مِّنَ ٱلسَّمَآءِ بِمَا كَانُواْ يَفۡسُقُونَ ٥٩ ۞وَإِذِ ٱسۡتَسۡقَىٰ
مُوسَىٰ لِقَوۡمِهِۦ فَقُلۡنَا ٱضۡرِب بِّعَصَاكَ ٱلۡحَجَرَۖ فَٱنفَجَرَتۡ
مِنۡهُ ٱثۡنَتَا عَشۡرَةَ عَيۡنٗاۖ قَدۡ عَلِمَ كُلُّ أُنَاسٖ مَّشۡرَبَهُمۡۖ كُلُواْ
وَٱشۡرَبُواْ مِن رِّزۡقِ ٱللَّهِ وَلَا تَعۡثَوۡاْ فِي ٱلۡأَرۡضِ مُفۡسِدِينَ ٦٠
وَإِذۡ قُلۡتُمۡ يَٰمُوسَىٰ لَن نَّصۡبِرَ عَلَىٰ طَعَامٖ وَٰحِدٖ فَٱدۡعُ لَنَا
رَبَّكَ يُخۡرِجۡ لَنَا مِمَّا تُنۢبِتُ ٱلۡأَرۡضُ مِنۢ بَقۡلِهَا وَقِثَّآئِهَا
وَفُومِهَا وَعَدَسِهَا وَبَصَلِهَاۖ قَالَ أَتَسۡتَبۡدِلُونَ ٱلَّذِي هُوَ
أَدۡنَىٰ بِٱلَّذِي هُوَ خَيۡرٌۚ ٱهۡبِطُواْ مِصۡرٗا فَإِنَّ لَكُم مَّا سَأَلۡتُمۡۗ
وَضُرِبَتۡ عَلَيۡهِمُ ٱلذِّلَّةُ وَٱلۡمَسۡكَنَةُ وَبَآءُو بِغَضَبٖ مِّنَ
ٱللَّهِۚ ذَٰلِكَ بِأَنَّهُمۡ كَانُواْ يَكۡفُرُونَ بِـَٔايَٰتِ ٱللَّهِ وَيَقۡتُلُونَ
ٱلنَّبِيِّـۧنَ بِغَيۡرِ ٱلۡحَقِّۚ ذَٰلِكَ بِمَا عَصَواْ وَّكَانُواْ يَعۡتَدُونَ ٦١
1-2-10 إِنَّ ٱلَّذِينَ ءَامَنُواْ وَٱلَّذِينَ هَادُواْ وَٱلنَّصَٰرَىٰ وَٱلصَّٰبِـِٔينَ مَنۡ
ءَامَنَ بِٱللَّهِ وَٱلۡيَوۡمِ ٱلۡأٓخِرِ وَعَمِلَ صَٰلِحٗا فَلَهُمۡ أَجۡرُهُمۡ عِندَ
رَبِّهِمۡ وَلَا خَوۡفٌ عَلَيۡهِمۡ وَلَا هُمۡ يَحۡزَنُونَ ٦٢ وَإِذۡ أَخَذۡنَا
مِيثَٰقَكُمۡ وَرَفَعۡنَا فَوۡقَكُمُ ٱلطُّورَ خُذُواْ مَآ ءَاتَيۡنَٰكُم
بِقُوَّةٖ وَٱذۡكُرُواْ مَا فِيهِ لَعَلَّكُمۡ تَتَّقُونَ ٦٣ ثُمَّ تَوَلَّيۡتُم
مِّنۢ بَعۡدِ ذَٰلِكَۖ فَلَوۡلَا فَضۡلُ ٱللَّهِ عَلَيۡكُمۡ وَرَحۡمَتُهُۥ لَكُنتُم مِّنَ
ٱلۡخَٰسِرِينَ ٦٤ وَلَقَدۡ عَلِمۡتُمُ ٱلَّذِينَ ٱعۡتَدَوۡاْ مِنكُمۡ فِي ٱلسَّبۡتِ
فَقُلۡنَا لَهُمۡ كُونُواْ قِرَدَةً خَٰسِـِٔينَ ٦٥ فَجَعَلۡنَٰهَا نَكَٰلٗا لِّمَا
بَيۡنَ يَدَيۡهَا وَمَا خَلۡفَهَا وَمَوۡعِظَةٗ لِّلۡمُتَّقِينَ ٦٦ وَإِذۡ قَالَ
مُوسَىٰ لِقَوۡمِهِۦٓ إِنَّ ٱللَّهَ يَأۡمُرُكُمۡ أَن تَذۡبَحُواْ بَقَرَةٗۖ قَالُوٓاْ
أَتَتَّخِذُنَا هُزُوٗاۖ قَالَ أَعُوذُ بِٱللَّهِ أَنۡ أَكُونَ مِنَ ٱلۡجَٰهِلِينَ ٦٧
قَالُواْ ٱدۡعُ لَنَا رَبَّكَ يُبَيِّن لَّنَا مَا هِيَۚ قَالَ إِنَّهُۥ يَقُولُ إِنَّهَا
بَقَرَةٞ لَّا فَارِضٞ وَلَا بِكۡرٌ عَوَانُۢ بَيۡنَ ذَٰلِكَۖ فَٱفۡعَلُواْ مَا
تُؤۡمَرُونَ ٦٨ قَالُواْ ٱدۡعُ لَنَا رَبَّكَ يُبَيِّن لَّنَا مَا لَوۡنُهَاۚ قَالَ إِنَّهُۥ
يَقُولُ إِنَّهَا بَقَرَةٞ صَفۡرَآءُ فَاقِعٞ لَّوۡنُهَا تَسُرُّ ٱلنَّٰظِرِينَ ٦٩
1-2-11 قَالُواْ ٱدۡعُ لَنَا رَبَّكَ يُبَيِّن لَّنَا مَا هِيَ إِنَّ ٱلۡبَقَرَ تَشَٰبَهَ عَلَيۡنَا وَإِنَّآ
إِن شَآءَ ٱللَّهُ لَمُهۡتَدُونَ ٧٠ قَالَ إِنَّهُۥ يَقُولُ إِنَّهَا بَقَرَةٞ لَّا ذَلُولٞ
تُثِيرُ ٱلۡأَرۡضَ وَلَا تَسۡقِي ٱلۡحَرۡثَ مُسَلَّمَةٞ لَّا شِيَةَ فِيهَاۚ قَالُواْ
ٱلۡـَٰٔنَ جِئۡتَ بِٱلۡحَقِّۚ فَذَبَحُوهَا وَمَا كَادُواْ يَفۡعَلُونَ ٧١ وَإِذۡ
قَتَلۡتُمۡ نَفۡسٗا فَٱدَّٰرَٰٔتُمۡ فِيهَاۖ وَٱللَّهُ مُخۡرِجٞ مَّا كُنتُمۡ تَكۡتُمُونَ ٧٢
فَقُلۡنَا ٱضۡرِبُوهُ بِبَعۡضِهَاۚ كَذَٰلِكَ يُحۡيِ ٱللَّهُ ٱلۡمَوۡتَىٰ وَيُرِيكُمۡ
ءَايَٰتِهِۦ لَعَلَّكُمۡ تَعۡقِلُونَ ٧٣ ثُمَّ قَسَتۡ قُلُوبُكُم مِّنۢ بَعۡدِ ذَٰلِكَ
فَهِيَ كَٱلۡحِجَارَةِ أَوۡ أَشَدُّ قَسۡوَةٗۚ وَإِنَّ مِنَ ٱلۡحِجَارَةِ لَمَا يَتَفَجَّرُ
مِنۡهُ ٱلۡأَنۡهَٰرُۚ وَإِنَّ مِنۡهَا لَمَا يَشَّقَّقُ فَيَخۡرُجُ مِنۡهُ ٱلۡمَآءُۚ وَإِنَّ
مِنۡهَا لَمَا يَهۡبِطُ مِنۡ خَشۡيَةِ ٱللَّهِۗ وَمَا ٱللَّهُ بِغَٰفِلٍ عَمَّا تَعۡمَلُونَ ٧٤
۞أَفَتَطۡمَعُونَ أَن يُؤۡمِنُواْ لَكُمۡ وَقَدۡ كَانَ فَرِيقٞ مِّنۡهُمۡ
يَسۡمَعُونَ كَلَٰمَ ٱللَّهِ ثُمَّ يُحَرِّفُونَهُۥ مِنۢ بَعۡدِ مَا عَقَلُوهُ وَهُمۡ
يَعۡلَمُونَ ٧٥ وَإِذَا لَقُواْ ٱلَّذِينَ ءَامَنُواْ قَالُوٓاْ ءَامَنَّا وَإِذَا
خَلَا بَعۡضُهُمۡ إِلَىٰ بَعۡضٖ قَالُوٓاْ أَتُحَدِّثُونَهُم بِمَا فَتَحَ ٱللَّهُ
عَلَيۡكُمۡ لِيُحَآجُّوكُم بِهِۦ عِندَ رَبِّكُمۡۚ أَفَلَا تَعۡقِلُونَ ٧٦

1-2-12 أَوَلَا يَعْلَمُونَ أَنَّ ٱللَّهَ يَعْلَمُ مَا يُسِرُّونَ وَمَا يُعْلِنُونَ ٧٧
وَمِنْهُمْ أُمِّيُّونَ لَا يَعْلَمُونَ ٱلْكِتَٰبَ إِلَّآ أَمَانِيَّ وَإِنْ هُمْ
إِلَّا يَظُنُّونَ ٧٨ فَوَيْلٌ لِّلَّذِينَ يَكْتُبُونَ ٱلْكِتَٰبَ بِأَيْدِيهِمْ
ثُمَّ يَقُولُونَ هَٰذَا مِنْ عِندِ ٱللَّهِ لِيَشْتَرُوا۟ بِهِۦ ثَمَنًا قَلِيلًا
فَوَيْلٌ لَّهُم مِّمَّا كَتَبَتْ أَيْدِيهِمْ وَوَيْلٌ لَّهُم مِّمَّا يَكْسِبُونَ ٧٩
وَقَالُوا۟ لَن تَمَسَّنَا ٱلنَّارُ إِلَّآ أَيَّامًا مَّعْدُودَةً قُلْ
أَتَّخَذْتُمْ عِندَ ٱللَّهِ عَهْدًا فَلَن يُخْلِفَ ٱللَّهُ عَهْدَهُۥٓ أَمْ
تَقُولُونَ عَلَى ٱللَّهِ مَا لَا تَعْلَمُونَ ٨٠ بَلَىٰ مَن كَسَبَ سَيِّئَةً
وَأَحَٰطَتْ بِهِۦ خَطِيٓـَٔتُهُۥ فَأُو۟لَٰٓئِكَ أَصْحَٰبُ ٱلنَّارِ هُمْ
فِيهَا خَٰلِدُونَ ٨١ وَٱلَّذِينَ ءَامَنُوا۟ وَعَمِلُوا۟ ٱلصَّٰلِحَٰتِ
أُو۟لَٰٓئِكَ أَصْحَٰبُ ٱلْجَنَّةِ هُمْ فِيهَا خَٰلِدُونَ ٨٢ وَإِذْ أَخَذْنَا
مِيثَٰقَ بَنِىٓ إِسْرَٰٓءِيلَ لَا تَعْبُدُونَ إِلَّا ٱللَّهَ وَبِٱلْوَٰلِدَيْنِ
إِحْسَانًا وَذِى ٱلْقُرْبَىٰ وَٱلْيَتَٰمَىٰ وَٱلْمَسَٰكِينِ وَقُولُوا۟
لِلنَّاسِ حُسْنًا وَأَقِيمُوا۟ ٱلصَّلَوٰةَ وَءَاتُوا۟ ٱلزَّكَوٰةَ ثُمَّ
تَوَلَّيْتُمْ إِلَّا قَلِيلًا مِّنكُمْ وَأَنتُم مُّعْرِضُونَ ٨٣
1-2-13 وَإِذْ أَخَذْنَا مِيثَٰقَكُمْ لَا تَسْفِكُونَ دِمَآءَكُمْ وَلَا تُخْرِجُونَ
أَنفُسَكُم مِّن دِيَٰرِكُمْ ثُمَّ أَقْرَرْتُمْ وَأَنتُمْ تَشْهَدُونَ ٨٤
ثُمَّ أَنتُمْ هَٰٓؤُلَآءِ تَقْتُلُونَ أَنفُسَكُمْ وَتُخْرِجُونَ فَرِيقًا
مِّنكُم مِّن دِيَٰرِهِمْ تَظَٰهَرُونَ عَلَيْهِم بِٱلْإِثْمِ وَٱلْعُدْوَٰنِ
وَإِن يَأْتُوكُمْ أُسَٰرَىٰ تُفَٰدُوهُمْ وَهُوَ مُحَرَّمٌ عَلَيْكُمْ
إِخْرَاجُهُمْ أَفَتُؤْمِنُونَ بِبَعْضِ ٱلْكِتَٰبِ وَتَكْفُرُونَ بِبَعْضٍ
فَمَا جَزَآءُ مَن يَفْعَلُ ذَٰلِكَ مِنكُمْ إِلَّا خِزْىٌ فِى ٱلْحَيَوٰةِ
ٱلدُّنْيَا وَيَوْمَ ٱلْقِيَٰمَةِ يُرَدُّونَ إِلَىٰٓ أَشَدِّ ٱلْعَذَابِ وَمَا ٱللَّهُ
بِغَٰفِلٍ عَمَّا تَعْمَلُونَ ٨٥ أُو۟لَٰٓئِكَ ٱلَّذِينَ ٱشْتَرَوُا۟ ٱلْحَيَوٰةَ
ٱلدُّنْيَا بِٱلْءَاخِرَةِ فَلَا يُخَفَّفُ عَنْهُمُ ٱلْعَذَابُ وَلَا هُمْ يُنصَرُونَ ٨٦
وَلَقَدْ ءَاتَيْنَا مُوسَى ٱلْكِتَٰبَ وَقَفَّيْنَا مِنۢ بَعْدِهِۦ
بِٱلرُّسُلِ وَءَاتَيْنَا عِيسَى ٱبْنَ مَرْيَمَ ٱلْبَيِّنَٰتِ وَأَيَّدْنَٰهُ بِرُوحِ
ٱلْقُدُسِ أَفَكُلَّمَا جَآءَكُمْ رَسُولٌۢ بِمَا لَا تَهْوَىٰٓ أَنفُسُكُمُ
ٱسْتَكْبَرْتُمْ فَفَرِيقًا كَذَّبْتُمْ وَفَرِيقًا تَقْتُلُونَ ٨٧ وَقَالُوا۟ قُلُوبُنَا
غُلْفٌۢ بَل لَّعَنَهُمُ ٱللَّهُ بِكُفْرِهِمْ فَقَلِيلًا مَّا يُؤْمِنُونَ ٨٨
1-2-14 وَلَمَّا جَآءَهُمْ كِتَٰبٌ مِّنْ عِندِ ٱللَّهِ مُصَدِّقٌ لِّمَا مَعَهُمْ
وَكَانُوا۟ مِن قَبْلُ يَسْتَفْتِحُونَ عَلَى ٱلَّذِينَ كَفَرُوا۟ فَلَمَّا
جَآءَهُم مَّا عَرَفُوا۟ كَفَرُوا۟ بِهِۦ فَلَعْنَةُ ٱللَّهِ عَلَى ٱلْكَٰفِرِينَ ٨٩
بِئْسَمَا ٱشْتَرَوْا۟ بِهِۦٓ أَنفُسَهُمْ أَن يَكْفُرُوا۟ بِمَآ أَنزَلَ ٱللَّهُ
بَغْيًا أَن يُنَزِّلَ ٱللَّهُ مِن فَضْلِهِۦ عَلَىٰ مَن يَشَآءُ مِنْ عِبَادِهِۦ
فَبَآءُو بِغَضَبٍ عَلَىٰ غَضَبٍ وَلِلْكَٰفِرِينَ عَذَابٌ مُّهِينٌ ٩٠
وَإِذَا قِيلَ لَهُمْ ءَامِنُوا۟ بِمَآ أَنزَلَ ٱللَّهُ قَالُوا۟ نُؤْمِنُ بِمَآ أُنزِلَ
عَلَيْنَا وَيَكْفُرُونَ بِمَا وَرَآءَهُۥ وَهُوَ ٱلْحَقُّ مُصَدِّقًا لِّمَا
مَعَهُمْ قُلْ فَلِمَ تَقْتُلُونَ أَنۢبِيَآءَ ٱللَّهِ مِن قَبْلُ إِن كُنتُم
مُّؤْمِنِينَ ٩١ ۞ وَلَقَدْ جَآءَكُم مُّوسَىٰ بِٱلْبَيِّنَٰتِ ثُمَّ
ٱتَّخَذْتُمُ ٱلْعِجْلَ مِنۢ بَعْدِهِۦ وَأَنتُمْ ظَٰلِمُونَ ٩٢ وَإِذْ
أَخَذْنَا مِيثَٰقَكُمْ وَرَفَعْنَا فَوْقَكُمُ ٱلطُّورَ خُذُوا۟
مَآ ءَاتَيْنَٰكُم بِقُوَّةٍ وَٱسْمَعُوا۟ قَالُوا۟ سَمِعْنَا وَعَصَيْنَا
وَأُشْرِبُوا۟ فِى قُلُوبِهِمُ ٱلْعِجْلَ بِكُفْرِهِمْ قُلْ بِئْسَمَا
يَأْمُرُكُم بِهِۦٓ إِيمَٰنُكُمْ إِن كُنتُم مُّؤْمِنِينَ ٩٣
قُلْ إِن كَانَتْ لَكُمُ ٱلدَّارُ ٱلْءَاخِرَةُ عِندَ ٱللَّهِ خَالِصَةً مِّن
1-2-15 دُونِ ٱلنَّاسِ فَتَمَنَّوُا۟ ٱلْمَوْتَ إِن كُنتُمْ صَٰدِقِينَ ٩٤ وَلَن
يَتَمَنَّوْهُ أَبَدًۢا بِمَا قَدَّمَتْ أَيْدِيهِمْ وَٱللَّهُ عَلِيمٌۢ بِٱلظَّٰلِمِينَ ٩٥
وَلَتَجِدَنَّهُمْ أَحْرَصَ ٱلنَّاسِ عَلَىٰ حَيَوٰةٍ وَمِنَ ٱلَّذِينَ أَشْرَكُوا۟
يَوَدُّ أَحَدُهُمْ لَوْ يُعَمَّرُ أَلْفَ سَنَةٍ وَمَا هُوَ بِمُزَحْزِحِهِۦ مِنَ
ٱلْعَذَابِ أَن يُعَمَّرَ وَٱللَّهُ بَصِيرٌۢ بِمَا يَعْمَلُونَ ٩٦ قُلْ مَن
كَانَ عَدُوًّا لِّجِبْرِيلَ فَإِنَّهُۥ نَزَّلَهُۥ عَلَىٰ قَلْبِكَ بِإِذْنِ
ٱللَّهِ مُصَدِّقًا لِّمَا بَيْنَ يَدَيْهِ وَهُدًى وَبُشْرَىٰ لِلْمُؤْمِنِينَ ٩٧
مَن كَانَ عَدُوًّا لِّلَّهِ وَمَلَٰٓئِكَتِهِۦ وَرُسُلِهِۦ وَجِبْرِيلَ
وَمِيكَىٰلَ فَإِنَّ ٱللَّهَ عَدُوٌّ لِّلْكَٰفِرِينَ ٩٨ وَلَقَدْ أَنزَلْنَآ
إِلَيْكَ ءَايَٰتٍۭ بَيِّنَٰتٍ وَمَا يَكْفُرُ بِهَآ إِلَّا ٱلْفَٰسِقُونَ ٩٩
أَوَكُلَّمَا عَٰهَدُوا۟ عَهْدًا نَّبَذَهُۥ فَرِيقٌ مِّنْهُم بَلْ أَكْثَرُهُمْ
لَا يُؤْمِنُونَ ١٠٠ وَلَمَّا جَآءَهُمْ رَسُولٌ مِّنْ عِندِ ٱللَّهِ مُصَدِّقٌ
لِّمَا مَعَهُمْ نَبَذَ فَرِيقٌ مِّنَ ٱلَّذِينَ أُوتُوا۟ ٱلْكِتَٰبَ
كِتَٰبَ ٱللَّهِ وَرَآءَ ظُهُورِهِمْ كَأَنَّهُمْ لَا يَعْلَمُونَ ١٠١
1-2-16 وَٱتَّبَعُوا۟ مَا تَتْلُوا۟ ٱلشَّيَٰطِينُ عَلَىٰ مُلْكِ سُلَيْمَٰنَ وَمَا كَفَرَ
سُلَيْمَٰنُ وَلَٰكِنَّ ٱلشَّيَٰطِينَ كَفَرُوا۟ يُعَلِّمُونَ ٱلنَّاسَ
ٱلسِّحْرَ وَمَآ أُنزِلَ عَلَى ٱلْمَلَكَيْنِ بِبَابِلَ هَٰرُوتَ وَمَٰرُوتَ
وَمَا يُعَلِّمَانِ مِنْ أَحَدٍ حَتَّىٰ يَقُولَآ إِنَّمَا نَحْنُ فِتْنَةٌ فَلَا
تَكْفُرْ فَيَتَعَلَّمُونَ مِنْهُمَا مَا يُفَرِّقُونَ بِهِۦ بَيْنَ ٱلْمَرْءِ
وَزَوْجِهِۦ وَمَا هُم بِضَآرِّينَ بِهِۦ مِنْ أَحَدٍ إِلَّا بِإِذْنِ ٱللَّهِ
وَيَتَعَلَّمُونَ مَا يَضُرُّهُمْ وَلَا يَنفَعُهُمْ وَلَقَدْ عَلِمُوا۟ لَمَنِ
ٱشْتَرَىٰهُ مَا لَهُۥ فِى ٱلْءَاخِرَةِ مِنْ خَلَٰقٍ وَلَبِئْسَ مَا شَرَوْا۟ بِهِۦٓ
أَنفُسَهُمْ لَوْ كَانُوا۟ يَعْلَمُونَ ١٠٢ وَلَوْ أَنَّهُمْ ءَامَنُوا۟ وَٱتَّقَوْا۟
لَمَثُوبَةٌ مِّنْ عِندِ ٱللَّهِ خَيْرٌ لَّوْ كَانُوا۟ يَعْلَمُونَ ١٠٣
يَٰٓأَيُّهَا ٱلَّذِينَ ءَامَنُوا۟ لَا تَقُولُوا۟ رَٰعِنَا وَقُولُوا۟ ٱنظُرْنَا
وَٱسْمَعُوا۟ وَلِلْكَٰفِرِينَ عَذَابٌ أَلِيمٌ ١٠٤ مَّا يَوَدُّ
ٱلَّذِينَ كَفَرُوا۟ مِنْ أَهْلِ ٱلْكِتَٰبِ وَلَا ٱلْمُشْرِكِينَ
أَن يُنَزَّلَ عَلَيْكُم مِّنْ خَيْرٍ مِّن رَّبِّكُمْ وَٱللَّهُ يَخْتَصُّ
بِرَحْمَتِهِۦ مَن يَشَآءُ وَٱللَّهُ ذُو ٱلْفَضْلِ ٱلْعَظِيمِ ١٠٥
1-2-17 ۞ مَا نَنسَخْ مِنْ ءَايَةٍ أَوْ نُنسِهَا نَأْتِ بِخَيْرٍ مِّنْهَآ أَوْ مِثْلِهَآ
أَلَمْ تَعْلَمْ أَنَّ ٱللَّهَ عَلَىٰ كُلِّ شَىْءٍ قَدِيرٌ ١٠٦ أَلَمْ تَعْلَمْ أَنَّ
ٱللَّهَ لَهُۥ مُلْكُ ٱلسَّمَٰوَٰتِ وَٱلْأَرْضِ وَمَا لَكُم مِّن دُونِ
ٱللَّهِ مِن وَلِىٍّ وَلَا نَصِيرٍ ١٠٧ أَمْ تُرِيدُونَ أَن تَسْـَٔلُوا۟ رَسُولَكُمْ
كَمَا سُئِلَ مُوسَىٰ مِن قَبْلُ وَمَن يَتَبَدَّلِ ٱلْكُفْرَ بِٱلْإِيمَٰنِ
فَقَدْ ضَلَّ سَوَآءَ ٱلسَّبِيلِ ١٠٨ وَدَّ كَثِيرٌ مِّنْ أَهْلِ ٱلْكِتَٰبِ
لَوْ يَرُدُّونَكُم مِّنۢ بَعْدِ إِيمَٰنِكُمْ كُفَّارًا حَسَدًا
مِّنْ عِندِ أَنفُسِهِم مِّنۢ بَعْدِ مَا تَبَيَّنَ لَهُمُ ٱلْحَقُّ فَٱعْفُوا۟
وَٱصْفَحُوا۟ حَتَّىٰ يَأْتِىَ ٱللَّهُ بِأَمْرِهِۦٓ إِنَّ ٱللَّهَ عَلَىٰ كُلِّ شَىْءٍ
قَدِيرٌ ١٠٩ وَأَقِيمُوا۟ ٱلصَّلَوٰةَ وَءَاتُوا۟ ٱلزَّكَوٰةَ وَمَا تُقَدِّمُوا۟
لِأَنفُسِكُم مِّنْ خَيْرٍ تَجِدُوهُ عِندَ ٱللَّهِ إِنَّ ٱللَّهَ بِمَا تَعْمَلُونَ
بَصِيرٌ ١١٠ وَقَالُوا۟ لَن يَدْخُلَ ٱلْجَنَّةَ إِلَّا مَن كَانَ هُودًا
أَوْ نَصَٰرَىٰ تِلْكَ أَمَانِيُّهُمْ قُلْ هَاتُوا۟ بُرْهَٰنَكُمْ إِن كُنتُمْ
صَٰدِقِينَ ١١١ بَلَىٰ مَنْ أَسْلَمَ وَجْهَهُۥ لِلَّهِ وَهُوَ مُحْسِنٌ فَلَهُۥٓ
أَجْرُهُۥ عِندَ رَبِّهِۦ وَلَا خَوْفٌ عَلَيْهِمْ وَلَا هُمْ يَحْزَنُونَ ١١٢
1-2-18 وَقَالَتِ ٱلْيَهُودُ لَيْسَتِ ٱلنَّصَٰرَىٰ عَلَىٰ شَىْءٍ وَقَالَتِ ٱلنَّصَٰرَىٰ
لَيْسَتِ ٱلْيَهُودُ عَلَىٰ شَىْءٍ وَهُمْ يَتْلُونَ ٱلْكِتَٰبَ كَذَٰلِكَ
قَالَ ٱلَّذِينَ لَا يَعْلَمُونَ مِثْلَ قَوْلِهِمْ فَٱللَّهُ يَحْكُمُ بَيْنَهُمْ
يَوْمَ ٱلْقِيَٰمَةِ فِيمَا كَانُوا۟ فِيهِ يَخْتَلِفُونَ ١١٣ وَمَنْ أَظْلَمُ مِمَّن
مَّنَعَ مَسَٰجِدَ ٱللَّهِ أَن يُذْكَرَ فِيهَا ٱسْمُهُۥ وَسَعَىٰ فِى خَرَابِهَآ
أُو۟لَٰٓئِكَ مَا كَانَ لَهُمْ أَن يَدْخُلُوهَآ إِلَّا خَآئِفِينَ لَهُمْ فِى
ٱلدُّنْيَا خِزْىٌ وَلَهُمْ فِى ٱلْءَاخِرَةِ عَذَابٌ عَظِيمٌ ١١٤ وَلِلَّهِ ٱلْمَشْرِقُ
وَٱلْمَغْرِبُ فَأَيْنَمَا تُوَلُّوا۟ فَثَمَّ وَجْهُ ٱللَّهِ إِنَّ ٱللَّهَ وَٰسِعٌ عَلِيمٌ ١١٥
وَقَالُوا۟ ٱتَّخَذَ ٱللَّهُ وَلَدًا سُبْحَٰنَهُۥ بَل لَّهُۥ مَا فِى ٱلسَّمَٰوَٰتِ
وَٱلْأَرْضِ كُلٌّ لَّهُۥ قَٰنِتُونَ ١١٦ بَدِيعُ ٱلسَّمَٰوَٰتِ وَٱلْأَرْضِ
وَإِذَا قَضَىٰٓ أَمْرًا فَإِنَّمَا يَقُولُ لَهُۥ كُن فَيَكُونُ ١١٧ وَقَالَ
ٱلَّذِينَ لَا يَعْلَمُونَ لَوْلَا يُكَلِّمُنَا ٱللَّهُ أَوْ تَأْتِينَآ ءَايَةٌ
كَذَٰلِكَ قَالَ ٱلَّذِينَ مِن قَبْلِهِم مِّثْلَ قَوْلِهِمْ تَشَٰبَهَتْ
قُلُوبُهُمْ قَدْ بَيَّنَّا ٱلْءَايَٰتِ لِقَوْمٍ يُوقِنُونَ ١١٨ إِنَّآ أَرْسَلْنَٰكَ
بِٱلْحَقِّ بَشِيرًا وَنَذِيرًا وَلَا تُسْـَٔلُ عَنْ أَصْحَٰبِ ٱلْجَحِيمِ ١١٩
1-2-19 وَلَن تَرْضَىٰ عَنكَ ٱلْيَهُودُ وَلَا ٱلنَّصَٰرَىٰ حَتَّىٰ تَتَّبِعَ مِلَّتَهُمْ قُلْ
إِنَّ هُدَى ٱللَّهِ هُوَ ٱلْهُدَىٰ وَلَئِنِ ٱتَّبَعْتَ أَهْوَآءَهُم بَعْدَ ٱلَّذِى
جَآءَكَ مِنَ ٱلْعِلْمِ مَا لَكَ مِنَ ٱللَّهِ مِن وَلِىٍّ وَلَا نَصِيرٍ ١٢٠ ٱلَّذِينَ
ءَاتَيْنَٰهُمُ ٱلْكِتَٰبَ يَتْلُونَهُۥ حَقَّ تِلَاوَتِهِۦٓ أُو۟لَٰٓئِكَ يُؤْمِنُونَ بِهِۦ وَمَن
يَكْفُرْ بِهِۦ فَأُو۟لَٰٓئِكَ هُمُ ٱلْخَٰسِرُونَ ١٢١ يَٰبَنِىٓ إِسْرَٰٓءِيلَ ٱذْكُرُوا۟ نِعْمَتِىَ
ٱلَّتِىٓ أَنْعَمْتُ عَلَيْكُمْ وَأَنِّى فَضَّلْتُكُمْ عَلَى ٱلْعَٰلَمِينَ ١٢٢ وَٱتَّقُوا۟ يَوْمًا
لَّا تَجْزِى نَفْسٌ عَن نَّفْسٍ شَيْـًٔا وَلَا يُقْبَلُ مِنْهَا عَدْلٌ وَلَا تَنفَعُهَا
شَفَٰعَةٌ وَلَا هُمْ يُنصَرُونَ ١٢٣ ۞ وَإِذِ ٱبْتَلَىٰٓ إِبْرَٰهِۦمَ رَبُّهُۥ بِكَلِمَٰتٍ
فَأَتَمَّهُنَّ قَالَ إِنِّى جَاعِلُكَ لِلنَّاسِ إِمَامًا قَالَ وَمِن ذُرِّيَّتِى قَالَ
لَا يَنَالُ عَهْدِى ٱلظَّٰلِمِينَ ١٢٤ وَإِذْ جَعَلْنَا ٱلْبَيْتَ مَثَابَةً لِّلنَّاسِ
وَأَمْنًا وَٱتَّخِذُوا۟ مِن مَّقَامِ إِبْرَٰهِۦمَ مُصَلًّى وَعَهِدْنَآ إِلَىٰٓ إِبْرَٰهِۦمَ
وَإِسْمَٰعِيلَ أَن طَهِّرَا بَيْتِىَ لِلطَّآئِفِينَ وَٱلْعَٰكِفِينَ وَٱلرُّكَّعِ ٱلسُّجُودِ ١٢٥
وَإِذْ قَالَ إِبْرَٰهِۦمُ رَبِّ ٱجْعَلْ هَٰذَا بَلَدًا ءَامِنًا وَٱرْزُقْ أَهْلَهُۥ
مِنَ ٱلثَّمَرَٰتِ مَنْ ءَامَنَ مِنْهُم بِٱللَّهِ وَٱلْيَوْمِ ٱلْءَاخِرِ قَالَ وَمَن كَفَرَ
فَأُمَتِّعُهُۥ قَلِيلًا ثُمَّ أَضْطَرُّهُۥٓ إِلَىٰ عَذَابِ ٱلنَّارِ وَبِئْسَ ٱلْمَصِيرُ ١٢٦
1-2-20 وَإِذْ يَرْفَعُ إِبْرَٰهِۦمُ ٱلْقَوَاعِدَ مِنَ ٱلْبَيْتِ وَإِسْمَٰعِيلُ رَبَّنَا تَقَبَّلْ
مِنَّآ إِنَّكَ أَنتَ ٱلسَّمِيعُ ٱلْعَلِيمُ ١٢٧ رَبَّنَا وَٱجْعَلْنَا مُسْلِمَيْنِ
لَكَ وَمِن ذُرِّيَّتِنَآ أُمَّةً مُّسْلِمَةً لَّكَ وَأَرِنَا مَنَاسِكَنَا وَتُبْ عَلَيْنَآ
إِنَّكَ أَنتَ ٱلتَّوَّابُ ٱلرَّحِيمُ ١٢٨ رَبَّنَا وَٱبْعَثْ فِيهِمْ رَسُولًا مِّنْهُمْ
يَتْلُوا۟ عَلَيْهِمْ ءَايَٰتِكَ وَيُعَلِّمُهُمُ ٱلْكِتَٰبَ وَٱلْحِكْمَةَ
وَيُزَكِّيهِمْ إِنَّكَ أَنتَ ٱلْعَزِيزُ ٱلْحَكِيمُ ١٢٩ وَمَن يَرْغَبُ عَن مِّلَّةِ
إِبْرَٰهِۦمَ إِلَّا مَن سَفِهَ نَفْسَهُۥ وَلَقَدِ ٱصْطَفَيْنَٰهُ فِى ٱلدُّنْيَا
وَإِنَّهُۥ فِى ٱلْءَاخِرَةِ لَمِنَ ٱلصَّٰلِحِينَ ١٣٠ إِذْ قَالَ لَهُۥ رَبُّهُۥٓ أَسْلِمْ
قَالَ أَسْلَمْتُ لِرَبِّ ٱلْعَٰلَمِينَ ١٣١ وَوَصَّىٰ بِهَآ إِبْرَٰهِۦمُ بَنِيهِ
وَيَعْقُوبُ يَٰبَنِىَّ إِنَّ ٱللَّهَ ٱصْطَفَىٰ لَكُمُ ٱلدِّينَ فَلَا تَمُوتُنَّ
إِلَّا وَأَنتُم مُّسْلِمُونَ ١٣٢ أَمْ كُنتُمْ شُهَدَآءَ إِذْ حَضَرَ يَعْقُوبَ
ٱلْمَوْتُ إِذْ قَالَ لِبَنِيهِ مَا تَعْبُدُونَ مِنۢ بَعْدِى قَالُوا۟ نَعْبُدُ
إِلَٰهَكَ وَإِلَٰهَ ءَابَآئِكَ إِبْرَٰهِۦمَ وَإِسْمَٰعِيلَ وَإِسْحَٰقَ إِلَٰهًا
وَٰحِدًا وَنَحْنُ لَهُۥ مُسْلِمُونَ ١٣٣ تِلْكَ أُمَّةٌ قَدْ خَلَتْ لَهَا مَا كَسَبَتْ
وَلَكُم مَّا كَسَبْتُمْ وَلَا تُسْـَٔلُونَ عَمَّا كَانُوا۟ يَعْمَلُونَ ١٣٤
1-2-21 وَقَالُوا۟ كُونُوا۟ هُودًا أَوْ نَصَٰرَىٰ تَهْتَدُوا۟ قُلْ بَلْ مِلَّةَ إِبْرَٰهِۦمَ
حَنِيفًا وَمَا كَانَ مِنَ ٱلْمُشْرِكِينَ ١٣٥ قُولُوٓا۟ ءَامَنَّا بِٱللَّهِ وَمَآ
أُنزِلَ إِلَيْنَا وَمَآ أُنزِلَ إِلَىٰٓ إِبْرَٰهِۦمَ وَإِسْمَٰعِيلَ وَإِسْحَٰقَ وَيَعْقُوبَ
وَٱلْأَسْبَاطِ وَمَآ أُوتِىَ مُوسَىٰ وَعِيسَىٰ وَمَآ أُوتِىَ ٱلنَّبِيُّونَ مِن
رَّبِّهِمْ لَا نُفَرِّقُ بَيْنَ أَحَدٍ مِّنْهُمْ وَنَحْنُ لَهُۥ مُسْلِمُونَ ١٣٦
فَإِنْ ءَامَنُوا۟ بِمِثْلِ مَآ ءَامَنتُم بِهِۦ فَقَدِ ٱهْتَدَوا۟ وَّإِن تَوَلَّوْا۟
فَإِنَّمَا هُمْ فِى شِقَاقٍ فَسَيَكْفِيكَهُمُ ٱللَّهُ وَهُوَ ٱلسَّمِيعُ ٱلْعَلِيمُ ١٣٧
صِبْغَةَ ٱللَّهِ وَمَنْ أَحْسَنُ مِنَ ٱللَّهِ صِبْغَةً وَنَحْنُ لَهُۥ
عَٰبِدُونَ ١٣٨ قُلْ أَتُحَآجُّونَنَا فِى ٱللَّهِ وَهُوَ رَبُّنَا وَرَبُّكُمْ
وَلَنَآ أَعْمَٰلُنَا وَلَكُمْ أَعْمَٰلُكُمْ وَنَحْنُ لَهُۥ مُخْلِصُونَ ١٣٩
أَمْ تَقُولُونَ إِنَّ إِبْرَٰهِۦمَ وَإِسْمَٰعِيلَ وَإِسْحَٰقَ وَيَعْقُوبَ
وَٱلْأَسْبَاطَ كَانُوا۟ هُودًا أَوْ نَصَٰرَىٰ قُلْ ءَأَنتُمْ أَعْلَمُ أَمِ
ٱللَّهُ وَمَنْ أَظْلَمُ مِمَّن كَتَمَ شَهَٰدَةً عِندَهُۥ مِنَ ٱللَّهِ وَمَا ٱللَّهُ
بِغَٰفِلٍ عَمَّا تَعْمَلُونَ ١٤٠ تِلْكَ أُمَّةٌ قَدْ خَلَتْ لَهَا مَا كَسَبَتْ
وَلَكُم مَّا كَسَبْتُمْ وَلَا تُسْـَٔلُونَ عَمَّا كَانُوا۟ يَعْمَلُونَ ١٤١

البقرة ٢. - 2.al-Baqarah [142]

2-2-22
۞ سَيَقُولُ ٱلسُّفَهَآءُ مِنَ ٱلنَّاسِ مَا وَلَّىٰهُمْ عَن قِبْلَتِهِمُ ٱلَّتِي كَانُوا۟
عَلَيْهَا ۚ قُل لِّلَّهِ ٱلْمَشْرِقُ وَٱلْمَغْرِبُ ۚ يَهْدِي مَن يَشَآءُ إِلَىٰ صِرَٰطٍ
مُّسْتَقِيمٍ ﴿١٤٢﴾ وَكَذَٰلِكَ جَعَلْنَٰكُمْ أُمَّةً وَسَطًا لِّتَكُونُوا۟
شُهَدَآءَ عَلَى ٱلنَّاسِ وَيَكُونَ ٱلرَّسُولُ عَلَيْكُمْ شَهِيدًا ۗ وَمَا
جَعَلْنَا ٱلْقِبْلَةَ ٱلَّتِي كُنتَ عَلَيْهَآ إِلَّا لِنَعْلَمَ مَن يَتَّبِعُ ٱلرَّسُولَ
مِمَّن يَنقَلِبُ عَلَىٰ عَقِبَيْهِ ۚ وَإِن كَانَتْ لَكَبِيرَةً إِلَّا عَلَى ٱلَّذِينَ
هَدَى ٱللَّهُ ۗ وَمَا كَانَ ٱللَّهُ لِيُضِيعَ إِيمَٰنَكُمْ ۚ إِنَّ ٱللَّهَ
بِٱلنَّاسِ لَرَءُوفٌ رَّحِيمٌ ﴿١٤٣﴾ قَدْ نَرَىٰ تَقَلُّبَ وَجْهِكَ فِي ٱلسَّمَآءِ ۖ
فَلَنُوَلِّيَنَّكَ قِبْلَةً تَرْضَىٰهَا ۚ فَوَلِّ وَجْهَكَ شَطْرَ ٱلْمَسْجِدِ
ٱلْحَرَامِ ۚ وَحَيْثُ مَا كُنتُمْ فَوَلُّوا۟ وُجُوهَكُمْ شَطْرَهُۥ ۗ وَإِنَّ
ٱلَّذِينَ أُوتُوا۟ ٱلْكِتَٰبَ لَيَعْلَمُونَ أَنَّهُ ٱلْحَقُّ مِن رَّبِّهِمْ ۗ وَمَا ٱللَّهُ
بِغَٰفِلٍ عَمَّا يَعْمَلُونَ ﴿١٤٤﴾ وَلَئِنْ أَتَيْتَ ٱلَّذِينَ أُوتُوا۟ ٱلْكِتَٰبَ
بِكُلِّ ءَايَةٍ مَّا تَبِعُوا۟ قِبْلَتَكَ ۚ وَمَآ أَنتَ بِتَابِعٍ قِبْلَتَهُمْ ۚ
وَمَا بَعْضُهُم بِتَابِعٍ قِبْلَةَ بَعْضٍ ۚ وَلَئِنِ ٱتَّبَعْتَ أَهْوَآءَهُم مِّن
بَعْدِ مَا جَآءَكَ مِنَ ٱلْعِلْمِ ۙ إِنَّكَ إِذًا لَّمِنَ ٱلظَّٰلِمِينَ ﴿١٤٥﴾
2-2-23
ٱلَّذِينَ ءَاتَيْنَٰهُمُ ٱلْكِتَٰبَ يَعْرِفُونَهُۥ كَمَا يَعْرِفُونَ أَبْنَآءَهُمْ ۖ
وَإِنَّ فَرِيقًا مِّنْهُمْ لَيَكْتُمُونَ ٱلْحَقَّ وَهُمْ يَعْلَمُونَ ﴿١٤٦﴾ ٱلْحَقُّ
مِن رَّبِّكَ ۖ فَلَا تَكُونَنَّ مِنَ ٱلْمُمْتَرِينَ ﴿١٤٧﴾ وَلِكُلٍّ وِجْهَةٌ
هُوَ مُوَلِّيهَا ۖ فَٱسْتَبِقُوا۟ ٱلْخَيْرَٰتِ ۚ أَيْنَ مَا تَكُونُوا۟ يَأْتِ بِكُمُ ٱللَّهُ
جَمِيعًا ۚ إِنَّ ٱللَّهَ عَلَىٰ كُلِّ شَيْءٍ قَدِيرٌ ﴿١٤٨﴾ وَمِنْ حَيْثُ خَرَجْتَ
فَوَلِّ وَجْهَكَ شَطْرَ ٱلْمَسْجِدِ ٱلْحَرَامِ ۖ وَإِنَّهُۥ لَلْحَقُّ مِن رَّبِّكَ ۗ
وَمَا ٱللَّهُ بِغَٰفِلٍ عَمَّا تَعْمَلُونَ ﴿١٤٩﴾ وَمِنْ حَيْثُ خَرَجْتَ فَوَلِّ
وَجْهَكَ شَطْرَ ٱلْمَسْجِدِ ٱلْحَرَامِ ۚ وَحَيْثُ مَا كُنتُمْ فَوَلُّوا۟
وُجُوهَكُمْ شَطْرَهُۥ لِئَلَّا يَكُونَ لِلنَّاسِ عَلَيْكُمْ حُجَّةٌ إِلَّا ٱلَّذِينَ
ظَلَمُوا۟ مِنْهُمْ فَلَا تَخْشَوْهُمْ وَٱخْشَوْنِي وَلِأُتِمَّ نِعْمَتِي عَلَيْكُمْ
وَلَعَلَّكُمْ تَهْتَدُونَ ﴿١٥٠﴾ كَمَآ أَرْسَلْنَا فِيكُمْ رَسُولًا مِّنكُمْ يَتْلُوا۟
عَلَيْكُمْ ءَايَٰتِنَا وَيُزَكِّيكُمْ وَيُعَلِّمُكُمُ ٱلْكِتَٰبَ وَٱلْحِكْمَةَ
وَيُعَلِّمُكُم مَّا لَمْ تَكُونُوا۟ تَعْلَمُونَ ﴿١٥١﴾ فَٱذْكُرُونِيٓ أَذْكُرْكُمْ
وَٱشْكُرُوا۟ لِي وَلَا تَكْفُرُونِ ﴿١٥٢﴾ يَٰٓأَيُّهَا ٱلَّذِينَ ءَامَنُوا۟
ٱسْتَعِينُوا۟ بِٱلصَّبْرِ وَٱلصَّلَوٰةِ ۚ إِنَّ ٱللَّهَ مَعَ ٱلصَّٰبِرِينَ ﴿١٥٣﴾
2-2-24
وَلَا تَقُولُوا۟ لِمَن يُقْتَلُ فِي سَبِيلِ ٱللَّهِ أَمْوَٰتٌۢ ۚ بَلْ أَحْيَآءٌ وَلَٰكِن
لَّا تَشْعُرُونَ ﴿١٥٤﴾ وَلَنَبْلُوَنَّكُم بِشَيْءٍ مِّنَ ٱلْخَوْفِ وَٱلْجُوعِ
وَنَقْصٍ مِّنَ ٱلْأَمْوَٰلِ وَٱلْأَنفُسِ وَٱلثَّمَرَٰتِ ۗ وَبَشِّرِ ٱلصَّٰبِرِينَ ﴿١٥٥﴾
ٱلَّذِينَ إِذَآ أَصَٰبَتْهُم مُّصِيبَةٌ قَالُوٓا۟ إِنَّا لِلَّهِ وَإِنَّآ إِلَيْهِ رَٰجِعُونَ ﴿١٥٦﴾
أُو۟لَٰٓئِكَ عَلَيْهِمْ صَلَوَٰتٌ مِّن رَّبِّهِمْ وَرَحْمَةٌ ۖ وَأُو۟لَٰٓئِكَ
هُمُ ٱلْمُهْتَدُونَ ﴿١٥٧﴾ ۞ إِنَّ ٱلصَّفَا وَٱلْمَرْوَةَ مِن شَعَآئِرِ ٱللَّهِ ۖ
فَمَنْ حَجَّ ٱلْبَيْتَ أَوِ ٱعْتَمَرَ فَلَا جُنَاحَ عَلَيْهِ أَن يَطَّوَّفَ بِهِمَا ۚ
وَمَن تَطَوَّعَ خَيْرًا فَإِنَّ ٱللَّهَ شَاكِرٌ عَلِيمٌ ﴿١٥٨﴾ إِنَّ ٱلَّذِينَ
يَكْتُمُونَ مَآ أَنزَلْنَا مِنَ ٱلْبَيِّنَٰتِ وَٱلْهُدَىٰ مِنۢ بَعْدِ مَا بَيَّنَّٰهُ
لِلنَّاسِ فِي ٱلْكِتَٰبِ ۙ أُو۟لَٰٓئِكَ يَلْعَنُهُمُ ٱللَّهُ وَيَلْعَنُهُمُ ٱللَّٰعِنُونَ ﴿١٥٩﴾
إِلَّا ٱلَّذِينَ تَابُوا۟ وَأَصْلَحُوا۟ وَبَيَّنُوا۟ فَأُو۟لَٰٓئِكَ أَتُوبُ عَلَيْهِمْ ۚ
وَأَنَا ٱلتَّوَّابُ ٱلرَّحِيمُ ﴿١٦٠﴾ إِنَّ ٱلَّذِينَ كَفَرُوا۟ وَمَاتُوا۟ وَهُمْ
كُفَّارٌ أُو۟لَٰٓئِكَ عَلَيْهِمْ لَعْنَةُ ٱللَّهِ وَٱلْمَلَٰٓئِكَةِ وَٱلنَّاسِ أَجْمَعِينَ ﴿١٦١﴾
خَٰلِدِينَ فِيهَا ۖ لَا يُخَفَّفُ عَنْهُمُ ٱلْعَذَابُ وَلَا هُمْ يُنظَرُونَ ﴿١٦٢﴾
وَإِلَٰهُكُمْ إِلَٰهٌ وَٰحِدٌ ۖ لَّآ إِلَٰهَ إِلَّا هُوَ ٱلرَّحْمَٰنُ ٱلرَّحِيمُ ﴿١٦٣﴾
2-2-25
إِنَّ فِي خَلْقِ ٱلسَّمَٰوَٰتِ وَٱلْأَرْضِ وَٱخْتِلَٰفِ ٱلَّيْلِ وَٱلنَّهَارِ
وَٱلْفُلْكِ ٱلَّتِي تَجْرِي فِي ٱلْبَحْرِ بِمَا يَنفَعُ ٱلنَّاسَ وَمَآ أَنزَلَ ٱللَّهُ
مِنَ ٱلسَّمَآءِ مِن مَّآءٍ فَأَحْيَا بِهِ ٱلْأَرْضَ بَعْدَ مَوْتِهَا وَبَثَّ فِيهَا
مِن كُلِّ دَآبَّةٍ وَتَصْرِيفِ ٱلرِّيَٰحِ وَٱلسَّحَابِ ٱلْمُسَخَّرِ بَيْنَ
ٱلسَّمَآءِ وَٱلْأَرْضِ لَءَايَٰتٍ لِّقَوْمٍ يَعْقِلُونَ ﴿١٦٤﴾ وَمِنَ ٱلنَّاسِ

مَن يَتَّخِذُ مِن دُونِ ٱللَّهِ أَندَادًا يُحِبُّونَهُمْ كَحُبِّ ٱللَّهِ ۖ وَٱلَّذِينَ
ءَامَنُوٓا۟ أَشَدُّ حُبًّا لِّلَّهِ ۗ وَلَوْ يَرَى ٱلَّذِينَ ظَلَمُوٓا۟ إِذْ يَرَوْنَ
ٱلْعَذَابَ أَنَّ ٱلْقُوَّةَ لِلَّهِ جَمِيعًا وَأَنَّ ٱللَّهَ شَدِيدُ ٱلْعَذَابِ ﴿١٦٥﴾
إِذْ تَبَرَّأَ ٱلَّذِينَ ٱتُّبِعُوا۟ مِنَ ٱلَّذِينَ ٱتَّبَعُوا۟ وَرَأَوُا۟ ٱلْعَذَابَ
وَتَقَطَّعَتْ بِهِمُ ٱلْأَسْبَابُ ﴿١٦٦﴾ وَقَالَ ٱلَّذِينَ ٱتَّبَعُوا۟ لَوْ أَنَّ
لَنَا كَرَّةً فَنَتَبَرَّأَ مِنْهُمْ كَمَا تَبَرَّءُوا۟ مِنَّا ۗ كَذَٰلِكَ يُرِيهِمُ ٱللَّهُ
أَعْمَٰلَهُمْ حَسَرَٰتٍ عَلَيْهِمْ ۖ وَمَا هُم بِخَٰرِجِينَ مِنَ ٱلنَّارِ ﴿١٦٧﴾
يَٰٓأَيُّهَا ٱلنَّاسُ كُلُوا۟ مِمَّا فِي ٱلْأَرْضِ حَلَٰلًا طَيِّبًا وَلَا تَتَّبِعُوا۟
خُطُوَٰتِ ٱلشَّيْطَٰنِ ۚ إِنَّهُۥ لَكُمْ عَدُوٌّ مُّبِينٌ ﴿١٦٨﴾ إِنَّمَا يَأْمُرُكُم
بِٱلسُّوٓءِ وَٱلْفَحْشَآءِ وَأَن تَقُولُوا۟ عَلَى ٱللَّهِ مَا لَا تَعْلَمُونَ ﴿١٦٩﴾
2-2-26
وَإِذَا قِيلَ لَهُمُ ٱتَّبِعُوا۟ مَآ أَنزَلَ ٱللَّهُ قَالُوا۟ بَلْ نَتَّبِعُ مَآ أَلْفَيْنَا
عَلَيْهِ ءَابَآءَنَآ ۗ أَوَلَوْ كَانَ ءَابَآؤُهُمْ لَا يَعْقِلُونَ شَيْـًٔا وَلَا
يَهْتَدُونَ ﴿١٧٠﴾ وَمَثَلُ ٱلَّذِينَ كَفَرُوا۟ كَمَثَلِ ٱلَّذِي يَنْعِقُ
بِمَا لَا يَسْمَعُ إِلَّا دُعَآءً وَنِدَآءً ۚ صُمٌّۢ بُكْمٌ عُمْيٌ فَهُمْ لَا يَعْقِلُونَ ﴿١٧١﴾
يَٰٓأَيُّهَا ٱلَّذِينَ ءَامَنُوا۟ كُلُوا۟ مِن طَيِّبَٰتِ مَا رَزَقْنَٰكُمْ
وَٱشْكُرُوا۟ لِلَّهِ إِن كُنتُمْ إِيَّاهُ تَعْبُدُونَ ﴿١٧٢﴾ إِنَّمَا حَرَّمَ
عَلَيْكُمُ ٱلْمَيْتَةَ وَٱلدَّمَ وَلَحْمَ ٱلْخِنزِيرِ وَمَآ أُهِلَّ بِهِۦ لِغَيْرِ
ٱللَّهِ ۖ فَمَنِ ٱضْطُرَّ غَيْرَ بَاغٍ وَلَا عَادٍ فَلَآ إِثْمَ عَلَيْهِ ۚ إِنَّ ٱللَّهَ
غَفُورٌ رَّحِيمٌ ﴿١٧٣﴾ إِنَّ ٱلَّذِينَ يَكْتُمُونَ مَآ أَنزَلَ ٱللَّهُ مِنَ
ٱلْكِتَٰبِ وَيَشْتَرُونَ بِهِۦ ثَمَنًا قَلِيلًا ۙ أُو۟لَٰٓئِكَ مَا يَأْكُلُونَ
فِي بُطُونِهِمْ إِلَّا ٱلنَّارَ وَلَا يُكَلِّمُهُمُ ٱللَّهُ يَوْمَ ٱلْقِيَٰمَةِ
وَلَا يُزَكِّيهِمْ وَلَهُمْ عَذَابٌ أَلِيمٌ ﴿١٧٤﴾ أُو۟لَٰٓئِكَ ٱلَّذِينَ
ٱشْتَرَوُا۟ ٱلضَّلَٰلَةَ بِٱلْهُدَىٰ وَٱلْعَذَابَ بِٱلْمَغْفِرَةِ ۚ فَمَآ
أَصْبَرَهُمْ عَلَى ٱلنَّارِ ﴿١٧٥﴾ ذَٰلِكَ بِأَنَّ ٱللَّهَ نَزَّلَ ٱلْكِتَٰبَ بِٱلْحَقِّ ۗ
وَإِنَّ ٱلَّذِينَ ٱخْتَلَفُوا۟ فِي ٱلْكِتَٰبِ لَفِي شِقَاقٍۭ بَعِيدٍ ﴿١٧٦﴾
2-2-27
۞ لَّيْسَ ٱلْبِرَّ أَن تُوَلُّوا۟ وُجُوهَكُمْ قِبَلَ ٱلْمَشْرِقِ وَٱلْمَغْرِبِ
وَلَٰكِنَّ ٱلْبِرَّ مَنْ ءَامَنَ بِٱللَّهِ وَٱلْيَوْمِ ٱلْءَاخِرِ وَٱلْمَلَٰٓئِكَةِ
وَٱلْكِتَٰبِ وَٱلنَّبِيِّـۧنَ وَءَاتَى ٱلْمَالَ عَلَىٰ حُبِّهِۦ ذَوِي ٱلْقُرْبَىٰ وَٱلْيَتَٰمَىٰ
وَٱلْمَسَٰكِينَ وَٱبْنَ ٱلسَّبِيلِ وَٱلسَّآئِلِينَ وَفِي ٱلرِّقَابِ وَأَقَامَ
ٱلصَّلَوٰةَ وَءَاتَى ٱلزَّكَوٰةَ وَٱلْمُوفُونَ بِعَهْدِهِمْ إِذَا عَٰهَدُوا۟ ۖ
وَٱلصَّٰبِرِينَ فِي ٱلْبَأْسَآءِ وَٱلضَّرَّآءِ وَحِينَ ٱلْبَأْسِ ۗ أُو۟لَٰٓئِكَ ٱلَّذِينَ
صَدَقُوا۟ ۖ وَأُو۟لَٰٓئِكَ هُمُ ٱلْمُتَّقُونَ ﴿١٧٧﴾ يَٰٓأَيُّهَا ٱلَّذِينَ ءَامَنُوا۟ كُتِبَ
عَلَيْكُمُ ٱلْقِصَاصُ فِي ٱلْقَتْلَى ۖ ٱلْحُرُّ بِٱلْحُرِّ وَٱلْعَبْدُ بِٱلْعَبْدِ وَٱلْأُنثَىٰ
بِٱلْأُنثَىٰ ۚ فَمَنْ عُفِيَ لَهُۥ مِنْ أَخِيهِ شَيْءٌ فَٱتِّبَاعٌۢ بِٱلْمَعْرُوفِ وَأَدَآءٌ
إِلَيْهِ بِإِحْسَٰنٍ ۗ ذَٰلِكَ تَخْفِيفٌ مِّن رَّبِّكُمْ وَرَحْمَةٌ ۗ فَمَنِ ٱعْتَدَىٰ
بَعْدَ ذَٰلِكَ فَلَهُۥ عَذَابٌ أَلِيمٌ ﴿١٧٨﴾ وَلَكُمْ فِي ٱلْقِصَاصِ حَيَوٰةٌ يَٰٓأُو۟لِي
ٱلْأَلْبَٰبِ لَعَلَّكُمْ تَتَّقُونَ ﴿١٧٩﴾ كُتِبَ عَلَيْكُمْ إِذَا حَضَرَ
أَحَدَكُمُ ٱلْمَوْتُ إِن تَرَكَ خَيْرًا ٱلْوَصِيَّةُ لِلْوَٰلِدَيْنِ وَٱلْأَقْرَبِينَ
بِٱلْمَعْرُوفِ ۖ حَقًّا عَلَى ٱلْمُتَّقِينَ ﴿١٨٠﴾ فَمَنۢ بَدَّلَهُۥ بَعْدَمَا سَمِعَهُۥ
فَإِنَّمَآ إِثْمُهُۥ عَلَى ٱلَّذِينَ يُبَدِّلُونَهُۥٓ ۚ إِنَّ ٱللَّهَ سَمِيعٌ عَلِيمٌ ﴿١٨١﴾
2-2-28
فَمَنْ خَافَ مِن مُّوصٍ جَنَفًا أَوْ إِثْمًا فَأَصْلَحَ بَيْنَهُمْ فَلَآ إِثْمَ
عَلَيْهِ ۚ إِنَّ ٱللَّهَ غَفُورٌ رَّحِيمٌ ﴿١٨٢﴾ يَٰٓأَيُّهَا ٱلَّذِينَ ءَامَنُوا۟ كُتِبَ
عَلَيْكُمُ ٱلصِّيَامُ كَمَا كُتِبَ عَلَى ٱلَّذِينَ مِن قَبْلِكُمْ
لَعَلَّكُمْ تَتَّقُونَ ﴿١٨٣﴾ أَيَّامًا مَّعْدُودَٰتٍ ۚ فَمَن كَانَ
مِنكُم مَّرِيضًا أَوْ عَلَىٰ سَفَرٍ فَعِدَّةٌ مِّنْ أَيَّامٍ أُخَرَ ۚ وَعَلَى
ٱلَّذِينَ يُطِيقُونَهُۥ فِدْيَةٌ طَعَامُ مِسْكِينٍ ۖ فَمَن تَطَوَّعَ خَيْرًا
فَهُوَ خَيْرٌ لَّهُۥ ۚ وَأَن تَصُومُوا۟ خَيْرٌ لَّكُمْ ۖ إِن كُنتُمْ تَعْلَمُونَ ﴿١٨٤﴾
شَهْرُ رَمَضَانَ ٱلَّذِيٓ أُنزِلَ فِيهِ ٱلْقُرْءَانُ هُدًى لِّلنَّاسِ
وَبَيِّنَٰتٍ مِّنَ ٱلْهُدَىٰ وَٱلْفُرْقَانِ ۚ فَمَن شَهِدَ مِنكُمُ
ٱلشَّهْرَ فَلْيَصُمْهُ ۖ وَمَن كَانَ مَرِيضًا أَوْ عَلَىٰ سَفَرٍ فَعِدَّةٌ

مِّنْ أَيَّامٍ أُخَرَ ۗ يُرِيدُ ٱللَّهُ بِكُمُ ٱلْيُسْرَ وَلَا يُرِيدُ بِكُمُ
ٱلْعُسْرَ وَلِتُكْمِلُوا۟ ٱلْعِدَّةَ وَلِتُكَبِّرُوا۟ ٱللَّهَ عَلَىٰ مَا
هَدَىٰكُمْ وَلَعَلَّكُمْ تَشْكُرُونَ ﴿١٨٥﴾ وَإِذَا سَأَلَكَ
عِبَادِي عَنِّي فَإِنِّي قَرِيبٌ ۖ أُجِيبُ دَعْوَةَ ٱلدَّاعِ إِذَا دَعَانِ ۖ
فَلْيَسْتَجِيبُوا۟ لِي وَلْيُؤْمِنُوا۟ بِي لَعَلَّهُمْ يَرْشُدُونَ ﴿١٨٦﴾
2-2-29
أُحِلَّ لَكُمْ لَيْلَةَ ٱلصِّيَامِ ٱلرَّفَثُ إِلَىٰ نِسَآئِكُمْ ۚ هُنَّ
لِبَاسٌ لَّكُمْ وَأَنتُمْ لِبَاسٌ لَّهُنَّ ۗ عَلِمَ ٱللَّهُ أَنَّكُمْ كُنتُمْ
تَخْتَانُونَ أَنفُسَكُمْ فَتَابَ عَلَيْكُمْ وَعَفَا عَنكُمْ ۖ فَٱلْـَٰٔنَ
بَٰشِرُوهُنَّ وَٱبْتَغُوا۟ مَا كَتَبَ ٱللَّهُ لَكُمْ ۚ وَكُلُوا۟ وَٱشْرَبُوا۟
حَتَّىٰ يَتَبَيَّنَ لَكُمُ ٱلْخَيْطُ ٱلْأَبْيَضُ مِنَ ٱلْخَيْطِ ٱلْأَسْوَدِ مِنَ
ٱلْفَجْرِ ۖ ثُمَّ أَتِمُّوا۟ ٱلصِّيَامَ إِلَى ٱلَّيْلِ ۚ وَلَا تُبَٰشِرُوهُنَّ وَأَنتُمْ
عَٰكِفُونَ فِي ٱلْمَسَٰجِدِ ۗ تِلْكَ حُدُودُ ٱللَّهِ فَلَا تَقْرَبُوهَا ۗ كَذَٰلِكَ
يُبَيِّنُ ٱللَّهُ ءَايَٰتِهِۦ لِلنَّاسِ لَعَلَّهُمْ يَتَّقُونَ ﴿١٨٧﴾ وَلَا تَأْكُلُوٓا۟
أَمْوَٰلَكُم بَيْنَكُم بِٱلْبَٰطِلِ وَتُدْلُوا۟ بِهَآ إِلَى ٱلْحُكَّامِ
لِتَأْكُلُوا۟ فَرِيقًا مِّنْ أَمْوَٰلِ ٱلنَّاسِ بِٱلْإِثْمِ وَأَنتُمْ تَعْلَمُونَ ﴿١٨٨﴾
۞ يَسْـَٔلُونَكَ عَنِ ٱلْأَهِلَّةِ ۖ قُلْ هِيَ مَوَٰقِيتُ لِلنَّاسِ وَٱلْحَجِّ ۗ
وَلَيْسَ ٱلْبِرُّ بِأَن تَأْتُوا۟ ٱلْبُيُوتَ مِن ظُهُورِهَا وَلَٰكِنَّ ٱلْبِرَّ
مَنِ ٱتَّقَىٰ ۗ وَأْتُوا۟ ٱلْبُيُوتَ مِنْ أَبْوَٰبِهَا ۚ وَٱتَّقُوا۟ ٱللَّهَ
لَعَلَّكُمْ تُفْلِحُونَ ﴿١٨٩﴾ وَقَٰتِلُوا۟ فِي سَبِيلِ ٱللَّهِ ٱلَّذِينَ
يُقَٰتِلُونَكُمْ وَلَا تَعْتَدُوٓا۟ ۚ إِنَّ ٱللَّهَ لَا يُحِبُّ ٱلْمُعْتَدِينَ ﴿١٩٠﴾
2-2-30
وَٱقْتُلُوهُمْ حَيْثُ ثَقِفْتُمُوهُمْ وَأَخْرِجُوهُم مِّنْ حَيْثُ أَخْرَجُوكُمْ ۚ وَٱلْفِتْنَةُ
أَشَدُّ مِنَ ٱلْقَتْلِ ۚ وَلَا تُقَٰتِلُوهُمْ عِندَ ٱلْمَسْجِدِ ٱلْحَرَامِ حَتَّىٰ يُقَٰتِلُوكُمْ
فِيهِ ۖ فَإِن قَٰتَلُوكُمْ فَٱقْتُلُوهُمْ ۗ كَذَٰلِكَ جَزَآءُ ٱلْكَٰفِرِينَ ﴿١٩١﴾ فَإِنِ ٱنتَهَوْا۟
فَإِنَّ ٱللَّهَ غَفُورٌ رَّحِيمٌ ﴿١٩٢﴾ وَقَٰتِلُوهُمْ حَتَّىٰ لَا تَكُونَ فِتْنَةٌ وَيَكُونَ
ٱلدِّينُ لِلَّهِ ۖ فَإِنِ ٱنتَهَوْا۟ فَلَا عُدْوَٰنَ إِلَّا عَلَى ٱلظَّٰلِمِينَ ﴿١٩٣﴾ ٱلشَّهْرُ ٱلْحَرَامُ
بِٱلشَّهْرِ ٱلْحَرَامِ وَٱلْحُرُمَٰتُ قِصَاصٌ ۚ فَمَنِ ٱعْتَدَىٰ عَلَيْكُمْ فَٱعْتَدُوا۟
عَلَيْهِ بِمِثْلِ مَا ٱعْتَدَىٰ عَلَيْكُمْ ۚ وَٱتَّقُوا۟ ٱللَّهَ وَٱعْلَمُوٓا۟ أَنَّ ٱللَّهَ مَعَ
ٱلْمُتَّقِينَ ﴿١٩٤﴾ وَأَنفِقُوا۟ فِي سَبِيلِ ٱللَّهِ وَلَا تُلْقُوا۟ بِأَيْدِيكُمْ إِلَى ٱلتَّهْلُكَةِ ۛ
وَأَحْسِنُوٓا۟ ۛ إِنَّ ٱللَّهَ يُحِبُّ ٱلْمُحْسِنِينَ ﴿١٩٥﴾ وَأَتِمُّوا۟ ٱلْحَجَّ وَٱلْعُمْرَةَ لِلَّهِ ۚ
فَإِنْ أُحْصِرْتُمْ فَمَا ٱسْتَيْسَرَ مِنَ ٱلْهَدْيِ ۖ وَلَا تَحْلِقُوا۟ رُءُوسَكُمْ حَتَّىٰ يَبْلُغَ
ٱلْهَدْيُ مَحِلَّهُۥ ۚ فَمَن كَانَ مِنكُم مَّرِيضًا أَوْ بِهِۦٓ أَذًى مِّن رَّأْسِهِۦ فَفِدْيَةٌ
مِّن صِيَامٍ أَوْ صَدَقَةٍ أَوْ نُسُكٍ ۚ فَإِذَآ أَمِنتُمْ فَمَن تَمَتَّعَ بِٱلْعُمْرَةِ إِلَى ٱلْحَجِّ
فَمَا ٱسْتَيْسَرَ مِنَ ٱلْهَدْيِ ۚ فَمَن لَّمْ يَجِدْ فَصِيَامُ ثَلَٰثَةِ أَيَّامٍ فِي ٱلْحَجِّ
وَسَبْعَةٍ إِذَا رَجَعْتُمْ ۗ تِلْكَ عَشَرَةٌ كَامِلَةٌ ۗ ذَٰلِكَ لِمَن لَّمْ يَكُنْ أَهْلُهُۥ حَاضِرِي
ٱلْمَسْجِدِ ٱلْحَرَامِ ۚ وَٱتَّقُوا۟ ٱللَّهَ وَٱعْلَمُوٓا۟ أَنَّ ٱللَّهَ شَدِيدُ ٱلْعِقَابِ ﴿١٩٦﴾
2-2-31
ٱلْحَجُّ أَشْهُرٌ مَّعْلُومَٰتٌ ۚ فَمَن فَرَضَ فِيهِنَّ ٱلْحَجَّ فَلَا
رَفَثَ وَلَا فُسُوقَ وَلَا جِدَالَ فِي ٱلْحَجِّ ۗ وَمَا تَفْعَلُوا۟ مِنْ
خَيْرٍ يَعْلَمْهُ ٱللَّهُ ۗ وَتَزَوَّدُوا۟ فَإِنَّ خَيْرَ ٱلزَّادِ ٱلتَّقْوَىٰ ۚ
وَٱتَّقُونِ يَٰٓأُو۟لِي ٱلْأَلْبَٰبِ ﴿١٩٧﴾ لَيْسَ عَلَيْكُمْ جُنَاحٌ
أَن تَبْتَغُوا۟ فَضْلًا مِّن رَّبِّكُمْ ۚ فَإِذَآ أَفَضْتُم مِّنْ
عَرَفَٰتٍ فَٱذْكُرُوا۟ ٱللَّهَ عِندَ ٱلْمَشْعَرِ ٱلْحَرَامِ ۖ
وَٱذْكُرُوهُ كَمَا هَدَىٰكُمْ وَإِن كُنتُم مِّن قَبْلِهِۦ
لَمِنَ ٱلضَّآلِّينَ ﴿١٩٨﴾ ثُمَّ أَفِيضُوا۟ مِنْ حَيْثُ أَفَاضَ
ٱلنَّاسُ وَٱسْتَغْفِرُوا۟ ٱللَّهَ ۚ إِنَّ ٱللَّهَ غَفُورٌ رَّحِيمٌ ﴿١٩٩﴾
فَإِذَا قَضَيْتُم مَّنَٰسِكَكُمْ فَٱذْكُرُوا۟ ٱللَّهَ كَذِكْرِكُمْ
ءَابَآءَكُمْ أَوْ أَشَدَّ ذِكْرًا ۗ فَمِنَ ٱلنَّاسِ مَن يَقُولُ
رَبَّنَآ ءَاتِنَا فِي ٱلدُّنْيَا وَمَا لَهُۥ فِي ٱلْءَاخِرَةِ مِنْ خَلَٰقٍ ﴿٢٠٠﴾
وَمِنْهُم مَّن يَقُولُ رَبَّنَآ ءَاتِنَا فِي ٱلدُّنْيَا حَسَنَةً
وَفِي ٱلْءَاخِرَةِ حَسَنَةً وَقِنَا عَذَابَ ٱلنَّارِ ﴿٢٠١﴾ أُو۟لَٰٓئِكَ
لَهُمْ نَصِيبٌ مِّمَّا كَسَبُوا۟ ۚ وَٱللَّهُ سَرِيعُ ٱلْحِسَابِ ﴿٢٠٢﴾

البقرة ٢. - 2.al-Baqarah [202]

2-2-32 * واذكروا الله في أيام معدودات فمن تعجل في
يومين فلا إثم عليه ومن تأخر فلا إثم عليه لمن
اتقى واتقوا الله واعلموا أنكم إليه تحشرون ٢٠٣
ومن الناس من يعجبك قوله في الحياة الدنيا
ويشهد الله على ما في قلبه وهو ألد الخصام ٢٠٤
وإذا تولى سعى في الأرض ليفسد فيها ويهلك الحرث
والنسل والله لا يحب الفساد ٢٠٥ وإذا قيل له اتق الله
أخذته العزة بالإثم فحسبه جهنم ولبئس
المهاد ٢٠٦ ومن الناس من يشري نفسه ابتغاء
مرضات الله والله رءوف بالعباد ٢٠٧ يا أيها الذين
آمنوا ادخلوا في السلم كافة ولا تتبعوا خطوات
الشيطان إنه لكم عدو مبين ٢٠٨ فإن زللتم من بعد
ما جاءتكم البينات فاعلموا أن الله عزيز حكيم ٢٠٩
هل ينظرون إلا أن يأتيهم الله في ظلل من الغمام
والملائكة وقضي الأمر وإلى الله ترجع الأمور ٢١٠
2-2-33 سل بني إسرائيل كم آتيناهم من آية بينة ومن يبدل نعمة
الله من بعد ما جاءته فإن الله شديد العقاب ٢١١ زين
للذين كفروا الحياة الدنيا ويسخرون من الذين آمنوا والذين
اتقوا فوقهم يوم القيامة والله يرزق من يشاء بغير حساب ٢١٢
كان الناس أمة واحدة فبعث الله النبيين مبشرين
ومنذرين وأنزل معهم الكتاب بالحق ليحكم بين الناس
فيما اختلفوا فيه وما اختلف فيه إلا الذين أوتوه من بعد
ما جاءتهم البينات بغيا بينهم فهدى الله الذين آمنوا
لما اختلفوا فيه من الحق بإذنه والله يهدي من يشاء
إلى صراط مستقيم ٢١٣ أم حسبتم أن تدخلوا الجنة ولما
يأتكم مثل الذين خلوا من قبلكم مستهم البأساء والضراء
وزلزلوا حتى يقول الرسول والذين آمنوا معه متى نصر
الله ألا إن نصر الله قريب ٢١٤ يسألونك ماذا ينفقون قل
ما أنفقتم من خير فللوالدين والأقربين واليتامى والمساكين
وابن السبيل وما تفعلوا من خير فإن الله به عليم ٢١٥
2-2-34 كتب عليكم القتال وهو كره لكم وعسى أن تكرهوا
شيئا وهو خير لكم وعسى أن تحبوا شيئا وهو شر
لكم والله يعلم وأنتم لا تعلمون ٢١٦ يسألونك عن الشهر
الحرام قتال فيه قل قتال فيه كبير وصد عن سبيل
الله وكفر به والمسجد الحرام وإخراج أهله منه
أكبر عند الله والفتنة أكبر من القتل ولا يزالون
يقاتلونكم حتى يردوكم عن دينكم إن استطاعوا ومن
يرتدد منكم عن دينه فيمت وهو كافر فأولئك
حبطت أعمالهم في الدنيا والآخرة وأولئك أصحاب
النار هم فيها خالدون ٢١٧ إن الذين آمنوا والذين
هاجروا وجاهدوا في سبيل الله أولئك يرجون رحمت
الله والله غفور رحيم ٢١٨ * يسألونك عن الخمر والميسر
قل فيهما إثم كبير ومنافع للناس وإثمهما أكبر
من نفعهما ويسألونك ماذا ينفقون قل العفو كذلك
يبين الله لكم الآيات لعلكم تتفكرون ٢١٩
2-2-35 في الدنيا والآخرة ويسألونك عن اليتامى قل إصلاح لهم
خير وإن تخالطوهم فإخوانكم والله يعلم المفسد من
المصلح ولو شاء الله لأعنتكم إن الله عزيز حكيم ٢٢٠
ولا تنكحوا المشركات حتى يؤمن ولأمة مؤمنة
خير من مشركة ولو أعجبتكم ولا تنكحوا المشركين

حتى يؤمنوا ولعبد مؤمن خير من مشرك ولو أعجبكم
أولئك يدعون إلى النار والله يدعو إلى الجنة والمغفرة
بإذنه ويبين آياته للناس لعلهم يتذكرون ٢٢١
ويسألونك عن المحيض قل هو أذى فاعتزلوا النساء في
المحيض ولا تقربوهن حتى يطهرن فإذا تطهرن فأتوهن
من حيث أمركم الله إن الله يحب التوابين ويحب المتطهرين ٢٢٢
نساؤكم حرث لكم فأتوا حرثكم أنى شئتم وقدموا
لأنفسكم واتقوا الله واعلموا أنكم ملاقوه وبشر
المؤمنين ٢٢٣ ولا تجعلوا الله عرضة لأيمانكم أن تبروا
وتتقوا وتصلحوا بين الناس والله سميع عليم ٢٢٤
2-2-36 لا يؤاخذكم الله باللغو في أيمانكم ولكن يؤاخذكم بما كسبت
قلوبكم والله غفور حليم ٢٢٥ للذين يؤلون من نسائهم تربص
أربعة أشهر فإن فاءو فإن الله غفور رحيم ٢٢٦ وإن عزموا
الطلاق فإن الله سميع عليم ٢٢٧ والمطلقات يتربصن بأنفسهن
ثلاثة قروء ولا يحل لهن أن يكتمن ما خلق الله في أرحامهن
إن كن يؤمن بالله واليوم الآخر وبعولتهن أحق بردهن في
ذلك إن أرادوا إصلاحا ولهن مثل الذي عليهن بالمعروف
وللرجال عليهن درجة والله عزيز حكيم ٢٢٨ الطلاق مرتان
فإمساك بمعروف أو تسريح بإحسان ولا يحل لكم أن تأخذوا
مما آتيتموهن شيئا إلا أن يخافا ألا يقيما حدود الله
فإن خفتم ألا يقيما حدود الله فلا جناح عليهما فيما افتدت
به تلك حدود الله فلا تعتدوها ومن يتعد حدود الله فأولئك
هم الظالمون ٢٢٩ فإن طلقها فلا تحل له من بعد حتى تنكح زوجا
غيره فإن طلقها فلا جناح عليهما أن يتراجعا إن ظنا أن
يقيما حدود الله وتلك حدود الله يبينها لقوم يعلمون ٢٣٠
2-2-37 وإذا طلقتم النساء فبلغن أجلهن فأمسكوهن بمعروف
أو سرحوهن بمعروف ولا تمسكوهن ضرارا لتعتدوا ومن
يفعل ذلك فقد ظلم نفسه ولا تتخذوا آيات الله هزوا
واذكروا نعمت الله عليكم وما أنزل عليكم من الكتاب والحكمة
يعظكم به واتقوا الله واعلموا أن الله بكل شيء عليم ٢٣١ وإذا
طلقتم النساء فبلغن أجلهن فلا تعضلوهن أن ينكحن
أزواجهن إذا تراضوا بينهم بالمعروف ذلك يوعظ به من كان
منكم يؤمن بالله واليوم الآخر ذلكم أزكى لكم وأطهر والله
يعلم وأنتم لا تعلمون ٢٣٢ * والوالدات يرضعن أولادهن حولين
كاملين لمن أراد أن يتم الرضاعة وعلى المولود له رزقهن
وكسوتهن بالمعروف لا تكلف نفس إلا وسعها لا تضار
والدة بولدها ولا مولود له بولده وعلى الوارث مثل ذلك فإن
أرادا فصالا عن تراض منهما وتشاور فلا جناح عليهما وإن
أردتم أن تسترضعوا أولادكم فلا جناح عليكم إذا سلمتم ما
آتيتم بالمعروف واتقوا الله واعلموا أن الله بما تعملون بصير ٢٣٣
2-2-38 والذين يتوفون منكم ويذرون أزواجا يتربصن بأنفسهن
أربعة أشهر وعشرا فإذا بلغن أجلهن فلا جناح عليكم
فيما فعلن في أنفسهن بالمعروف والله بما تعملون خبير ٢٣٤
ولا جناح عليكم فيما عرضتم به من خطبة النساء
أو أكننتم في أنفسكم علم الله أنكم ستذكرونهن
ولكن لا تواعدوهن سرا إلا أن تقولوا قولا معروفا
ولا تعزموا عقدة النكاح حتى يبلغ الكتاب أجله
واعلموا أن الله يعلم ما في أنفسكم فاحذروه واعلموا
أن الله غفور حليم ٢٣٥ لا جناح عليكم إن طلقتم النساء
ما لم تمسوهن أو تفرضوا لهن فريضة ومتعوهن على

الموسع قدره وعلى المقتر قدره متاعا بالمعروف حقا على
المحسنين ٢٣٦ وإن طلقتموهن من قبل أن تمسوهن وقد
فرضتم لهن فريضة فنصف ما فرضتم إلا أن يعفون
أو يعفو الذي بيده عقدة النكاح وأن تعفوا أقرب للتقوى
ولا تنسوا الفضل بينكم إن الله بما تعملون بصير ٢٣٧
2-2-39 حافظوا على الصلوات والصلاة الوسطى وقوموا لله
قانتين ٢٣٨ فإن خفتم فرجالا أو ركبانا فإذا أمنتم
فاذكروا الله كما علمكم ما لم تكونوا تعلمون ٢٣٩
والذين يتوفون منكم ويذرون أزواجا
وصية لأزواجهم متاعا إلى الحول غير إخراج فإن
خرجن فلا جناح عليكم في ما فعلن في أنفسهن
من معروف والله عزيز حكيم ٢٤٠ وللمطلقات متاع
بالمعروف حقا على المتقين ٢٤١ كذلك يبين
الله لكم آياته لعلكم تعقلون ٢٤٢ * ألم تر
إلى الذين خرجوا من ديارهم وهم ألوف حذر الموت
فقال لهم الله موتوا ثم أحياهم إن الله لذو فضل
على الناس ولكن أكثر الناس لا يشكرون ٢٤٣
وقاتلوا في سبيل الله واعلموا أن الله سميع عليم ٢٤٤ من
ذا الذي يقرض الله قرضا حسنا فيضاعفه له أضعافا
كثيرة والله يقبض ويبصط وإليه ترجعون ٢٤٥
2-2-40 ألم تر إلى الملإ من بني إسرائيل من بعد موسى إذ
قالوا لنبي لهم ابعث لنا ملكا نقاتل في سبيل الله
قال هل عسيتم إن كتب عليكم القتال ألا تقاتلوا
قالوا وما لنا ألا نقاتل في سبيل الله وقد أخرجنا
من ديارنا وأبنائنا فلما كتب عليهم القتال تولوا
إلا قليلا منهم والله عليم بالظالمين ٢٤٦ وقال لهم
نبيهم إن الله قد بعث لكم طالوت ملكا
قالوا أنى يكون له الملك علينا ونحن أحق
بالملك منه ولم يؤت سعة من المال قال إن الله
اصطفاه عليكم وزاده بسطة في العلم والجسم
والله يؤتي ملكه من يشاء والله واسع عليم ٢٤٧
وقال لهم نبيهم إن آية ملكه أن يأتيكم
التابوت فيه سكينة من ربكم وبقية مما
ترك آل موسى وآل هارون تحمله الملائكة
إن في ذلك لآية لكم إن كنتم مؤمنين ٢٤٨
2-2-41 فلما فصل طالوت بالجنود قال إن الله مبتليكم
بنهر فمن شرب منه فليس مني ومن لم يطعمه
فإنه مني إلا من اغترف غرفة بيده فشربوا منه
إلا قليلا منهم فلما جاوزه هو والذين آمنوا
معه قالوا لا طاقة لنا اليوم بجالوت وجنوده
قال الذين يظنون أنهم ملاقوا الله كم من فئة
قليلة غلبت فئة كثيرة بإذن الله والله مع
الصابرين ٢٤٩ ولما برزوا لجالوت وجنوده قالوا
ربنا أفرغ علينا صبرا وثبت أقدامنا وانصرنا
على القوم الكافرين ٢٥٠ فهزموهم بإذن الله
وقتل داوود جالوت وآتاه الله الملك
والحكمة وعلمه مما يشاء ولولا دفع الله الناس
بعضهم ببعض لفسدت الأرض ولكن الله ذو
فضل على العالمين ٢٥١ تلك آيات الله نتلوها
عليك بالحق وإنك لمن المرسلين ٢٥٢

3-2-42
۞ تِلْكَ الرُّسُلُ فَضَّلْنَا بَعْضَهُمْ عَلَىٰ بَعْضٍ ۘ مِّنْهُم مَّن كَلَّمَ اللَّهُ ۖ وَرَفَعَ بَعْضَهُمْ دَرَجَاتٍ ۚ وَآتَيْنَا عِيسَى ابْنَ مَرْيَمَ الْبَيِّنَاتِ وَأَيَّدْنَاهُ بِرُوحِ الْقُدُسِ ۗ وَلَوْ شَاءَ اللَّهُ مَا اقْتَتَلَ الَّذِينَ مِن بَعْدِهِم مِّن بَعْدِ مَا جَاءَتْهُمُ الْبَيِّنَاتُ وَلَٰكِنِ اخْتَلَفُوا فَمِنْهُم مَّنْ آمَنَ وَمِنْهُم مَّن كَفَرَ ۚ وَلَوْ شَاءَ اللَّهُ مَا اقْتَتَلُوا وَلَٰكِنَّ اللَّهَ يَفْعَلُ مَا يُرِيدُ ﴿٢٥٣﴾ يَا أَيُّهَا الَّذِينَ آمَنُوا أَنفِقُوا مِمَّا رَزَقْنَاكُم مِّن قَبْلِ أَن يَأْتِيَ يَوْمٌ لَّا بَيْعٌ فِيهِ وَلَا خُلَّةٌ وَلَا شَفَاعَةٌ ۗ وَالْكَافِرُونَ هُمُ الظَّالِمُونَ ﴿٢٥٤﴾ اللَّهُ لَا إِلَٰهَ إِلَّا هُوَ الْحَيُّ الْقَيُّومُ ۚ لَا تَأْخُذُهُ سِنَةٌ وَلَا نَوْمٌ ۚ لَّهُ مَا فِي السَّمَاوَاتِ وَمَا فِي الْأَرْضِ ۗ مَن ذَا الَّذِي يَشْفَعُ عِندَهُ إِلَّا بِإِذْنِهِ ۚ يَعْلَمُ مَا بَيْنَ أَيْدِيهِمْ وَمَا خَلْفَهُمْ ۖ وَلَا يُحِيطُونَ بِشَيْءٍ مِّنْ عِلْمِهِ إِلَّا بِمَا شَاءَ ۚ وَسِعَ كُرْسِيُّهُ السَّمَاوَاتِ وَالْأَرْضَ ۖ وَلَا يَئُودُهُ حِفْظُهُمَا ۚ وَهُوَ الْعَلِيُّ الْعَظِيمُ ﴿٢٥٥﴾ لَا إِكْرَاهَ فِي الدِّينِ ۖ قَد تَّبَيَّنَ الرُّشْدُ مِنَ الْغَيِّ ۚ فَمَن يَكْفُرْ بِالطَّاغُوتِ وَيُؤْمِن بِاللَّهِ فَقَدِ اسْتَمْسَكَ بِالْعُرْوَةِ الْوُثْقَىٰ لَا انفِصَامَ لَهَا ۗ وَاللَّهُ سَمِيعٌ عَلِيمٌ ﴿٢٥٦﴾

3-2-43
اللَّهُ وَلِيُّ الَّذِينَ آمَنُوا يُخْرِجُهُم مِّنَ الظُّلُمَاتِ إِلَى النُّورِ ۖ وَالَّذِينَ كَفَرُوا أَوْلِيَاؤُهُمُ الطَّاغُوتُ يُخْرِجُونَهُم مِّنَ النُّورِ إِلَى الظُّلُمَاتِ ۗ أُولَٰئِكَ أَصْحَابُ النَّارِ ۖ هُمْ فِيهَا خَالِدُونَ ﴿٢٥٧﴾ أَلَمْ تَرَ إِلَى الَّذِي حَاجَّ إِبْرَاهِيمَ فِي رَبِّهِ أَنْ آتَاهُ اللَّهُ الْمُلْكَ إِذْ قَالَ إِبْرَاهِيمُ رَبِّيَ الَّذِي يُحْيِي وَيُمِيتُ قَالَ أَنَا أُحْيِي وَأُمِيتُ ۖ قَالَ إِبْرَاهِيمُ فَإِنَّ اللَّهَ يَأْتِي بِالشَّمْسِ مِنَ الْمَشْرِقِ فَأْتِ بِهَا مِنَ الْمَغْرِبِ فَبُهِتَ الَّذِي كَفَرَ ۗ وَاللَّهُ لَا يَهْدِي الْقَوْمَ الظَّالِمِينَ ﴿٢٥٨﴾ أَوْ كَالَّذِي مَرَّ عَلَىٰ قَرْيَةٍ وَهِيَ خَاوِيَةٌ عَلَىٰ عُرُوشِهَا قَالَ أَنَّىٰ يُحْيِي هَٰذِهِ اللَّهُ بَعْدَ مَوْتِهَا ۖ فَأَمَاتَهُ اللَّهُ مِائَةَ عَامٍ ثُمَّ بَعَثَهُ ۖ قَالَ كَمْ لَبِثْتَ ۖ قَالَ لَبِثْتُ يَوْمًا أَوْ بَعْضَ يَوْمٍ ۖ قَالَ بَل لَّبِثْتَ مِائَةَ عَامٍ فَانظُرْ إِلَىٰ طَعَامِكَ وَشَرَابِكَ لَمْ يَتَسَنَّهْ ۖ وَانظُرْ إِلَىٰ حِمَارِكَ وَلِنَجْعَلَكَ آيَةً لِّلنَّاسِ ۖ وَانظُرْ إِلَى الْعِظَامِ كَيْفَ نُنشِزُهَا ثُمَّ نَكْسُوهَا لَحْمًا ۚ فَلَمَّا تَبَيَّنَ لَهُ قَالَ أَعْلَمُ أَنَّ اللَّهَ عَلَىٰ كُلِّ شَيْءٍ قَدِيرٌ ﴿٢٥٩﴾

3-2-44
وَإِذْ قَالَ إِبْرَاهِيمُ رَبِّ أَرِنِي كَيْفَ تُحْيِي الْمَوْتَىٰ ۖ قَالَ أَوَلَمْ تُؤْمِن ۖ قَالَ بَلَىٰ وَلَٰكِن لِّيَطْمَئِنَّ قَلْبِي ۖ قَالَ فَخُذْ أَرْبَعَةً مِّنَ الطَّيْرِ فَصُرْهُنَّ إِلَيْكَ ثُمَّ اجْعَلْ عَلَىٰ كُلِّ جَبَلٍ مِّنْهُنَّ جُزْءًا ثُمَّ ادْعُهُنَّ يَأْتِينَكَ سَعْيًا ۚ وَاعْلَمْ أَنَّ اللَّهَ عَزِيزٌ حَكِيمٌ ﴿٢٦٠﴾ مَّثَلُ الَّذِينَ يُنفِقُونَ أَمْوَالَهُمْ فِي سَبِيلِ اللَّهِ كَمَثَلِ حَبَّةٍ أَنبَتَتْ سَبْعَ سَنَابِلَ فِي كُلِّ سُنبُلَةٍ مِّائَةُ حَبَّةٍ ۗ وَاللَّهُ يُضَاعِفُ لِمَن يَشَاءُ ۗ وَاللَّهُ وَاسِعٌ عَلِيمٌ ﴿٢٦١﴾ الَّذِينَ يُنفِقُونَ أَمْوَالَهُمْ فِي سَبِيلِ اللَّهِ ثُمَّ لَا يُتْبِعُونَ مَا أَنفَقُوا مَنًّا وَلَا أَذًى ۙ لَّهُمْ أَجْرُهُمْ عِندَ رَبِّهِمْ وَلَا خَوْفٌ عَلَيْهِمْ وَلَا هُمْ يَحْزَنُونَ ﴿٢٦٢﴾ ۞ قَوْلٌ مَّعْرُوفٌ وَمَغْفِرَةٌ خَيْرٌ مِّن صَدَقَةٍ يَتْبَعُهَا أَذًى ۗ وَاللَّهُ غَنِيٌّ حَلِيمٌ ﴿٢٦٣﴾ يَا أَيُّهَا الَّذِينَ آمَنُوا لَا تُبْطِلُوا صَدَقَاتِكُم بِالْمَنِّ وَالْأَذَىٰ كَالَّذِي يُنفِقُ مَالَهُ رِئَاءَ النَّاسِ وَلَا يُؤْمِنُ بِاللَّهِ وَالْيَوْمِ الْآخِرِ ۖ فَمَثَلُهُ كَمَثَلِ صَفْوَانٍ عَلَيْهِ تُرَابٌ فَأَصَابَهُ وَابِلٌ فَتَرَكَهُ صَلْدًا ۖ لَّا يَقْدِرُونَ عَلَىٰ شَيْءٍ مِّمَّا كَسَبُوا ۗ وَاللَّهُ لَا يَهْدِي الْقَوْمَ الْكَافِرِينَ ﴿٢٦٤﴾

3-2-45
وَمَثَلُ الَّذِينَ يُنفِقُونَ أَمْوَالَهُمُ ابْتِغَاءَ مَرْضَاتِ اللَّهِ وَتَثْبِيتًا مِّنْ أَنفُسِهِمْ كَمَثَلِ جَنَّةٍ بِرَبْوَةٍ أَصَابَهَا وَابِلٌ فَآتَتْ أُكُلَهَا ضِعْفَيْنِ فَإِن لَّمْ يُصِبْهَا وَابِلٌ فَطَلٌّ ۗ وَاللَّهُ بِمَا تَعْمَلُونَ بَصِيرٌ ﴿٢٦٥﴾ أَيَوَدُّ أَحَدُكُمْ أَن تَكُونَ لَهُ جَنَّةٌ مِّن نَّخِيلٍ وَأَعْنَابٍ تَجْرِي مِن تَحْتِهَا الْأَنْهَارُ لَهُ فِيهَا مِن كُلِّ الثَّمَرَاتِ وَأَصَابَهُ الْكِبَرُ وَلَهُ ذُرِّيَّةٌ ضُعَفَاءُ فَأَصَابَهَا إِعْصَارٌ فِيهِ نَارٌ فَاحْتَرَقَتْ ۗ كَذَٰلِكَ يُبَيِّنُ اللَّهُ لَكُمُ الْآيَاتِ لَعَلَّكُمْ تَتَفَكَّرُونَ ﴿٢٦٦﴾ يَا أَيُّهَا الَّذِينَ آمَنُوا أَنفِقُوا مِن طَيِّبَاتِ مَا كَسَبْتُمْ وَمِمَّا أَخْرَجْنَا لَكُم مِّنَ الْأَرْضِ ۖ وَلَا تَيَمَّمُوا الْخَبِيثَ مِنْهُ تُنفِقُونَ وَلَسْتُم بِآخِذِيهِ إِلَّا أَن تُغْمِضُوا فِيهِ ۚ وَاعْلَمُوا أَنَّ اللَّهَ غَنِيٌّ حَمِيدٌ ﴿٢٦٧﴾ الشَّيْطَانُ يَعِدُكُمُ الْفَقْرَ وَيَأْمُرُكُم بِالْفَحْشَاءِ ۖ وَاللَّهُ يَعِدُكُم مَّغْفِرَةً مِّنْهُ وَفَضْلًا ۗ وَاللَّهُ وَاسِعٌ عَلِيمٌ ﴿٢٦٨﴾ يُؤْتِي الْحِكْمَةَ مَن يَشَاءُ ۚ وَمَن يُؤْتَ الْحِكْمَةَ فَقَدْ أُوتِيَ خَيْرًا كَثِيرًا ۗ وَمَا يَذَّكَّرُ إِلَّا أُولُو الْأَلْبَابِ ﴿٢٦٩﴾

3-2-46
وَمَا أَنفَقْتُم مِّن نَّفَقَةٍ أَوْ نَذَرْتُم مِّن نَّذْرٍ فَإِنَّ اللَّهَ يَعْلَمُهُ ۗ وَمَا لِلظَّالِمِينَ مِنْ أَنصَارٍ ﴿٢٧٠﴾ إِن تُبْدُوا الصَّدَقَاتِ فَنِعِمَّا هِيَ ۖ وَإِن تُخْفُوهَا وَتُؤْتُوهَا الْفُقَرَاءَ فَهُوَ خَيْرٌ لَّكُمْ ۚ وَيُكَفِّرُ عَنكُم مِّن سَيِّئَاتِكُمْ ۗ وَاللَّهُ بِمَا تَعْمَلُونَ خَبِيرٌ ﴿٢٧١﴾ ۞ لَّيْسَ عَلَيْكَ هُدَاهُمْ وَلَٰكِنَّ اللَّهَ يَهْدِي مَن يَشَاءُ ۗ وَمَا تُنفِقُوا مِنْ خَيْرٍ فَلِأَنفُسِكُمْ ۚ وَمَا تُنفِقُونَ إِلَّا ابْتِغَاءَ وَجْهِ اللَّهِ ۚ وَمَا تُنفِقُوا مِنْ خَيْرٍ يُوَفَّ إِلَيْكُمْ وَأَنتُمْ لَا تُظْلَمُونَ ﴿٢٧٢﴾ لِلْفُقَرَاءِ الَّذِينَ أُحْصِرُوا فِي سَبِيلِ اللَّهِ لَا يَسْتَطِيعُونَ ضَرْبًا فِي الْأَرْضِ يَحْسَبُهُمُ الْجَاهِلُ أَغْنِيَاءَ مِنَ التَّعَفُّفِ تَعْرِفُهُم بِسِيمَاهُمْ لَا يَسْأَلُونَ النَّاسَ إِلْحَافًا ۗ وَمَا تُنفِقُوا مِنْ خَيْرٍ فَإِنَّ اللَّهَ بِهِ عَلِيمٌ ﴿٢٧٣﴾ الَّذِينَ يُنفِقُونَ أَمْوَالَهُم بِاللَّيْلِ وَالنَّهَارِ سِرًّا وَعَلَانِيَةً فَلَهُمْ أَجْرُهُمْ عِندَ رَبِّهِمْ وَلَا خَوْفٌ عَلَيْهِمْ وَلَا هُمْ يَحْزَنُونَ ﴿٢٧٤﴾

3-2-47
الَّذِينَ يَأْكُلُونَ الرِّبَا لَا يَقُومُونَ إِلَّا كَمَا يَقُومُ الَّذِي يَتَخَبَّطُهُ الشَّيْطَانُ مِنَ الْمَسِّ ۚ ذَٰلِكَ بِأَنَّهُمْ قَالُوا إِنَّمَا الْبَيْعُ مِثْلُ الرِّبَا ۗ وَأَحَلَّ اللَّهُ الْبَيْعَ وَحَرَّمَ الرِّبَا ۚ فَمَن جَاءَهُ مَوْعِظَةٌ مِّن رَّبِّهِ فَانتَهَىٰ فَلَهُ مَا سَلَفَ وَأَمْرُهُ إِلَى اللَّهِ ۖ وَمَنْ عَادَ فَأُولَٰئِكَ أَصْحَابُ النَّارِ ۖ هُمْ فِيهَا خَالِدُونَ ﴿٢٧٥﴾ يَمْحَقُ اللَّهُ الرِّبَا وَيُرْبِي الصَّدَقَاتِ ۗ وَاللَّهُ لَا يُحِبُّ كُلَّ كَفَّارٍ أَثِيمٍ ﴿٢٧٦﴾ إِنَّ الَّذِينَ آمَنُوا وَعَمِلُوا الصَّالِحَاتِ وَأَقَامُوا الصَّلَاةَ وَآتَوُا الزَّكَاةَ لَهُمْ أَجْرُهُمْ عِندَ رَبِّهِمْ وَلَا خَوْفٌ عَلَيْهِمْ وَلَا هُمْ يَحْزَنُونَ ﴿٢٧٧﴾ يَا أَيُّهَا الَّذِينَ آمَنُوا اتَّقُوا اللَّهَ وَذَرُوا مَا بَقِيَ مِنَ الرِّبَا إِن كُنتُم مُّؤْمِنِينَ ﴿٢٧٨﴾ فَإِن لَّمْ تَفْعَلُوا فَأْذَنُوا بِحَرْبٍ مِّنَ اللَّهِ وَرَسُولِهِ ۖ وَإِن تُبْتُمْ فَلَكُمْ رُءُوسُ أَمْوَالِكُمْ لَا تَظْلِمُونَ وَلَا تُظْلَمُونَ ﴿٢٧٩﴾ وَإِن كَانَ ذُو عُسْرَةٍ فَنَظِرَةٌ إِلَىٰ مَيْسَرَةٍ ۚ وَأَن تَصَدَّقُوا خَيْرٌ لَّكُمْ ۖ إِن كُنتُمْ تَعْلَمُونَ ﴿٢٨٠﴾ وَاتَّقُوا يَوْمًا تُرْجَعُونَ فِيهِ إِلَى اللَّهِ ۖ ثُمَّ تُوَفَّىٰ كُلُّ نَفْسٍ مَّا كَسَبَتْ وَهُمْ لَا يُظْلَمُونَ ﴿٢٨١﴾

3-2-48
يَا أَيُّهَا الَّذِينَ آمَنُوا إِذَا تَدَايَنتُم بِدَيْنٍ إِلَىٰ أَجَلٍ مُّسَمًّى فَاكْتُبُوهُ ۚ وَلْيَكْتُب بَّيْنَكُمْ كَاتِبٌ بِالْعَدْلِ ۚ وَلَا يَأْبَ كَاتِبٌ أَن يَكْتُبَ كَمَا عَلَّمَهُ اللَّهُ ۚ فَلْيَكْتُبْ وَلْيُمْلِلِ الَّذِي عَلَيْهِ الْحَقُّ وَلْيَتَّقِ اللَّهَ رَبَّهُ وَلَا يَبْخَسْ مِنْهُ شَيْئًا ۚ فَإِن كَانَ الَّذِي عَلَيْهِ الْحَقُّ سَفِيهًا أَوْ ضَعِيفًا أَوْ لَا يَسْتَطِيعُ أَن يُمِلَّ هُوَ فَلْيُمْلِلْ وَلِيُّهُ بِالْعَدْلِ ۚ وَاسْتَشْهِدُوا شَهِيدَيْنِ مِن رِّجَالِكُمْ ۖ فَإِن لَّمْ يَكُونَا رَجُلَيْنِ فَرَجُلٌ وَامْرَأَتَانِ مِمَّن تَرْضَوْنَ مِنَ الشُّهَدَاءِ أَن تَضِلَّ إِحْدَاهُمَا فَتُذَكِّرَ إِحْدَاهُمَا الْأُخْرَىٰ ۚ وَلَا يَأْبَ الشُّهَدَاءُ إِذَا مَا دُعُوا ۚ وَلَا تَسْأَمُوا أَن تَكْتُبُوهُ صَغِيرًا أَوْ كَبِيرًا إِلَىٰ أَجَلِهِ ۚ ذَٰلِكُمْ أَقْسَطُ عِندَ اللَّهِ وَأَقْوَمُ لِلشَّهَادَةِ وَأَدْنَىٰ أَلَّا تَرْتَابُوا ۖ إِلَّا أَن تَكُونَ تِجَارَةً حَاضِرَةً تُدِيرُونَهَا بَيْنَكُمْ فَلَيْسَ عَلَيْكُمْ جُنَاحٌ أَلَّا تَكْتُبُوهَا ۗ وَأَشْهِدُوا إِذَا تَبَايَعْتُمْ ۚ وَلَا يُضَارَّ كَاتِبٌ وَلَا شَهِيدٌ ۚ وَإِن تَفْعَلُوا فَإِنَّهُ فُسُوقٌ بِكُمْ ۗ وَاتَّقُوا اللَّهَ ۖ وَيُعَلِّمُكُمُ اللَّهُ ۗ وَاللَّهُ بِكُلِّ شَيْءٍ عَلِيمٌ ﴿٢٨٢﴾

3-2-49
۞ وَإِن كُنتُمْ عَلَىٰ سَفَرٍ وَلَمْ تَجِدُوا كَاتِبًا فَرِهَانٌ مَّقْبُوضَةٌ ۖ فَإِنْ أَمِنَ بَعْضُكُم بَعْضًا فَلْيُؤَدِّ الَّذِي اؤْتُمِنَ أَمَانَتَهُ وَلْيَتَّقِ اللَّهَ رَبَّهُ ۗ وَلَا تَكْتُمُوا الشَّهَادَةَ ۚ وَمَن يَكْتُمْهَا فَإِنَّهُ آثِمٌ قَلْبُهُ ۗ وَاللَّهُ بِمَا تَعْمَلُونَ عَلِيمٌ ﴿٢٨٣﴾ لِّلَّهِ مَا فِي السَّمَاوَاتِ وَمَا فِي الْأَرْضِ ۗ وَإِن تُبْدُوا مَا فِي أَنفُسِكُمْ أَوْ تُخْفُوهُ يُحَاسِبْكُم بِهِ اللَّهُ ۖ فَيَغْفِرُ لِمَن يَشَاءُ وَيُعَذِّبُ مَن يَشَاءُ ۗ وَاللَّهُ عَلَىٰ كُلِّ شَيْءٍ قَدِيرٌ ﴿٢٨٤﴾ آمَنَ الرَّسُولُ بِمَا أُنزِلَ إِلَيْهِ مِن رَّبِّهِ وَالْمُؤْمِنُونَ ۚ كُلٌّ آمَنَ بِاللَّهِ وَمَلَائِكَتِهِ وَكُتُبِهِ وَرُسُلِهِ لَا نُفَرِّقُ بَيْنَ أَحَدٍ مِّن رُّسُلِهِ ۚ وَقَالُوا سَمِعْنَا وَأَطَعْنَا ۖ غُفْرَانَكَ رَبَّنَا وَإِلَيْكَ الْمَصِيرُ ﴿٢٨٥﴾ لَا يُكَلِّفُ اللَّهُ نَفْسًا إِلَّا وُسْعَهَا ۚ لَهَا مَا كَسَبَتْ وَعَلَيْهَا مَا اكْتَسَبَتْ ۗ رَبَّنَا لَا تُؤَاخِذْنَا إِن نَّسِينَا أَوْ أَخْطَأْنَا ۚ رَبَّنَا وَلَا تَحْمِلْ عَلَيْنَا إِصْرًا كَمَا حَمَلْتَهُ عَلَى الَّذِينَ مِن قَبْلِنَا ۚ رَبَّنَا وَلَا تُحَمِّلْنَا مَا لَا طَاقَةَ لَنَا بِهِ ۖ وَاعْفُ عَنَّا وَاغْفِرْ لَنَا وَارْحَمْنَا ۚ أَنتَ مَوْلَانَا فَانصُرْنَا عَلَى الْقَوْمِ الْكَافِرِينَ ﴿٢٨٦﴾

3-3-50

سُورَةُ آلِ عِمْرَانَ

بِسْمِ اللَّهِ الرَّحْمَٰنِ الرَّحِيمِ

الم ﴿١﴾ اللَّهُ لَا إِلَٰهَ إِلَّا هُوَ الْحَيُّ الْقَيُّومُ ﴿٢﴾ نَزَّلَ عَلَيْكَ الْكِتَابَ بِالْحَقِّ مُصَدِّقًا لِّمَا بَيْنَ يَدَيْهِ وَأَنزَلَ التَّوْرَاةَ وَالْإِنجِيلَ ﴿٣﴾ مِن قَبْلُ هُدًى لِّلنَّاسِ وَأَنزَلَ الْفُرْقَانَ ۗ إِنَّ الَّذِينَ كَفَرُوا بِآيَاتِ اللَّهِ لَهُمْ عَذَابٌ شَدِيدٌ ۗ وَاللَّهُ عَزِيزٌ ذُو انتِقَامٍ ﴿٤﴾ إِنَّ اللَّهَ لَا يَخْفَىٰ عَلَيْهِ شَيْءٌ فِي الْأَرْضِ وَلَا فِي السَّمَاءِ ﴿٥﴾ هُوَ الَّذِي يُصَوِّرُكُمْ فِي الْأَرْحَامِ كَيْفَ يَشَاءُ ۚ لَا إِلَٰهَ إِلَّا هُوَ الْعَزِيزُ الْحَكِيمُ ﴿٦﴾ هُوَ الَّذِي أَنزَلَ عَلَيْكَ الْكِتَابَ مِنْهُ آيَاتٌ مُّحْكَمَاتٌ هُنَّ أُمُّ الْكِتَابِ وَأُخَرُ مُتَشَابِهَاتٌ ۖ فَأَمَّا الَّذِينَ فِي قُلُوبِهِمْ زَيْغٌ فَيَتَّبِعُونَ مَا تَشَابَهَ مِنْهُ ابْتِغَاءَ الْفِتْنَةِ وَابْتِغَاءَ تَأْوِيلِهِ ۗ وَمَا يَعْلَمُ تَأْوِيلَهُ إِلَّا اللَّهُ ۗ وَالرَّاسِخُونَ فِي الْعِلْمِ يَقُولُونَ آمَنَّا بِهِ كُلٌّ مِّنْ عِندِ رَبِّنَا ۗ وَمَا يَذَّكَّرُ إِلَّا أُولُو الْأَلْبَابِ ﴿٧﴾ رَبَّنَا لَا تُزِغْ قُلُوبَنَا بَعْدَ إِذْ هَدَيْتَنَا وَهَبْ لَنَا مِن لَّدُنكَ رَحْمَةً ۚ إِنَّكَ أَنتَ الْوَهَّابُ ﴿٨﴾ رَبَّنَا إِنَّكَ جَامِعُ النَّاسِ لِيَوْمٍ لَّا رَيْبَ فِيهِ ۚ إِنَّ اللَّهَ لَا يُخْلِفُ الْمِيعَادَ ﴿٩﴾

3-3-51
إِنَّ الَّذِينَ كَفَرُوا لَن تُغْنِيَ عَنْهُمْ أَمْوَالُهُمْ وَلَا أَوْلَادُهُم مِّنَ اللَّهِ شَيْئًا ۖ وَأُولَٰئِكَ هُمْ وَقُودُ النَّارِ ﴿١٠﴾ كَدَأْبِ آلِ فِرْعَوْنَ وَالَّذِينَ مِن قَبْلِهِمْ ۚ كَذَّبُوا بِآيَاتِنَا فَأَخَذَهُمُ اللَّهُ بِذُنُوبِهِمْ ۗ وَاللَّهُ شَدِيدُ الْعِقَابِ ﴿١١﴾ قُل لِّلَّذِينَ كَفَرُوا سَتُغْلَبُونَ وَتُحْشَرُونَ إِلَىٰ جَهَنَّمَ ۚ وَبِئْسَ الْمِهَادُ ﴿١٢﴾ قَدْ كَانَ لَكُمْ آيَةٌ فِي فِئَتَيْنِ الْتَقَتَا ۖ فِئَةٌ تُقَاتِلُ فِي سَبِيلِ اللَّهِ وَأُخْرَىٰ كَافِرَةٌ يَرَوْنَهُم مِّثْلَيْهِمْ رَأْيَ الْعَيْنِ ۚ وَاللَّهُ يُؤَيِّدُ بِنَصْرِهِ مَن يَشَاءُ ۗ إِنَّ فِي ذَٰلِكَ لَعِبْرَةً لِّأُولِي الْأَبْصَارِ ﴿١٣﴾ زُيِّنَ لِلنَّاسِ حُبُّ الشَّهَوَاتِ مِنَ النِّسَاءِ وَالْبَنِينَ وَالْقَنَاطِيرِ الْمُقَنطَرَةِ مِنَ الذَّهَبِ وَالْفِضَّةِ وَالْخَيْلِ الْمُسَوَّمَةِ وَالْأَنْعَامِ وَالْحَرْثِ ۗ ذَٰلِكَ مَتَاعُ الْحَيَاةِ الدُّنْيَا ۖ وَاللَّهُ عِندَهُ حُسْنُ الْمَآبِ ﴿١٤﴾ ۞ قُلْ أَؤُنَبِّئُكُم بِخَيْرٍ مِّن ذَٰلِكُمْ ۚ لِلَّذِينَ اتَّقَوْا عِندَ رَبِّهِمْ جَنَّاتٌ تَجْرِي مِن تَحْتِهَا الْأَنْهَارُ خَالِدِينَ فِيهَا وَأَزْوَاجٌ مُّطَهَّرَةٌ وَرِضْوَانٌ مِّنَ اللَّهِ ۗ وَاللَّهُ بَصِيرٌ بِالْعِبَادِ ﴿١٥﴾

3-3-52 الذين يقولون ربنا إننا ءامنا فاغفر لنا ذنوبنا
وقنا عذاب النار ١٦ الصابرين والصادقين والقانتين
والمنفقين والمستغفرين بالأسحار ١٧ شهد الله
أنه لا إله إلا هو والملائكة وأولوا العلم قائما
بالقسط لا إله إلا هو العزيز الحكيم ١٨ إن الدين
عند الله الإسلام وما اختلف الذين أوتوا الكتاب
إلا من بعد ما جاءهم العلم بغيا بينهم ومن يكفر
بآيات الله فإن الله سريع الحساب ١٩ فإن حاجوك
فقل أسلمت وجهي لله ومن اتبعن وقل للذين أوتوا
الكتاب والأميين ءأسلمتم فإن أسلموا فقد اهتدوا
وإن تولوا فإنما عليك البلاغ والله بصير بالعباد ٢٠
إن الذين يكفرون بآيات الله ويقتلون النبيين
بغير حق ويقتلون الذين يأمرون بالقسط من
الناس فبشرهم بعذاب أليم ٢١ أولئك الذين حبطت
أعمالهم في الدنيا والآخرة وما لهم من ناصرين ٢٢
3-3-53 ألم تر إلى الذين أوتوا نصيبا من الكتاب يدعون إلى كتاب
الله ليحكم بينهم ثم يتولى فريق منهم وهم معرضون ٢٣
ذلك بأنهم قالوا لن تمسنا النار إلا أياما معدودات
وغرهم في دينهم ما كانوا يفترون ٢٤ فكيف إذا جمعناهم
ليوم لا ريب فيه ووفيت كل نفس ما كسبت وهم
لا يظلمون ٢٥ قل اللهم مالك الملك تؤتي الملك من
تشاء وتنزع الملك ممن تشاء وتعز من تشاء وتذل من
تشاء بيدك الخير إنك على كل شيء قدير ٢٦ تولج الليل
في النهار وتولج النهار في الليل وتخرج الحي من الميت
وتخرج الميت من الحي وترزق من تشاء بغير حساب ٢٧
لا يتخذ المؤمنون الكافرين أولياء من دون المؤمنين
ومن يفعل ذلك فليس من الله في شيء إلا أن تتقوا منهم
تقاة ويحذركم الله نفسه وإلى الله المصير ٢٨ قل
إن تخفوا ما في صدوركم أو تبدوه يعلمه الله ويعلم
ما في السماوات وما في الأرض والله على كل شيء قدير ٢٩
3-3-54 يوم تجد كل نفس ما عملت من خير محضرا وما عملت
من سوء تود لو أن بينها وبينه أمدا بعيدا ويحذركم الله
نفسه والله رءوف بالعباد ٣٠ قل إن كنتم تحبون الله
فاتبعوني يحببكم الله ويغفر لكم ذنوبكم والله غفور
رحيم ٣١ قل أطيعوا الله والرسول فإن تولوا فإن الله لا يحب
الكافرين ٣٢ * إن الله اصطفى ءادم ونوحا وءال إبراهيم
وءال عمران على العالمين ٣٣ ذرية بعضها من بعض والله
سميع عليم ٣٤ إذ قالت امرأت عمران رب إني نذرت لك
ما في بطني محررا فتقبل مني إنك أنت السميع العليم ٣٥
فلما وضعتها قالت رب إني وضعتها أنثى والله أعلم بما وضعت
وليس الذكر كالأنثى وإني سميتها مريم وإني أعيذها بك
وذريتها من الشيطان الرجيم ٣٦ فتقبلها ربها بقبول
حسن وأنبتها نباتا حسنا وكفلها زكريا كلما دخل عليها
زكريا المحراب وجد عندها رزقا قال يا مريم أنى لك هذا
قالت هو من عند الله إن الله يرزق من يشاء بغير حساب ٣٧
3-3-55 هنالك دعا زكريا ربه قال رب هب لي من لدنك ذرية
طيبة إنك سميع الدعاء ٣٨ فنادته الملائكة وهو قائم
يصلي في المحراب أن الله يبشرك بيحيى مصدقا بكلمة
من الله وسيدا وحصورا ونبيا من الصالحين ٣٩ قال رب
أنى يكون لي غلام وقد بلغني الكبر وامرأتي عاقر قال

كذلك الله يفعل ما يشاء ٤٠ قال رب اجعل لي ءاية
قال ءايتك ألا تكلم الناس ثلاثة أيام إلا رمزا واذكر
ربك كثيرا وسبح بالعشي والإبكار ٤١ وإذ قالت
الملائكة يا مريم إن الله اصطفاك وطهرك واصطفاك
على نساء العالمين ٤٢ يا مريم اقنتي لربك واسجدي
واركعي مع الراكعين ٤٣ ذلك من أنباء الغيب نوحيه إليك
وما كنت لديهم إذ يلقون أقلامهم أيهم يكفل مريم
وما كنت لديهم إذ يختصمون ٤٤ إذ قالت الملائكة
يا مريم إن الله يبشرك بكلمة منه اسمه المسيح عيسى
ابن مريم وجيها في الدنيا والآخرة ومن المقربين ٤٥
3-3-56 ويكلم الناس في المهد وكهلا ومن الصالحين ٤٦
قالت رب أنى يكون لي ولد ولم يمسسني بشر قال كذلك
الله يخلق ما يشاء إذا قضى أمرا فإنما يقول له كن فيكون ٤٧
ويعلمه الكتاب والحكمة والتوراة والإنجيل ٤٨
ورسولا إلى بني إسرائيل أني قد جئتكم بآية من
ربكم أني أخلق لكم من الطين كهيئة الطير فأنفخ
فيه فيكون طيرا بإذن الله وأبرئ الأكمه والأبرص
وأحي الموتى بإذن الله وأنبئكم بما تأكلون وما تدخرون
في بيوتكم إن في ذلك لآية لكم إن كنتم مؤمنين ٤٩
ومصدقا لما بين يدي من التوراة ولأحل لكم
بعض الذي حرم عليكم وجئتكم بآية من ربكم
فاتقوا الله وأطيعون ٥٠ إن الله ربي وربكم فاعبدوه
هذا صراط مستقيم ٥١ * فلما أحس عيسى منهم
الكفر قال من أنصاري إلى الله قال الحواريون نحن
أنصار الله ءامنا بالله واشهد بأنا مسلمون ٥٢
3-3-57 ربنا ءامنا بما أنزلت واتبعنا الرسول فاكتبنا مع
الشاهدين ٥٣ ومكروا ومكر الله والله خير الماكرين ٥٤
إذ قال الله يا عيسى إني متوفيك ورافعك إلي ومطهرك
من الذين كفروا وجاعل الذين اتبعوك فوق الذين
كفروا إلى يوم القيامة ثم إلي مرجعكم فأحكم
بينكم فيما كنتم فيه تختلفون ٥٥ فأما الذين كفروا
فأعذبهم عذابا شديدا في الدنيا والآخرة وما لهم
من ناصرين ٥٦ وأما الذين ءامنوا وعملوا الصالحات
فيوفيهم أجورهم والله لا يحب الظالمين ٥٧ ذلك نتلوه
عليك من الآيات والذكر الحكيم ٥٨ إن مثل
عيسى عند الله كمثل ءادم خلقه من تراب ثم قال له
كن فيكون ٥٩ الحق من ربك فلا تكن من الممترين ٦٠
فمن حاجك فيه من بعد ما جاءك من العلم فقل تعالوا
ندع أبناءنا وأبناءكم ونساءنا ونساءكم وأنفسنا
وأنفسكم ثم نبتهل فنجعل لعنت الله على الكاذبين ٦١
3-3-58 إن هذا لهو القصص الحق وما من إله إلا الله وإن الله لهو
العزيز الحكيم ٦٢ فإن تولوا فإن الله عليم بالمفسدين ٦٣
قل يا أهل الكتاب تعالوا إلى كلمة سواء بيننا
وبينكم ألا نعبد إلا الله ولا نشرك به شيئا ولا يتخذ
بعضنا بعضا أربابا من دون الله فإن تولوا فقولوا اشهدوا
بأنا مسلمون ٦٤ يا أهل الكتاب لم تحاجون في إبراهيم
وما أنزلت التوراة والإنجيل إلا من بعده أفلا تعقلون ٦٥
ها أنتم هؤلاء حاججتم فيما لكم به علم فلم
تحاجون فيما ليس لكم به علم والله يعلم وأنتم
لا تعلمون ٦٦ ما كان إبراهيم يهوديا ولا نصرانيا

ولكن كان حنيفا مسلما وما كان من المشركين ٦٧
إن أولى الناس بإبراهيم للذين اتبعوه وهذا النبي والذين
ءامنوا والله ولي المؤمنين ٦٨ ودت طائفة من أهل الكتاب
لو يضلونكم وما يضلون إلا أنفسهم وما يشعرون ٦٩ يا أهل
الكتاب لم تكفرون بآيات الله وأنتم تشهدون ٧٠
3-3-59 يا أهل الكتاب لم تلبسون الحق بالباطل وتكتمون الحق
وأنتم تعلمون ٧١ وقالت طائفة من أهل الكتاب ءامنوا
بالذي أنزل على الذين ءامنوا وجه النهار واكفروا ءاخره
لعلهم يرجعون ٧٢ ولا تؤمنوا إلا لمن تبع دينكم قل إن
الهدى هدى الله أن يؤتى أحد مثل ما أوتيتم أو يحاجوكم
عند ربكم قل إن الفضل بيد الله يؤتيه من يشاء والله
واسع عليم ٧٣ يختص برحمته من يشاء والله ذو الفضل
العظيم ٧٤ * ومن أهل الكتاب من إن تأمنه بقنطار
يؤده إليك ومنهم من إن تأمنه بدينار لا يؤده إليك
إلا ما دمت عليه قائما ذلك بأنهم قالوا ليس علينا في
الأميين سبيل ويقولون على الله الكذب وهم يعلمون ٧٥
بلى من أوفى بعهده واتقى فإن الله يحب المتقين ٧٦
إن الذين يشترون بعهد الله وأيمانهم ثمنا قليلا
أولئك لا خلاق لهم في الآخرة ولا يكلمهم الله ولا ينظر
إليهم يوم القيامة ولا يزكيهم ولهم عذاب أليم ٧٧
3-3-60 وإن منهم لفريقا يلوون ألسنتهم بالكتاب لتحسبوه
من الكتاب وما هو من الكتاب ويقولون هو من
عند الله وما هو من عند الله ويقولون على الله الكذب
وهم يعلمون ٧٨ ما كان لبشر أن يؤتيه الله الكتاب
والحكم والنبوة ثم يقول للناس كونوا عبادا لي من
دون الله ولكن كونوا ربانيين بما كنتم تعلمون
الكتاب وبما كنتم تدرسون ٧٩ ولا يأمركم أن
تتخذوا الملائكة والنبيين أربابا أيأمركم بالكفر بعد
إذ أنتم مسلمون ٨٠ وإذ أخذ الله ميثاق النبيين لما ءاتيتكم
من كتاب وحكمة ثم جاءكم رسول مصدق لما
معكم لتؤمنن به ولتنصرنه قال ءأقررتم وأخذتم
على ذلكم إصري قالوا أقررنا قال فاشهدوا وأنا معكم
من الشاهدين ٨١ فمن تولى بعد ذلك فأولئك هم
الفاسقون ٨٢ أفغير دين الله يبغون وله أسلم من في
السماوات والأرض طوعا وكرها وإليه يرجعون ٨٣
3-3-61 قل ءامنا بالله وما أنزل علينا وما أنزل على إبراهيم
وإسماعيل وإسحاق ويعقوب والأسباط وما أوتي موسى
وعيسى والنبيون من ربهم لا نفرق بين أحد منهم
ونحن له مسلمون ٨٤ ومن يبتغ غير الإسلام دينا فلن
يقبل منه وهو في الآخرة من الخاسرين ٨٥ كيف
يهدي الله قوما كفروا بعد إيمانهم وشهدوا أن
الرسول حق وجاءهم البينات والله لا يهدي القوم
الظالمين ٨٦ أولئك جزاؤهم أن عليهم لعنة الله
والملائكة والناس أجمعين ٨٧ خالدين فيها لا يخفف
عنهم العذاب ولا هم ينظرون ٨٨ إلا الذين تابوا من
بعد ذلك وأصلحوا فإن الله غفور رحيم ٨٩ إن الذين
كفروا بعد إيمانهم ثم ازدادوا كفرا لن تقبل توبتهم
وأولئك هم الضالون ٩٠ إن الذين كفروا وماتوا وهم
كفار فلن يقبل من أحدهم ملء الأرض ذهبا ولو
افتدى به أولئك لهم عذاب أليم وما لهم من ناصرين ٩١

4-3-62 لن تنالوا البر حتى تنفقوا مما تحبون وما تنفقوا من شيء
فإن الله به عليم ٩٢ * كل الطعام كان حلا لبني
إسرائيل إلا ما حرم إسرائيل على نفسه من قبل أن تنزل
التوراة قل فأتوا بالتوراة فاتلوها إن كنتم صادقين ٩٣
فمن افترى على الله الكذب من بعد ذلك فأولئك
هم الظالمون ٩٤ قل صدق الله فاتبعوا ملة إبراهيم حنيفا
وما كان من المشركين ٩٥ إن أول بيت وضع للناس للذي
ببكة مباركا وهدى للعالمين ٩٦ فيه آيات بينات مقام
إبراهيم ومن دخله كان آمنا ولله على الناس حج البيت
من استطاع إليه سبيلا ومن كفر فإن الله غني عن العالمين ٩٧
قل يا أهل الكتاب لم تكفرون بآيات الله والله شهيد
على ما تعملون ٩٨ قل يا أهل الكتاب لم تصدون عن
سبيل الله من آمن تبغونها عوجا وأنتم شهداء وما الله
بغافل عما تعملون ٩٩ يا أيها الذين آمنوا إن تطيعوا فريقا
من الذين أوتوا الكتاب يردوكم بعد إيمانكم كافرين ١٠٠
4-3-63 وكيف تكفرون وأنتم تتلى عليكم آيات الله وفيكم
رسوله ومن يعتصم بالله فقد هدي إلى صراط مستقيم ١٠١
يا أيها الذين آمنوا اتقوا الله حق تقاته ولا تموتن إلا وأنتم
مسلمون ١٠٢ واعتصموا بحبل الله جميعا ولا تفرقوا واذكروا
نعمت الله عليكم إذ كنتم أعداء فألف بين قلوبكم
فأصبحتم بنعمته إخوانا وكنتم على شفا حفرة من
النار فأنقذكم منها كذلك يبين الله لكم آياته لعلكم
تهتدون ١٠٣ ولتكن منكم أمة يدعون إلى الخير ويأمرون
بالمعروف وينهون عن المنكر وأولئك هم المفلحون ١٠٤
ولا تكونوا كالذين تفرقوا واختلفوا من بعد ما جاءهم البينات
وأولئك لهم عذاب عظيم ١٠٥ يوم تبيض وجوه وتسود
وجوه فأما الذين اسودت وجوههم أكفرتم بعد إيمانكم
فذوقوا العذاب بما كنتم تكفرون ١٠٦ وأما الذين ابيضت
وجوههم ففي رحمة الله هم فيها خالدون ١٠٧ تلك آيات
الله نتلوها عليك بالحق وما الله يريد ظلما للعالمين ١٠٨
4-3-64 ولله ما في السماوات وما في الأرض وإلى الله ترجع الأمور ١٠٩
كنتم خير أمة أخرجت للناس تأمرون بالمعروف
وتنهون عن المنكر وتؤمنون بالله ولو آمن أهل
الكتاب لكان خيرا لهم منهم المؤمنون وأكثرهم
الفاسقون ١١٠ لن يضروكم إلا أذى وإن يقاتلوكم
يولوكم الأدبار ثم لا ينصرون ١١١ ضربت عليهم
الذلة أين ما ثقفوا إلا بحبل من الله وحبل من الناس
وباءو بغضب من الله وضربت عليهم المسكنة ذلك
بأنهم كانوا يكفرون بآيات الله ويقتلون الأنبياء
بغير حق ذلك بما عصوا وكانوا يعتدون ١١٢ * ليسوا
سواء من أهل الكتاب أمة قائمة يتلون آيات الله
آناء الليل وهم يسجدون ١١٣ يؤمنون بالله واليوم
الآخر ويأمرون بالمعروف وينهون عن المنكر
ويسارعون في الخيرات وأولئك من الصالحين ١١٤ وما
يفعلوا من خير فلن يكفروه والله عليم بالمتقين ١١٥
4-3-65 إن الذين كفروا لن تغني عنهم أموالهم ولا أولادهم من
الله شيئا وأولئك أصحاب النار هم فيها خالدون ١١٦
مثل ما ينفقون في هذه الحياة الدنيا كمثل ريح فيها
صر أصابت حرث قوم ظلموا أنفسهم فأهلكته وما
ظلمهم الله ولكن أنفسهم يظلمون ١١٧ يا أيها الذين

آمنوا لا تتخذوا بطانة من دونكم لا يألونكم خبالا
ودوا ما عنتم قد بدت البغضاء من أفواههم وما تخفي
صدورهم أكبر قد بينا لكم الآيات إن كنتم تعقلون ١١٨
ها أنتم أولاء تحبونهم ولا يحبونكم وتؤمنون بالكتاب
كله وإذا لقوكم قالوا آمنا وإذا خلوا عضوا عليكم
الأنامل من الغيظ قل موتوا بغيظكم إن الله عليم بذات
الصدور ١١٩ إن تمسسكم حسنة تسؤهم وإن تصبكم
سيئة يفرحوا بها وإن تصبروا وتتقوا لا يضركم كيدهم
شيئا إن الله بما يعملون محيط ١٢٠ وإذ غدوت من أهلك
تبوئ المؤمنين مقاعد للقتال والله سميع عليم ١٢١
4-3-66 إذ همت طائفتان منكم أن تفشلا والله وليهما وعلى الله
فليتوكل المؤمنون ١٢٢ ولقد نصركم الله ببدر وأنتم أذلة
فاتقوا الله لعلكم تشكرون ١٢٣ إذ تقول للمؤمنين
ألن يكفيكم أن يمدكم ربكم بثلاثة آلاف من الملائكة
منزلين ١٢٤ بلى إن تصبروا وتتقوا ويأتوكم من فورهم
هذا يمددكم ربكم بخمسة آلاف من الملائكة مسومين ١٢٥
وما جعله الله إلا بشرى لكم ولتطمئن قلوبكم به
وما النصر إلا من عند الله العزيز الحكيم ١٢٦ ليقطع طرفا
من الذين كفروا أو يكبتهم فينقلبوا خائبين ١٢٧
ليس لك من الأمر شيء أو يتوب عليهم أو يعذبهم فإنهم
ظالمون ١٢٨ ولله ما في السماوات وما في الأرض يغفر لمن
يشاء ويعذب من يشاء والله غفور رحيم ١٢٩ يا أيها
الذين آمنوا لا تأكلوا الربا أضعافا مضاعفة
واتقوا الله لعلكم تفلحون ١٣٠ واتقوا النار التي أعدت
للكافرين ١٣١ وأطيعوا الله والرسول لعلكم ترحمون ١٣٢
4-3-67 * وسارعوا إلى مغفرة من ربكم وجنة عرضها
السماوات والأرض أعدت للمتقين ١٣٣ الذين ينفقون
في السراء والضراء والكاظمين الغيظ والعافين
عن الناس والله يحب المحسنين ١٣٤ والذين إذا فعلوا
فاحشة أو ظلموا أنفسهم ذكروا الله فاستغفروا
لذنوبهم ومن يغفر الذنوب إلا الله ولم يصروا على ما
فعلوا وهم يعلمون ١٣٥ أولئك جزاؤهم مغفرة من
ربهم وجنات تجري من تحتها الأنهار خالدين فيها ونعم
أجر العاملين ١٣٦ قد خلت من قبلكم سنن فسيروا
في الأرض فانظروا كيف كان عاقبة المكذبين ١٣٧
هذا بيان للناس وهدى وموعظة للمتقين ١٣٨
ولا تهنوا ولا تحزنوا وأنتم الأعلون إن كنتم مؤمنين ١٣٩
إن يمسسكم قرح فقد مس القوم قرح مثله وتلك
الأيام نداولها بين الناس وليعلم الله الذين آمنوا
ويتخذ منكم شهداء والله لا يحب الظالمين ١٤٠
4-3-68 وليمحص الله الذين آمنوا ويمحق الكافرين ١٤١ أم
حسبتم أن تدخلوا الجنة ولما يعلم الله الذين جاهدوا
منكم ويعلم الصابرين ١٤٢ ولقد كنتم تمنون الموت من
قبل أن تلقوه فقد رأيتموه وأنتم تنظرون ١٤٣ وما محمد
إلا رسول قد خلت من قبله الرسل أفإن مات أو قتل
انقلبتم على أعقابكم ومن ينقلب على عقبيه فلن يضر
الله شيئا وسيجزي الله الشاكرين ١٤٤ وما كان
لنفس أن تموت إلا بإذن الله كتابا مؤجلا ومن يرد
ثواب الدنيا نؤته منها ومن يرد ثواب الآخرة نؤته منها
وسنجزي الشاكرين ١٤٥ وكأين من نبي قاتل معه

ربيون كثير فما وهنوا لما أصابهم في سبيل الله وما ضعفوا
وما استكانوا والله يحب الصابرين ١٤٦ وما كان قولهم إلا أن
قالوا ربنا اغفر لنا ذنوبنا وإسرافنا في أمرنا وثبت أقدامنا
وانصرنا على القوم الكافرين ١٤٧ فآتاهم الله ثواب
الدنيا وحسن ثواب الآخرة والله يحب المحسنين ١٤٨
4-3-69 يا أيها الذين آمنوا إن تطيعوا الذين كفروا
يردوكم على أعقابكم فتنقلبوا خاسرين ١٤٩
بل الله مولاكم وهو خير الناصرين ١٥٠ سنلقي
في قلوب الذين كفروا الرعب بما أشركوا بالله
ما لم ينزل به سلطانا ومأواهم النار وبئس
مثوى الظالمين ١٥١ ولقد صدقكم الله
وعده إذ تحسونهم بإذنه حتى إذا فشلتم
وتنازعتم في الأمر وعصيتم من بعد ما أراكم
ما تحبون منكم من يريد الدنيا ومنكم من
يريد الآخرة ثم صرفكم عنهم ليبتليكم
ولقد عفا عنكم والله ذو فضل على المؤمنين ١٥٢
* إذ تصعدون ولا تلوون على أحد
والرسول يدعوكم في أخراكم فأثابكم
غما بغم لكيلا تحزنوا على ما فاتكم ولا
ما أصابكم والله خبير بما تعملون ١٥٣
4-3-70 ثم أنزل عليكم من بعد الغم أمنة نعاسا يغشى طائفة
منكم وطائفة قد أهمتهم أنفسهم يظنون بالله غير
الحق ظن الجاهلية يقولون هل لنا من الأمر من شيء
قل إن الأمر كله لله يخفون في أنفسهم ما لا يبدون لك
يقولون لو كان لنا من الأمر شيء ما قتلنا هاهنا قل لو كنتم
في بيوتكم لبرز الذين كتب عليهم القتل إلى مضاجعهم
وليبتلي الله ما في صدوركم وليمحص ما في قلوبكم
والله عليم بذات الصدور ١٥٤ إن الذين تولوا منكم
يوم التقى الجمعان إنما استزلهم الشيطان ببعض
ما كسبوا ولقد عفا الله عنهم إن الله غفور حليم ١٥٥ يا أيها
الذين آمنوا لا تكونوا كالذين كفروا وقالوا لإخوانهم إذا
ضربوا في الأرض أو كانوا غزى لو كانوا عندنا ما ماتوا
وما قتلوا ليجعل الله ذلك حسرة في قلوبهم والله يحيي
ويميت والله بما تعملون بصير ١٥٦ ولئن قتلتم في سبيل
الله أو متم لمغفرة من الله ورحمة خير مما يجمعون ١٥٧
4-3-71 ولئن متم أو قتلتم لإلى الله تحشرون ١٥٨ فبما رحمة من الله
لنت لهم ولو كنت فظا غليظ القلب لانفضوا من حولك
فاعف عنهم واستغفر لهم وشاورهم في الأمر فإذا عزمت
فتوكل على الله إن الله يحب المتوكلين ١٥٩ إن ينصركم الله
فلا غالب لكم وإن يخذلكم فمن ذا الذي ينصركم من
بعده وعلى الله فليتوكل المؤمنون ١٦٠ وما كان لنبي أن
يغل ومن يغلل يأت بما غل يوم القيامة ثم توفى كل
نفس ما كسبت وهم لا يظلمون ١٦١ أفمن اتبع رضوان الله
كمن باء بسخط من الله ومأواه جهنم وبئس المصير ١٦٢
هم درجات عند الله والله بصير بما يعملون ١٦٣ لقد
من الله على المؤمنين إذ بعث فيهم رسولا من أنفسهم
يتلو عليهم آياته ويزكيهم ويعلمهم الكتاب
والحكمة وإن كانوا من قبل لفي ضلال مبين ١٦٤ أولما
أصابتكم مصيبة قد أصبتم مثليها قلتم أنى هذا
قل هو من عند أنفسكم إن الله على كل شيء قدير ١٦٥

4-3-72 وَمَآ أَصَٰبَكُمْ يَوْمَ ٱلْتَقَى ٱلْجَمْعَانِ فَبِإِذْنِ ٱللَّهِ وَلِيَعْلَمَ ٱلْمُؤْمِنِينَ ﴿١٦٦﴾
وَلِيَعْلَمَ ٱلَّذِينَ نَافَقُوا۟ ۚ وَقِيلَ لَهُمْ تَعَالَوْا۟ قَٰتِلُوا۟ فِى سَبِيلِ ٱللَّهِ
أَوِ ٱدْفَعُوا۟ ۖ قَالُوا۟ لَوْ نَعْلَمُ قِتَالًا لَّٱتَّبَعْنَٰكُمْ ۗ هُمْ لِلْكُفْرِ يَوْمَئِذٍ
أَقْرَبُ مِنْهُمْ لِلْإِيمَٰنِ ۚ يَقُولُونَ بِأَفْوَٰهِهِم مَّا لَيْسَ فِى قُلُوبِهِمْ ۗ
وَٱللَّهُ أَعْلَمُ بِمَا يَكْتُمُونَ ﴿١٦٧﴾ ٱلَّذِينَ قَالُوا۟ لِإِخْوَٰنِهِمْ وَقَعَدُوا۟
لَوْ أَطَاعُونَا مَا قُتِلُوا۟ ۗ قُلْ فَٱدْرَءُوا۟ عَنْ أَنفُسِكُمُ ٱلْمَوْتَ إِن
كُنتُمْ صَٰدِقِينَ ﴿١٦٨﴾ وَلَا تَحْسَبَنَّ ٱلَّذِينَ قُتِلُوا۟ فِى سَبِيلِ ٱللَّهِ
أَمْوَٰتًۢا ۚ بَلْ أَحْيَآءٌ عِندَ رَبِّهِمْ يُرْزَقُونَ ﴿١٦٩﴾ فَرِحِينَ بِمَآ ءَاتَىٰهُمُ
ٱللَّهُ مِن فَضْلِهِۦ وَيَسْتَبْشِرُونَ بِٱلَّذِينَ لَمْ يَلْحَقُوا۟ بِهِم
مِّنْ خَلْفِهِمْ أَلَّا خَوْفٌ عَلَيْهِمْ وَلَا هُمْ يَحْزَنُونَ ﴿١٧٠﴾ ۞ يَسْتَبْشِرُونَ
بِنِعْمَةٍ مِّنَ ٱللَّهِ وَفَضْلٍ وَأَنَّ ٱللَّهَ لَا يُضِيعُ أَجْرَ
ٱلْمُؤْمِنِينَ ﴿١٧١﴾ ٱلَّذِينَ ٱسْتَجَابُوا۟ لِلَّهِ وَٱلرَّسُولِ مِنۢ بَعْدِ مَآ أَصَابَهُمُ
ٱلْقَرْحُ ۚ لِلَّذِينَ أَحْسَنُوا۟ مِنْهُمْ وَٱتَّقَوْا۟ أَجْرٌ عَظِيمٌ ﴿١٧٢﴾
ٱلَّذِينَ قَالَ لَهُمُ ٱلنَّاسُ إِنَّ ٱلنَّاسَ قَدْ جَمَعُوا۟ لَكُمْ فَٱخْشَوْهُمْ
فَزَادَهُمْ إِيمَٰنًا وَقَالُوا۟ حَسْبُنَا ٱللَّهُ وَنِعْمَ ٱلْوَكِيلُ ﴿١٧٣﴾
4-3-73 فَٱنقَلَبُوا۟ بِنِعْمَةٍ مِّنَ ٱللَّهِ وَفَضْلٍ لَّمْ يَمْسَسْهُمْ سُوٓءٌ وَٱتَّبَعُوا۟
رِضْوَٰنَ ٱللَّهِ ۗ وَٱللَّهُ ذُو فَضْلٍ عَظِيمٍ ﴿١٧٤﴾ إِنَّمَا ذَٰلِكُمُ ٱلشَّيْطَٰنُ
يُخَوِّفُ أَوْلِيَآءَهُۥ فَلَا تَخَافُوهُمْ وَخَافُونِ إِن كُنتُم مُّؤْمِنِينَ ﴿١٧٥﴾
وَلَا يَحْزُنكَ ٱلَّذِينَ يُسَٰرِعُونَ فِى ٱلْكُفْرِ ۚ إِنَّهُمْ لَن يَضُرُّوا۟ ٱللَّهَ
شَيْـًٔا ۗ يُرِيدُ ٱللَّهُ أَلَّا يَجْعَلَ لَهُمْ حَظًّا فِى ٱلْءَاخِرَةِ ۖ وَلَهُمْ عَذَابٌ
عَظِيمٌ ﴿١٧٦﴾ إِنَّ ٱلَّذِينَ ٱشْتَرَوُا۟ ٱلْكُفْرَ بِٱلْإِيمَٰنِ لَن يَضُرُّوا۟ ٱللَّهَ
شَيْـًٔا وَلَهُمْ عَذَابٌ أَلِيمٌ ﴿١٧٧﴾ وَلَا يَحْسَبَنَّ ٱلَّذِينَ كَفَرُوٓا۟ أَنَّمَا
نُمْلِى لَهُمْ خَيْرٌ لِّأَنفُسِهِمْ ۚ إِنَّمَا نُمْلِى لَهُمْ لِيَزْدَادُوٓا۟ إِثْمًا ۚ وَلَهُمْ
عَذَابٌ مُّهِينٌ ﴿١٧٨﴾ مَّا كَانَ ٱللَّهُ لِيَذَرَ ٱلْمُؤْمِنِينَ عَلَىٰ مَآ أَنتُمْ
عَلَيْهِ حَتَّىٰ يَمِيزَ ٱلْخَبِيثَ مِنَ ٱلطَّيِّبِ ۗ وَمَا كَانَ ٱللَّهُ لِيُطْلِعَكُمْ
عَلَى ٱلْغَيْبِ وَلَٰكِنَّ ٱللَّهَ يَجْتَبِى مِن رُّسُلِهِۦ مَن يَشَآءُ ۖ فَـَٔامِنُوا۟ بِٱللَّهِ
وَرُسُلِهِۦ ۚ وَإِن تُؤْمِنُوا۟ وَتَتَّقُوا۟ فَلَكُمْ أَجْرٌ عَظِيمٌ ﴿١٧٩﴾ وَلَا يَحْسَبَنَّ
ٱلَّذِينَ يَبْخَلُونَ بِمَآ ءَاتَىٰهُمُ ٱللَّهُ مِن فَضْلِهِۦ هُوَ خَيْرًا لَّهُم ۖ
بَلْ هُوَ شَرٌّ لَّهُمْ ۖ سَيُطَوَّقُونَ مَا بَخِلُوا۟ بِهِۦ يَوْمَ ٱلْقِيَٰمَةِ ۗ وَلِلَّهِ
مِيرَٰثُ ٱلسَّمَٰوَٰتِ وَٱلْأَرْضِ ۗ وَٱللَّهُ بِمَا تَعْمَلُونَ خَبِيرٌ ﴿١٨٠﴾
4-3-74 لَّقَدْ سَمِعَ ٱللَّهُ قَوْلَ ٱلَّذِينَ قَالُوٓا۟ إِنَّ ٱللَّهَ فَقِيرٌ وَنَحْنُ أَغْنِيَآءُ ۘ
سَنَكْتُبُ مَا قَالُوا۟ وَقَتْلَهُمُ ٱلْأَنۢبِيَآءَ بِغَيْرِ حَقٍّ وَنَقُولُ
ذُوقُوا۟ عَذَابَ ٱلْحَرِيقِ ﴿١٨١﴾ ذَٰلِكَ بِمَا قَدَّمَتْ أَيْدِيكُمْ
وَأَنَّ ٱللَّهَ لَيْسَ بِظَلَّامٍ لِّلْعَبِيدِ ﴿١٨٢﴾ ٱلَّذِينَ قَالُوٓا۟ إِنَّ ٱللَّهَ
عَهِدَ إِلَيْنَآ أَلَّا نُؤْمِنَ لِرَسُولٍ حَتَّىٰ يَأْتِيَنَا بِقُرْبَانٍ
تَأْكُلُهُ ٱلنَّارُ ۗ قُلْ قَدْ جَآءَكُمْ رُسُلٌ مِّن قَبْلِى بِٱلْبَيِّنَٰتِ
وَبِٱلَّذِى قُلْتُمْ فَلِمَ قَتَلْتُمُوهُمْ إِن كُنتُمْ صَٰدِقِينَ ﴿١٨٣﴾
فَإِن كَذَّبُوكَ فَقَدْ كُذِّبَ رُسُلٌ مِّن قَبْلِكَ جَآءُو
بِٱلْبَيِّنَٰتِ وَٱلزُّبُرِ وَٱلْكِتَٰبِ ٱلْمُنِيرِ ﴿١٨٤﴾ كُلُّ نَفْسٍ
ذَآئِقَةُ ٱلْمَوْتِ ۗ وَإِنَّمَا تُوَفَّوْنَ أُجُورَكُمْ يَوْمَ ٱلْقِيَٰمَةِ ۖ
فَمَن زُحْزِحَ عَنِ ٱلنَّارِ وَأُدْخِلَ ٱلْجَنَّةَ فَقَدْ فَازَ ۗ وَمَا
ٱلْحَيَوٰةُ ٱلدُّنْيَآ إِلَّا مَتَٰعُ ٱلْغُرُورِ ﴿١٨٥﴾ ۞ لَتُبْلَوُنَّ فِىٓ
أَمْوَٰلِكُمْ وَأَنفُسِكُمْ وَلَتَسْمَعُنَّ مِنَ ٱلَّذِينَ أُوتُوا۟
ٱلْكِتَٰبَ مِن قَبْلِكُمْ وَمِنَ ٱلَّذِينَ أَشْرَكُوٓا۟ أَذًى كَثِيرًا ۚ
وَإِن تَصْبِرُوا۟ وَتَتَّقُوا۟ فَإِنَّ ذَٰلِكَ مِنْ عَزْمِ ٱلْأُمُورِ ﴿١٨٦﴾
4-3-75 وَإِذْ أَخَذَ ٱللَّهُ مِيثَٰقَ ٱلَّذِينَ أُوتُوا۟ ٱلْكِتَٰبَ لَتُبَيِّنُنَّهُۥ لِلنَّاسِ
وَلَا تَكْتُمُونَهُۥ فَنَبَذُوهُ وَرَآءَ ظُهُورِهِمْ وَٱشْتَرَوْا۟ بِهِۦ ثَمَنًا
قَلِيلًا ۖ فَبِئْسَ مَا يَشْتَرُونَ ﴿١٨٧﴾ لَا تَحْسَبَنَّ ٱلَّذِينَ يَفْرَحُونَ بِمَآ
أَتَوا۟ وَّيُحِبُّونَ أَن يُحْمَدُوا۟ بِمَا لَمْ يَفْعَلُوا۟ فَلَا تَحْسَبَنَّهُم
بِمَفَازَةٍ مِّنَ ٱلْعَذَابِ ۖ وَلَهُمْ عَذَابٌ أَلِيمٌ ﴿١٨٨﴾ وَلِلَّهِ مُلْكُ

4-3-72 ٱلسَّمَٰوَٰتِ وَٱلْأَرْضِ ۗ وَٱللَّهُ عَلَىٰ كُلِّ شَىْءٍ قَدِيرٌ ﴿١٨٩﴾ إِنَّ فِى
خَلْقِ ٱلسَّمَٰوَٰتِ وَٱلْأَرْضِ وَٱخْتِلَٰفِ ٱلَّيْلِ وَٱلنَّهَارِ لَءَايَٰتٍ
لِّأُو۟لِى ٱلْأَلْبَٰبِ ﴿١٩٠﴾ ٱلَّذِينَ يَذْكُرُونَ ٱللَّهَ قِيَٰمًا وَقُعُودًا
وَعَلَىٰ جُنُوبِهِمْ وَيَتَفَكَّرُونَ فِى خَلْقِ ٱلسَّمَٰوَٰتِ وَٱلْأَرْضِ
رَبَّنَا مَا خَلَقْتَ هَٰذَا بَٰطِلًا سُبْحَٰنَكَ فَقِنَا عَذَابَ ٱلنَّارِ ﴿١٩١﴾
رَبَّنَآ إِنَّكَ مَن تُدْخِلِ ٱلنَّارَ فَقَدْ أَخْزَيْتَهُۥ ۖ وَمَا لِلظَّٰلِمِينَ مِنْ
أَنصَارٍ ﴿١٩٢﴾ رَّبَّنَآ إِنَّنَا سَمِعْنَا مُنَادِيًا يُنَادِى لِلْإِيمَٰنِ أَنْ
ءَامِنُوا۟ بِرَبِّكُمْ فَـَٔامَنَّا ۚ رَبَّنَا فَٱغْفِرْ لَنَا ذُنُوبَنَا وَكَفِّرْ عَنَّا
سَيِّـَٔاتِنَا وَتَوَفَّنَا مَعَ ٱلْأَبْرَارِ ﴿١٩٣﴾ رَبَّنَا وَءَاتِنَا مَا وَعَدتَّنَا عَلَىٰ
رُسُلِكَ وَلَا تُخْزِنَا يَوْمَ ٱلْقِيَٰمَةِ ۗ إِنَّكَ لَا تُخْلِفُ ٱلْمِيعَادَ ﴿١٩٤﴾
4-3-76 فَٱسْتَجَابَ لَهُمْ رَبُّهُمْ أَنِّى لَآ أُضِيعُ عَمَلَ عَٰمِلٍ مِّنكُم مِّن
ذَكَرٍ أَوْ أُنثَىٰ ۖ بَعْضُكُم مِّنۢ بَعْضٍ ۖ فَٱلَّذِينَ هَاجَرُوا۟
وَأُخْرِجُوا۟ مِن دِيَٰرِهِمْ وَأُوذُوا۟ فِى سَبِيلِى وَقَٰتَلُوا۟ وَقُتِلُوا۟
لَأُكَفِّرَنَّ عَنْهُمْ سَيِّـَٔاتِهِمْ وَلَأُدْخِلَنَّهُمْ جَنَّٰتٍ تَجْرِى
مِن تَحْتِهَا ٱلْأَنْهَٰرُ ثَوَابًا مِّنْ عِندِ ٱللَّهِ ۗ وَٱللَّهُ عِندَهُۥ
حُسْنُ ٱلثَّوَابِ ﴿١٩٥﴾ لَا يَغُرَّنَّكَ تَقَلُّبُ ٱلَّذِينَ كَفَرُوا۟ فِى
4-3-73 ٱلْبِلَٰدِ ﴿١٩٦﴾ مَتَٰعٌ قَلِيلٌ ثُمَّ مَأْوَىٰهُمْ جَهَنَّمُ ۚ وَبِئْسَ ٱلْمِهَادُ ﴿١٩٧﴾
لَٰكِنِ ٱلَّذِينَ ٱتَّقَوْا۟ رَبَّهُمْ لَهُمْ جَنَّٰتٌ تَجْرِى
مِن تَحْتِهَا ٱلْأَنْهَٰرُ خَٰلِدِينَ فِيهَا نُزُلًا مِّنْ عِندِ
ٱللَّهِ ۗ وَمَا عِندَ ٱللَّهِ خَيْرٌ لِّلْأَبْرَارِ ﴿١٩٨﴾ وَإِنَّ مِنْ أَهْلِ
ٱلْكِتَٰبِ لَمَن يُؤْمِنُ بِٱللَّهِ وَمَآ أُنزِلَ إِلَيْكُمْ وَمَآ أُنزِلَ
إِلَيْهِمْ خَٰشِعِينَ لِلَّهِ لَا يَشْتَرُونَ بِـَٔايَٰتِ ٱللَّهِ ثَمَنًا
قَلِيلًا ۗ أُو۟لَٰٓئِكَ لَهُمْ أَجْرُهُمْ عِندَ رَبِّهِمْ ۗ إِنَّ ٱللَّهَ
سَرِيعُ ٱلْحِسَابِ ﴿١٩٩﴾ يَٰٓأَيُّهَا ٱلَّذِينَ ءَامَنُوا۟ ٱصْبِرُوا۟
وَصَابِرُوا۟ وَرَابِطُوا۟ وَٱتَّقُوا۟ ٱللَّهَ لَعَلَّكُمْ تُفْلِحُونَ ﴿٢٠٠﴾

سُورَةُ النِّسَاءِ

4-4-77 بِسْمِ ٱللَّهِ ٱلرَّحْمَٰنِ ٱلرَّحِيمِ

يَٰٓأَيُّهَا ٱلنَّاسُ ٱتَّقُوا۟ رَبَّكُمُ ٱلَّذِى خَلَقَكُم مِّن نَّفْسٍ وَٰحِدَةٍ وَخَلَقَ مِنْهَا
زَوْجَهَا وَبَثَّ مِنْهُمَا رِجَالًا كَثِيرًا وَنِسَآءً ۚ وَٱتَّقُوا۟ ٱللَّهَ ٱلَّذِى تَسَآءَلُونَ بِهِۦ
وَٱلْأَرْحَامَ ۚ إِنَّ ٱللَّهَ كَانَ عَلَيْكُمْ رَقِيبًا ﴿١﴾ وَءَاتُوا۟ ٱلْيَتَٰمَىٰٓ أَمْوَٰلَهُمْ ۖ وَلَا تَتَبَدَّلُوا۟
4-3-74 ٱلْخَبِيثَ بِٱلطَّيِّبِ ۖ وَلَا تَأْكُلُوٓا۟ أَمْوَٰلَهُمْ إِلَىٰٓ أَمْوَٰلِكُمْ ۚ إِنَّهُۥ كَانَ حُوبًا كَبِيرًا ﴿٢﴾
وَإِنْ خِفْتُمْ أَلَّا تُقْسِطُوا۟ فِى ٱلْيَتَٰمَىٰ فَٱنكِحُوا۟ مَا طَابَ لَكُم مِّنَ ٱلنِّسَآءِ
مَثْنَىٰ وَثُلَٰثَ وَرُبَٰعَ ۖ فَإِنْ خِفْتُمْ أَلَّا تَعْدِلُوا۟ فَوَٰحِدَةً أَوْ مَا مَلَكَتْ أَيْمَٰنُكُمْ ۚ
ذَٰلِكَ أَدْنَىٰٓ أَلَّا تَعُولُوا۟ ﴿٣﴾ وَءَاتُوا۟ ٱلنِّسَآءَ صَدُقَٰتِهِنَّ نِحْلَةً ۚ فَإِن طِبْنَ
لَكُمْ عَن شَىْءٍ مِّنْهُ نَفْسًا فَكُلُوهُ هَنِيٓـًٔا مَّرِيٓـًٔا ﴿٤﴾ وَلَا تُؤْتُوا۟ ٱلسُّفَهَآءَ
أَمْوَٰلَكُمُ ٱلَّتِى جَعَلَ ٱللَّهُ لَكُمْ قِيَٰمًا وَٱرْزُقُوهُمْ فِيهَا وَٱكْسُوهُمْ وَقُولُوا۟ لَهُمْ
قَوْلًا مَّعْرُوفًا ﴿٥﴾ وَٱبْتَلُوا۟ ٱلْيَتَٰمَىٰ حَتَّىٰٓ إِذَا بَلَغُوا۟ ٱلنِّكَاحَ فَإِنْ ءَانَسْتُم مِّنْهُمْ
رُشْدًا فَٱدْفَعُوٓا۟ إِلَيْهِمْ أَمْوَٰلَهُمْ ۖ وَلَا تَأْكُلُوهَآ إِسْرَافًا وَبِدَارًا أَن يَكْبَرُوا۟ ۚ
وَمَن كَانَ غَنِيًّا فَلْيَسْتَعْفِفْ ۖ وَمَن كَانَ فَقِيرًا فَلْيَأْكُلْ بِٱلْمَعْرُوفِ ۚ
فَإِذَا دَفَعْتُمْ إِلَيْهِمْ أَمْوَٰلَهُمْ فَأَشْهِدُوا۟ عَلَيْهِمْ ۚ وَكَفَىٰ بِٱللَّهِ حَسِيبًا ﴿٦﴾
4-4-78 لِّلرِّجَالِ نَصِيبٌ مِّمَّا تَرَكَ ٱلْوَٰلِدَانِ وَٱلْأَقْرَبُونَ وَلِلنِّسَآءِ نَصِيبٌ
مِّمَّا تَرَكَ ٱلْوَٰلِدَانِ وَٱلْأَقْرَبُونَ مِمَّا قَلَّ مِنْهُ أَوْ كَثُرَ ۚ نَصِيبًا
مَّفْرُوضًا ﴿٧﴾ وَإِذَا حَضَرَ ٱلْقِسْمَةَ أُو۟لُوا۟ ٱلْقُرْبَىٰ وَٱلْيَتَٰمَىٰ
وَٱلْمَسَٰكِينُ فَٱرْزُقُوهُم مِّنْهُ وَقُولُوا۟ لَهُمْ قَوْلًا مَّعْرُوفًا ﴿٨﴾
وَلْيَخْشَ ٱلَّذِينَ لَوْ تَرَكُوا۟ مِنْ خَلْفِهِمْ ذُرِّيَّةً ضِعَٰفًا
4-3-75 خَافُوا۟ عَلَيْهِمْ فَلْيَتَّقُوا۟ ٱللَّهَ وَلْيَقُولُوا۟ قَوْلًا سَدِيدًا ﴿٩﴾ إِنَّ
ٱلَّذِينَ يَأْكُلُونَ أَمْوَٰلَ ٱلْيَتَٰمَىٰ ظُلْمًا إِنَّمَا يَأْكُلُونَ فِى
بُطُونِهِمْ نَارًا ۖ وَسَيَصْلَوْنَ سَعِيرًا ﴿١٠﴾ يُوصِيكُمُ ٱللَّهُ فِىٓ
أَوْلَٰدِكُمْ ۖ لِلذَّكَرِ مِثْلُ حَظِّ ٱلْأُنثَيَيْنِ ۚ فَإِن كُنَّ نِسَآءً
فَوْقَ ٱثْنَتَيْنِ فَلَهُنَّ ثُلُثَا مَا تَرَكَ ۖ وَإِن كَانَتْ وَٰحِدَةً فَلَهَا

ٱلنِّصْفُ ۚ وَلِأَبَوَيْهِ لِكُلِّ وَٰحِدٍ مِّنْهُمَا ٱلسُّدُسُ مِمَّا تَرَكَ إِن
كَانَ لَهُۥ وَلَدٌ ۚ فَإِن لَّمْ يَكُن لَّهُۥ وَلَدٌ وَوَرِثَهُۥٓ أَبَوَاهُ فَلِأُمِّهِ ٱلثُّلُثُ ۚ فَإِن
كَانَ لَهُۥٓ إِخْوَةٌ فَلِأُمِّهِ ٱلسُّدُسُ ۚ مِنۢ بَعْدِ وَصِيَّةٍ يُوصِى بِهَآ
أَوْ دَيْنٍ ۗ ءَابَآؤُكُمْ وَأَبْنَآؤُكُمْ لَا تَدْرُونَ أَيُّهُمْ أَقْرَبُ لَكُمْ
نَفْعًا ۚ فَرِيضَةً مِّنَ ٱللَّهِ ۗ إِنَّ ٱللَّهَ كَانَ عَلِيمًا حَكِيمًا ﴿١١﴾
4-4-79 ۞ وَلَكُمْ نِصْفُ مَا تَرَكَ أَزْوَٰجُكُمْ إِن لَّمْ يَكُن
لَّهُنَّ وَلَدٌ ۚ فَإِن كَانَ لَهُنَّ وَلَدٌ فَلَكُمُ ٱلرُّبُعُ مِمَّا
تَرَكْنَ ۚ مِنۢ بَعْدِ وَصِيَّةٍ يُوصِينَ بِهَآ أَوْ دَيْنٍ ۚ
وَلَهُنَّ ٱلرُّبُعُ مِمَّا تَرَكْتُمْ إِن لَّمْ يَكُن لَّكُمْ وَلَدٌ ۚ
فَإِن كَانَ لَكُمْ وَلَدٌ فَلَهُنَّ ٱلثُّمُنُ مِمَّا تَرَكْتُم ۚ
مِّنۢ بَعْدِ وَصِيَّةٍ تُوصُونَ بِهَآ أَوْ دَيْنٍ ۗ وَإِن كَانَ
رَجُلٌ يُورَثُ كَلَٰلَةً أَوِ ٱمْرَأَةٌ وَلَهُۥٓ أَخٌ أَوْ أُخْتٌ فَلِكُلِّ
وَٰحِدٍ مِّنْهُمَا ٱلسُّدُسُ ۚ فَإِن كَانُوٓا۟ أَكْثَرَ مِن ذَٰلِكَ
فَهُمْ شُرَكَآءُ فِى ٱلثُّلُثِ ۚ مِنۢ بَعْدِ وَصِيَّةٍ يُوصَىٰ
بِهَآ أَوْ دَيْنٍ غَيْرَ مُضَآرٍّ ۚ وَصِيَّةً مِّنَ ٱللَّهِ ۗ وَٱللَّهُ
عَلِيمٌ حَلِيمٌ ﴿١٢﴾ تِلْكَ حُدُودُ ٱللَّهِ ۚ وَمَن يُطِعِ ٱللَّهَ
وَرَسُولَهُۥ يُدْخِلْهُ جَنَّٰتٍ تَجْرِى مِن تَحْتِهَا
ٱلْأَنْهَٰرُ خَٰلِدِينَ فِيهَا ۚ وَذَٰلِكَ ٱلْفَوْزُ ٱلْعَظِيمُ ﴿١٣﴾
وَمَن يَعْصِ ٱللَّهَ وَرَسُولَهُۥ وَيَتَعَدَّ حُدُودَهُۥ
يُدْخِلْهُ نَارًا خَٰلِدًا فِيهَا وَلَهُۥ عَذَابٌ مُّهِينٌ ﴿١٤﴾
4-4-80 وَٱلَّٰتِى يَأْتِينَ ٱلْفَٰحِشَةَ مِن نِّسَآئِكُمْ فَٱسْتَشْهِدُوا۟ عَلَيْهِنَّ
أَرْبَعَةً مِّنكُمْ ۖ فَإِن شَهِدُوا۟ فَأَمْسِكُوهُنَّ فِى ٱلْبُيُوتِ
حَتَّىٰ يَتَوَفَّىٰهُنَّ ٱلْمَوْتُ أَوْ يَجْعَلَ ٱللَّهُ لَهُنَّ سَبِيلًا ﴿١٥﴾
وَٱلَّذَانِ يَأْتِيَٰنِهَا مِنكُمْ فَـَٔاذُوهُمَا ۖ فَإِن تَابَا وَأَصْلَحَا
فَأَعْرِضُوا۟ عَنْهُمَآ ۗ إِنَّ ٱللَّهَ كَانَ تَوَّابًا رَّحِيمًا ﴿١٦﴾
إِنَّمَا ٱلتَّوْبَةُ عَلَى ٱللَّهِ لِلَّذِينَ يَعْمَلُونَ ٱلسُّوٓءَ بِجَهَٰلَةٍ
ثُمَّ يَتُوبُونَ مِن قَرِيبٍ فَأُو۟لَٰٓئِكَ يَتُوبُ ٱللَّهُ عَلَيْهِمْ ۗ
وَكَانَ ٱللَّهُ عَلِيمًا حَكِيمًا ﴿١٧﴾ وَلَيْسَتِ ٱلتَّوْبَةُ لِلَّذِينَ
يَعْمَلُونَ ٱلسَّيِّـَٔاتِ حَتَّىٰٓ إِذَا حَضَرَ أَحَدَهُمُ ٱلْمَوْتُ
قَالَ إِنِّى تُبْتُ ٱلْـَٰٔنَ وَلَا ٱلَّذِينَ يَمُوتُونَ وَهُمْ كُفَّارٌ ۚ
أُو۟لَٰٓئِكَ أَعْتَدْنَا لَهُمْ عَذَابًا أَلِيمًا ﴿١٨﴾ يَٰٓأَيُّهَا ٱلَّذِينَ
ءَامَنُوا۟ لَا يَحِلُّ لَكُمْ أَن تَرِثُوا۟ ٱلنِّسَآءَ كَرْهًا ۖ وَلَا تَعْضُلُوهُنَّ
لِتَذْهَبُوا۟ بِبَعْضِ مَآ ءَاتَيْتُمُوهُنَّ إِلَّآ أَن يَأْتِينَ بِفَٰحِشَةٍ
مُّبَيِّنَةٍ ۚ وَعَاشِرُوهُنَّ بِٱلْمَعْرُوفِ ۚ فَإِن كَرِهْتُمُوهُنَّ فَعَسَىٰٓ
أَن تَكْرَهُوا۟ شَيْـًٔا وَيَجْعَلَ ٱللَّهُ فِيهِ خَيْرًا كَثِيرًا ﴿١٩﴾
4-4-81 وَإِنْ أَرَدتُّمُ ٱسْتِبْدَالَ زَوْجٍ مَّكَانَ زَوْجٍ وَءَاتَيْتُمْ
إِحْدَىٰهُنَّ قِنطَارًا فَلَا تَأْخُذُوا۟ مِنْهُ شَيْـًٔا ۚ أَتَأْخُذُونَهُۥ
بُهْتَٰنًا وَإِثْمًا مُّبِينًا ﴿٢٠﴾ وَكَيْفَ تَأْخُذُونَهُۥ وَقَدْ أَفْضَىٰ
بَعْضُكُمْ إِلَىٰ بَعْضٍ وَأَخَذْنَ مِنكُم مِّيثَٰقًا غَلِيظًا ﴿٢١﴾
وَلَا تَنكِحُوا۟ مَا نَكَحَ ءَابَآؤُكُم مِّنَ ٱلنِّسَآءِ
إِلَّا مَا قَدْ سَلَفَ ۚ إِنَّهُۥ كَانَ فَٰحِشَةً وَمَقْتًا وَسَآءَ
سَبِيلًا ﴿٢٢﴾ حُرِّمَتْ عَلَيْكُمْ أُمَّهَٰتُكُمْ وَبَنَاتُكُمْ
وَأَخَوَٰتُكُمْ وَعَمَّٰتُكُمْ وَخَٰلَٰتُكُمْ وَبَنَاتُ
ٱلْأَخِ وَبَنَاتُ ٱلْأُخْتِ وَأُمَّهَٰتُكُمُ ٱلَّٰتِىٓ أَرْضَعْنَكُمْ
وَأَخَوَٰتُكُم مِّنَ ٱلرَّضَٰعَةِ وَأُمَّهَٰتُ نِسَآئِكُمْ
وَرَبَٰٓئِبُكُمُ ٱلَّٰتِى فِى حُجُورِكُم مِّن نِّسَآئِكُمُ
ٱلَّٰتِى دَخَلْتُم بِهِنَّ فَإِن لَّمْ تَكُونُوا۟ دَخَلْتُم بِهِنَّ فَلَا
جُنَاحَ عَلَيْكُمْ وَحَلَٰٓئِلُ أَبْنَآئِكُمُ ٱلَّذِينَ مِنْ
أَصْلَٰبِكُمْ وَأَن تَجْمَعُوا۟ بَيْنَ ٱلْأُخْتَيْنِ إِلَّا
مَا قَدْ سَلَفَ ۗ إِنَّ ٱللَّهَ كَانَ غَفُورًا رَّحِيمًا ﴿٢٣﴾

4.an-Nisā' [24] -٤ النساء

5-4-82

* والمحصنات من النساء إلا ما ملكت أيمانكم كتاب الله عليكم وأحل لكم ما وراء ذلكم أن تبتغوا بأموالكم محصنين غير مسافحين فما استمتعتم به منهن فآتوهن أجورهن فريضة ولا جناح عليكم فيما تراضيتم به من بعد الفريضة إن الله كان عليما حكيما ٢٤ ومن لم يستطع منكم طولا أن ينكح المحصنات المؤمنات فمن ما ملكت أيمانكم من فتياتكم المؤمنات والله أعلم بإيمانكم بعضكم من بعض فانكحوهن بإذن أهلهن وآتوهن أجورهن بالمعروف محصنات غير مسافحات ولا متخذات أخدان فإذا أحصن فإن أتين بفاحشة فعليهن نصف ما على المحصنات من العذاب ذلك لمن خشي العنت منكم وأن تصبروا خير لكم والله غفور رحيم ٢٥ يريد الله ليبين لكم ويهديكم سنن الذين من قبلكم ويتوب عليكم والله عليم حكيم ٢٦

5-4-83

والله يريد أن يتوب عليكم ويريد الذين يتبعون الشهوات أن تميلوا ميلا عظيما ٢٧ يريد الله أن يخفف عنكم وخلق الإنسان ضعيفا ٢٨ يا أيها الذين آمنوا لا تأكلوا أموالكم بينكم بالباطل إلا أن تكون تجارة عن تراض منكم ولا تقتلوا أنفسكم إن الله كان بكم رحيما ٢٩ ومن يفعل ذلك عدوانا وظلما فسوف نصليه نارا وكان ذلك على الله يسيرا ٣٠ إن تجتنبوا كبائر ما تنهون عنه نكفر عنكم سيئاتكم وندخلكم مدخلا كريما ٣١ ولا تتمنوا ما فضل الله به بعضكم على بعض للرجال نصيب مما اكتسبوا وللنساء نصيب مما اكتسبن واسألوا الله من فضله إن الله كان بكل شيء عليما ٣٢ ولكل جعلنا موالي مما ترك الوالدان والأقربون والذين عقدت أيمانكم فآتوهم نصيبهم إن الله كان على كل شيء شهيدا ٣٣

5-4-84

الرجال قوامون على النساء بما فضل الله بعضهم على بعض وبما أنفقوا من أموالهم فالصالحات قانتات حافظات للغيب بما حفظ الله واللاتي تخافون نشوزهن فعظوهن واهجروهن في المضاجع واضربوهن فإن أطعنكم فلا تبغوا عليهن سبيلا إن الله كان عليا كبيرا ٣٤ وإن خفتم شقاق بينهما فابعثوا حكما من أهله وحكما من أهلها إن يريدا إصلاحا يوفق الله بينهما إن الله كان عليما خبيرا ٣٥ * واعبدوا الله ولا تشركوا به شيئا وبالوالدين إحسانا وبذي القربى واليتامى والمساكين والجار ذي القربى والجار الجنب والصاحب بالجنب وابن السبيل وما ملكت أيمانكم إن الله لا يحب من كان مختالا فخورا ٣٦ الذين يبخلون ويأمرون الناس بالبخل ويكتمون ما آتاهم الله من فضله وأعتدنا للكافرين عذابا مهينا ٣٧

5-4-85

والذين ينفقون أموالهم رئاء الناس ولا يؤمنون بالله ولا باليوم الآخر ومن يكن الشيطان له قرينا فساء قرينا ٣٨ وماذا عليهم لو آمنوا بالله واليوم الآخر وأنفقوا مما رزقهم الله وكان الله بهم عليما ٣٩ إن الله لا يظلم مثقال ذرة وإن تك حسنة يضاعفها ويؤت من لدنه أجرا عظيما ٤٠ فكيف إذا جئنا من كل أمة بشهيد وجئنا بك على هؤلاء شهيدا ٤١ يومئذ يود الذين كفروا وعصوا الرسول لو تسوى بهم الأرض ولا يكتمون الله حديثا ٤٢ يا أيها الذين آمنوا لا تقربوا الصلاة وأنتم سكارى حتى تعلموا ما تقولون ولا جنبا إلا عابري سبيل حتى تغتسلوا وإن كنتم مرضى أو على سفر أو جاء أحد منكم من الغائط أو لامستم النساء فلم تجدوا ماء فتيمموا صعيدا طيبا فامسحوا بوجوهكم وأيديكم إن الله كان عفوا غفورا ٤٣ ألم تر إلى الذين أوتوا نصيبا من الكتاب يشترون الضلالة ويريدون أن تضلوا السبيل ٤٤ والله أعلم بأعدائكم وكفى بالله وليا وكفى بالله نصيرا ٤٥

5-4-86

من الذين هادوا يحرفون الكلم عن مواضعه ويقولون سمعنا وعصينا واسمع غير مسمع وراعنا ليا بألسنتهم وطعنا في الدين ولو أنهم قالوا سمعنا وأطعنا واسمع وانظرنا لكان خيرا لهم وأقوم ولكن لعنهم الله بكفرهم فلا يؤمنون إلا قليلا ٤٦ يا أيها الذين أوتوا الكتاب آمنوا بما نزلنا مصدقا لما معكم من قبل أن نطمس وجوها فنردها على أدبارها أو نلعنهم كما لعنا أصحاب السبت وكان أمر الله مفعولا ٤٧ إن الله لا يغفر أن يشرك به ويغفر ما دون ذلك لمن يشاء ومن يشرك بالله فقد افترى إثما عظيما ٤٨ ألم تر إلى الذين يزكون أنفسهم بل الله يزكي من يشاء ولا يظلمون فتيلا ٤٩ انظر كيف يفترون على الله الكذب وكفى به إثما مبينا ٥٠ ألم تر إلى الذين أوتوا نصيبا من الكتاب يؤمنون بالجبت والطاغوت ويقولون للذين كفروا هؤلاء أهدى من الذين آمنوا سبيلا ٥١

5-4-87

أولئك الذين لعنهم الله ومن يلعن الله فلن تجد له نصيرا ٥٢ أم لهم نصيب من الملك فإذا لا يؤتون الناس نقيرا ٥٣ أم يحسدون الناس على ما آتاهم الله من فضله فقد آتينا آل إبراهيم الكتاب والحكمة وآتيناهم ملكا عظيما ٥٤ فمنهم من آمن به ومنهم من صد عنه وكفى بجهنم سعيرا ٥٥ إن الذين كفروا بآياتنا سوف نصليهم نارا كلما نضجت جلودهم بدلناهم جلودا غيرها ليذوقوا العذاب إن الله كان عزيزا حكيما ٥٦ والذين آمنوا وعملوا الصالحات سندخلهم جنات تجري من تحتها الأنهار خالدين فيها أبدا لهم فيها أزواج مطهرة وندخلهم ظلا ظليلا ٥٧ * إن الله يأمركم أن تؤدوا الأمانات إلى أهلها وإذا حكمتم بين الناس أن تحكموا بالعدل إن الله نعما يعظكم به إن الله كان سميعا بصيرا ٥٨ يا أيها الذين آمنوا أطيعوا الله وأطيعوا الرسول وأولي الأمر منكم فإن تنازعتم في شيء فردوه إلى الله والرسول إن كنتم تؤمنون بالله واليوم الآخر ذلك خير وأحسن تأويلا ٥٩

5-4-88

ألم تر إلى الذين يزعمون أنهم آمنوا بما أنزل إليك وما أنزل من قبلك يريدون أن يتحاكموا إلى الطاغوت وقد أمروا أن يكفروا به ويريد الشيطان أن يضلهم ضلالا بعيدا ٦٠ وإذا قيل لهم تعالوا إلى ما أنزل الله وإلى الرسول رأيت المنافقين يصدون عنك صدودا ٦١ فكيف إذا أصابتهم مصيبة بما قدمت أيديهم ثم جاءوك يحلفون بالله إن أردنا إلا إحسانا وتوفيقا ٦٢ أولئك الذين يعلم الله ما في قلوبهم فأعرض عنهم وعظهم وقل لهم في أنفسهم قولا بليغا ٦٣ وما أرسلنا من رسول إلا ليطاع بإذن الله ولو أنهم إذ ظلموا أنفسهم جاءوك فاستغفروا الله واستغفر لهم الرسول لوجدوا الله توابا رحيما ٦٤ فلا وربك لا يؤمنون حتى يحكموك فيما شجر بينهم ثم لا يجدوا في أنفسهم حرجا مما قضيت ويسلموا تسليما ٦٥

5-4-89

ولو أنا كتبنا عليهم أن اقتلوا أنفسكم أو اخرجوا من دياركم ما فعلوه إلا قليل منهم ولو أنهم فعلوا ما يوعظون به لكان خيرا لهم وأشد تثبيتا ٦٦ وإذا لآتيناهم من لدنا أجرا عظيما ٦٧ ولهديناهم صراطا مستقيما ٦٨ ومن يطع الله والرسول فأولئك مع الذين أنعم الله عليهم من النبيين والصديقين والشهداء والصالحين وحسن أولئك رفيقا ٦٩ ذلك الفضل من الله وكفى بالله عليما ٧٠ يا أيها الذين آمنوا خذوا حذركم فانفروا ثبات أو انفروا جميعا ٧١ وإن منكم لمن ليبطئن فإن أصابتكم مصيبة قال قد أنعم الله علي إذ لم أكن معهم شهيدا ٧٢ ولئن أصابكم فضل من الله ليقولن كأن لم تكن بينكم وبينه مودة يا ليتني كنت معهم فأفوز فوزا عظيما ٧٣ * فليقاتل في سبيل الله الذين يشرون الحياة الدنيا بالآخرة ومن يقاتل في سبيل الله فيقتل أو يغلب فسوف نؤتيه أجرا عظيما ٧٤

5-4-90

وما لكم لا تقاتلون في سبيل الله والمستضعفين من الرجال والنساء والولدان الذين يقولون ربنا أخرجنا من هذه القرية الظالم أهلها واجعل لنا من لدنك وليا واجعل لنا من لدنك نصيرا ٧٥ الذين آمنوا يقاتلون في سبيل الله والذين كفروا يقاتلون في سبيل الطاغوت فقاتلوا أولياء الشيطان إن كيد الشيطان كان ضعيفا ٧٦ ألم تر إلى الذين قيل لهم كفوا أيديكم وأقيموا الصلاة وآتوا الزكاة فلما كتب عليهم القتال إذا فريق منهم يخشون الناس كخشية الله أو أشد خشية وقالوا ربنا لم كتبت علينا القتال لولا أخرتنا إلى أجل قريب قل متاع الدنيا قليل والآخرة خير لمن اتقى ولا تظلمون فتيلا ٧٧ أينما تكونوا يدرككم الموت ولو كنتم في بروج مشيدة وإن تصبهم حسنة يقولوا هذه من عند الله وإن تصبهم سيئة يقولوا هذه من عندك قل كل من عند الله فمال هؤلاء القوم لا يكادون يفقهون حديثا ٧٨ ما أصابك من حسنة فمن الله وما أصابك من سيئة فمن نفسك وأرسلناك للناس رسولا وكفى بالله شهيدا ٧٩

5-4-91

من يطع الرسول فقد أطاع الله ومن تولى فما أرسلناك عليهم حفيظا ٨٠ ويقولون طاعة فإذا برزوا من عندك بيت طائفة منهم غير الذي تقول والله يكتب ما يبيتون فأعرض عنهم وتوكل على الله وكفى بالله وكيلا ٨١ أفلا يتدبرون القرآن ولو كان من عند غير الله لوجدوا فيه اختلافا كثيرا ٨٢ وإذا جاءهم أمر من الأمن أو الخوف أذاعوا به ولو ردوه إلى الرسول وإلى أولي الأمر منهم لعلمه الذين يستنبطونه منهم ولولا فضل الله عليكم ورحمته لاتبعتم الشيطان إلا قليلا ٨٣ فقاتل في سبيل الله لا تكلف إلا نفسك وحرض المؤمنين عسى الله أن يكف بأس الذين كفروا والله أشد بأسا وأشد تنكيلا ٨٤ من يشفع شفاعة حسنة يكن له نصيب منها ومن يشفع شفاعة سيئة يكن له كفل منها وكان الله على كل شيء مقيتا ٨٥ وإذا حييتم بتحية فحيوا بأحسن منها أو ردوها إن الله كان على كل شيء حسيبا ٨٦

4.an-Nisā' [86] -٤ النساء

ٱللَّهُ لَآ إِلَٰهَ إِلَّا هُوَۚ لَيَجۡمَعَنَّكُمۡ إِلَىٰ يَوۡمِ ٱلۡقِيَٰمَةِ لَا رَيۡبَ فِيهِۗ 5-4-92
وَمَنۡ أَصۡدَقُ مِنَ ٱللَّهِ حَدِيثٗا ٨٧ ۞ فَمَا لَكُمۡ فِي ٱلۡمُنَٰفِقِينَ
فِئَتَيۡنِ وَٱللَّهُ أَرۡكَسَهُم بِمَا كَسَبُوٓاْۚ أَتُرِيدُونَ أَن تَهۡدُواْ مَنۡ
أَضَلَّ ٱللَّهُۖ وَمَن يُضۡلِلِ ٱللَّهُ فَلَن تَجِدَ لَهُۥ سَبِيلٗا ٨٨ وَدُّواْ لَوۡ تَكۡفُرُونَ
كَمَا كَفَرُواْ فَتَكُونُونَ سَوَآءٗۖ فَلَا تَتَّخِذُواْ مِنۡهُمۡ أَوۡلِيَآءَ حَتَّىٰ
يُهَاجِرُواْ فِي سَبِيلِ ٱللَّهِۚ فَإِن تَوَلَّوۡاْ فَخُذُوهُمۡ وَٱقۡتُلُوهُمۡ حَيۡثُ
وَجَدتُّمُوهُمۡۖ وَلَا تَتَّخِذُواْ مِنۡهُمۡ وَلِيّٗا وَلَا نَصِيرًا ٨٩ إِلَّا ٱلَّذِينَ
يَصِلُونَ إِلَىٰ قَوۡمِۭ بَيۡنَكُمۡ وَبَيۡنَهُم مِّيثَٰقٌ أَوۡ جَآءُوكُمۡ حَصِرَتۡ
صُدُورُهُمۡ أَن يُقَٰتِلُوكُمۡ أَوۡ يُقَٰتِلُواْ قَوۡمَهُمۡۚ وَلَوۡ شَآءَ ٱللَّهُ
لَسَلَّطَهُمۡ عَلَيۡكُمۡ فَلَقَٰتَلُوكُمۡۚ فَإِنِ ٱعۡتَزَلُوكُمۡ فَلَمۡ يُقَٰتِلُوكُمۡ
وَأَلۡقَوۡاْ إِلَيۡكُمُ ٱلسَّلَمَ فَمَا جَعَلَ ٱللَّهُ لَكُمۡ عَلَيۡهِمۡ سَبِيلٗا ٩٠
سَتَجِدُونَ ءَاخَرِينَ يُرِيدُونَ أَن يَأۡمَنُوكُمۡ وَيَأۡمَنُواْ قَوۡمَهُمۡ كُلَّ مَا
رُدُّوٓاْ إِلَى ٱلۡفِتۡنَةِ أُرۡكِسُواْ فِيهَاۚ فَإِن لَّمۡ يَعۡتَزِلُوكُمۡ وَيُلۡقُوٓاْ
إِلَيۡكُمُ ٱلسَّلَمَ وَيَكُفُّوٓاْ أَيۡدِيَهُمۡ فَخُذُوهُمۡ وَٱقۡتُلُوهُمۡ حَيۡثُ
ثَقِفۡتُمُوهُمۡۚ وَأُوْلَٰٓئِكُمۡ جَعَلۡنَا لَكُمۡ عَلَيۡهِمۡ سُلۡطَٰنٗا مُّبِينٗا ٩١
وَمَا كَانَ لِمُؤۡمِنٍ أَن يَقۡتُلَ مُؤۡمِنًا إِلَّا خَطَـٔٗاۚ وَمَن قَتَلَ 5-4-93
مُؤۡمِنًا خَطَـٔٗا فَتَحۡرِيرُ رَقَبَةٖ مُّؤۡمِنَةٖ وَدِيَةٞ مُّسَلَّمَةٌ
إِلَىٰٓ أَهۡلِهِۦٓ إِلَّآ أَن يَصَّدَّقُواْۚ فَإِن كَانَ مِن قَوۡمٍ عَدُوّٖ
لَّكُمۡ وَهُوَ مُؤۡمِنٞ فَتَحۡرِيرُ رَقَبَةٖ مُّؤۡمِنَةٖۖ وَإِن كَانَ
مِن قَوۡمِۭ بَيۡنَكُمۡ وَبَيۡنَهُم مِّيثَٰقٞ فَدِيَةٞ مُّسَلَّمَةٌ إِلَىٰٓ
أَهۡلِهِۦ وَتَحۡرِيرُ رَقَبَةٖ مُّؤۡمِنَةٖۖ فَمَن لَّمۡ يَجِدۡ فَصِيَامُ
شَهۡرَيۡنِ مُتَتَابِعَيۡنِ تَوۡبَةٗ مِّنَ ٱللَّهِۗ وَكَانَ ٱللَّهُ
عَلِيمًا حَكِيمٗا ٩٢ وَمَن يَقۡتُلۡ مُؤۡمِنٗا مُّتَعَمِّدٗا
فَجَزَآؤُهُۥ جَهَنَّمُ خَٰلِدٗا فِيهَا وَغَضِبَ ٱللَّهُ عَلَيۡهِ
وَلَعَنَهُۥ وَأَعَدَّ لَهُۥ عَذَابًا عَظِيمٗا ٩٣ يَٰٓأَيُّهَا ٱلَّذِينَ
ءَامَنُوٓاْ إِذَا ضَرَبۡتُمۡ فِي سَبِيلِ ٱللَّهِ فَتَبَيَّنُواْ وَلَا تَقُولُواْ
لِمَنۡ أَلۡقَىٰٓ إِلَيۡكُمُ ٱلسَّلَٰمَ لَسۡتَ مُؤۡمِنٗا تَبۡتَغُونَ
عَرَضَ ٱلۡحَيَوٰةِ ٱلدُّنۡيَا فَعِندَ ٱللَّهِ مَغَانِمُ كَثِيرَةٞۚ
كَذَٰلِكَ كُنتُم مِّن قَبۡلُ فَمَنَّ ٱللَّهُ عَلَيۡكُمۡ
فَتَبَيَّنُوٓاْۚ إِنَّ ٱللَّهَ كَانَ بِمَا تَعۡمَلُونَ خَبِيرٗا ٩٤
لَّا يَسۡتَوِي ٱلۡقَٰعِدُونَ مِنَ ٱلۡمُؤۡمِنِينَ غَيۡرُ أُوْلِي ٱلضَّرَرِ وَٱلۡمُجَٰهِدُونَ 5-4-94
فِي سَبِيلِ ٱللَّهِ بِأَمۡوَٰلِهِمۡ وَأَنفُسِهِمۡۚ فَضَّلَ ٱللَّهُ ٱلۡمُجَٰهِدِينَ بِأَمۡوَٰلِهِمۡ
وَأَنفُسِهِمۡ عَلَى ٱلۡقَٰعِدِينَ دَرَجَةٗۚ وَكُلّٗا وَعَدَ ٱللَّهُ ٱلۡحُسۡنَىٰۚ وَفَضَّلَ ٱللَّهُ
ٱلۡمُجَٰهِدِينَ عَلَى ٱلۡقَٰعِدِينَ أَجۡرًا عَظِيمٗا ٩٥ دَرَجَٰتٖ مِّنۡهُ وَمَغۡفِرَةٗ
وَرَحۡمَةٗۚ وَكَانَ ٱللَّهُ غَفُورٗا رَّحِيمًا ٩٦ إِنَّ ٱلَّذِينَ تَوَفَّىٰهُمُ ٱلۡمَلَٰٓئِكَةُ
ظَالِمِيٓ أَنفُسِهِمۡ قَالُواْ فِيمَ كُنتُمۡۖ قَالُواْ كُنَّا مُسۡتَضۡعَفِينَ فِي ٱلۡأَرۡضِۚ
قَالُوٓاْ أَلَمۡ تَكُنۡ أَرۡضُ ٱللَّهِ وَٰسِعَةٗ فَتُهَاجِرُواْ فِيهَاۚ فَأُوْلَٰٓئِكَ مَأۡوَىٰهُمۡ
جَهَنَّمُۖ وَسَآءَتۡ مَصِيرًا ٩٧ إِلَّا ٱلۡمُسۡتَضۡعَفِينَ مِنَ ٱلرِّجَالِ
وَٱلنِّسَآءِ وَٱلۡوِلۡدَٰنِ لَا يَسۡتَطِيعُونَ حِيلَةٗ وَلَا يَهۡتَدُونَ سَبِيلٗا ٩٨
فَأُوْلَٰٓئِكَ عَسَى ٱللَّهُ أَن يَعۡفُوَ عَنۡهُمۡۚ وَكَانَ ٱللَّهُ عَفُوًّا غَفُورٗا ٩٩ ۞ وَمَن
يُهَاجِرۡ فِي سَبِيلِ ٱللَّهِ يَجِدۡ فِي ٱلۡأَرۡضِ مُرَٰغَمٗا كَثِيرٗا وَسَعَةٗۚ وَمَن
يَخۡرُجۡ مِنۢ بَيۡتِهِۦ مُهَاجِرًا إِلَى ٱللَّهِ وَرَسُولِهِۦ ثُمَّ يُدۡرِكۡهُ ٱلۡمَوۡتُ فَقَدۡ
وَقَعَ أَجۡرُهُۥ عَلَى ٱللَّهِۗ وَكَانَ ٱللَّهُ غَفُورٗا رَّحِيمٗا ١٠٠ وَإِذَا ضَرَبۡتُمۡ فِي
ٱلۡأَرۡضِ فَلَيۡسَ عَلَيۡكُمۡ جُنَاحٌ أَن تَقۡصُرُواْ مِنَ ٱلصَّلَوٰةِ إِنۡ خِفۡتُمۡ
أَن يَفۡتِنَكُمُ ٱلَّذِينَ كَفَرُوٓاْۚ إِنَّ ٱلۡكَٰفِرِينَ كَانُواْ لَكُمۡ عَدُوّٗا مُّبِينٗا ١٠١
وَإِذَا كُنتَ فِيهِمۡ فَأَقَمۡتَ لَهُمُ ٱلصَّلَوٰةَ فَلۡتَقُمۡ طَآئِفَةٞ 5-4-95
مِّنۡهُم مَّعَكَ وَلۡيَأۡخُذُوٓاْ أَسۡلِحَتَهُمۡۖ فَإِذَا سَجَدُواْ فَلۡيَكُونُواْ
مِن وَرَآئِكُمۡ وَلۡتَأۡتِ طَآئِفَةٌ أُخۡرَىٰ لَمۡ يُصَلُّواْ فَلۡيُصَلُّواْ
مَعَكَ وَلۡيَأۡخُذُواْ حِذۡرَهُمۡ وَأَسۡلِحَتَهُمۡۗ وَدَّ ٱلَّذِينَ
كَفَرُواْ لَوۡ تَغۡفُلُونَ عَنۡ أَسۡلِحَتِكُمۡ وَأَمۡتِعَتِكُمۡ فَيَمِيلُونَ

عَلَيۡكُم مَّيۡلَةٗ وَٰحِدَةٗۚ وَلَا جُنَاحَ عَلَيۡكُمۡ إِن كَانَ بِكُمۡ
أَذٗى مِّن مَّطَرٍ أَوۡ كُنتُم مَّرۡضَىٰٓ أَن تَضَعُوٓاْ أَسۡلِحَتَكُمۡۖ
وَخُذُواْ حِذۡرَكُمۡۗ إِنَّ ٱللَّهَ أَعَدَّ لِلۡكَٰفِرِينَ عَذَابٗا مُّهِينٗا ١٠٢
فَإِذَا قَضَيۡتُمُ ٱلصَّلَوٰةَ فَٱذۡكُرُواْ ٱللَّهَ قِيَٰمٗا وَقُعُودٗا وَعَلَىٰ
جُنُوبِكُمۡۚ فَإِذَا ٱطۡمَأۡنَنتُمۡ فَأَقِيمُواْ ٱلصَّلَوٰةَۚ إِنَّ ٱلصَّلَوٰةَ
كَانَتۡ عَلَى ٱلۡمُؤۡمِنِينَ كِتَٰبٗا مَّوۡقُوتٗا ١٠٣ وَلَا تَهِنُواْ فِي
ٱبۡتِغَآءِ ٱلۡقَوۡمِۖ إِن تَكُونُواْ تَأۡلَمُونَ فَإِنَّهُمۡ يَأۡلَمُونَ كَمَا
تَأۡلَمُونَۖ وَتَرۡجُونَ مِنَ ٱللَّهِ مَا لَا يَرۡجُونَۗ وَكَانَ ٱللَّهُ
عَلِيمًا حَكِيمًا ١٠٤ إِنَّآ أَنزَلۡنَآ إِلَيۡكَ ٱلۡكِتَٰبَ بِٱلۡحَقِّ لِتَحۡكُمَ
بَيۡنَ ٱلنَّاسِ بِمَآ أَرَىٰكَ ٱللَّهُۚ وَلَا تَكُن لِّلۡخَآئِنِينَ خَصِيمٗا ١٠٥
وَٱسۡتَغۡفِرِ ٱللَّهَۖ إِنَّ ٱللَّهَ كَانَ غَفُورٗا رَّحِيمٗا ١٠٦ وَلَا تُجَٰدِلۡ 5-4-96
عَنِ ٱلَّذِينَ يَخۡتَانُونَ أَنفُسَهُمۡۚ إِنَّ ٱللَّهَ لَا يُحِبُّ مَن كَانَ
خَوَّانًا أَثِيمٗا ١٠٧ يَسۡتَخۡفُونَ مِنَ ٱلنَّاسِ وَلَا يَسۡتَخۡفُونَ
مِنَ ٱللَّهِ وَهُوَ مَعَهُمۡ إِذۡ يُبَيِّتُونَ مَا لَا يَرۡضَىٰ مِنَ ٱلۡقَوۡلِۚ
وَكَانَ ٱللَّهُ بِمَا يَعۡمَلُونَ مُحِيطًا ١٠٨ هَٰٓأَنتُمۡ هَٰٓؤُلَآءِ
جَٰدَلۡتُمۡ عَنۡهُمۡ فِي ٱلۡحَيَوٰةِ ٱلدُّنۡيَا فَمَن يُجَٰدِلُ ٱللَّهَ عَنۡهُمۡ
يَوۡمَ ٱلۡقِيَٰمَةِ أَم مَّن يَكُونُ عَلَيۡهِمۡ وَكِيلٗا ١٠٩ وَمَن يَعۡمَلۡ
سُوٓءًا أَوۡ يَظۡلِمۡ نَفۡسَهُۥ ثُمَّ يَسۡتَغۡفِرِ ٱللَّهَ يَجِدِ ٱللَّهَ غَفُورٗا
رَّحِيمٗا ١١٠ وَمَن يَكۡسِبۡ إِثۡمٗا فَإِنَّمَا يَكۡسِبُهُۥ عَلَىٰ نَفۡسِهِۦۚ
وَكَانَ ٱللَّهُ عَلِيمًا حَكِيمٗا ١١١ وَمَن يَكۡسِبۡ خَطِيٓـَٔةً أَوۡ إِثۡمٗا
ثُمَّ يَرۡمِ بِهِۦ بَرِيٓـٔٗا فَقَدِ ٱحۡتَمَلَ بُهۡتَٰنٗا وَإِثۡمٗا مُّبِينٗا ١١٢
وَلَوۡلَا فَضۡلُ ٱللَّهِ عَلَيۡكَ وَرَحۡمَتُهُۥ لَهَمَّت طَّآئِفَةٞ مِّنۡهُمۡ
أَن يُضِلُّوكَ وَمَا يُضِلُّونَ إِلَّآ أَنفُسَهُمۡۖ وَمَا يَضُرُّونَكَ
مِن شَيۡءٖۚ وَأَنزَلَ ٱللَّهُ عَلَيۡكَ ٱلۡكِتَٰبَ وَٱلۡحِكۡمَةَ وَعَلَّمَكَ
مَا لَمۡ تَكُن تَعۡلَمُۚ وَكَانَ فَضۡلُ ٱللَّهِ عَلَيۡكَ عَظِيمٗا ١١٣
۞ لَّا خَيۡرَ فِي كَثِيرٖ مِّن نَّجۡوَىٰهُمۡ إِلَّا مَنۡ أَمَرَ بِصَدَقَةٍ 5-4-97
أَوۡ مَعۡرُوفٍ أَوۡ إِصۡلَٰحِۭ بَيۡنَ ٱلنَّاسِۚ وَمَن يَفۡعَلۡ ذَٰلِكَ
ٱبۡتِغَآءَ مَرۡضَاتِ ٱللَّهِ فَسَوۡفَ نُؤۡتِيهِ أَجۡرًا عَظِيمٗا ١١٤ وَمَن
يُشَاقِقِ ٱلرَّسُولَ مِنۢ بَعۡدِ مَا تَبَيَّنَ لَهُ ٱلۡهُدَىٰ وَيَتَّبِعۡ غَيۡرَ
سَبِيلِ ٱلۡمُؤۡمِنِينَ نُوَلِّهِۦ مَا تَوَلَّىٰ وَنُصۡلِهِۦ جَهَنَّمَۖ وَسَآءَتۡ
مَصِيرًا ١١٥ إِنَّ ٱللَّهَ لَا يَغۡفِرُ أَن يُشۡرَكَ بِهِۦ وَيَغۡفِرُ مَا دُونَ
ذَٰلِكَ لِمَن يَشَآءُۚ وَمَن يُشۡرِكۡ بِٱللَّهِ فَقَدۡ ضَلَّ ضَلَٰلَۢا
بَعِيدًا ١١٦ إِن يَدۡعُونَ مِن دُونِهِۦٓ إِلَّآ إِنَٰثٗا وَإِن يَدۡعُونَ
إِلَّا شَيۡطَٰنٗا مَّرِيدٗا ١١٧ لَّعَنَهُ ٱللَّهُۘ وَقَالَ لَأَتَّخِذَنَّ مِنۡ
عِبَادِكَ نَصِيبٗا مَّفۡرُوضٗا ١١٨ وَلَأُضِلَّنَّهُمۡ وَلَأُمَنِّيَنَّهُمۡ
وَلَأٓمُرَنَّهُمۡ فَلَيُبَتِّكُنَّ ءَاذَانَ ٱلۡأَنۡعَٰمِ وَلَأٓمُرَنَّهُمۡ
فَلَيُغَيِّرُنَّ خَلۡقَ ٱللَّهِۚ وَمَن يَتَّخِذِ ٱلشَّيۡطَٰنَ وَلِيّٗا مِّن
دُونِ ٱللَّهِ فَقَدۡ خَسِرَ خُسۡرَانٗا مُّبِينٗا ١١٩ يَعِدُهُمۡ
وَيُمَنِّيهِمۡۖ وَمَا يَعِدُهُمُ ٱلشَّيۡطَٰنُ إِلَّا غُرُورًا ١٢٠ أُوْلَٰٓئِكَ
مَأۡوَىٰهُمۡ جَهَنَّمُ وَلَا يَجِدُونَ عَنۡهَا مَحِيصٗا ١٢١
وَٱلَّذِينَ ءَامَنُواْ وَعَمِلُواْ ٱلصَّٰلِحَٰتِ سَنُدۡخِلُهُمۡ جَنَّٰتٖ 5-4-98
تَجۡرِي مِن تَحۡتِهَا ٱلۡأَنۡهَٰرُ خَٰلِدِينَ فِيهَآ أَبَدٗاۖ وَعۡدَ ٱللَّهِ
حَقّٗاۚ وَمَنۡ أَصۡدَقُ مِنَ ٱللَّهِ قِيلٗا ١٢٢ لَّيۡسَ بِأَمَانِيِّكُمۡ
وَلَآ أَمَانِيِّ أَهۡلِ ٱلۡكِتَٰبِۗ مَن يَعۡمَلۡ سُوٓءٗا يُجۡزَ بِهِۦ
وَلَا يَجِدۡ لَهُۥ مِن دُونِ ٱللَّهِ وَلِيّٗا وَلَا نَصِيرٗا ١٢٣ وَمَن
يَعۡمَلۡ مِنَ ٱلصَّٰلِحَٰتِ مِن ذَكَرٍ أَوۡ أُنثَىٰ وَهُوَ مُؤۡمِنٞ
فَأُوْلَٰٓئِكَ يَدۡخُلُونَ ٱلۡجَنَّةَ وَلَا يُظۡلَمُونَ نَقِيرٗا ١٢٤ وَمَنۡ
أَحۡسَنُ دِينٗا مِّمَّنۡ أَسۡلَمَ وَجۡهَهُۥ لِلَّهِ وَهُوَ مُحۡسِنٞ وَٱتَّبَعَ
مِلَّةَ إِبۡرَٰهِيمَ حَنِيفٗاۗ وَٱتَّخَذَ ٱللَّهُ إِبۡرَٰهِيمَ خَلِيلٗا ١٢٥ وَلِلَّهِ
مَا فِي ٱلسَّمَٰوَٰتِ وَمَا فِي ٱلۡأَرۡضِۚ وَكَانَ ٱللَّهُ بِكُلِّ شَيۡءٖ

مُّحِيطٗا ١٢٦ وَيَسۡتَفۡتُونَكَ فِي ٱلنِّسَآءِۖ قُلِ ٱللَّهُ يُفۡتِيكُمۡ
فِيهِنَّ وَمَا يُتۡلَىٰ عَلَيۡكُمۡ فِي ٱلۡكِتَٰبِ فِي يَتَٰمَى ٱلنِّسَآءِ
ٱلَّٰتِي لَا تُؤۡتُونَهُنَّ مَا كُتِبَ لَهُنَّ وَتَرۡغَبُونَ أَن تَنكِحُوهُنَّ
وَٱلۡمُسۡتَضۡعَفِينَ مِنَ ٱلۡوِلۡدَٰنِ وَأَن تَقُومُواْ لِلۡيَتَٰمَىٰ بِٱلۡقِسۡطِۚ
وَمَا تَفۡعَلُواْ مِنۡ خَيۡرٖ فَإِنَّ ٱللَّهَ كَانَ بِهِۦ عَلِيمٗا ١٢٧
وَإِنِ ٱمۡرَأَةٌ خَافَتۡ مِنۢ بَعۡلِهَا نُشُوزًا أَوۡ إِعۡرَاضٗا فَلَا جُنَاحَ 5-4-99
عَلَيۡهِمَآ أَن يُصۡلِحَا بَيۡنَهُمَا صُلۡحٗاۚ وَٱلصُّلۡحُ خَيۡرٞۗ
وَأُحۡضِرَتِ ٱلۡأَنفُسُ ٱلشُّحَّۚ وَإِن تُحۡسِنُواْ وَتَتَّقُواْ فَإِنَّ ٱللَّهَ
كَانَ بِمَا تَعۡمَلُونَ خَبِيرٗا ١٢٨ وَلَن تَسۡتَطِيعُوٓاْ أَن تَعۡدِلُواْ
بَيۡنَ ٱلنِّسَآءِ وَلَوۡ حَرَصۡتُمۡۖ فَلَا تَمِيلُواْ كُلَّ ٱلۡمَيۡلِ فَتَذَرُوهَا
كَٱلۡمُعَلَّقَةِۚ وَإِن تُصۡلِحُواْ وَتَتَّقُواْ فَإِنَّ ٱللَّهَ كَانَ
غَفُورٗا رَّحِيمٗا ١٢٩ وَإِن يَتَفَرَّقَا يُغۡنِ ٱللَّهُ كُلّٗا مِّن سَعَتِهِۦۚ
وَكَانَ ٱللَّهُ وَٰسِعًا حَكِيمٗا ١٣٠ وَلِلَّهِ مَا فِي ٱلسَّمَٰوَٰتِ
وَمَا فِي ٱلۡأَرۡضِۗ وَلَقَدۡ وَصَّيۡنَا ٱلَّذِينَ أُوتُواْ ٱلۡكِتَٰبَ مِن
قَبۡلِكُمۡ وَإِيَّاكُمۡ أَنِ ٱتَّقُواْ ٱللَّهَۚ وَإِن تَكۡفُرُواْ فَإِنَّ لِلَّهِ
مَا فِي ٱلسَّمَٰوَٰتِ وَمَا فِي ٱلۡأَرۡضِۚ وَكَانَ ٱللَّهُ غَنِيًّا حَمِيدٗا ١٣١
وَلِلَّهِ مَا فِي ٱلسَّمَٰوَٰتِ وَمَا فِي ٱلۡأَرۡضِۚ وَكَفَىٰ بِٱللَّهِ وَكِيلًا ١٣٢
إِن يَشَأۡ يُذۡهِبۡكُمۡ أَيُّهَا ٱلنَّاسُ وَيَأۡتِ بِـَٔاخَرِينَۚ وَكَانَ
ٱللَّهُ عَلَىٰ ذَٰلِكَ قَدِيرٗا ١٣٣ مَّن كَانَ يُرِيدُ ثَوَابَ ٱلدُّنۡيَا فَعِندَ ٱللَّهِ
ثَوَابُ ٱلدُّنۡيَا وَٱلۡأٓخِرَةِۚ وَكَانَ ٱللَّهُ سَمِيعَۢا بَصِيرٗا ١٣٤
۞ يَٰٓأَيُّهَا ٱلَّذِينَ ءَامَنُواْ كُونُواْ قَوَّٰمِينَ بِٱلۡقِسۡطِ شُهَدَآءَ لِلَّهِ وَلَوۡ 5-4-100
عَلَىٰٓ أَنفُسِكُمۡ أَوِ ٱلۡوَٰلِدَيۡنِ وَٱلۡأَقۡرَبِينَۚ إِن يَكُنۡ غَنِيًّا أَوۡ فَقِيرٗا
فَٱللَّهُ أَوۡلَىٰ بِهِمَاۖ فَلَا تَتَّبِعُواْ ٱلۡهَوَىٰٓ أَن تَعۡدِلُواْۚ وَإِن تَلۡوُۥٓاْ
أَوۡ تُعۡرِضُواْ فَإِنَّ ٱللَّهَ كَانَ بِمَا تَعۡمَلُونَ خَبِيرٗا ١٣٥ يَٰٓأَيُّهَا
ٱلَّذِينَ ءَامَنُوٓاْ ءَامِنُواْ بِٱللَّهِ وَرَسُولِهِۦ وَٱلۡكِتَٰبِ ٱلَّذِي نَزَّلَ
عَلَىٰ رَسُولِهِۦ وَٱلۡكِتَٰبِ ٱلَّذِيٓ أَنزَلَ مِن قَبۡلُۚ وَمَن يَكۡفُرۡ
بِٱللَّهِ وَمَلَٰٓئِكَتِهِۦ وَكُتُبِهِۦ وَرُسُلِهِۦ وَٱلۡيَوۡمِ ٱلۡأٓخِرِ فَقَدۡ ضَلَّ
ضَلَٰلَۢا بَعِيدًا ١٣٦ إِنَّ ٱلَّذِينَ ءَامَنُواْ ثُمَّ كَفَرُواْ ثُمَّ ءَامَنُواْ ثُمَّ
كَفَرُواْ ثُمَّ ٱزۡدَادُواْ كُفۡرٗا لَّمۡ يَكُنِ ٱللَّهُ لِيَغۡفِرَ لَهُمۡ وَلَا لِيَهۡدِيَهُمۡ
سَبِيلَۢا ١٣٧ بَشِّرِ ٱلۡمُنَٰفِقِينَ بِأَنَّ لَهُمۡ عَذَابًا أَلِيمًا ١٣٨ ٱلَّذِينَ
يَتَّخِذُونَ ٱلۡكَٰفِرِينَ أَوۡلِيَآءَ مِن دُونِ ٱلۡمُؤۡمِنِينَۚ أَيَبۡتَغُونَ
عِندَهُمُ ٱلۡعِزَّةَ فَإِنَّ ٱلۡعِزَّةَ لِلَّهِ جَمِيعٗا ١٣٩ وَقَدۡ نَزَّلَ عَلَيۡكُمۡ فِي
ٱلۡكِتَٰبِ أَنۡ إِذَا سَمِعۡتُمۡ ءَايَٰتِ ٱللَّهِ يُكۡفَرُ بِهَا وَيُسۡتَهۡزَأُ بِهَا فَلَا
تَقۡعُدُواْ مَعَهُمۡ حَتَّىٰ يَخُوضُواْ فِي حَدِيثٍ غَيۡرِهِۦٓ إِنَّكُمۡ إِذٗا مِّثۡلُهُمۡۗ
إِنَّ ٱللَّهَ جَامِعُ ٱلۡمُنَٰفِقِينَ وَٱلۡكَٰفِرِينَ فِي جَهَنَّمَ جَمِيعًا ١٤٠
ٱلَّذِينَ يَتَرَبَّصُونَ بِكُمۡ فَإِن كَانَ لَكُمۡ فَتۡحٞ مِّنَ ٱللَّهِ قَالُوٓاْ 5-4-101
أَلَمۡ نَكُن مَّعَكُمۡ وَإِن كَانَ لِلۡكَٰفِرِينَ نَصِيبٞ قَالُوٓاْ
أَلَمۡ نَسۡتَحۡوِذۡ عَلَيۡكُمۡ وَنَمۡنَعۡكُم مِّنَ ٱلۡمُؤۡمِنِينَۚ فَٱللَّهُ يَحۡكُمُ
بَيۡنَكُمۡ يَوۡمَ ٱلۡقِيَٰمَةِۗ وَلَن يَجۡعَلَ ٱللَّهُ لِلۡكَٰفِرِينَ عَلَى ٱلۡمُؤۡمِنِينَ
سَبِيلًا ١٤١ إِنَّ ٱلۡمُنَٰفِقِينَ يُخَٰدِعُونَ ٱللَّهَ وَهُوَ خَٰدِعُهُمۡ وَإِذَا
قَامُوٓاْ إِلَى ٱلصَّلَوٰةِ قَامُواْ كُسَالَىٰ يُرَآءُونَ ٱلنَّاسَ وَلَا يَذۡكُرُونَ
ٱللَّهَ إِلَّا قَلِيلٗا ١٤٢ مُّذَبۡذَبِينَ بَيۡنَ ذَٰلِكَ لَآ إِلَىٰ هَٰٓؤُلَآءِ وَلَآ إِلَىٰ
هَٰٓؤُلَآءِۚ وَمَن يُضۡلِلِ ٱللَّهُ فَلَن تَجِدَ لَهُۥ سَبِيلٗا ١٤٣ يَٰٓأَيُّهَا ٱلَّذِينَ
ءَامَنُواْ لَا تَتَّخِذُواْ ٱلۡكَٰفِرِينَ أَوۡلِيَآءَ مِن دُونِ ٱلۡمُؤۡمِنِينَۚ
أَتُرِيدُونَ أَن تَجۡعَلُواْ لِلَّهِ عَلَيۡكُمۡ سُلۡطَٰنٗا مُّبِينًا ١٤٤ إِنَّ
ٱلۡمُنَٰفِقِينَ فِي ٱلدَّرۡكِ ٱلۡأَسۡفَلِ مِنَ ٱلنَّارِ وَلَن تَجِدَ لَهُمۡ نَصِيرًا ١٤٥
إِلَّا ٱلَّذِينَ تَابُواْ وَأَصۡلَحُواْ وَٱعۡتَصَمُواْ بِٱللَّهِ وَأَخۡلَصُواْ
دِينَهُمۡ لِلَّهِ فَأُوْلَٰٓئِكَ مَعَ ٱلۡمُؤۡمِنِينَۖ وَسَوۡفَ يُؤۡتِ ٱللَّهُ
ٱلۡمُؤۡمِنِينَ أَجۡرًا عَظِيمٗا ١٤٦ مَّا يَفۡعَلُ ٱللَّهُ بِعَذَابِكُمۡ
إِن شَكَرۡتُمۡ وَءَامَنتُمۡۚ وَكَانَ ٱللَّهُ شَاكِرًا عَلِيمٗا ١٤٧

6-4-102

۞ لا يحب الله الجهر بالسوء من القول إلا من ظلم وكان الله سميعا عليما ﴿١٤٨﴾ إن تبدوا خيرا أو تخفوه أو تعفوا عن سوء فإن الله كان عفوا قديرا ﴿١٤٩﴾ إن الذين يكفرون بالله ورسله ويريدون أن يفرقوا بين الله ورسله ويقولون نؤمن ببعض ونكفر ببعض ويريدون أن يتخذوا بين ذلك سبيلا ﴿١٥٠﴾ أولئك هم الكافرون حقا وأعتدنا للكافرين عذابا مهينا ﴿١٥١﴾ والذين آمنوا بالله ورسله ولم يفرقوا بين أحد منهم أولئك سوف يؤتيهم أجورهم وكان الله غفورا رحيما ﴿١٥٢﴾ يسألك أهل الكتاب أن تنزل عليهم كتابا من السماء فقد سألوا موسى أكبر من ذلك فقالوا أرنا الله جهرة فأخذتهم الصاعقة بظلمهم ثم اتخذوا العجل من بعد ما جاءتهم البينات فعفونا عن ذلك وآتينا موسى سلطانا مبينا ﴿١٥٣﴾ ورفعنا فوقهم الطور بميثاقهم وقلنا لهم ادخلوا الباب سجدا وقلنا لهم لا تعدوا في السبت وأخذنا منهم ميثاقا غليظا ﴿١٥٤﴾

6-4-103

فبما نقضهم ميثاقهم وكفرهم بآيات الله وقتلهم الأنبياء بغير حق وقولهم قلوبنا غلف بل طبع الله عليها بكفرهم فلا يؤمنون إلا قليلا ﴿١٥٥﴾ وبكفرهم وقولهم على مريم بهتانا عظيما ﴿١٥٦﴾ وقولهم إنا قتلنا المسيح عيسى ابن مريم رسول الله وما قتلوه وما صلبوه ولكن شبه لهم وإن الذين اختلفوا فيه لفي شك منه ما لهم به من علم إلا اتباع الظن وما قتلوه يقينا ﴿١٥٧﴾ بل رفعه الله إليه وكان الله عزيزا حكيما ﴿١٥٨﴾ وإن من أهل الكتاب إلا ليؤمنن به قبل موته ويوم القيامة يكون عليهم شهيدا ﴿١٥٩﴾ فبظلم من الذين هادوا حرمنا عليهم طيبات أحلت لهم وبصدهم عن سبيل الله كثيرا ﴿١٦٠﴾ وأخذهم الربا وقد نهوا عنه وأكلهم أموال الناس بالباطل وأعتدنا للكافرين منهم عذابا أليما ﴿١٦١﴾ لكن الراسخون في العلم منهم والمؤمنون يؤمنون بما أنزل إليك وما أنزل من قبلك والمقيمين الصلاة والمؤتون الزكاة والمؤمنون بالله واليوم الآخر أولئك سنؤتيهم أجرا عظيما ﴿١٦٢﴾

6-4-104

۞ إنا أوحينا إليك كما أوحينا إلى نوح والنبيين من بعده وأوحينا إلى إبراهيم وإسماعيل وإسحاق ويعقوب والأسباط وعيسى وأيوب ويونس وهارون وسليمان وآتينا داوود زبورا ﴿١٦٣﴾ ورسلا قد قصصناهم عليك من قبل ورسلا لم نقصصهم عليك وكلم الله موسى تكليما ﴿١٦٤﴾ رسلا مبشرين ومنذرين لئلا يكون للناس على الله حجة بعد الرسل وكان الله عزيزا حكيما ﴿١٦٥﴾ لكن الله يشهد بما أنزل إليك أنزله بعلمه والملائكة يشهدون وكفى بالله شهيدا ﴿١٦٦﴾ إن الذين كفروا وصدوا عن سبيل الله قد ضلوا ضلالا بعيدا ﴿١٦٧﴾ إن الذين كفروا وظلموا لم يكن الله ليغفر لهم ولا ليهديهم طريقا ﴿١٦٨﴾ إلا طريق جهنم خالدين فيها أبدا وكان ذلك على الله يسيرا ﴿١٦٩﴾ يا أيها الناس قد جاءكم الرسول بالحق من ربكم فآمنوا خيرا لكم وإن تكفروا فإن لله ما في السماوات والأرض وكان الله عليما حكيما ﴿١٧٠﴾

6-4-105

يا أهل الكتاب لا تغلوا في دينكم ولا تقولوا على الله إلا الحق إنما المسيح عيسى ابن مريم رسول الله وكلمته ألقاها إلى مريم وروح منه فآمنوا بالله ورسله ولا تقولوا ثلاثة انتهوا خيرا لكم إنما الله إله واحد سبحانه أن يكون له ولد له ما في السماوات وما في الأرض وكفى بالله وكيلا ﴿١٧١﴾ لن يستنكف المسيح أن يكون عبدا لله ولا الملائكة المقربون ومن يستنكف عن عبادته ويستكبر فسيحشرهم إليه جميعا ﴿١٧٢﴾ فأما الذين آمنوا وعملوا الصالحات فيوفيهم أجورهم ويزيدهم من فضله وأما الذين استنكفوا واستكبروا فيعذبهم عذابا أليما ولا يجدون لهم من دون الله وليا ولا نصيرا ﴿١٧٣﴾ يا أيها الناس قد جاءكم برهان من ربكم وأنزلنا إليكم نورا مبينا ﴿١٧٤﴾ فأما الذين آمنوا بالله واعتصموا به فسيدخلهم في رحمة منه وفضل ويهديهم إليه صراطا مستقيما ﴿١٧٥﴾

6-4-106

يستفتونك قل الله يفتيكم في الكلالة إن امرؤ هلك ليس له ولد وله أخت فلها نصف ما ترك وهو يرثها إن لم يكن لها ولد فإن كانتا اثنتين فلهما الثلثان مما ترك وإن كانوا إخوة رجالا ونساء فللذكر مثل حظ الأنثيين يبين الله لكم أن تضلوا والله بكل شيء عليم ﴿١٧٦﴾

سورة المائدة

بسم الله الرحمن الرحيم

يا أيها الذين آمنوا أوفوا بالعقود أحلت لكم بهيمة الأنعام إلا ما يتلى عليكم غير محلي الصيد وأنتم حرم إن الله يحكم ما يريد ﴿١﴾ يا أيها الذين آمنوا لا تحلوا شعائر الله ولا الشهر الحرام ولا الهدي ولا القلائد ولا آمين البيت الحرام يبتغون فضلا من ربهم ورضوانا وإذا حللتم فاصطادوا ولا يجرمنكم شنآن قوم أن صدوكم عن المسجد الحرام أن تعتدوا وتعاونوا على البر والتقوى ولا تعاونوا على الإثم والعدوان واتقوا الله إن الله شديد العقاب ﴿٢﴾

6-5-107

حرمت عليكم الميتة والدم ولحم الخنزير وما أهل لغير الله به والمنخنقة والموقوذة والمتردية والنطيحة وما أكل السبع إلا ما ذكيتم وما ذبح على النصب وأن تستقسموا بالأزلام ذلكم فسق اليوم يئس الذين كفروا من دينكم فلا تخشوهم واخشون اليوم أكملت لكم دينكم وأتممت عليكم نعمتي ورضيت لكم الإسلام دينا فمن اضطر في مخمصة غير متجانف لإثم فإن الله غفور رحيم ﴿٣﴾ يسألونك ماذا أحل لهم قل أحل لكم الطيبات وما علمتم من الجوارح مكلبين تعلمونهن مما علمكم الله فكلوا مما أمسكن عليكم واذكروا اسم الله عليه واتقوا الله إن الله سريع الحساب ﴿٤﴾ اليوم أحل لكم الطيبات وطعام الذين أوتوا الكتاب حل لكم وطعامكم حل لهم والمحصنات من المؤمنات والمحصنات من الذين أوتوا الكتاب من قبلكم إذا آتيتموهن أجورهن محصنين غير مسافحين ولا متخذي أخدان ومن يكفر بالإيمان فقد حبط عمله وهو في الآخرة من الخاسرين ﴿٥﴾

6-5-108

يا أيها الذين آمنوا إذا قمتم إلى الصلاة فاغسلوا وجوهكم وأيديكم إلى المرافق وامسحوا برءوسكم وأرجلكم إلى الكعبين وإن كنتم جنبا فاطهروا وإن كنتم مرضى أو على سفر أو جاء أحد منكم من الغائط أو لامستم النساء فلم تجدوا ماء فتيمموا صعيدا طيبا فامسحوا بوجوهكم وأيديكم منه ما يريد الله ليجعل عليكم من حرج ولكن يريد ليطهركم وليتم نعمته عليكم لعلكم تشكرون ﴿٦﴾ واذكروا نعمة الله عليكم وميثاقه الذي واثقكم به إذ قلتم سمعنا وأطعنا واتقوا الله إن الله عليم بذات الصدور ﴿٧﴾ يا أيها الذين آمنوا كونوا قوامين لله شهداء بالقسط ولا يجرمنكم شنآن قوم على ألا تعدلوا اعدلوا هو أقرب للتقوى واتقوا الله إن الله خبير بما تعملون ﴿٨﴾ وعد الله الذين آمنوا وعملوا الصالحات لهم مغفرة وأجر عظيم ﴿٩﴾

6-5-109

والذين كفروا وكذبوا بآياتنا أولئك أصحاب الجحيم ﴿١٠﴾ يا أيها الذين آمنوا اذكروا نعمت الله عليكم إذ هم قوم أن يبسطوا إليكم أيديهم فكف أيديهم عنكم واتقوا الله وعلى الله فليتوكل المؤمنون ﴿١١﴾ ۞ ولقد أخذ الله ميثاق بني إسرائيل وبعثنا منهم اثني عشر نقيبا وقال الله إني معكم لئن أقمتم الصلاة وآتيتم الزكاة وآمنتم برسلي وعزرتموهم وأقرضتم الله قرضا حسنا لأكفرن عنكم سيئاتكم ولأدخلنكم جنات تجري من تحتها الأنهار فمن كفر بعد ذلك منكم فقد ضل سواء السبيل ﴿١٢﴾ فبما نقضهم ميثاقهم لعناهم وجعلنا قلوبهم قاسية يحرفون الكلم عن مواضعه ونسوا حظا مما ذكروا به ولا تزال تطلع على خائنة منهم إلا قليلا منهم فاعف عنهم واصفح إن الله يحب المحسنين ﴿١٣﴾

6-5-110

ومن الذين قالوا إنا نصارى أخذنا ميثاقهم فنسوا حظا مما ذكروا به فأغرينا بينهم العداوة والبغضاء إلى يوم القيامة وسوف ينبئهم الله بما كانوا يصنعون ﴿١٤﴾ يا أهل الكتاب قد جاءكم رسولنا يبين لكم كثيرا مما كنتم تخفون من الكتاب ويعفو عن كثير قد جاءكم من الله نور وكتاب مبين ﴿١٥﴾ يهدي به الله من اتبع رضوانه سبل السلام ويخرجهم من الظلمات إلى النور بإذنه ويهديهم إلى صراط مستقيم ﴿١٦﴾ لقد كفر الذين قالوا إن الله هو المسيح ابن مريم قل فمن يملك من الله شيئا إن أراد أن يهلك المسيح ابن مريم وأمه ومن في الأرض جميعا ولله ملك السماوات والأرض وما بينهما يخلق ما يشاء والله على كل شيء قدير ﴿١٧﴾

6-5-111

وقالت اليهود والنصارى نحن أبناء الله وأحباؤه قل فلم يعذبكم بذنوبكم بل أنتم بشر ممن خلق يغفر لمن يشاء ويعذب من يشاء ولله ملك السماوات والأرض وما بينهما وإليه المصير ﴿١٨﴾ يا أهل الكتاب قد جاءكم رسولنا يبين لكم على فترة من الرسل أن تقولوا ما جاءنا من بشير ولا نذير فقد جاءكم بشير ونذير والله على كل شيء قدير ﴿١٩﴾ وإذ قال موسى لقومه يا قوم اذكروا نعمة الله عليكم إذ جعل فيكم أنبياء وجعلكم ملوكا وآتاكم ما لم يؤت أحدا من العالمين ﴿٢٠﴾ يا قوم ادخلوا الأرض المقدسة التي كتب الله لكم ولا ترتدوا على أدباركم فتنقلبوا خاسرين ﴿٢١﴾ قالوا يا موسى إن فيها قوما جبارين وإنا لن ندخلها حتى يخرجوا منها فإن يخرجوا منها فإنا داخلون ﴿٢٢﴾ قال رجلان من الذين يخافون أنعم الله عليهما ادخلوا عليهم الباب فإذا دخلتموه فإنكم غالبون وعلى الله فتوكلوا إن كنتم مؤمنين ﴿٢٣﴾

6 - 5 - 112 قَالُواْ يَٰمُوسَىٰٓ إِنَّا لَن نَّدۡخُلَهَآ أَبَدٗا مَّا دَامُواْ فِيهَا فَٱذۡهَبۡ
أَنتَ وَرَبُّكَ فَقَٰتِلَآ إِنَّا هَٰهُنَا قَٰعِدُونَ ٢٤ قَالَ رَبِّ إِنِّي
لَآ أَمۡلِكُ إِلَّا نَفۡسِي وَأَخِيۖ فَٱفۡرُقۡ بَيۡنَنَا وَبَيۡنَ ٱلۡقَوۡمِ
ٱلۡفَٰسِقِينَ ٢٥ قَالَ فَإِنَّهَا مُحَرَّمَةٌ عَلَيۡهِمۡۛ أَرۡبَعِينَ سَنَةٗۛ
يَتِيهُونَ فِي ٱلۡأَرۡضِۚ فَلَا تَأۡسَ عَلَى ٱلۡقَوۡمِ ٱلۡفَٰسِقِينَ ٢٦
۞وَٱتۡلُ عَلَيۡهِمۡ نَبَأَ ٱبۡنَيۡ ءَادَمَ بِٱلۡحَقِّ إِذۡ قَرَّبَا قُرۡبَانٗا فَتُقُبِّلَ
مِنۡ أَحَدِهِمَا وَلَمۡ يُتَقَبَّلۡ مِنَ ٱلۡأٓخَرِ قَالَ لَأَقۡتُلَنَّكَۖ
قَالَ إِنَّمَا يَتَقَبَّلُ ٱللَّهُ مِنَ ٱلۡمُتَّقِينَ ٢٧ لَئِنۢ بَسَطتَ إِلَيَّ يَدَكَ
لِتَقۡتُلَنِي مَآ أَنَا۠ بِبَاسِطٖ يَدِيَ إِلَيۡكَ لِأَقۡتُلَكَۖ إِنِّيٓ أَخَافُ ٱللَّهَ
رَبَّ ٱلۡعَٰلَمِينَ ٢٨ إِنِّيٓ أُرِيدُ أَن تَبُوٓأَ بِإِثۡمِي وَإِثۡمِكَ فَتَكُونَ
مِنۡ أَصۡحَٰبِ ٱلنَّارِۚ وَذَٰلِكَ جَزَٰٓؤُاْ ٱلظَّٰلِمِينَ ٢٩ فَطَوَّعَتۡ
لَهُۥ نَفۡسُهُۥ قَتۡلَ أَخِيهِ فَقَتَلَهُۥ فَأَصۡبَحَ مِنَ ٱلۡخَٰسِرِينَ ٣٠
فَبَعَثَ ٱللَّهُ غُرَابٗا يَبۡحَثُ فِي ٱلۡأَرۡضِ لِيُرِيَهُۥ كَيۡفَ يُوَٰرِي
سَوۡءَةَ أَخِيهِۚ قَالَ يَٰوَيۡلَتَىٰٓ أَعَجَزۡتُ أَنۡ أَكُونَ مِثۡلَ هَٰذَا
ٱلۡغُرَابِ فَأُوَٰرِيَ سَوۡءَةَ أَخِيۖ فَأَصۡبَحَ مِنَ ٱلنَّٰدِمِينَ ٣١
6 - 5 - 113 مِنۡ أَجۡلِ ذَٰلِكَ كَتَبۡنَا عَلَىٰ بَنِيٓ إِسۡرَٰٓءِيلَ أَنَّهُۥ مَن قَتَلَ
نَفۡسَۢا بِغَيۡرِ نَفۡسٍ أَوۡ فَسَادٖ فِي ٱلۡأَرۡضِ فَكَأَنَّمَا قَتَلَ
ٱلنَّاسَ جَمِيعٗا وَمَنۡ أَحۡيَاهَا فَكَأَنَّمَآ أَحۡيَا ٱلنَّاسَ
جَمِيعٗاۚ وَلَقَدۡ جَآءَتۡهُمۡ رُسُلُنَا بِٱلۡبَيِّنَٰتِ ثُمَّ إِنَّ كَثِيرٗا
مِّنۡهُم بَعۡدَ ذَٰلِكَ فِي ٱلۡأَرۡضِ لَمُسۡرِفُونَ ٣٢ إِنَّمَا
جَزَٰٓؤُاْ ٱلَّذِينَ يُحَارِبُونَ ٱللَّهَ وَرَسُولَهُۥ وَيَسۡعَوۡنَ فِي
ٱلۡأَرۡضِ فَسَادًا أَن يُقَتَّلُوٓاْ أَوۡ يُصَلَّبُوٓاْ أَوۡ تُقَطَّعَ أَيۡدِيهِمۡ
وَأَرۡجُلُهُم مِّنۡ خِلَٰفٍ أَوۡ يُنفَوۡاْ مِنَ ٱلۡأَرۡضِۚ ذَٰلِكَ
لَهُمۡ خِزۡيٞ فِي ٱلدُّنۡيَاۖ وَلَهُمۡ فِي ٱلۡأٓخِرَةِ عَذَابٌ عَظِيمٌ ٣٣
إِلَّا ٱلَّذِينَ تَابُواْ مِن قَبۡلِ أَن تَقۡدِرُواْ عَلَيۡهِمۡۖ فَٱعۡلَمُوٓاْ
أَنَّ ٱللَّهَ غَفُورٞ رَّحِيمٞ ٣٤ يَٰٓأَيُّهَا ٱلَّذِينَ ءَامَنُواْ ٱتَّقُواْ
ٱللَّهَ وَٱبۡتَغُوٓاْ إِلَيۡهِ ٱلۡوَسِيلَةَ وَجَٰهِدُواْ فِي سَبِيلِهِۦ
لَعَلَّكُمۡ تُفۡلِحُونَ ٣٥ إِنَّ ٱلَّذِينَ كَفَرُواْ لَوۡ أَنَّ لَهُم
مَّا فِي ٱلۡأَرۡضِ جَمِيعٗا وَمِثۡلَهُۥ مَعَهُۥ لِيَفۡتَدُواْ بِهِۦ مِنۡ
عَذَابِ يَوۡمِ ٱلۡقِيَٰمَةِ مَا تُقُبِّلَ مِنۡهُمۡۖ وَلَهُمۡ عَذَابٌ أَلِيمٞ ٣٦
6 - 5 - 114 يُرِيدُونَ أَن يَخۡرُجُواْ مِنَ ٱلنَّارِ وَمَا هُم بِخَٰرِجِينَ مِنۡهَاۖ
وَلَهُمۡ عَذَابٞ مُّقِيمٞ ٣٧ وَٱلسَّارِقُ وَٱلسَّارِقَةُ فَٱقۡطَعُوٓاْ
أَيۡدِيَهُمَا جَزَآءَۢ بِمَا كَسَبَا نَكَٰلٗا مِّنَ ٱللَّهِۗ وَٱللَّهُ عَزِيزٌ
حَكِيمٞ ٣٨ فَمَن تَابَ مِنۢ بَعۡدِ ظُلۡمِهِۦ وَأَصۡلَحَ فَإِنَّ ٱللَّهَ
يَتُوبُ عَلَيۡهِۗ إِنَّ ٱللَّهَ غَفُورٞ رَّحِيمٌ ٣٩ أَلَمۡ تَعۡلَمۡ أَنَّ ٱللَّهَ
لَهُۥ مُلۡكُ ٱلسَّمَٰوَٰتِ وَٱلۡأَرۡضِ يُعَذِّبُ مَن يَشَآءُ وَيَغۡفِرُ
لِمَن يَشَآءُۗ وَٱللَّهُ عَلَىٰ كُلِّ شَيۡءٖ قَدِيرٞ ٤٠ ۞يَٰٓأَيُّهَا
ٱلرَّسُولُ لَا يَحۡزُنكَ ٱلَّذِينَ يُسَٰرِعُونَ فِي ٱلۡكُفۡرِ مِنَ
ٱلَّذِينَ قَالُوٓاْ ءَامَنَّا بِأَفۡوَٰهِهِمۡ وَلَمۡ تُؤۡمِن قُلُوبُهُمۡۛ وَمِنَ
ٱلَّذِينَ هَادُواْۛ سَمَّٰعُونَ لِلۡكَذِبِ سَمَّٰعُونَ لِقَوۡمٍ
ءَاخَرِينَ لَمۡ يَأۡتُوكَۖ يُحَرِّفُونَ ٱلۡكَلِمَ مِنۢ بَعۡدِ مَوَاضِعِهِۦۖ
يَقُولُونَ إِنۡ أُوتِيتُمۡ هَٰذَا فَخُذُوهُ وَإِن لَّمۡ تُؤۡتَوۡهُ
فَٱحۡذَرُواْۚ وَمَن يُرِدِ ٱللَّهُ فِتۡنَتَهُۥ فَلَن تَمۡلِكَ لَهُۥ مِنَ ٱللَّهِ
شَيۡـًٔاۚ أُوْلَٰٓئِكَ ٱلَّذِينَ لَمۡ يُرِدِ ٱللَّهُ أَن يُطَهِّرَ قُلُوبَهُمۡۚ لَهُمۡ
فِي ٱلدُّنۡيَا خِزۡيٞۖ وَلَهُمۡ فِي ٱلۡأٓخِرَةِ عَذَابٌ عَظِيمٞ ٤١
6 - 5 - 115 سَمَّٰعُونَ لِلۡكَذِبِ أَكَّٰلُونَ لِلسُّحۡتِۚ فَإِن جَآءُوكَ
فَٱحۡكُم بَيۡنَهُمۡ أَوۡ أَعۡرِضۡ عَنۡهُمۡۖ وَإِن تُعۡرِضۡ عَنۡهُمۡ فَلَن
يَضُرُّوكَ شَيۡـٔٗاۖ وَإِنۡ حَكَمۡتَ فَٱحۡكُم بَيۡنَهُم بِٱلۡقِسۡطِۚ
إِنَّ ٱللَّهَ يُحِبُّ ٱلۡمُقۡسِطِينَ ٤٢ وَكَيۡفَ يُحَكِّمُونَكَ
وَعِندَهُمُ ٱلتَّوۡرَىٰةُ فِيهَا حُكۡمُ ٱللَّهِ ثُمَّ يَتَوَلَّوۡنَ مِنۢ بَعۡدِ

ذَٰلِكَۚ وَمَآ أُوْلَٰٓئِكَ بِٱلۡمُؤۡمِنِينَ ٤٣ إِنَّآ أَنزَلۡنَا ٱلتَّوۡرَىٰةَ
فِيهَا هُدٗى وَنُورٞۚ يَحۡكُمُ بِهَا ٱلنَّبِيُّونَ ٱلَّذِينَ أَسۡلَمُواْ
لِلَّذِينَ هَادُواْ وَٱلرَّبَّٰنِيُّونَ وَٱلۡأَحۡبَارُ بِمَا ٱسۡتُحۡفِظُواْ مِن
كِتَٰبِ ٱللَّهِ وَكَانُواْ عَلَيۡهِ شُهَدَآءَۚ فَلَا تَخۡشَوُاْ ٱلنَّاسَ
وَٱخۡشَوۡنِ وَلَا تَشۡتَرُواْ بِـَٔايَٰتِي ثَمَنٗا قَلِيلٗاۚ وَمَن لَّمۡ يَحۡكُم
بِمَآ أَنزَلَ ٱللَّهُ فَأُوْلَٰٓئِكَ هُمُ ٱلۡكَٰفِرُونَ ٤٤ وَكَتَبۡنَا
عَلَيۡهِمۡ فِيهَآ أَنَّ ٱلنَّفۡسَ بِٱلنَّفۡسِ وَٱلۡعَيۡنَ بِٱلۡعَيۡنِ وَٱلۡأَنفَ
بِٱلۡأَنفِ وَٱلۡأُذُنَ بِٱلۡأُذُنِ وَٱلسِّنَّ بِٱلسِّنِّ وَٱلۡجُرُوحَ
قِصَاصٞۚ فَمَن تَصَدَّقَ بِهِۦ فَهُوَ كَفَّارَةٞ لَّهُۥۚ وَمَن
لَّمۡ يَحۡكُم بِمَآ أَنزَلَ ٱللَّهُ فَأُوْلَٰٓئِكَ هُمُ ٱلظَّٰلِمُونَ ٤٥
6 - 5 - 116 وَقَفَّيۡنَا عَلَىٰٓ ءَاثَٰرِهِم بِعِيسَى ٱبۡنِ مَرۡيَمَ مُصَدِّقٗا لِّمَا بَيۡنَ يَدَيۡهِ
مِنَ ٱلتَّوۡرَىٰةِۖ وَءَاتَيۡنَٰهُ ٱلۡإِنجِيلَ فِيهِ هُدٗى وَنُورٞ وَمُصَدِّقٗا
لِّمَا بَيۡنَ يَدَيۡهِ مِنَ ٱلتَّوۡرَىٰةِ وَهُدٗى وَمَوۡعِظَةٗ لِّلۡمُتَّقِينَ ٤٦
وَلۡيَحۡكُمۡ أَهۡلُ ٱلۡإِنجِيلِ بِمَآ أَنزَلَ ٱللَّهُ فِيهِۚ وَمَن لَّمۡ يَحۡكُم
بِمَآ أَنزَلَ ٱللَّهُ فَأُوْلَٰٓئِكَ هُمُ ٱلۡفَٰسِقُونَ ٤٧ وَأَنزَلۡنَآ إِلَيۡكَ
ٱلۡكِتَٰبَ بِٱلۡحَقِّ مُصَدِّقٗا لِّمَا بَيۡنَ يَدَيۡهِ مِنَ ٱلۡكِتَٰبِ
وَمُهَيۡمِنًا عَلَيۡهِۖ فَٱحۡكُم بَيۡنَهُم بِمَآ أَنزَلَ ٱللَّهُۖ وَلَا تَتَّبِعۡ أَهۡوَآءَهُمۡ
عَمَّا جَآءَكَ مِنَ ٱلۡحَقِّۚ لِكُلّٖ جَعَلۡنَا مِنكُمۡ شِرۡعَةٗ وَمِنۡهَاجٗاۚ
وَلَوۡ شَآءَ ٱللَّهُ لَجَعَلَكُمۡ أُمَّةٗ وَٰحِدَةٗ وَلَٰكِن لِّيَبۡلُوَكُمۡ
فِي مَآ ءَاتَىٰكُمۡۖ فَٱسۡتَبِقُواْ ٱلۡخَيۡرَٰتِۚ إِلَى ٱللَّهِ مَرۡجِعُكُمۡ جَمِيعٗا
فَيُنَبِّئُكُم بِمَا كُنتُمۡ فِيهِ تَخۡتَلِفُونَ ٤٨ وَأَنِ ٱحۡكُم بَيۡنَهُم
بِمَآ أَنزَلَ ٱللَّهُ وَلَا تَتَّبِعۡ أَهۡوَآءَهُمۡ وَٱحۡذَرۡهُمۡ أَن يَفۡتِنُوكَ عَنۢ
بَعۡضِ مَآ أَنزَلَ ٱللَّهُ إِلَيۡكَۖ فَإِن تَوَلَّوۡاْ فَٱعۡلَمۡ أَنَّمَا يُرِيدُ ٱللَّهُ أَن يُصِيبَهُم
بِبَعۡضِ ذُنُوبِهِمۡۗ وَإِنَّ كَثِيرٗا مِّنَ ٱلنَّاسِ لَفَٰسِقُونَ ٤٩ أَفَحُكۡمَ
ٱلۡجَٰهِلِيَّةِ يَبۡغُونَۚ وَمَنۡ أَحۡسَنُ مِنَ ٱللَّهِ حُكۡمٗا لِّقَوۡمٖ يُوقِنُونَ ٥٠
6 - 5 - 117 ۞يَٰٓأَيُّهَا ٱلَّذِينَ ءَامَنُواْ لَا تَتَّخِذُواْ ٱلۡيَهُودَ وَٱلنَّصَٰرَىٰٓ أَوۡلِيَآءَۘ بَعۡضُهُمۡ
أَوۡلِيَآءُ بَعۡضٖۚ وَمَن يَتَوَلَّهُم مِّنكُمۡ فَإِنَّهُۥ مِنۡهُمۡۗ إِنَّ ٱللَّهَ لَا يَهۡدِي ٱلۡقَوۡمَ
ٱلظَّٰلِمِينَ ٥١ فَتَرَى ٱلَّذِينَ فِي قُلُوبِهِم مَّرَضٞ يُسَٰرِعُونَ فِيهِمۡ يَقُولُونَ
نَخۡشَىٰٓ أَن تُصِيبَنَا دَآئِرَةٞۚ فَعَسَى ٱللَّهُ أَن يَأۡتِيَ بِٱلۡفَتۡحِ أَوۡ أَمۡرٖ مِّنۡ عِندِهِۦ
فَيُصۡبِحُواْ عَلَىٰ مَآ أَسَرُّواْ فِيٓ أَنفُسِهِمۡ نَٰدِمِينَ ٥٢ وَيَقُولُ ٱلَّذِينَ ءَامَنُوٓاْ
أَهَٰٓؤُلَآءِ ٱلَّذِينَ أَقۡسَمُواْ بِٱللَّهِ جَهۡدَ أَيۡمَٰنِهِمۡ إِنَّهُمۡ لَمَعَكُمۡۚ حَبِطَتۡ
أَعۡمَٰلُهُمۡ فَأَصۡبَحُواْ خَٰسِرِينَ ٥٣ يَٰٓأَيُّهَا ٱلَّذِينَ ءَامَنُواْ مَن يَرۡتَدَّ
مِنكُمۡ عَن دِينِهِۦ فَسَوۡفَ يَأۡتِي ٱللَّهُ بِقَوۡمٖ يُحِبُّهُمۡ وَيُحِبُّونَهُۥٓ أَذِلَّةٍ
عَلَى ٱلۡمُؤۡمِنِينَ أَعِزَّةٍ عَلَى ٱلۡكَٰفِرِينَ يُجَٰهِدُونَ فِي سَبِيلِ ٱللَّهِ وَلَا
يَخَافُونَ لَوۡمَةَ لَآئِمٖۚ ذَٰلِكَ فَضۡلُ ٱللَّهِ يُؤۡتِيهِ مَن يَشَآءُۚ وَٱللَّهُ وَٰسِعٌ
عَلِيمٌ ٥٤ إِنَّمَا وَلِيُّكُمُ ٱللَّهُ وَرَسُولُهُۥ وَٱلَّذِينَ ءَامَنُواْ ٱلَّذِينَ يُقِيمُونَ
ٱلصَّلَوٰةَ وَيُؤۡتُونَ ٱلزَّكَوٰةَ وَهُمۡ رَٰكِعُونَ ٥٥ وَمَن يَتَوَلَّ ٱللَّهَ وَرَسُولَهُۥ
وَٱلَّذِينَ ءَامَنُواْ فَإِنَّ حِزۡبَ ٱللَّهِ هُمُ ٱلۡغَٰلِبُونَ ٥٦ يَٰٓأَيُّهَا ٱلَّذِينَ ءَامَنُواْ
لَا تَتَّخِذُواْ ٱلَّذِينَ ٱتَّخَذُواْ دِينَكُمۡ هُزُوٗا وَلَعِبٗا مِّنَ ٱلَّذِينَ أُوتُواْ
ٱلۡكِتَٰبَ مِن قَبۡلِكُمۡ وَٱلۡكُفَّارَ أَوۡلِيَآءَۚ وَٱتَّقُواْ ٱللَّهَ إِن كُنتُم مُّؤۡمِنِينَ ٥٧
6 - 5 - 118 وَإِذَا نَادَيۡتُمۡ إِلَى ٱلصَّلَوٰةِ ٱتَّخَذُوهَا هُزُوٗا وَلَعِبٗاۚ ذَٰلِكَ بِأَنَّهُمۡ قَوۡمٞ
لَّا يَعۡقِلُونَ ٥٨ قُلۡ يَٰٓأَهۡلَ ٱلۡكِتَٰبِ هَلۡ تَنقِمُونَ مِنَّآ إِلَّآ أَنۡ ءَامَنَّا
بِٱللَّهِ وَمَآ أُنزِلَ إِلَيۡنَا وَمَآ أُنزِلَ مِن قَبۡلُ وَأَنَّ أَكۡثَرَكُمۡ فَٰسِقُونَ ٥٩
قُلۡ هَلۡ أُنَبِّئُكُم بِشَرّٖ مِّن ذَٰلِكَ مَثُوبَةً عِندَ ٱللَّهِۚ مَن لَّعَنَهُ ٱللَّهُ وَغَضِبَ
عَلَيۡهِ وَجَعَلَ مِنۡهُمُ ٱلۡقِرَدَةَ وَٱلۡخَنَازِيرَ وَعَبَدَ ٱلطَّٰغُوتَۚ أُوْلَٰٓئِكَ شَرّٞ
مَّكَانٗا وَأَضَلُّ عَن سَوَآءِ ٱلسَّبِيلِ ٦٠ وَإِذَا جَآءُوكُمۡ قَالُوٓاْ ءَامَنَّا وَقَد
دَّخَلُواْ بِٱلۡكُفۡرِ وَهُمۡ قَدۡ خَرَجُواْ بِهِۦۚ وَٱللَّهُ أَعۡلَمُ بِمَا كَانُواْ يَكۡتُمُونَ ٦١
وَتَرَىٰ كَثِيرٗا مِّنۡهُمۡ يُسَٰرِعُونَ فِي ٱلۡإِثۡمِ وَٱلۡعُدۡوَٰنِ وَأَكۡلِهِمُ
ٱلسُّحۡتَۚ لَبِئۡسَ مَا كَانُواْ يَعۡمَلُونَ ٦٢ لَوۡلَا يَنۡهَىٰهُمُ ٱلرَّبَّٰنِيُّونَ
وَٱلۡأَحۡبَارُ عَن قَوۡلِهِمُ ٱلۡإِثۡمَ وَأَكۡلِهِمُ ٱلسُّحۡتَۚ لَبِئۡسَ مَا كَانُواْ

يَصۡنَعُونَ ٦٣ وَقَالَتِ ٱلۡيَهُودُ يَدُ ٱللَّهِ مَغۡلُولَةٌۚ غُلَّتۡ أَيۡدِيهِمۡ وَلُعِنُواْ
بِمَا قَالُواْۘ بَلۡ يَدَاهُ مَبۡسُوطَتَانِ يُنفِقُ كَيۡفَ يَشَآءُۚ وَلَيَزِيدَنَّ كَثِيرٗا
مِّنۡهُم مَّآ أُنزِلَ إِلَيۡكَ مِن رَّبِّكَ طُغۡيَٰنٗا وَكُفۡرٗاۚ وَأَلۡقَيۡنَا بَيۡنَهُمُ ٱلۡعَدَٰوَةَ
وَٱلۡبَغۡضَآءَ إِلَىٰ يَوۡمِ ٱلۡقِيَٰمَةِۚ كُلَّمَآ أَوۡقَدُواْ نَارٗا لِّلۡحَرۡبِ أَطۡفَأَهَا
ٱللَّهُۚ وَيَسۡعَوۡنَ فِي ٱلۡأَرۡضِ فَسَادٗاۚ وَٱللَّهُ لَا يُحِبُّ ٱلۡمُفۡسِدِينَ ٦٤
6 - 5 - 119 وَلَوۡ أَنَّ أَهۡلَ ٱلۡكِتَٰبِ ءَامَنُواْ وَٱتَّقَوۡاْ لَكَفَّرۡنَا عَنۡهُمۡ
سَيِّـَٔاتِهِمۡ وَلَأَدۡخَلۡنَٰهُمۡ جَنَّٰتِ ٱلنَّعِيمِ ٦٥ وَلَوۡ أَنَّهُمۡ أَقَامُواْ
ٱلتَّوۡرَىٰةَ وَٱلۡإِنجِيلَ وَمَآ أُنزِلَ إِلَيۡهِم مِّن رَّبِّهِمۡ لَأَكَلُواْ
مِن فَوۡقِهِمۡ وَمِن تَحۡتِ أَرۡجُلِهِمۚ مِّنۡهُمۡ أُمَّةٞ مُّقۡتَصِدَةٞۖ
وَكَثِيرٞ مِّنۡهُمۡ سَآءَ مَا يَعۡمَلُونَ ٦٦ ۞يَٰٓأَيُّهَا ٱلرَّسُولُ
بَلِّغۡ مَآ أُنزِلَ إِلَيۡكَ مِن رَّبِّكَۖ وَإِن لَّمۡ تَفۡعَلۡ فَمَا بَلَّغۡتَ
رِسَالَتَهُۥۚ وَٱللَّهُ يَعۡصِمُكَ مِنَ ٱلنَّاسِۗ إِنَّ ٱللَّهَ لَا يَهۡدِي ٱلۡقَوۡمَ
ٱلۡكَٰفِرِينَ ٦٧ قُلۡ يَٰٓأَهۡلَ ٱلۡكِتَٰبِ لَسۡتُمۡ عَلَىٰ شَيۡءٍ حَتَّىٰ
تُقِيمُواْ ٱلتَّوۡرَىٰةَ وَٱلۡإِنجِيلَ وَمَآ أُنزِلَ إِلَيۡكُم مِّن رَّبِّكُمۡۗ
وَلَيَزِيدَنَّ كَثِيرٗا مِّنۡهُم مَّآ أُنزِلَ إِلَيۡكَ مِن رَّبِّكَ طُغۡيَٰنٗا وَكُفۡرٗاۖ
فَلَا تَأۡسَ عَلَى ٱلۡقَوۡمِ ٱلۡكَٰفِرِينَ ٦٨ إِنَّ ٱلَّذِينَ ءَامَنُواْ وَٱلَّذِينَ
هَادُواْ وَٱلصَّٰبِـُٔونَ وَٱلنَّصَٰرَىٰ مَنۡ ءَامَنَ بِٱللَّهِ وَٱلۡيَوۡمِ ٱلۡأٓخِرِ
وَعَمِلَ صَٰلِحٗا فَلَا خَوۡفٌ عَلَيۡهِمۡ وَلَا هُمۡ يَحۡزَنُونَ ٦٩ لَقَدۡ أَخَذۡنَا
مِيثَٰقَ بَنِيٓ إِسۡرَٰٓءِيلَ وَأَرۡسَلۡنَآ إِلَيۡهِمۡ رُسُلٗاۖ كُلَّمَا جَآءَهُمۡ رَسُولُۢ
بِمَا لَا تَهۡوَىٰٓ أَنفُسُهُمۡ فَرِيقٗا كَذَّبُواْ وَفَرِيقٗا يَقۡتُلُونَ ٧٠
6 - 5 - 120 وَحَسِبُوٓاْ أَلَّا تَكُونَ فِتۡنَةٞ فَعَمُواْ وَصَمُّواْ ثُمَّ تَابَ ٱللَّهُ عَلَيۡهِمۡ ثُمَّ
عَمُواْ وَصَمُّواْ كَثِيرٞ مِّنۡهُمۡۚ وَٱللَّهُ بَصِيرُۢ بِمَا يَعۡمَلُونَ ٧١
لَقَدۡ كَفَرَ ٱلَّذِينَ قَالُوٓاْ إِنَّ ٱللَّهَ هُوَ ٱلۡمَسِيحُ ٱبۡنُ مَرۡيَمَۖ وَقَالَ ٱلۡمَسِيحُ
يَٰبَنِيٓ إِسۡرَٰٓءِيلَ ٱعۡبُدُواْ ٱللَّهَ رَبِّي وَرَبَّكُمۡۖ إِنَّهُۥ مَن يُشۡرِكۡ
بِٱللَّهِ فَقَدۡ حَرَّمَ ٱللَّهُ عَلَيۡهِ ٱلۡجَنَّةَ وَمَأۡوَىٰهُ ٱلنَّارُۖ وَمَا
لِلظَّٰلِمِينَ مِنۡ أَنصَارٖ ٧٢ لَّقَدۡ كَفَرَ ٱلَّذِينَ قَالُوٓاْ إِنَّ ٱللَّهَ
ثَالِثُ ثَلَٰثَةٖۘ وَمَا مِنۡ إِلَٰهٍ إِلَّآ إِلَٰهٞ وَٰحِدٞۚ وَإِن لَّمۡ يَنتَهُواْ
عَمَّا يَقُولُونَ لَيَمَسَّنَّ ٱلَّذِينَ كَفَرُواْ مِنۡهُمۡ عَذَابٌ أَلِيمٌ ٧٣
أَفَلَا يَتُوبُونَ إِلَى ٱللَّهِ وَيَسۡتَغۡفِرُونَهُۥۚ وَٱللَّهُ غَفُورٞ رَّحِيمٞ ٧٤
مَّا ٱلۡمَسِيحُ ٱبۡنُ مَرۡيَمَ إِلَّا رَسُولٞ قَدۡ خَلَتۡ مِن قَبۡلِهِ ٱلرُّسُلُ وَأُمُّهُۥ
صِدِّيقَةٞۖ كَانَا يَأۡكُلَانِ ٱلطَّعَامَۗ ٱنظُرۡ كَيۡفَ نُبَيِّنُ لَهُمُ ٱلۡأٓيَٰتِ
ثُمَّ ٱنظُرۡ أَنَّىٰ يُؤۡفَكُونَ ٧٥ قُلۡ أَتَعۡبُدُونَ مِن دُونِ ٱللَّهِ مَا لَا
يَمۡلِكُ لَكُمۡ ضَرّٗا وَلَا نَفۡعٗاۚ وَٱللَّهُ هُوَ ٱلسَّمِيعُ ٱلۡعَلِيمُ ٧٦ قُلۡ
يَٰٓأَهۡلَ ٱلۡكِتَٰبِ لَا تَغۡلُواْ فِي دِينِكُمۡ غَيۡرَ ٱلۡحَقِّ وَلَا تَتَّبِعُوٓاْ أَهۡوَآءَ
قَوۡمٖ قَدۡ ضَلُّواْ مِن قَبۡلُ وَأَضَلُّواْ كَثِيرٗا وَضَلُّواْ عَن سَوَآءِ ٱلسَّبِيلِ ٧٧
6 - 5 - 121 لُعِنَ ٱلَّذِينَ كَفَرُواْ مِنۢ بَنِيٓ إِسۡرَٰٓءِيلَ عَلَىٰ لِسَانِ
دَاوُۥدَ وَعِيسَى ٱبۡنِ مَرۡيَمَۚ ذَٰلِكَ بِمَا عَصَواْ وَّكَانُواْ
يَعۡتَدُونَ ٧٨ كَانُواْ لَا يَتَنَاهَوۡنَ عَن مُّنكَرٖ فَعَلُوهُۚ
لَبِئۡسَ مَا كَانُواْ يَفۡعَلُونَ ٧٩ تَرَىٰ كَثِيرٗا مِّنۡهُمۡ
يَتَوَلَّوۡنَ ٱلَّذِينَ كَفَرُواْۚ لَبِئۡسَ مَا قَدَّمَتۡ لَهُمۡ
أَنفُسُهُمۡ أَن سَخِطَ ٱللَّهُ عَلَيۡهِمۡ وَفِي ٱلۡعَذَابِ هُمۡ
خَٰلِدُونَ ٨٠ وَلَوۡ كَانُواْ يُؤۡمِنُونَ بِٱللَّهِ وَٱلنَّبِيِّ وَمَآ
أُنزِلَ إِلَيۡهِ مَا ٱتَّخَذُوهُمۡ أَوۡلِيَآءَ وَلَٰكِنَّ كَثِيرٗا
مِّنۡهُمۡ فَٰسِقُونَ ٨١ ۞لَتَجِدَنَّ أَشَدَّ ٱلنَّاسِ عَدَٰوَةٗ
لِّلَّذِينَ ءَامَنُواْ ٱلۡيَهُودَ وَٱلَّذِينَ أَشۡرَكُواْۖ وَلَتَجِدَنَّ
أَقۡرَبَهُم مَّوَدَّةٗ لِّلَّذِينَ ءَامَنُواْ ٱلَّذِينَ قَالُوٓاْ إِنَّا نَصَٰرَىٰۚ
ذَٰلِكَ بِأَنَّ مِنۡهُمۡ قِسِّيسِينَ وَرُهۡبَانٗا وَأَنَّهُمۡ
لَا يَسۡتَكۡبِرُونَ ٨٢ وَإِذَا سَمِعُواْ مَآ أُنزِلَ إِلَى
ٱلرَّسُولِ تَرَىٰٓ أَعۡيُنَهُمۡ تَفِيضُ مِنَ ٱلدَّمۡعِ مِمَّا عَرَفُواْ
مِنَ ٱلۡحَقِّۖ يَقُولُونَ رَبَّنَآ ءَامَنَّا فَٱكۡتُبۡنَا مَعَ ٱلشَّٰهِدِينَ ٨٣

5.al-Mā'idah [84] -٥. المائدة

وَمَا لَنَا لَا نُؤْمِنُ بِاللَّهِ وَمَا جَاءَنَا مِنَ الْحَقِّ وَنَطْمَعُ أَن يُدْخِلَنَا رَبُّنَا مَعَ الْقَوْمِ الصَّالِحِينَ ٨٤

7 - 5 - 122
فَأَثَابَهُمُ اللَّهُ بِمَا قَالُوا جَنَّاتٍ تَجْرِي مِن تَحْتِهَا الْأَنْهَارُ خَالِدِينَ فِيهَا وَذَٰلِكَ جَزَاءُ الْمُحْسِنِينَ ٨٥ وَالَّذِينَ كَفَرُوا وَكَذَّبُوا بِآيَاتِنَا أُولَٰئِكَ أَصْحَابُ الْجَحِيمِ ٨٦ يَا أَيُّهَا الَّذِينَ آمَنُوا لَا تُحَرِّمُوا طَيِّبَاتِ مَا أَحَلَّ اللَّهُ لَكُمْ وَلَا تَعْتَدُوا إِنَّ اللَّهَ لَا يُحِبُّ الْمُعْتَدِينَ ٨٧ وَكُلُوا مِمَّا رَزَقَكُمُ اللَّهُ حَلَالًا طَيِّبًا وَاتَّقُوا اللَّهَ الَّذِي أَنتُم بِهِ مُؤْمِنُونَ ٨٨ لَا يُؤَاخِذُكُمُ اللَّهُ بِاللَّغْوِ فِي أَيْمَانِكُمْ وَلَٰكِن يُؤَاخِذُكُم بِمَا عَقَّدتُّمُ الْأَيْمَانَ فَكَفَّارَتُهُ إِطْعَامُ عَشَرَةِ مَسَاكِينَ مِنْ أَوْسَطِ مَا تُطْعِمُونَ أَهْلِيكُمْ أَوْ كِسْوَتُهُمْ أَوْ تَحْرِيرُ رَقَبَةٍ فَمَن لَّمْ يَجِدْ فَصِيَامُ ثَلَاثَةِ أَيَّامٍ ذَٰلِكَ كَفَّارَةُ أَيْمَانِكُمْ إِذَا حَلَفْتُمْ وَاحْفَظُوا أَيْمَانَكُمْ كَذَٰلِكَ يُبَيِّنُ اللَّهُ لَكُمْ آيَاتِهِ لَعَلَّكُمْ تَشْكُرُونَ ٨٩ يَا أَيُّهَا الَّذِينَ آمَنُوا إِنَّمَا الْخَمْرُ وَالْمَيْسِرُ وَالْأَنصَابُ وَالْأَزْلَامُ رِجْسٌ مِّنْ عَمَلِ الشَّيْطَانِ فَاجْتَنِبُوهُ لَعَلَّكُمْ تُفْلِحُونَ ٩٠

7 - 5 - 123
إِنَّمَا يُرِيدُ الشَّيْطَانُ أَن يُوقِعَ بَيْنَكُمُ الْعَدَاوَةَ وَالْبَغْضَاءَ فِي الْخَمْرِ وَالْمَيْسِرِ وَيَصُدَّكُمْ عَن ذِكْرِ اللَّهِ وَعَنِ الصَّلَاةِ فَهَلْ أَنتُم مُّنتَهُونَ ٩١ وَأَطِيعُوا اللَّهَ وَأَطِيعُوا الرَّسُولَ وَاحْذَرُوا فَإِن تَوَلَّيْتُمْ فَاعْلَمُوا أَنَّمَا عَلَىٰ رَسُولِنَا الْبَلَاغُ الْمُبِينُ ٩٢ لَيْسَ عَلَى الَّذِينَ آمَنُوا وَعَمِلُوا الصَّالِحَاتِ جُنَاحٌ فِيمَا طَعِمُوا إِذَا مَا اتَّقَوا وَّآمَنُوا وَعَمِلُوا الصَّالِحَاتِ ثُمَّ اتَّقَوا وَّآمَنُوا ثُمَّ اتَّقَوا وَّأَحْسَنُوا وَاللَّهُ يُحِبُّ الْمُحْسِنِينَ ٩٣ يَا أَيُّهَا الَّذِينَ آمَنُوا لَيَبْلُوَنَّكُمُ اللَّهُ بِشَيْءٍ مِّنَ الصَّيْدِ تَنَالُهُ أَيْدِيكُمْ وَرِمَاحُكُمْ لِيَعْلَمَ اللَّهُ مَن يَخَافُهُ بِالْغَيْبِ فَمَنِ اعْتَدَىٰ بَعْدَ ذَٰلِكَ فَلَهُ عَذَابٌ أَلِيمٌ ٩٤ يَا أَيُّهَا الَّذِينَ آمَنُوا لَا تَقْتُلُوا الصَّيْدَ وَأَنتُمْ حُرُمٌ وَمَن قَتَلَهُ مِنكُم مُّتَعَمِّدًا فَجَزَاءٌ مِّثْلُ مَا قَتَلَ مِنَ النَّعَمِ يَحْكُمُ بِهِ ذَوَا عَدْلٍ مِّنكُمْ هَدْيًا بَالِغَ الْكَعْبَةِ أَوْ كَفَّارَةٌ طَعَامُ مَسَاكِينَ أَوْ عَدْلُ ذَٰلِكَ صِيَامًا لِّيَذُوقَ وَبَالَ أَمْرِهِ عَفَا اللَّهُ عَمَّا سَلَفَ وَمَنْ عَادَ فَيَنتَقِمُ اللَّهُ مِنْهُ وَاللَّهُ عَزِيزٌ ذُو انتِقَامٍ ٩٥

7 - 5 - 124
أُحِلَّ لَكُمْ صَيْدُ الْبَحْرِ وَطَعَامُهُ مَتَاعًا لَّكُمْ وَلِلسَّيَّارَةِ وَحُرِّمَ عَلَيْكُمْ صَيْدُ الْبَرِّ مَا دُمْتُمْ حُرُمًا وَاتَّقُوا اللَّهَ الَّذِي إِلَيْهِ تُحْشَرُونَ ٩٦ ۞ جَعَلَ اللَّهُ الْكَعْبَةَ الْبَيْتَ الْحَرَامَ قِيَامًا لِّلنَّاسِ وَالشَّهْرَ الْحَرَامَ وَالْهَدْيَ وَالْقَلَائِدَ ذَٰلِكَ لِتَعْلَمُوا أَنَّ اللَّهَ يَعْلَمُ مَا فِي السَّمَاوَاتِ وَمَا فِي الْأَرْضِ وَأَنَّ اللَّهَ بِكُلِّ شَيْءٍ عَلِيمٌ ٩٧ اعْلَمُوا أَنَّ اللَّهَ شَدِيدُ الْعِقَابِ وَأَنَّ اللَّهَ غَفُورٌ رَّحِيمٌ ٩٨ مَّا عَلَى الرَّسُولِ إِلَّا الْبَلَاغُ وَاللَّهُ يَعْلَمُ مَا تُبْدُونَ وَمَا تَكْتُمُونَ ٩٩ قُل لَّا يَسْتَوِي الْخَبِيثُ وَالطَّيِّبُ وَلَوْ أَعْجَبَكَ كَثْرَةُ الْخَبِيثِ فَاتَّقُوا اللَّهَ يَا أُولِي الْأَلْبَابِ لَعَلَّكُمْ تُفْلِحُونَ ١٠٠ يَا أَيُّهَا الَّذِينَ آمَنُوا لَا تَسْأَلُوا عَنْ أَشْيَاءَ إِن تُبْدَ لَكُمْ تَسُؤْكُمْ وَإِن تَسْأَلُوا عَنْهَا حِينَ يُنَزَّلُ الْقُرْآنُ تُبْدَ لَكُمْ عَفَا اللَّهُ عَنْهَا وَاللَّهُ غَفُورٌ حَلِيمٌ ١٠١ قَدْ سَأَلَهَا قَوْمٌ مِّن قَبْلِكُمْ ثُمَّ أَصْبَحُوا بِهَا كَافِرِينَ ١٠٢ مَا جَعَلَ اللَّهُ مِن بَحِيرَةٍ وَلَا سَائِبَةٍ وَلَا وَصِيلَةٍ وَلَا حَامٍ وَلَٰكِنَّ الَّذِينَ كَفَرُوا يَفْتَرُونَ عَلَى اللَّهِ الْكَذِبَ وَأَكْثَرُهُمْ لَا يَعْقِلُونَ ١٠٣

7 - 5 - 125
وَإِذَا قِيلَ لَهُمْ تَعَالَوْا إِلَىٰ مَا أَنزَلَ اللَّهُ وَإِلَى الرَّسُولِ قَالُوا حَسْبُنَا مَا وَجَدْنَا عَلَيْهِ آبَاءَنَا أَوَلَوْ كَانَ آبَاؤُهُمْ لَا يَعْلَمُونَ شَيْئًا وَلَا يَهْتَدُونَ ١٠٤ يَا أَيُّهَا الَّذِينَ آمَنُوا عَلَيْكُمْ أَنفُسَكُمْ لَا يَضُرُّكُم مَّن ضَلَّ إِذَا اهْتَدَيْتُمْ إِلَى اللَّهِ مَرْجِعُكُمْ جَمِيعًا فَيُنَبِّئُكُم بِمَا كُنتُمْ تَعْمَلُونَ ١٠٥ يَا أَيُّهَا الَّذِينَ آمَنُوا شَهَادَةُ بَيْنِكُمْ إِذَا حَضَرَ أَحَدَكُمُ الْمَوْتُ حِينَ الْوَصِيَّةِ اثْنَانِ ذَوَا عَدْلٍ مِّنكُمْ أَوْ آخَرَانِ مِنْ غَيْرِكُمْ إِنْ أَنتُمْ ضَرَبْتُمْ فِي الْأَرْضِ فَأَصَابَتْكُم مُّصِيبَةُ الْمَوْتِ تَحْبِسُونَهُمَا مِن بَعْدِ الصَّلَاةِ فَيُقْسِمَانِ بِاللَّهِ إِنِ ارْتَبْتُمْ لَا نَشْتَرِي بِهِ ثَمَنًا وَلَوْ كَانَ ذَا قُرْبَىٰ وَلَا نَكْتُمُ شَهَادَةَ اللَّهِ إِنَّا إِذًا لَّمِنَ الْآثِمِينَ ١٠٦ فَإِنْ عُثِرَ عَلَىٰ أَنَّهُمَا اسْتَحَقَّا إِثْمًا فَآخَرَانِ يَقُومَانِ مَقَامَهُمَا مِنَ الَّذِينَ اسْتَحَقَّ عَلَيْهِمُ الْأَوْلَيَانِ فَيُقْسِمَانِ بِاللَّهِ لَشَهَادَتُنَا أَحَقُّ مِن شَهَادَتِهِمَا وَمَا اعْتَدَيْنَا إِنَّا إِذًا لَّمِنَ الظَّالِمِينَ ١٠٧ ذَٰلِكَ أَدْنَىٰ أَن يَأْتُوا بِالشَّهَادَةِ عَلَىٰ وَجْهِهَا أَوْ يَخَافُوا أَن تُرَدَّ أَيْمَانٌ بَعْدَ أَيْمَانِهِمْ وَاتَّقُوا اللَّهَ وَاسْمَعُوا وَاللَّهُ لَا يَهْدِي الْقَوْمَ الْفَاسِقِينَ ١٠٨

7 - 5 - 126
۞ يَوْمَ يَجْمَعُ اللَّهُ الرُّسُلَ فَيَقُولُ مَاذَا أُجِبْتُمْ قَالُوا لَا عِلْمَ لَنَا إِنَّكَ أَنتَ عَلَّامُ الْغُيُوبِ ١٠٩ إِذْ قَالَ اللَّهُ يَا عِيسَى ابْنَ مَرْيَمَ اذْكُرْ نِعْمَتِي عَلَيْكَ وَعَلَىٰ وَالِدَتِكَ إِذْ أَيَّدتُّكَ بِرُوحِ الْقُدُسِ تُكَلِّمُ النَّاسَ فِي الْمَهْدِ وَكَهْلًا وَإِذْ عَلَّمْتُكَ الْكِتَابَ وَالْحِكْمَةَ وَالتَّوْرَاةَ وَالْإِنجِيلَ وَإِذْ تَخْلُقُ مِنَ الطِّينِ كَهَيْئَةِ الطَّيْرِ بِإِذْنِي فَتَنفُخُ فِيهَا فَتَكُونُ طَيْرًا بِإِذْنِي وَتُبْرِئُ الْأَكْمَهَ وَالْأَبْرَصَ بِإِذْنِي وَإِذْ تُخْرِجُ الْمَوْتَىٰ بِإِذْنِي وَإِذْ كَفَفْتُ بَنِي إِسْرَائِيلَ عَنكَ إِذْ جِئْتَهُم بِالْبَيِّنَاتِ فَقَالَ الَّذِينَ كَفَرُوا مِنْهُمْ إِنْ هَٰذَا إِلَّا سِحْرٌ مُّبِينٌ ١١٠ وَإِذْ أَوْحَيْتُ إِلَى الْحَوَارِيِّينَ أَنْ آمِنُوا بِي وَبِرَسُولِي قَالُوا آمَنَّا وَاشْهَدْ بِأَنَّنَا مُسْلِمُونَ ١١١ إِذْ قَالَ الْحَوَارِيُّونَ يَا عِيسَى ابْنَ مَرْيَمَ هَلْ يَسْتَطِيعُ رَبُّكَ أَن يُنَزِّلَ عَلَيْنَا مَائِدَةً مِّنَ السَّمَاءِ قَالَ اتَّقُوا اللَّهَ إِن كُنتُم مُّؤْمِنِينَ ١١٢ قَالُوا نُرِيدُ أَن نَّأْكُلَ مِنْهَا وَتَطْمَئِنَّ قُلُوبُنَا وَنَعْلَمَ أَن قَدْ صَدَقْتَنَا وَنَكُونَ عَلَيْهَا مِنَ الشَّاهِدِينَ ١١٣

7 - 5 - 127
قَالَ عِيسَى ابْنُ مَرْيَمَ اللَّهُمَّ رَبَّنَا أَنزِلْ عَلَيْنَا مَائِدَةً مِّنَ السَّمَاءِ تَكُونُ لَنَا عِيدًا لِّأَوَّلِنَا وَآخِرِنَا وَآيَةً مِّنكَ وَارْزُقْنَا وَأَنتَ خَيْرُ الرَّازِقِينَ ١١٤ قَالَ اللَّهُ إِنِّي مُنَزِّلُهَا عَلَيْكُمْ فَمَن يَكْفُرْ بَعْدُ مِنكُمْ فَإِنِّي أُعَذِّبُهُ عَذَابًا لَّا أُعَذِّبُهُ أَحَدًا مِّنَ الْعَالَمِينَ ١١٥ وَإِذْ قَالَ اللَّهُ يَا عِيسَى ابْنَ مَرْيَمَ أَأَنتَ قُلْتَ لِلنَّاسِ اتَّخِذُونِي وَأُمِّيَ إِلَٰهَيْنِ مِن دُونِ اللَّهِ قَالَ سُبْحَانَكَ مَا يَكُونُ لِي أَنْ أَقُولَ مَا لَيْسَ لِي بِحَقٍّ إِن كُنتُ قُلْتُهُ فَقَدْ عَلِمْتَهُ تَعْلَمُ مَا فِي نَفْسِي وَلَا أَعْلَمُ مَا فِي نَفْسِكَ إِنَّكَ أَنتَ عَلَّامُ الْغُيُوبِ ١١٦ مَا قُلْتُ لَهُمْ إِلَّا مَا أَمَرْتَنِي بِهِ أَنِ اعْبُدُوا اللَّهَ رَبِّي وَرَبَّكُمْ وَكُنتُ عَلَيْهِمْ شَهِيدًا مَّا دُمْتُ فِيهِمْ فَلَمَّا تَوَفَّيْتَنِي كُنتَ أَنتَ الرَّقِيبَ عَلَيْهِمْ وَأَنتَ عَلَىٰ كُلِّ شَيْءٍ شَهِيدٌ ١١٧ إِن تُعَذِّبْهُمْ فَإِنَّهُمْ عِبَادُكَ وَإِن تَغْفِرْ لَهُمْ فَإِنَّكَ أَنتَ الْعَزِيزُ الْحَكِيمُ ١١٨ قَالَ اللَّهُ هَٰذَا يَوْمُ يَنفَعُ الصَّادِقِينَ صِدْقُهُمْ لَهُمْ جَنَّاتٌ تَجْرِي مِن تَحْتِهَا الْأَنْهَارُ خَالِدِينَ فِيهَا أَبَدًا رَّضِيَ اللَّهُ عَنْهُمْ وَرَضُوا عَنْهُ ذَٰلِكَ الْفَوْزُ الْعَظِيمُ ١١٩ لِلَّهِ مُلْكُ السَّمَاوَاتِ وَالْأَرْضِ وَمَا فِيهِنَّ وَهُوَ عَلَىٰ كُلِّ شَيْءٍ قَدِيرٌ ١٢٠

سُورَةُ الأَنْعَامِ

7 - 5 - 128
بِسْمِ اللَّهِ الرَّحْمَٰنِ الرَّحِيمِ

الْحَمْدُ لِلَّهِ الَّذِي خَلَقَ السَّمَاوَاتِ وَالْأَرْضَ وَجَعَلَ الظُّلُمَاتِ وَالنُّورَ ثُمَّ الَّذِينَ كَفَرُوا بِرَبِّهِمْ يَعْدِلُونَ ١ هُوَ الَّذِي خَلَقَكُم مِّن طِينٍ ثُمَّ قَضَىٰ أَجَلًا وَأَجَلٌ مُّسَمًّى عِندَهُ ثُمَّ أَنتُمْ تَمْتَرُونَ ٢ وَهُوَ اللَّهُ فِي السَّمَاوَاتِ وَفِي الْأَرْضِ يَعْلَمُ سِرَّكُمْ وَجَهْرَكُمْ وَيَعْلَمُ مَا تَكْسِبُونَ ٣ وَمَا تَأْتِيهِم مِّنْ آيَةٍ مِّنْ آيَاتِ رَبِّهِمْ إِلَّا كَانُوا عَنْهَا مُعْرِضِينَ ٤ فَقَدْ كَذَّبُوا بِالْحَقِّ لَمَّا جَاءَهُمْ فَسَوْفَ يَأْتِيهِمْ أَنبَاءُ مَا كَانُوا بِهِ يَسْتَهْزِئُونَ ٥ أَلَمْ يَرَوْا كَمْ أَهْلَكْنَا مِن قَبْلِهِم مِّن قَرْنٍ مَّكَّنَّاهُمْ فِي الْأَرْضِ مَا لَمْ نُمَكِّن لَّكُمْ وَأَرْسَلْنَا السَّمَاءَ عَلَيْهِم مِّدْرَارًا وَجَعَلْنَا الْأَنْهَارَ تَجْرِي مِن تَحْتِهِمْ فَأَهْلَكْنَاهُم بِذُنُوبِهِمْ وَأَنشَأْنَا مِن بَعْدِهِمْ قَرْنًا آخَرِينَ ٦ وَلَوْ نَزَّلْنَا عَلَيْكَ كِتَابًا فِي قِرْطَاسٍ فَلَمَسُوهُ بِأَيْدِيهِمْ لَقَالَ الَّذِينَ كَفَرُوا إِنْ هَٰذَا إِلَّا سِحْرٌ مُّبِينٌ ٧ وَقَالُوا لَوْلَا أُنزِلَ عَلَيْهِ مَلَكٌ وَلَوْ أَنزَلْنَا مَلَكًا لَّقُضِيَ الْأَمْرُ ثُمَّ لَا يُنظَرُونَ ٨ وَلَوْ جَعَلْنَاهُ مَلَكًا لَّجَعَلْنَاهُ رَجُلًا وَلَلَبَسْنَا عَلَيْهِم مَّا يَلْبِسُونَ ٩

7 - 6 - 129
وَلَقَدِ اسْتُهْزِئَ بِرُسُلٍ مِّن قَبْلِكَ فَحَاقَ بِالَّذِينَ سَخِرُوا مِنْهُم مَّا كَانُوا بِهِ يَسْتَهْزِئُونَ ١٠ قُلْ سِيرُوا فِي الْأَرْضِ ثُمَّ انظُرُوا كَيْفَ كَانَ عَاقِبَةُ الْمُكَذِّبِينَ ١١ قُل لِّمَن مَّا فِي السَّمَاوَاتِ وَالْأَرْضِ قُل لِّلَّهِ كَتَبَ عَلَىٰ نَفْسِهِ الرَّحْمَةَ لَيَجْمَعَنَّكُمْ إِلَىٰ يَوْمِ الْقِيَامَةِ لَا رَيْبَ فِيهِ الَّذِينَ خَسِرُوا أَنفُسَهُمْ فَهُمْ لَا يُؤْمِنُونَ ١٢ ۞ وَلَهُ مَا سَكَنَ فِي اللَّيْلِ وَالنَّهَارِ وَهُوَ السَّمِيعُ الْعَلِيمُ ١٣ قُلْ أَغَيْرَ اللَّهِ أَتَّخِذُ وَلِيًّا فَاطِرِ السَّمَاوَاتِ وَالْأَرْضِ وَهُوَ يُطْعِمُ وَلَا يُطْعَمُ قُلْ إِنِّي أُمِرْتُ أَنْ أَكُونَ أَوَّلَ مَنْ أَسْلَمَ وَلَا تَكُونَنَّ مِنَ الْمُشْرِكِينَ ١٤ قُلْ إِنِّي أَخَافُ إِنْ عَصَيْتُ رَبِّي عَذَابَ يَوْمٍ عَظِيمٍ ١٥ مَّن يُصْرَفْ عَنْهُ يَوْمَئِذٍ فَقَدْ رَحِمَهُ وَذَٰلِكَ الْفَوْزُ الْمُبِينُ ١٦ وَإِن يَمْسَسْكَ اللَّهُ بِضُرٍّ فَلَا كَاشِفَ لَهُ إِلَّا هُوَ وَإِن يَمْسَسْكَ بِخَيْرٍ فَهُوَ عَلَىٰ كُلِّ شَيْءٍ قَدِيرٌ ١٧ وَهُوَ الْقَاهِرُ فَوْقَ عِبَادِهِ وَهُوَ الْحَكِيمُ الْخَبِيرُ ١٨

7 - 6 - 130
قُلْ أَيُّ شَيْءٍ أَكْبَرُ شَهَادَةً قُلِ اللَّهُ شَهِيدٌ بَيْنِي وَبَيْنَكُمْ وَأُوحِيَ إِلَيَّ هَٰذَا الْقُرْآنُ لِأُنذِرَكُم بِهِ وَمَن بَلَغَ أَئِنَّكُمْ لَتَشْهَدُونَ أَنَّ مَعَ اللَّهِ آلِهَةً أُخْرَىٰ قُل لَّا أَشْهَدُ قُلْ إِنَّمَا هُوَ إِلَٰهٌ وَاحِدٌ وَإِنَّنِي بَرِيءٌ مِّمَّا تُشْرِكُونَ ١٩ الَّذِينَ آتَيْنَاهُمُ الْكِتَابَ يَعْرِفُونَهُ كَمَا يَعْرِفُونَ أَبْنَاءَهُمُ الَّذِينَ خَسِرُوا أَنفُسَهُمْ فَهُمْ لَا يُؤْمِنُونَ ٢٠ وَمَنْ أَظْلَمُ مِمَّنِ افْتَرَىٰ عَلَى اللَّهِ كَذِبًا أَوْ كَذَّبَ بِآيَاتِهِ إِنَّهُ لَا يُفْلِحُ الظَّالِمُونَ ٢١ وَيَوْمَ نَحْشُرُهُمْ جَمِيعًا ثُمَّ نَقُولُ لِلَّذِينَ أَشْرَكُوا أَيْنَ شُرَكَاؤُكُمُ الَّذِينَ كُنتُمْ تَزْعُمُونَ ٢٢ ثُمَّ لَمْ تَكُن فِتْنَتُهُمْ إِلَّا أَن قَالُوا وَاللَّهِ رَبِّنَا مَا كُنَّا مُشْرِكِينَ ٢٣ انظُرْ كَيْفَ كَذَبُوا عَلَىٰ أَنفُسِهِمْ وَضَلَّ عَنْهُم مَّا كَانُوا يَفْتَرُونَ ٢٤ وَمِنْهُم مَّن يَسْتَمِعُ إِلَيْكَ وَجَعَلْنَا عَلَىٰ قُلُوبِهِمْ أَكِنَّةً أَن يَفْقَهُوهُ وَفِي آذَانِهِمْ وَقْرًا وَإِن يَرَوْا كُلَّ آيَةٍ لَّا يُؤْمِنُوا بِهَا حَتَّىٰ إِذَا جَاءُوكَ يُجَادِلُونَكَ يَقُولُ الَّذِينَ كَفَرُوا إِنْ هَٰذَا إِلَّا أَسَاطِيرُ الْأَوَّلِينَ ٢٥ وَهُمْ يَنْهَوْنَ عَنْهُ وَيَنْأَوْنَ عَنْهُ وَإِن يُهْلِكُونَ إِلَّا أَنفُسَهُمْ وَمَا يَشْعُرُونَ ٢٦ وَلَوْ تَرَىٰ إِذْ وُقِفُوا عَلَى النَّارِ فَقَالُوا يَا لَيْتَنَا نُرَدُّ وَلَا نُكَذِّبَ بِآيَاتِ رَبِّنَا وَنَكُونَ مِنَ الْمُؤْمِنِينَ ٢٧

7 - 6 - 131
بَلْ بَدَا لَهُم مَّا كَانُوا يُخْفُونَ مِن قَبْلُ وَلَوْ رُدُّوا لَعَادُوا لِمَا نُهُوا عَنْهُ وَإِنَّهُمْ لَكَاذِبُونَ ٢٨ وَقَالُوا إِنْ هِيَ إِلَّا حَيَاتُنَا الدُّنْيَا وَمَا نَحْنُ بِمَبْعُوثِينَ ٢٩ وَلَوْ تَرَىٰ إِذْ وُقِفُوا عَلَىٰ رَبِّهِمْ قَالَ أَلَيْسَ هَٰذَا بِالْحَقِّ قَالُوا بَلَىٰ وَرَبِّنَا قَالَ فَذُوقُوا الْعَذَابَ بِمَا كُنتُمْ تَكْفُرُونَ ٣٠ قَدْ خَسِرَ الَّذِينَ كَذَّبُوا بِلِقَاءِ اللَّهِ حَتَّىٰ إِذَا جَاءَتْهُمُ السَّاعَةُ بَغْتَةً قَالُوا يَا حَسْرَتَنَا عَلَىٰ مَا فَرَّطْنَا فِيهَا وَهُمْ يَحْمِلُونَ أَوْزَارَهُمْ عَلَىٰ ظُهُورِهِمْ أَلَا سَاءَ مَا يَزِرُونَ ٣١ وَمَا الْحَيَاةُ الدُّنْيَا إِلَّا لَعِبٌ وَلَهْوٌ وَلَلدَّارُ الْآخِرَةُ خَيْرٌ لِّلَّذِينَ يَتَّقُونَ أَفَلَا تَعْقِلُونَ ٣٢ قَدْ نَعْلَمُ إِنَّهُ لَيَحْزُنُكَ الَّذِي يَقُولُونَ فَإِنَّهُمْ لَا يُكَذِّبُونَكَ وَلَٰكِنَّ الظَّالِمِينَ بِآيَاتِ اللَّهِ يَجْحَدُونَ ٣٣ وَلَقَدْ كُذِّبَتْ رُسُلٌ مِّن قَبْلِكَ فَصَبَرُوا عَلَىٰ مَا كُذِّبُوا وَأُوذُوا حَتَّىٰ أَتَاهُمْ نَصْرُنَا وَلَا مُبَدِّلَ لِكَلِمَاتِ اللَّهِ وَلَقَدْ جَاءَكَ مِن نَّبَإِ الْمُرْسَلِينَ ٣٤ وَإِن كَانَ كَبُرَ عَلَيْكَ إِعْرَاضُهُمْ فَإِنِ اسْتَطَعْتَ أَن تَبْتَغِيَ نَفَقًا فِي الْأَرْضِ أَوْ سُلَّمًا فِي السَّمَاءِ فَتَأْتِيَهُم بِآيَةٍ وَلَوْ شَاءَ اللَّهُ لَجَمَعَهُمْ عَلَى الْهُدَىٰ فَلَا تَكُونَنَّ مِنَ الْجَاهِلِينَ ٣٥

6.al-An'ām [35] - ٦. الأنعام

7 - 6 - 132 إنما يستجيب الذين يسمعون والموتى يبعثهم الله ثم إليه
يرجعون ٣٦ وقالوا لولا نزل عليه آية من ربه قل إن الله
قادر على أن ينزل آية ولكن أكثرهم لا يعلمون ٣٧ وما
من دابة في الأرض ولا طائر يطير بجناحيه إلا أمم أمثالكم
ما فرطنا في الكتاب من شيء ثم إلى ربهم يحشرون ٣٨
والذين كذبوا بآياتنا صم وبكم في الظلمات من يشإ
الله يضلله ومن يشأ يجعله على صراط مستقيم ٣٩ قل
أرأيتكم إن أتاكم عذاب الله أو أتتكم الساعة أغير الله
تدعون إن كنتم صادقين ٤٠ بل إياه تدعون فيكشف
ما تدعون إليه إن شاء وتنسون ما تشركون ٤١ ولقد أرسلنا
إلى أمم من قبلك فأخذناهم بالبأساء والضراء لعلهم
يتضرعون ٤٢ فلولا إذ جاءهم بأسنا تضرعوا ولكن قست
قلوبهم وزين لهم الشيطان ما كانوا يعملون ٤٣ فلما
نسوا ما ذكروا به فتحنا عليهم أبواب كل شيء حتى
إذا فرحوا بما أوتوا أخذناهم بغتة فإذا هم مبلسون ٤٤
7 - 6 - 133 فقطع دابر القوم الذين ظلموا والحمد لله رب العالمين ٤٥
قل أرأيتم إن أخذ الله سمعكم وأبصاركم وختم على قلوبكم
من إله غير الله يأتيكم به انظر كيف نصرف الآيات
ثم هم يصدفون ٤٦ قل أرأيتكم إن أتاكم عذاب الله
بغتة أو جهرة هل يهلك إلا القوم الظالمون ٤٧ وما
نرسل المرسلين إلا مبشرين ومنذرين فمن آمن وأصلح
فلا خوف عليهم ولا هم يحزنون ٤٨ والذين كذبوا بآياتنا
يمسهم العذاب بما كانوا يفسقون ٤٩ قل لا أقول لكم
عندي خزائن الله ولا أعلم الغيب ولا أقول لكم إني ملك
إن أتبع إلا ما يوحى إلي قل هل يستوي الأعمى والبصير
أفلا تتفكرون ٥٠ وأنذر به الذين يخافون أن يحشروا إلى
ربهم ليس لهم من دونه ولي ولا شفيع لعلهم يتقون ٥١
ولا تطرد الذين يدعون ربهم بالغداة والعشي يريدون
وجهه ما عليك من حسابهم من شيء وما من حسابك
عليهم من شيء فتطردهم فتكون من الظالمين ٥٢
7 - 6 - 134 وكذلك فتنا بعضهم ببعض ليقولوا أهؤلاء من الله
عليهم من بيننا أليس الله بأعلم بالشاكرين ٥٣ وإذا
جاءك الذين يؤمنون بآياتنا فقل سلام عليكم كتب
ربكم على نفسه الرحمة أنه من عمل منكم سوءا
بجهالة ثم تاب من بعده وأصلح فأنه غفور رحيم ٥٤
وكذلك نفصل الآيات ولتستبين سبيل المجرمين ٥٥
قل إني نهيت أن أعبد الذين تدعون من دون الله قل
لا أتبع أهواءكم قد ضللت إذا وما أنا من المهتدين ٥٦
قل إني على بينة من ربي وكذبتم به ما عندي ما
تستعجلون به إن الحكم إلا لله يقص الحق وهو
خير الفاصلين ٥٧ قل لو أن عندي ما تستعجلون به لقضي
الأمر بيني وبينكم والله أعلم بالظالمين ٥٨ وعنده
مفاتح الغيب لا يعلمها إلا هو ويعلم ما في البر
والبحر وما تسقط من ورقة إلا يعلمها ولا حبة في ظلمات
الأرض ولا رطب ولا يابس إلا في كتاب مبين ٥٩
7 - 6 - 135 وهو الذي يتوفاكم بالليل ويعلم ما جرحتم بالنهار ثم
يبعثكم فيه ليقضى أجل مسمى ثم إليه مرجعكم ثم
ينبئكم بما كنتم تعملون ٦٠ وهو القاهر فوق عباده
ويرسل عليكم حفظة حتى إذا جاء أحدكم الموت توفته
رسلنا وهم لا يفرطون ٦١ ثم ردوا إلى الله مولاهم الحق

ألا له الحكم وهو أسرع الحاسبين ٦٢ قل من ينجيكم من
ظلمات البر والبحر تدعونه تضرعا وخفية لئن أنجانا من
هذه لنكونن من الشاكرين ٦٣ قل الله ينجيكم منها ومن كل كرب
ثم أنتم تشركون ٦٤ قل هو القادر على أن يبعث عليكم عذابا من
فوقكم أو من تحت أرجلكم أو يلبسكم شيعا ويذيق بعضكم
بأس بعض انظر كيف نصرف الآيات لعلهم يفقهون ٦٥ وكذب
به قومك وهو الحق قل لست عليكم بوكيل ٦٦ لكل نبإ
مستقر وسوف تعلمون ٦٧ وإذا رأيت الذين يخوضون في آياتنا
فأعرض عنهم حتى يخوضوا في حديث غيره وإما ينسينك
الشيطان فلا تقعد بعد الذكرى مع القوم الظالمين ٦٨
7 - 6 - 136 وما على الذين يتقون من حسابهم من شيء ولكن
ذكرى لعلهم يتقون ٦٩ وذر الذين اتخذوا دينهم
لعبا ولهوا وغرتهم الحياة الدنيا وذكر به أن
تبسل نفس بما كسبت ليس لها من دون الله ولي
ولا شفيع وإن تعدل كل عدل لا يؤخذ منها أولئك
الذين أبسلوا بما كسبوا لهم شراب من حميم
وعذاب أليم بما كانوا يكفرون ٧٠ قل أندعوا من دون
الله ما لا ينفعنا ولا يضرنا ونرد على أعقابنا بعد إذ
هدانا الله كالذي استهوته الشياطين في الأرض
حيران له أصحاب يدعونه إلى الهدى ائتنا قل إن
هدى الله هو الهدى وأمرنا لنسلم لرب العالمين ٧١ وأن
أقيموا الصلاة واتقوه وهو الذي إليه تحشرون ٧٢ وهو
الذي خلق السماوات والأرض بالحق ويوم يقول كن
فيكون قوله الحق وله الملك يوم ينفخ في الصور
عالم الغيب والشهادة وهو الحكيم الخبير ٧٣
7 - 6 - 137 وإذ قال إبراهيم لأبيه آزر أتتخذ أصناما آلهة إني
أراك وقومك في ضلال مبين ٧٤ وكذلك نري إبراهيم
ملكوت السماوات والأرض وليكون من الموقنين ٧٥
فلما جن عليه الليل رأى كوكبا قال هذا ربي فلما أفل
قال لا أحب الآفلين ٧٦ فلما رأى القمر بازغا قال هذا
ربي فلما أفل قال لئن لم يهدني ربي لأكونن من القوم
الضالين ٧٧ فلما رأى الشمس بازغة قال هذا ربي هذا
أكبر فلما أفلت قال يا قوم إني بريء مما تشركون ٧٨
إني وجهت وجهي للذي فطر السماوات والأرض
حنيفا وما أنا من المشركين ٧٩ وحاجه قومه قال
أتحاجوني في الله وقد هدان ولا أخاف ما تشركون به
إلا أن يشاء ربي شيئا وسع ربي كل شيء علما أفلا
تتذكرون ٨٠ وكيف أخاف ما أشركتم ولا تخافون
أنكم أشركتم بالله ما لم ينزل به عليكم سلطانا
فأي الفريقين أحق بالأمن إن كنتم تعلمون ٨١
7 - 6 - 138 الذين آمنوا ولم يلبسوا إيمانهم بظلم أولئك لهم الأمن
وهم مهتدون ٨٢ وتلك حجتنا آتيناها إبراهيم على
قومه نرفع درجات من نشاء إن ربك حكيم عليم ٨٣
ووهبنا له إسحاق ويعقوب كلا هدينا ونوحا هدينا
من قبل ومن ذريته داوود وسليمان وأيوب ويوسف
وموسى وهارون وكذلك نجزي المحسنين ٨٤
وزكريا ويحيى وعيسى وإلياس كل من الصالحين ٨٥
وإسماعيل واليسع ويونس ولوطا وكلا فضلنا على
العالمين ٨٦ ومن آبائهم وذرياتهم وإخوانهم واجتبيناهم
وهديناهم إلى صراط مستقيم ٨٧ ذلك هدى الله يهدي

به من يشاء من عباده ولو أشركوا لحبط عنهم ما كانوا
يعملون ٨٨ أولئك الذين آتيناهم الكتاب والحكم
والنبوة فإن يكفر بها هؤلاء فقد وكلنا بها قوما ليسوا
بها بكافرين ٨٩ أولئك الذين هدى الله فبهداهم اقتده
قل لا أسألكم عليه أجرا إن هو إلا ذكرى للعالمين ٩٠
7 - 6 - 139 وما قدروا الله حق قدره إذ قالوا ما أنزل الله على بشر من شيء
قل من أنزل الكتاب الذي جاء به موسى نورا وهدى
للناس تجعلونه قراطيس تبدونها وتخفون كثيرا وعلمتم
ما لم تعلموا أنتم ولا آباؤكم قل الله ثم ذرهم في خوضهم
يلعبون ٩١ وهذا كتاب أنزلناه مبارك مصدق الذي بين
يديه ولتنذر أم القرى ومن حولها والذين يؤمنون بالآخرة
يؤمنون به وهم على صلاتهم يحافظون ٩٢ ومن أظلم ممن
افترى على الله كذبا أو قال أوحي إلي ولم يوح إليه شيء
ومن قال سأنزل مثل ما أنزل الله ولو ترى إذ الظالمون في
غمرات الموت والملائكة باسطو أيديهم أخرجوا أنفسكم
اليوم تجزون عذاب الهون بما كنتم تقولون على الله غير
الحق وكنتم عن آياته تستكبرون ٩٣ ولقد جئتمونا
فرادى كما خلقناكم أول مرة وتركتم ما خولناكم وراء
ظهوركم وما نرى معكم شفعاءكم الذين زعمتم أنهم فيكم
شركاء لقد تقطع بينكم وضل عنكم ما كنتم تزعمون ٩٤
7 - 6 - 140 إن الله فالق الحب والنوى يخرج الحي من الميت ومخرج
الميت من الحي ذلكم الله فأنى تؤفكون ٩٥ فالق الإصباح
وجعل الليل سكنا والشمس والقمر حسبانا ذلك تقدير
العزيز العليم ٩٦ وهو الذي جعل لكم النجوم لتهتدوا
بها في ظلمات البر والبحر قد فصلنا الآيات لقوم يعلمون ٩٧
وهو الذي أنشأكم من نفس واحدة فمستقر ومستودع
قد فصلنا الآيات لقوم يفقهون ٩٨ وهو الذي أنزل من
السماء ماء فأخرجنا به نبات كل شيء فأخرجنا منه
خضرا نخرج منه حبا متراكبا ومن النخل من طلعها قنوان
دانية وجنات من أعناب والزيتون والرمان مشتبها وغير
متشابه انظروا إلى ثمره إذا أثمر وينعه إن في ذلكم
لآيات لقوم يؤمنون ٩٩ وجعلوا لله شركاء الجن وخلقهم
وخرقوا له بنين وبنات بغير علم سبحانه وتعالى عما يصفون ١٠٠
بديع السماوات والأرض أنى يكون له ولد ولم تكن له
صاحبة وخلق كل شيء وهو بكل شيء عليم ١٠١
7 - 6 - 141 ذلكم الله ربكم لا إله إلا هو خالق كل شيء فاعبدوه
وهو على كل شيء وكيل ١٠٢ لا تدركه الأبصار وهو
يدرك الأبصار وهو اللطيف الخبير ١٠٣ قد جاءكم
بصائر من ربكم فمن أبصر فلنفسه ومن عمي فعليها
وما أنا عليكم بحفيظ ١٠٤ وكذلك نصرف الآيات
وليقولوا درست ولنبينه لقوم يعلمون ١٠٥ اتبع
ما أوحي إليك من ربك لا إله إلا هو وأعرض عن المشركين ١٠٦
ولو شاء الله ما أشركوا وما جعلناك عليهم حفيظا
وما أنت عليهم بوكيل ١٠٧ ولا تسبوا الذين يدعون
من دون الله فيسبوا الله عدوا بغير علم كذلك زينا لكل أمة
عملهم ثم إلى ربهم مرجعهم فينبئهم بما كانوا يعملون ١٠٨
وأقسموا بالله جهد أيمانهم لئن جاءتهم آية ليؤمنن
بها قل إنما الآيات عند الله وما يشعركم أنها إذا جاءت
لا يؤمنون ١٠٩ ونقلب أفئدتهم وأبصارهم كما لم
يؤمنوا به أول مرة ونذرهم في طغيانهم يعمهون ١١٠

8 - 6 - 142 ۞ وَلَوْ أَنَّنَا نَزَّلْنَا إِلَيْهِمُ الْمَلَائِكَةَ وَكَلَّمَهُمُ الْمَوْتَىٰ وَحَشَرْنَا
عَلَيْهِمْ كُلَّ شَيْءٍ قُبُلًا مَا كَانُوا لِيُؤْمِنُوا إِلَّا أَنْ يَشَاءَ اللَّهُ
وَلَٰكِنَّ أَكْثَرَهُمْ يَجْهَلُونَ ١١١ وَكَذَٰلِكَ جَعَلْنَا لِكُلِّ نَبِيٍّ
عَدُوًّا شَيَاطِينَ الْإِنْسِ وَالْجِنِّ يُوحِي بَعْضُهُمْ إِلَىٰ بَعْضٍ
زُخْرُفَ الْقَوْلِ غُرُورًا وَلَوْ شَاءَ رَبُّكَ مَا فَعَلُوهُ فَذَرْهُمْ وَمَا
يَفْتَرُونَ ١١٢ وَلِتَصْغَىٰ إِلَيْهِ أَفْئِدَةُ الَّذِينَ لَا يُؤْمِنُونَ بِالْآخِرَةِ
وَلِيَرْضَوْهُ وَلِيَقْتَرِفُوا مَا هُمْ مُقْتَرِفُونَ ١١٣ أَفَغَيْرَ اللَّهِ أَبْتَغِي
حَكَمًا وَهُوَ الَّذِي أَنْزَلَ إِلَيْكُمُ الْكِتَابَ مُفَصَّلًا
وَالَّذِينَ آتَيْنَاهُمُ الْكِتَابَ يَعْلَمُونَ أَنَّهُ مُنَزَّلٌ مِنْ رَبِّكَ
بِالْحَقِّ فَلَا تَكُونَنَّ مِنَ الْمُمْتَرِينَ ١١٤ وَتَمَّتْ كَلِمَتُ رَبِّكَ
صِدْقًا وَعَدْلًا لَا مُبَدِّلَ لِكَلِمَاتِهِ وَهُوَ السَّمِيعُ الْعَلِيمُ ١١٥
وَإِنْ تُطِعْ أَكْثَرَ مَنْ فِي الْأَرْضِ يُضِلُّوكَ عَنْ سَبِيلِ اللَّهِ إِنْ
يَتَّبِعُونَ إِلَّا الظَّنَّ وَإِنْ هُمْ إِلَّا يَخْرُصُونَ ١١٦ إِنَّ رَبَّكَ هُوَ
أَعْلَمُ مَنْ يَضِلُّ عَنْ سَبِيلِهِ وَهُوَ أَعْلَمُ بِالْمُهْتَدِينَ ١١٧ فَكُلُوا
مِمَّا ذُكِرَ اسْمُ اللَّهِ عَلَيْهِ إِنْ كُنْتُمْ بِآيَاتِهِ مُؤْمِنِينَ ١١٨
8 - 6 - 143 وَمَا لَكُمْ أَلَّا تَأْكُلُوا مِمَّا ذُكِرَ اسْمُ اللَّهِ عَلَيْهِ وَقَدْ فَصَّلَ
لَكُمْ مَا حَرَّمَ عَلَيْكُمْ إِلَّا مَا اضْطُرِرْتُمْ إِلَيْهِ وَإِنَّ كَثِيرًا
لَيُضِلُّونَ بِأَهْوَائِهِمْ بِغَيْرِ عِلْمٍ إِنَّ رَبَّكَ هُوَ أَعْلَمُ بِالْمُعْتَدِينَ ١١٩
وَذَرُوا ظَاهِرَ الْإِثْمِ وَبَاطِنَهُ إِنَّ الَّذِينَ يَكْسِبُونَ الْإِثْمَ
سَيُجْزَوْنَ بِمَا كَانُوا يَقْتَرِفُونَ ١٢٠ وَلَا تَأْكُلُوا مِمَّا لَمْ
يُذْكَرِ اسْمُ اللَّهِ عَلَيْهِ وَإِنَّهُ لَفِسْقٌ وَإِنَّ الشَّيَاطِينَ لَيُوحُونَ
إِلَىٰ أَوْلِيَائِهِمْ لِيُجَادِلُوكُمْ وَإِنْ أَطَعْتُمُوهُمْ إِنَّكُمْ لَمُشْرِكُونَ ١٢١
أَوَمَنْ كَانَ مَيْتًا فَأَحْيَيْنَاهُ وَجَعَلْنَا لَهُ نُورًا يَمْشِي بِهِ
فِي النَّاسِ كَمَنْ مَثَلُهُ فِي الظُّلُمَاتِ لَيْسَ بِخَارِجٍ مِنْهَا كَذَٰلِكَ
زُيِّنَ لِلْكَافِرِينَ مَا كَانُوا يَعْمَلُونَ ١٢٢ وَكَذَٰلِكَ جَعَلْنَا
فِي كُلِّ قَرْيَةٍ أَكَابِرَ مُجْرِمِيهَا لِيَمْكُرُوا فِيهَا وَمَا
يَمْكُرُونَ إِلَّا بِأَنْفُسِهِمْ وَمَا يَشْعُرُونَ ١٢٣ وَإِذَا جَاءَتْهُمْ
آيَةٌ قَالُوا لَنْ نُؤْمِنَ حَتَّىٰ نُؤْتَىٰ مِثْلَ مَا أُوتِيَ رُسُلُ اللَّهِ
اللَّهُ أَعْلَمُ حَيْثُ يَجْعَلُ رِسَالَتَهُ سَيُصِيبُ الَّذِينَ أَجْرَمُوا صَغَارٌ
عِنْدَ اللَّهِ وَعَذَابٌ شَدِيدٌ بِمَا كَانُوا يَمْكُرُونَ ١٢٤
8 - 6 - 144 فَمَنْ يُرِدِ اللَّهُ أَنْ يَهْدِيَهُ يَشْرَحْ صَدْرَهُ لِلْإِسْلَامِ وَمَنْ
يُرِدْ أَنْ يُضِلَّهُ يَجْعَلْ صَدْرَهُ ضَيِّقًا حَرَجًا كَأَنَّمَا
يَصَّعَّدُ فِي السَّمَاءِ كَذَٰلِكَ يَجْعَلُ اللَّهُ الرِّجْسَ عَلَى الَّذِينَ
لَا يُؤْمِنُونَ ١٢٥ وَهَٰذَا صِرَاطُ رَبِّكَ مُسْتَقِيمًا قَدْ فَصَّلْنَا
الْآيَاتِ لِقَوْمٍ يَذَّكَّرُونَ ١٢٦ ۞ لَهُمْ دَارُ السَّلَامِ عِنْدَ
رَبِّهِمْ وَهُوَ وَلِيُّهُمْ بِمَا كَانُوا يَعْمَلُونَ ١٢٧ وَيَوْمَ يَحْشُرُهُمْ
جَمِيعًا يَا مَعْشَرَ الْجِنِّ قَدِ اسْتَكْثَرْتُمْ مِنَ الْإِنْسِ وَقَالَ
أَوْلِيَاؤُهُمْ مِنَ الْإِنْسِ رَبَّنَا اسْتَمْتَعَ بَعْضُنَا بِبَعْضٍ وَبَلَغْنَا
أَجَلَنَا الَّذِي أَجَّلْتَ لَنَا قَالَ النَّارُ مَثْوَاكُمْ خَالِدِينَ فِيهَا
إِلَّا مَا شَاءَ اللَّهُ إِنَّ رَبَّكَ حَكِيمٌ عَلِيمٌ ١٢٨ وَكَذَٰلِكَ نُوَلِّي
بَعْضَ الظَّالِمِينَ بَعْضًا بِمَا كَانُوا يَكْسِبُونَ ١٢٩
يَا مَعْشَرَ الْجِنِّ وَالْإِنْسِ أَلَمْ يَأْتِكُمْ رُسُلٌ مِنْكُمْ
يَقُصُّونَ عَلَيْكُمْ آيَاتِي وَيُنْذِرُونَكُمْ لِقَاءَ يَوْمِكُمْ
هَٰذَا قَالُوا شَهِدْنَا عَلَىٰ أَنْفُسِنَا وَغَرَّتْهُمُ الْحَيَاةُ الدُّنْيَا
وَشَهِدُوا عَلَىٰ أَنْفُسِهِمْ أَنَّهُمْ كَانُوا كَافِرِينَ ١٣٠
8 - 6 - 145 ذَٰلِكَ أَنْ لَمْ يَكُنْ رَبُّكَ مُهْلِكَ الْقُرَىٰ بِظُلْمٍ وَأَهْلُهَا
غَافِلُونَ ١٣١ وَلِكُلٍّ دَرَجَاتٌ مِمَّا عَمِلُوا وَمَا رَبُّكَ
بِغَافِلٍ عَمَّا يَعْمَلُونَ ١٣٢ وَرَبُّكَ الْغَنِيُّ ذُو الرَّحْمَةِ
إِنْ يَشَأْ يُذْهِبْكُمْ وَيَسْتَخْلِفْ مِنْ بَعْدِكُمْ مَا
يَشَاءُ كَمَا أَنْشَأَكُمْ مِنْ ذُرِّيَّةِ قَوْمٍ آخَرِينَ ١٣٣

إِنَّ مَا تُوعَدُونَ لَآتٍ وَمَا أَنْتُمْ بِمُعْجِزِينَ ١٣٤ قُلْ يَا قَوْمِ
اعْمَلُوا عَلَىٰ مَكَانَتِكُمْ إِنِّي عَامِلٌ فَسَوْفَ تَعْلَمُونَ
مَنْ تَكُونُ لَهُ عَاقِبَةُ الدَّارِ إِنَّهُ لَا يُفْلِحُ الظَّالِمُونَ ١٣٥
وَجَعَلُوا لِلَّهِ مِمَّا ذَرَأَ مِنَ الْحَرْثِ وَالْأَنْعَامِ نَصِيبًا
فَقَالُوا هَٰذَا لِلَّهِ بِزَعْمِهِمْ وَهَٰذَا لِشُرَكَائِنَا فَمَا كَانَ
لِشُرَكَائِهِمْ فَلَا يَصِلُ إِلَى اللَّهِ وَمَا كَانَ لِلَّهِ فَهُوَ
يَصِلُ إِلَىٰ شُرَكَائِهِمْ سَاءَ مَا يَحْكُمُونَ ١٣٦ وَكَذَٰلِكَ
زَيَّنَ لِكَثِيرٍ مِنَ الْمُشْرِكِينَ قَتْلَ أَوْلَادِهِمْ
شُرَكَاؤُهُمْ لِيُرْدُوهُمْ وَلِيَلْبِسُوا عَلَيْهِمْ دِينَهُمْ
وَلَوْ شَاءَ اللَّهُ مَا فَعَلُوهُ فَذَرْهُمْ وَمَا يَفْتَرُونَ ١٣٧
8 - 6 - 146 وَقَالُوا هَٰذِهِ أَنْعَامٌ وَحَرْثٌ حِجْرٌ لَا يَطْعَمُهَا إِلَّا مَنْ نَشَاءُ
بِزَعْمِهِمْ وَأَنْعَامٌ حُرِّمَتْ ظُهُورُهَا وَأَنْعَامٌ لَا يَذْكُرُونَ
اسْمَ اللَّهِ عَلَيْهَا افْتِرَاءً عَلَيْهِ سَيَجْزِيهِمْ بِمَا كَانُوا
يَفْتَرُونَ ١٣٨ وَقَالُوا مَا فِي بُطُونِ هَٰذِهِ الْأَنْعَامِ خَالِصَةٌ
لِذُكُورِنَا وَمُحَرَّمٌ عَلَىٰ أَزْوَاجِنَا وَإِنْ يَكُنْ مَيْتَةً
فَهُمْ فِيهِ شُرَكَاءُ سَيَجْزِيهِمْ وَصْفَهُمْ إِنَّهُ حَكِيمٌ
عَلِيمٌ ١٣٩ قَدْ خَسِرَ الَّذِينَ قَتَلُوا أَوْلَادَهُمْ سَفَهًا بِغَيْرِ
عِلْمٍ وَحَرَّمُوا مَا رَزَقَهُمُ اللَّهُ افْتِرَاءً عَلَى اللَّهِ قَدْ ضَلُّوا
وَمَا كَانُوا مُهْتَدِينَ ١٤٠ ۞ وَهُوَ الَّذِي أَنْشَأَ جَنَّاتٍ
مَعْرُوشَاتٍ وَغَيْرَ مَعْرُوشَاتٍ وَالنَّخْلَ وَالزَّرْعَ مُخْتَلِفًا
أُكُلُهُ وَالزَّيْتُونَ وَالرُّمَّانَ مُتَشَابِهًا وَغَيْرَ مُتَشَابِهٍ
كُلُوا مِنْ ثَمَرِهِ إِذَا أَثْمَرَ وَآتُوا حَقَّهُ يَوْمَ حَصَادِهِ
وَلَا تُسْرِفُوا إِنَّهُ لَا يُحِبُّ الْمُسْرِفِينَ ١٤١ وَمِنَ الْأَنْعَامِ
حَمُولَةً وَفَرْشًا كُلُوا مِمَّا رَزَقَكُمُ اللَّهُ وَلَا تَتَّبِعُوا
خُطُوَاتِ الشَّيْطَانِ إِنَّهُ لَكُمْ عَدُوٌّ مُبِينٌ ١٤٢
8 - 6 - 147 ثَمَانِيَةَ أَزْوَاجٍ مِنَ الضَّأْنِ اثْنَيْنِ وَمِنَ الْمَعْزِ اثْنَيْنِ
قُلْ آلذَّكَرَيْنِ حَرَّمَ أَمِ الْأُنْثَيَيْنِ أَمَّا اشْتَمَلَتْ عَلَيْهِ
أَرْحَامُ الْأُنْثَيَيْنِ نَبِّئُونِي بِعِلْمٍ إِنْ كُنْتُمْ صَادِقِينَ ١٤٣
وَمِنَ الْإِبِلِ اثْنَيْنِ وَمِنَ الْبَقَرِ اثْنَيْنِ قُلْ آلذَّكَرَيْنِ
حَرَّمَ أَمِ الْأُنْثَيَيْنِ أَمَّا اشْتَمَلَتْ عَلَيْهِ أَرْحَامُ الْأُنْثَيَيْنِ
أَمْ كُنْتُمْ شُهَدَاءَ إِذْ وَصَّاكُمُ اللَّهُ بِهَٰذَا فَمَنْ
أَظْلَمُ مِمَّنِ افْتَرَىٰ عَلَى اللَّهِ كَذِبًا لِيُضِلَّ النَّاسَ بِغَيْرِ
عِلْمٍ إِنَّ اللَّهَ لَا يَهْدِي الْقَوْمَ الظَّالِمِينَ ١٤٤ قُلْ لَا أَجِدُ
فِي مَا أُوحِيَ إِلَيَّ مُحَرَّمًا عَلَىٰ طَاعِمٍ يَطْعَمُهُ إِلَّا أَنْ يَكُونَ
مَيْتَةً أَوْ دَمًا مَسْفُوحًا أَوْ لَحْمَ خِنْزِيرٍ فَإِنَّهُ رِجْسٌ أَوْ
فِسْقًا أُهِلَّ لِغَيْرِ اللَّهِ بِهِ فَمَنِ اضْطُرَّ غَيْرَ بَاغٍ وَلَا عَادٍ
فَإِنَّ رَبَّكَ غَفُورٌ رَحِيمٌ ١٤٥ وَعَلَى الَّذِينَ هَادُوا حَرَّمْنَا
كُلَّ ذِي ظُفُرٍ وَمِنَ الْبَقَرِ وَالْغَنَمِ حَرَّمْنَا عَلَيْهِمْ
شُحُومَهُمَا إِلَّا مَا حَمَلَتْ ظُهُورُهُمَا أَوِ الْحَوَايَا أَوْ مَا اخْتَلَطَ
بِعَظْمٍ ذَٰلِكَ جَزَيْنَاهُمْ بِبَغْيِهِمْ وَإِنَّا لَصَادِقُونَ ١٤٦
8 - 6 - 148 فَإِنْ كَذَّبُوكَ فَقُلْ رَبُّكُمْ ذُو رَحْمَةٍ وَاسِعَةٍ وَلَا يُرَدُّ
بَأْسُهُ عَنِ الْقَوْمِ الْمُجْرِمِينَ ١٤٧ سَيَقُولُ الَّذِينَ أَشْرَكُوا
لَوْ شَاءَ اللَّهُ مَا أَشْرَكْنَا وَلَا آبَاؤُنَا وَلَا حَرَّمْنَا مِنْ شَيْءٍ
كَذَٰلِكَ كَذَّبَ الَّذِينَ مِنْ قَبْلِهِمْ حَتَّىٰ ذَاقُوا بَأْسَنَا
قُلْ هَلْ عِنْدَكُمْ مِنْ عِلْمٍ فَتُخْرِجُوهُ لَنَا إِنْ تَتَّبِعُونَ إِلَّا
الظَّنَّ وَإِنْ أَنْتُمْ إِلَّا تَخْرُصُونَ ١٤٨ قُلْ فَلِلَّهِ الْحُجَّةُ الْبَالِغَةُ
فَلَوْ شَاءَ لَهَدَاكُمْ أَجْمَعِينَ ١٤٩ قُلْ هَلُمَّ شُهَدَاءَكُمُ
الَّذِينَ يَشْهَدُونَ أَنَّ اللَّهَ حَرَّمَ هَٰذَا فَإِنْ شَهِدُوا فَلَا تَشْهَدْ
مَعَهُمْ وَلَا تَتَّبِعْ أَهْوَاءَ الَّذِينَ كَذَّبُوا بِآيَاتِنَا وَالَّذِينَ
لَا يُؤْمِنُونَ بِالْآخِرَةِ وَهُمْ بِرَبِّهِمْ يَعْدِلُونَ ١٥٠ ۞ قُلْ

تَعَالَوْا أَتْلُ مَا حَرَّمَ رَبُّكُمْ عَلَيْكُمْ أَلَّا تُشْرِكُوا
بِهِ شَيْئًا وَبِالْوَالِدَيْنِ إِحْسَانًا وَلَا تَقْتُلُوا أَوْلَادَكُمْ
مِنْ إِمْلَاقٍ نَحْنُ نَرْزُقُكُمْ وَإِيَّاهُمْ وَلَا تَقْرَبُوا الْفَوَاحِشَ
مَا ظَهَرَ مِنْهَا وَمَا بَطَنَ وَلَا تَقْتُلُوا النَّفْسَ الَّتِي حَرَّمَ اللَّهُ
إِلَّا بِالْحَقِّ ذَٰلِكُمْ وَصَّاكُمْ بِهِ لَعَلَّكُمْ تَعْقِلُونَ ١٥١
8 - 6 - 149 وَلَا تَقْرَبُوا مَالَ الْيَتِيمِ إِلَّا بِالَّتِي هِيَ أَحْسَنُ حَتَّىٰ يَبْلُغَ أَشُدَّهُ
وَأَوْفُوا الْكَيْلَ وَالْمِيزَانَ بِالْقِسْطِ لَا نُكَلِّفُ نَفْسًا إِلَّا
وُسْعَهَا وَإِذَا قُلْتُمْ فَاعْدِلُوا وَلَوْ كَانَ ذَا قُرْبَىٰ وَبِعَهْدِ
اللَّهِ أَوْفُوا ذَٰلِكُمْ وَصَّاكُمْ بِهِ لَعَلَّكُمْ تَذَكَّرُونَ ١٥٢
وَأَنَّ هَٰذَا صِرَاطِي مُسْتَقِيمًا فَاتَّبِعُوهُ وَلَا تَتَّبِعُوا السُّبُلَ
فَتَفَرَّقَ بِكُمْ عَنْ سَبِيلِهِ ذَٰلِكُمْ وَصَّاكُمْ بِهِ لَعَلَّكُمْ
تَتَّقُونَ ١٥٣ ثُمَّ آتَيْنَا مُوسَى الْكِتَابَ تَمَامًا عَلَى الَّذِي
أَحْسَنَ وَتَفْصِيلًا لِكُلِّ شَيْءٍ وَهُدًى وَرَحْمَةً لَعَلَّهُمْ بِلِقَاءِ
رَبِّهِمْ يُؤْمِنُونَ ١٥٤ وَهَٰذَا كِتَابٌ أَنْزَلْنَاهُ مُبَارَكٌ فَاتَّبِعُوهُ
وَاتَّقُوا لَعَلَّكُمْ تُرْحَمُونَ ١٥٥ أَنْ تَقُولُوا إِنَّمَا أُنْزِلَ الْكِتَابُ عَلَىٰ
طَائِفَتَيْنِ مِنْ قَبْلِنَا وَإِنْ كُنَّا عَنْ دِرَاسَتِهِمْ لَغَافِلِينَ ١٥٦
أَوْ تَقُولُوا لَوْ أَنَّا أُنْزِلَ عَلَيْنَا الْكِتَابُ لَكُنَّا أَهْدَىٰ
مِنْهُمْ فَقَدْ جَاءَكُمْ بَيِّنَةٌ مِنْ رَبِّكُمْ وَهُدًى وَرَحْمَةٌ
فَمَنْ أَظْلَمُ مِمَّنْ كَذَّبَ بِآيَاتِ اللَّهِ وَصَدَفَ عَنْهَا سَنَجْزِي الَّذِينَ
يَصْدِفُونَ عَنْ آيَاتِنَا سُوءَ الْعَذَابِ بِمَا كَانُوا يَصْدِفُونَ ١٥٧
8 - 6 - 150 هَلْ يَنْظُرُونَ إِلَّا أَنْ تَأْتِيَهُمُ الْمَلَائِكَةُ أَوْ يَأْتِيَ رَبُّكَ أَوْ يَأْتِيَ بَعْضُ
آيَاتِ رَبِّكَ يَوْمَ يَأْتِي بَعْضُ آيَاتِ رَبِّكَ لَا يَنْفَعُ نَفْسًا إِيمَانُهَا
لَمْ تَكُنْ آمَنَتْ مِنْ قَبْلُ أَوْ كَسَبَتْ فِي إِيمَانِهَا خَيْرًا قُلِ انْتَظِرُوا
إِنَّا مُنْتَظِرُونَ ١٥٨ إِنَّ الَّذِينَ فَرَّقُوا دِينَهُمْ وَكَانُوا شِيَعًا لَسْتَ مِنْهُمْ
فِي شَيْءٍ إِنَّمَا أَمْرُهُمْ إِلَى اللَّهِ ثُمَّ يُنَبِّئُهُمْ بِمَا كَانُوا يَفْعَلُونَ ١٥٩
مَنْ جَاءَ بِالْحَسَنَةِ فَلَهُ عَشْرُ أَمْثَالِهَا وَمَنْ جَاءَ بِالسَّيِّئَةِ
فَلَا يُجْزَىٰ إِلَّا مِثْلَهَا وَهُمْ لَا يُظْلَمُونَ ١٦٠ قُلْ إِنَّنِي هَدَانِي رَبِّي
إِلَىٰ صِرَاطٍ مُسْتَقِيمٍ دِينًا قِيَمًا مِلَّةَ إِبْرَاهِيمَ حَنِيفًا وَمَا كَانَ
مِنَ الْمُشْرِكِينَ ١٦١ قُلْ إِنَّ صَلَاتِي وَنُسُكِي وَمَحْيَايَ وَمَمَاتِي لِلَّهِ
رَبِّ الْعَالَمِينَ ١٦٢ لَا شَرِيكَ لَهُ وَبِذَٰلِكَ أُمِرْتُ وَأَنَا أَوَّلُ الْمُسْلِمِينَ ١٦٣
قُلْ أَغَيْرَ اللَّهِ أَبْغِي رَبًّا وَهُوَ رَبُّ كُلِّ شَيْءٍ وَلَا تَكْسِبُ كُلُّ
نَفْسٍ إِلَّا عَلَيْهَا وَلَا تَزِرُ وَازِرَةٌ وِزْرَ أُخْرَىٰ ثُمَّ إِلَىٰ رَبِّكُمْ
مَرْجِعُكُمْ فَيُنَبِّئُكُمْ بِمَا كُنْتُمْ فِيهِ تَخْتَلِفُونَ ١٦٤ وَهُوَ الَّذِي جَعَلَكُمْ
خَلَائِفَ الْأَرْضِ وَرَفَعَ بَعْضَكُمْ فَوْقَ بَعْضٍ دَرَجَاتٍ لِيَبْلُوَكُمْ فِي
مَا آتَاكُمْ إِنَّ رَبَّكَ سَرِيعُ الْعِقَابِ وَإِنَّهُ لَغَفُورٌ رَحِيمٌ ١٦٥

8 - 7 - 151

سُورَةُ الْأَعْرَافِ

بِسْمِ اللَّهِ الرَّحْمَٰنِ الرَّحِيمِ

المص ١ كِتَابٌ أُنْزِلَ إِلَيْكَ فَلَا يَكُنْ فِي صَدْرِكَ حَرَجٌ مِنْهُ
لِتُنْذِرَ بِهِ وَذِكْرَىٰ لِلْمُؤْمِنِينَ ٢ اتَّبِعُوا مَا أُنْزِلَ إِلَيْكُمْ
مِنْ رَبِّكُمْ وَلَا تَتَّبِعُوا مِنْ دُونِهِ أَوْلِيَاءَ قَلِيلًا مَا تَذَكَّرُونَ ٣
وَكَمْ مِنْ قَرْيَةٍ أَهْلَكْنَاهَا فَجَاءَهَا بَأْسُنَا بَيَاتًا أَوْ هُمْ
قَائِلُونَ ٤ فَمَا كَانَ دَعْوَاهُمْ إِذْ جَاءَهُمْ بَأْسُنَا إِلَّا أَنْ قَالُوا
إِنَّا كُنَّا ظَالِمِينَ ٥ فَلَنَسْأَلَنَّ الَّذِينَ أُرْسِلَ إِلَيْهِمْ وَلَنَسْأَلَنَّ
الْمُرْسَلِينَ ٦ فَلَنَقُصَّنَّ عَلَيْهِمْ بِعِلْمٍ وَمَا كُنَّا غَائِبِينَ ٧
وَالْوَزْنُ يَوْمَئِذٍ الْحَقُّ فَمَنْ ثَقُلَتْ مَوَازِينُهُ فَأُولَٰئِكَ هُمُ
الْمُفْلِحُونَ ٨ وَمَنْ خَفَّتْ مَوَازِينُهُ فَأُولَٰئِكَ الَّذِينَ خَسِرُوا
أَنْفُسَهُمْ بِمَا كَانُوا بِآيَاتِنَا يَظْلِمُونَ ٩ وَلَقَدْ مَكَّنَّاكُمْ
فِي الْأَرْضِ وَجَعَلْنَا لَكُمْ فِيهَا مَعَايِشَ قَلِيلًا مَا تَشْكُرُونَ ١٠
وَلَقَدْ خَلَقْنَاكُمْ ثُمَّ صَوَّرْنَاكُمْ ثُمَّ قُلْنَا لِلْمَلَائِكَةِ
اسْجُدُوا لِآدَمَ فَسَجَدُوا إِلَّا إِبْلِيسَ لَمْ يَكُنْ مِنَ السَّاجِدِينَ ١١

8 - 7 - 152
قَالَ مَا مَنَعَكَ أَلَّا تَسْجُدَ إِذْ أَمَرْتُكَ قَالَ أَنَا خَيْرٌ مِنْهُ خَلَقْتَنِي مِنْ نَارٍ
وَخَلَقْتَهُ مِنْ طِينٍ ١٢ قَالَ فَاهْبِطْ مِنْهَا فَمَا يَكُونُ لَكَ أَنْ تَتَكَبَّرَ
فِيهَا فَاخْرُجْ إِنَّكَ مِنَ الصَّاغِرِينَ ١٣ قَالَ أَنْظِرْنِي إِلَىٰ يَوْمِ يُبْعَثُونَ ١٤
قَالَ إِنَّكَ مِنَ الْمُنْظَرِينَ ١٥ قَالَ فَبِمَا أَغْوَيْتَنِي لَأَقْعُدَنَّ لَهُمْ
صِرَاطَكَ الْمُسْتَقِيمَ ١٦ ثُمَّ لَآتِيَنَّهُمْ مِنْ بَيْنِ أَيْدِيهِمْ وَمِنْ خَلْفِهِمْ
وَعَنْ أَيْمَانِهِمْ وَعَنْ شَمَائِلِهِمْ ۖ وَلَا تَجِدُ أَكْثَرَهُمْ شَاكِرِينَ ١٧ قَالَ
اخْرُجْ مِنْهَا مَذْءُومًا مَدْحُورًا ۖ لَمَنْ تَبِعَكَ مِنْهُمْ لَأَمْلَأَنَّ جَهَنَّمَ مِنْكُمْ
أَجْمَعِينَ ١٨ وَيَا آدَمُ اسْكُنْ أَنْتَ وَزَوْجُكَ الْجَنَّةَ فَكُلَا مِنْ حَيْثُ
شِئْتُمَا وَلَا تَقْرَبَا هَٰذِهِ الشَّجَرَةَ فَتَكُونَا مِنَ الظَّالِمِينَ ١٩ فَوَسْوَسَ
لَهُمَا الشَّيْطَانُ لِيُبْدِيَ لَهُمَا مَا وُورِيَ عَنْهُمَا مِنْ سَوْآتِهِمَا وَقَالَ
مَا نَهَاكُمَا رَبُّكُمَا عَنْ هَٰذِهِ الشَّجَرَةِ إِلَّا أَنْ تَكُونَا مَلَكَيْنِ
أَوْ تَكُونَا مِنَ الْخَالِدِينَ ٢٠ وَقَاسَمَهُمَا إِنِّي لَكُمَا لَمِنَ النَّاصِحِينَ ٢١
فَدَلَّاهُمَا بِغُرُورٍ ۚ فَلَمَّا ذَاقَا الشَّجَرَةَ بَدَتْ لَهُمَا سَوْآتُهُمَا وَطَفِقَا
يَخْصِفَانِ عَلَيْهِمَا مِنْ وَرَقِ الْجَنَّةِ ۖ وَنَادَاهُمَا رَبُّهُمَا أَلَمْ أَنْهَكُمَا عَنْ
تِلْكُمَا الشَّجَرَةِ وَأَقُلْ لَكُمَا إِنَّ الشَّيْطَانَ لَكُمَا عَدُوٌّ مُبِينٌ ٢٢
8 - 7 - 153
قَالَا رَبَّنَا ظَلَمْنَا أَنْفُسَنَا وَإِنْ لَمْ تَغْفِرْ لَنَا وَتَرْحَمْنَا لَنَكُونَنَّ
مِنَ الْخَاسِرِينَ ٢٣ قَالَ اهْبِطُوا بَعْضُكُمْ لِبَعْضٍ عَدُوٌّ ۖ وَلَكُمْ
فِي الْأَرْضِ مُسْتَقَرٌّ وَمَتَاعٌ إِلَىٰ حِينٍ ٢٤ قَالَ فِيهَا تَحْيَوْنَ وَفِيهَا
تَمُوتُونَ وَمِنْهَا تُخْرَجُونَ ٢٥ يَا بَنِي آدَمَ قَدْ أَنْزَلْنَا عَلَيْكُمْ
لِبَاسًا يُوَارِي سَوْآتِكُمْ وَرِيشًا ۖ وَلِبَاسُ التَّقْوَىٰ ذَٰلِكَ خَيْرٌ ۚ
ذَٰلِكَ مِنْ آيَاتِ اللَّهِ لَعَلَّهُمْ يَذَّكَّرُونَ ٢٦ يَا بَنِي آدَمَ لَا يَفْتِنَنَّكُمُ
الشَّيْطَانُ كَمَا أَخْرَجَ أَبَوَيْكُمْ مِنَ الْجَنَّةِ يَنْزِعُ عَنْهُمَا
لِبَاسَهُمَا لِيُرِيَهُمَا سَوْآتِهِمَا ۗ إِنَّهُ يَرَاكُمْ هُوَ وَقَبِيلُهُ مِنْ
حَيْثُ لَا تَرَوْنَهُمْ ۗ إِنَّا جَعَلْنَا الشَّيَاطِينَ أَوْلِيَاءَ لِلَّذِينَ لَا يُؤْمِنُونَ ٢٧
وَإِذَا فَعَلُوا فَاحِشَةً قَالُوا وَجَدْنَا عَلَيْهَا آبَاءَنَا وَاللَّهُ أَمَرَنَا بِهَا ۗ
قُلْ إِنَّ اللَّهَ لَا يَأْمُرُ بِالْفَحْشَاءِ ۖ أَتَقُولُونَ عَلَى اللَّهِ مَا لَا تَعْلَمُونَ ٢٨
قُلْ أَمَرَ رَبِّي بِالْقِسْطِ ۖ وَأَقِيمُوا وُجُوهَكُمْ عِنْدَ كُلِّ مَسْجِدٍ
وَادْعُوهُ مُخْلِصِينَ لَهُ الدِّينَ ۚ كَمَا بَدَأَكُمْ تَعُودُونَ ٢٩
فَرِيقًا هَدَىٰ وَفَرِيقًا حَقَّ عَلَيْهِمُ الضَّلَالَةُ ۗ إِنَّهُمُ اتَّخَذُوا
الشَّيَاطِينَ أَوْلِيَاءَ مِنْ دُونِ اللَّهِ وَيَحْسَبُونَ أَنَّهُمْ مُهْتَدُونَ ٣٠
8 - 7 - 154
۞ يَا بَنِي آدَمَ خُذُوا زِينَتَكُمْ عِنْدَ كُلِّ مَسْجِدٍ وَكُلُوا وَاشْرَبُوا
وَلَا تُسْرِفُوا ۚ إِنَّهُ لَا يُحِبُّ الْمُسْرِفِينَ ٣١ قُلْ مَنْ حَرَّمَ زِينَةَ اللَّهِ
الَّتِي أَخْرَجَ لِعِبَادِهِ وَالطَّيِّبَاتِ مِنَ الرِّزْقِ ۚ قُلْ هِيَ لِلَّذِينَ آمَنُوا
فِي الْحَيَاةِ الدُّنْيَا خَالِصَةً يَوْمَ الْقِيَامَةِ ۗ كَذَٰلِكَ نُفَصِّلُ الْآيَاتِ
لِقَوْمٍ يَعْلَمُونَ ٣٢ قُلْ إِنَّمَا حَرَّمَ رَبِّيَ الْفَوَاحِشَ مَا ظَهَرَ مِنْهَا وَمَا
بَطَنَ وَالْإِثْمَ وَالْبَغْيَ بِغَيْرِ الْحَقِّ وَأَنْ تُشْرِكُوا بِاللَّهِ مَا لَمْ يُنَزِّلْ
بِهِ سُلْطَانًا وَأَنْ تَقُولُوا عَلَى اللَّهِ مَا لَا تَعْلَمُونَ ٣٣ وَلِكُلِّ أُمَّةٍ
أَجَلٌ ۖ فَإِذَا جَاءَ أَجَلُهُمْ لَا يَسْتَأْخِرُونَ سَاعَةً ۖ وَلَا يَسْتَقْدِمُونَ ٣٤
يَا بَنِي آدَمَ إِمَّا يَأْتِيَنَّكُمْ رُسُلٌ مِنْكُمْ يَقُصُّونَ عَلَيْكُمْ آيَاتِي ۙ فَمَنِ
اتَّقَىٰ وَأَصْلَحَ فَلَا خَوْفٌ عَلَيْهِمْ وَلَا هُمْ يَحْزَنُونَ ٣٥ وَالَّذِينَ كَذَّبُوا
بِآيَاتِنَا وَاسْتَكْبَرُوا عَنْهَا أُولَٰئِكَ أَصْحَابُ النَّارِ ۖ هُمْ فِيهَا
خَالِدُونَ ٣٦ فَمَنْ أَظْلَمُ مِمَّنِ افْتَرَىٰ عَلَى اللَّهِ كَذِبًا أَوْ كَذَّبَ
بِآيَاتِهِ ۚ أُولَٰئِكَ يَنَالُهُمْ نَصِيبُهُمْ مِنَ الْكِتَابِ ۖ حَتَّىٰ إِذَا جَاءَتْهُمْ
رُسُلُنَا يَتَوَفَّوْنَهُمْ قَالُوا أَيْنَ مَا كُنْتُمْ تَدْعُونَ مِنْ دُونِ اللَّهِ ۖ
قَالُوا ضَلُّوا عَنَّا وَشَهِدُوا عَلَىٰ أَنْفُسِهِمْ أَنَّهُمْ كَانُوا كَافِرِينَ ٣٧
8 - 7 - 155
قَالَ ادْخُلُوا فِي أُمَمٍ قَدْ خَلَتْ مِنْ قَبْلِكُمْ مِنَ الْجِنِّ وَالْإِنْسِ
فِي النَّارِ ۖ كُلَّمَا دَخَلَتْ أُمَّةٌ لَعَنَتْ أُخْتَهَا ۖ حَتَّىٰ إِذَا ادَّارَكُوا
فِيهَا جَمِيعًا قَالَتْ أُخْرَاهُمْ لِأُولَاهُمْ رَبَّنَا هَٰؤُلَاءِ أَضَلُّونَا فَآتِهِمْ
عَذَابًا ضِعْفًا مِنَ النَّارِ ۖ قَالَ لِكُلٍّ ضِعْفٌ وَلَٰكِنْ لَا تَعْلَمُونَ ٣٨
وَقَالَتْ أُولَاهُمْ لِأُخْرَاهُمْ فَمَا كَانَ لَكُمْ عَلَيْنَا مِنْ فَضْلٍ

فَذُوقُوا الْعَذَابَ بِمَا كُنْتُمْ تَكْسِبُونَ ٣٩ إِنَّ الَّذِينَ
كَذَّبُوا بِآيَاتِنَا وَاسْتَكْبَرُوا عَنْهَا لَا تُفَتَّحُ لَهُمْ أَبْوَابُ السَّمَاءِ
وَلَا يَدْخُلُونَ الْجَنَّةَ حَتَّىٰ يَلِجَ الْجَمَلُ فِي سَمِّ الْخِيَاطِ ۚ وَكَذَٰلِكَ
نَجْزِي الْمُجْرِمِينَ ٤٠ لَهُمْ مِنْ جَهَنَّمَ مِهَادٌ وَمِنْ فَوْقِهِمْ غَوَاشٍ ۚ
وَكَذَٰلِكَ نَجْزِي الظَّالِمِينَ ٤١ وَالَّذِينَ آمَنُوا وَعَمِلُوا الصَّالِحَاتِ
لَا نُكَلِّفُ نَفْسًا إِلَّا وُسْعَهَا أُولَٰئِكَ أَصْحَابُ الْجَنَّةِ ۖ هُمْ
فِيهَا خَالِدُونَ ٤٢ وَنَزَعْنَا مَا فِي صُدُورِهِمْ مِنْ غِلٍّ تَجْرِي
مِنْ تَحْتِهِمُ الْأَنْهَارُ ۖ وَقَالُوا الْحَمْدُ لِلَّهِ الَّذِي هَدَانَا لِهَٰذَا وَمَا كُنَّا
لِنَهْتَدِيَ لَوْلَا أَنْ هَدَانَا اللَّهُ ۖ لَقَدْ جَاءَتْ رُسُلُ رَبِّنَا بِالْحَقِّ ۖ
وَنُودُوا أَنْ تِلْكُمُ الْجَنَّةُ أُورِثْتُمُوهَا بِمَا كُنْتُمْ تَعْمَلُونَ ٤٣
8 - 7 - 156
وَنَادَىٰ أَصْحَابُ الْجَنَّةِ أَصْحَابَ النَّارِ أَنْ قَدْ وَجَدْنَا مَا وَعَدَنَا
رَبُّنَا حَقًّا فَهَلْ وَجَدْتُمْ مَا وَعَدَ رَبُّكُمْ حَقًّا ۖ قَالُوا نَعَمْ ۚ فَأَذَّنَ
مُؤَذِّنٌ بَيْنَهُمْ أَنْ لَعْنَةُ اللَّهِ عَلَى الظَّالِمِينَ ٤٤ الَّذِينَ يَصُدُّونَ عَنْ
سَبِيلِ اللَّهِ وَيَبْغُونَهَا عِوَجًا وَهُمْ بِالْآخِرَةِ كَافِرُونَ ٤٥ وَبَيْنَهُمَا
حِجَابٌ ۚ وَعَلَى الْأَعْرَافِ رِجَالٌ يَعْرِفُونَ كُلًّا بِسِيمَاهُمْ ۚ وَنَادَوْا
أَصْحَابَ الْجَنَّةِ أَنْ سَلَامٌ عَلَيْكُمْ ۚ لَمْ يَدْخُلُوهَا وَهُمْ يَطْمَعُونَ ٤٦
۞ وَإِذَا صُرِفَتْ أَبْصَارُهُمْ تِلْقَاءَ أَصْحَابِ النَّارِ قَالُوا رَبَّنَا لَا تَجْعَلْنَا
مَعَ الْقَوْمِ الظَّالِمِينَ ٤٧ وَنَادَىٰ أَصْحَابُ الْأَعْرَافِ رِجَالًا يَعْرِفُونَهُمْ
بِسِيمَاهُمْ قَالُوا مَا أَغْنَىٰ عَنْكُمْ جَمْعُكُمْ وَمَا كُنْتُمْ تَسْتَكْبِرُونَ ٤٨
أَهَٰؤُلَاءِ الَّذِينَ أَقْسَمْتُمْ لَا يَنَالُهُمُ اللَّهُ بِرَحْمَةٍ ۚ ادْخُلُوا الْجَنَّةَ
لَا خَوْفٌ عَلَيْكُمْ وَلَا أَنْتُمْ تَحْزَنُونَ ٤٩ وَنَادَىٰ أَصْحَابُ النَّارِ أَصْحَابَ
الْجَنَّةِ أَنْ أَفِيضُوا عَلَيْنَا مِنَ الْمَاءِ أَوْ مِمَّا رَزَقَكُمُ اللَّهُ ۚ قَالُوا
إِنَّ اللَّهَ حَرَّمَهُمَا عَلَى الْكَافِرِينَ ٥٠ الَّذِينَ اتَّخَذُوا دِينَهُمْ لَهْوًا
وَلَعِبًا وَغَرَّتْهُمُ الْحَيَاةُ الدُّنْيَا ۚ فَالْيَوْمَ نَنْسَاهُمْ كَمَا نَسُوا
لِقَاءَ يَوْمِهِمْ هَٰذَا وَمَا كَانُوا بِآيَاتِنَا يَجْحَدُونَ ٥١
8 - 7 - 157
وَلَقَدْ جِئْنَاهُمْ بِكِتَابٍ فَصَّلْنَاهُ عَلَىٰ عِلْمٍ هُدًى وَرَحْمَةً
لِقَوْمٍ يُؤْمِنُونَ ٥٢ هَلْ يَنْظُرُونَ إِلَّا تَأْوِيلَهُ ۚ يَوْمَ يَأْتِي تَأْوِيلُهُ
يَقُولُ الَّذِينَ نَسُوهُ مِنْ قَبْلُ قَدْ جَاءَتْ رُسُلُ رَبِّنَا بِالْحَقِّ
فَهَلْ لَنَا مِنْ شُفَعَاءَ فَيَشْفَعُوا لَنَا أَوْ نُرَدُّ فَنَعْمَلَ غَيْرَ الَّذِي
كُنَّا نَعْمَلُ ۚ قَدْ خَسِرُوا أَنْفُسَهُمْ وَضَلَّ عَنْهُمْ مَا كَانُوا
يَفْتَرُونَ ٥٣ إِنَّ رَبَّكُمُ اللَّهُ الَّذِي خَلَقَ السَّمَاوَاتِ وَالْأَرْضَ
فِي سِتَّةِ أَيَّامٍ ثُمَّ اسْتَوَىٰ عَلَى الْعَرْشِ يُغْشِي اللَّيْلَ النَّهَارَ
يَطْلُبُهُ حَثِيثًا وَالشَّمْسَ وَالْقَمَرَ وَالنُّجُومَ مُسَخَّرَاتٍ
بِأَمْرِهِ ۗ أَلَا لَهُ الْخَلْقُ وَالْأَمْرُ ۗ تَبَارَكَ اللَّهُ رَبُّ الْعَالَمِينَ ٥٤
ادْعُوا رَبَّكُمْ تَضَرُّعًا وَخُفْيَةً ۚ إِنَّهُ لَا يُحِبُّ الْمُعْتَدِينَ ٥٥
وَلَا تُفْسِدُوا فِي الْأَرْضِ بَعْدَ إِصْلَاحِهَا وَادْعُوهُ خَوْفًا وَطَمَعًا ۚ
إِنَّ رَحْمَتَ اللَّهِ قَرِيبٌ مِنَ الْمُحْسِنِينَ ٥٦ وَهُوَ الَّذِي يُرْسِلُ
الرِّيَاحَ بُشْرًا بَيْنَ يَدَيْ رَحْمَتِهِ ۖ حَتَّىٰ إِذَا أَقَلَّتْ سَحَابًا ثِقَالًا
سُقْنَاهُ لِبَلَدٍ مَيِّتٍ فَأَنْزَلْنَا بِهِ الْمَاءَ فَأَخْرَجْنَا بِهِ مِنْ كُلِّ
الثَّمَرَاتِ ۚ كَذَٰلِكَ نُخْرِجُ الْمَوْتَىٰ لَعَلَّكُمْ تَذَكَّرُونَ ٥٧
8 - 7 - 158
وَالْبَلَدُ الطَّيِّبُ يَخْرُجُ نَبَاتُهُ بِإِذْنِ رَبِّهِ ۖ وَالَّذِي خَبُثَ لَا يَخْرُجُ
إِلَّا نَكِدًا ۚ كَذَٰلِكَ نُصَرِّفُ الْآيَاتِ لِقَوْمٍ يَشْكُرُونَ ٥٨
لَقَدْ أَرْسَلْنَا نُوحًا إِلَىٰ قَوْمِهِ فَقَالَ يَا قَوْمِ اعْبُدُوا اللَّهَ مَا لَكُمْ
مِنْ إِلَٰهٍ غَيْرُهُ إِنِّي أَخَافُ عَلَيْكُمْ عَذَابَ يَوْمٍ عَظِيمٍ ٥٩
قَالَ الْمَلَأُ مِنْ قَوْمِهِ إِنَّا لَنَرَاكَ فِي ضَلَالٍ مُبِينٍ ٦٠ قَالَ يَا قَوْمِ
لَيْسَ بِي ضَلَالَةٌ وَلَٰكِنِّي رَسُولٌ مِنْ رَبِّ الْعَالَمِينَ ٦١
أُبَلِّغُكُمْ رِسَالَاتِ رَبِّي وَأَنْصَحُ لَكُمْ وَأَعْلَمُ مِنَ اللَّهِ
مَا لَا تَعْلَمُونَ ٦٢ أَوَعَجِبْتُمْ أَنْ جَاءَكُمْ ذِكْرٌ مِنْ رَبِّكُمْ
عَلَىٰ رَجُلٍ مِنْكُمْ لِيُنْذِرَكُمْ وَلِتَتَّقُوا وَلَعَلَّكُمْ تُرْحَمُونَ ٦٣
فَكَذَّبُوهُ فَأَنْجَيْنَاهُ وَالَّذِينَ مَعَهُ فِي الْفُلْكِ وَأَغْرَقْنَا الَّذِينَ

كَذَّبُوا بِآيَاتِنَا ۚ إِنَّهُمْ كَانُوا قَوْمًا عَمِينَ ٦٤ ۞ وَإِلَىٰ
عَادٍ أَخَاهُمْ هُودًا ۗ قَالَ يَا قَوْمِ اعْبُدُوا اللَّهَ مَا لَكُمْ مِنْ إِلَٰهٍ
غَيْرُهُ ۚ أَفَلَا تَتَّقُونَ ٦٥ قَالَ الْمَلَأُ الَّذِينَ كَفَرُوا مِنْ قَوْمِهِ
إِنَّا لَنَرَاكَ فِي سَفَاهَةٍ وَإِنَّا لَنَظُنُّكَ مِنَ الْكَاذِبِينَ ٦٦
قَالَ يَا قَوْمِ لَيْسَ بِي سَفَاهَةٌ وَلَٰكِنِّي رَسُولٌ مِنْ رَبِّ الْعَالَمِينَ ٦٧
8 - 7 - 159
أُبَلِّغُكُمْ رِسَالَاتِ رَبِّي وَأَنَا لَكُمْ نَاصِحٌ أَمِينٌ ٦٨ أَوَعَجِبْتُمْ أَنْ
جَاءَكُمْ ذِكْرٌ مِنْ رَبِّكُمْ عَلَىٰ رَجُلٍ مِنْكُمْ لِيُنْذِرَكُمْ ۚ
وَاذْكُرُوا إِذْ جَعَلَكُمْ خُلَفَاءَ مِنْ بَعْدِ قَوْمِ نُوحٍ وَزَادَكُمْ
فِي الْخَلْقِ بَصْطَةً ۖ فَاذْكُرُوا آلَاءَ اللَّهِ لَعَلَّكُمْ تُفْلِحُونَ ٦٩
قَالُوا أَجِئْتَنَا لِنَعْبُدَ اللَّهَ وَحْدَهُ وَنَذَرَ مَا كَانَ يَعْبُدُ
آبَاؤُنَا ۖ فَأْتِنَا بِمَا تَعِدُنَا إِنْ كُنْتَ مِنَ الصَّادِقِينَ ٧٠
قَالَ قَدْ وَقَعَ عَلَيْكُمْ مِنْ رَبِّكُمْ رِجْسٌ وَغَضَبٌ ۖ
أَتُجَادِلُونَنِي فِي أَسْمَاءٍ سَمَّيْتُمُوهَا أَنْتُمْ وَآبَاؤُكُمْ
مَا نَزَّلَ اللَّهُ بِهَا مِنْ سُلْطَانٍ ۚ فَانْتَظِرُوا إِنِّي مَعَكُمْ مِنَ
الْمُنْتَظِرِينَ ٧١ فَأَنْجَيْنَاهُ وَالَّذِينَ مَعَهُ بِرَحْمَةٍ مِنَّا
وَقَطَعْنَا دَابِرَ الَّذِينَ كَذَّبُوا بِآيَاتِنَا ۖ وَمَا كَانُوا مُؤْمِنِينَ ٧٢
وَإِلَىٰ ثَمُودَ أَخَاهُمْ صَالِحًا ۗ قَالَ يَا قَوْمِ اعْبُدُوا اللَّهَ
مَا لَكُمْ مِنْ إِلَٰهٍ غَيْرُهُ ۖ قَدْ جَاءَتْكُمْ بَيِّنَةٌ مِنْ رَبِّكُمْ ۖ
هَٰذِهِ نَاقَةُ اللَّهِ لَكُمْ آيَةً ۖ فَذَرُوهَا تَأْكُلْ فِي أَرْضِ
اللَّهِ ۖ وَلَا تَمَسُّوهَا بِسُوءٍ فَيَأْخُذَكُمْ عَذَابٌ أَلِيمٌ ٧٣
8 - 7 - 160
وَاذْكُرُوا إِذْ جَعَلَكُمْ خُلَفَاءَ مِنْ بَعْدِ عَادٍ وَبَوَّأَكُمْ
فِي الْأَرْضِ تَتَّخِذُونَ مِنْ سُهُولِهَا قُصُورًا وَتَنْحِتُونَ
الْجِبَالَ بُيُوتًا ۖ فَاذْكُرُوا آلَاءَ اللَّهِ وَلَا تَعْثَوْا فِي
الْأَرْضِ مُفْسِدِينَ ٧٤ قَالَ الْمَلَأُ الَّذِينَ اسْتَكْبَرُوا مِنْ
قَوْمِهِ لِلَّذِينَ اسْتُضْعِفُوا لِمَنْ آمَنَ مِنْهُمْ أَتَعْلَمُونَ
أَنَّ صَالِحًا مُرْسَلٌ مِنْ رَبِّهِ ۚ قَالُوا إِنَّا بِمَا أُرْسِلَ بِهِ
مُؤْمِنُونَ ٧٥ قَالَ الَّذِينَ اسْتَكْبَرُوا إِنَّا بِالَّذِي
آمَنْتُمْ بِهِ كَافِرُونَ ٧٦ فَعَقَرُوا النَّاقَةَ وَعَتَوْا عَنْ
أَمْرِ رَبِّهِمْ وَقَالُوا يَا صَالِحُ ائْتِنَا بِمَا تَعِدُنَا إِنْ كُنْتَ
مِنَ الْمُرْسَلِينَ ٧٧ فَأَخَذَتْهُمُ الرَّجْفَةُ فَأَصْبَحُوا فِي دَارِهِمْ
جَاثِمِينَ ٧٨ فَتَوَلَّىٰ عَنْهُمْ وَقَالَ يَا قَوْمِ لَقَدْ أَبْلَغْتُكُمْ
رِسَالَةَ رَبِّي وَنَصَحْتُ لَكُمْ وَلَٰكِنْ لَا تُحِبُّونَ النَّاصِحِينَ ٧٩
وَلُوطًا إِذْ قَالَ لِقَوْمِهِ أَتَأْتُونَ الْفَاحِشَةَ مَا سَبَقَكُمْ
بِهَا مِنْ أَحَدٍ مِنَ الْعَالَمِينَ ٨٠ إِنَّكُمْ لَتَأْتُونَ الرِّجَالَ
شَهْوَةً مِنْ دُونِ النِّسَاءِ ۚ بَلْ أَنْتُمْ قَوْمٌ مُسْرِفُونَ ٨١
8 - 7 - 161
وَمَا كَانَ جَوَابَ قَوْمِهِ إِلَّا أَنْ قَالُوا أَخْرِجُوهُمْ مِنْ
قَرْيَتِكُمْ ۖ إِنَّهُمْ أُنَاسٌ يَتَطَهَّرُونَ ٨٢ فَأَنْجَيْنَاهُ
وَأَهْلَهُ إِلَّا امْرَأَتَهُ كَانَتْ مِنَ الْغَابِرِينَ ٨٣ وَأَمْطَرْنَا
عَلَيْهِمْ مَطَرًا ۖ فَانْظُرْ كَيْفَ كَانَ عَاقِبَةُ الْمُجْرِمِينَ ٨٤
وَإِلَىٰ مَدْيَنَ أَخَاهُمْ شُعَيْبًا ۗ قَالَ يَا قَوْمِ اعْبُدُوا اللَّهَ
مَا لَكُمْ مِنْ إِلَٰهٍ غَيْرُهُ ۖ قَدْ جَاءَتْكُمْ بَيِّنَةٌ مِنْ رَبِّكُمْ ۖ
فَأَوْفُوا الْكَيْلَ وَالْمِيزَانَ وَلَا تَبْخَسُوا النَّاسَ
أَشْيَاءَهُمْ وَلَا تُفْسِدُوا فِي الْأَرْضِ بَعْدَ إِصْلَاحِهَا ۚ
ذَٰلِكُمْ خَيْرٌ لَكُمْ إِنْ كُنْتُمْ مُؤْمِنِينَ ٨٥ وَلَا
تَقْعُدُوا بِكُلِّ صِرَاطٍ تُوعِدُونَ وَتَصُدُّونَ عَنْ
سَبِيلِ اللَّهِ مَنْ آمَنَ بِهِ وَتَبْغُونَهَا عِوَجًا ۚ وَاذْكُرُوا
إِذْ كُنْتُمْ قَلِيلًا فَكَثَّرَكُمْ ۖ وَانْظُرُوا كَيْفَ كَانَ
عَاقِبَةُ الْمُفْسِدِينَ ٨٦ وَإِنْ كَانَ طَائِفَةٌ مِنْكُمْ
آمَنُوا بِالَّذِي أُرْسِلْتُ بِهِ وَطَائِفَةٌ لَمْ يُؤْمِنُوا فَاصْبِرُوا
حَتَّىٰ يَحْكُمَ اللَّهُ بَيْنَنَا ۚ وَهُوَ خَيْرُ الْحَاكِمِينَ ٨٧

9 - 7 - 162
* قال الملأ الذين استكبروا من قومه لنخرجنك يشعيب
والذين ءامنوا معك من قريتنا أو لتعودن في ملتنا قال أولو
كنا كارهين ٨٨ قد افترينا على الله كذبا إن عدنا في ملتكم بعد
إذ نجىنا الله منها وما يكون لنا أن نعود فيها إلا أن يشاء
الله ربنا وسع ربنا كل شيء علما على الله توكلنا ربنا افتح
بيننا وبين قومنا بالحق وأنت خير الفتحين ٨٩ وقال الملأ الذين
كفروا من قومه لئن اتبعتم شعيبا إنكم إذا لخسرون ٩٠
فأخذتهم الرجفة فأصبحوا في دارهم جثمين ٩١ الذين
كذبوا شعيبا كأن لم يغنوا فيها الذين كذبوا شعيبا كانوا
هم الخسرين ٩٢ فتولى عنهم وقال يقوم لقد أبلغتكم
رسلت ربي ونصحت لكم فكيف ءاسى على قوم
كفرين ٩٣ وما أرسلنا في قرية من نبي إلا أخذنا أهلها
بالبأساء والضراء لعلهم يضرعون ٩٤ ثم بدلنا
مكان السيئة الحسنة حتى عفوا وقالوا قد مس ءاباءنا
الضراء والسراء فأخذنهم بغتة وهم لا يشعرون ٩٥
9 - 7 - 163
ولو أن أهل القرى ءامنوا واتقوا لفتحنا عليهم بركت
من السماء والأرض ولكن كذبوا فأخذنهم بما كانوا
يكسبون ٩٦ أفأمن أهل القرى أن يأتيهم بأسنا
بيتا وهم نائمون ٩٧ أو أمن أهل القرى أن يأتيهم
بأسنا ضحى وهم يلعبون ٩٨ أفأمنوا مكر الله
فلا يأمن مكر الله إلا القوم الخسرون ٩٩ أو لم يهد
للذين يرثون الأرض من بعد أهلها أن لو نشاء
أصبنهم بذنوبهم ونطبع على قلوبهم فهم لا يسمعون ١٠٠
تلك القرى نقص عليك من أنبائها ولقد جاءتهم
رسلهم بالبينت فما كانوا ليؤمنوا بما كذبوا من
قبل كذلك يطبع الله على قلوب الكفرين ١٠١ وما وجدنا
لأكثرهم من عهد وإن وجدنا أكثرهم لفسقين ١٠٢
ثم بعثنا من بعدهم موسى بـايتنا إلى فرعون وملإيه
فظلموا بها فانظر كيف كان عقبة المفسدين ١٠٣
وقال موسى يفرعون إني رسول من رب العلمين ١٠٤
9 - 7 - 164
حقيق على أن لا أقول على الله إلا الحق قد جئتكم ببينة
من ربكم فأرسل معي بني إسراءيل ١٠٥ قال إن كنت
جئت بـاية فأت بها إن كنت من الصدقين ١٠٦ فألقى
عصاه فإذا هي ثعبان مبين ١٠٧ ونزع يده فإذا هي بيضاء
للنظرين ١٠٨ قال الملأ من قوم فرعون إن هذا لسحر
عليم ١٠٩ يريد أن يخرجكم من أرضكم فماذا تأمرون ١١٠
قالوا أرجه وأخاه وأرسل في المدائن حشرين ١١١ يأتوك
بكل سحر عليم ١١٢ وجاء السحرة فرعون قالوا إن
لنا لأجرا إن كنا نحن الغلبين ١١٣ قال نعم وإنكم
لمن المقربين ١١٤ قالوا يموسى إما أن تلقي وإما أن
نكون نحن الملقين ١١٥ قال ألقوا فلما ألقوا سحروا
أعين الناس واسترهبوهم وجاءو بسحر عظيم ١١٦
* وأوحينا إلى موسى أن ألق عصاك فإذا هي تلقف ما يأفكون ١١٧
فوقع الحق وبطل ما كانوا يعملون ١١٨ فغلبوا
هنالك وانقلبوا صغرين ١١٩ وألقي السحرة سجدين ١٢٠
9 - 7 - 165
قالوا ءامنا برب العلمين ١٢١ رب موسى وهرون ١٢٢ قال
فرعون ءامنتم به قبل أن ءاذن لكم إن هذا لمكر
مكرتموه في المدينة لتخرجوا منها أهلها فسوف تعلمون ١٢٣
لأقطعن أيديكم وأرجلكم من خلف ثم لأصلبنكم
أجمعين ١٢٤ قالوا إنا إلى ربنا منقلبون ١٢٥ وما تنقم منا

إلا أن ءامنا بـايت ربنا لما جاءتنا ربنا أفرغ علينا صبرا
وتوفنا مسلمين ١٢٦ وقال الملأ من قوم فرعون أتذر موسى
وقومه ليفسدوا في الأرض ويذرك وءالهتك قال سنقتل
أبناءهم ونستحي نساءهم وإنا فوقهم قهرون ١٢٧
قال موسى لقومه استعينوا بالله واصبروا إن الأرض
لله يورثها من يشاء من عباده والعقبة للمتقين ١٢٨
قالوا أوذينا من قبل أن تأتينا ومن بعد ما جئتنا قال
عسى ربكم أن يهلك عدوكم ويستخلفكم في الأرض
فينظر كيف تعملون ١٢٩ ولقد أخذنا ءال فرعون
بالسنين ونقص من الثمرت لعلهم يذكرون ١٣٠
9 - 7 - 166
فإذا جاءتهم الحسنة قالوا لنا هذه وإن تصبهم سيئة
يطيروا بموسى ومن معه ألا إنما طئرهم عند الله
ولكن أكثرهم لا يعلمون ١٣١ وقالوا مهما تأتنا به
من ءاية لتسحرنا بها فما نحن لك بمؤمنين ١٣٢ فأرسلنا
عليهم الطوفان والجراد والقمل والضفادع والدم
ءايت مفصلت فاستكبروا وكانوا قوما مجرمين ١٣٣
ولما وقع عليهم الرجز قالوا يموسى ادع لنا ربك بما
عهد عندك لئن كشفت عنا الرجز لنؤمنن لك
ولنرسلن معك بني إسراءيل ١٣٤ فلما كشفنا عنهم
الرجز إلى أجل هم بلغوه إذا هم ينكثون ١٣٥ فانتقمنا
منهم فأغرقنهم في اليم بأنهم كذبوا بـايتنا وكانوا عنها
غفلين ١٣٦ وأورثنا القوم الذين كانوا يستضعفون
مشرق الأرض ومغربها التي بركنا فيها وتمت كلمت
ربك الحسنى على بني إسراءيل بما صبروا ودمرنا
ما كان يصنع فرعون وقومه وما كانوا يعرشون ١٣٧
9 - 7 - 167
وجوزنا ببني إسراءيل البحر فأتوا على قوم يعكفون
على أصنام لهم قالوا يموسى اجعل لنا إلها كما
لهم ءالهة قال إنكم قوم تجهلون ١٣٨ إن هؤلاء متبر
ما هم فيه وبطل ما كانوا يعملون ١٣٩ قال أغير الله
أبغيكم إلها وهو فضلكم على العلمين ١٤٠ وإذ أنجينكم
من ءال فرعون يسومونكم سوء العذاب يقتلون
أبناءكم ويستحيون نساءكم وفي ذلكم بلاء
من ربكم عظيم ١٤١ * وواعدنا موسى ثلثين ليلة
وأتممنها بعشر فتم ميقت ربه أربعين ليلة وقال
موسى لأخيه هرون اخلفني في قومي وأصلح ولا تتبع
سبيل المفسدين ١٤٢ ولما جاء موسى لميقتنا وكلمه
ربه قال رب أرني أنظر إليك قال لن ترىني ولكن
انظر إلى الجبل فإن استقر مكانه فسوف ترىني فلما
تجلى ربه للجبل جعله دكا وخر موسى صعقا فلما
أفاق قال سبحنك تبت إليك وأنا أول المؤمنين ١٤٣
9 - 7 - 168
قال يموسى إني اصطفيتك على الناس برسلتي وبكلمي
فخذ ما ءاتيتك وكن من الشكرين ١٤٤ وكتبنا
له في الألواح من كل شيء موعظة وتفصيلا لكل
شيء فخذها بقوة وأمر قومك يأخذوا بأحسنها سأوريكم
دار الفسقين ١٤٥ سأصرف عن ءايتي الذين يتكبرون
في الأرض بغير الحق وإن يروا كل ءاية لا يؤمنوا بها
وإن يروا سبيل الرشد لا يتخذوه سبيلا وإن يروا سبيل
الغي يتخذوه سبيلا ذلك بأنهم كذبوا بـايتنا
وكانوا عنها غفلين ١٤٦ والذين كذبوا بـايتنا
ولقاء الأخرة حبطت أعملهم هل يجزون إلا ما كانوا

يعملون ١٤٧ واتخذ قوم موسى من بعده من حليهم
عجلا جسدا له خوار ألم يروا أنه لا يكلمهم
ولا يهديهم سبيلا اتخذوه وكانوا ظلمين ١٤٨
ولما سقط في أيديهم ورأوا أنهم قد ضلوا قالوا لئن
لم يرحمنا ربنا ويغفر لنا لنكونن من الخسرين ١٤٩
9 - 7 - 169
ولما رجع موسى إلى قومه غضبن أسفا قال بئسما خلفتموني
من بعدي أعجلتم أمر ربكم وألقى الألواح وأخذ برأس
أخيه يجره إليه قال ابن أم إن القوم استضعفوني وكادوا
يقتلونني فلا تشمت بي الأعداء ولا تجعلني مع القوم
الظلمين ١٥٠ قال رب اغفر لي ولأخي وأدخلنا في رحمتك
وأنت أرحم الرحمين ١٥١ إن الذين اتخذوا العجل سينالهم
غضب من ربهم وذلة في الحيوة الدنيا وكذلك نجزي
المفترين ١٥٢ والذين عملوا السيئات ثم تابوا من
بعدها وءامنوا إن ربك من بعدها لغفور رحيم ١٥٣
ولما سكت عن موسى الغضب أخذ الألواح وفي نسختها
هدى ورحمة للذين هم لربهم يرهبون ١٥٤ واختار موسى
قومه سبعين رجلا لميقتنا فلما أخذتهم الرجفة قال
رب لو شئت أهلكتهم من قبل وإيي أتهلكنا بما فعل
السفهاء منا إن هي إلا فتنتك تضل بها من تشاء وتهدي
من تشاء أنت ولينا فاغفر لنا وارحمنا وأنت خير الغفرين ١٥٥
9 - 7 - 170
* واكتب لنا في هذه الدنيا حسنة وفي الأخرة
إنا هدنا إليك قال عذابي أصيب به من أشاء ورحمتي
وسعت كل شيء فسأكتبها للذين يتقون ويؤتون
الزكوة والذين هم بـايتنا يؤمنون ١٥٦ الذين يتبعون
الرسول النبي الأمي الذي يجدونه مكتوبا عندهم
في التورىة والإنجيل يأمرهم بالمعروف وينههم
عن المنكر ويحل لهم الطيبت ويحرم عليهم
الخبئث ويضع عنهم إصرهم والأغلل التي كانت
عليهم فالذين ءامنوا به وعزروه ونصروه واتبعوا
النور الذي أنزل معه أولئك هم المفلحون ١٥٧
قل يأيها الناس إني رسول الله إليكم جميعا الذي
له ملك السموت والأرض لا إله إلا هو يحيي ويميت
فـامنوا بالله ورسوله النبي الأمي الذي يؤمن بالله
وكلمته واتبعوه لعلكم تهتدون ١٥٨ ومن
قوم موسى أمة يهدون بالحق وبه يعدلون ١٥٩
9 - 7 - 171
وقطعنهم اثنتي عشرة أسباطا أمما وأوحينا إلى
موسى إذ استسقىه قومه أن اضرب بعصاك الحجر
فانبجست منه اثنتا عشرة عينا قد علم كل أناس
مشربهم وظللنا عليهم الغمم وأنزلنا عليهم
المن والسلوى كلوا من طيبت ما رزقنكم وما
ظلمونا ولكن كانوا أنفسهم يظلمون ١٦٠
وإذ قيل لهم اسكنوا هذه القرية وكلوا منها
حيث شئتم وقولوا حطة وادخلوا الباب سجدا
نغفر لكم خطيـتكم سنزيد المحسنين ١٦١
فبدل الذين ظلموا منهم قولا غير الذي قيل
لهم فأرسلنا عليهم رجزا من السماء بما كانوا
يظلمون ١٦٢ وسئلهم عن القرية التي كانت
حاضرة البحر إذ يعدون في السبت إذ تأتيهم
حيتانهم يوم سبتهم شرعا ويوم لا يسبتون لا تأتيهم
كذلك نبلوهم بما كانوا يفسقون ١٦٣

9 - 7 - 172 وَإِذْ قَالَتْ أُمَّةٌ مِّنْهُمْ لِمَ تَعِظُونَ قَوْمًا ٱللَّهُ مُهْلِكُهُمْ أَوْ مُعَذِّبُهُمْ
عَذَابًا شَدِيدًا قَالُوا۟ مَعْذِرَةً إِلَىٰ رَبِّكُمْ وَلَعَلَّهُمْ يَتَّقُونَ ١٦٤
فَلَمَّا نَسُوا۟ مَا ذُكِّرُوا۟ بِهِۦٓ أَنجَيْنَا ٱلَّذِينَ يَنْهَوْنَ عَنِ ٱلسُّوٓءِ
وَأَخَذْنَا ٱلَّذِينَ ظَلَمُوا۟ بِعَذَابٍۭ بَـِٔيسٍۭ بِمَا كَانُوا۟ يَفْسُقُونَ ١٦٥
فَلَمَّا عَتَوْا۟ عَن مَّا نُهُوا۟ عَنْهُ قُلْنَا لَهُمْ كُونُوا۟ قِرَدَةً خَٰسِـِٔينَ ١٦٦
وَإِذْ تَأَذَّنَ رَبُّكَ لَيَبْعَثَنَّ عَلَيْهِمْ إِلَىٰ يَوْمِ ٱلْقِيَٰمَةِ مَن يَسُومُهُمْ
سُوٓءَ ٱلْعَذَابِ ۗ إِنَّ رَبَّكَ لَسَرِيعُ ٱلْعِقَابِ ۖ وَإِنَّهُۥ لَغَفُورٌ رَّحِيمٌ ١٦٧
وَقَطَّعْنَٰهُمْ فِى ٱلْأَرْضِ أُمَمًا ۖ مِّنْهُمُ ٱلصَّٰلِحُونَ وَمِنْهُمْ
دُونَ ذَٰلِكَ ۖ وَبَلَوْنَٰهُم بِٱلْحَسَنَٰتِ وَٱلسَّيِّـَٔاتِ لَعَلَّهُمْ
يَرْجِعُونَ ١٦٨ فَخَلَفَ مِنۢ بَعْدِهِمْ خَلْفٌ وَرِثُوا۟ ٱلْكِتَٰبَ
يَأْخُذُونَ عَرَضَ هَٰذَا ٱلْأَدْنَىٰ وَيَقُولُونَ سَيُغْفَرُ لَنَا وَإِن
يَأْتِهِمْ عَرَضٌ مِّثْلُهُۥ يَأْخُذُوهُ ۚ أَلَمْ يُؤْخَذْ عَلَيْهِم مِّيثَٰقُ ٱلْكِتَٰبِ
أَن لَّا يَقُولُوا۟ عَلَى ٱللَّهِ إِلَّا ٱلْحَقَّ وَدَرَسُوا۟ مَا فِيهِ ۗ وَٱلدَّارُ ٱلْـَٔاخِرَةُ
خَيْرٌ لِّلَّذِينَ يَتَّقُونَ ۗ أَفَلَا تَعْقِلُونَ ١٦٩ وَٱلَّذِينَ يُمَسِّكُونَ
بِٱلْكِتَٰبِ وَأَقَامُوا۟ ٱلصَّلَوٰةَ إِنَّا لَا نُضِيعُ أَجْرَ ٱلْمُصْلِحِينَ ١٧٠
9 - 7 - 173 ۞ وَإِذْ نَتَقْنَا ٱلْجَبَلَ فَوْقَهُمْ كَأَنَّهُۥ ظُلَّةٌ وَظَنُّوٓا۟ أَنَّهُۥ وَاقِعٌۢ بِهِمْ
خُذُوا۟ مَآ ءَاتَيْنَٰكُم بِقُوَّةٍ وَٱذْكُرُوا۟ مَا فِيهِ لَعَلَّكُمْ تَتَّقُونَ ١٧١
وَإِذْ أَخَذَ رَبُّكَ مِنۢ بَنِىٓ ءَادَمَ مِن ظُهُورِهِمْ ذُرِّيَّتَهُمْ وَأَشْهَدَهُمْ
عَلَىٰٓ أَنفُسِهِمْ أَلَسْتُ بِرَبِّكُمْ ۖ قَالُوا۟ بَلَىٰ ۛ شَهِدْنَآ ۛ أَن تَقُولُوا۟ يَوْمَ
ٱلْقِيَٰمَةِ إِنَّا كُنَّا عَنْ هَٰذَا غَٰفِلِينَ ١٧٢ أَوْ تَقُولُوٓا۟ إِنَّمَآ أَشْرَكَ
ءَابَآؤُنَا مِن قَبْلُ وَكُنَّا ذُرِّيَّةً مِّنۢ بَعْدِهِمْ ۖ أَفَتُهْلِكُنَا
بِمَا فَعَلَ ٱلْمُبْطِلُونَ ١٧٣ وَكَذَٰلِكَ نُفَصِّلُ ٱلْـَٔايَٰتِ وَلَعَلَّهُمْ
يَرْجِعُونَ ١٧٤ وَٱتْلُ عَلَيْهِمْ نَبَأَ ٱلَّذِىٓ ءَاتَيْنَٰهُ ءَايَٰتِنَا فَٱنسَلَخَ
مِنْهَا فَأَتْبَعَهُ ٱلشَّيْطَٰنُ فَكَانَ مِنَ ٱلْغَاوِينَ ١٧٥ وَلَوْ شِئْنَا
لَرَفَعْنَٰهُ بِهَا وَلَٰكِنَّهُۥٓ أَخْلَدَ إِلَى ٱلْأَرْضِ وَٱتَّبَعَ هَوَىٰهُ ۚ فَمَثَلُهُۥ
كَمَثَلِ ٱلْكَلْبِ إِن تَحْمِلْ عَلَيْهِ يَلْهَثْ أَوْ تَتْرُكْهُ
يَلْهَث ۚ ذَّٰلِكَ مَثَلُ ٱلْقَوْمِ ٱلَّذِينَ كَذَّبُوا۟ بِـَٔايَٰتِنَا ۚ فَٱقْصُصِ
ٱلْقَصَصَ لَعَلَّهُمْ يَتَفَكَّرُونَ ١٧٦ سَآءَ مَثَلًا ٱلْقَوْمُ ٱلَّذِينَ
كَذَّبُوا۟ بِـَٔايَٰتِنَا وَأَنفُسَهُمْ كَانُوا۟ يَظْلِمُونَ ١٧٧ مَن يَهْدِ ٱللَّهُ
فَهُوَ ٱلْمُهْتَدِى ۖ وَمَن يُضْلِلْ فَأُو۟لَٰٓئِكَ هُمُ ٱلْخَٰسِرُونَ ١٧٨
9 - 7 - 174 وَلَقَدْ ذَرَأْنَا لِجَهَنَّمَ كَثِيرًا مِّنَ ٱلْجِنِّ وَٱلْإِنسِ ۖ لَهُمْ قُلُوبٌ لَّا يَفْقَهُونَ
بِهَا وَلَهُمْ أَعْيُنٌ لَّا يُبْصِرُونَ بِهَا وَلَهُمْ ءَاذَانٌ لَّا يَسْمَعُونَ بِهَآ ۚ
أُو۟لَٰٓئِكَ كَٱلْأَنْعَٰمِ بَلْ هُمْ أَضَلُّ ۚ أُو۟لَٰٓئِكَ هُمُ ٱلْغَٰفِلُونَ ١٧٩ وَلِلَّهِ
ٱلْأَسْمَآءُ ٱلْحُسْنَىٰ فَٱدْعُوهُ بِهَا ۖ وَذَرُوا۟ ٱلَّذِينَ يُلْحِدُونَ فِىٓ أَسْمَٰٓئِهِۦ ۚ
سَيُجْزَوْنَ مَا كَانُوا۟ يَعْمَلُونَ ١٨٠ وَمِمَّنْ خَلَقْنَآ أُمَّةٌ يَهْدُونَ بِٱلْحَقِّ
وَبِهِۦ يَعْدِلُونَ ١٨١ وَٱلَّذِينَ كَذَّبُوا۟ بِـَٔايَٰتِنَا سَنَسْتَدْرِجُهُم
مِّنْ حَيْثُ لَا يَعْلَمُونَ ١٨٢ وَأُمْلِى لَهُمْ ۚ إِنَّ كَيْدِى مَتِينٌ ١٨٣ أَوَلَمْ
يَتَفَكَّرُوا۟ ۗ مَا بِصَاحِبِهِم مِّن جِنَّةٍ ۚ إِنْ هُوَ إِلَّا نَذِيرٌ مُّبِينٌ ١٨٤
أَوَلَمْ يَنظُرُوا۟ فِى مَلَكُوتِ ٱلسَّمَٰوَٰتِ وَٱلْأَرْضِ وَمَا خَلَقَ ٱللَّهُ
مِن شَىْءٍ وَأَنْ عَسَىٰٓ أَن يَكُونَ قَدِ ٱقْتَرَبَ أَجَلُهُمْ ۖ فَبِأَىِّ حَدِيثٍۭ
بَعْدَهُۥ يُؤْمِنُونَ ١٨٥ مَن يُضْلِلِ ٱللَّهُ فَلَا هَادِىَ لَهُۥ ۚ وَيَذَرُهُمْ
فِى طُغْيَٰنِهِمْ يَعْمَهُونَ ١٨٦ يَسْـَٔلُونَكَ عَنِ ٱلسَّاعَةِ أَيَّانَ مُرْسَىٰهَا ۖ
قُلْ إِنَّمَا عِلْمُهَا عِندَ رَبِّى ۖ لَا يُجَلِّيهَا لِوَقْتِهَآ إِلَّا هُوَ ۚ ثَقُلَتْ فِى
ٱلسَّمَٰوَٰتِ وَٱلْأَرْضِ ۚ لَا تَأْتِيكُمْ إِلَّا بَغْتَةً ۗ يَسْـَٔلُونَكَ كَأَنَّكَ حَفِىٌّ عَنْهَا ۖ
قُلْ إِنَّمَا عِلْمُهَا عِندَ ٱللَّهِ وَلَٰكِنَّ أَكْثَرَ ٱلنَّاسِ لَا يَعْلَمُونَ ١٨٧
9 - 7 - 175 قُل لَّآ أَمْلِكُ لِنَفْسِى نَفْعًا وَلَا ضَرًّا إِلَّا مَا شَآءَ ٱللَّهُ ۚ وَلَوْ كُنتُ
أَعْلَمُ ٱلْغَيْبَ لَٱسْتَكْثَرْتُ مِنَ ٱلْخَيْرِ وَمَا مَسَّنِىَ ٱلسُّوٓءُ ۚ
إِنْ أَنَا۠ إِلَّا نَذِيرٌ وَبَشِيرٌ لِّقَوْمٍ يُؤْمِنُونَ ١٨٨ ۞ هُوَ ٱلَّذِى خَلَقَكُم
مِّن نَّفْسٍ وَٰحِدَةٍ وَجَعَلَ مِنْهَا زَوْجَهَا لِيَسْكُنَ إِلَيْهَا ۖ فَلَمَّا
تَغَشَّىٰهَا حَمَلَتْ حَمْلًا خَفِيفًا فَمَرَّتْ بِهِۦ ۖ فَلَمَّآ أَثْقَلَت دَّعَوَا

ٱللَّهَ رَبَّهُمَا لَئِنْ ءَاتَيْتَنَا صَٰلِحًا لَّنَكُونَنَّ مِنَ ٱلشَّٰكِرِينَ ١٨٩
فَلَمَّآ ءَاتَىٰهُمَا صَٰلِحًا جَعَلَا لَهُۥ شُرَكَآءَ فِيمَآ ءَاتَىٰهُمَا ۚ فَتَعَٰلَى
ٱللَّهُ عَمَّا يُشْرِكُونَ ١٩٠ أَيُشْرِكُونَ مَا لَا يَخْلُقُ شَيْـًٔا وَهُمْ يُخْلَقُونَ ١٩١
وَلَا يَسْتَطِيعُونَ لَهُمْ نَصْرًا وَلَآ أَنفُسَهُمْ يَنصُرُونَ ١٩٢
وَإِن تَدْعُوهُمْ إِلَى ٱلْهُدَىٰ لَا يَتَّبِعُوكُمْ ۚ سَوَآءٌ عَلَيْكُمْ أَدَعَوْتُمُوهُمْ
أَمْ أَنتُمْ صَٰمِتُونَ ١٩٣ إِنَّ ٱلَّذِينَ تَدْعُونَ مِن دُونِ ٱللَّهِ عِبَادٌ
أَمْثَالُكُمْ ۖ فَٱدْعُوهُمْ فَلْيَسْتَجِيبُوا۟ لَكُمْ إِن كُنتُمْ
صَٰدِقِينَ ١٩٤ أَلَهُمْ أَرْجُلٌ يَمْشُونَ بِهَآ ۖ أَمْ لَهُمْ أَيْدٍ يَبْطِشُونَ
بِهَآ ۖ أَمْ لَهُمْ أَعْيُنٌ يُبْصِرُونَ بِهَآ ۖ أَمْ لَهُمْ ءَاذَانٌ يَسْمَعُونَ
بِهَا ۗ قُلِ ٱدْعُوا۟ شُرَكَآءَكُمْ ثُمَّ كِيدُونِ فَلَا تُنظِرُونِ ١٩٥
9 - 7 - 176 إِنَّ وَلِۦِّىَ ٱللَّهُ ٱلَّذِى نَزَّلَ ٱلْكِتَٰبَ ۖ وَهُوَ يَتَوَلَّى ٱلصَّٰلِحِينَ ١٩٦
وَٱلَّذِينَ تَدْعُونَ مِن دُونِهِۦ لَا يَسْتَطِيعُونَ نَصْرَكُمْ
وَلَآ أَنفُسَهُمْ يَنصُرُونَ ١٩٧ وَإِن تَدْعُوهُمْ إِلَى ٱلْهُدَىٰ لَا يَسْمَعُوا۟ ۖ
وَتَرَىٰهُمْ يَنظُرُونَ إِلَيْكَ وَهُمْ لَا يُبْصِرُونَ ١٩٨ خُذِ ٱلْعَفْوَ
وَأْمُرْ بِٱلْعُرْفِ وَأَعْرِضْ عَنِ ٱلْجَٰهِلِينَ ١٩٩ وَإِمَّا يَنزَغَنَّكَ
مِنَ ٱلشَّيْطَٰنِ نَزْغٌ فَٱسْتَعِذْ بِٱللَّهِ ۚ إِنَّهُۥ سَمِيعٌ عَلِيمٌ ٢٠٠ إِنَّ
ٱلَّذِينَ ٱتَّقَوْا۟ إِذَا مَسَّهُمْ طَٰٓئِفٌ مِّنَ ٱلشَّيْطَٰنِ تَذَكَّرُوا۟
فَإِذَا هُم مُّبْصِرُونَ ٢٠١ وَإِخْوَٰنُهُمْ يَمُدُّونَهُمْ فِى ٱلْغَىِّ ثُمَّ
لَا يُقْصِرُونَ ٢٠٢ وَإِذَا لَمْ تَأْتِهِم بِـَٔايَةٍ قَالُوا۟ لَوْلَا ٱجْتَبَيْتَهَا ۚ
قُلْ إِنَّمَآ أَتَّبِعُ مَا يُوحَىٰٓ إِلَىَّ مِن رَّبِّى ۚ هَٰذَا بَصَآئِرُ مِن رَّبِّكُمْ
وَهُدًى وَرَحْمَةٌ لِّقَوْمٍ يُؤْمِنُونَ ٢٠٣ وَإِذَا قُرِئَ ٱلْقُرْءَانُ
فَٱسْتَمِعُوا۟ لَهُۥ وَأَنصِتُوا۟ لَعَلَّكُمْ تُرْحَمُونَ ٢٠٤ وَٱذْكُر رَّبَّكَ
فِى نَفْسِكَ تَضَرُّعًا وَخِيفَةً وَدُونَ ٱلْجَهْرِ مِنَ ٱلْقَوْلِ بِٱلْغُدُوِّ
وَٱلْـَٔاصَالِ وَلَا تَكُن مِّنَ ٱلْغَٰفِلِينَ ٢٠٥ إِنَّ ٱلَّذِينَ عِندَ رَبِّكَ
لَا يَسْتَكْبِرُونَ عَنْ عِبَادَتِهِۦ وَيُسَبِّحُونَهُۥ وَلَهُۥ يَسْجُدُونَ ۩ ٢٠٦

9 - 8 - 177

سُورَةُ الأَنفَالِ

بِسْمِ ٱللَّهِ ٱلرَّحْمَٰنِ ٱلرَّحِيمِ

يَسْـَٔلُونَكَ عَنِ ٱلْأَنفَالِ ۖ قُلِ ٱلْأَنفَالُ لِلَّهِ وَٱلرَّسُولِ ۖ فَٱتَّقُوا۟ ٱللَّهَ
وَأَصْلِحُوا۟ ذَاتَ بَيْنِكُمْ ۖ وَأَطِيعُوا۟ ٱللَّهَ وَرَسُولَهُۥٓ إِن كُنتُم
مُّؤْمِنِينَ ١ إِنَّمَا ٱلْمُؤْمِنُونَ ٱلَّذِينَ إِذَا ذُكِرَ ٱللَّهُ وَجِلَتْ
قُلُوبُهُمْ وَإِذَا تُلِيَتْ عَلَيْهِمْ ءَايَٰتُهُۥ زَادَتْهُمْ إِيمَٰنًا وَعَلَىٰ رَبِّهِمْ
يَتَوَكَّلُونَ ٢ ٱلَّذِينَ يُقِيمُونَ ٱلصَّلَوٰةَ وَمِمَّا رَزَقْنَٰهُمْ
يُنفِقُونَ ٣ أُو۟لَٰٓئِكَ هُمُ ٱلْمُؤْمِنُونَ حَقًّا ۚ لَّهُمْ دَرَجَٰتٌ عِندَ
رَبِّهِمْ وَمَغْفِرَةٌ وَرِزْقٌ كَرِيمٌ ٤ كَمَآ أَخْرَجَكَ رَبُّكَ
مِنۢ بَيْتِكَ بِٱلْحَقِّ وَإِنَّ فَرِيقًا مِّنَ ٱلْمُؤْمِنِينَ لَكَٰرِهُونَ ٥
يُجَٰدِلُونَكَ فِى ٱلْحَقِّ بَعْدَ مَا تَبَيَّنَ كَأَنَّمَا يُسَاقُونَ إِلَى ٱلْمَوْتِ
وَهُمْ يَنظُرُونَ ٦ وَإِذْ يَعِدُكُمُ ٱللَّهُ إِحْدَى ٱلطَّآئِفَتَيْنِ أَنَّهَا
لَكُمْ وَتَوَدُّونَ أَنَّ غَيْرَ ذَاتِ ٱلشَّوْكَةِ تَكُونُ لَكُمْ وَيُرِيدُ
ٱللَّهُ أَن يُحِقَّ ٱلْحَقَّ بِكَلِمَٰتِهِۦ وَيَقْطَعَ دَابِرَ ٱلْكَٰفِرِينَ ٧
لِيُحِقَّ ٱلْحَقَّ وَيُبْطِلَ ٱلْبَٰطِلَ وَلَوْ كَرِهَ ٱلْمُجْرِمُونَ ٨
9 - 8 - 178 إِذْ تَسْتَغِيثُونَ رَبَّكُمْ فَٱسْتَجَابَ لَكُمْ أَنِّى مُمِدُّكُم بِأَلْفٍ
مِّنَ ٱلْمَلَٰٓئِكَةِ مُرْدِفِينَ ٩ وَمَا جَعَلَهُ ٱللَّهُ إِلَّا بُشْرَىٰ
وَلِتَطْمَئِنَّ بِهِۦ قُلُوبُكُمْ ۚ وَمَا ٱلنَّصْرُ إِلَّا مِنْ عِندِ ٱللَّهِ ۚ إِنَّ ٱللَّهَ
عَزِيزٌ حَكِيمٌ ١٠ إِذْ يُغَشِّيكُمُ ٱلنُّعَاسَ أَمَنَةً مِّنْهُ وَيُنَزِّلُ
عَلَيْكُم مِّنَ ٱلسَّمَآءِ مَآءً لِّيُطَهِّرَكُم بِهِۦ وَيُذْهِبَ عَنكُمْ
رِجْزَ ٱلشَّيْطَٰنِ وَلِيَرْبِطَ عَلَىٰ قُلُوبِكُمْ وَيُثَبِّتَ بِهِ ٱلْأَقْدَامَ ١١
إِذْ يُوحِى رَبُّكَ إِلَى ٱلْمَلَٰٓئِكَةِ أَنِّى مَعَكُمْ فَثَبِّتُوا۟ ٱلَّذِينَ
ءَامَنُوا۟ ۚ سَأُلْقِى فِى قُلُوبِ ٱلَّذِينَ كَفَرُوا۟ ٱلرُّعْبَ فَٱضْرِبُوا۟
فَوْقَ ٱلْأَعْنَاقِ وَٱضْرِبُوا۟ مِنْهُمْ كُلَّ بَنَانٍ ١٢ ذَٰلِكَ بِأَنَّهُمْ
شَآقُّوا۟ ٱللَّهَ وَرَسُولَهُۥ ۚ وَمَن يُشَاقِقِ ٱللَّهَ وَرَسُولَهُۥ فَإِنَّ ٱللَّهَ

شَدِيدُ ٱلْعِقَابِ ١٣ ذَٰلِكُمْ فَذُوقُوهُ وَأَنَّ لِلْكَٰفِرِينَ
عَذَابَ ٱلنَّارِ ١٤ يَٰٓأَيُّهَا ٱلَّذِينَ ءَامَنُوٓا۟ إِذَا لَقِيتُمُ ٱلَّذِينَ
كَفَرُوا۟ زَحْفًا فَلَا تُوَلُّوهُمُ ٱلْأَدْبَارَ ١٥ وَمَن يُوَلِّهِمْ يَوْمَئِذٍ
دُبُرَهُۥٓ إِلَّا مُتَحَرِّفًا لِّقِتَالٍ أَوْ مُتَحَيِّزًا إِلَىٰ فِئَةٍ فَقَدْ بَآءَ
بِغَضَبٍ مِّنَ ٱللَّهِ وَمَأْوَىٰهُ جَهَنَّمُ ۖ وَبِئْسَ ٱلْمَصِيرُ ١٦
9 - 8 - 179 فَلَمْ تَقْتُلُوهُمْ وَلَٰكِنَّ ٱللَّهَ قَتَلَهُمْ ۚ وَمَا رَمَيْتَ إِذْ رَمَيْتَ
وَلَٰكِنَّ ٱللَّهَ رَمَىٰ ۚ وَلِيُبْلِىَ ٱلْمُؤْمِنِينَ مِنْهُ بَلَآءً حَسَنًا ۚ
إِنَّ ٱللَّهَ سَمِيعٌ عَلِيمٌ ١٧ ذَٰلِكُمْ وَأَنَّ ٱللَّهَ مُوهِنُ كَيْدِ
ٱلْكَٰفِرِينَ ١٨ إِن تَسْتَفْتِحُوا۟ فَقَدْ جَآءَكُمُ ٱلْفَتْحُ ۖ وَإِن
تَنتَهُوا۟ فَهُوَ خَيْرٌ لَّكُمْ ۖ وَإِن تَعُودُوا۟ نَعُدْ وَلَن تُغْنِىَ عَنكُمْ
فِئَتُكُمْ شَيْـًٔا وَلَوْ كَثُرَتْ وَأَنَّ ٱللَّهَ مَعَ ٱلْمُؤْمِنِينَ ١٩
يَٰٓأَيُّهَا ٱلَّذِينَ ءَامَنُوٓا۟ أَطِيعُوا۟ ٱللَّهَ وَرَسُولَهُۥ وَلَا تَوَلَّوْا۟ عَنْهُ
وَأَنتُمْ تَسْمَعُونَ ٢٠ وَلَا تَكُونُوا۟ كَٱلَّذِينَ قَالُوا۟ سَمِعْنَا وَهُمْ
لَا يَسْمَعُونَ ٢١ ۞ إِنَّ شَرَّ ٱلدَّوَآبِّ عِندَ ٱللَّهِ ٱلصُّمُّ ٱلْبُكْمُ
ٱلَّذِينَ لَا يَعْقِلُونَ ٢٢ وَلَوْ عَلِمَ ٱللَّهُ فِيهِمْ خَيْرًا لَّأَسْمَعَهُمْ ۖ
وَلَوْ أَسْمَعَهُمْ لَتَوَلَّوا۟ وَّهُم مُّعْرِضُونَ ٢٣ يَٰٓأَيُّهَا ٱلَّذِينَ
ءَامَنُوا۟ ٱسْتَجِيبُوا۟ لِلَّهِ وَلِلرَّسُولِ إِذَا دَعَاكُمْ لِمَا يُحْيِيكُمْ ۖ
وَٱعْلَمُوٓا۟ أَنَّ ٱللَّهَ يَحُولُ بَيْنَ ٱلْمَرْءِ وَقَلْبِهِۦ وَأَنَّهُۥٓ إِلَيْهِ
تُحْشَرُونَ ٢٤ وَٱتَّقُوا۟ فِتْنَةً لَّا تُصِيبَنَّ ٱلَّذِينَ ظَلَمُوا۟
مِنكُمْ خَآصَّةً ۖ وَٱعْلَمُوٓا۟ أَنَّ ٱللَّهَ شَدِيدُ ٱلْعِقَابِ ٢٥
9 - 8 - 180 وَٱذْكُرُوٓا۟ إِذْ أَنتُمْ قَلِيلٌ مُّسْتَضْعَفُونَ فِى ٱلْأَرْضِ تَخَافُونَ
أَن يَتَخَطَّفَكُمُ ٱلنَّاسُ فَـَٔاوَىٰكُمْ وَأَيَّدَكُم بِنَصْرِهِۦ وَرَزَقَكُم
مِّنَ ٱلطَّيِّبَٰتِ لَعَلَّكُمْ تَشْكُرُونَ ٢٦ يَٰٓأَيُّهَا ٱلَّذِينَ ءَامَنُوا۟
لَا تَخُونُوا۟ ٱللَّهَ وَٱلرَّسُولَ وَتَخُونُوٓا۟ أَمَٰنَٰتِكُمْ وَأَنتُمْ تَعْلَمُونَ ٢٧
وَٱعْلَمُوٓا۟ أَنَّمَآ أَمْوَٰلُكُمْ وَأَوْلَٰدُكُمْ فِتْنَةٌ وَأَنَّ ٱللَّهَ
عِندَهُۥٓ أَجْرٌ عَظِيمٌ ٢٨ يَٰٓأَيُّهَا ٱلَّذِينَ ءَامَنُوٓا۟ إِن تَتَّقُوا۟
ٱللَّهَ يَجْعَل لَّكُمْ فُرْقَانًا وَيُكَفِّرْ عَنكُمْ سَيِّـَٔاتِكُمْ
وَيَغْفِرْ لَكُمْ ۗ وَٱللَّهُ ذُو ٱلْفَضْلِ ٱلْعَظِيمِ ٢٩ وَإِذْ يَمْكُرُ بِكَ
ٱلَّذِينَ كَفَرُوا۟ لِيُثْبِتُوكَ أَوْ يَقْتُلُوكَ أَوْ يُخْرِجُوكَ ۚ وَيَمْكُرُونَ
وَيَمْكُرُ ٱللَّهُ ۖ وَٱللَّهُ خَيْرُ ٱلْمَٰكِرِينَ ٣٠ وَإِذَا تُتْلَىٰ عَلَيْهِمْ
ءَايَٰتُنَا قَالُوا۟ قَدْ سَمِعْنَا لَوْ نَشَآءُ لَقُلْنَا مِثْلَ هَٰذَآ ۙ إِنْ هَٰذَآ
إِلَّآ أَسَٰطِيرُ ٱلْأَوَّلِينَ ٣١ وَإِذْ قَالُوا۟ ٱللَّهُمَّ إِن كَانَ هَٰذَا
هُوَ ٱلْحَقَّ مِنْ عِندِكَ فَأَمْطِرْ عَلَيْنَا حِجَارَةً مِّنَ ٱلسَّمَآءِ
أَوِ ٱئْتِنَا بِعَذَابٍ أَلِيمٍ ٣٢ وَمَا كَانَ ٱللَّهُ لِيُعَذِّبَهُمْ وَأَنتَ
فِيهِمْ ۚ وَمَا كَانَ ٱللَّهُ مُعَذِّبَهُمْ وَهُمْ يَسْتَغْفِرُونَ ٣٣
9 - 8 - 181 وَمَا لَهُمْ أَلَّا يُعَذِّبَهُمُ ٱللَّهُ وَهُمْ يَصُدُّونَ عَنِ ٱلْمَسْجِدِ
ٱلْحَرَامِ وَمَا كَانُوٓا۟ أَوْلِيَآءَهُۥٓ ۚ إِنْ أَوْلِيَآؤُهُۥٓ إِلَّا ٱلْمُتَّقُونَ
وَلَٰكِنَّ أَكْثَرَهُمْ لَا يَعْلَمُونَ ٣٤ وَمَا كَانَ صَلَاتُهُمْ
عِندَ ٱلْبَيْتِ إِلَّا مُكَآءً وَتَصْدِيَةً ۚ فَذُوقُوا۟ ٱلْعَذَابَ
بِمَا كُنتُمْ تَكْفُرُونَ ٣٥ إِنَّ ٱلَّذِينَ كَفَرُوا۟ يُنفِقُونَ
أَمْوَٰلَهُمْ لِيَصُدُّوا۟ عَن سَبِيلِ ٱللَّهِ ۚ فَسَيُنفِقُونَهَا ثُمَّ تَكُونُ
عَلَيْهِمْ حَسْرَةً ثُمَّ يُغْلَبُونَ ۗ وَٱلَّذِينَ كَفَرُوٓا۟ إِلَىٰ جَهَنَّمَ
يُحْشَرُونَ ٣٦ لِيَمِيزَ ٱللَّهُ ٱلْخَبِيثَ مِنَ ٱلطَّيِّبِ وَيَجْعَلَ
ٱلْخَبِيثَ بَعْضَهُۥ عَلَىٰ بَعْضٍ فَيَرْكُمَهُۥ جَمِيعًا فَيَجْعَلَهُۥ
فِى جَهَنَّمَ ۚ أُو۟لَٰٓئِكَ هُمُ ٱلْخَٰسِرُونَ ٣٧ قُل لِّلَّذِينَ
كَفَرُوٓا۟ إِن يَنتَهُوا۟ يُغْفَرْ لَهُم مَّا قَدْ سَلَفَ وَإِن يَعُودُوا۟
فَقَدْ مَضَتْ سُنَّتُ ٱلْأَوَّلِينَ ٣٨ وَقَٰتِلُوهُمْ حَتَّىٰ
لَا تَكُونَ فِتْنَةٌ وَيَكُونَ ٱلدِّينُ كُلُّهُۥ لِلَّهِ ۚ فَإِنِ
ٱنتَهَوْا۟ فَإِنَّ ٱللَّهَ بِمَا يَعْمَلُونَ بَصِيرٌ ٣٩ وَإِن تَوَلَّوْا۟
فَٱعْلَمُوٓا۟ أَنَّ ٱللَّهَ مَوْلَىٰكُمْ ۚ نِعْمَ ٱلْمَوْلَىٰ وَنِعْمَ ٱلنَّصِيرُ ٤٠

10-8-182 * واعلموا أنما غنمتم من شيء فأن لله خمسه وللرسول
ولذي القربى واليتامى والمساكين وابن السبيل إن
كنتم ءامنتم بالله وما أنزلنا على عبدنا يوم الفرقان
يوم التقى الجمعان والله على كل شيء قدير (٤١) إذ
أنتم بالعدوة الدنيا وهم بالعدوة القصوى والركب
أسفل منكم ولو تواعدتم لاختلفتم في الميعاد
ولكن ليقضي الله أمرا كان مفعولا ليهلك من
هلك عن بينة ويحيى من حي عن بينة وإن الله
لسميع عليم (٤٢) إذ يريكهم الله في منامك قليلا
ولو أراكهم كثيرا لفشلتم ولتنازعتم في الأمر
ولكن الله سلم إنه عليم بذات الصدور (٤٣) وإذ
يريكموهم إذ التقيتم في أعينكم قليلا ويقللكم
في أعينهم ليقضي الله أمرا كان مفعولا وإلى الله
ترجع الأمور (٤٤) يا أيها الذين ءامنوا إذا لقيتم فئة
فاثبتوا واذكروا الله كثيرا لعلكم تفلحون (٤٥)
10-8-183 وأطيعوا الله ورسوله ولا تنازعوا فتفشلوا وتذهب
ريحكم واصبروا إن الله مع الصابرين (٤٦) ولا تكونوا
كالذين خرجوا من ديارهم بطرا ورئاء الناس ويصدون
عن سبيل الله والله بما يعملون محيط (٤٧) وإذ زين
لهم الشيطان أعمالهم وقال لا غالب لكم اليوم من
الناس وإني جار لكم فلما تراءت الفئتان نكص
على عقبيه وقال إني بريء منكم إني أرى ما لا
ترون إني أخاف الله والله شديد العقاب (٤٨) إذ يقول
المنافقون والذين في قلوبهم مرض غر هؤلاء دينهم
ومن يتوكل على الله فإن الله عزيز حكيم (٤٩) ولو
ترى إذ يتوفى الذين كفروا الملائكة يضربون
وجوههم وأدبارهم وذوقوا عذاب الحريق (٥٠) ذلك
بما قدمت أيديكم وأن الله ليس بظلام للعبيد (٥١)
كدأب ءال فرعون والذين من قبلهم كفروا بآيات الله
فأخذهم الله بذنوبهم إن الله قوي شديد العقاب (٥٢)
10-8-184 ذلك بأن الله لم يك مغيرا نعمة أنعمها على قوم حتى
يغيروا ما بأنفسهم وأن الله سميع عليم (٥٣) كدأب ءال
فرعون والذين من قبلهم كذبوا بآيات ربهم فأهلكناهم
بذنوبهم وأغرقنا ءال فرعون وكل كانوا ظالمين (٥٤)
إن شر الدواب عند الله الذين كفروا فهم لا يؤمنون (٥٥)
الذين عاهدت منهم ثم ينقضون عهدهم في كل
مرة وهم لا يتقون (٥٦) فإما تثقفنهم في الحرب فشرد بهم
من خلفهم لعلهم يذكرون (٥٧) وإما تخافن من قوم
خيانة فانبذ إليهم على سواء إن الله لا يحب الخائنين (٥٨)
ولا يحسبن الذين كفروا سبقوا إنهم لا يعجزون (٥٩)
وأعدوا لهم ما استطعتم من قوة ومن رباط الخيل
ترهبون به عدو الله وعدوكم وءاخرين من دونهم
لا تعلمونهم الله يعلمهم وما تنفقوا من شيء في سبيل
الله يوف إليكم وأنتم لا تظلمون (٦٠) * وإن جنحوا للسلم
فاجنح لها وتوكل على الله إنه هو السميع العليم (٦١)
10-8-185 وإن يريدوا أن يخدعوك فإن حسبك الله هو الذي أيدك
بنصره وبالمؤمنين (٦٢) وألف بين قلوبهم لو أنفقت
ما في الأرض جميعا ما ألفت بين قلوبهم ولكن الله
ألف بينهم إنه عزيز حكيم (٦٣) يا أيها النبي حسبك
الله ومن اتبعك من المؤمنين (٦٤) يا أيها النبي حرض
المؤمنين على القتال إن يكن منكم عشرون صابرون
يغلبوا مائتين وإن يكن منكم مائة يغلبوا ألفا من
الذين كفروا بأنهم قوم لا يفقهون (٦٥) الآن خفف
الله عنكم وعلم أن فيكم ضعفا فإن يكن منكم مائة
صابرة يغلبوا مائتين وإن يكن منكم ألف يغلبوا
ألفين بإذن الله والله مع الصابرين (٦٦) ما كان لنبي
أن يكون له أسرى حتى يثخن في الأرض تريدون عرض
الدنيا والله يريد الآخرة والله عزيز حكيم (٦٧) لولا كتاب
من الله سبق لمسكم فيما أخذتم عذاب عظيم (٦٨) فكلوا
مما غنمتم حلالا طيبا واتقوا الله إن الله غفور رحيم (٦٩)
10-8-186 يا أيها النبي قل لمن في أيديكم من الأسرى إن يعلم الله
في قلوبكم خيرا يؤتكم خيرا مما أخذ منكم ويغفر لكم
والله غفور رحيم (٧٠) وإن يريدوا خيانتك فقد خانوا الله
من قبل فأمكن منهم والله عليم حكيم (٧١) إن الذين
ءامنوا وهاجروا وجاهدوا بأموالهم وأنفسهم في سبيل
الله والذين ءاووا ونصروا أولئك بعضهم أولياء بعض والذين
ءامنوا ولم يهاجروا ما لكم من ولايتهم من شيء حتى يهاجروا
وإن استنصروكم في الدين فعليكم النصر إلا على قوم
بينكم وبينهم ميثاق والله بما تعملون بصير (٧٢) والذين
كفروا بعضهم أولياء بعض إلا تفعلوه تكن فتنة في
الأرض وفساد كبير (٧٣) والذين ءامنوا وهاجروا وجاهدوا
في سبيل الله والذين ءاووا ونصروا أولئك هم المؤمنون
حقا لهم مغفرة ورزق كريم (٧٤) والذين ءامنوا من بعد
وهاجروا وجاهدوا معكم فأولئك منكم وأولوا الأرحام
بعضهم أولى ببعض في كتاب الله إن الله بكل شيء عليم (٧٥)

سورة التوبة

10-9-187 براءة من الله ورسوله إلى الذين عاهدتم من المشركين (١)
فسيحوا في الأرض أربعة أشهر واعلموا أنكم غير معجزي
الله وأن الله مخزي الكافرين (٢) وأذان من الله ورسوله
إلى الناس يوم الحج الأكبر أن الله بريء من المشركين
ورسوله فإن تبتم فهو خير لكم وإن توليتم فاعلموا
أنكم غير معجزي الله وبشر الذين كفروا بعذاب أليم (٣)
إلا الذين عاهدتم من المشركين ثم لم ينقصوكم شيئا
ولم يظاهروا عليكم أحدا فأتموا إليهم عهدهم إلى مدتهم
إن الله يحب المتقين (٤) فإذا انسلخ الأشهر الحرم
فاقتلوا المشركين حيث وجدتموهم وخذوهم واحصروهم
واقعدوا لهم كل مرصد فإن تابوا وأقاموا الصلاة وءاتوا
الزكاة فخلوا سبيلهم إن الله غفور رحيم (٥) وإن أحد
من المشركين استجارك فأجره حتى يسمع كلام
الله ثم أبلغه مأمنه ذلك بأنهم قوم لا يعلمون (٦)
10-9-188 كيف يكون للمشركين عهد عند الله وعند رسوله
إلا الذين عاهدتم عند المسجد الحرام فما استقاموا
لكم فاستقيموا لهم إن الله يحب المتقين (٧)
كيف وإن يظهروا عليكم لا يرقبوا فيكم إلا ولا
ذمة يرضونكم بأفواههم وتأبى قلوبهم وأكثرهم
فاسقون (٨) اشتروا بآيات الله ثمنا قليلا فصدوا عن
سبيله إنهم ساء ما كانوا يعملون (٩) لا يرقبون
في مؤمن إلا ولا ذمة وأولئك هم المعتدون (١٠) فإن
تابوا وأقاموا الصلاة وءاتوا الزكاة فإخوانكم في
الدين ونفصل الآيات لقوم يعلمون (١١) وإن
نكثوا أيمانهم من بعد عهدهم وطعنوا في دينكم
فقاتلوا أئمة الكفر إنهم لا أيمان لهم لعلهم
ينتهون (١٢) ألا تقاتلون قوما نكثوا أيمانهم
وهموا بإخراج الرسول وهم بدءوكم أول مرة
أتخشونهم فالله أحق أن تخشوه إن كنتم مؤمنين (١٣)
10-9-189 قاتلوهم يعذبهم الله بأيديكم ويخزهم وينصركم
عليهم ويشف صدور قوم مؤمنين (١٤) ويذهب غيظ
قلوبهم ويتوب الله على من يشاء والله عليم حكيم (١٥)
أم حسبتم أن تتركوا ولما يعلم الله الذين جاهدوا منكم
ولم يتخذوا من دون الله ولا رسوله ولا المؤمنين وليجة
والله خبير بما تعملون (١٦) ما كان للمشركين أن يعمروا مساجد
الله شاهدين على أنفسهم بالكفر أولئك حبطت
أعمالهم وفي النار هم خالدون (١٧) إنما يعمر مساجد
الله من ءامن بالله واليوم الآخر وأقام الصلاة وءاتى
الزكاة ولم يخش إلا الله فعسى أولئك أن يكونوا من
المهتدين (١٨) * أجعلتم سقاية الحاج وعمارة المسجد
الحرام كمن ءامن بالله واليوم الآخر وجاهد في سبيل
الله لا يستوون عند الله والله لا يهدي القوم الظالمين (١٩)
الذين ءامنوا وهاجروا وجاهدوا في سبيل الله بأموالهم
وأنفسهم أعظم درجة عند الله وأولئك هم الفائزون (٢٠)
10-9-190 يبشرهم ربهم برحمة منه ورضوان وجنات لهم فيها
نعيم مقيم (٢١) خالدين فيها أبدا إن الله عنده أجر
عظيم (٢٢) يا أيها الذين ءامنوا لا تتخذوا ءاباءكم
وإخوانكم أولياء إن استحبوا الكفر على الإيمان
ومن يتولهم منكم فأولئك هم الظالمون (٢٣) قل إن
كان ءاباؤكم وأبناؤكم وإخوانكم وأزواجكم
وعشيرتكم وأموال اقترفتموها وتجارة تخشون
كسادها ومساكن ترضونها أحب إليكم من الله
ورسوله وجهاد في سبيله فتربصوا حتى يأتي الله
بأمره والله لا يهدي القوم الفاسقين (٢٤) لقد نصركم
الله في مواطن كثيرة ويوم حنين إذ أعجبتكم
كثرتكم فلم تغن عنكم شيئا وضاقت عليكم
الأرض بما رحبت ثم وليتم مدبرين (٢٥) ثم أنزل الله
سكينته على رسوله وعلى المؤمنين وأنزل جنودا
لم تروها وعذب الذين كفروا وذلك جزاء الكافرين (٢٦)
10-9-191 ثم يتوب الله من بعد ذلك على من يشاء والله
غفور رحيم (٢٧) يا أيها الذين ءامنوا إنما المشركون
نجس فلا يقربوا المسجد الحرام بعد عامهم هذا
وإن خفتم عيلة فسوف يغنيكم الله من فضله
إن شاء إن الله عليم حكيم (٢٨) قاتلوا الذين
لا يؤمنون بالله ولا باليوم الآخر ولا يحرمون
ما حرم الله ورسوله ولا يدينون دين الحق من
الذين أوتوا الكتاب حتى يعطوا الجزية عن يد
وهم صاغرون (٢٩) وقالت اليهود عزير ابن الله
وقالت النصارى المسيح ابن الله ذلك قولهم
بأفواههم يضاهئون قول الذين كفروا من قبل
قاتلهم الله أنى يؤفكون (٣٠) اتخذوا أحبارهم
ورهبانهم أربابا من دون الله والمسيح ابن
مريم وما أمروا إلا ليعبدوا إلها واحدا
لا إله إلا هو سبحانه عما يشركون (٣١)

10 - 9 - 192 يُرِيدُونَ أَن يُطْفِـُٔوا۟ نُورَ ٱللَّهِ بِأَفْوَٰهِهِمْ وَيَأْبَى ٱللَّهُ إِلَّآ أَن
يُتِمَّ نُورَهُۥ وَلَوْ كَرِهَ ٱلْكَـٰفِرُونَ ٣٢ هُوَ ٱلَّذِىٓ أَرْسَلَ
رَسُولَهُۥ بِٱلْهُدَىٰ وَدِينِ ٱلْحَقِّ لِيُظْهِرَهُۥ عَلَى ٱلدِّينِ
كُلِّهِۦ وَلَوْ كَرِهَ ٱلْمُشْرِكُونَ ٣٣ ۞ يَـٰٓأَيُّهَا ٱلَّذِينَ
ءَامَنُوٓا۟ إِنَّ كَثِيرًا مِّنَ ٱلْأَحْبَارِ وَٱلرُّهْبَانِ لَيَأْكُلُونَ
أَمْوَٰلَ ٱلنَّاسِ بِٱلْبَـٰطِلِ وَيَصُدُّونَ عَن سَبِيلِ ٱللَّهِ ۗ وَٱلَّذِينَ
يَكْنِزُونَ ٱلذَّهَبَ وَٱلْفِضَّةَ وَلَا يُنفِقُونَهَا فِى
سَبِيلِ ٱللَّهِ فَبَشِّرْهُم بِعَذَابٍ أَلِيمٍ ٣٤ يَوْمَ يُحْمَىٰ عَلَيْهَا
فِى نَارِ جَهَنَّمَ فَتُكْوَىٰ بِهَا جِبَاهُهُمْ وَجُنُوبُهُمْ
وَظُهُورُهُمْ ۖ هَـٰذَا مَا كَنَزْتُمْ لِأَنفُسِكُمْ فَذُوقُوا۟ مَا كُنتُمْ
تَكْنِزُونَ ٣٥ إِنَّ عِدَّةَ ٱلشُّهُورِ عِندَ ٱللَّهِ ٱثْنَا عَشَرَ
شَهْرًا فِى كِتَـٰبِ ٱللَّهِ يَوْمَ خَلَقَ ٱلسَّمَـٰوَٰتِ وَٱلْأَرْضَ مِنْهَآ
أَرْبَعَةٌ حُرُمٌ ۚ ذَٰلِكَ ٱلدِّينُ ٱلْقَيِّمُ ۚ فَلَا تَظْلِمُوا۟ فِيهِنَّ
أَنفُسَكُمْ ۚ وَقَـٰتِلُوا۟ ٱلْمُشْرِكِينَ كَآفَّةً كَمَا
يُقَـٰتِلُونَكُمْ كَآفَّةً ۚ وَٱعْلَمُوٓا۟ أَنَّ ٱللَّهَ مَعَ ٱلْمُتَّقِينَ ٣٦
10 - 9 - 193 إِنَّمَا ٱلنَّسِىٓءُ زِيَادَةٌ فِى ٱلْكُفْرِ ۖ يُضَلُّ بِهِ ٱلَّذِينَ
كَفَرُوا۟ يُحِلُّونَهُۥ عَامًا وَيُحَرِّمُونَهُۥ عَامًا لِّيُوَاطِـُٔوا۟
عِدَّةَ مَا حَرَّمَ ٱللَّهُ فَيُحِلُّوا۟ مَا حَرَّمَ ٱللَّهُ ۚ زُيِّنَ لَهُمْ
سُوٓءُ أَعْمَـٰلِهِمْ ۗ وَٱللَّهُ لَا يَهْدِى ٱلْقَوْمَ ٱلْكَـٰفِرِينَ ٣٧
يَـٰٓأَيُّهَا ٱلَّذِينَ ءَامَنُوا۟ مَا لَكُمْ إِذَا قِيلَ لَكُمُ
ٱنفِرُوا۟ فِى سَبِيلِ ٱللَّهِ ٱثَّاقَلْتُمْ إِلَى ٱلْأَرْضِ ۚ أَرَضِيتُم
بِٱلْحَيَوٰةِ ٱلدُّنْيَا مِنَ ٱلْـَٔاخِرَةِ ۚ فَمَا مَتَـٰعُ ٱلْحَيَوٰةِ
ٱلدُّنْيَا فِى ٱلْـَٔاخِرَةِ إِلَّا قَلِيلٌ ٣٨ إِلَّا تَنفِرُوا۟ يُعَذِّبْكُمْ
عَذَابًا أَلِيمًا وَيَسْتَبْدِلْ قَوْمًا غَيْرَكُمْ وَلَا تَضُرُّوهُ
شَيْـًٔا ۗ وَٱللَّهُ عَلَىٰ كُلِّ شَىْءٍ قَدِيرٌ ٣٩ إِلَّا تَنصُرُوهُ
فَقَدْ نَصَرَهُ ٱللَّهُ إِذْ أَخْرَجَهُ ٱلَّذِينَ كَفَرُوا۟ ثَانِىَ ٱثْنَيْنِ
إِذْ هُمَا فِى ٱلْغَارِ إِذْ يَقُولُ لِصَـٰحِبِهِۦ لَا تَحْزَنْ إِنَّ ٱللَّهَ
مَعَنَا ۖ فَأَنزَلَ ٱللَّهُ سَكِينَتَهُۥ عَلَيْهِ وَأَيَّدَهُۥ بِجُنُودٍ
لَّمْ تَرَوْهَا وَجَعَلَ كَلِمَةَ ٱلَّذِينَ كَفَرُوا۟ ٱلسُّفْلَىٰ ۗ
وَكَلِمَةُ ٱللَّهِ هِىَ ٱلْعُلْيَا ۗ وَٱللَّهُ عَزِيزٌ حَكِيمٌ ٤٠
10 - 9 - 194 ٱنفِرُوا۟ خِفَافًا وَثِقَالًا وَجَـٰهِدُوا۟ بِأَمْوَٰلِكُمْ وَأَنفُسِكُمْ
فِى سَبِيلِ ٱللَّهِ ۚ ذَٰلِكُمْ خَيْرٌ لَّكُمْ إِن كُنتُمْ تَعْلَمُونَ ٤١
لَوْ كَانَ عَرَضًا قَرِيبًا وَسَفَرًا قَاصِدًا لَّٱتَّبَعُوكَ
وَلَـٰكِنۢ بَعُدَتْ عَلَيْهِمُ ٱلشُّقَّةُ ۚ وَسَيَحْلِفُونَ بِٱللَّهِ
لَوِ ٱسْتَطَعْنَا لَخَرَجْنَا مَعَكُمْ يُهْلِكُونَ أَنفُسَهُمْ وَٱللَّهُ
يَعْلَمُ إِنَّهُمْ لَكَـٰذِبُونَ ٤٢ عَفَا ٱللَّهُ عَنكَ لِمَ أَذِنتَ لَهُمْ
حَتَّىٰ يَتَبَيَّنَ لَكَ ٱلَّذِينَ صَدَقُوا۟ وَتَعْلَمَ ٱلْكَـٰذِبِينَ ٤٣
لَا يَسْتَـْٔذِنُكَ ٱلَّذِينَ يُؤْمِنُونَ بِٱللَّهِ وَٱلْيَوْمِ ٱلْـَٔاخِرِ أَن
يُجَـٰهِدُوا۟ بِأَمْوَٰلِهِمْ وَأَنفُسِهِمْ ۗ وَٱللَّهُ عَلِيمٌۢ بِٱلْمُتَّقِينَ ٤٤
إِنَّمَا يَسْتَـْٔذِنُكَ ٱلَّذِينَ لَا يُؤْمِنُونَ بِٱللَّهِ وَٱلْيَوْمِ ٱلْـَٔاخِرِ
وَٱرْتَابَتْ قُلُوبُهُمْ فَهُمْ فِى رَيْبِهِمْ يَتَرَدَّدُونَ ٤٥ ۞ وَلَوْ
أَرَادُوا۟ ٱلْخُرُوجَ لَأَعَدُّوا۟ لَهُۥ عُدَّةً وَلَـٰكِن كَرِهَ ٱللَّهُ ٱنۢبِعَاثَهُمْ
فَثَبَّطَهُمْ وَقِيلَ ٱقْعُدُوا۟ مَعَ ٱلْقَـٰعِدِينَ ٤٦ لَوْ خَرَجُوا۟ فِيكُم
مَّا زَادُوكُمْ إِلَّا خَبَالًا وَلَأَوْضَعُوا۟ خِلَـٰلَكُمْ يَبْغُونَكُمُ
ٱلْفِتْنَةَ وَفِيكُمْ سَمَّـٰعُونَ لَهُمْ ۗ وَٱللَّهُ عَلِيمٌۢ بِٱلظَّـٰلِمِينَ ٤٧
10 - 9 - 195 لَقَدِ ٱبْتَغَوُا۟ ٱلْفِتْنَةَ مِن قَبْلُ وَقَلَّبُوا۟ لَكَ ٱلْأُمُورَ حَتَّىٰ
جَآءَ ٱلْحَقُّ وَظَهَرَ أَمْرُ ٱللَّهِ وَهُمْ كَـٰرِهُونَ ٤٨ وَمِنْهُم
مَّن يَقُولُ ٱئْذَن لِّى وَلَا تَفْتِنِّىٓ ۚ أَلَا فِى ٱلْفِتْنَةِ سَقَطُوا۟ ۗ وَإِنَّ
جَهَنَّمَ لَمُحِيطَةٌۢ بِٱلْكَـٰفِرِينَ ٤٩ إِن تُصِبْكَ
حَسَنَةٌ تَسُؤْهُمْ ۖ وَإِن تُصِبْكَ مُصِيبَةٌ يَقُولُوا۟ قَدْ

أَخَذْنَآ أَمْرَنَا مِن قَبْلُ وَيَتَوَلَّوا۟ وَّهُمْ فَرِحُونَ ٥٠ قُل
لَّن يُصِيبَنَآ إِلَّا مَا كَتَبَ ٱللَّهُ لَنَا هُوَ مَوْلَىٰنَا ۚ وَعَلَى
ٱللَّهِ فَلْيَتَوَكَّلِ ٱلْمُؤْمِنُونَ ٥١ قُلْ هَلْ تَرَبَّصُونَ بِنَآ إِلَّآ
إِحْدَى ٱلْحُسْنَيَيْنِ ۖ وَنَحْنُ نَتَرَبَّصُ بِكُمْ أَن يُصِيبَكُمُ ٱللَّهُ
بِعَذَابٍ مِّنْ عِندِهِۦٓ أَوْ بِأَيْدِينَا ۖ فَتَرَبَّصُوٓا۟ إِنَّا مَعَكُم
مُّتَرَبِّصُونَ ٥٢ قُلْ أَنفِقُوا۟ طَوْعًا أَوْ كَرْهًا لَّن يُتَقَبَّلَ
مِنكُمْ ۖ إِنَّكُمْ كُنتُمْ قَوْمًا فَـٰسِقِينَ ٥٣ وَمَا
مَنَعَهُمْ أَن تُقْبَلَ مِنْهُمْ نَفَقَـٰتُهُمْ إِلَّآ أَنَّهُمْ كَفَرُوا۟
بِٱللَّهِ وَبِرَسُولِهِۦ وَلَا يَأْتُونَ ٱلصَّلَوٰةَ إِلَّا وَهُمْ
كُسَالَىٰ وَلَا يُنفِقُونَ إِلَّا وَهُمْ كَـٰرِهُونَ ٥٤
10 - 9 - 196 فَلَا تُعْجِبْكَ أَمْوَٰلُهُمْ وَلَآ أَوْلَـٰدُهُمْ ۚ إِنَّمَا يُرِيدُ ٱللَّهُ لِيُعَذِّبَهُم
بِهَا فِى ٱلْحَيَوٰةِ ٱلدُّنْيَا وَتَزْهَقَ أَنفُسُهُمْ وَهُمْ كَـٰفِرُونَ ٥٥
وَيَحْلِفُونَ بِٱللَّهِ إِنَّهُمْ لَمِنكُمْ وَمَا هُم مِّنكُمْ وَلَـٰكِنَّهُمْ
قَوْمٌ يَفْرَقُونَ ٥٦ لَوْ يَجِدُونَ مَلْجَـًٔا أَوْ مَغَـٰرَٰتٍ أَوْ مُدَّخَلًا
لَّوَلَّوْا۟ إِلَيْهِ وَهُمْ يَجْمَحُونَ ٥٧ وَمِنْهُم مَّن يَلْمِزُكَ فِى
ٱلصَّدَقَـٰتِ فَإِنْ أُعْطُوا۟ مِنْهَا رَضُوا۟ وَإِن لَّمْ يُعْطَوْا۟ مِنْهَآ إِذَا
هُمْ يَسْخَطُونَ ٥٨ وَلَوْ أَنَّهُمْ رَضُوا۟ مَآ ءَاتَىٰهُمُ ٱللَّهُ وَرَسُولُهُۥ
وَقَالُوا۟ حَسْبُنَا ٱللَّهُ سَيُؤْتِينَا ٱللَّهُ مِن فَضْلِهِۦ وَرَسُولُهُۥٓ
إِنَّآ إِلَى ٱللَّهِ رَٰغِبُونَ ٥٩ ۞ إِنَّمَا ٱلصَّدَقَـٰتُ لِلْفُقَرَآءِ وَٱلْمَسَـٰكِينِ
وَٱلْعَـٰمِلِينَ عَلَيْهَا وَٱلْمُؤَلَّفَةِ قُلُوبُهُمْ وَفِى ٱلرِّقَابِ
وَٱلْغَـٰرِمِينَ وَفِى سَبِيلِ ٱللَّهِ وَٱبْنِ ٱلسَّبِيلِ ۖ فَرِيضَةً
مِّنَ ٱللَّهِ ۗ وَٱللَّهُ عَلِيمٌ حَكِيمٌ ٦٠ وَمِنْهُمُ ٱلَّذِينَ يُؤْذُونَ
ٱلنَّبِىَّ وَيَقُولُونَ هُوَ أُذُنٌ ۚ قُلْ أُذُنُ خَيْرٍ لَّكُمْ يُؤْمِنُ
بِٱللَّهِ وَيُؤْمِنُ لِلْمُؤْمِنِينَ وَرَحْمَةٌ لِّلَّذِينَ ءَامَنُوا۟
مِنكُمْ ۚ وَٱلَّذِينَ يُؤْذُونَ رَسُولَ ٱللَّهِ لَهُمْ عَذَابٌ أَلِيمٌ ٦١
10 - 9 - 197 يَحْلِفُونَ بِٱللَّهِ لَكُمْ لِيُرْضُوكُمْ وَٱللَّهُ وَرَسُولُهُۥٓ أَحَقُّ
أَن يُرْضُوهُ إِن كَانُوا۟ مُؤْمِنِينَ ٦٢ أَلَمْ يَعْلَمُوٓا۟ أَنَّهُۥ مَن
يُحَادِدِ ٱللَّهَ وَرَسُولَهُۥ فَأَنَّ لَهُۥ نَارَ جَهَنَّمَ خَـٰلِدًا فِيهَا ۚ
ذَٰلِكَ ٱلْخِزْىُ ٱلْعَظِيمُ ٦٣ يَحْذَرُ ٱلْمُنَـٰفِقُونَ أَن
تُنَزَّلَ عَلَيْهِمْ سُورَةٌ تُنَبِّئُهُم بِمَا فِى قُلُوبِهِمْ ۚ قُلِ ٱسْتَهْزِءُوٓا۟
إِنَّ ٱللَّهَ مُخْرِجٌ مَّا تَحْذَرُونَ ٦٤ وَلَئِن سَأَلْتَهُمْ
لَيَقُولُنَّ إِنَّمَا كُنَّا نَخُوضُ وَنَلْعَبُ ۚ قُلْ أَبِٱللَّهِ وَءَايَـٰتِهِۦ
وَرَسُولِهِۦ كُنتُمْ تَسْتَهْزِءُونَ ٦٥ لَا تَعْتَذِرُوا۟ قَدْ كَفَرْتُم
بَعْدَ إِيمَـٰنِكُمْ ۚ إِن نَّعْفُ عَن طَآئِفَةٍ مِّنكُمْ نُعَذِّبْ طَآئِفَةًۢ
بِأَنَّهُمْ كَانُوا۟ مُجْرِمِينَ ٦٦ ٱلْمُنَـٰفِقُونَ وَٱلْمُنَـٰفِقَـٰتُ
بَعْضُهُم مِّنۢ بَعْضٍ ۚ يَأْمُرُونَ بِٱلْمُنكَرِ وَيَنْهَوْنَ
عَنِ ٱلْمَعْرُوفِ وَيَقْبِضُونَ أَيْدِيَهُمْ ۚ نَسُوا۟ ٱللَّهَ فَنَسِيَهُمْ ۗ
إِنَّ ٱلْمُنَـٰفِقِينَ هُمُ ٱلْفَـٰسِقُونَ ٦٧ وَعَدَ ٱللَّهُ ٱلْمُنَـٰفِقِينَ
وَٱلْمُنَـٰفِقَـٰتِ وَٱلْكُفَّارَ نَارَ جَهَنَّمَ خَـٰلِدِينَ فِيهَا ۚ هِىَ
حَسْبُهُمْ ۚ وَلَعَنَهُمُ ٱللَّهُ ۖ وَلَهُمْ عَذَابٌ مُّقِيمٌ ٦٨
10 - 9 - 198 كَٱلَّذِينَ مِن قَبْلِكُمْ كَانُوٓا۟ أَشَدَّ مِنكُمْ قُوَّةً وَأَكْثَرَ أَمْوَٰلًا
وَأَوْلَـٰدًا فَٱسْتَمْتَعُوا۟ بِخَلَـٰقِهِمْ فَٱسْتَمْتَعْتُم بِخَلَـٰقِكُمْ
كَمَا ٱسْتَمْتَعَ ٱلَّذِينَ مِن قَبْلِكُم بِخَلَـٰقِهِمْ وَخُضْتُمْ
كَٱلَّذِى خَاضُوٓا۟ ۚ أُو۟لَـٰٓئِكَ حَبِطَتْ أَعْمَـٰلُهُمْ فِى ٱلدُّنْيَا
وَٱلْـَٔاخِرَةِ ۖ وَأُو۟لَـٰٓئِكَ هُمُ ٱلْخَـٰسِرُونَ ٦٩ أَلَمْ يَأْتِهِمْ
نَبَأُ ٱلَّذِينَ مِن قَبْلِهِمْ قَوْمِ نُوحٍ وَعَادٍ وَثَمُودَ وَقَوْمِ
إِبْرَٰهِيمَ وَأَصْحَـٰبِ مَدْيَنَ وَٱلْمُؤْتَفِكَـٰتِ ۚ أَتَتْهُمْ رُسُلُهُم
بِٱلْبَيِّنَـٰتِ ۖ فَمَا كَانَ ٱللَّهُ لِيَظْلِمَهُمْ وَلَـٰكِن كَانُوٓا۟
أَنفُسَهُمْ يَظْلِمُونَ ٧٠ وَٱلْمُؤْمِنُونَ وَٱلْمُؤْمِنَـٰتُ بَعْضُهُمْ
أَوْلِيَآءُ بَعْضٍ ۚ يَأْمُرُونَ بِٱلْمَعْرُوفِ وَيَنْهَوْنَ عَنِ ٱلْمُنكَرِ

وَيُقِيمُونَ ٱلصَّلَوٰةَ وَيُؤْتُونَ ٱلزَّكَوٰةَ وَيُطِيعُونَ ٱللَّهَ
وَرَسُولَهُۥٓ ۚ أُو۟لَـٰٓئِكَ سَيَرْحَمُهُمُ ٱللَّهُ ۗ إِنَّ ٱللَّهَ عَزِيزٌ حَكِيمٌ ٧١
وَعَدَ ٱللَّهُ ٱلْمُؤْمِنِينَ وَٱلْمُؤْمِنَـٰتِ جَنَّـٰتٍ تَجْرِى مِن تَحْتِهَا
ٱلْأَنْهَـٰرُ خَـٰلِدِينَ فِيهَا وَمَسَـٰكِنَ طَيِّبَةً فِى جَنَّـٰتِ عَدْنٍ ۚ
وَرِضْوَٰنٌ مِّنَ ٱللَّهِ أَكْبَرُ ۚ ذَٰلِكَ هُوَ ٱلْفَوْزُ ٱلْعَظِيمُ ٧٢
10 - 9 - 199 يَـٰٓأَيُّهَا ٱلنَّبِىُّ جَـٰهِدِ ٱلْكُفَّارَ وَٱلْمُنَـٰفِقِينَ وَٱغْلُظْ عَلَيْهِمْ ۚ
وَمَأْوَىٰهُمْ جَهَنَّمُ ۖ وَبِئْسَ ٱلْمَصِيرُ ٧٣ يَحْلِفُونَ بِٱللَّهِ مَا قَالُوا۟
وَلَقَدْ قَالُوا۟ كَلِمَةَ ٱلْكُفْرِ وَكَفَرُوا۟ بَعْدَ إِسْلَـٰمِهِمْ وَهَمُّوا۟
بِمَا لَمْ يَنَالُوا۟ ۚ وَمَا نَقَمُوٓا۟ إِلَّآ أَنْ أَغْنَىٰهُمُ ٱللَّهُ وَرَسُولُهُۥ
مِن فَضْلِهِۦ ۚ فَإِن يَتُوبُوا۟ يَكُ خَيْرًا لَّهُمْ ۖ وَإِن يَتَوَلَّوْا۟ يُعَذِّبْهُمُ
ٱللَّهُ عَذَابًا أَلِيمًا فِى ٱلدُّنْيَا وَٱلْـَٔاخِرَةِ ۚ وَمَا لَهُمْ فِى ٱلْأَرْضِ
مِن وَلِىٍّ وَلَا نَصِيرٍ ٧٤ ۞ وَمِنْهُم مَّنْ عَـٰهَدَ ٱللَّهَ لَئِنْ ءَاتَىٰنَا
مِن فَضْلِهِۦ لَنَصَّدَّقَنَّ وَلَنَكُونَنَّ مِنَ ٱلصَّـٰلِحِينَ ٧٥
فَلَمَّآ ءَاتَىٰهُم مِّن فَضْلِهِۦ بَخِلُوا۟ بِهِۦ وَتَوَلَّوا۟ وَّهُم
مُّعْرِضُونَ ٧٦ فَأَعْقَبَهُمْ نِفَاقًا فِى قُلُوبِهِمْ إِلَىٰ يَوْمِ يَلْقَوْنَهُۥ
بِمَآ أَخْلَفُوا۟ ٱللَّهَ مَا وَعَدُوهُ وَبِمَا كَانُوا۟ يَكْذِبُونَ ٧٧
أَلَمْ يَعْلَمُوٓا۟ أَنَّ ٱللَّهَ يَعْلَمُ سِرَّهُمْ وَنَجْوَىٰهُمْ وَأَنَّ ٱللَّهَ
عَلَّـٰمُ ٱلْغُيُوبِ ٧٨ ٱلَّذِينَ يَلْمِزُونَ ٱلْمُطَّوِّعِينَ مِنَ
ٱلْمُؤْمِنِينَ فِى ٱلصَّدَقَـٰتِ وَٱلَّذِينَ لَا يَجِدُونَ إِلَّا جُهْدَهُمْ
فَيَسْخَرُونَ مِنْهُمْ ۙ سَخِرَ ٱللَّهُ مِنْهُمْ وَلَهُمْ عَذَابٌ أَلِيمٌ ٧٩
10 - 9 - 200 ٱسْتَغْفِرْ لَهُمْ أَوْ لَا تَسْتَغْفِرْ لَهُمْ إِن تَسْتَغْفِرْ لَهُمْ سَبْعِينَ مَرَّةً
فَلَن يَغْفِرَ ٱللَّهُ لَهُمْ ۚ ذَٰلِكَ بِأَنَّهُمْ كَفَرُوا۟ بِٱللَّهِ وَرَسُولِهِۦ ۗ
وَٱللَّهُ لَا يَهْدِى ٱلْقَوْمَ ٱلْفَـٰسِقِينَ ٨٠ فَرِحَ ٱلْمُخَلَّفُونَ بِمَقْعَدِهِمْ
خِلَـٰفَ رَسُولِ ٱللَّهِ وَكَرِهُوٓا۟ أَن يُجَـٰهِدُوا۟ بِأَمْوَٰلِهِمْ وَأَنفُسِهِمْ
فِى سَبِيلِ ٱللَّهِ وَقَالُوا۟ لَا تَنفِرُوا۟ فِى ٱلْحَرِّ ۗ قُلْ نَارُ جَهَنَّمَ أَشَدُّ حَرًّا ۚ
لَّوْ كَانُوا۟ يَفْقَهُونَ ٨١ فَلْيَضْحَكُوا۟ قَلِيلًا وَلْيَبْكُوا۟ كَثِيرًا جَزَآءًۢ
بِمَا كَانُوا۟ يَكْسِبُونَ ٨٢ فَإِن رَّجَعَكَ ٱللَّهُ إِلَىٰ طَآئِفَةٍ
مِّنْهُمْ فَٱسْتَـْٔذَنُوكَ لِلْخُرُوجِ فَقُل لَّن تَخْرُجُوا۟ مَعِىَ أَبَدًا وَلَن
تُقَـٰتِلُوا۟ مَعِىَ عَدُوًّا ۖ إِنَّكُمْ رَضِيتُم بِٱلْقُعُودِ أَوَّلَ مَرَّةٍ فَٱقْعُدُوا۟
مَعَ ٱلْخَـٰلِفِينَ ٨٣ وَلَا تُصَلِّ عَلَىٰٓ أَحَدٍ مِّنْهُم مَّاتَ أَبَدًا وَلَا تَقُمْ
عَلَىٰ قَبْرِهِۦٓ ۖ إِنَّهُمْ كَفَرُوا۟ بِٱللَّهِ وَرَسُولِهِۦ وَمَاتُوا۟ وَهُمْ فَـٰسِقُونَ ٨٤
وَلَا تُعْجِبْكَ أَمْوَٰلُهُمْ وَأَوْلَـٰدُهُمْ ۚ إِنَّمَا يُرِيدُ ٱللَّهُ أَن يُعَذِّبَهُم
بِهَا فِى ٱلدُّنْيَا وَتَزْهَقَ أَنفُسُهُمْ وَهُمْ كَـٰفِرُونَ ٨٥ وَإِذَآ
أُنزِلَتْ سُورَةٌ أَنْ ءَامِنُوا۟ بِٱللَّهِ وَجَـٰهِدُوا۟ مَعَ رَسُولِهِ ٱسْتَـْٔذَنَكَ
أُو۟لُوا۟ ٱلطَّوْلِ مِنْهُمْ وَقَالُوا۟ ذَرْنَا نَكُن مَّعَ ٱلْقَـٰعِدِينَ ٨٦
10 - 9 - 201 رَضُوا۟ بِأَن يَكُونُوا۟ مَعَ ٱلْخَوَالِفِ وَطُبِعَ عَلَىٰ قُلُوبِهِمْ فَهُمْ
لَا يَفْقَهُونَ ٨٧ لَـٰكِنِ ٱلرَّسُولُ وَٱلَّذِينَ ءَامَنُوا۟ مَعَهُۥ
جَـٰهَدُوا۟ بِأَمْوَٰلِهِمْ وَأَنفُسِهِمْ ۚ وَأُو۟لَـٰٓئِكَ لَهُمُ ٱلْخَيْرَٰتُ ۖ
وَأُو۟لَـٰٓئِكَ هُمُ ٱلْمُفْلِحُونَ ٨٨ أَعَدَّ ٱللَّهُ لَهُمْ جَنَّـٰتٍ تَجْرِى
مِن تَحْتِهَا ٱلْأَنْهَـٰرُ خَـٰلِدِينَ فِيهَا ۚ ذَٰلِكَ ٱلْفَوْزُ ٱلْعَظِيمُ ٨٩
وَجَآءَ ٱلْمُعَذِّرُونَ مِنَ ٱلْأَعْرَابِ لِيُؤْذَنَ لَهُمْ وَقَعَدَ ٱلَّذِينَ
كَذَبُوا۟ ٱللَّهَ وَرَسُولَهُۥ ۚ سَيُصِيبُ ٱلَّذِينَ كَفَرُوا۟ مِنْهُمْ عَذَابٌ
أَلِيمٌ ٩٠ لَّيْسَ عَلَى ٱلضُّعَفَآءِ وَلَا عَلَى ٱلْمَرْضَىٰ وَلَا عَلَى ٱلَّذِينَ
لَا يَجِدُونَ مَا يُنفِقُونَ حَرَجٌ إِذَا نَصَحُوا۟ لِلَّهِ وَرَسُولِهِۦ ۚ
مَا عَلَى ٱلْمُحْسِنِينَ مِن سَبِيلٍ ۚ وَٱللَّهُ غَفُورٌ رَّحِيمٌ ٩١
وَلَا عَلَى ٱلَّذِينَ إِذَا مَآ أَتَوْكَ لِتَحْمِلَهُمْ قُلْتَ لَآ أَجِدُ
مَآ أَحْمِلُكُمْ عَلَيْهِ تَوَلَّوا۟ وَّأَعْيُنُهُمْ تَفِيضُ مِنَ ٱلدَّمْعِ
حَزَنًا أَلَّا يَجِدُوا۟ مَا يُنفِقُونَ ٩٢ ۞ إِنَّمَا ٱلسَّبِيلُ عَلَى
ٱلَّذِينَ يَسْتَـْٔذِنُونَكَ وَهُمْ أَغْنِيَآءُ ۚ رَضُوا۟ بِأَن يَكُونُوا۟
مَعَ ٱلْخَوَالِفِ وَطَبَعَ ٱللَّهُ عَلَىٰ قُلُوبِهِمْ فَهُمْ لَا يَعْلَمُونَ ٩٣

11 - 9 - 202
يعتذرون إليكم إذا رجعتم إليهم قل لا تعتذروا
لن نؤمن لكم قد نبأنا الله من أخباركم وسيرى
الله عملكم ورسوله ثم تردون إلى علم الغيب والشهدة
فينبئكم بما كنتم تعملون ٩٤ سيحلفون بالله
لكم إذا انقلبتم إليهم لتعرضوا عنهم فأعرضوا
عنهم إنهم رجس ومأوىهم جهنم جزاء بما كانوا
يكسبون ٩٥ يحلفون لكم لترضوا عنهم فإن
ترضوا عنهم فإن الله لا يرضى عن القوم الفسقين ٩٦
الأعراب أشد كفرا ونفاقا وأجدر ألا يعلموا حدود
ما أنزل الله على رسوله والله عليم حكيم ٩٧ ومن
الأعراب من يتخذ ما ينفق مغرما ويتربص بكم
الدوائر عليهم دائرة السوء والله سميع عليم ٩٨ ومن
الأعراب من يؤمن بالله واليوم الءاخر ويتخذ ما ينفق
قربت عند الله وصلوت الرسول ألا إنها قربة لهم
سيدخلهم الله في رحمته إن الله غفور رحيم ٩٩

11 - 9 - 203
والسبقون الأولون من المهجرين والأنصار والذين
اتبعوهم بإحسن رضي الله عنهم ورضوا عنه وأعد
لهم جنت تجري تحتها الأنهر خلدين فيها أبدا
ذلك الفوز العظيم ١٠٠ وممن حولكم من الأعراب
منفقون ومن أهل المدينة مردوا على النفاق لا تعلمهم
نحن نعلمهم سنعذبهم مرتين ثم يردون إلى عذاب
عظيم ١٠١ وءاخرون اعترفوا بذنوبهم خلطوا عملا صلحا
وءاخر سيئا عسى الله أن يتوب عليهم إن الله غفور رحيم ١٠٢
خذ من أمولهم صدقة تطهرهم وتزكيهم بها وصل عليهم
إن صلوتك سكن لهم والله سميع عليم ١٠٣ ألم يعلموا أن
الله هو يقبل التوبة عن عباده ويأخذ الصدقت وأن
الله هو التواب الرحيم ١٠٤ وقل اعملوا فسيرى الله عملكم
ورسوله والمؤمنون وستردون إلى علم الغيب والشهدة
فينبئكم بما كنتم تعملون ١٠٥ وءاخرون مرجون لأمر الله
إما يعذبهم وإما يتوب عليهم والله عليم حكيم ١٠٦

11 - 9 - 204
والذين اتخذوا مسجدا ضرارا وكفرا وتفريقا بين
المؤمنين وإرصادا لمن حارب الله ورسوله من قبل
وليحلفن إن أردنا إلا الحسنى والله يشهد إنهم
لكذبون ١٠٧ لا تقم فيه أبدا لمسجد أسس على التقوى
من أول يوم أحق أن تقوم فيه فيه رجال يحبون أن
يتطهروا والله يحب المطهرين ١٠٨ أفمن أسس بنينه
على تقوى من الله ورضون خير أم من أسس بنينه
على شفا جرف هار فانهار به في نار جهنم والله لا يهدي
القوم الظلمين ١٠٩ لا يزال بنينهم الذي بنوا ريبة
في قلوبهم إلا أن تقطع قلوبهم والله عليم حكيم ١١٠
* إن الله اشترى من المؤمنين أنفسهم وأمولهم
بأن لهم الجنة يقتلون في سبيل الله فيقتلون
ويقتلون وعدا عليه حقا في التورىة والإنجيل
والقرءان ومن أوفى بعهده من الله فاستبشروا
ببيعكم الذي بايعتم به وذلك هو الفوز العظيم ١١١

11 - 9 - 205
التئبون العبدون الحمدون السئحون
الركعون السجدون الءامرون بالمعروف
والناهون عن المنكر والحفظون لحدود الله
وبشر المؤمنين ١١٢ ما كان للنبي والذين ءامنوا
أن يستغفروا للمشركين ولو كانوا أولي قربى
من بعد ما تبين لهم أنهم أصحب الجحيم ١١٣ وما
كان استغفار إبرهيم لأبيه إلا عن موعدة وعدها
إياه فلما تبين له أنه عدو لله تبرأ منه إن إبرهيم
لأوه حليم ١١٤ وما كان الله ليضل قوما بعد إذ
هدىهم حتى يبين لهم ما يتقون إن الله بكل شيء
عليم ١١٥ إن الله له ملك السموت والأرض يحي
ويميت وما لكم من دون الله من ولي ولا نصير ١١٦
لقد تاب الله على النبي والمهجرين والأنصار الذين
اتبعوه في ساعة العسرة من بعد ما كاد يزيغ قلوب
فريق منهم ثم تاب عليهم إنه بهم رءوف رحيم ١١٧

11 - 9 - 206
وعلى الثلثة الذين خلفوا حتى إذا ضاقت عليهم الأرض
بما رحبت وضاقت عليهم أنفسهم وظنوا أن لا ملجأ
من الله إلا إليه ثم تاب عليهم ليتوبوا إن الله هو التواب
الرحيم ١١٨ يأيها الذين ءامنوا اتقوا الله وكونوا مع
الصدقين ١١٩ ما كان لأهل المدينة ومن حولهم
من الأعراب أن يتخلفوا عن رسول الله ولا يرغبوا
بأنفسهم عن نفسه ذلك بأنهم لا يصيبهم ظمأ
ولا نصب ولا مخمصة في سبيل الله ولا يطئون موطئا
يغيظ الكفار ولا ينالون من عدو نيلا إلا كتب
لهم به عمل صلح إن الله لا يضيع أجر المحسنين ١٢٠
ولا ينفقون نفقة صغيرة ولا كبيرة ولا يقطعون
واديا إلا كتب لهم ليجزيهم الله أحسن ما كانوا
يعملون ١٢١ * وما كان المؤمنون لينفروا كافة
فلولا نفر من كل فرقة منهم طائفة ليتفقهوا في الدين
ولينذروا قومهم إذا رجعوا إليهم لعلهم يحذرون ١٢٢

11 - 9 - 207
يأيها الذين ءامنوا قتلوا الذين يلونكم من
الكفار وليجدوا فيكم غلظة واعلموا أن الله
مع المتقين ١٢٣ وإذا ما أنزلت سورة فمنهم من
يقول أيكم زادته هذه إيمنا فأما الذين
ءامنوا فزادتهم إيمنا وهم يستبشرون ١٢٤
وأما الذين في قلوبهم مرض فزادتهم رجسا إلى
رجسهم وماتوا وهم كفرون ١٢٥ أولا يرون
أنهم يفتنون في كل عام مرة أو مرتين ثم
لا يتوبون ولا هم يذكرون ١٢٦ وإذا ما أنزلت
سورة نظر بعضهم إلى بعض هل يرىكم من
أحد ثم انصرفوا صرف الله قلوبهم بأنهم قوم
لا يفقهون ١٢٧ لقد جاءكم رسول من أنفسكم
عزيز عليه ما عنتم حريص عليكم بالمؤمنين
رءوف رحيم ١٢٨ فإن تولوا فقل حسبي الله لا إله
إلا هو عليه توكلت وهو رب العرش العظيم ١٢٩

11 - 9 - 208

سورة يونس

بسم الله الرحمن الرحيم

الر تلك ءايت الكتب الحكيم ١ أكان للناس عجبا أن
أوحينا إلى رجل منهم أن أنذر الناس وبشر الذين ءامنوا
أن لهم قدم صدق عند ربهم قال الكفرون إن هذا
لسحر مبين ٢ إن ربكم الله الذي خلق السموت والأرض
في ستة أيام ثم استوى على العرش يدبر الأمر ما من شفيع
إلا من بعد إذنه ذلكم الله ربكم فاعبدوه أفلا تذكرون ٣
إليه مرجعكم جميعا وعد الله حقا إنه يبدؤا الخلق ثم يعيده
ليجزي الذين ءامنوا وعملوا الصلحت بالقسط والذين كفروا

لهم شراب من حميم وعذاب أليم بما كانوا يكفرون ٤
هو الذي جعل الشمس ضياء والقمر نورا وقدره منازل
لتعلموا عدد السنين والحساب ما خلق الله ذلك إلا بالحق
يفصل الءايت لقوم يعلمون ٥ إن في اختلف اليل والنهار
وما خلق الله في السموت والأرض لءايت لقوم يتقون ٦

11 - 10 - 209
إن الذين لا يرجون لقاءنا ورضوا بالحيوة الدنيا واطمأنوا
بها والذين هم عن ءايتنا غفلون ٧ أولئك مأوىهم
النار بما كانوا يكسبون ٨ إن الذين ءامنوا وعملوا
الصلحت يهديهم ربهم بإيمنهم تجري من تحتهم
الأنهر في جنت النعيم ٩ دعوىهم فيها سبحنك
اللهم وتحيتهم فيها سلم وءاخر دعوىهم أن الحمد
لله رب العلمين ١٠ * ولو يعجل الله للناس الشر
استعجالهم بالخير لقضي إليهم أجلهم فنذر الذين
لا يرجون لقاءنا في طغينهم يعمهون ١١ وإذا مس الإنسن
الضر دعانا لجنبه أو قاعدا أو قائما فلما كشفنا
عنه ضره مر كأن لم يدعنا إلى ضر مسه كذلك زين
للمسرفين ما كانوا يعملون ١٢ ولقد أهلكنا القرون
من قبلكم لما ظلموا وجاءتهم رسلهم بالبينت وما كانوا
ليؤمنوا كذلك نجزي القوم المجرمين ١٣ ثم جعلنكم
خلئف في الأرض من بعدهم لننظر كيف تعملون ١٤

11 - 10 - 210
وإذا تتلى عليهم ءاياتنا بينت قال الذين لا يرجون
لقاءنا ائت بقرءان غير هذا أو بدله قل ما يكون
لي أن أبدله من تلقاي نفسي إن أتبع إلا ما يوحى إلي
إني أخاف إن عصيت ربي عذاب يوم عظيم ١٥ قل
لو شاء الله ما تلوته عليكم ولا أدرىكم به
فقد لبثت فيكم عمرا من قبله أفلا تعقلون ١٦
فمن أظلم ممن افترى على الله كذبا أو كذب بءايته
إنه لا يفلح المجرمون ١٧ ويعبدون من دون الله
ما لا يضرهم ولا ينفعهم ويقولون هؤلاء شفعؤنا
عند الله قل أتنبءون الله بما لا يعلم في السموت ولا
في الأرض سبحنه وتعلى عما يشركون ١٨ وما
كان الناس إلا أمة وحدة فاختلفوا ولولا كلمة
سبقت من ربك لقضي بينهم فيما فيه يختلفون ١٩
ويقولون لولا أنزل عليه ءاية من ربه فقل إنما
الغيب لله فانتظروا إني معكم من المنتظرين ٢٠

11 - 10 - 211
وإذا أذقنا الناس رحمة من بعد ضراء مستهم إذا لهم مكر
في ءاياتنا قل الله أسرع مكرا إن رسلنا يكتبون ما تمكرون ٢١
هو الذي يسيركم في البر والبحر حتى إذا كنتم في الفلك
وجرين بهم بريح طيبة وفرحوا بها جاءتها ريح عاصف
وجاءهم الموج من كل مكان وظنوا أنهم أحيط بهم
دعوا الله مخلصين له الدين لئن أنجيتنا من هذه لنكونن
من الشكرين ٢٢ فلما أنجىهم إذا هم يبغون في الأرض بغير
الحق يأيها الناس إنما بغيكم على أنفسكم متع الحيوة
الدنيا ثم إلينا مرجعكم فننبئكم بما كنتم تعملون ٢٣
إنما مثل الحيوة الدنيا كماء أنزلنه من السماء فاختلط
به نبات الأرض مما يأكل الناس والأنعم حتى إذا
أخذت الأرض زخرفها وازينت وظن أهلها أنهم قدرون
عليها أتىها أمرنا ليلا أو نهارا فجعلنها حصيدا كأن لم تغن
بالأمس كذلك نفصل الءايت لقوم يتفكرون ٢٤ والله يدعوا
إلى دار السلم ويهدي من يشاء إلى صرط مستقيم ٢٥

*لِّلَّذِينَ أَحْسَنُوا الْحُسْنَىٰ وَزِيَادَةٌ ۖ وَلَا يَرْهَقُ وُجُوهَهُمْ قَتَرٌ
وَلَا ذِلَّةٌ ۚ أُولَٰئِكَ أَصْحَابُ الْجَنَّةِ ۖ هُمْ فِيهَا خَالِدُونَ ٢٦ وَالَّذِينَ
11 - 10 - 212
كَسَبُوا السَّيِّئَاتِ جَزَاءُ سَيِّئَةٍ بِمِثْلِهَا وَتَرْهَقُهُمْ ذِلَّةٌ ۖ مَّا لَهُم
مِّنَ اللَّهِ مِنْ عَاصِمٍ ۖ كَأَنَّمَا أُغْشِيَتْ وُجُوهُهُمْ قِطَعًا مِّنَ اللَّيْلِ
مُظْلِمًا ۚ أُولَٰئِكَ أَصْحَابُ النَّارِ ۖ هُمْ فِيهَا خَالِدُونَ ٢٧ وَيَوْمَ نَحْشُرُهُمْ
جَمِيعًا ثُمَّ نَقُولُ لِلَّذِينَ أَشْرَكُوا مَكَانَكُمْ أَنتُمْ وَشُرَكَاؤُكُمْ ۚ فَزَيَّلْنَا
بَيْنَهُمْ ۖ وَقَالَ شُرَكَاؤُهُم مَّا كُنتُمْ إِيَّانَا تَعْبُدُونَ ٢٨ فَكَفَىٰ بِاللَّهِ
شَهِيدًا بَيْنَنَا وَبَيْنَكُمْ إِن كُنَّا عَنْ عِبَادَتِكُمْ لَغَافِلِينَ ٢٩
هُنَالِكَ تَبْلُو كُلُّ نَفْسٍ مَّا أَسْلَفَتْ ۚ وَرُدُّوا إِلَى اللَّهِ مَوْلَاهُمُ
الْحَقِّ ۖ وَضَلَّ عَنْهُم مَّا كَانُوا يَفْتَرُونَ ٣٠ قُلْ مَن يَرْزُقُكُم مِّنَ
السَّمَاءِ وَالْأَرْضِ أَمَّن يَمْلِكُ السَّمْعَ وَالْأَبْصَارَ وَمَن يُخْرِجُ
الْحَيَّ مِنَ الْمَيِّتِ وَيُخْرِجُ الْمَيِّتَ مِنَ الْحَيِّ وَمَن يُدَبِّرُ الْأَمْرَ ۚ
فَسَيَقُولُونَ اللَّهُ ۚ فَقُلْ أَفَلَا تَتَّقُونَ ٣١ فَذَٰلِكُمُ اللَّهُ رَبُّكُمُ
الْحَقُّ ۖ فَمَاذَا بَعْدَ الْحَقِّ إِلَّا الضَّلَالُ ۖ فَأَنَّىٰ تُصْرَفُونَ ٣٢ كَذَٰلِكَ
حَقَّتْ كَلِمَتُ رَبِّكَ عَلَى الَّذِينَ فَسَقُوا أَنَّهُمْ لَا يُؤْمِنُونَ ٣٣
11 - 10 - 213
قُلْ هَلْ مِن شُرَكَائِكُم مَّن يَبْدَأُ الْخَلْقَ ثُمَّ يُعِيدُهُ ۚ قُلِ اللَّهُ يَبْدَأُ
الْخَلْقَ ثُمَّ يُعِيدُهُ ۖ فَأَنَّىٰ تُؤْفَكُونَ ٣٤ قُلْ هَلْ مِن شُرَكَائِكُم مَّن يَهْدِي
إِلَى الْحَقِّ ۚ قُلِ اللَّهُ يَهْدِي لِلْحَقِّ ۗ أَفَمَن يَهْدِي إِلَى الْحَقِّ أَحَقُّ أَن
يُتَّبَعَ أَمَّن لَّا يَهِدِّي إِلَّا أَن يُهْدَىٰ ۖ فَمَا لَكُمْ كَيْفَ تَحْكُمُونَ ٣٥
وَمَا يَتَّبِعُ أَكْثَرُهُمْ إِلَّا ظَنًّا ۚ إِنَّ الظَّنَّ لَا يُغْنِي مِنَ الْحَقِّ شَيْئًا ۚ
إِنَّ اللَّهَ عَلِيمٌ بِمَا يَفْعَلُونَ ٣٦ وَمَا كَانَ هَٰذَا الْقُرْآنُ أَن يُفْتَرَىٰ
مِن دُونِ اللَّهِ وَلَٰكِن تَصْدِيقَ الَّذِي بَيْنَ يَدَيْهِ وَتَفْصِيلَ الْكِتَابِ
لَا رَيْبَ فِيهِ مِن رَّبِّ الْعَالَمِينَ ٣٧ أَمْ يَقُولُونَ افْتَرَاهُ ۖ قُلْ فَأْتُوا بِسُورَةٍ
مِّثْلِهِ وَادْعُوا مَنِ اسْتَطَعْتُم مِّن دُونِ اللَّهِ إِن كُنتُمْ صَادِقِينَ ٣٨
بَلْ كَذَّبُوا بِمَا لَمْ يُحِيطُوا بِعِلْمِهِ وَلَمَّا يَأْتِهِمْ تَأْوِيلُهُ ۚ كَذَٰلِكَ
كَذَّبَ الَّذِينَ مِن قَبْلِهِمْ ۖ فَانظُرْ كَيْفَ كَانَ عَاقِبَةُ الظَّالِمِينَ ٣٩
وَمِنْهُم مَّن يُؤْمِنُ بِهِ وَمِنْهُم مَّن لَّا يُؤْمِنُ بِهِ ۚ وَرَبُّكَ أَعْلَمُ
بِالْمُفْسِدِينَ ٤٠ وَإِن كَذَّبُوكَ فَقُل لِّي عَمَلِي وَلَكُمْ عَمَلُكُمْ ۖ أَنتُم
بَرِيئُونَ مِمَّا أَعْمَلُ وَأَنَا بَرِيءٌ مِّمَّا تَعْمَلُونَ ٤١ وَمِنْهُم مَّن
يَسْتَمِعُونَ إِلَيْكَ ۚ أَفَأَنتَ تُسْمِعُ الصُّمَّ وَلَوْ كَانُوا لَا يَعْقِلُونَ ٤٢
11 - 10 - 214
وَمِنْهُم مَّن يَنظُرُ إِلَيْكَ ۚ أَفَأَنتَ تَهْدِي الْعُمْيَ وَلَوْ كَانُوا لَا يُبْصِرُونَ ٤٣
إِنَّ اللَّهَ لَا يَظْلِمُ النَّاسَ شَيْئًا وَلَٰكِنَّ النَّاسَ أَنفُسَهُمْ
يَظْلِمُونَ ٤٤ وَيَوْمَ يَحْشُرُهُمْ كَأَن لَّمْ يَلْبَثُوا إِلَّا سَاعَةً مِّنَ النَّهَارِ
يَتَعَارَفُونَ بَيْنَهُمْ ۚ قَدْ خَسِرَ الَّذِينَ كَذَّبُوا بِلِقَاءِ اللَّهِ وَمَا كَانُوا
مُهْتَدِينَ ٤٥ وَإِمَّا نُرِيَنَّكَ بَعْضَ الَّذِي نَعِدُهُمْ أَوْ نَتَوَفَّيَنَّكَ
فَإِلَيْنَا مَرْجِعُهُمْ ثُمَّ اللَّهُ شَهِيدٌ عَلَىٰ مَا يَفْعَلُونَ ٤٦ وَلِكُلِّ
أُمَّةٍ رَّسُولٌ ۖ فَإِذَا جَاءَ رَسُولُهُمْ قُضِيَ بَيْنَهُم بِالْقِسْطِ وَهُمْ
لَا يُظْلَمُونَ ٤٧ وَيَقُولُونَ مَتَىٰ هَٰذَا الْوَعْدُ إِن كُنتُمْ صَادِقِينَ ٤٨
قُل لَّا أَمْلِكُ لِنَفْسِي ضَرًّا وَلَا نَفْعًا إِلَّا مَا شَاءَ اللَّهُ ۗ لِكُلِّ أُمَّةٍ
أَجَلٌ ۚ إِذَا جَاءَ أَجَلُهُمْ فَلَا يَسْتَأْخِرُونَ سَاعَةً ۖ وَلَا يَسْتَقْدِمُونَ ٤٩
قُلْ أَرَأَيْتُمْ إِنْ أَتَاكُمْ عَذَابُهُ بَيَاتًا أَوْ نَهَارًا مَّاذَا يَسْتَعْجِلُ مِنْهُ
الْمُجْرِمُونَ ٥٠ أَثُمَّ إِذَا مَا وَقَعَ آمَنتُم بِهِ ۚ آلْآنَ وَقَدْ كُنتُم بِهِ
تَسْتَعْجِلُونَ ٥١ ثُمَّ قِيلَ لِلَّذِينَ ظَلَمُوا ذُوقُوا عَذَابَ الْخُلْدِ
هَلْ تُجْزَوْنَ إِلَّا بِمَا كُنتُمْ تَكْسِبُونَ ٥٢ *وَيَسْتَنبِئُونَكَ
أَحَقٌّ هُوَ ۖ قُلْ إِي وَرَبِّي إِنَّهُ لَحَقٌّ ۖ وَمَا أَنتُم بِمُعْجِزِينَ ٥٣
11 - 10 - 215
وَلَوْ أَنَّ لِكُلِّ نَفْسٍ ظَلَمَتْ مَا فِي الْأَرْضِ لَافْتَدَتْ بِهِ ۗ وَأَسَرُّوا
النَّدَامَةَ لَمَّا رَأَوُا الْعَذَابَ ۖ وَقُضِيَ بَيْنَهُم بِالْقِسْطِ ۚ وَهُمْ
لَا يُظْلَمُونَ ٥٤ أَلَا إِنَّ لِلَّهِ مَا فِي السَّمَاوَاتِ وَالْأَرْضِ ۗ أَلَا إِنَّ
وَعْدَ اللَّهِ حَقٌّ وَلَٰكِنَّ أَكْثَرَهُمْ لَا يَعْلَمُونَ ٥٥ هُوَ يُحْيِي وَيُمِيتُ
وَإِلَيْهِ تُرْجَعُونَ ٥٦ يَا أَيُّهَا النَّاسُ قَدْ جَاءَتْكُم مَّوْعِظَةٌ
مِّن رَّبِّكُمْ وَشِفَاءٌ لِّمَا فِي الصُّدُورِ وَهُدًى وَرَحْمَةٌ لِّلْمُؤْمِنِينَ ٥٧
قُلْ بِفَضْلِ اللَّهِ وَبِرَحْمَتِهِ فَبِذَٰلِكَ فَلْيَفْرَحُوا هُوَ خَيْرٌ مِّمَّا
يَجْمَعُونَ ٥٨ قُلْ أَرَأَيْتُم مَّا أَنزَلَ اللَّهُ لَكُم مِّن رِّزْقٍ
فَجَعَلْتُم مِّنْهُ حَرَامًا وَحَلَالًا قُلْ آللَّهُ أَذِنَ لَكُمْ ۖ أَمْ عَلَى
اللَّهِ تَفْتَرُونَ ٥٩ وَمَا ظَنُّ الَّذِينَ يَفْتَرُونَ عَلَى اللَّهِ الْكَذِبَ
يَوْمَ الْقِيَامَةِ ۗ إِنَّ اللَّهَ لَذُو فَضْلٍ عَلَى النَّاسِ وَلَٰكِنَّ أَكْثَرَهُمْ
لَا يَشْكُرُونَ ٦٠ وَمَا تَكُونُ فِي شَأْنٍ وَمَا تَتْلُو مِنْهُ مِن قُرْآنٍ
وَلَا تَعْمَلُونَ مِنْ عَمَلٍ إِلَّا كُنَّا عَلَيْكُمْ شُهُودًا إِذْ تُفِيضُونَ
فِيهِ ۚ وَمَا يَعْزُبُ عَن رَّبِّكَ مِن مِّثْقَالِ ذَرَّةٍ فِي الْأَرْضِ وَلَا فِي
السَّمَاءِ وَلَا أَصْغَرَ مِن ذَٰلِكَ وَلَا أَكْبَرَ إِلَّا فِي كِتَابٍ مُّبِينٍ ٦١
11 - 10 - 216
أَلَا إِنَّ أَوْلِيَاءَ اللَّهِ لَا خَوْفٌ عَلَيْهِمْ وَلَا هُمْ يَحْزَنُونَ ٦٢
الَّذِينَ آمَنُوا وَكَانُوا يَتَّقُونَ ٦٣ لَهُمُ الْبُشْرَىٰ
فِي الْحَيَاةِ الدُّنْيَا وَفِي الْآخِرَةِ ۚ لَا تَبْدِيلَ لِكَلِمَاتِ
اللَّهِ ۚ ذَٰلِكَ هُوَ الْفَوْزُ الْعَظِيمُ ٦٤ وَلَا يَحْزُنكَ قَوْلُهُمْ ۘ إِنَّ
الْعِزَّةَ لِلَّهِ جَمِيعًا ۚ هُوَ السَّمِيعُ الْعَلِيمُ ٦٥ أَلَا إِنَّ لِلَّهِ
مَن فِي السَّمَاوَاتِ وَمَن فِي الْأَرْضِ ۗ وَمَا يَتَّبِعُ الَّذِينَ
يَدْعُونَ مِن دُونِ اللَّهِ شُرَكَاءَ ۚ إِن يَتَّبِعُونَ إِلَّا الظَّنَّ
وَإِنْ هُمْ إِلَّا يَخْرُصُونَ ٦٦ هُوَ الَّذِي جَعَلَ لَكُمُ
اللَّيْلَ لِتَسْكُنُوا فِيهِ وَالنَّهَارَ مُبْصِرًا ۚ إِنَّ فِي ذَٰلِكَ
لَآيَاتٍ لِّقَوْمٍ يَسْمَعُونَ ٦٧ قَالُوا اتَّخَذَ اللَّهُ وَلَدًا ۗ
سُبْحَانَهُ ۖ هُوَ الْغَنِيُّ ۖ لَهُ مَا فِي السَّمَاوَاتِ وَمَا فِي الْأَرْضِ ۚ
إِنْ عِندَكُم مِّن سُلْطَانٍ بِهَٰذَا ۚ أَتَقُولُونَ عَلَى اللَّهِ
مَا لَا تَعْلَمُونَ ٦٨ قُلْ إِنَّ الَّذِينَ يَفْتَرُونَ عَلَى اللَّهِ الْكَذِبَ
لَا يُفْلِحُونَ ٦٩ مَتَاعٌ فِي الدُّنْيَا ثُمَّ إِلَيْنَا مَرْجِعُهُمْ ثُمَّ
نُذِيقُهُمُ الْعَذَابَ الشَّدِيدَ بِمَا كَانُوا يَكْفُرُونَ ٧٠
11 - 10 - 217
*وَاتْلُ عَلَيْهِمْ نَبَأَ نُوحٍ إِذْ قَالَ لِقَوْمِهِ يَا قَوْمِ إِن كَانَ كَبُرَ
عَلَيْكُم مَّقَامِي وَتَذْكِيرِي بِآيَاتِ اللَّهِ فَعَلَى اللَّهِ تَوَكَّلْتُ
فَأَجْمِعُوا أَمْرَكُمْ وَشُرَكَاءَكُمْ ثُمَّ لَا يَكُنْ أَمْرُكُمْ عَلَيْكُمْ غُمَّةً ثُمَّ
اقْضُوا إِلَيَّ وَلَا تُنظِرُونِ ٧١ فَإِن تَوَلَّيْتُمْ فَمَا سَأَلْتُكُم مِّنْ أَجْرٍ ۖ
إِنْ أَجْرِيَ إِلَّا عَلَى اللَّهِ ۖ وَأُمِرْتُ أَنْ أَكُونَ مِنَ الْمُسْلِمِينَ ٧٢
فَكَذَّبُوهُ فَنَجَّيْنَاهُ وَمَن مَّعَهُ فِي الْفُلْكِ وَجَعَلْنَاهُمْ خَلَائِفَ
وَأَغْرَقْنَا الَّذِينَ كَذَّبُوا بِآيَاتِنَا ۖ فَانظُرْ كَيْفَ كَانَ عَاقِبَةُ الْمُنذَرِينَ ٧٣
ثُمَّ بَعَثْنَا مِن بَعْدِهِ رُسُلًا إِلَىٰ قَوْمِهِمْ فَجَاءُوهُم بِالْبَيِّنَاتِ
فَمَا كَانُوا لِيُؤْمِنُوا بِمَا كَذَّبُوا بِهِ مِن قَبْلُ ۚ كَذَٰلِكَ نَطْبَعُ عَلَىٰ قُلُوبِ
الْمُعْتَدِينَ ٧٤ ثُمَّ بَعَثْنَا مِن بَعْدِهِم مُّوسَىٰ وَهَارُونَ إِلَىٰ فِرْعَوْنَ
وَمَلَئِهِ بِآيَاتِنَا فَاسْتَكْبَرُوا وَكَانُوا قَوْمًا مُّجْرِمِينَ ٧٥
فَلَمَّا جَاءَهُمُ الْحَقُّ مِنْ عِندِنَا قَالُوا إِنَّ هَٰذَا لَسِحْرٌ مُّبِينٌ ٧٦
قَالَ مُوسَىٰ أَتَقُولُونَ لِلْحَقِّ لَمَّا جَاءَكُمْ ۖ أَسِحْرٌ هَٰذَا وَلَا يُفْلِحُ
السَّاحِرُونَ ٧٧ قَالُوا أَجِئْتَنَا لِتَلْفِتَنَا عَمَّا وَجَدْنَا عَلَيْهِ آبَاءَنَا
وَتَكُونَ لَكُمَا الْكِبْرِيَاءُ فِي الْأَرْضِ وَمَا نَحْنُ لَكُمَا بِمُؤْمِنِينَ ٧٨
11 - 10 - 218
وَقَالَ فِرْعَوْنُ ائْتُونِي بِكُلِّ سَاحِرٍ عَلِيمٍ ٧٩ فَلَمَّا جَاءَ السَّحَرَةُ
قَالَ لَهُم مُّوسَىٰ أَلْقُوا مَا أَنتُم مُّلْقُونَ ٨٠ فَلَمَّا أَلْقَوْا قَالَ
مُوسَىٰ مَا جِئْتُم بِهِ السِّحْرُ ۖ إِنَّ اللَّهَ سَيُبْطِلُهُ ۖ إِنَّ اللَّهَ لَا يُصْلِحُ
عَمَلَ الْمُفْسِدِينَ ٨١ وَيُحِقُّ اللَّهُ الْحَقَّ بِكَلِمَاتِهِ وَلَوْ كَرِهَ
الْمُجْرِمُونَ ٨٢ فَمَا آمَنَ لِمُوسَىٰ إِلَّا ذُرِّيَّةٌ مِّن قَوْمِهِ عَلَىٰ
خَوْفٍ مِّن فِرْعَوْنَ وَمَلَئِهِمْ أَن يَفْتِنَهُمْ ۚ وَإِنَّ فِرْعَوْنَ لَعَالٍ
فِي الْأَرْضِ وَإِنَّهُ لَمِنَ الْمُسْرِفِينَ ٨٣ وَقَالَ مُوسَىٰ يَا قَوْمِ إِن
كُنتُمْ آمَنتُم بِاللَّهِ فَعَلَيْهِ تَوَكَّلُوا إِن كُنتُم مُّسْلِمِينَ ٨٤
فَقَالُوا عَلَى اللَّهِ تَوَكَّلْنَا رَبَّنَا لَا تَجْعَلْنَا فِتْنَةً لِّلْقَوْمِ الظَّالِمِينَ ٨٥
وَنَجِّنَا بِرَحْمَتِكَ مِنَ الْقَوْمِ الْكَافِرِينَ ٨٦ وَأَوْحَيْنَا إِلَىٰ مُوسَىٰ
وَأَخِيهِ أَن تَبَوَّآ لِقَوْمِكُمَا بِمِصْرَ بُيُوتًا وَاجْعَلُوا بُيُوتَكُمْ
قِبْلَةً وَأَقِيمُوا الصَّلَاةَ ۗ وَبَشِّرِ الْمُؤْمِنِينَ ٨٧ وَقَالَ مُوسَىٰ
رَبَّنَا إِنَّكَ آتَيْتَ فِرْعَوْنَ وَمَلَأَهُ زِينَةً وَأَمْوَالًا فِي الْحَيَاةِ
الدُّنْيَا رَبَّنَا لِيُضِلُّوا عَن سَبِيلِكَ ۖ رَبَّنَا اطْمِسْ عَلَىٰ أَمْوَالِهِمْ
وَاشْدُدْ عَلَىٰ قُلُوبِهِمْ فَلَا يُؤْمِنُوا حَتَّىٰ يَرَوُا الْعَذَابَ الْأَلِيمَ ٨٨
11 - 10 - 219
قَالَ قَدْ أُجِيبَت دَّعْوَتُكُمَا فَاسْتَقِيمَا وَلَا تَتَّبِعَانِّ سَبِيلَ
الَّذِينَ لَا يَعْلَمُونَ ٨٩ *وَجَاوَزْنَا بِبَنِي إِسْرَائِيلَ الْبَحْرَ فَأَتْبَعَهُمْ
فِرْعَوْنُ وَجُنُودُهُ بَغْيًا وَعَدْوًا ۖ حَتَّىٰ إِذَا أَدْرَكَهُ الْغَرَقُ
قَالَ آمَنتُ أَنَّهُ لَا إِلَٰهَ إِلَّا الَّذِي آمَنَتْ بِهِ بَنُو إِسْرَائِيلَ
وَأَنَا مِنَ الْمُسْلِمِينَ ٩٠ آلْآنَ وَقَدْ عَصَيْتَ قَبْلُ وَكُنتَ
مِنَ الْمُفْسِدِينَ ٩١ فَالْيَوْمَ نُنَجِّيكَ بِبَدَنِكَ لِتَكُونَ لِمَنْ
خَلْفَكَ آيَةً ۚ وَإِنَّ كَثِيرًا مِّنَ النَّاسِ عَنْ آيَاتِنَا لَغَافِلُونَ ٩٢
وَلَقَدْ بَوَّأْنَا بَنِي إِسْرَائِيلَ مُبَوَّأَ صِدْقٍ وَرَزَقْنَاهُم مِّنَ
الطَّيِّبَاتِ فَمَا اخْتَلَفُوا حَتَّىٰ جَاءَهُمُ الْعِلْمُ ۚ إِنَّ رَبَّكَ يَقْضِي
بَيْنَهُمْ يَوْمَ الْقِيَامَةِ فِيمَا كَانُوا فِيهِ يَخْتَلِفُونَ ٩٣ فَإِن كُنتَ فِي شَكٍّ
مِّمَّا أَنزَلْنَا إِلَيْكَ فَاسْأَلِ الَّذِينَ يَقْرَءُونَ الْكِتَابَ مِن
قَبْلِكَ ۚ لَقَدْ جَاءَكَ الْحَقُّ مِن رَّبِّكَ فَلَا تَكُونَنَّ مِنَ الْمُمْتَرِينَ ٩٤
وَلَا تَكُونَنَّ مِنَ الَّذِينَ كَذَّبُوا بِآيَاتِ اللَّهِ فَتَكُونَ مِنَ الْخَاسِرِينَ ٩٥
إِنَّ الَّذِينَ حَقَّتْ عَلَيْهِمْ كَلِمَتُ رَبِّكَ لَا يُؤْمِنُونَ ٩٦
وَلَوْ جَاءَتْهُمْ كُلُّ آيَةٍ حَتَّىٰ يَرَوُا الْعَذَابَ الْأَلِيمَ ٩٧
11 - 10 - 220
فَلَوْلَا كَانَتْ قَرْيَةٌ آمَنَتْ فَنَفَعَهَا إِيمَانُهَا إِلَّا قَوْمَ يُونُسَ
لَمَّا آمَنُوا كَشَفْنَا عَنْهُمْ عَذَابَ الْخِزْيِ فِي الْحَيَاةِ الدُّنْيَا
وَمَتَّعْنَاهُمْ إِلَىٰ حِينٍ ٩٨ وَلَوْ شَاءَ رَبُّكَ لَآمَنَ مَن فِي الْأَرْضِ
كُلُّهُمْ جَمِيعًا ۚ أَفَأَنتَ تُكْرِهُ النَّاسَ حَتَّىٰ يَكُونُوا مُؤْمِنِينَ ٩٩
وَمَا كَانَ لِنَفْسٍ أَن تُؤْمِنَ إِلَّا بِإِذْنِ اللَّهِ ۚ وَيَجْعَلُ الرِّجْسَ
عَلَى الَّذِينَ لَا يَعْقِلُونَ ١٠٠ قُلِ انظُرُوا مَاذَا فِي السَّمَاوَاتِ
وَالْأَرْضِ ۚ وَمَا تُغْنِي الْآيَاتُ وَالنُّذُرُ عَن قَوْمٍ لَّا يُؤْمِنُونَ ١٠١
فَهَلْ يَنتَظِرُونَ إِلَّا مِثْلَ أَيَّامِ الَّذِينَ خَلَوْا مِن قَبْلِهِمْ ۚ
قُلْ فَانتَظِرُوا إِنِّي مَعَكُم مِّنَ الْمُنتَظِرِينَ ١٠٢ ثُمَّ نُنَجِّي
رُسُلَنَا وَالَّذِينَ آمَنُوا ۚ كَذَٰلِكَ حَقًّا عَلَيْنَا نُنجِ الْمُؤْمِنِينَ ١٠٣
قُلْ يَا أَيُّهَا النَّاسُ إِن كُنتُمْ فِي شَكٍّ مِّن دِينِي فَلَا أَعْبُدُ الَّذِينَ
تَعْبُدُونَ مِن دُونِ اللَّهِ وَلَٰكِنْ أَعْبُدُ اللَّهَ الَّذِي يَتَوَفَّاكُمْ ۖ وَأُمِرْتُ
أَنْ أَكُونَ مِنَ الْمُؤْمِنِينَ ١٠٤ وَأَنْ أَقِمْ وَجْهَكَ لِلدِّينِ حَنِيفًا
وَلَا تَكُونَنَّ مِنَ الْمُشْرِكِينَ ١٠٥ وَلَا تَدْعُ مِن دُونِ اللَّهِ مَا لَا
يَنفَعُكَ وَلَا يَضُرُّكَ ۖ فَإِن فَعَلْتَ فَإِنَّكَ إِذًا مِّنَ الظَّالِمِينَ ١٠٦
11 - 10 - 221
وَإِن يَمْسَسْكَ اللَّهُ بِضُرٍّ فَلَا كَاشِفَ لَهُ إِلَّا هُوَ ۖ وَإِن يُرِدْكَ
بِخَيْرٍ فَلَا رَادَّ لِفَضْلِهِ ۚ يُصِيبُ بِهِ مَن يَشَاءُ مِنْ عِبَادِهِ ۚ
وَهُوَ الْغَفُورُ الرَّحِيمُ ١٠٧ قُلْ يَا أَيُّهَا النَّاسُ قَدْ جَاءَكُمُ الْحَقُّ
مِن رَّبِّكُمْ ۖ فَمَنِ اهْتَدَىٰ فَإِنَّمَا يَهْتَدِي لِنَفْسِهِ ۖ وَمَن ضَلَّ
فَإِنَّمَا يَضِلُّ عَلَيْهَا ۖ وَمَا أَنَا عَلَيْكُم بِوَكِيلٍ ١٠٨ وَاتَّبِعْ مَا يُوحَىٰ
إِلَيْكَ وَاصْبِرْ حَتَّىٰ يَحْكُمَ اللَّهُ ۚ وَهُوَ خَيْرُ الْحَاكِمِينَ ١٠٩

سُورَةُ هُودٍ

بِسْمِ اللَّهِ الرَّحْمَٰنِ الرَّحِيمِ

الر ۚ كِتَابٌ أُحْكِمَتْ آيَاتُهُ ثُمَّ فُصِّلَتْ مِن لَّدُنْ حَكِيمٍ خَبِيرٍ ١
أَلَّا تَعْبُدُوا إِلَّا اللَّهَ ۚ إِنَّنِي لَكُم مِّنْهُ نَذِيرٌ وَبَشِيرٌ ٢ وَأَنِ اسْتَغْفِرُوا
رَبَّكُمْ ثُمَّ تُوبُوا إِلَيْهِ يُمَتِّعْكُم مَّتَاعًا حَسَنًا إِلَىٰ أَجَلٍ مُّسَمًّى وَيُؤْتِ
كُلَّ ذِي فَضْلٍ فَضْلَهُ ۖ وَإِن تَوَلَّوْا فَإِنِّي أَخَافُ عَلَيْكُمْ عَذَابَ يَوْمٍ
كَبِيرٍ ٣ إِلَى اللَّهِ مَرْجِعُكُمْ ۖ وَهُوَ عَلَىٰ كُلِّ شَيْءٍ قَدِيرٌ ٤ أَلَا إِنَّهُمْ
يَثْنُونَ صُدُورَهُمْ لِيَسْتَخْفُوا مِنْهُ ۚ أَلَا حِينَ يَسْتَغْشُونَ ثِيَابَهُمْ
يَعْلَمُ مَا يُسِرُّونَ وَمَا يُعْلِنُونَ ۚ إِنَّهُ عَلِيمٌ بِذَاتِ الصُّدُورِ ٥

12-11-222

* وَمَا مِن دَابَّةٍ فِي الْأَرْضِ إِلَّا عَلَى اللَّهِ رِزْقُهَا وَيَعْلَمُ مُسْتَقَرَّهَا وَمُسْتَوْدَعَهَا كُلٌّ فِي كِتَابٍ مُّبِينٍ (٦) وَهُوَ الَّذِي خَلَقَ السَّمَاوَاتِ وَالْأَرْضَ فِي سِتَّةِ أَيَّامٍ وَكَانَ عَرْشُهُ عَلَى الْمَاءِ لِيَبْلُوَكُمْ أَيُّكُمْ أَحْسَنُ عَمَلًا وَلَئِن قُلْتَ إِنَّكُم مَّبْعُوثُونَ مِن بَعْدِ الْمَوْتِ لَيَقُولَنَّ الَّذِينَ كَفَرُوا إِنْ هَٰذَا إِلَّا سِحْرٌ مُّبِينٌ (٧) وَلَئِنْ أَخَّرْنَا عَنْهُمُ الْعَذَابَ إِلَىٰ أُمَّةٍ مَّعْدُودَةٍ لَّيَقُولُنَّ مَا يَحْبِسُهُ أَلَا يَوْمَ يَأْتِيهِمْ لَيْسَ مَصْرُوفًا عَنْهُمْ وَحَاقَ بِهِم مَّا كَانُوا بِهِ يَسْتَهْزِئُونَ (٨) وَلَئِنْ أَذَقْنَا الْإِنسَانَ مِنَّا رَحْمَةً ثُمَّ نَزَعْنَاهَا مِنْهُ إِنَّهُ لَيَئُوسٌ كَفُورٌ (٩) وَلَئِنْ أَذَقْنَاهُ نَعْمَاءَ بَعْدَ ضَرَّاءَ مَسَّتْهُ لَيَقُولَنَّ ذَهَبَ السَّيِّئَاتُ عَنِّي إِنَّهُ لَفَرِحٌ فَخُورٌ (١٠) إِلَّا الَّذِينَ صَبَرُوا وَعَمِلُوا الصَّالِحَاتِ أُولَٰئِكَ لَهُم مَّغْفِرَةٌ وَأَجْرٌ كَبِيرٌ (١١) فَلَعَلَّكَ تَارِكٌ بَعْضَ مَا يُوحَىٰ إِلَيْكَ وَضَائِقٌ بِهِ صَدْرُكَ أَن يَقُولُوا لَوْلَا أُنزِلَ عَلَيْهِ كَنزٌ أَوْ جَاءَ مَعَهُ مَلَكٌ إِنَّمَا أَنتَ نَذِيرٌ وَاللَّهُ عَلَىٰ كُلِّ شَيْءٍ وَكِيلٌ (١٢)

12-11-223

أَمْ يَقُولُونَ افْتَرَاهُ قُلْ فَأْتُوا بِعَشْرِ سُوَرٍ مِّثْلِهِ مُفْتَرَيَاتٍ وَادْعُوا مَنِ اسْتَطَعْتُم مِّن دُونِ اللَّهِ إِن كُنتُمْ صَادِقِينَ (١٣) فَإِلَّمْ يَسْتَجِيبُوا لَكُمْ فَاعْلَمُوا أَنَّمَا أُنزِلَ بِعِلْمِ اللَّهِ وَأَن لَّا إِلَٰهَ إِلَّا هُوَ فَهَلْ أَنتُم مُّسْلِمُونَ (١٤) مَن كَانَ يُرِيدُ الْحَيَاةَ الدُّنْيَا وَزِينَتَهَا نُوَفِّ إِلَيْهِمْ أَعْمَالَهُمْ فِيهَا وَهُمْ فِيهَا لَا يُبْخَسُونَ (١٥) أُولَٰئِكَ الَّذِينَ لَيْسَ لَهُمْ فِي الْآخِرَةِ إِلَّا النَّارُ وَحَبِطَ مَا صَنَعُوا فِيهَا وَبَاطِلٌ مَّا كَانُوا يَعْمَلُونَ (١٦) أَفَمَن كَانَ عَلَىٰ بَيِّنَةٍ مِّن رَّبِّهِ وَيَتْلُوهُ شَاهِدٌ مِّنْهُ وَمِن قَبْلِهِ كِتَابُ مُوسَىٰ إِمَامًا وَرَحْمَةً أُولَٰئِكَ يُؤْمِنُونَ بِهِ وَمَن يَكْفُرْ بِهِ مِنَ الْأَحْزَابِ فَالنَّارُ مَوْعِدُهُ فَلَا تَكُ فِي مِرْيَةٍ مِّنْهُ إِنَّهُ الْحَقُّ مِن رَّبِّكَ وَلَٰكِنَّ أَكْثَرَ النَّاسِ لَا يُؤْمِنُونَ (١٧) وَمَنْ أَظْلَمُ مِمَّنِ افْتَرَىٰ عَلَى اللَّهِ كَذِبًا أُولَٰئِكَ يُعْرَضُونَ عَلَىٰ رَبِّهِمْ وَيَقُولُ الْأَشْهَادُ هَٰؤُلَاءِ الَّذِينَ كَذَبُوا عَلَىٰ رَبِّهِمْ أَلَا لَعْنَةُ اللَّهِ عَلَى الظَّالِمِينَ (١٨) الَّذِينَ يَصُدُّونَ عَن سَبِيلِ اللَّهِ وَيَبْغُونَهَا عِوَجًا وَهُم بِالْآخِرَةِ هُمْ كَافِرُونَ (١٩)

12-11-224

أُولَٰئِكَ لَمْ يَكُونُوا مُعْجِزِينَ فِي الْأَرْضِ وَمَا كَانَ لَهُم مِّن دُونِ اللَّهِ مِنْ أَوْلِيَاءَ يُضَاعَفُ لَهُمُ الْعَذَابُ مَا كَانُوا يَسْتَطِيعُونَ السَّمْعَ وَمَا كَانُوا يُبْصِرُونَ (٢٠) أُولَٰئِكَ الَّذِينَ خَسِرُوا أَنفُسَهُمْ وَضَلَّ عَنْهُم مَّا كَانُوا يَفْتَرُونَ (٢١) لَا جَرَمَ أَنَّهُمْ فِي الْآخِرَةِ هُمُ الْأَخْسَرُونَ (٢٢) إِنَّ الَّذِينَ آمَنُوا وَعَمِلُوا الصَّالِحَاتِ وَأَخْبَتُوا إِلَىٰ رَبِّهِمْ أُولَٰئِكَ أَصْحَابُ الْجَنَّةِ هُمْ فِيهَا خَالِدُونَ (٢٣) * مَثَلُ الْفَرِيقَيْنِ كَالْأَعْمَىٰ وَالْأَصَمِّ وَالْبَصِيرِ وَالسَّمِيعِ هَلْ يَسْتَوِيَانِ مَثَلًا أَفَلَا تَذَكَّرُونَ (٢٤) وَلَقَدْ أَرْسَلْنَا نُوحًا إِلَىٰ قَوْمِهِ إِنِّي لَكُمْ نَذِيرٌ مُّبِينٌ (٢٥) أَن لَّا تَعْبُدُوا إِلَّا اللَّهَ إِنِّي أَخَافُ عَلَيْكُمْ عَذَابَ يَوْمٍ أَلِيمٍ (٢٦) فَقَالَ الْمَلَأُ الَّذِينَ كَفَرُوا مِن قَوْمِهِ مَا نَرَاكَ إِلَّا بَشَرًا مِّثْلَنَا وَمَا نَرَاكَ اتَّبَعَكَ إِلَّا الَّذِينَ هُمْ أَرَاذِلُنَا بَادِيَ الرَّأْيِ وَمَا نَرَىٰ لَكُمْ عَلَيْنَا مِن فَضْلٍ بَلْ نَظُنُّكُمْ كَاذِبِينَ (٢٧) قَالَ يَا قَوْمِ أَرَأَيْتُمْ إِن كُنتُ عَلَىٰ بَيِّنَةٍ مِّن رَّبِّي وَآتَانِي رَحْمَةً مِّنْ عِندِهِ فَعُمِّيَتْ عَلَيْكُمْ أَنُلْزِمُكُمُوهَا وَأَنتُمْ لَهَا كَارِهُونَ (٢٨)

12-11-225

وَيَا قَوْمِ لَا أَسْأَلُكُمْ عَلَيْهِ مَالًا إِنْ أَجْرِيَ إِلَّا عَلَى اللَّهِ وَمَا أَنَا بِطَارِدِ الَّذِينَ آمَنُوا إِنَّهُم مُّلَاقُو رَبِّهِمْ وَلَٰكِنِّي أَرَاكُمْ قَوْمًا تَجْهَلُونَ (٢٩) وَيَا قَوْمِ مَن يَنصُرُنِي مِنَ اللَّهِ إِن طَرَدتُّهُمْ أَفَلَا تَذَكَّرُونَ (٣٠) وَلَا أَقُولُ لَكُمْ عِندِي خَزَائِنُ اللَّهِ وَلَا أَعْلَمُ الْغَيْبَ وَلَا أَقُولُ إِنِّي مَلَكٌ وَلَا أَقُولُ لِلَّذِينَ تَزْدَرِي أَعْيُنُكُمْ لَن يُؤْتِيَهُمُ اللَّهُ خَيْرًا اللَّهُ أَعْلَمُ بِمَا فِي أَنفُسِهِمْ إِنِّي إِذًا لَّمِنَ الظَّالِمِينَ (٣١) قَالُوا يَا نُوحُ قَدْ جَادَلْتَنَا فَأَكْثَرْتَ جِدَالَنَا فَأْتِنَا بِمَا تَعِدُنَا إِن كُنتَ مِنَ الصَّادِقِينَ (٣٢) قَالَ إِنَّمَا يَأْتِيكُم بِهِ اللَّهُ إِن شَاءَ وَمَا أَنتُم بِمُعْجِزِينَ (٣٣) وَلَا يَنفَعُكُمْ نُصْحِي إِنْ أَرَدتُّ أَنْ أَنصَحَ لَكُمْ إِن كَانَ اللَّهُ يُرِيدُ أَن يُغْوِيَكُمْ هُوَ رَبُّكُمْ وَإِلَيْهِ تُرْجَعُونَ (٣٤) أَمْ يَقُولُونَ افْتَرَاهُ قُلْ إِنِ افْتَرَيْتُهُ فَعَلَيَّ إِجْرَامِي وَأَنَا بَرِيءٌ مِّمَّا تُجْرِمُونَ (٣٥) وَأُوحِيَ إِلَىٰ نُوحٍ أَنَّهُ لَن يُؤْمِنَ مِن قَوْمِكَ إِلَّا مَن قَدْ آمَنَ فَلَا تَبْتَئِسْ بِمَا كَانُوا يَفْعَلُونَ (٣٦) وَاصْنَعِ الْفُلْكَ بِأَعْيُنِنَا وَوَحْيِنَا وَلَا تُخَاطِبْنِي فِي الَّذِينَ ظَلَمُوا إِنَّهُم مُّغْرَقُونَ (٣٧)

12-11-226

وَيَصْنَعُ الْفُلْكَ وَكُلَّمَا مَرَّ عَلَيْهِ مَلَأٌ مِّن قَوْمِهِ سَخِرُوا مِنْهُ قَالَ إِن تَسْخَرُوا مِنَّا فَإِنَّا نَسْخَرُ مِنكُمْ كَمَا تَسْخَرُونَ (٣٨) فَسَوْفَ تَعْلَمُونَ مَن يَأْتِيهِ عَذَابٌ يُخْزِيهِ وَيَحِلُّ عَلَيْهِ عَذَابٌ مُّقِيمٌ (٣٩) حَتَّىٰ إِذَا جَاءَ أَمْرُنَا وَفَارَ التَّنُّورُ قُلْنَا احْمِلْ فِيهَا مِن كُلٍّ زَوْجَيْنِ اثْنَيْنِ وَأَهْلَكَ إِلَّا مَن سَبَقَ عَلَيْهِ الْقَوْلُ وَمَنْ آمَنَ وَمَا آمَنَ مَعَهُ إِلَّا قَلِيلٌ (٤٠) * وَقَالَ ارْكَبُوا فِيهَا بِسْمِ اللَّهِ مَجْرَاهَا وَمُرْسَاهَا إِنَّ رَبِّي لَغَفُورٌ رَّحِيمٌ (٤١) وَهِيَ تَجْرِي بِهِمْ فِي مَوْجٍ كَالْجِبَالِ وَنَادَىٰ نُوحٌ ابْنَهُ وَكَانَ فِي مَعْزِلٍ يَا بُنَيَّ ارْكَب مَّعَنَا وَلَا تَكُن مَّعَ الْكَافِرِينَ (٤٢) قَالَ سَآوِي إِلَىٰ جَبَلٍ يَعْصِمُنِي مِنَ الْمَاءِ قَالَ لَا عَاصِمَ الْيَوْمَ مِنْ أَمْرِ اللَّهِ إِلَّا مَن رَّحِمَ وَحَالَ بَيْنَهُمَا الْمَوْجُ فَكَانَ مِنَ الْمُغْرَقِينَ (٤٣) وَقِيلَ يَا أَرْضُ ابْلَعِي مَاءَكِ وَيَا سَمَاءُ أَقْلِعِي وَغِيضَ الْمَاءُ وَقُضِيَ الْأَمْرُ وَاسْتَوَتْ عَلَى الْجُودِيِّ وَقِيلَ بُعْدًا لِّلْقَوْمِ الظَّالِمِينَ (٤٤) وَنَادَىٰ نُوحٌ رَّبَّهُ فَقَالَ رَبِّ إِنَّ ابْنِي مِنْ أَهْلِي وَإِنَّ وَعْدَكَ الْحَقُّ وَأَنتَ أَحْكَمُ الْحَاكِمِينَ (٤٥)

12-11-227

قَالَ يَا نُوحُ إِنَّهُ لَيْسَ مِنْ أَهْلِكَ إِنَّهُ عَمَلٌ غَيْرُ صَالِحٍ فَلَا تَسْأَلْنِ مَا لَيْسَ لَكَ بِهِ عِلْمٌ إِنِّي أَعِظُكَ أَن تَكُونَ مِنَ الْجَاهِلِينَ (٤٦) قَالَ رَبِّ إِنِّي أَعُوذُ بِكَ أَنْ أَسْأَلَكَ مَا لَيْسَ لِي بِهِ عِلْمٌ وَإِلَّا تَغْفِرْ لِي وَتَرْحَمْنِي أَكُن مِّنَ الْخَاسِرِينَ (٤٧) قِيلَ يَا نُوحُ اهْبِطْ بِسَلَامٍ مِّنَّا وَبَرَكَاتٍ عَلَيْكَ وَعَلَىٰ أُمَمٍ مِّمَّن مَّعَكَ وَأُمَمٌ سَنُمَتِّعُهُمْ ثُمَّ يَمَسُّهُم مِّنَّا عَذَابٌ أَلِيمٌ (٤٨) تِلْكَ مِنْ أَنبَاءِ الْغَيْبِ نُوحِيهَا إِلَيْكَ مَا كُنتَ تَعْلَمُهَا أَنتَ وَلَا قَوْمُكَ مِن قَبْلِ هَٰذَا فَاصْبِرْ إِنَّ الْعَاقِبَةَ لِلْمُتَّقِينَ (٤٩) وَإِلَىٰ عَادٍ أَخَاهُمْ هُودًا قَالَ يَا قَوْمِ اعْبُدُوا اللَّهَ مَا لَكُم مِّنْ إِلَٰهٍ غَيْرُهُ إِنْ أَنتُمْ إِلَّا مُفْتَرُونَ (٥٠) يَا قَوْمِ لَا أَسْأَلُكُمْ عَلَيْهِ أَجْرًا إِنْ أَجْرِيَ إِلَّا عَلَى الَّذِي فَطَرَنِي أَفَلَا تَعْقِلُونَ (٥١) وَيَا قَوْمِ اسْتَغْفِرُوا رَبَّكُمْ ثُمَّ تُوبُوا إِلَيْهِ يُرْسِلِ السَّمَاءَ عَلَيْكُم مِّدْرَارًا وَيَزِدْكُمْ قُوَّةً إِلَىٰ قُوَّتِكُمْ وَلَا تَتَوَلَّوْا مُجْرِمِينَ (٥٢) قَالُوا يَا هُودُ مَا جِئْتَنَا بِبَيِّنَةٍ وَمَا نَحْنُ بِتَارِكِي آلِهَتِنَا عَن قَوْلِكَ وَمَا نَحْنُ لَكَ بِمُؤْمِنِينَ (٥٣)

12-11-228

إِن نَّقُولُ إِلَّا اعْتَرَاكَ بَعْضُ آلِهَتِنَا بِسُوءٍ قَالَ إِنِّي أُشْهِدُ اللَّهَ وَاشْهَدُوا أَنِّي بَرِيءٌ مِّمَّا تُشْرِكُونَ (٥٤) مِن دُونِهِ فَكِيدُونِي جَمِيعًا ثُمَّ لَا تُنظِرُونِ (٥٥) إِنِّي تَوَكَّلْتُ عَلَى اللَّهِ رَبِّي وَرَبِّكُم مَّا مِن دَابَّةٍ إِلَّا هُوَ آخِذٌ بِنَاصِيَتِهَا إِنَّ رَبِّي عَلَىٰ صِرَاطٍ مُّسْتَقِيمٍ (٥٦) فَإِن تَوَلَّوْا فَقَدْ أَبْلَغْتُكُم مَّا أُرْسِلْتُ بِهِ إِلَيْكُمْ وَيَسْتَخْلِفُ رَبِّي قَوْمًا غَيْرَكُمْ وَلَا تَضُرُّونَهُ شَيْئًا إِنَّ رَبِّي عَلَىٰ كُلِّ شَيْءٍ حَفِيظٌ (٥٧) وَلَمَّا جَاءَ أَمْرُنَا نَجَّيْنَا هُودًا وَالَّذِينَ آمَنُوا مَعَهُ بِرَحْمَةٍ مِّنَّا وَنَجَّيْنَاهُم مِّنْ عَذَابٍ غَلِيظٍ (٥٨) وَتِلْكَ عَادٌ جَحَدُوا بِآيَاتِ رَبِّهِمْ وَعَصَوْا رُسُلَهُ وَاتَّبَعُوا أَمْرَ كُلِّ جَبَّارٍ عَنِيدٍ (٥٩) وَأُتْبِعُوا فِي هَٰذِهِ الدُّنْيَا لَعْنَةً وَيَوْمَ الْقِيَامَةِ أَلَا إِنَّ عَادًا كَفَرُوا رَبَّهُمْ أَلَا بُعْدًا لِّعَادٍ قَوْمِ هُودٍ (٦٠) * وَإِلَىٰ ثَمُودَ أَخَاهُمْ صَالِحًا قَالَ يَا قَوْمِ اعْبُدُوا اللَّهَ مَا لَكُم مِّنْ إِلَٰهٍ غَيْرُهُ هُوَ أَنشَأَكُم مِّنَ الْأَرْضِ وَاسْتَعْمَرَكُمْ فِيهَا فَاسْتَغْفِرُوهُ ثُمَّ تُوبُوا إِلَيْهِ إِنَّ رَبِّي قَرِيبٌ مُّجِيبٌ (٦١) قَالُوا يَا صَالِحُ قَدْ كُنتَ فِينَا مَرْجُوًّا قَبْلَ هَٰذَا أَتَنْهَانَا أَن نَّعْبُدَ مَا يَعْبُدُ آبَاؤُنَا وَإِنَّنَا لَفِي شَكٍّ مِّمَّا تَدْعُونَا إِلَيْهِ مُرِيبٍ (٦٢)

12-11-229

قَالَ يَا قَوْمِ أَرَأَيْتُمْ إِن كُنتُ عَلَىٰ بَيِّنَةٍ مِّن رَّبِّي وَآتَانِي مِنْهُ رَحْمَةً فَمَن يَنصُرُنِي مِنَ اللَّهِ إِنْ عَصَيْتُهُ فَمَا تَزِيدُونَنِي غَيْرَ تَخْسِيرٍ (٦٣) وَيَا قَوْمِ هَٰذِهِ نَاقَةُ اللَّهِ لَكُمْ آيَةً فَذَرُوهَا تَأْكُلْ فِي أَرْضِ اللَّهِ وَلَا تَمَسُّوهَا بِسُوءٍ فَيَأْخُذَكُمْ عَذَابٌ قَرِيبٌ (٦٤) فَعَقَرُوهَا فَقَالَ تَمَتَّعُوا فِي دَارِكُمْ ثَلَاثَةَ أَيَّامٍ ذَٰلِكَ وَعْدٌ غَيْرُ مَكْذُوبٍ (٦٥) فَلَمَّا جَاءَ أَمْرُنَا نَجَّيْنَا صَالِحًا وَالَّذِينَ آمَنُوا مَعَهُ بِرَحْمَةٍ مِّنَّا وَمِنْ خِزْيِ يَوْمِئِذٍ إِنَّ رَبَّكَ هُوَ الْقَوِيُّ الْعَزِيزُ (٦٦) وَأَخَذَ الَّذِينَ ظَلَمُوا الصَّيْحَةُ فَأَصْبَحُوا فِي دِيَارِهِمْ جَاثِمِينَ (٦٧) كَأَن لَّمْ يَغْنَوْا فِيهَا أَلَا إِنَّ ثَمُودَ كَفَرُوا رَبَّهُمْ أَلَا بُعْدًا لِّثَمُودَ (٦٨) وَلَقَدْ جَاءَتْ رُسُلُنَا إِبْرَاهِيمَ بِالْبُشْرَىٰ قَالُوا سَلَامًا قَالَ سَلَامٌ فَمَا لَبِثَ أَن جَاءَ بِعِجْلٍ حَنِيذٍ (٦٩) فَلَمَّا رَأَىٰ أَيْدِيَهُمْ لَا تَصِلُ إِلَيْهِ نَكِرَهُمْ وَأَوْجَسَ مِنْهُمْ خِيفَةً قَالُوا لَا تَخَفْ إِنَّا أُرْسِلْنَا إِلَىٰ قَوْمِ لُوطٍ (٧٠) وَامْرَأَتُهُ قَائِمَةٌ فَضَحِكَتْ فَبَشَّرْنَاهَا بِإِسْحَاقَ وَمِن وَرَاءِ إِسْحَاقَ يَعْقُوبَ (٧١)

12-11-230

قَالَتْ يَا وَيْلَتَىٰ أَأَلِدُ وَأَنَا عَجُوزٌ وَهَٰذَا بَعْلِي شَيْخًا إِنَّ هَٰذَا لَشَيْءٌ عَجِيبٌ (٧٢) قَالُوا أَتَعْجَبِينَ مِنْ أَمْرِ اللَّهِ رَحْمَتُ اللَّهِ وَبَرَكَاتُهُ عَلَيْكُمْ أَهْلَ الْبَيْتِ إِنَّهُ حَمِيدٌ مَّجِيدٌ (٧٣) فَلَمَّا ذَهَبَ عَنْ إِبْرَاهِيمَ الرَّوْعُ وَجَاءَتْهُ الْبُشْرَىٰ يُجَادِلُنَا فِي قَوْمِ لُوطٍ (٧٤) إِنَّ إِبْرَاهِيمَ لَحَلِيمٌ أَوَّاهٌ مُّنِيبٌ (٧٥) يَا إِبْرَاهِيمُ أَعْرِضْ عَنْ هَٰذَا إِنَّهُ قَدْ جَاءَ أَمْرُ رَبِّكَ وَإِنَّهُمْ آتِيهِمْ عَذَابٌ غَيْرُ مَرْدُودٍ (٧٦) وَلَمَّا جَاءَتْ رُسُلُنَا لُوطًا سِيءَ بِهِمْ وَضَاقَ بِهِمْ ذَرْعًا وَقَالَ هَٰذَا يَوْمٌ عَصِيبٌ (٧٧) وَجَاءَهُ قَوْمُهُ يُهْرَعُونَ إِلَيْهِ وَمِن قَبْلُ كَانُوا يَعْمَلُونَ السَّيِّئَاتِ قَالَ يَا قَوْمِ هَٰؤُلَاءِ بَنَاتِي هُنَّ أَطْهَرُ لَكُمْ فَاتَّقُوا اللَّهَ وَلَا تُخْزُونِ فِي ضَيْفِي أَلَيْسَ مِنكُمْ رَجُلٌ رَّشِيدٌ (٧٨) قَالُوا لَقَدْ عَلِمْتَ مَا لَنَا فِي بَنَاتِكَ مِنْ حَقٍّ وَإِنَّكَ لَتَعْلَمُ مَا نُرِيدُ (٧٩) قَالَ لَوْ أَنَّ لِي بِكُمْ قُوَّةً أَوْ آوِي إِلَىٰ رُكْنٍ شَدِيدٍ (٨٠) قَالُوا يَا لُوطُ إِنَّا رُسُلُ رَبِّكَ لَن يَصِلُوا إِلَيْكَ فَأَسْرِ بِأَهْلِكَ بِقِطْعٍ مِّنَ اللَّيْلِ وَلَا يَلْتَفِتْ مِنكُمْ أَحَدٌ إِلَّا امْرَأَتَكَ إِنَّهُ مُصِيبُهَا مَا أَصَابَهُمْ إِنَّ مَوْعِدَهُمُ الصُّبْحُ أَلَيْسَ الصُّبْحُ بِقَرِيبٍ (٨١)

12-11-231

فَلَمَّا جَاءَ أَمْرُنَا جَعَلْنَا عَالِيَهَا سَافِلَهَا وَأَمْطَرْنَا عَلَيْهَا حِجَارَةً مِّن سِجِّيلٍ مَّنضُودٍ (٨٢) مُّسَوَّمَةً عِندَ رَبِّكَ وَمَا هِيَ مِنَ الظَّالِمِينَ بِبَعِيدٍ (٨٣) * وَإِلَىٰ مَدْيَنَ أَخَاهُمْ شُعَيْبًا قَالَ يَا قَوْمِ اعْبُدُوا اللَّهَ مَا لَكُم مِّنْ إِلَٰهٍ غَيْرُهُ وَلَا تَنقُصُوا الْمِكْيَالَ وَالْمِيزَانَ إِنِّي أَرَاكُم بِخَيْرٍ وَإِنِّي أَخَافُ عَلَيْكُمْ عَذَابَ يَوْمٍ مُّحِيطٍ (٨٤) وَيَا قَوْمِ أَوْفُوا الْمِكْيَالَ وَالْمِيزَانَ بِالْقِسْطِ وَلَا تَبْخَسُوا النَّاسَ أَشْيَاءَهُمْ وَلَا تَعْثَوْا فِي الْأَرْضِ مُفْسِدِينَ (٨٥) بَقِيَّتُ اللَّهِ خَيْرٌ لَّكُمْ إِن كُنتُم مُّؤْمِنِينَ وَمَا أَنَا عَلَيْكُم بِحَفِيظٍ (٨٦) قَالُوا يَا شُعَيْبُ أَصَلَاتُكَ تَأْمُرُكَ أَن نَّتْرُكَ مَا يَعْبُدُ آبَاؤُنَا أَوْ أَن نَّفْعَلَ فِي أَمْوَالِنَا مَا نَشَاءُ إِنَّكَ لَأَنتَ الْحَلِيمُ الرَّشِيدُ (٨٧) قَالَ يَا قَوْمِ أَرَأَيْتُمْ إِن كُنتُ عَلَىٰ بَيِّنَةٍ مِّن رَّبِّي وَرَزَقَنِي مِنْهُ رِزْقًا حَسَنًا وَمَا أُرِيدُ أَنْ أُخَالِفَكُمْ إِلَىٰ مَا أَنْهَاكُمْ عَنْهُ إِنْ أُرِيدُ إِلَّا الْإِصْلَاحَ مَا اسْتَطَعْتُ وَمَا تَوْفِيقِي إِلَّا بِاللَّهِ عَلَيْهِ تَوَكَّلْتُ وَإِلَيْهِ أُنِيبُ (٨٨)

12 - 11 - 232 وَيَٰقَوْمِ لَا يَجْرِمَنَّكُمْ شِقَاقِىٓ أَن يُصِيبَكُم مِّثْلُ مَآ أَصَابَ
قَوْمَ نُوحٍ أَوْ قَوْمَ هُودٍ أَوْ قَوْمَ صَٰلِحٍ ۚ وَمَا قَوْمُ لُوطٍ مِّنكُم
بِبَعِيدٍ ٨٩ وَٱسْتَغْفِرُوا۟ رَبَّكُمْ ثُمَّ تُوبُوٓا۟ إِلَيْهِ ۚ إِنَّ رَبِّى
رَحِيمٌ وَدُودٌ ٩٠ قَالُوا۟ يَٰشُعَيْبُ مَا نَفْقَهُ كَثِيرًا مِّمَّا تَقُولُ
وَإِنَّا لَنَرَىٰكَ فِينَا ضَعِيفًا ۖ وَلَوْلَا رَهْطُكَ لَرَجَمْنَٰكَ ۖ وَمَآ أَنتَ
عَلَيْنَا بِعَزِيزٍ ٩١ قَالَ يَٰقَوْمِ أَرَهْطِىٓ أَعَزُّ عَلَيْكُم مِّنَ ٱللَّهِ
وَٱتَّخَذْتُمُوهُ وَرَآءَكُمْ ظِهْرِيًّا ۖ إِنَّ رَبِّى بِمَا تَعْمَلُونَ
مُحِيطٌ ٩٢ وَيَٰقَوْمِ ٱعْمَلُوا۟ عَلَىٰ مَكَانَتِكُمْ إِنِّى عَٰمِلٌ ۖ
سَوْفَ تَعْلَمُونَ مَن يَأْتِيهِ عَذَابٌ يُخْزِيهِ وَمَنْ هُوَ كَٰذِبٌ ۖ
وَٱرْتَقِبُوٓا۟ إِنِّى مَعَكُمْ رَقِيبٌ ٩٣ وَلَمَّا جَآءَ أَمْرُنَا نَجَّيْنَا
شُعَيْبًا وَٱلَّذِينَ ءَامَنُوا۟ مَعَهُۥ بِرَحْمَةٍ مِّنَّا وَأَخَذَتِ
ٱلَّذِينَ ظَلَمُوا۟ ٱلصَّيْحَةُ فَأَصْبَحُوا۟ فِى دِيَٰرِهِمْ جَٰثِمِينَ ٩٤
كَأَن لَّمْ يَغْنَوْا۟ فِيهَآ ۗ أَلَا بُعْدًا لِّمَدْيَنَ كَمَا بَعِدَتْ ثَمُودُ ٩٥
وَلَقَدْ أَرْسَلْنَا مُوسَىٰ بِـَٔايَٰتِنَا وَسُلْطَٰنٍ مُّبِينٍ ٩٦ إِلَىٰ فِرْعَوْنَ
وَمَلَإِي۟هِۦ فَٱتَّبَعُوٓا۟ أَمْرَ فِرْعَوْنَ ۖ وَمَآ أَمْرُ فِرْعَوْنَ بِرَشِيدٍ ٩٧
12 - 11 - 233 يَقْدُمُ قَوْمَهُۥ يَوْمَ ٱلْقِيَٰمَةِ فَأَوْرَدَهُمُ ٱلنَّارَ ۖ وَبِئْسَ ٱلْوِرْدُ
ٱلْمَوْرُودُ ٩٨ وَأُتْبِعُوا۟ فِى هَٰذِهِۦ لَعْنَةً وَيَوْمَ ٱلْقِيَٰمَةِ ۚ بِئْسَ
ٱلرِّفْدُ ٱلْمَرْفُودُ ٩٩ ذَٰلِكَ مِنْ أَنۢبَآءِ ٱلْقُرَىٰ نَقُصُّهُۥ عَلَيْكَ ۖ
مِنْهَا قَآئِمٌ وَحَصِيدٌ ١٠٠ وَمَا ظَلَمْنَٰهُمْ وَلَٰكِن ظَلَمُوٓا۟
أَنفُسَهُمْ ۖ فَمَآ أَغْنَتْ عَنْهُمْ ءَالِهَتُهُمُ ٱلَّتِى يَدْعُونَ مِن دُونِ
ٱللَّهِ مِن شَىْءٍ لَّمَّا جَآءَ أَمْرُ رَبِّكَ ۖ وَمَا زَادُوهُمْ غَيْرَ تَتْبِيبٍ ١٠١
وَكَذَٰلِكَ أَخْذُ رَبِّكَ إِذَآ أَخَذَ ٱلْقُرَىٰ وَهِىَ ظَٰلِمَةٌ ۚ إِنَّ أَخْذَهُۥٓ
أَلِيمٌ شَدِيدٌ ١٠٢ إِنَّ فِى ذَٰلِكَ لَءَايَةً لِّمَنْ خَافَ عَذَابَ ٱلْءَاخِرَةِ ۚ
ذَٰلِكَ يَوْمٌ مَّجْمُوعٌ لَّهُ ٱلنَّاسُ وَذَٰلِكَ يَوْمٌ مَّشْهُودٌ ١٠٣
وَمَا نُؤَخِّرُهُۥٓ إِلَّا لِأَجَلٍ مَّعْدُودٍ ١٠٤ يَوْمَ يَأْتِ لَا تَكَلَّمُ نَفْسٌ
إِلَّا بِإِذْنِهِۦ ۚ فَمِنْهُمْ شَقِىٌّ وَسَعِيدٌ ١٠٥ فَأَمَّا ٱلَّذِينَ شَقُوا۟ فَفِى
ٱلنَّارِ لَهُمْ فِيهَا زَفِيرٌ وَشَهِيقٌ ١٠٦ خَٰلِدِينَ فِيهَا مَا دَامَتِ ٱلسَّمَٰوَٰتُ
وَٱلْأَرْضُ إِلَّا مَا شَآءَ رَبُّكَ ۚ إِنَّ رَبَّكَ فَعَّالٌ لِّمَا يُرِيدُ ١٠٧
۞ وَأَمَّا ٱلَّذِينَ سُعِدُوا۟ فَفِى ٱلْجَنَّةِ خَٰلِدِينَ فِيهَا مَا دَامَتِ
ٱلسَّمَٰوَٰتُ وَٱلْأَرْضُ إِلَّا مَا شَآءَ رَبُّكَ ۖ عَطَآءً غَيْرَ مَجْذُوذٍ ١٠٨
12 - 11 - 234 فَلَا تَكُ فِى مِرْيَةٍ مِّمَّا يَعْبُدُ هَٰٓؤُلَآءِ ۚ مَا يَعْبُدُونَ إِلَّا كَمَا يَعْبُدُ
ءَابَآؤُهُم مِّن قَبْلُ ۚ وَإِنَّا لَمُوَفُّوهُمْ نَصِيبَهُمْ غَيْرَ مَنقُوصٍ ١٠٩
وَلَقَدْ ءَاتَيْنَا مُوسَى ٱلْكِتَٰبَ فَٱخْتُلِفَ فِيهِ ۚ وَلَوْلَا كَلِمَةٌ
سَبَقَتْ مِن رَّبِّكَ لَقُضِىَ بَيْنَهُمْ ۚ وَإِنَّهُمْ لَفِى شَكٍّ مِّنْهُ مُرِيبٍ ١١٠
وَإِنَّ كُلًّا لَّمَّا لَيُوَفِّيَنَّهُمْ رَبُّكَ أَعْمَٰلَهُمْ ۚ إِنَّهُۥ بِمَا يَعْمَلُونَ
خَبِيرٌ ١١١ فَٱسْتَقِمْ كَمَآ أُمِرْتَ وَمَن تَابَ مَعَكَ وَلَا تَطْغَوْا۟ ۚ
إِنَّهُۥ بِمَا تَعْمَلُونَ بَصِيرٌ ١١٢ وَلَا تَرْكَنُوٓا۟ إِلَى ٱلَّذِينَ ظَلَمُوا۟
فَتَمَسَّكُمُ ٱلنَّارُ وَمَا لَكُم مِّن دُونِ ٱللَّهِ مِنْ أَوْلِيَآءَ ثُمَّ
لَا تُنصَرُونَ ١١٣ وَأَقِمِ ٱلصَّلَوٰةَ طَرَفَىِ ٱلنَّهَارِ وَزُلَفًا مِّنَ
ٱلَّيْلِ ۚ إِنَّ ٱلْحَسَنَٰتِ يُذْهِبْنَ ٱلسَّيِّـَٔاتِ ۚ ذَٰلِكَ ذِكْرَىٰ
لِلذَّٰكِرِينَ ١١٤ وَٱصْبِرْ فَإِنَّ ٱللَّهَ لَا يُضِيعُ أَجْرَ ٱلْمُحْسِنِينَ ١١٥
فَلَوْلَا كَانَ مِنَ ٱلْقُرُونِ مِن قَبْلِكُمْ أُو۟لُوا۟ بَقِيَّةٍ يَنْهَوْنَ
عَنِ ٱلْفَسَادِ فِى ٱلْأَرْضِ إِلَّا قَلِيلًا مِّمَّنْ أَنجَيْنَا مِنْهُمْ ۗ وَٱتَّبَعَ
ٱلَّذِينَ ظَلَمُوا۟ مَآ أُتْرِفُوا۟ فِيهِ وَكَانُوا۟ مُجْرِمِينَ ١١٦ وَمَا
كَانَ رَبُّكَ لِيُهْلِكَ ٱلْقُرَىٰ بِظُلْمٍ وَأَهْلُهَا مُصْلِحُونَ ١١٧
12 - 11 - 235 وَلَوْ شَآءَ رَبُّكَ لَجَعَلَ ٱلنَّاسَ أُمَّةً وَٰحِدَةً ۖ وَلَا يَزَالُونَ مُخْتَلِفِينَ ١١٨
إِلَّا مَن رَّحِمَ رَبُّكَ ۚ وَلِذَٰلِكَ خَلَقَهُمْ ۗ وَتَمَّتْ كَلِمَةُ رَبِّكَ
لَأَمْلَأَنَّ جَهَنَّمَ مِنَ ٱلْجِنَّةِ وَٱلنَّاسِ أَجْمَعِينَ ١١٩ وَكُلًّا نَّقُصُّ
عَلَيْكَ مِنْ أَنۢبَآءِ ٱلرُّسُلِ مَا نُثَبِّتُ بِهِۦ فُؤَادَكَ ۚ وَجَآءَكَ فِى هَٰذِهِ
ٱلْحَقُّ وَمَوْعِظَةٌ وَذِكْرَىٰ لِلْمُؤْمِنِينَ ١٢٠ وَقُل لِّلَّذِينَ لَا يُؤْمِنُونَ
ٱعْمَلُوا۟ عَلَىٰ مَكَانَتِكُمْ إِنَّا عَٰمِلُونَ ١٢١ وَٱنتَظِرُوٓا۟ إِنَّا مُنتَظِرُونَ ١٢٢
وَلِلَّهِ غَيْبُ ٱلسَّمَٰوَٰتِ وَٱلْأَرْضِ وَإِلَيْهِ يُرْجَعُ ٱلْأَمْرُ كُلُّهُۥ
فَٱعْبُدْهُ وَتَوَكَّلْ عَلَيْهِ ۚ وَمَا رَبُّكَ بِغَٰفِلٍ عَمَّا تَعْمَلُونَ ١٢٣

سُورَةُ يُوسُفَ

بِسْمِ ٱللَّهِ ٱلرَّحْمَٰنِ ٱلرَّحِيمِ

الٓر ۚ تِلْكَ ءَايَٰتُ ٱلْكِتَٰبِ ٱلْمُبِينِ ١ إِنَّآ أَنزَلْنَٰهُ قُرْءَٰنًا
عَرَبِيًّا لَّعَلَّكُمْ تَعْقِلُونَ ٢ نَحْنُ نَقُصُّ عَلَيْكَ أَحْسَنَ
ٱلْقَصَصِ بِمَآ أَوْحَيْنَآ إِلَيْكَ هَٰذَا ٱلْقُرْءَانَ وَإِن كُنتَ مِن قَبْلِهِۦ
لَمِنَ ٱلْغَٰفِلِينَ ٣ إِذْ قَالَ يُوسُفُ لِأَبِيهِ يَٰٓأَبَتِ إِنِّى رَأَيْتُ
أَحَدَ عَشَرَ كَوْكَبًا وَٱلشَّمْسَ وَٱلْقَمَرَ رَأَيْتُهُمْ لِى سَٰجِدِينَ ٤
12 - 12 - 236 قَالَ يَٰبُنَىَّ لَا تَقْصُصْ رُءْيَاكَ عَلَىٰٓ إِخْوَتِكَ فَيَكِيدُوا۟ لَكَ كَيْدًا ۖ
إِنَّ ٱلشَّيْطَٰنَ لِلْإِنسَٰنِ عَدُوٌّ مُّبِينٌ ٥ وَكَذَٰلِكَ يَجْتَبِيكَ
رَبُّكَ وَيُعَلِّمُكَ مِن تَأْوِيلِ ٱلْأَحَادِيثِ وَيُتِمُّ نِعْمَتَهُۥ عَلَيْكَ
وَعَلَىٰٓ ءَالِ يَعْقُوبَ كَمَآ أَتَمَّهَا عَلَىٰٓ أَبَوَيْكَ مِن قَبْلُ إِبْرَٰهِيمَ
وَإِسْحَٰقَ ۚ إِنَّ رَبَّكَ عَلِيمٌ حَكِيمٌ ٦ ۞ لَّقَدْ كَانَ فِى يُوسُفَ
وَإِخْوَتِهِۦٓ ءَايَٰتٌ لِّلسَّآئِلِينَ ٧ إِذْ قَالُوا۟ لَيُوسُفُ وَأَخُوهُ أَحَبُّ
إِلَىٰٓ أَبِينَا مِنَّا وَنَحْنُ عُصْبَةٌ إِنَّ أَبَانَا لَفِى ضَلَٰلٍ مُّبِينٍ ٨
ٱقْتُلُوا۟ يُوسُفَ أَوِ ٱطْرَحُوهُ أَرْضًا يَخْلُ لَكُمْ وَجْهُ أَبِيكُمْ
وَتَكُونُوا۟ مِنۢ بَعْدِهِۦ قَوْمًا صَٰلِحِينَ ٩ قَالَ قَآئِلٌ مِّنْهُمْ
لَا تَقْتُلُوا۟ يُوسُفَ وَأَلْقُوهُ فِى غَيَٰبَتِ ٱلْجُبِّ يَلْتَقِطْهُ بَعْضُ
ٱلسَّيَّارَةِ إِن كُنتُمْ فَٰعِلِينَ ١٠ قَالُوا۟ يَٰٓأَبَانَا مَا لَكَ لَا تَأْمَ۫نَّا عَلَىٰ
يُوسُفَ وَإِنَّا لَهُۥ لَنَٰصِحُونَ ١١ أَرْسِلْهُ مَعَنَا غَدًا يَرْتَعْ وَيَلْعَبْ
وَإِنَّا لَهُۥ لَحَٰفِظُونَ ١٢ قَالَ إِنِّى لَيَحْزُنُنِىٓ أَن تَذْهَبُوا۟ بِهِۦ وَأَخَافُ
أَن يَأْكُلَهُ ٱلذِّئْبُ وَأَنتُمْ عَنْهُ غَٰفِلُونَ ١٣ قَالُوا۟ لَئِنْ
أَكَلَهُ ٱلذِّئْبُ وَنَحْنُ عُصْبَةٌ إِنَّآ إِذًا لَّخَٰسِرُونَ ١٤
12 - 12 - 237 فَلَمَّا ذَهَبُوا۟ بِهِۦ وَأَجْمَعُوٓا۟ أَن يَجْعَلُوهُ فِى غَيَٰبَتِ ٱلْجُبِّ ۚ وَأَوْحَيْنَآ
إِلَيْهِ لَتُنَبِّئَنَّهُم بِأَمْرِهِمْ هَٰذَا وَهُمْ لَا يَشْعُرُونَ ١٥ وَجَآءُوٓ
أَبَاهُمْ عِشَآءً يَبْكُونَ ١٦ قَالُوا۟ يَٰٓأَبَانَآ إِنَّا ذَهَبْنَا نَسْتَبِقُ
وَتَرَكْنَا يُوسُفَ عِندَ مَتَٰعِنَا فَأَكَلَهُ ٱلذِّئْبُ ۖ وَمَآ أَنتَ
بِمُؤْمِنٍ لَّنَا وَلَوْ كُنَّا صَٰدِقِينَ ١٧ وَجَآءُو عَلَىٰ قَمِيصِهِۦ
بِدَمٍ كَذِبٍ ۚ قَالَ بَلْ سَوَّلَتْ لَكُمْ أَنفُسُكُمْ أَمْرًا ۖ فَصَبْرٌ جَمِيلٌ ۖ
وَٱللَّهُ ٱلْمُسْتَعَانُ عَلَىٰ مَا تَصِفُونَ ١٨ وَجَآءَتْ سَيَّارَةٌ
فَأَرْسَلُوا۟ وَارِدَهُمْ فَأَدْلَىٰ دَلْوَهُۥ ۖ قَالَ يَٰبُشْرَىٰ هَٰذَا غُلَٰمٌ ۚ وَأَسَرُّوهُ
بِضَٰعَةً ۚ وَٱللَّهُ عَلِيمٌۢ بِمَا يَعْمَلُونَ ١٩ وَشَرَوْهُ بِثَمَنٍۭ بَخْسٍ
دَرَٰهِمَ مَعْدُودَةٍ وَكَانُوا۟ فِيهِ مِنَ ٱلزَّٰهِدِينَ ٢٠ وَقَالَ
ٱلَّذِى ٱشْتَرَىٰهُ مِن مِّصْرَ لِٱمْرَأَتِهِۦٓ أَكْرِمِى مَثْوَىٰهُ عَسَىٰٓ
أَن يَنفَعَنَآ أَوْ نَتَّخِذَهُۥ وَلَدًا ۚ وَكَذَٰلِكَ مَكَّنَّا لِيُوسُفَ فِى
ٱلْأَرْضِ وَلِنُعَلِّمَهُۥ مِن تَأْوِيلِ ٱلْأَحَادِيثِ ۚ وَٱللَّهُ غَالِبٌ عَلَىٰٓ
أَمْرِهِۦ وَلَٰكِنَّ أَكْثَرَ ٱلنَّاسِ لَا يَعْلَمُونَ ٢١ وَلَمَّا بَلَغَ أَشُدَّهُۥٓ
ءَاتَيْنَٰهُ حُكْمًا وَعِلْمًا ۚ وَكَذَٰلِكَ نَجْزِى ٱلْمُحْسِنِينَ ٢٢
12 - 12 - 238 وَرَٰوَدَتْهُ ٱلَّتِى هُوَ فِى بَيْتِهَا عَن نَّفْسِهِۦ وَغَلَّقَتِ ٱلْأَبْوَٰبَ
وَقَالَتْ هَيْتَ لَكَ ۚ قَالَ مَعَاذَ ٱللَّهِ ۖ إِنَّهُۥ رَبِّىٓ أَحْسَنَ مَثْوَاىَ ۖ
إِنَّهُۥ لَا يُفْلِحُ ٱلظَّٰلِمُونَ ٢٣ وَلَقَدْ هَمَّتْ بِهِۦ ۖ وَهَمَّ بِهَا
لَوْلَآ أَن رَّءَا بُرْهَٰنَ رَبِّهِۦ ۚ كَذَٰلِكَ لِنَصْرِفَ عَنْهُ ٱلسُّوٓءَ
وَٱلْفَحْشَآءَ ۚ إِنَّهُۥ مِنْ عِبَادِنَا ٱلْمُخْلَصِينَ ٢٤ وَٱسْتَبَقَا
ٱلْبَابَ وَقَدَّتْ قَمِيصَهُۥ مِن دُبُرٍ وَأَلْفَيَا سَيِّدَهَا لَدَا ٱلْبَابِ ۚ
قَالَتْ مَا جَزَآءُ مَنْ أَرَادَ بِأَهْلِكَ سُوٓءًا إِلَّآ أَن يُسْجَنَ أَوْ عَذَابٌ
أَلِيمٌ ٢٥ قَالَ هِىَ رَٰوَدَتْنِى عَن نَّفْسِى ۚ وَشَهِدَ شَاهِدٌ مِّنْ
أَهْلِهَآ إِن كَانَ قَمِيصُهُۥ قُدَّ مِن قُبُلٍ فَصَدَقَتْ وَهُوَ مِنَ
ٱلْكَٰذِبِينَ ٢٦ وَإِن كَانَ قَمِيصُهُۥ قُدَّ مِن دُبُرٍ فَكَذَبَتْ وَهُوَ
مِنَ ٱلصَّٰدِقِينَ ٢٧ فَلَمَّا رَءَا قَمِيصَهُۥ قُدَّ مِن دُبُرٍ قَالَ إِنَّهُۥ
مِن كَيْدِكُنَّ ۖ إِنَّ كَيْدَكُنَّ عَظِيمٌ ٢٨ يُوسُفُ أَعْرِضْ عَنْ
هَٰذَا ۚ وَٱسْتَغْفِرِى لِذَنۢبِكِ ۖ إِنَّكِ كُنتِ مِنَ ٱلْخَاطِـِٔينَ ٢٩
۞ وَقَالَ نِسْوَةٌ فِى ٱلْمَدِينَةِ ٱمْرَأَتُ ٱلْعَزِيزِ تُرَٰوِدُ فَتَىٰهَا
عَن نَّفْسِهِۦ ۖ قَدْ شَغَفَهَا حُبًّا ۖ إِنَّا لَنَرَىٰهَا فِى ضَلَٰلٍ مُّبِينٍ ٣٠
12 - 12 - 239 فَلَمَّا سَمِعَتْ بِمَكْرِهِنَّ أَرْسَلَتْ إِلَيْهِنَّ وَأَعْتَدَتْ لَهُنَّ مُتَّكَـًٔا
وَءَاتَتْ كُلَّ وَٰحِدَةٍ مِّنْهُنَّ سِكِّينًا وَقَالَتِ ٱخْرُجْ عَلَيْهِنَّ ۖ فَلَمَّا رَأَيْنَهُۥٓ
أَكْبَرْنَهُۥ وَقَطَّعْنَ أَيْدِيَهُنَّ وَقُلْنَ حَٰشَ لِلَّهِ مَا هَٰذَا بَشَرًا إِنْ هَٰذَآ
إِلَّا مَلَكٌ كَرِيمٌ ٣١ قَالَتْ فَذَٰلِكُنَّ ٱلَّذِى لُمْتُنَّنِى فِيهِ ۖ وَلَقَدْ رَٰوَدتُّهُۥ
عَن نَّفْسِهِۦ فَٱسْتَعْصَمَ ۖ وَلَئِن لَّمْ يَفْعَلْ مَآ ءَامُرُهُۥ لَيُسْجَنَنَّ
وَلَيَكُونًا مِّنَ ٱلصَّٰغِرِينَ ٣٢ قَالَ رَبِّ ٱلسِّجْنُ أَحَبُّ إِلَىَّ مِمَّا يَدْعُونَنِىٓ
إِلَيْهِ ۖ وَإِلَّا تَصْرِفْ عَنِّى كَيْدَهُنَّ أَصْبُ إِلَيْهِنَّ وَأَكُن مِّنَ ٱلْجَٰهِلِينَ ٣٣
فَٱسْتَجَابَ لَهُۥ رَبُّهُۥ فَصَرَفَ عَنْهُ كَيْدَهُنَّ ۚ إِنَّهُۥ هُوَ ٱلسَّمِيعُ
ٱلْعَلِيمُ ٣٤ ثُمَّ بَدَا لَهُم مِّنۢ بَعْدِ مَا رَأَوُا۟ ٱلْءَايَٰتِ لَيَسْجُنُنَّهُۥ
حَتَّىٰ حِينٍ ٣٥ وَدَخَلَ مَعَهُ ٱلسِّجْنَ فَتَيَانِ ۖ قَالَ أَحَدُهُمَآ إِنِّىٓ
أَرَىٰنِىٓ أَعْصِرُ خَمْرًا ۖ وَقَالَ ٱلْءَاخَرُ إِنِّىٓ أَرَىٰنِىٓ أَحْمِلُ فَوْقَ رَأْسِى
خُبْزًا تَأْكُلُ ٱلطَّيْرُ مِنْهُ ۖ نَبِّئْنَا بِتَأْوِيلِهِۦٓ ۖ إِنَّا نَرَىٰكَ مِنَ
ٱلْمُحْسِنِينَ ٣٦ قَالَ لَا يَأْتِيكُمَا طَعَامٌ تُرْزَقَانِهِۦٓ إِلَّا نَبَّأْتُكُمَا
بِتَأْوِيلِهِۦ قَبْلَ أَن يَأْتِيَكُمَا ۚ ذَٰلِكُمَا مِمَّا عَلَّمَنِى رَبِّىٓ ۚ إِنِّى تَرَكْتُ
مِلَّةَ قَوْمٍ لَّا يُؤْمِنُونَ بِٱللَّهِ وَهُم بِٱلْءَاخِرَةِ هُمْ كَٰفِرُونَ ٣٧
12 - 12 - 240 وَٱتَّبَعْتُ مِلَّةَ ءَابَآءِىٓ إِبْرَٰهِيمَ وَإِسْحَٰقَ وَيَعْقُوبَ ۚ مَا كَانَ
لَنَآ أَن نُّشْرِكَ بِٱللَّهِ مِن شَىْءٍ ۚ ذَٰلِكَ مِن فَضْلِ ٱللَّهِ عَلَيْنَا وَعَلَى
ٱلنَّاسِ وَلَٰكِنَّ أَكْثَرَ ٱلنَّاسِ لَا يَشْكُرُونَ ٣٨ يَٰصَىٰحِبَىِ
ٱلسِّجْنِ ءَأَرْبَابٌ مُّتَفَرِّقُونَ خَيْرٌ أَمِ ٱللَّهُ ٱلْوَٰحِدُ ٱلْقَهَّارُ ٣٩
مَا تَعْبُدُونَ مِن دُونِهِۦٓ إِلَّآ أَسْمَآءً سَمَّيْتُمُوهَآ أَنتُمْ
وَءَابَآؤُكُم مَّآ أَنزَلَ ٱللَّهُ بِهَا مِن سُلْطَٰنٍ ۚ إِنِ ٱلْحُكْمُ إِلَّا لِلَّهِ ۚ
أَمَرَ أَلَّا تَعْبُدُوٓا۟ إِلَّآ إِيَّاهُ ۚ ذَٰلِكَ ٱلدِّينُ ٱلْقَيِّمُ وَلَٰكِنَّ أَكْثَرَ
ٱلنَّاسِ لَا يَعْلَمُونَ ٤٠ يَٰصَىٰحِبَىِ ٱلسِّجْنِ أَمَّآ أَحَدُكُمَا
فَيَسْقِى رَبَّهُۥ خَمْرًا ۖ وَأَمَّا ٱلْءَاخَرُ فَيُصْلَبُ فَتَأْكُلُ ٱلطَّيْرُ
مِن رَّأْسِهِۦ ۚ قُضِىَ ٱلْأَمْرُ ٱلَّذِى فِيهِ تَسْتَفْتِيَانِ ٤١ وَقَالَ
لِلَّذِى ظَنَّ أَنَّهُۥ نَاجٍ مِّنْهُمَا ٱذْكُرْنِى عِندَ رَبِّكَ فَأَنسَىٰهُ
ٱلشَّيْطَٰنُ ذِكْرَ رَبِّهِۦ فَلَبِثَ فِى ٱلسِّجْنِ بِضْعَ سِنِينَ ٤٢
وَقَالَ ٱلْمَلِكُ إِنِّىٓ أَرَىٰ سَبْعَ بَقَرَٰتٍ سِمَانٍ يَأْكُلُهُنَّ
سَبْعٌ عِجَافٌ وَسَبْعَ سُنۢبُلَٰتٍ خُضْرٍ وَأُخَرَ يَابِسَٰتٍ ۖ يَٰٓأَيُّهَا
ٱلْمَلَأُ أَفْتُونِى فِى رُءْيَٰىَ إِن كُنتُمْ لِلرُّءْيَا تَعْبُرُونَ ٤٣
12 - 12 - 241 قَالُوٓا۟ أَضْغَٰثُ أَحْلَٰمٍ ۖ وَمَا نَحْنُ بِتَأْوِيلِ ٱلْأَحْلَٰمِ بِعَٰلِمِينَ ٤٤
وَقَالَ ٱلَّذِى نَجَا مِنْهُمَا وَٱدَّكَرَ بَعْدَ أُمَّةٍ أَنَا۠ أُنَبِّئُكُم بِتَأْوِيلِهِۦ
فَأَرْسِلُونِ ٤٥ يُوسُفُ أَيُّهَا ٱلصِّدِّيقُ أَفْتِنَا فِى سَبْعِ بَقَرَٰتٍ
سِمَانٍ يَأْكُلُهُنَّ سَبْعٌ عِجَافٌ وَسَبْعِ سُنۢبُلَٰتٍ خُضْرٍ
وَأُخَرَ يَابِسَٰتٍ لَّعَلِّىٓ أَرْجِعُ إِلَى ٱلنَّاسِ لَعَلَّهُمْ يَعْلَمُونَ ٤٦ قَالَ
تَزْرَعُونَ سَبْعَ سِنِينَ دَأَبًا فَمَا حَصَدتُّمْ فَذَرُوهُ فِى سُنۢبُلِهِۦٓ إِلَّا
قَلِيلًا مِّمَّا تَأْكُلُونَ ٤٧ ثُمَّ يَأْتِى مِنۢ بَعْدِ ذَٰلِكَ سَبْعٌ شِدَادٌ يَأْكُلْنَ
مَا قَدَّمْتُمْ لَهُنَّ إِلَّا قَلِيلًا مِّمَّا تُحْصِنُونَ ٤٨ ثُمَّ يَأْتِى مِنۢ بَعْدِ ذَٰلِكَ
عَامٌ فِيهِ يُغَاثُ ٱلنَّاسُ وَفِيهِ يَعْصِرُونَ ٤٩ وَقَالَ ٱلْمَلِكُ ٱئْتُونِى
بِهِۦ ۖ فَلَمَّا جَآءَهُ ٱلرَّسُولُ قَالَ ٱرْجِعْ إِلَىٰ رَبِّكَ فَسْـَٔلْهُ مَا بَالُ
ٱلنِّسْوَةِ ٱلَّٰتِى قَطَّعْنَ أَيْدِيَهُنَّ ۚ إِنَّ رَبِّى بِكَيْدِهِنَّ عَلِيمٌ ٥٠
قَالَ مَا خَطْبُكُنَّ إِذْ رَٰوَدتُّنَّ يُوسُفَ عَن نَّفْسِهِۦ ۚ قُلْنَ حَٰشَ
لِلَّهِ مَا عَلِمْنَا عَلَيْهِ مِن سُوٓءٍ ۚ قَالَتِ ٱمْرَأَتُ ٱلْعَزِيزِ ٱلْـَٰٔنَ حَصْحَصَ
ٱلْحَقُّ أَنَا۠ رَٰوَدتُّهُۥ عَن نَّفْسِهِۦ وَإِنَّهُۥ لَمِنَ ٱلصَّٰدِقِينَ ٥١ ذَٰلِكَ
لِيَعْلَمَ أَنِّى لَمْ أَخُنْهُ بِٱلْغَيْبِ وَأَنَّ ٱللَّهَ لَا يَهْدِى كَيْدَ ٱلْخَآئِنِينَ ٥٢

13-12-242
۞ وَمَا أُبَرِّئُ نَفۡسِيٓۚ إِنَّ ٱلنَّفۡسَ لَأَمَّارَةُۢ بِٱلسُّوٓءِ إِلَّا مَا رَحِمَ رَبِّيٓۚ
إِنَّ رَبِّي غَفُورٞ رَّحِيمٞ ٥٣ وَقَالَ ٱلۡمَلِكُ ٱئۡتُونِي بِهِۦٓ أَسۡتَخۡلِصۡهُ
لِنَفۡسِيۖ فَلَمَّا كَلَّمَهُۥ قَالَ إِنَّكَ ٱلۡيَوۡمَ لَدَيۡنَا مَكِينٌ أَمِينٞ ٥٤
قَالَ ٱجۡعَلۡنِي عَلَىٰ خَزَآئِنِ ٱلۡأَرۡضِۖ إِنِّي حَفِيظٌ عَلِيمٞ ٥٥ وَكَذَٰلِكَ
مَكَّنَّا لِيُوسُفَ فِي ٱلۡأَرۡضِ يَتَبَوَّأُ مِنۡهَا حَيۡثُ يَشَآءُۚ نُصِيبُ
بِرَحۡمَتِنَا مَن نَّشَآءُۖ وَلَا نُضِيعُ أَجۡرَ ٱلۡمُحۡسِنِينَ ٥٦ وَلَأَجۡرُ
ٱلۡأٓخِرَةِ خَيۡرٞ لِّلَّذِينَ ءَامَنُواْ وَكَانُواْ يَتَّقُونَ ٥٧ وَجَآءَ
إِخۡوَةُ يُوسُفَ فَدَخَلُواْ عَلَيۡهِ فَعَرَفَهُمۡ وَهُمۡ لَهُۥ مُنكِرُونَ ٥٨
وَلَمَّا جَهَّزَهُم بِجَهَازِهِمۡ قَالَ ٱئۡتُونِي بِأَخٖ لَّكُم مِّنۡ أَبِيكُمۡۚ أَلَا
تَرَوۡنَ أَنِّيٓ أُوفِي ٱلۡكَيۡلَ وَأَنَا۠ خَيۡرُ ٱلۡمُنزِلِينَ ٥٩ فَإِن لَّمۡ تَأۡتُونِي
بِهِۦ فَلَا كَيۡلَ لَكُمۡ عِندِي وَلَا تَقۡرَبُونِ ٦٠ قَالُواْ سَنُرَٰوِدُ عَنۡهُ أَبَاهُ
وَإِنَّا لَفَٰعِلُونَ ٦١ وَقَالَ لِفِتۡيَٰنِهِ ٱجۡعَلُواْ بِضَٰعَتَهُمۡ فِي رِحَالِهِمۡ
لَعَلَّهُمۡ يَعۡرِفُونَهَآ إِذَا ٱنقَلَبُوٓاْ إِلَىٰٓ أَهۡلِهِمۡ لَعَلَّهُمۡ يَرۡجِعُونَ ٦٢
فَلَمَّا رَجَعُوٓاْ إِلَىٰٓ أَبِيهِمۡ قَالُواْ يَٰٓأَبَانَا مُنِعَ مِنَّا ٱلۡكَيۡلُ
فَأَرۡسِلۡ مَعَنَآ أَخَانَا نَكۡتَلۡ وَإِنَّا لَهُۥ لَحَٰفِظُونَ ٦٣
13-12-243
قَالَ هَلۡ ءَامَنُكُمۡ عَلَيۡهِ إِلَّا كَمَآ أَمِنتُكُمۡ عَلَىٰٓ أَخِيهِ مِن
قَبۡلُ فَٱللَّهُ خَيۡرٌ حَٰفِظٗاۖ وَهُوَ أَرۡحَمُ ٱلرَّٰحِمِينَ ٦٤ وَلَمَّا فَتَحُواْ
مَتَٰعَهُمۡ وَجَدُواْ بِضَٰعَتَهُمۡ رُدَّتۡ إِلَيۡهِمۡۖ قَالُواْ يَٰٓأَبَانَا
مَا نَبۡغِيۖ هَٰذِهِۦ بِضَٰعَتُنَا رُدَّتۡ إِلَيۡنَاۖ وَنَمِيرُ أَهۡلَنَا وَنَحۡفَظُ
أَخَانَا وَنَزۡدَادُ كَيۡلَ بَعِيرٖۖ ذَٰلِكَ كَيۡلٞ يَسِيرٞ ٦٥ قَالَ
لَنۡ أُرۡسِلَهُۥ مَعَكُمۡ حَتَّىٰ تُؤۡتُونِ مَوۡثِقٗا مِّنَ ٱللَّهِ لَتَأۡتُنَّنِي
بِهِۦٓ إِلَّآ أَن يُحَاطَ بِكُمۡۖ فَلَمَّآ ءَاتَوۡهُ مَوۡثِقَهُمۡ قَالَ ٱللَّهُ عَلَىٰ مَا
نَقُولُ وَكِيلٞ ٦٦ وَقَالَ يَٰبَنِيَّ لَا تَدۡخُلُواْ مِنۢ بَابٖ وَٰحِدٖ
وَٱدۡخُلُواْ مِنۡ أَبۡوَٰبٖ مُّتَفَرِّقَةٖۖ وَمَآ أُغۡنِي عَنكُم مِّنَ ٱللَّهِ مِن
شَيۡءٍۖ إِنِ ٱلۡحُكۡمُ إِلَّا لِلَّهِۖ عَلَيۡهِ تَوَكَّلۡتُۖ وَعَلَيۡهِ فَلۡيَتَوَكَّلِ
ٱلۡمُتَوَكِّلُونَ ٦٧ وَلَمَّا دَخَلُواْ مِنۡ حَيۡثُ أَمَرَهُمۡ أَبُوهُم مَّا كَانَ
يُغۡنِي عَنۡهُم مِّنَ ٱللَّهِ مِن شَيۡءٍ إِلَّا حَاجَةٗ فِي نَفۡسِ يَعۡقُوبَ
قَضَىٰهَاۚ وَإِنَّهُۥ لَذُو عِلۡمٖ لِّمَا عَلَّمۡنَٰهُ وَلَٰكِنَّ أَكۡثَرَ ٱلنَّاسِ
لَا يَعۡلَمُونَ ٦٨ وَلَمَّا دَخَلُواْ عَلَىٰ يُوسُفَ ءَاوَىٰٓ إِلَيۡهِ أَخَاهُۖ
قَالَ إِنِّيٓ أَنَا۠ أَخُوكَ فَلَا تَبۡتَئِسۡ بِمَا كَانُواْ يَعۡمَلُونَ ٦٩
13-12-244
فَلَمَّا جَهَّزَهُم بِجَهَازِهِمۡ جَعَلَ ٱلسِّقَايَةَ فِي رَحۡلِ أَخِيهِ
ثُمَّ أَذَّنَ مُؤَذِّنٌ أَيَّتُهَا ٱلۡعِيرُ إِنَّكُمۡ لَسَٰرِقُونَ ٧٠ قَالُواْ
وَأَقۡبَلُواْ عَلَيۡهِم مَّاذَا تَفۡقِدُونَ ٧١ قَالُواْ نَفۡقِدُ صُوَاعَ ٱلۡمَلِكِ
وَلِمَن جَآءَ بِهِۦ حِمۡلُ بَعِيرٖ وَأَنَا۠ بِهِۦ زَعِيمٞ ٧٢ قَالُواْ تَٱللَّهِ
لَقَدۡ عَلِمۡتُم مَّا جِئۡنَا لِنُفۡسِدَ فِي ٱلۡأَرۡضِ وَمَا كُنَّا سَٰرِقِينَ ٧٣
قَالُواْ فَمَا جَزَٰٓؤُهُۥٓ إِن كُنتُمۡ كَٰذِبِينَ ٧٤ قَالُواْ جَزَٰٓؤُهُۥ
مَن وُجِدَ فِي رَحۡلِهِۦ فَهُوَ جَزَٰٓؤُهُۥۚ كَذَٰلِكَ نَجۡزِي ٱلظَّٰلِمِينَ ٧٥
فَبَدَأَ بِأَوۡعِيَتِهِمۡ قَبۡلَ وِعَآءِ أَخِيهِ ثُمَّ ٱسۡتَخۡرَجَهَا مِن
وِعَآءِ أَخِيهِۚ كَذَٰلِكَ كِدۡنَا لِيُوسُفَۖ مَا كَانَ لِيَأۡخُذَ أَخَاهُ
فِي دِينِ ٱلۡمَلِكِ إِلَّآ أَن يَشَآءَ ٱللَّهُۚ نَرۡفَعُ دَرَجَٰتٖ مَّن نَّشَآءُۗ
وَفَوۡقَ كُلِّ ذِي عِلۡمٍ عَلِيمٞ ٧٦ ۞ قَالُوٓاْ إِن يَسۡرِقۡ
فَقَدۡ سَرَقَ أَخٞ لَّهُۥ مِن قَبۡلُۚ فَأَسَرَّهَا يُوسُفُ فِي نَفۡسِهِۦ
وَلَمۡ يُبۡدِهَا لَهُمۡۚ قَالَ أَنتُمۡ شَرّٞ مَّكَانٗاۖ وَٱللَّهُ أَعۡلَمُ بِمَا
تَصِفُونَ ٧٧ قَالُواْ يَٰٓأَيُّهَا ٱلۡعَزِيزُ إِنَّ لَهُۥٓ أَبٗا شَيۡخٗا كَبِيرٗا
فَخُذۡ أَحَدَنَا مَكَانَهُۥٓۖ إِنَّا نَرَىٰكَ مِنَ ٱلۡمُحۡسِنِينَ ٧٨
13-12-245
قَالَ مَعَاذَ ٱللَّهِ أَن نَّأۡخُذَ إِلَّا مَن وَجَدۡنَا مَتَٰعَنَا عِندَهُۥٓ إِنَّآ
إِذٗا لَّظَٰلِمُونَ ٧٩ فَلَمَّا ٱسۡتَيۡـَٔسُواْ مِنۡهُ خَلَصُواْ نَجِيّٗاۖ
قَالَ كَبِيرُهُمۡ أَلَمۡ تَعۡلَمُوٓاْ أَنَّ أَبَاكُمۡ قَدۡ أَخَذَ عَلَيۡكُم
مَّوۡثِقٗا مِّنَ ٱللَّهِ وَمِن قَبۡلُ مَا فَرَّطتُمۡ فِي يُوسُفَۖ فَلَنۡ أَبۡرَحَ
ٱلۡأَرۡضَ حَتَّىٰ يَأۡذَنَ لِيٓ أَبِيٓ أَوۡ يَحۡكُمَ ٱللَّهُ لِيۖ وَهُوَ خَيۡرُ ٱلۡحَٰكِمِينَ ٨٠

ٱرۡجِعُوٓاْ إِلَىٰٓ أَبِيكُمۡ فَقُولُواْ يَٰٓأَبَانَآ إِنَّ ٱبۡنَكَ سَرَقَ
وَمَا شَهِدۡنَآ إِلَّا بِمَا عَلِمۡنَا وَمَا كُنَّا لِلۡغَيۡبِ حَٰفِظِينَ ٨١
وَسۡـَٔلِ ٱلۡقَرۡيَةَ ٱلَّتِي كُنَّا فِيهَا وَٱلۡعِيرَ ٱلَّتِيٓ أَقۡبَلۡنَا فِيهَاۖ
وَإِنَّا لَصَٰدِقُونَ ٨٢ قَالَ بَلۡ سَوَّلَتۡ لَكُمۡ أَنفُسُكُمۡ أَمۡرٗاۖ
فَصَبۡرٞ جَمِيلٌۖ عَسَى ٱللَّهُ أَن يَأۡتِيَنِي بِهِمۡ جَمِيعًاۚ إِنَّهُۥ هُوَ
ٱلۡعَلِيمُ ٱلۡحَكِيمُ ٨٣ وَتَوَلَّىٰ عَنۡهُمۡ وَقَالَ يَٰٓأَسَفَىٰ عَلَىٰ
يُوسُفَ وَٱبۡيَضَّتۡ عَيۡنَاهُ مِنَ ٱلۡحُزۡنِ فَهُوَ كَظِيمٞ ٨٤
قَالُواْ تَٱللَّهِ تَفۡتَؤُاْ تَذۡكُرُ يُوسُفَ حَتَّىٰ تَكُونَ حَرَضًا
أَوۡ تَكُونَ مِنَ ٱلۡهَٰلِكِينَ ٨٥ قَالَ إِنَّمَآ أَشۡكُواْ بَثِّي
وَحُزۡنِيٓ إِلَى ٱللَّهِ وَأَعۡلَمُ مِنَ ٱللَّهِ مَا لَا تَعۡلَمُونَ ٨٦
13-12-246
يَٰبَنِيَّ ٱذۡهَبُواْ فَتَحَسَّسُواْ مِن يُوسُفَ وَأَخِيهِ وَلَا تَاْيۡـَٔسُواْ
مِن رَّوۡحِ ٱللَّهِۖ إِنَّهُۥ لَا يَاْيۡـَٔسُ مِن رَّوۡحِ ٱللَّهِ إِلَّا ٱلۡقَوۡمُ
ٱلۡكَٰفِرُونَ ٨٧ فَلَمَّا دَخَلُواْ عَلَيۡهِ قَالُواْ يَٰٓأَيُّهَا ٱلۡعَزِيزُ
مَسَّنَا وَأَهۡلَنَا ٱلضُّرُّ وَجِئۡنَا بِبِضَٰعَةٖ مُّزۡجَىٰةٖ فَأَوۡفِ لَنَا
ٱلۡكَيۡلَ وَتَصَدَّقۡ عَلَيۡنَآۖ إِنَّ ٱللَّهَ يَجۡزِي ٱلۡمُتَصَدِّقِينَ ٨٨
قَالَ هَلۡ عَلِمۡتُم مَّا فَعَلۡتُم بِيُوسُفَ وَأَخِيهِ إِذۡ أَنتُمۡ
جَٰهِلُونَ ٨٩ قَالُوٓاْ أَءِنَّكَ لَأَنتَ يُوسُفُۖ قَالَ أَنَا۠ يُوسُفُ
وَهَٰذَآ أَخِيۖ قَدۡ مَنَّ ٱللَّهُ عَلَيۡنَآۖ إِنَّهُۥ مَن يَتَّقِ وَيَصۡبِرۡ فَإِنَّ
ٱللَّهَ لَا يُضِيعُ أَجۡرَ ٱلۡمُحۡسِنِينَ ٩٠ قَالُواْ تَٱللَّهِ لَقَدۡ
ءَاثَرَكَ ٱللَّهُ عَلَيۡنَا وَإِن كُنَّا لَخَٰطِـِٔينَ ٩١ قَالَ لَا تَثۡرِيبَ
عَلَيۡكُمُ ٱلۡيَوۡمَۖ يَغۡفِرُ ٱللَّهُ لَكُمۡۖ وَهُوَ أَرۡحَمُ ٱلرَّٰحِمِينَ ٩٢
ٱذۡهَبُواْ بِقَمِيصِي هَٰذَا فَأَلۡقُوهُ عَلَىٰ وَجۡهِ أَبِي يَأۡتِ
بَصِيرٗا وَأۡتُونِي بِأَهۡلِكُمۡ أَجۡمَعِينَ ٩٣ وَلَمَّا فَصَلَتِ
ٱلۡعِيرُ قَالَ أَبُوهُمۡ إِنِّي لَأَجِدُ رِيحَ يُوسُفَۖ لَوۡلَآ أَن
تُفَنِّدُونِ ٩٤ قَالُواْ تَٱللَّهِ إِنَّكَ لَفِي ضَلَٰلِكَ ٱلۡقَدِيمِ ٩٥
13-12-247
فَلَمَّآ أَن جَآءَ ٱلۡبَشِيرُ أَلۡقَىٰهُ عَلَىٰ وَجۡهِهِۦ فَٱرۡتَدَّ بَصِيرٗاۖ قَالَ
أَلَمۡ أَقُل لَّكُمۡ إِنِّيٓ أَعۡلَمُ مِنَ ٱللَّهِ مَا لَا تَعۡلَمُونَ ٩٦ قَالُواْ
يَٰٓأَبَانَا ٱسۡتَغۡفِرۡ لَنَا ذُنُوبَنَآ إِنَّا كُنَّا خَٰطِـِٔينَ ٩٧ قَالَ سَوۡفَ
أَسۡتَغۡفِرُ لَكُمۡ رَبِّيٓۖ إِنَّهُۥ هُوَ ٱلۡغَفُورُ ٱلرَّحِيمُ ٩٨ فَلَمَّا
دَخَلُواْ عَلَىٰ يُوسُفَ ءَاوَىٰٓ إِلَيۡهِ أَبَوَيۡهِ وَقَالَ ٱدۡخُلُواْ مِصۡرَ
إِن شَآءَ ٱللَّهُ ءَامِنِينَ ٩٩ وَرَفَعَ أَبَوَيۡهِ عَلَى ٱلۡعَرۡشِ وَخَرُّواْ
لَهُۥ سُجَّدٗاۖ وَقَالَ يَٰٓأَبَتِ هَٰذَا تَأۡوِيلُ رُءۡيَٰيَ مِن قَبۡلُ قَدۡ جَعَلَهَا
رَبِّي حَقّٗاۖ وَقَدۡ أَحۡسَنَ بِيٓ إِذۡ أَخۡرَجَنِي مِنَ ٱلسِّجۡنِ وَجَآءَ بِكُم
مِّنَ ٱلۡبَدۡوِ مِنۢ بَعۡدِ أَن نَّزَغَ ٱلشَّيۡطَٰنُ بَيۡنِي وَبَيۡنَ إِخۡوَتِيٓۚ إِنَّ
رَبِّي لَطِيفٞ لِّمَا يَشَآءُۚ إِنَّهُۥ هُوَ ٱلۡعَلِيمُ ٱلۡحَكِيمُ ١٠٠ ۞ رَبِّ
قَدۡ ءَاتَيۡتَنِي مِنَ ٱلۡمُلۡكِ وَعَلَّمۡتَنِي مِن تَأۡوِيلِ ٱلۡأَحَادِيثِۚ
فَاطِرَ ٱلسَّمَٰوَٰتِ وَٱلۡأَرۡضِ أَنتَ وَلِيِّۦ فِي ٱلدُّنۡيَا وَٱلۡأٓخِرَةِۖ
تَوَفَّنِي مُسۡلِمٗا وَأَلۡحِقۡنِي بِٱلصَّٰلِحِينَ ١٠١ ذَٰلِكَ مِنۡ أَنۢبَآءِ
ٱلۡغَيۡبِ نُوحِيهِ إِلَيۡكَۖ وَمَا كُنتَ لَدَيۡهِمۡ إِذۡ أَجۡمَعُوٓاْ أَمۡرَهُمۡ
وَهُمۡ يَمۡكُرُونَ ١٠٢ وَمَآ أَكۡثَرُ ٱلنَّاسِ وَلَوۡ حَرَصۡتَ بِمُؤۡمِنِينَ ١٠٣
13-12-248
وَمَا تَسۡـَٔلُهُمۡ عَلَيۡهِ مِنۡ أَجۡرٍۚ إِنۡ هُوَ إِلَّا ذِكۡرٞ لِّلۡعَٰلَمِينَ ١٠٤
وَكَأَيِّن مِّنۡ ءَايَةٖ فِي ٱلسَّمَٰوَٰتِ وَٱلۡأَرۡضِ يَمُرُّونَ عَلَيۡهَا
وَهُمۡ عَنۡهَا مُعۡرِضُونَ ١٠٥ وَمَا يُؤۡمِنُ أَكۡثَرُهُم بِٱللَّهِ إِلَّا
وَهُم مُّشۡرِكُونَ ١٠٦ أَفَأَمِنُوٓاْ أَن تَأۡتِيَهُمۡ غَٰشِيَةٞ مِّنۡ عَذَابِ
ٱللَّهِ أَوۡ تَأۡتِيَهُمُ ٱلسَّاعَةُ بَغۡتَةٗ وَهُمۡ لَا يَشۡعُرُونَ ١٠٧ قُلۡ
هَٰذِهِۦ سَبِيلِيٓ أَدۡعُوٓاْ إِلَى ٱللَّهِۚ عَلَىٰ بَصِيرَةٍ أَنَا۠ وَمَنِ ٱتَّبَعَنِيۖ
وَسُبۡحَٰنَ ٱللَّهِ وَمَآ أَنَا۠ مِنَ ٱلۡمُشۡرِكِينَ ١٠٨ وَمَآ أَرۡسَلۡنَا مِن
قَبۡلِكَ إِلَّا رِجَالٗا نُّوحِيٓ إِلَيۡهِم مِّنۡ أَهۡلِ ٱلۡقُرَىٰٓۗ أَفَلَمۡ يَسِيرُواْ
فِي ٱلۡأَرۡضِ فَيَنظُرُواْ كَيۡفَ كَانَ عَٰقِبَةُ ٱلَّذِينَ مِن
قَبۡلِهِمۡۗ وَلَدَارُ ٱلۡأٓخِرَةِ خَيۡرٞ لِّلَّذِينَ ٱتَّقَوۡاْۚ أَفَلَا تَعۡقِلُونَ ١٠٩

حَتَّىٰٓ إِذَا ٱسۡتَيۡـَٔسَ ٱلرُّسُلُ وَظَنُّوٓاْ أَنَّهُمۡ قَدۡ كُذِبُواْ
جَآءَهُمۡ نَصۡرُنَا فَنُجِّيَ مَن نَّشَآءُۖ وَلَا يُرَدُّ بَأۡسُنَا عَنِ ٱلۡقَوۡمِ
ٱلۡمُجۡرِمِينَ ١١٠ لَقَدۡ كَانَ فِي قَصَصِهِمۡ عِبۡرَةٞ لِّأُوْلِي ٱلۡأَلۡبَٰبِۗ
مَا كَانَ حَدِيثٗا يُفۡتَرَىٰ وَلَٰكِن تَصۡدِيقَ ٱلَّذِي بَيۡنَ يَدَيۡهِ
وَتَفۡصِيلَ كُلِّ شَيۡءٖ وَهُدٗى وَرَحۡمَةٗ لِّقَوۡمٖ يُؤۡمِنُونَ ١١١

13-13-249
سُورَةُ الرَّعۡدِ

بِسۡمِ ٱللَّهِ ٱلرَّحۡمَٰنِ ٱلرَّحِيمِ

الٓمٓرۚ تِلۡكَ ءَايَٰتُ ٱلۡكِتَٰبِۗ وَٱلَّذِيٓ أُنزِلَ إِلَيۡكَ مِن رَّبِّكَ ٱلۡحَقُّ
وَلَٰكِنَّ أَكۡثَرَ ٱلنَّاسِ لَا يُؤۡمِنُونَ ١ ٱللَّهُ ٱلَّذِي رَفَعَ ٱلسَّمَٰوَٰتِ
بِغَيۡرِ عَمَدٖ تَرَوۡنَهَاۖ ثُمَّ ٱسۡتَوَىٰ عَلَى ٱلۡعَرۡشِۖ وَسَخَّرَ ٱلشَّمۡسَ وَٱلۡقَمَرَۖ
كُلّٞ يَجۡرِي لِأَجَلٖ مُّسَمّٗىۚ يُدَبِّرُ ٱلۡأَمۡرَ يُفَصِّلُ ٱلۡأٓيَٰتِ لَعَلَّكُم
بِلِقَآءِ رَبِّكُمۡ تُوقِنُونَ ٢ وَهُوَ ٱلَّذِي مَدَّ ٱلۡأَرۡضَ وَجَعَلَ فِيهَا رَوَٰسِيَ
وَأَنۡهَٰرٗاۖ وَمِن كُلِّ ٱلثَّمَرَٰتِ جَعَلَ فِيهَا زَوۡجَيۡنِ ٱثۡنَيۡنِۖ يُغۡشِي ٱلَّيۡلَ
ٱلنَّهَارَۚ إِنَّ فِي ذَٰلِكَ لَأٓيَٰتٖ لِّقَوۡمٖ يَتَفَكَّرُونَ ٣ وَفِي ٱلۡأَرۡضِ
قِطَعٞ مُّتَجَٰوِرَٰتٞ وَجَنَّٰتٞ مِّنۡ أَعۡنَٰبٖ وَزَرۡعٞ وَنَخِيلٞ صِنۡوَانٞ
وَغَيۡرُ صِنۡوَانٖ يُسۡقَىٰ بِمَآءٖ وَٰحِدٖ وَنُفَضِّلُ بَعۡضَهَا عَلَىٰ بَعۡضٖ
فِي ٱلۡأُكُلِۚ إِنَّ فِي ذَٰلِكَ لَأٓيَٰتٖ لِّقَوۡمٖ يَعۡقِلُونَ ٤ ۞ وَإِن تَعۡجَبۡ
فَعَجَبٞ قَوۡلُهُمۡ أَءِذَا كُنَّا تُرَٰبًا أَءِنَّا لَفِي خَلۡقٖ جَدِيدٍۗ
أُوْلَٰٓئِكَ ٱلَّذِينَ كَفَرُواْ بِرَبِّهِمۡۖ وَأُوْلَٰٓئِكَ ٱلۡأَغۡلَٰلُ فِيٓ
أَعۡنَاقِهِمۡۖ وَأُوْلَٰٓئِكَ أَصۡحَٰبُ ٱلنَّارِۖ هُمۡ فِيهَا خَٰلِدُونَ ٥
13-13-250
وَيَسۡتَعۡجِلُونَكَ بِٱلسَّيِّئَةِ قَبۡلَ ٱلۡحَسَنَةِ وَقَدۡ خَلَتۡ مِن
قَبۡلِهِمُ ٱلۡمَثُلَٰتُۗ وَإِنَّ رَبَّكَ لَذُو مَغۡفِرَةٖ لِّلنَّاسِ عَلَىٰ ظُلۡمِهِمۡۖ
وَإِنَّ رَبَّكَ لَشَدِيدُ ٱلۡعِقَابِ ٦ وَيَقُولُ ٱلَّذِينَ كَفَرُواْ لَوۡلَآ
أُنزِلَ عَلَيۡهِ ءَايَةٞ مِّن رَّبِّهِۦٓۗ إِنَّمَآ أَنتَ مُنذِرٞۖ وَلِكُلِّ قَوۡمٍ
هَادٍ ٧ ٱللَّهُ يَعۡلَمُ مَا تَحۡمِلُ كُلُّ أُنثَىٰ وَمَا تَغِيضُ ٱلۡأَرۡحَامُ
وَمَا تَزۡدَادُۖ وَكُلُّ شَيۡءٍ عِندَهُۥ بِمِقۡدَارٍ ٨ عَٰلِمُ ٱلۡغَيۡبِ
وَٱلشَّهَٰدَةِ ٱلۡكَبِيرُ ٱلۡمُتَعَالِ ٩ سَوَآءٞ مِّنكُم مَّنۡ
أَسَرَّ ٱلۡقَوۡلَ وَمَن جَهَرَ بِهِۦ وَمَنۡ هُوَ مُسۡتَخۡفِۭ بِٱلَّيۡلِ وَسَارِبُۢ
بِٱلنَّهَارِ ١٠ لَهُۥ مُعَقِّبَٰتٞ مِّنۢ بَيۡنِ يَدَيۡهِ وَمِنۡ خَلۡفِهِۦ
يَحۡفَظُونَهُۥ مِنۡ أَمۡرِ ٱللَّهِۗ إِنَّ ٱللَّهَ لَا يُغَيِّرُ مَا بِقَوۡمٍ حَتَّىٰ يُغَيِّرُواْ
مَا بِأَنفُسِهِمۡۗ وَإِذَآ أَرَادَ ٱللَّهُ بِقَوۡمٖ سُوٓءٗا فَلَا مَرَدَّ لَهُۥۚ وَمَا
لَهُم مِّن دُونِهِۦ مِن وَالٍ ١١ هُوَ ٱلَّذِي يُرِيكُمُ ٱلۡبَرۡقَ خَوۡفٗا
وَطَمَعٗا وَيُنشِئُ ٱلسَّحَابَ ٱلثِّقَالَ ١٢ وَيُسَبِّحُ ٱلرَّعۡدُ بِحَمۡدِهِۦ
وَٱلۡمَلَٰٓئِكَةُ مِنۡ خِيفَتِهِۦ وَيُرۡسِلُ ٱلصَّوَٰعِقَ فَيُصِيبُ بِهَا
مَن يَشَآءُ وَهُمۡ يُجَٰدِلُونَ فِي ٱللَّهِ وَهُوَ شَدِيدُ ٱلۡمِحَالِ ١٣
13-13-251
لَهُۥ دَعۡوَةُ ٱلۡحَقِّۖ وَٱلَّذِينَ يَدۡعُونَ مِن دُونِهِۦ لَا يَسۡتَجِيبُونَ لَهُم بِشَيۡءٍ إِلَّا
كَبَٰسِطِ كَفَّيۡهِ إِلَى ٱلۡمَآءِ لِيَبۡلُغَ فَاهُ وَمَا هُوَ بِبَٰلِغِهِۦۚ وَمَا دُعَآءُ ٱلۡكَٰفِرِينَ
إِلَّا فِي ضَلَٰلٖ ١٤ وَلِلَّهِ يَسۡجُدُ مَن فِي ٱلسَّمَٰوَٰتِ وَٱلۡأَرۡضِ طَوۡعٗا
وَكَرۡهٗا وَظِلَٰلُهُم بِٱلۡغُدُوِّ وَٱلۡأٓصَالِ۩ ١٥ قُلۡ مَن رَّبُّ ٱلسَّمَٰوَٰتِ
وَٱلۡأَرۡضِ قُلِ ٱللَّهُۚ قُلۡ أَفَٱتَّخَذۡتُم مِّن دُونِهِۦٓ أَوۡلِيَآءَ لَا يَمۡلِكُونَ
لِأَنفُسِهِمۡ نَفۡعٗا وَلَا ضَرّٗاۚ قُلۡ هَلۡ يَسۡتَوِي ٱلۡأَعۡمَىٰ وَٱلۡبَصِيرُ أَمۡ هَلۡ
تَسۡتَوِي ٱلظُّلُمَٰتُ وَٱلنُّورُۗ أَمۡ جَعَلُواْ لِلَّهِ شُرَكَآءَ خَلَقُواْ كَخَلۡقِهِۦ فَتَشَٰبَهَ
ٱلۡخَلۡقُ عَلَيۡهِمۡۚ قُلِ ٱللَّهُ خَٰلِقُ كُلِّ شَيۡءٖ وَهُوَ ٱلۡوَٰحِدُ ٱلۡقَهَّٰرُ ١٦ أَنزَلَ
مِنَ ٱلسَّمَآءِ مَآءٗ فَسَالَتۡ أَوۡدِيَةُۢ بِقَدَرِهَا فَٱحۡتَمَلَ ٱلسَّيۡلُ زَبَدٗا رَّابِيٗاۖ
وَمِمَّا يُوقِدُونَ عَلَيۡهِ فِي ٱلنَّارِ ٱبۡتِغَآءَ حِلۡيَةٍ أَوۡ مَتَٰعٖ زَبَدٞ مِّثۡلُهُۥۚ
كَذَٰلِكَ يَضۡرِبُ ٱللَّهُ ٱلۡحَقَّ وَٱلۡبَٰطِلَۚ فَأَمَّا ٱلزَّبَدُ فَيَذۡهَبُ جُفَآءٗۖ
وَأَمَّا مَا يَنفَعُ ٱلنَّاسَ فَيَمۡكُثُ فِي ٱلۡأَرۡضِۚ كَذَٰلِكَ يَضۡرِبُ ٱللَّهُ
ٱلۡأَمۡثَالَ ١٧ لِلَّذِينَ ٱسۡتَجَابُواْ لِرَبِّهِمُ ٱلۡحُسۡنَىٰۚ وَٱلَّذِينَ لَمۡ يَسۡتَجِيبُواْ
لَهُۥ لَوۡ أَنَّ لَهُم مَّا فِي ٱلۡأَرۡضِ جَمِيعٗا وَمِثۡلَهُۥ مَعَهُۥ لَٱفۡتَدَوۡاْ بِهِۦٓۚ
أُوْلَٰٓئِكَ لَهُمۡ سُوٓءُ ٱلۡحِسَابِ وَمَأۡوَىٰهُمۡ جَهَنَّمُۖ وَبِئۡسَ ٱلۡمِهَادُ ١٨

13 - 13 - 252 ۞أَفَمَن يَعْلَمُ أَنَّمَآ أُنزِلَ إِلَيْكَ مِن رَّبِّكَ ٱلْحَقُّ كَمَنْ هُوَ أَعْمَىٰٓ ۚ إِنَّمَا يَتَذَكَّرُ
أُو۟لُوا۟ ٱلْأَلْبَٰبِ ١٩ ٱلَّذِينَ يُوفُونَ بِعَهْدِ ٱللَّهِ وَلَا يَنقُضُونَ ٱلْمِيثَٰقَ ٢٠
وَٱلَّذِينَ يَصِلُونَ مَآ أَمَرَ ٱللَّهُ بِهِۦٓ أَن يُوصَلَ وَيَخْشَوْنَ رَبَّهُمْ
وَيَخَافُونَ سُوٓءَ ٱلْحِسَابِ ٢١ وَٱلَّذِينَ صَبَرُوا۟ ٱبْتِغَآءَ وَجْهِ رَبِّهِمْ
وَأَقَامُوا۟ ٱلصَّلَوٰةَ وَأَنفَقُوا۟ مِمَّا رَزَقْنَٰهُمْ سِرًّا وَعَلَانِيَةً وَيَدْرَءُونَ
بِٱلْحَسَنَةِ ٱلسَّيِّئَةَ أُو۟لَٰٓئِكَ لَهُمْ عُقْبَى ٱلدَّارِ ٢٢ جَنَّٰتُ عَدْنٍ يَدْخُلُونَهَا
وَمَن صَلَحَ مِنْ ءَابَآئِهِمْ وَأَزْوَٰجِهِمْ وَذُرِّيَّٰتِهِمْ ۖ وَٱلْمَلَٰٓئِكَةُ يَدْخُلُونَ
عَلَيْهِم مِّن كُلِّ بَابٍ ٢٣ سَلَٰمٌ عَلَيْكُم بِمَا صَبَرْتُمْ ۚ فَنِعْمَ عُقْبَى ٱلدَّارِ ٢٤
وَٱلَّذِينَ يَنقُضُونَ عَهْدَ ٱللَّهِ مِنۢ بَعْدِ مِيثَٰقِهِۦ وَيَقْطَعُونَ
مَآ أَمَرَ ٱللَّهُ بِهِۦٓ أَن يُوصَلَ وَيُفْسِدُونَ فِى ٱلْأَرْضِ ۙ أُو۟لَٰٓئِكَ لَهُمُ
ٱللَّعْنَةُ وَلَهُمْ سُوٓءُ ٱلدَّارِ ٢٥ ٱللَّهُ يَبْسُطُ ٱلرِّزْقَ لِمَن يَشَآءُ
وَيَقْدِرُ ۚ وَفَرِحُوا۟ بِٱلْحَيَوٰةِ ٱلدُّنْيَا وَمَا ٱلْحَيَوٰةُ ٱلدُّنْيَا فِى ٱلْءَاخِرَةِ إِلَّا
مَتَٰعٌ ٢٦ وَيَقُولُ ٱلَّذِينَ كَفَرُوا۟ لَوْلَآ أُنزِلَ عَلَيْهِ ءَايَةٌ مِّن رَّبِّهِۦ ۗ قُلْ
إِنَّ ٱللَّهَ يُضِلُّ مَن يَشَآءُ وَيَهْدِىٓ إِلَيْهِ مَنْ أَنَابَ ٢٧ ٱلَّذِينَ ءَامَنُوا۟
وَتَطْمَئِنُّ قُلُوبُهُم بِذِكْرِ ٱللَّهِ ۗ أَلَا بِذِكْرِ ٱللَّهِ تَطْمَئِنُّ ٱلْقُلُوبُ ٢٨
13 - 13 - 253 ٱلَّذِينَ ءَامَنُوا۟ وَعَمِلُوا۟ ٱلصَّٰلِحَٰتِ طُوبَىٰ لَهُمْ وَحُسْنُ مَـَٔابٍ ٢٩
كَذَٰلِكَ أَرْسَلْنَٰكَ فِىٓ أُمَّةٍ قَدْ خَلَتْ مِن قَبْلِهَآ أُمَمٌ لِّتَتْلُوَا۟
عَلَيْهِمُ ٱلَّذِىٓ أَوْحَيْنَآ إِلَيْكَ وَهُمْ يَكْفُرُونَ بِٱلرَّحْمَٰنِ ۚ قُلْ هُوَ رَبِّى
لَآ إِلَٰهَ إِلَّا هُوَ عَلَيْهِ تَوَكَّلْتُ وَإِلَيْهِ مَتَابِ ٣٠ وَلَوْ أَنَّ قُرْءَانًا
سُيِّرَتْ بِهِ ٱلْجِبَالُ أَوْ قُطِّعَتْ بِهِ ٱلْأَرْضُ أَوْ كُلِّمَ بِهِ ٱلْمَوْتَىٰ ۗ
بَل لِّلَّهِ ٱلْأَمْرُ جَمِيعًا ۗ أَفَلَمْ يَا۟يْـَٔسِ ٱلَّذِينَ ءَامَنُوٓا۟ أَن لَّوْ يَشَآءُ
ٱللَّهُ لَهَدَى ٱلنَّاسَ جَمِيعًا ۗ وَلَا يَزَالُ ٱلَّذِينَ كَفَرُوا۟ تُصِيبُهُم
بِمَا صَنَعُوا۟ قَارِعَةٌ أَوْ تَحُلُّ قَرِيبًا مِّن دَارِهِمْ حَتَّىٰ يَأْتِىَ وَعْدُ
ٱللَّهِ ۚ إِنَّ ٱللَّهَ لَا يُخْلِفُ ٱلْمِيعَادَ ٣١ وَلَقَدِ ٱسْتُهْزِئَ بِرُسُلٍ مِّن
قَبْلِكَ فَأَمْلَيْتُ لِلَّذِينَ كَفَرُوا۟ ثُمَّ أَخَذْتُهُمْ ۖ فَكَيْفَ كَانَ
عِقَابِ ٣٢ أَفَمَنْ هُوَ قَآئِمٌ عَلَىٰ كُلِّ نَفْسٍۭ بِمَا كَسَبَتْ ۗ وَجَعَلُوا۟
لِلَّهِ شُرَكَآءَ قُلْ سَمُّوهُمْ ۚ أَمْ تُنَبِّـُٔونَهُۥ بِمَا لَا يَعْلَمُ فِى ٱلْأَرْضِ أَم
بِظَٰهِرٍ مِّنَ ٱلْقَوْلِ ۗ بَلْ زُيِّنَ لِلَّذِينَ كَفَرُوا۟ مَكْرُهُمْ وَصُدُّوا۟ عَنِ
ٱلسَّبِيلِ ۗ وَمَن يُضْلِلِ ٱللَّهُ فَمَا لَهُۥ مِنْ هَادٍ ٣٣ لَّهُمْ عَذَابٌ فِى ٱلْحَيَوٰةِ
ٱلدُّنْيَا ۖ وَلَعَذَابُ ٱلْءَاخِرَةِ أَشَقُّ ۖ وَمَا لَهُم مِّنَ ٱللَّهِ مِن وَاقٍ ٣٤
13 - 13 - 254 ۞مَّثَلُ ٱلْجَنَّةِ ٱلَّتِى وُعِدَ ٱلْمُتَّقُونَ ۖ تَجْرِى مِن تَحْتِهَا ٱلْأَنْهَٰرُ ۖ
أُكُلُهَا دَآئِمٌ وَظِلُّهَا ۚ تِلْكَ عُقْبَى ٱلَّذِينَ ٱتَّقَوا۟ ۖ وَّعُقْبَى
ٱلْكَٰفِرِينَ ٱلنَّارُ ٣٥ وَٱلَّذِينَ ءَاتَيْنَٰهُمُ ٱلْكِتَٰبَ يَفْرَحُونَ
بِمَآ أُنزِلَ إِلَيْكَ ۖ وَمِنَ ٱلْأَحْزَابِ مَن يُنكِرُ بَعْضَهُۥ ۚ قُلْ إِنَّمَآ
أُمِرْتُ أَنْ أَعْبُدَ ٱللَّهَ وَلَآ أُشْرِكَ بِهِۦٓ ۚ إِلَيْهِ أَدْعُوا۟ وَإِلَيْهِ مَـَٔابِ ٣٦
وَكَذَٰلِكَ أَنزَلْنَٰهُ حُكْمًا عَرَبِيًّا ۚ وَلَئِنِ ٱتَّبَعْتَ أَهْوَآءَهُم بَعْدَ
مَا جَآءَكَ مِنَ ٱلْعِلْمِ مَا لَكَ مِنَ ٱللَّهِ مِن وَلِىٍّ وَلَا وَاقٍ ٣٧ وَلَقَدْ
أَرْسَلْنَا رُسُلًا مِّن قَبْلِكَ وَجَعَلْنَا لَهُمْ أَزْوَٰجًا وَذُرِّيَّةً ۚ وَمَا كَانَ
لِرَسُولٍ أَن يَأْتِىَ بِـَٔايَةٍ إِلَّا بِإِذْنِ ٱللَّهِ ۗ لِكُلِّ أَجَلٍ كِتَابٌ ٣٨
يَمْحُوا۟ ٱللَّهُ مَا يَشَآءُ وَيُثْبِتُ ۖ وَعِندَهُۥٓ أُمُّ ٱلْكِتَٰبِ ٣٩ وَإِن مَّا
نُرِيَنَّكَ بَعْضَ ٱلَّذِى نَعِدُهُمْ أَوْ نَتَوَفَّيَنَّكَ فَإِنَّمَا عَلَيْكَ ٱلْبَلَٰغُ
وَعَلَيْنَا ٱلْحِسَابُ ٤٠ أَوَلَمْ يَرَوْا۟ أَنَّا نَأْتِى ٱلْأَرْضَ نَنقُصُهَا
مِنْ أَطْرَافِهَا ۚ وَٱللَّهُ يَحْكُمُ لَا مُعَقِّبَ لِحُكْمِهِۦ ۚ وَهُوَ سَرِيعُ
ٱلْحِسَابِ ٤١ وَقَدْ مَكَرَ ٱلَّذِينَ مِن قَبْلِهِمْ فَلِلَّهِ ٱلْمَكْرُ جَمِيعًا ۖ
يَعْلَمُ مَا تَكْسِبُ كُلُّ نَفْسٍ ۗ وَسَيَعْلَمُ ٱلْكُفَّٰرُ لِمَنْ عُقْبَى ٱلدَّارِ ٤٢
وَيَقُولُ ٱلَّذِينَ كَفَرُوا۟ لَسْتَ مُرْسَلًا ۚ قُلْ كَفَىٰ بِٱللَّهِ شَهِيدًۢا
بَيْنِى وَبَيْنَكُمْ وَمَنْ عِندَهُۥ عِلْمُ ٱلْكِتَٰبِ ٤٣

13 - 13 - 255

سُورَةُ إِبْرَاهِيمَ

بِسْمِ ٱللَّهِ ٱلرَّحْمَٰنِ ٱلرَّحِيمِ

الٓر ۚ كِتَٰبٌ أَنزَلْنَٰهُ إِلَيْكَ لِتُخْرِجَ ٱلنَّاسَ مِنَ ٱلظُّلُمَٰتِ
إِلَى ٱلنُّورِ بِإِذْنِ رَبِّهِمْ إِلَىٰ صِرَٰطِ ٱلْعَزِيزِ ٱلْحَمِيدِ ١
ٱللَّهِ ٱلَّذِى لَهُۥ مَا فِى ٱلسَّمَٰوَٰتِ وَمَا فِى ٱلْأَرْضِ ۗ وَوَيْلٌ
لِّلْكَٰفِرِينَ مِنْ عَذَابٍ شَدِيدٍ ٢ ٱلَّذِينَ يَسْتَحِبُّونَ
ٱلْحَيَوٰةَ ٱلدُّنْيَا عَلَى ٱلْءَاخِرَةِ وَيَصُدُّونَ عَن سَبِيلِ
ٱللَّهِ وَيَبْغُونَهَا عِوَجًا ۚ أُو۟لَٰٓئِكَ فِى ضَلَٰلٍۭ بَعِيدٍ ٣ وَمَآ
أَرْسَلْنَا مِن رَّسُولٍ إِلَّا بِلِسَانِ قَوْمِهِۦ لِيُبَيِّنَ لَهُمْ ۖ
فَيُضِلُّ ٱللَّهُ مَن يَشَآءُ وَيَهْدِى مَن يَشَآءُ ۚ وَهُوَ ٱلْعَزِيزُ
ٱلْحَكِيمُ ٤ وَلَقَدْ أَرْسَلْنَا مُوسَىٰ بِـَٔايَٰتِنَآ أَنْ أَخْرِجْ
قَوْمَكَ مِنَ ٱلظُّلُمَٰتِ إِلَى ٱلنُّورِ وَذَكِّرْهُم بِأَيَّىٰمِ
ٱللَّهِ ۚ إِنَّ فِى ذَٰلِكَ لَءَايَٰتٍ لِّكُلِّ صَبَّارٍ شَكُورٍ ٥
13 - 14 - 256 وَإِذْ قَالَ مُوسَىٰ لِقَوْمِهِ ٱذْكُرُوا۟ نِعْمَةَ ٱللَّهِ عَلَيْكُمْ
إِذْ أَنجَىٰكُم مِّنْ ءَالِ فِرْعَوْنَ يَسُومُونَكُمْ سُوٓءَ ٱلْعَذَابِ
وَيُذَبِّحُونَ أَبْنَآءَكُمْ وَيَسْتَحْيُونَ نِسَآءَكُمْ ۚ وَفِى
ذَٰلِكُم بَلَآءٌ مِّن رَّبِّكُمْ عَظِيمٌ ٦ وَإِذْ تَأَذَّنَ رَبُّكُمْ
لَئِن شَكَرْتُمْ لَأَزِيدَنَّكُمْ ۖ وَلَئِن كَفَرْتُمْ إِنَّ عَذَابِى
لَشَدِيدٌ ٧ وَقَالَ مُوسَىٰٓ إِن تَكْفُرُوٓا۟ أَنتُمْ وَمَن فِى
ٱلْأَرْضِ جَمِيعًا فَإِنَّ ٱللَّهَ لَغَنِىٌّ حَمِيدٌ ٨ أَلَمْ يَأْتِكُمْ نَبَؤُا۟
ٱلَّذِينَ مِن قَبْلِكُمْ قَوْمِ نُوحٍ وَعَادٍ وَثَمُودَ ۛ وَٱلَّذِينَ
مِنۢ بَعْدِهِمْ ۛ لَا يَعْلَمُهُمْ إِلَّا ٱللَّهُ ۚ جَآءَتْهُمْ رُسُلُهُم
بِٱلْبَيِّنَٰتِ فَرَدُّوٓا۟ أَيْدِيَهُمْ فِىٓ أَفْوَٰهِهِمْ وَقَالُوٓا۟ إِنَّا كَفَرْنَا
بِمَآ أُرْسِلْتُم بِهِۦ وَإِنَّا لَفِى شَكٍّ مِّمَّا تَدْعُونَنَآ إِلَيْهِ مُرِيبٍ ٩
۞قَالَتْ رُسُلُهُمْ أَفِى ٱللَّهِ شَكٌّ فَاطِرِ ٱلسَّمَٰوَٰتِ وَٱلْأَرْضِ ۖ
يَدْعُوكُمْ لِيَغْفِرَ لَكُم مِّن ذُنُوبِكُمْ وَيُؤَخِّرَكُمْ إِلَىٰٓ أَجَلٍ
مُّسَمًّى ۚ قَالُوٓا۟ إِنْ أَنتُمْ إِلَّا بَشَرٌ مِّثْلُنَا تُرِيدُونَ أَن تَصُدُّونَا
عَمَّا كَانَ يَعْبُدُ ءَابَآؤُنَا فَأْتُونَا بِسُلْطَٰنٍ مُّبِينٍ ١٠
13 - 14 - 257 قَالَتْ لَهُمْ رُسُلُهُمْ إِن نَّحْنُ إِلَّا بَشَرٌ مِّثْلُكُمْ وَلَٰكِنَّ ٱللَّهَ
يَمُنُّ عَلَىٰ مَن يَشَآءُ مِنْ عِبَادِهِۦ ۖ وَمَا كَانَ لَنَآ أَن نَّأْتِيَكُم
بِسُلْطَٰنٍ إِلَّا بِإِذْنِ ٱللَّهِ ۚ وَعَلَى ٱللَّهِ فَلْيَتَوَكَّلِ ٱلْمُؤْمِنُونَ ١١
وَمَا لَنَآ أَلَّا نَتَوَكَّلَ عَلَى ٱللَّهِ وَقَدْ هَدَىٰنَا سُبُلَنَا ۚ وَلَنَصْبِرَنَّ
عَلَىٰ مَآ ءَاذَيْتُمُونَا ۚ وَعَلَى ٱللَّهِ فَلْيَتَوَكَّلِ ٱلْمُتَوَكِّلُونَ ١٢
وَقَالَ ٱلَّذِينَ كَفَرُوا۟ لِرُسُلِهِمْ لَنُخْرِجَنَّكُم مِّنْ أَرْضِنَآ
أَوْ لَتَعُودُنَّ فِى مِلَّتِنَا ۖ فَأَوْحَىٰٓ إِلَيْهِمْ رَبُّهُمْ لَنُهْلِكَنَّ
ٱلظَّٰلِمِينَ ١٣ وَلَنُسْكِنَنَّكُمُ ٱلْأَرْضَ مِنۢ بَعْدِهِمْ ۚ
ذَٰلِكَ لِمَنْ خَافَ مَقَامِى وَخَافَ وَعِيدِ ١٤ وَٱسْتَفْتَحُوا۟
وَخَابَ كُلُّ جَبَّارٍ عَنِيدٍ ١٥ مِّن وَرَآئِهِۦ جَهَنَّمُ وَيُسْقَىٰ
مِن مَّآءٍ صَدِيدٍ ١٦ يَتَجَرَّعُهُۥ وَلَا يَكَادُ يُسِيغُهُۥ وَيَأْتِيهِ
ٱلْمَوْتُ مِن كُلِّ مَكَانٍ وَمَا هُوَ بِمَيِّتٍ ۖ وَمِن وَرَآئِهِۦ
عَذَابٌ غَلِيظٌ ١٧ مَّثَلُ ٱلَّذِينَ كَفَرُوا۟ بِرَبِّهِمْ ۖ أَعْمَٰلُهُمْ
كَرَمَادٍ ٱشْتَدَّتْ بِهِ ٱلرِّيحُ فِى يَوْمٍ عَاصِفٍ ۖ لَّا يَقْدِرُونَ
مِمَّا كَسَبُوا۟ عَلَىٰ شَىْءٍ ۚ ذَٰلِكَ هُوَ ٱلضَّلَٰلُ ٱلْبَعِيدُ ١٨
13 - 14 - 258 أَلَمْ تَرَ أَنَّ ٱللَّهَ خَلَقَ ٱلسَّمَٰوَٰتِ وَٱلْأَرْضَ بِٱلْحَقِّ ۚ إِن يَشَأْ
يُذْهِبْكُمْ وَيَأْتِ بِخَلْقٍ جَدِيدٍ ١٩ وَمَا ذَٰلِكَ عَلَى ٱللَّهِ بِعَزِيزٍ ٢٠
وَبَرَزُوا۟ لِلَّهِ جَمِيعًا فَقَالَ ٱلضُّعَفَٰٓؤُا۟ لِلَّذِينَ ٱسْتَكْبَرُوٓا۟
إِنَّا كُنَّا لَكُمْ تَبَعًا فَهَلْ أَنتُم مُّغْنُونَ عَنَّا مِنْ عَذَابِ ٱللَّهِ
مِن شَىْءٍ ۚ قَالُوا۟ لَوْ هَدَىٰنَا ٱللَّهُ لَهَدَيْنَٰكُمْ ۖ سَوَآءٌ عَلَيْنَآ
أَجَزِعْنَآ أَمْ صَبَرْنَا مَا لَنَا مِن مَّحِيصٍ ٢١ وَقَالَ ٱلشَّيْطَٰنُ لَمَّا
قُضِىَ ٱلْأَمْرُ إِنَّ ٱللَّهَ وَعَدَكُمْ وَعْدَ ٱلْحَقِّ وَوَعَدتُّكُمْ
فَأَخْلَفْتُكُمْ ۖ وَمَا كَانَ لِىَ عَلَيْكُم مِّن سُلْطَٰنٍ إِلَّآ
أَن دَعَوْتُكُمْ فَٱسْتَجَبْتُمْ لِى ۖ فَلَا تَلُومُونِى وَلُومُوٓا۟ أَنفُسَكُم ۖ
مَّآ أَنَا۠ بِمُصْرِخِكُمْ وَمَآ أَنتُم بِمُصْرِخِىَّ ۖ إِنِّى كَفَرْتُ
بِمَآ أَشْرَكْتُمُونِ مِن قَبْلُ ۗ إِنَّ ٱلظَّٰلِمِينَ لَهُمْ عَذَابٌ
أَلِيمٌ ٢٢ وَأُدْخِلَ ٱلَّذِينَ ءَامَنُوا۟ وَعَمِلُوا۟ ٱلصَّٰلِحَٰتِ جَنَّٰتٍ
تَجْرِى مِن تَحْتِهَا ٱلْأَنْهَٰرُ خَٰلِدِينَ فِيهَا بِإِذْنِ رَبِّهِمْ ۖ تَحِيَّتُهُمْ
فِيهَا سَلَٰمٌ ٢٣ أَلَمْ تَرَ كَيْفَ ضَرَبَ ٱللَّهُ مَثَلًا كَلِمَةً طَيِّبَةً
كَشَجَرَةٍ طَيِّبَةٍ أَصْلُهَا ثَابِتٌ وَفَرْعُهَا فِى ٱلسَّمَآءِ ٢٤
13 - 14 - 259 تُؤْتِىٓ أُكُلَهَا كُلَّ حِينٍۭ بِإِذْنِ رَبِّهَا ۗ وَيَضْرِبُ ٱللَّهُ ٱلْأَمْثَالَ
لِلنَّاسِ لَعَلَّهُمْ يَتَذَكَّرُونَ ٢٥ وَمَثَلُ كَلِمَةٍ خَبِيثَةٍ
كَشَجَرَةٍ خَبِيثَةٍ ٱجْتُثَّتْ مِن فَوْقِ ٱلْأَرْضِ مَا لَهَا مِن
قَرَارٍ ٢٦ يُثَبِّتُ ٱللَّهُ ٱلَّذِينَ ءَامَنُوا۟ بِٱلْقَوْلِ ٱلثَّابِتِ فِى ٱلْحَيَوٰةِ
ٱلدُّنْيَا وَفِى ٱلْءَاخِرَةِ ۖ وَيُضِلُّ ٱللَّهُ ٱلظَّٰلِمِينَ ۚ وَيَفْعَلُ ٱللَّهُ
مَا يَشَآءُ ٢٧ ۞أَلَمْ تَرَ إِلَى ٱلَّذِينَ بَدَّلُوا۟ نِعْمَتَ ٱللَّهِ كُفْرًا
وَأَحَلُّوا۟ قَوْمَهُمْ دَارَ ٱلْبَوَارِ ٢٨ جَهَنَّمَ يَصْلَوْنَهَا ۖ وَبِئْسَ
ٱلْقَرَارُ ٢٩ وَجَعَلُوا۟ لِلَّهِ أَندَادًا لِّيُضِلُّوا۟ عَن سَبِيلِهِۦ ۗ قُلْ
تَمَتَّعُوا۟ فَإِنَّ مَصِيرَكُمْ إِلَى ٱلنَّارِ ٣٠ قُل لِّعِبَادِىَ ٱلَّذِينَ
ءَامَنُوا۟ يُقِيمُوا۟ ٱلصَّلَوٰةَ وَيُنفِقُوا۟ مِمَّا رَزَقْنَٰهُمْ سِرًّا وَعَلَانِيَةً
مِّن قَبْلِ أَن يَأْتِىَ يَوْمٌ لَّا بَيْعٌ فِيهِ وَلَا خِلَٰلٌ ٣١ ٱللَّهُ ٱلَّذِى
خَلَقَ ٱلسَّمَٰوَٰتِ وَٱلْأَرْضَ وَأَنزَلَ مِنَ ٱلسَّمَآءِ مَآءً فَأَخْرَجَ
بِهِۦ مِنَ ٱلثَّمَرَٰتِ رِزْقًا لَّكُمْ ۖ وَسَخَّرَ لَكُمُ ٱلْفُلْكَ لِتَجْرِىَ
فِى ٱلْبَحْرِ بِأَمْرِهِۦ ۖ وَسَخَّرَ لَكُمُ ٱلْأَنْهَٰرَ ٣٢ وَسَخَّرَ لَكُمُ
ٱلشَّمْسَ وَٱلْقَمَرَ دَآئِبَيْنِ ۖ وَسَخَّرَ لَكُمُ ٱلَّيْلَ وَٱلنَّهَارَ ٣٣
13 - 14 - 260 وَءَاتَىٰكُم مِّن كُلِّ مَا سَأَلْتُمُوهُ ۚ وَإِن تَعُدُّوا۟ نِعْمَتَ ٱللَّهِ
لَا تُحْصُوهَآ ۗ إِنَّ ٱلْإِنسَٰنَ لَظَلُومٌ كَفَّارٌ ٣٤ وَإِذْ قَالَ إِبْرَٰهِيمُ
رَبِّ ٱجْعَلْ هَٰذَا ٱلْبَلَدَ ءَامِنًا وَٱجْنُبْنِى وَبَنِىَّ أَن نَّعْبُدَ
ٱلْأَصْنَامَ ٣٥ رَبِّ إِنَّهُنَّ أَضْلَلْنَ كَثِيرًا مِّنَ ٱلنَّاسِ ۖ فَمَن
تَبِعَنِى فَإِنَّهُۥ مِنِّى ۖ وَمَنْ عَصَانِى فَإِنَّكَ غَفُورٌ رَّحِيمٌ ٣٦ رَّبَّنَآ
إِنِّىٓ أَسْكَنتُ مِن ذُرِّيَّتِى بِوَادٍ غَيْرِ ذِى زَرْعٍ عِندَ بَيْتِكَ
ٱلْمُحَرَّمِ رَبَّنَا لِيُقِيمُوا۟ ٱلصَّلَوٰةَ فَٱجْعَلْ أَفْـِٔدَةً مِّنَ ٱلنَّاسِ
تَهْوِىٓ إِلَيْهِمْ وَٱرْزُقْهُم مِّنَ ٱلثَّمَرَٰتِ لَعَلَّهُمْ يَشْكُرُونَ ٣٧
رَبَّنَآ إِنَّكَ تَعْلَمُ مَا نُخْفِى وَمَا نُعْلِنُ ۗ وَمَا يَخْفَىٰ عَلَى ٱللَّهِ
مِن شَىْءٍ فِى ٱلْأَرْضِ وَلَا فِى ٱلسَّمَآءِ ٣٨ ٱلْحَمْدُ لِلَّهِ ٱلَّذِى
وَهَبَ لِى عَلَى ٱلْكِبَرِ إِسْمَٰعِيلَ وَإِسْحَٰقَ ۚ إِنَّ رَبِّى لَسَمِيعُ
ٱلدُّعَآءِ ٣٩ رَبِّ ٱجْعَلْنِى مُقِيمَ ٱلصَّلَوٰةِ وَمِن ذُرِّيَّتِى ۚ رَبَّنَا
وَتَقَبَّلْ دُعَآءِ ٤٠ رَبَّنَا ٱغْفِرْ لِى وَلِوَٰلِدَىَّ وَلِلْمُؤْمِنِينَ
يَوْمَ يَقُومُ ٱلْحِسَابُ ٤١ وَلَا تَحْسَبَنَّ ٱللَّهَ غَٰفِلًا عَمَّا يَعْمَلُ
ٱلظَّٰلِمُونَ ۚ إِنَّمَا يُؤَخِّرُهُمْ لِيَوْمٍ تَشْخَصُ فِيهِ ٱلْأَبْصَٰرُ ٤٢
13 - 14 - 261 مُهْطِعِينَ مُقْنِعِى رُءُوسِهِمْ لَا يَرْتَدُّ إِلَيْهِمْ طَرْفُهُمْ ۖ
وَأَفْـِٔدَتُهُمْ هَوَآءٌ ٤٣ وَأَنذِرِ ٱلنَّاسَ يَوْمَ يَأْتِيهِمُ ٱلْعَذَابُ
فَيَقُولُ ٱلَّذِينَ ظَلَمُوا۟ رَبَّنَآ أَخِّرْنَآ إِلَىٰٓ أَجَلٍ قَرِيبٍ نُّجِبْ
دَعْوَتَكَ وَنَتَّبِعِ ٱلرُّسُلَ ۗ أَوَلَمْ تَكُونُوٓا۟ أَقْسَمْتُم مِّن قَبْلُ
مَا لَكُم مِّن زَوَالٍ ٤٤ وَسَكَنتُمْ فِى مَسَٰكِنِ ٱلَّذِينَ ظَلَمُوٓا۟
أَنفُسَهُمْ وَتَبَيَّنَ لَكُمْ كَيْفَ فَعَلْنَا بِهِمْ وَضَرَبْنَا لَكُمُ
ٱلْأَمْثَالَ ٤٥ وَقَدْ مَكَرُوا۟ مَكْرَهُمْ وَعِندَ ٱللَّهِ مَكْرُهُمْ
وَإِن كَانَ مَكْرُهُمْ لِتَزُولَ مِنْهُ ٱلْجِبَالُ ٤٦ فَلَا
تَحْسَبَنَّ ٱللَّهَ مُخْلِفَ وَعْدِهِۦ رُسُلَهُۥٓ ۗ إِنَّ ٱللَّهَ عَزِيزٌ
ذُو ٱنتِقَامٍ ٤٧ يَوْمَ تُبَدَّلُ ٱلْأَرْضُ غَيْرَ ٱلْأَرْضِ وَٱلسَّمَٰوَٰتُ ۖ
وَبَرَزُوا۟ لِلَّهِ ٱلْوَٰحِدِ ٱلْقَهَّارِ ٤٨ وَتَرَى ٱلْمُجْرِمِينَ يَوْمَئِذٍ
مُّقَرَّنِينَ فِى ٱلْأَصْفَادِ ٤٩ سَرَابِيلُهُم مِّن قَطِرَانٍ وَتَغْشَىٰ
وُجُوهَهُمُ ٱلنَّارُ ٥٠ لِيَجْزِىَ ٱللَّهُ كُلَّ نَفْسٍ مَّا كَسَبَتْ ۚ
إِنَّ ٱللَّهَ سَرِيعُ ٱلْحِسَابِ ٥١ هَٰذَا بَلَٰغٌ لِّلنَّاسِ وَلِيُنذَرُوا۟ بِهِۦ
وَلِيَعْلَمُوٓا۟ أَنَّمَا هُوَ إِلَٰهٌ وَٰحِدٌ وَلِيَذَّكَّرَ أُو۟لُوا۟ ٱلْأَلْبَٰبِ ٥٢

سورة الحجر

بسم الله الرحمن الرحيم

14 - 15 - 262
الر تلك آيات الكتاب وقرآن مبين ١ ربما يود
الذين كفروا لو كانوا مسلمين ٢ ذرهم يأكلوا
ويتمتعوا ويلههم الأمل فسوف يعلمون ٣ وما أهلكنا
من قرية إلا ولها كتاب معلوم ٤ ما تسبق من أمة
أجلها وما يستأخرون ٥ وقالوا يا أيها الذي نزل عليه
الذكر إنك لمجنون ٦ لو ما تأتينا بالملائكة إن كنت
من الصادقين ٧ ما ننزل الملائكة إلا بالحق وما كانوا
إذا منظرين ٨ إنا نحن نزلنا الذكر وإنا له لحافظون ٩
ولقد أرسلنا من قبلك في شيع الأولين ١٠ وما يأتيهم
من رسول إلا كانوا به يستهزئون ١١ كذلك نسلكه
في قلوب المجرمين ١٢ لا يؤمنون به وقد خلت سنة الأولين ١٣
ولو فتحنا عليهم بابا من السماء فظلوا فيه يعرجون ١٤
لقالوا إنما سكرت أبصارنا بل نحن قوم مسحورون ١٥

14 - 15 - 263
ولقد جعلنا في السماء بروجا وزيناها للناظرين ١٦
وحفظناها من كل شيطان رجيم ١٧ إلا من استرق السمع
فأتبعه شهاب مبين ١٨ والأرض مددناها وألقينا فيها
رواسي وأنبتنا فيها من كل شيء موزون ١٩ وجعلنا لكم
فيها معايش ومن لستم له برازقين ٢٠ وإن من شيء إلا
عندنا خزائنه وما ننزله إلا بقدر معلوم ٢١ وأرسلنا
الرياح لواقح فأنزلنا من السماء ماء فأسقيناكموه وما أنتم
له بخازنين ٢٢ وإنا لنحن نحيي ونميت ونحن الوارثون ٢٣
ولقد علمنا المستقدمين منكم ولقد علمنا المستأخرين ٢٤
وإن ربك هو يحشرهم إنه حكيم عليم ٢٥ ولقد خلقنا
الإنسان من صلصال من حمإ مسنون ٢٦ والجان خلقناه من
قبل من نار السموم ٢٧ وإذ قال ربك للملائكة إني خالق بشرا
من صلصال من حمإ مسنون ٢٨ فإذا سويته ونفخت فيه
من روحي فقعوا له ساجدين ٢٩ فسجد الملائكة كلهم
أجمعون ٣٠ إلا إبليس أبى أن يكون مع الساجدين ٣١

14 - 15 - 264
قال يا إبليس ما لك ألا تكون مع الساجدين ٣٢ قال لم أكن
لأسجد لبشر خلقته من صلصال من حمإ مسنون ٣٣
قال فاخرج منها فإنك رجيم ٣٤ وإن عليك اللعنة إلى يوم
الدين ٣٥ قال رب فأنظرني إلى يوم يبعثون ٣٦ قال فإنك
من المنظرين ٣٧ إلى يوم الوقت المعلوم ٣٨ قال رب بما
أغويتني لأزينن لهم في الأرض ولأغوينهم أجمعين ٣٩
إلا عبادك منهم المخلصين ٤٠ قال هذا صراط علي
مستقيم ٤١ إن عبادي ليس لك عليهم سلطان إلا من
اتبعك من الغاوين ٤٢ وإن جهنم لموعدهم أجمعين ٤٣
لها سبعة أبواب لكل باب منهم جزء مقسوم ٤٤ إن
المتقين في جنات وعيون ٤٥ ادخلوها بسلام آمنين ٤٦
ونزعنا ما في صدورهم من غل إخوانا على سرر متقابلين ٤٧
لا يمسهم فيها نصب وما هم منها بمخرجين ٤٨
* نبئ عبادي أني أنا الغفور الرحيم ٤٩ وأن عذابي
هو العذاب الأليم ٥٠ ونبئهم عن ضيف إبراهيم ٥١

14 - 15 - 265
إذ دخلوا عليه فقالوا سلاما قال إنا منكم وجلون ٥٢ قالوا
لا توجل إنا نبشرك بغلام عليم ٥٣ قال أبشرتموني على أن
مسني الكبر فبم تبشرون ٥٤ قالوا بشرناك بالحق
فلا تكن من القانطين ٥٥ قال ومن يقنط من رحمة
ربه إلا الضالون ٥٦ قال فما خطبكم أيها المرسلون ٥٧
قالوا إنا أرسلنا إلى قوم مجرمين ٥٨ إلا آل لوط
إنا لمنجوهم أجمعين ٥٩ إلا امرأته قدرنا إنها لمن
الغابرين ٦٠ فلما جاء آل لوط المرسلون ٦١ قال
إنكم قوم منكرون ٦٢ قالوا بل جئناك بما كانوا فيه
يمترون ٦٣ وأتيناك بالحق وإنا لصادقون ٦٤ فأسر
بأهلك بقطع من الليل واتبع أدبارهم ولا يلتفت منكم أحد
وامضوا حيث تؤمرون ٦٥ وقضينا إليه ذلك الأمر أن
دابر هؤلاء مقطوع مصبحين ٦٦ وجاء أهل المدينة
يستبشرون ٦٧ قال إن هؤلاء ضيفي فلا تفضحون ٦٨
واتقوا الله ولا تخزون ٦٩ قالوا أولم ننهك عن العالمين ٧٠

14 - 15 - 266
قال هؤلاء بناتي إن كنتم فاعلين ٧١ لعمرك إنهم لفي سكرتهم
يعمهون ٧٢ فأخذتهم الصيحة مشرقين ٧٣ فجعلنا عاليها
سافلها وأمطرنا عليهم حجارة من سجيل ٧٤ إن في ذلك
لآيات للمتوسمين ٧٥ وإنها لبسبيل مقيم ٧٦ إن في ذلك
لآية للمؤمنين ٧٧ وإن كان أصحاب الأيكة لظالمين ٧٨
فانتقمنا منهم وإنهما لبإمام مبين ٧٩ ولقد كذب أصحاب
الحجر المرسلين ٨٠ وآتيناهم آياتنا فكانوا عنها معرضين ٨١
وكانوا ينحتون من الجبال بيوتا آمنين ٨٢ فأخذتهم
الصيحة مصبحين ٨٣ فما أغنى عنهم ما كانوا يكسبون ٨٤
وما خلقنا السماوات والأرض وما بينهما إلا بالحق وإن
الساعة لآتية فاصفح الصفح الجميل ٨٥ إن ربك هو
الخلاق العليم ٨٦ ولقد آتيناك سبعا من المثاني
والقرآن العظيم ٨٧ لا تمدن عينيك إلى ما متعنا به أزواجا
منهم ولا تحزن عليهم واخفض جناحك للمؤمنين ٨٨ وقل
إني أنا النذير المبين ٨٩ كما أنزلنا على المقتسمين ٩٠

14 - 15 - 267
الذين جعلوا القرآن عضين ٩١ فوربك لنسألنهم
أجمعين ٩٢ عما كانوا يعملون ٩٣ فاصدع بما تؤمر وأعرض
عن المشركين ٩٤ إنا كفيناك المستهزئين ٩٥ الذين
يجعلون مع الله إلها آخر فسوف يعلمون ٩٦ ولقد نعلم
أنك يضيق صدرك بما يقولون ٩٧ فسبح بحمد ربك وكن
من الساجدين ٩٨ واعبد ربك حتى يأتيك اليقين ٩٩

سورة النحل

بسم الله الرحمن الرحيم

أتى أمر الله فلا تستعجلوه سبحانه وتعالى عما يشركون ١
ينزل الملائكة بالروح من أمره على من يشاء من
عباده أن أنذروا أنه لا إله إلا أنا فاتقون ٢ خلق
السماوات والأرض بالحق تعالى عما يشركون ٣ خلق
الإنسان من نطفة فإذا هو خصيم مبين ٤ والأنعام
خلقها لكم فيها دفء ومنافع ومنها تأكلون ٥
ولكم فيها جمال حين تريحون وحين تسرحون ٦

14 - 15 - 268
وتحمل أثقالكم إلى بلد لم تكونوا بالغيه إلا بشق
الأنفس إن ربكم لرءوف رحيم ٧ والخيل والبغال
والحمير لتركبوها وزينة ويخلق ما لا تعلمون ٨
وعلى الله قصد السبيل ومنها جائر ولو شاء لهداكم
أجمعين ٩ هو الذي أنزل من السماء ماء لكم
منه شراب ومنه شجر فيه تسيمون ١٠ ينبت لكم
به الزرع والزيتون والنخيل والأعناب ومن كل
الثمرات إن في ذلك لآية لقوم يتفكرون ١١
وسخر لكم الليل والنهار والشمس والقمر
والنجوم مسخرات بأمره إن في ذلك لآيات لقوم
يعقلون ١٢ وما ذرأ لكم في الأرض مختلفا
ألوانه إن في ذلك لآية لقوم يذكرون ١٣
وهو الذي سخر البحر لتأكلوا منه لحما طريا
وتستخرجوا منه حلية تلبسونها وترى الفلك مواخر
فيه ولتبتغوا من فضله ولعلكم تشكرون ١٤

14 - 16 - 269
وألقى في الأرض رواسي أن تميد بكم وأنهارا وسبلا
لعلكم تهتدون ١٥ وعلامات وبالنجم هم يهتدون ١٦
أفمن يخلق كمن لا يخلق أفلا تذكرون ١٧ وإن
تعدوا نعمة الله لا تحصوها إن الله لغفور رحيم ١٨
والله يعلم ما تسرون وما تعلنون ١٩ والذين يدعون
من دون الله لا يخلقون شيئا وهم يخلقون ٢٠ أموات
غير أحياء وما يشعرون أيان يبعثون ٢١ إلهكم إله
واحد فالذين لا يؤمنون بالآخرة قلوبهم منكرة وهم
مستكبرون ٢٢ لا جرم أن الله يعلم ما يسرون وما
يعلنون إنه لا يحب المستكبرين ٢٣ وإذا قيل لهم
ماذا أنزل ربكم قالوا أساطير الأولين ٢٤ ليحملوا
أوزارهم كاملة يوم القيامة ومن أوزار الذين يضلونهم
بغير علم ألا ساء ما يزرون ٢٥ قد مكر الذين من قبلهم
فأتى الله بنيانهم من القواعد فخر عليهم السقف
من فوقهم وأتاهم العذاب من حيث لا يشعرون ٢٦

14 - 16 - 270
ثم يوم القيامة يخزيهم ويقول أين شركائي الذين
كنتم تشاقون فيهم قال الذين أوتوا العلم إن الخزي
اليوم والسوء على الكافرين ٢٧ الذين تتوفاهم الملائكة
ظالمي أنفسهم فألقوا السلم ما كنا نعمل من سوء بلى
إن الله عليم بما كنتم تعملون ٢٨ فادخلوا أبواب جهنم
خالدين فيها فلبئس مثوى المتكبرين ٢٩ * وقيل
للذين اتقوا ماذا أنزل ربكم قالوا خيرا للذين أحسنوا في
هذه الدنيا حسنة ولدار الآخرة خير ولنعم دار المتقين ٣٠
جنات عدن يدخلونها تجري من تحتها الأنهار
لهم فيها ما يشاءون كذلك يجزي الله المتقين ٣١
الذين تتوفاهم الملائكة طيبين يقولون سلام عليكم
ادخلوا الجنة بما كنتم تعملون ٣٢ هل ينظرون إلا أن
تأتيهم الملائكة أو يأتي أمر ربك كذلك فعل الذين من
قبلهم وما ظلمهم الله ولكن كانوا أنفسهم يظلمون ٣٣
فأصابهم سيئات ما عملوا وحاق بهم ما كانوا به يستهزئون ٣٤

14 - 16 - 271
وقال الذين أشركوا لو شاء الله ما عبدنا من دونه من
شيء نحن ولا آباؤنا ولا حرمنا من دونه من شيء كذلك
فعل الذين من قبلهم فهل على الرسل إلا البلاغ المبين ٣٥
ولقد بعثنا في كل أمة رسولا أن اعبدوا الله
واجتنبوا الطاغوت فمنهم من هدى الله ومنهم من
حقت عليه الضلالة فسيروا في الأرض فانظروا كيف
كان عاقبة المكذبين ٣٦ إن تحرص على هداهم
فإن الله لا يهدي من يضل وما لهم من ناصرين ٣٧
وأقسموا بالله جهد أيمانهم لا يبعث الله من يموت بلى
وعدا عليه حقا ولكن أكثر الناس لا يعلمون ٣٨
ليبين لهم الذي يختلفون فيه وليعلم الذين كفروا
أنهم كانوا كاذبين ٣٩ إنما قولنا لشيء إذا أردناه أن نقول
له كن فيكون ٤٠ والذين هاجروا في الله من بعد ما ظلموا
لنبوئنهم في الدنيا حسنة ولأجر الآخرة أكبر لو كانوا
يعلمون ٤١ الذين صبروا وعلى ربهم يتوكلون ٤٢

وَمَآ أَرْسَلْنَا مِن قَبْلِكَ إِلَّا رِجَالًا نُّوحِىٓ إِلَيْهِمْ ۚ فَسْـَٔلُوٓا۟ أَهْلَ 14 - 16 - 272
ٱلذِّكْرِ إِن كُنتُمْ لَا تَعْلَمُونَ ٤٣ بِٱلْبَيِّنَٰتِ وَٱلزُّبُرِ ۗ وَأَنزَلْنَآ إِلَيْكَ
ٱلذِّكْرَ لِتُبَيِّنَ لِلنَّاسِ مَا نُزِّلَ إِلَيْهِمْ وَلَعَلَّهُمْ يَتَفَكَّرُونَ ٤٤
أَفَأَمِنَ ٱلَّذِينَ مَكَرُوا۟ ٱلسَّيِّـَٔاتِ أَن يَخْسِفَ ٱللَّهُ بِهِمُ ٱلْأَرْضَ
أَوْ يَأْتِيَهُمُ ٱلْعَذَابُ مِنْ حَيْثُ لَا يَشْعُرُونَ ٤٥ أَوْ يَأْخُذَهُمْ
فِى تَقَلُّبِهِمْ فَمَا هُم بِمُعْجِزِينَ ٤٦ أَوْ يَأْخُذَهُمْ عَلَىٰ تَخَوُّفٍ فَإِنَّ
رَبَّكُمْ لَرَءُوفٌ رَّحِيمٌ ٤٧ أَوَلَمْ يَرَوْا۟ إِلَىٰ مَا خَلَقَ ٱللَّهُ مِن شَىْءٍ
يَتَفَيَّؤُا۟ ظِلَٰلُهُۥ عَنِ ٱلْيَمِينِ وَٱلشَّمَآئِلِ سُجَّدًا لِّلَّهِ وَهُمْ دَٰخِرُونَ ٤٨
وَلِلَّهِ يَسْجُدُ مَا فِى ٱلسَّمَٰوَٰتِ وَمَا فِى ٱلْأَرْضِ مِن دَآبَّةٍ
وَٱلْمَلَٰٓئِكَةُ وَهُمْ لَا يَسْتَكْبِرُونَ ٤٩ يَخَافُونَ رَبَّهُم مِّن فَوْقِهِمْ
وَيَفْعَلُونَ مَا يُؤْمَرُونَ ۩ ٥٠ ۞ وَقَالَ ٱللَّهُ لَا تَتَّخِذُوٓا۟ إِلَٰهَيْنِ
ٱثْنَيْنِ ۖ إِنَّمَا هُوَ إِلَٰهٌ وَٰحِدٌ ۖ فَإِيَّٰىَ فَٱرْهَبُونِ ٥١ وَلَهُۥ مَا فِى ٱلسَّمَٰوَٰتِ
وَٱلْأَرْضِ وَلَهُ ٱلدِّينُ وَاصِبًا ۚ أَفَغَيْرَ ٱللَّهِ تَتَّقُونَ ٥٢ وَمَا بِكُم مِّن
نِّعْمَةٍ فَمِنَ ٱللَّهِ ۖ ثُمَّ إِذَا مَسَّكُمُ ٱلضُّرُّ فَإِلَيْهِ تَجْـَٔرُونَ ٥٣ ثُمَّ إِذَا
كَشَفَ ٱلضُّرَّ عَنكُمْ إِذَا فَرِيقٌ مِّنكُم بِرَبِّهِمْ يُشْرِكُونَ ٥٤
لِيَكْفُرُوا۟ بِمَآ ءَاتَيْنَٰهُمْ ۚ فَتَمَتَّعُوا۟ ۖ فَسَوْفَ تَعْلَمُونَ ٥٥ وَيَجْعَلُونَ 14 - 16 - 273
لِمَا لَا يَعْلَمُونَ نَصِيبًا مِّمَّا رَزَقْنَٰهُمْ ۗ تَٱللَّهِ لَتُسْـَٔلُنَّ عَمَّا كُنتُمْ
تَفْتَرُونَ ٥٦ وَيَجْعَلُونَ لِلَّهِ ٱلْبَنَٰتِ سُبْحَٰنَهُۥ ۙ وَلَهُم مَّا يَشْتَهُونَ ٥٧
وَإِذَا بُشِّرَ أَحَدُهُم بِٱلْأُنثَىٰ ظَلَّ وَجْهُهُۥ مُسْوَدًّا وَهُوَ كَظِيمٌ ٥٨
يَتَوَٰرَىٰ مِنَ ٱلْقَوْمِ مِن سُوٓءِ مَا بُشِّرَ بِهِۦٓ ۚ أَيُمْسِكُهُۥ عَلَىٰ هُونٍ
أَمْ يَدُسُّهُۥ فِى ٱلتُّرَابِ ۗ أَلَا سَآءَ مَا يَحْكُمُونَ ٥٩ لِلَّذِينَ لَا يُؤْمِنُونَ
بِٱلْءَاخِرَةِ مَثَلُ ٱلسَّوْءِ ۖ وَلِلَّهِ ٱلْمَثَلُ ٱلْأَعْلَىٰ ۚ وَهُوَ ٱلْعَزِيزُ ٱلْحَكِيمُ ٦٠
وَلَوْ يُؤَاخِذُ ٱللَّهُ ٱلنَّاسَ بِظُلْمِهِم مَّا تَرَكَ عَلَيْهَا مِن دَآبَّةٍ
وَلَٰكِن يُؤَخِّرُهُمْ إِلَىٰٓ أَجَلٍ مُّسَمًّى ۖ فَإِذَا جَآءَ أَجَلُهُمْ لَا يَسْتَـْٔخِرُونَ
سَاعَةً ۖ وَلَا يَسْتَقْدِمُونَ ٦١ وَيَجْعَلُونَ لِلَّهِ مَا يَكْرَهُونَ وَتَصِفُ
أَلْسِنَتُهُمُ ٱلْكَذِبَ أَنَّ لَهُمُ ٱلْحُسْنَىٰ ۖ لَا جَرَمَ أَنَّ لَهُمُ ٱلنَّارَ
وَأَنَّهُم مُّفْرَطُونَ ٦٢ تَٱللَّهِ لَقَدْ أَرْسَلْنَآ إِلَىٰٓ أُمَمٍ مِّن قَبْلِكَ
فَزَيَّنَ لَهُمُ ٱلشَّيْطَٰنُ أَعْمَٰلَهُمْ فَهُوَ وَلِيُّهُمُ ٱلْيَوْمَ وَلَهُمْ
عَذَابٌ أَلِيمٌ ٦٣ وَمَآ أَنزَلْنَا عَلَيْكَ ٱلْكِتَٰبَ إِلَّا لِتُبَيِّنَ لَهُمُ
ٱلَّذِى ٱخْتَلَفُوا۟ فِيهِ ۙ وَهُدًى وَرَحْمَةً لِّقَوْمٍ يُؤْمِنُونَ ٦٤
وَٱللَّهُ أَنزَلَ مِنَ ٱلسَّمَآءِ مَآءً فَأَحْيَا بِهِ ٱلْأَرْضَ بَعْدَ مَوْتِهَآ ۚ إِنَّ فِى 14 - 16 - 274
ذَٰلِكَ لَءَايَةً لِّقَوْمٍ يَسْمَعُونَ ٦٥ وَإِنَّ لَكُمْ فِى ٱلْأَنْعَٰمِ لَعِبْرَةً ۖ نُّسْقِيكُم
مِّمَّا فِى بُطُونِهِۦ مِنۢ بَيْنِ فَرْثٍ وَدَمٍ لَّبَنًا خَالِصًا سَآئِغًا لِّلشَّٰرِبِينَ ٦٦
وَمِن ثَمَرَٰتِ ٱلنَّخِيلِ وَٱلْأَعْنَٰبِ تَتَّخِذُونَ مِنْهُ سَكَرًا وَرِزْقًا
حَسَنًا ۗ إِنَّ فِى ذَٰلِكَ لَءَايَةً لِّقَوْمٍ يَعْقِلُونَ ٦٧ وَأَوْحَىٰ رَبُّكَ إِلَى ٱلنَّحْلِ
أَنِ ٱتَّخِذِى مِنَ ٱلْجِبَالِ بُيُوتًا وَمِنَ ٱلشَّجَرِ وَمِمَّا يَعْرِشُونَ ٦٨ ثُمَّ
كُلِى مِن كُلِّ ٱلثَّمَرَٰتِ فَٱسْلُكِى سُبُلَ رَبِّكِ ذُلُلًا ۚ يَخْرُجُ مِنۢ بُطُونِهَا
شَرَابٌ مُّخْتَلِفٌ أَلْوَٰنُهُۥ فِيهِ شِفَآءٌ لِّلنَّاسِ ۗ إِنَّ فِى ذَٰلِكَ لَءَايَةً لِّقَوْمٍ
يَتَفَكَّرُونَ ٦٩ وَٱللَّهُ خَلَقَكُمْ ثُمَّ يَتَوَفَّىٰكُمْ ۚ وَمِنكُم مَّن يُرَدُّ إِلَىٰٓ
أَرْذَلِ ٱلْعُمُرِ لِكَىْ لَا يَعْلَمَ بَعْدَ عِلْمٍ شَيْـًٔا ۚ إِنَّ ٱللَّهَ عَلِيمٌ قَدِيرٌ ٧٠
وَٱللَّهُ فَضَّلَ بَعْضَكُمْ عَلَىٰ بَعْضٍ فِى ٱلرِّزْقِ ۚ فَمَا ٱلَّذِينَ فُضِّلُوا۟
بِرَآدِّى رِزْقِهِمْ عَلَىٰ مَا مَلَكَتْ أَيْمَٰنُهُمْ فَهُمْ فِيهِ سَوَآءٌ ۚ أَفَبِنِعْمَةِ
ٱللَّهِ يَجْحَدُونَ ٧١ وَٱللَّهُ جَعَلَ لَكُم مِّنْ أَنفُسِكُمْ أَزْوَٰجًا
وَجَعَلَ لَكُم مِّنْ أَزْوَٰجِكُم بَنِينَ وَحَفَدَةً وَرَزَقَكُم مِّنَ
ٱلطَّيِّبَٰتِ ۚ أَفَبِٱلْبَٰطِلِ يُؤْمِنُونَ وَبِنِعْمَتِ ٱللَّهِ هُمْ يَكْفُرُونَ ٧٢
وَيَعْبُدُونَ مِن دُونِ ٱللَّهِ مَا لَا يَمْلِكُ لَهُمْ رِزْقًا مِّنَ ٱلسَّمَٰوَٰتِ 14 - 16 - 275
وَٱلْأَرْضِ شَيْـًٔا وَلَا يَسْتَطِيعُونَ ٧٣ فَلَا تَضْرِبُوا۟ لِلَّهِ ٱلْأَمْثَالَ ۚ
إِنَّ ٱللَّهَ يَعْلَمُ وَأَنتُمْ لَا تَعْلَمُونَ ٧٤ ۞ ضَرَبَ ٱللَّهُ مَثَلًا عَبْدًا
مَّمْلُوكًا لَّا يَقْدِرُ عَلَىٰ شَىْءٍ وَمَن رَّزَقْنَٰهُ مِنَّا رِزْقًا حَسَنًا
فَهُوَ يُنفِقُ مِنْهُ سِرًّا وَجَهْرًا ۖ هَلْ يَسْتَوُۥنَ ۚ ٱلْحَمْدُ لِلَّهِ
بَلْ أَكْثَرُهُمْ لَا يَعْلَمُونَ ٧٥ وَضَرَبَ ٱللَّهُ مَثَلًا رَّجُلَيْنِ
أَحَدُهُمَآ أَبْكَمُ لَا يَقْدِرُ عَلَىٰ شَىْءٍ وَهُوَ كَلٌّ عَلَىٰ مَوْلَىٰهُ
أَيْنَمَا يُوَجِّههُّ لَا يَأْتِ بِخَيْرٍ ۖ هَلْ يَسْتَوِى هُوَ وَمَن يَأْمُرُ
بِٱلْعَدْلِ ۙ وَهُوَ عَلَىٰ صِرَٰطٍ مُّسْتَقِيمٍ ٧٦ وَلِلَّهِ غَيْبُ
ٱلسَّمَٰوَٰتِ وَٱلْأَرْضِ ۚ وَمَآ أَمْرُ ٱلسَّاعَةِ إِلَّا كَلَمْحِ
ٱلْبَصَرِ أَوْ هُوَ أَقْرَبُ ۚ إِنَّ ٱللَّهَ عَلَىٰ كُلِّ شَىْءٍ قَدِيرٌ ٧٧
وَٱللَّهُ أَخْرَجَكُم مِّنۢ بُطُونِ أُمَّهَٰتِكُمْ لَا تَعْلَمُونَ شَيْـًٔا
وَجَعَلَ لَكُمُ ٱلسَّمْعَ وَٱلْأَبْصَٰرَ وَٱلْأَفْـِٔدَةَ ۙ لَعَلَّكُمْ
تَشْكُرُونَ ٧٨ أَلَمْ يَرَوْا۟ إِلَى ٱلطَّيْرِ مُسَخَّرَٰتٍ فِى جَوِّ ٱلسَّمَآءِ
مَا يُمْسِكُهُنَّ إِلَّا ٱللَّهُ ۗ إِنَّ فِى ذَٰلِكَ لَءَايَٰتٍ لِّقَوْمٍ يُؤْمِنُونَ ٧٩
وَٱللَّهُ جَعَلَ لَكُم مِّنۢ بُيُوتِكُمْ سَكَنًا وَجَعَلَ لَكُم مِّن جُلُودِ 14 - 16 - 276
ٱلْأَنْعَٰمِ بُيُوتًا تَسْتَخِفُّونَهَا يَوْمَ ظَعْنِكُمْ وَيَوْمَ إِقَامَتِكُمْ ۙ
وَمِنْ أَصْوَافِهَا وَأَوْبَارِهَا وَأَشْعَارِهَآ أَثَٰثًا وَمَتَٰعًا إِلَىٰ حِينٍ ٨٠
وَٱللَّهُ جَعَلَ لَكُم مِّمَّا خَلَقَ ظِلَٰلًا وَجَعَلَ لَكُم مِّنَ
ٱلْجِبَالِ أَكْنَٰنًا وَجَعَلَ لَكُمْ سَرَٰبِيلَ تَقِيكُمُ
ٱلْحَرَّ وَسَرَٰبِيلَ تَقِيكُم بَأْسَكُمْ ۚ كَذَٰلِكَ يُتِمُّ نِعْمَتَهُۥ
عَلَيْكُمْ لَعَلَّكُمْ تُسْلِمُونَ ٨١ فَإِن تَوَلَّوْا۟ فَإِنَّمَا عَلَيْكَ
ٱلْبَلَٰغُ ٱلْمُبِينُ ٨٢ يَعْرِفُونَ نِعْمَتَ ٱللَّهِ ثُمَّ يُنكِرُونَهَا
وَأَكْثَرُهُمُ ٱلْكَٰفِرُونَ ٨٣ وَيَوْمَ نَبْعَثُ مِن كُلِّ أُمَّةٍ
شَهِيدًا ثُمَّ لَا يُؤْذَنُ لِلَّذِينَ كَفَرُوا۟ وَلَا هُمْ يُسْتَعْتَبُونَ ٨٤
وَإِذَا رَءَا ٱلَّذِينَ ظَلَمُوا۟ ٱلْعَذَابَ فَلَا يُخَفَّفُ عَنْهُمْ وَلَا هُمْ
يُنظَرُونَ ٨٥ وَإِذَا رَءَا ٱلَّذِينَ أَشْرَكُوا۟ شُرَكَآءَهُمْ قَالُوا۟
رَبَّنَا هَٰٓؤُلَآءِ شُرَكَآؤُنَا ٱلَّذِينَ كُنَّا نَدْعُوا۟ مِن دُونِكَ ۖ
فَأَلْقَوْا۟ إِلَيْهِمُ ٱلْقَوْلَ إِنَّكُمْ لَكَٰذِبُونَ ٨٦ وَأَلْقَوْا۟ إِلَى
ٱللَّهِ يَوْمَئِذٍ ٱلسَّلَمَ ۖ وَضَلَّ عَنْهُم مَّا كَانُوا۟ يَفْتَرُونَ ٨٧
ٱلَّذِينَ كَفَرُوا۟ وَصَدُّوا۟ عَن سَبِيلِ ٱللَّهِ زِدْنَٰهُمْ عَذَابًا 14 - 16 - 277
فَوْقَ ٱلْعَذَابِ بِمَا كَانُوا۟ يُفْسِدُونَ ٨٨ وَيَوْمَ نَبْعَثُ فِى
كُلِّ أُمَّةٍ شَهِيدًا عَلَيْهِم مِّنْ أَنفُسِهِمْ ۖ وَجِئْنَا بِكَ
شَهِيدًا عَلَىٰ هَٰٓؤُلَآءِ ۚ وَنَزَّلْنَا عَلَيْكَ ٱلْكِتَٰبَ تِبْيَٰنًا لِّكُلِّ
شَىْءٍ وَهُدًى وَرَحْمَةً وَبُشْرَىٰ لِلْمُسْلِمِينَ ٨٩ ۞ إِنَّ ٱللَّهَ
يَأْمُرُ بِٱلْعَدْلِ وَٱلْإِحْسَٰنِ وَإِيتَآئِ ذِى ٱلْقُرْبَىٰ وَيَنْهَىٰ عَنِ
ٱلْفَحْشَآءِ وَٱلْمُنكَرِ وَٱلْبَغْىِ ۚ يَعِظُكُمْ لَعَلَّكُمْ تَذَكَّرُونَ ٩٠
وَأَوْفُوا۟ بِعَهْدِ ٱللَّهِ إِذَا عَٰهَدتُّمْ وَلَا تَنقُضُوا۟ ٱلْأَيْمَٰنَ
بَعْدَ تَوْكِيدِهَا وَقَدْ جَعَلْتُمُ ٱللَّهَ عَلَيْكُمْ كَفِيلًا ۚ إِنَّ
ٱللَّهَ يَعْلَمُ مَا تَفْعَلُونَ ٩١ وَلَا تَكُونُوا۟ كَٱلَّتِى نَقَضَتْ
غَزْلَهَا مِنۢ بَعْدِ قُوَّةٍ أَنكَٰثًا تَتَّخِذُونَ أَيْمَٰنَكُمْ دَخَلًۢا
بَيْنَكُمْ أَن تَكُونَ أُمَّةٌ هِىَ أَرْبَىٰ مِنْ أُمَّةٍ ۚ إِنَّمَا يَبْلُوكُمُ ٱللَّهُ
بِهِۦ ۚ وَلَيُبَيِّنَنَّ لَكُمْ يَوْمَ ٱلْقِيَٰمَةِ مَا كُنتُمْ فِيهِ تَخْتَلِفُونَ ٩٢
وَلَوْ شَآءَ ٱللَّهُ لَجَعَلَكُمْ أُمَّةً وَٰحِدَةً وَلَٰكِن يُضِلُّ مَن
يَشَآءُ وَيَهْدِى مَن يَشَآءُ ۚ وَلَتُسْـَٔلُنَّ عَمَّا كُنتُمْ تَعْمَلُونَ ٩٣
وَلَا تَتَّخِذُوٓا۟ أَيْمَٰنَكُمْ دَخَلًۢا بَيْنَكُمْ فَتَزِلَّ قَدَمٌۢ بَعْدَ 14 - 16 - 278
ثُبُوتِهَا وَتَذُوقُوا۟ ٱلسُّوٓءَ بِمَا صَدَدتُّمْ عَن سَبِيلِ ٱللَّهِ ۖ وَلَكُمْ
عَذَابٌ عَظِيمٌ ٩٤ وَلَا تَشْتَرُوا۟ بِعَهْدِ ٱللَّهِ ثَمَنًا قَلِيلًا ۚ إِنَّمَا
عِندَ ٱللَّهِ هُوَ خَيْرٌ لَّكُمْ إِن كُنتُمْ تَعْلَمُونَ ٩٥ مَا عِندَكُمْ
يَنفَدُ ۖ وَمَا عِندَ ٱللَّهِ بَاقٍ ۗ وَلَنَجْزِيَنَّ ٱلَّذِينَ صَبَرُوٓا۟ أَجْرَهُم
بِأَحْسَنِ مَا كَانُوا۟ يَعْمَلُونَ ٩٦ مَنْ عَمِلَ صَٰلِحًا
مِّن ذَكَرٍ أَوْ أُنثَىٰ وَهُوَ مُؤْمِنٌ فَلَنُحْيِيَنَّهُۥ حَيَوٰةً طَيِّبَةً ۖ
وَلَنَجْزِيَنَّهُمْ أَجْرَهُم بِأَحْسَنِ مَا كَانُوا۟ يَعْمَلُونَ ٩٧
فَإِذَا قَرَأْتَ ٱلْقُرْءَانَ فَٱسْتَعِذْ بِٱللَّهِ مِنَ ٱلشَّيْطَٰنِ ٱلرَّجِيمِ ٩٨
إِنَّهُۥ لَيْسَ لَهُۥ سُلْطَٰنٌ عَلَى ٱلَّذِينَ ءَامَنُوا۟ وَعَلَىٰ رَبِّهِمْ
يَتَوَكَّلُونَ ٩٩ إِنَّمَا سُلْطَٰنُهُۥ عَلَى ٱلَّذِينَ يَتَوَلَّوْنَهُۥ وَٱلَّذِينَ
هُم بِهِۦ مُشْرِكُونَ ١٠٠ وَإِذَا بَدَّلْنَآ ءَايَةً مَّكَانَ ءَايَةٍ ۙ
وَٱللَّهُ أَعْلَمُ بِمَا يُنَزِّلُ قَالُوٓا۟ إِنَّمَآ أَنتَ مُفْتَرٍۭ ۚ بَلْ أَكْثَرُهُمْ
لَا يَعْلَمُونَ ١٠١ قُلْ نَزَّلَهُۥ رُوحُ ٱلْقُدُسِ مِن رَّبِّكَ بِٱلْحَقِّ
لِيُثَبِّتَ ٱلَّذِينَ ءَامَنُوا۟ وَهُدًى وَبُشْرَىٰ لِلْمُسْلِمِينَ ١٠٢
وَلَقَدْ نَعْلَمُ أَنَّهُمْ يَقُولُونَ إِنَّمَا يُعَلِّمُهُۥ بَشَرٌ ۗ لِّسَانُ 14 - 16 - 279
ٱلَّذِى يُلْحِدُونَ إِلَيْهِ أَعْجَمِىٌّ وَهَٰذَا لِسَانٌ عَرَبِىٌّ مُّبِينٌ ١٠٣
إِنَّ ٱلَّذِينَ لَا يُؤْمِنُونَ بِـَٔايَٰتِ ٱللَّهِ لَا يَهْدِيهِمُ ٱللَّهُ
وَلَهُمْ عَذَابٌ أَلِيمٌ ١٠٤ إِنَّمَا يَفْتَرِى ٱلْكَذِبَ ٱلَّذِينَ
لَا يُؤْمِنُونَ بِـَٔايَٰتِ ٱللَّهِ ۖ وَأُو۟لَٰٓئِكَ هُمُ ٱلْكَٰذِبُونَ ١٠٥
مَن كَفَرَ بِٱللَّهِ مِنۢ بَعْدِ إِيمَٰنِهِۦٓ إِلَّا مَنْ أُكْرِهَ وَقَلْبُهُۥ
مُطْمَئِنٌّۢ بِٱلْإِيمَٰنِ وَلَٰكِن مَّن شَرَحَ بِٱلْكُفْرِ
صَدْرًا فَعَلَيْهِمْ غَضَبٌ مِّنَ ٱللَّهِ وَلَهُمْ عَذَابٌ عَظِيمٌ ١٠٦
ذَٰلِكَ بِأَنَّهُمُ ٱسْتَحَبُّوا۟ ٱلْحَيَوٰةَ ٱلدُّنْيَا عَلَى
ٱلْءَاخِرَةِ وَأَنَّ ٱللَّهَ لَا يَهْدِى ٱلْقَوْمَ ٱلْكَٰفِرِينَ ١٠٧
أُو۟لَٰٓئِكَ ٱلَّذِينَ طَبَعَ ٱللَّهُ عَلَىٰ قُلُوبِهِمْ وَسَمْعِهِمْ
وَأَبْصَٰرِهِمْ ۖ وَأُو۟لَٰٓئِكَ هُمُ ٱلْغَٰفِلُونَ ١٠٨ لَا جَرَمَ
أَنَّهُمْ فِى ٱلْءَاخِرَةِ هُمُ ٱلْخَٰسِرُونَ ١٠٩ ثُمَّ إِنَّ رَبَّكَ
لِلَّذِينَ هَاجَرُوا۟ مِنۢ بَعْدِ مَا فُتِنُوا۟ ثُمَّ جَٰهَدُوا۟
وَصَبَرُوٓا۟ إِنَّ رَبَّكَ مِنۢ بَعْدِهَا لَغَفُورٌ رَّحِيمٌ ١١٠
۞ يَوْمَ تَأْتِى كُلُّ نَفْسٍ تُجَٰدِلُ عَن نَّفْسِهَا وَتُوَفَّىٰ كُلُّ 14 - 16 - 280
نَفْسٍ مَّا عَمِلَتْ وَهُمْ لَا يُظْلَمُونَ ١١١ وَضَرَبَ ٱللَّهُ مَثَلًا
قَرْيَةً كَانَتْ ءَامِنَةً مُّطْمَئِنَّةً يَأْتِيهَا رِزْقُهَا رَغَدًا مِّن
كُلِّ مَكَانٍ فَكَفَرَتْ بِأَنْعُمِ ٱللَّهِ فَأَذَٰقَهَا ٱللَّهُ لِبَاسَ
ٱلْجُوعِ وَٱلْخَوْفِ بِمَا كَانُوا۟ يَصْنَعُونَ ١١٢ وَلَقَدْ جَآءَهُمْ
رَسُولٌ مِّنْهُمْ فَكَذَّبُوهُ فَأَخَذَهُمُ ٱلْعَذَابُ وَهُمْ ظَٰلِمُونَ ١١٣
فَكُلُوا۟ مِمَّا رَزَقَكُمُ ٱللَّهُ حَلَٰلًا طَيِّبًا وَٱشْكُرُوا۟
نِعْمَتَ ٱللَّهِ إِن كُنتُمْ إِيَّاهُ تَعْبُدُونَ ١١٤ إِنَّمَا حَرَّمَ
عَلَيْكُمُ ٱلْمَيْتَةَ وَٱلدَّمَ وَلَحْمَ ٱلْخِنزِيرِ وَمَآ أُهِلَّ لِغَيْرِ
ٱللَّهِ بِهِۦ ۖ فَمَنِ ٱضْطُرَّ غَيْرَ بَاغٍ وَلَا عَادٍ فَإِنَّ ٱللَّهَ غَفُورٌ
رَّحِيمٌ ١١٥ وَلَا تَقُولُوا۟ لِمَا تَصِفُ أَلْسِنَتُكُمُ ٱلْكَذِبَ
هَٰذَا حَلَٰلٌ وَهَٰذَا حَرَامٌ لِّتَفْتَرُوا۟ عَلَى ٱللَّهِ ٱلْكَذِبَ ۚ إِنَّ
ٱلَّذِينَ يَفْتَرُونَ عَلَى ٱللَّهِ ٱلْكَذِبَ لَا يُفْلِحُونَ ١١٦ مَتَٰعٌ قَلِيلٌ
وَلَهُمْ عَذَابٌ أَلِيمٌ ١١٧ وَعَلَى ٱلَّذِينَ هَادُوا۟ حَرَّمْنَا مَا قَصَصْنَا عَلَيْكَ
مِن قَبْلُ ۖ وَمَا ظَلَمْنَٰهُمْ وَلَٰكِن كَانُوٓا۟ أَنفُسَهُمْ يَظْلِمُونَ ١١٨
ثُمَّ إِنَّ رَبَّكَ لِلَّذِينَ عَمِلُوا۟ ٱلسُّوٓءَ بِجَهَٰلَةٍ ثُمَّ تَابُوا۟ مِنۢ بَعْدِ 14 - 16 - 281
ذَٰلِكَ وَأَصْلَحُوٓا۟ إِنَّ رَبَّكَ مِنۢ بَعْدِهَا لَغَفُورٌ رَّحِيمٌ ١١٩ إِنَّ
إِبْرَٰهِيمَ كَانَ أُمَّةً قَانِتًا لِّلَّهِ حَنِيفًا وَلَمْ يَكُ مِنَ ٱلْمُشْرِكِينَ ١٢٠
شَاكِرًا لِّأَنْعُمِهِ ۚ ٱجْتَبَىٰهُ وَهَدَىٰهُ إِلَىٰ صِرَٰطٍ مُّسْتَقِيمٍ ١٢١
وَءَاتَيْنَٰهُ فِى ٱلدُّنْيَا حَسَنَةً ۖ وَإِنَّهُۥ فِى ٱلْءَاخِرَةِ لَمِنَ ٱلصَّٰلِحِينَ ١٢٢
ثُمَّ أَوْحَيْنَآ إِلَيْكَ أَنِ ٱتَّبِعْ مِلَّةَ إِبْرَٰهِيمَ حَنِيفًا ۖ وَمَا كَانَ
مِنَ ٱلْمُشْرِكِينَ ١٢٣ إِنَّمَا جُعِلَ ٱلسَّبْتُ عَلَى ٱلَّذِينَ ٱخْتَلَفُوا۟
فِيهِ ۚ وَإِنَّ رَبَّكَ لَيَحْكُمُ بَيْنَهُمْ يَوْمَ ٱلْقِيَٰمَةِ فِيمَا
كَانُوا۟ فِيهِ يَخْتَلِفُونَ ١٢٤ ٱدْعُ إِلَىٰ سَبِيلِ رَبِّكَ بِٱلْحِكْمَةِ
وَٱلْمَوْعِظَةِ ٱلْحَسَنَةِ ۖ وَجَٰدِلْهُم بِٱلَّتِى هِىَ أَحْسَنُ ۚ إِنَّ رَبَّكَ
هُوَ أَعْلَمُ بِمَن ضَلَّ عَن سَبِيلِهِۦ ۖ وَهُوَ أَعْلَمُ بِٱلْمُهْتَدِينَ ١٢٥
وَإِنْ عَاقَبْتُمْ فَعَاقِبُوا۟ بِمِثْلِ مَا عُوقِبْتُم بِهِۦ ۖ وَلَئِن
صَبَرْتُمْ لَهُوَ خَيْرٌ لِّلصَّٰبِرِينَ ١٢٦ وَٱصْبِرْ وَمَا صَبْرُكَ
إِلَّا بِٱللَّهِ ۚ وَلَا تَحْزَنْ عَلَيْهِمْ وَلَا تَكُ فِى ضَيْقٍ مِّمَّا يَمْكُرُونَ ١٢٧
إِنَّ ٱللَّهَ مَعَ ٱلَّذِينَ ٱتَّقَوا۟ وَّٱلَّذِينَ هُم مُّحْسِنُونَ ١٢٨

سورة الإسراء

بسم الله الرحمن الرحيم

15 - 17 - 282

سبحان الذي أسرى بعبده ليلا من المسجد الحرام إلى المسجد الأقصا الذي باركنا حوله لنريه من آياتنا إنه هو السميع البصير (١) وآتينا موسى الكتاب وجعلناه هدى لبني إسرائيل ألا تتخذوا من دوني وكيلا (٢) ذرية من حملنا مع نوح إنه كان عبدا شكورا (٣) وقضينا إلى بني إسرائيل في الكتاب لتفسدن في الأرض مرتين ولتعلن علوا كبيرا (٤) فإذا جاء وعد أولاهما بعثنا عليكم عبادا لنا أولي بأس شديد فجاسوا خلال الديار وكان وعدا مفعولا (٥) ثم رددنا لكم الكرة عليهم وأمددناكم بأموال وبنين وجعلناكم أكثر نفيرا (٦) إن أحسنتم أحسنتم لأنفسكم وإن أسأتم فلها فإذا جاء وعد الآخرة ليسوءوا وجوهكم وليدخلوا المسجد كما دخلوه أول مرة وليتبروا ما علوا تتبيرا (٧)

15 - 17 - 283

عسى ربكم أن يرحمكم وإن عدتم عدنا وجعلنا جهنم للكافرين حصيرا (٨) إن هذا القرآن يهدي للتي هي أقوم ويبشر المؤمنين الذين يعملون الصالحات أن لهم أجرا كبيرا (٩) وأن الذين لا يؤمنون بالآخرة أعتدنا لهم عذابا أليما (١٠) ويدع الإنسان بالشر دعاءه بالخير وكان الإنسان عجولا (١١) وجعلنا الليل والنهار آيتين فمحونا آية الليل وجعلنا آية النهار مبصرة لتبتغوا فضلا من ربكم ولتعلموا عدد السنين والحساب وكل شيء فصلناه تفصيلا (١٢) وكل إنسان ألزمناه طائره في عنقه ونخرج له يوم القيامة كتابا يلقاه منشورا (١٣) اقرأ كتابك كفى بنفسك اليوم عليك حسيبا (١٤) من اهتدى فإنما يهتدي لنفسه ومن ضل فإنما يضل عليها ولا تزر وازرة وزر أخرى وما كنا معذبين حتى نبعث رسولا (١٥) وإذا أردنا أن نهلك قرية أمرنا مترفيها ففسقوا فيها فحق عليها القول فدمرناها تدميرا (١٦) وكم أهلكنا من القرون من بعد نوح وكفى بربك بذنوب عباده خبيرا بصيرا (١٧)

15 - 17 - 284

من كان يريد العاجلة عجلنا له فيها ما نشاء لمن نريد ثم جعلنا له جهنم يصلاها مذموما مدحورا (١٨) ومن أراد الآخرة وسعى لها سعيها وهو مؤمن فأولئك كان سعيهم مشكورا (١٩) كلا نمد هؤلاء وهؤلاء من عطاء ربك وما كان عطاء ربك محظورا (٢٠) انظر كيف فضلنا بعضهم على بعض وللآخرة أكبر درجات وأكبر تفضيلا (٢١) لا تجعل مع الله إلها آخر فتقعد مذموما مخذولا (٢٢) وقضى ربك ألا تعبدوا إلا إياه وبالوالدين إحسانا إما يبلغن عندك الكبر أحدهما أو كلاهما فلا تقل لهما أف ولا تنهرهما وقل لهما قولا كريما (٢٣) واخفض لهما جناح الذل من الرحمة وقل رب ارحمهما كما ربياني صغيرا (٢٤) ربكم أعلم بما في نفوسكم إن تكونوا صالحين فإنه كان للأوابين غفورا (٢٥) وآت ذا القربى حقه والمسكين وابن السبيل ولا تبذر تبذيرا (٢٦) إن المبذرين كانوا إخوان الشياطين وكان الشيطان لربه كفورا (٢٧)

15 - 17 - 285

وإما تعرضن عنهم ابتغاء رحمة من ربك ترجوها فقل لهم قولا ميسورا (٢٨) ولا تجعل يدك مغلولة إلى عنقك ولا تبسطها كل البسط فتقعد ملوما محسورا (٢٩) إن ربك يبسط الرزق لمن يشاء ويقدر إنه كان بعباده خبيرا بصيرا (٣٠) ولا تقتلوا أولادكم خشية إملاق نحن نرزقهم وإياكم إن قتلهم كان خطئا كبيرا (٣١) ولا تقربوا الزنى إنه كان فاحشة وساء سبيلا (٣٢) ولا تقتلوا النفس التي حرم الله إلا بالحق ومن قتل مظلوما فقد جعلنا لوليه سلطانا فلا يسرف في القتل إنه كان منصورا (٣٣) ولا تقربوا مال اليتيم إلا بالتي هي أحسن حتى يبلغ أشده وأوفوا بالعهد إن العهد كان مسئولا (٣٤) وأوفوا الكيل إذا كلتم وزنوا بالقسطاس المستقيم ذلك خير وأحسن تأويلا (٣٥) ولا تقف ما ليس لك به علم إن السمع والبصر والفؤاد كل أولئك كان عنه مسئولا (٣٦) ولا تمش في الأرض مرحا إنك لن تخرق الأرض ولن تبلغ الجبال طولا (٣٧) كل ذلك كان سيئه عند ربك مكروها (٣٨)

15 - 17 - 286

ذلك مما أوحى إليك ربك من الحكمة ولا تجعل مع الله إلها آخر فتلقى في جهنم ملوما مدحورا (٣٩) أفأصفاكم ربكم بالبنين واتخذ من الملائكة إناثا إنكم لتقولون قولا عظيما (٤٠) ولقد صرفنا في هذا القرآن ليذكروا وما يزيدهم إلا نفورا (٤١) قل لو كان معه آلهة كما يقولون إذا لابتغوا إلى ذي العرش سبيلا (٤٢) سبحانه وتعالى عما يقولون علوا كبيرا (٤٣) تسبح له السماوات السبع والأرض ومن فيهن وإن من شيء إلا يسبح بحمده ولكن لا تفقهون تسبيحهم إنه كان حليما غفورا (٤٤) وإذا قرأت القرآن جعلنا بينك وبين الذين لا يؤمنون بالآخرة حجابا مستورا (٤٥) وجعلنا على قلوبهم أكنة أن يفقهوه وفي آذانهم وقرا وإذا ذكرت ربك في القرآن وحده ولوا على أدبارهم نفورا (٤٦) نحن أعلم بما يستمعون به إذ يستمعون إليك وإذ هم نجوى إذ يقول الظالمون إن تتبعون إلا رجلا مسحورا (٤٧) انظر كيف ضربوا لك الأمثال فضلوا فلا يستطيعون سبيلا (٤٨) وقالوا أإذا كنا عظاما ورفاتا أإنا لمبعوثون خلقا جديدا (٤٩)

15 - 17 - 287

قل كونوا حجارة أو حديدا (٥٠) أو خلقا مما يكبر في صدوركم فسيقولون من يعيدنا قل الذي فطركم أول مرة فسينغضون إليك رءوسهم ويقولون متى هو قل عسى أن يكون قريبا (٥١) يوم يدعوكم فتستجيبون بحمده وتظنون إن لبثتم إلا قليلا (٥٢) وقل لعبادي يقولوا التي هي أحسن إن الشيطان ينزغ بينهم إن الشيطان كان للإنسان عدوا مبينا (٥٣) ربكم أعلم بكم إن يشأ يرحمكم أو إن يشأ يعذبكم وما أرسلناك عليهم وكيلا (٥٤) وربك أعلم بمن في السماوات والأرض ولقد فضلنا بعض النبيين على بعض وآتينا داوود زبورا (٥٥) قل ادعوا الذين زعمتم من دونه فلا يملكون كشف الضر عنكم ولا تحويلا (٥٦) أولئك الذين يدعون يبتغون إلى ربهم الوسيلة أيهم أقرب ويرجون رحمته ويخافون عذابه إن عذاب ربك كان محذورا (٥٧) وإن من قرية إلا نحن مهلكوها قبل يوم القيامة أو معذبوها عذابا شديدا كان ذلك في الكتاب مسطورا (٥٨) وما منعنا أن نرسل بالآيات إلا أن كذب بها الأولون

15 - 17 - 288

وآتينا ثمود الناقة مبصرة فظلموا بها وما نرسل بالآيات إلا تخويفا (٥٩) وإذ قلنا لك إن ربك أحاط بالناس وما جعلنا الرؤيا التي أريناك إلا فتنة للناس والشجرة الملعونة في القرآن ونخوفهم فما يزيدهم إلا طغيانا كبيرا (٦٠) وإذ قلنا للملائكة اسجدوا لآدم فسجدوا إلا إبليس قال أأسجد لمن خلقت طينا (٦١) قال أرأيتك هذا الذي كرمت علي لئن أخرتن إلى يوم القيامة لأحتنكن ذريته إلا قليلا (٦٢) قال اذهب فمن تبعك منهم فإن جهنم جزاؤكم جزاء موفورا (٦٣) واستفزز من استطعت منهم بصوتك وأجلب عليهم بخيلك ورجلك وشاركهم في الأموال والأولاد وعدهم وما يعدهم الشيطان إلا غرورا (٦٤) إن عبادي ليس لك عليهم سلطان وكفى بربك وكيلا (٦٥) ربكم الذي يزجي لكم الفلك في البحر لتبتغوا من فضله إنه كان بكم رحيما (٦٦)

15 - 17 - 289

وإذا مسكم الضر في البحر ضل من تدعون إلا إياه فلما نجاكم إلى البر أعرضتم وكان الإنسان كفورا (٦٧) أفأمنتم أن يخسف بكم جانب البر أو يرسل عليكم حاصبا ثم لا تجدوا لكم وكيلا (٦٨) أم أمنتم أن يعيدكم فيه تارة أخرى فيرسل عليكم قاصفا من الريح فيغرقكم بما كفرتم ثم لا تجدوا لكم علينا به تبيعا (٦٩) ولقد كرمنا بني آدم وحملناهم في البر والبحر ورزقناهم من الطيبات وفضلناهم على كثير ممن خلقنا تفضيلا (٧٠) يوم ندعوا كل أناس بإمامهم فمن أوتي كتابه بيمينه فأولئك يقرءون كتابهم ولا يظلمون فتيلا (٧١) ومن كان في هذه أعمى فهو في الآخرة أعمى وأضل سبيلا (٧٢) وإن كادوا ليفتنونك عن الذي أوحينا إليك لتفتري علينا غيره وإذا لاتخذوك خليلا (٧٣) ولولا أن ثبتناك لقد كدت تركن إليهم شيئا قليلا (٧٤) إذا لأذقناك ضعف الحياة وضعف الممات ثم لا تجد لك علينا نصيرا (٧٥)

15 - 17 - 290

وإن كادوا ليستفزونك من الأرض ليخرجوك منها وإذا لا يلبثون خلافك إلا قليلا (٧٦) سنة من قد أرسلنا قبلك من رسلنا ولا تجد لسنتنا تحويلا (٧٧) أقم الصلاة لدلوك الشمس إلى غسق الليل وقرآن الفجر إن قرآن الفجر كان مشهودا (٧٨) ومن الليل فتهجد به نافلة لك عسى أن يبعثك ربك مقاما محمودا (٧٩) وقل رب أدخلني مدخل صدق وأخرجني مخرج صدق واجعل لي من لدنك سلطانا نصيرا (٨٠) وقل جاء الحق وزهق الباطل إن الباطل كان زهوقا (٨١) وننزل من القرآن ما هو شفاء ورحمة للمؤمنين ولا يزيد الظالمين إلا خسارا (٨٢) وإذا أنعمنا على الإنسان أعرض ونأى بجانبه وإذا مسه الشر كان يئوسا (٨٣) قل كل يعمل على شاكلته فربكم أعلم بمن هو أهدى سبيلا (٨٤) ويسألونك عن الروح قل الروح من أمر ربي وما أوتيتم من العلم إلا قليلا (٨٥) ولئن شئنا لنذهبن بالذي أوحينا إليك ثم لا تجد لك به علينا وكيلا (٨٦)

15 - 17 - 291

إلا رحمة من ربك إن فضله كان عليك كبيرا (٨٧) قل لئن اجتمعت الإنس والجن على أن يأتوا بمثل هذا القرآن لا يأتون بمثله ولو كان بعضهم لبعض ظهيرا (٨٨) ولقد صرفنا للناس في هذا القرآن من كل مثل فأبى أكثر الناس إلا كفورا (٨٩) وقالوا لن نؤمن لك حتى تفجر لنا من الأرض ينبوعا (٩٠) أو تكون لك جنة من نخيل وعنب فتفجر الأنهار خلالها تفجيرا (٩١) أو تسقط السماء كما زعمت علينا كسفا أو تأتي بالله والملائكة قبيلا (٩٢) أو يكون لك بيت من زخرف أو ترقى في السماء ولن نؤمن لرقيك حتى تنزل علينا كتابا نقرؤه قل سبحان ربي هل كنت إلا بشرا رسولا (٩٣) وما منع الناس أن يؤمنوا إذ جاءهم الهدى إلا أن قالوا أبعث الله بشرا رسولا (٩٤) قل لو كان في الأرض ملائكة يمشون مطمئنين لنزلنا عليهم من السماء ملكا رسولا (٩٥) قل كفى بالله شهيدا بيني وبينكم إنه كان بعباده خبيرا بصيرا (٩٦)

15 - 17 - 292

وَمَن يَهْدِ ٱللَّهُ فَهُوَ ٱلْمُهْتَدِ ۖ وَمَن يُضْلِلْ فَلَن تَجِدَ لَهُمْ أَوْلِيَآءَ
مِن دُونِهِۦ ۖ وَنَحْشُرُهُمْ يَوْمَ ٱلْقِيَٰمَةِ عَلَىٰ وُجُوهِهِمْ عُمْيًا وَبُكْمًا
وَصُمًّا ۖ مَّأْوَىٰهُمْ جَهَنَّمُ ۖ كُلَّمَا خَبَتْ زِدْنَٰهُمْ سَعِيرًا ٩٧
ذَٰلِكَ جَزَآؤُهُم بِأَنَّهُمْ كَفَرُوا۟ بِـَٔايَٰتِنَا وَقَالُوٓا۟ أَءِذَا كُنَّا عِظَٰمًا
وَرُفَٰتًا أَءِنَّا لَمَبْعُوثُونَ خَلْقًا جَدِيدًا ٩٨ ۞ أَوَلَمْ يَرَوْا۟ أَنَّ ٱللَّهَ
ٱلَّذِى خَلَقَ ٱلسَّمَٰوَٰتِ وَٱلْأَرْضَ قَادِرٌ عَلَىٰٓ أَن يَخْلُقَ مِثْلَهُمْ
وَجَعَلَ لَهُمْ أَجَلًا لَّا رَيْبَ فِيهِ فَأَبَى ٱلظَّٰلِمُونَ إِلَّا كُفُورًا ٩٩
قُل لَّوْ أَنتُمْ تَمْلِكُونَ خَزَآئِنَ رَحْمَةِ رَبِّىٓ إِذًا لَّأَمْسَكْتُمْ خَشْيَةَ
ٱلْإِنفَاقِ ۚ وَكَانَ ٱلْإِنسَٰنُ قَتُورًا ١٠٠ وَلَقَدْ ءَاتَيْنَا مُوسَىٰ تِسْعَ
ءَايَٰتٍۭ بَيِّنَٰتٍ ۖ فَسْـَٔلْ بَنِىٓ إِسْرَٰٓءِيلَ إِذْ جَآءَهُمْ فَقَالَ لَهُۥ فِرْعَوْنُ
إِنِّى لَأَظُنُّكَ يَٰمُوسَىٰ مَسْحُورًا ١٠١ قَالَ لَقَدْ عَلِمْتَ مَآ أَنزَلَ
هَٰٓؤُلَآءِ إِلَّا رَبُّ ٱلسَّمَٰوَٰتِ وَٱلْأَرْضِ بَصَآئِرَ وَإِنِّى لَأَظُنُّكَ
يَٰفِرْعَوْنُ مَثْبُورًا ١٠٢ فَأَرَادَ أَن يَسْتَفِزَّهُم مِّنَ ٱلْأَرْضِ
فَأَغْرَقْنَٰهُ وَمَن مَّعَهُۥ جَمِيعًا ١٠٣ وَقُلْنَا مِنۢ بَعْدِهِۦ لِبَنِىٓ إِسْرَٰٓءِيلَ
ٱسْكُنُوا۟ ٱلْأَرْضَ فَإِذَا جَآءَ وَعْدُ ٱلْءَاخِرَةِ جِئْنَا بِكُمْ لَفِيفًا ١٠٤

15 - 17 - 293

وَبِٱلْحَقِّ أَنزَلْنَٰهُ وَبِٱلْحَقِّ نَزَلَ ۗ وَمَآ أَرْسَلْنَٰكَ إِلَّا مُبَشِّرًا وَنَذِيرًا ١٠٥
وَقُرْءَانًا فَرَقْنَٰهُ لِتَقْرَأَهُۥ عَلَى ٱلنَّاسِ عَلَىٰ مُكْثٍ وَنَزَّلْنَٰهُ تَنزِيلًا ١٠٦
قُلْ ءَامِنُوا۟ بِهِۦٓ أَوْ لَا تُؤْمِنُوٓا۟ ۚ إِنَّ ٱلَّذِينَ أُوتُوا۟ ٱلْعِلْمَ مِن قَبْلِهِۦٓ إِذَا يُتْلَىٰ
عَلَيْهِمْ يَخِرُّونَ لِلْأَذْقَانِ سُجَّدًا ١٠٧ وَيَقُولُونَ سُبْحَٰنَ رَبِّنَآ إِن كَانَ
وَعْدُ رَبِّنَا لَمَفْعُولًا ١٠٨ وَيَخِرُّونَ لِلْأَذْقَانِ يَبْكُونَ وَيَزِيدُهُمْ
خُشُوعًا ۩ ١٠٩ قُلِ ٱدْعُوا۟ ٱللَّهَ أَوِ ٱدْعُوا۟ ٱلرَّحْمَٰنَ ۖ أَيًّا مَّا تَدْعُوا۟ فَلَهُ
ٱلْأَسْمَآءُ ٱلْحُسْنَىٰ ۚ وَلَا تَجْهَرْ بِصَلَاتِكَ وَلَا تُخَافِتْ بِهَا وَٱبْتَغِ
بَيْنَ ذَٰلِكَ سَبِيلًا ١١٠ وَقُلِ ٱلْحَمْدُ لِلَّهِ ٱلَّذِى لَمْ يَتَّخِذْ وَلَدًا وَلَمْ يَكُن
لَّهُۥ شَرِيكٌ فِى ٱلْمُلْكِ وَلَمْ يَكُن لَّهُۥ وَلِىٌّ مِّنَ ٱلذُّلِّ ۖ وَكَبِّرْهُ تَكْبِيرًۢا ١١١

سُورَةُ الكَهْفِ

بِسْمِ ٱللَّهِ ٱلرَّحْمَٰنِ ٱلرَّحِيمِ

ٱلْحَمْدُ لِلَّهِ ٱلَّذِىٓ أَنزَلَ عَلَىٰ عَبْدِهِ ٱلْكِتَٰبَ وَلَمْ يَجْعَل لَّهُۥ عِوَجَا ۜ ١
قَيِّمًا لِّيُنذِرَ بَأْسًا شَدِيدًا مِّن لَّدُنْهُ وَيُبَشِّرَ ٱلْمُؤْمِنِينَ
ٱلَّذِينَ يَعْمَلُونَ ٱلصَّٰلِحَٰتِ أَنَّ لَهُمْ أَجْرًا حَسَنًا ٢
مَّٰكِثِينَ فِيهِ أَبَدًا ٣ وَيُنذِرَ ٱلَّذِينَ قَالُوا۟ ٱتَّخَذَ ٱللَّهُ وَلَدًا ٤

15 - 18 - 294

مَّا لَهُم بِهِۦ مِنْ عِلْمٍ وَلَا لِءَابَآئِهِمْ ۚ كَبُرَتْ كَلِمَةً تَخْرُجُ مِنْ
أَفْوَٰهِهِمْ ۚ إِن يَقُولُونَ إِلَّا كَذِبًا ٥ فَلَعَلَّكَ بَٰخِعٌ نَّفْسَكَ
عَلَىٰٓ ءَاثَٰرِهِمْ إِن لَّمْ يُؤْمِنُوا۟ بِهَٰذَا ٱلْحَدِيثِ أَسَفًا ٦ إِنَّا
جَعَلْنَا مَا عَلَى ٱلْأَرْضِ زِينَةً لَّهَا لِنَبْلُوَهُمْ أَيُّهُمْ أَحْسَنُ عَمَلًا ٧
وَإِنَّا لَجَٰعِلُونَ مَا عَلَيْهَا صَعِيدًا جُرُزًا ٨ أَمْ حَسِبْتَ
أَنَّ أَصْحَٰبَ ٱلْكَهْفِ وَٱلرَّقِيمِ كَانُوا۟ مِنْ ءَايَٰتِنَا عَجَبًا ٩
إِذْ أَوَى ٱلْفِتْيَةُ إِلَى ٱلْكَهْفِ فَقَالُوا۟ رَبَّنَآ ءَاتِنَا مِن لَّدُنكَ
رَحْمَةً وَهَيِّئْ لَنَا مِنْ أَمْرِنَا رَشَدًا ١٠ فَضَرَبْنَا عَلَىٰٓ ءَاذَانِهِمْ
فِى ٱلْكَهْفِ سِنِينَ عَدَدًا ١١ ثُمَّ بَعَثْنَٰهُمْ لِنَعْلَمَ أَىُّ
ٱلْحِزْبَيْنِ أَحْصَىٰ لِمَا لَبِثُوٓا۟ أَمَدًا ١٢ نَّحْنُ نَقُصُّ عَلَيْكَ نَبَأَهُم
بِٱلْحَقِّ ۚ إِنَّهُمْ فِتْيَةٌ ءَامَنُوا۟ بِرَبِّهِمْ وَزِدْنَٰهُمْ هُدًى ١٣
وَرَبَطْنَا عَلَىٰ قُلُوبِهِمْ إِذْ قَامُوا۟ فَقَالُوا۟ رَبُّنَا رَبُّ ٱلسَّمَٰوَٰتِ
وَٱلْأَرْضِ لَن نَّدْعُوَا۟ مِن دُونِهِۦٓ إِلَٰهًا ۖ لَّقَدْ قُلْنَآ إِذًا شَطَطًا ١٤
هَٰٓؤُلَآءِ قَوْمُنَا ٱتَّخَذُوا۟ مِن دُونِهِۦٓ ءَالِهَةً ۖ لَّوْلَا يَأْتُونَ عَلَيْهِم
بِسُلْطَٰنٍۭ بَيِّنٍ ۖ فَمَنْ أَظْلَمُ مِمَّنِ ٱفْتَرَىٰ عَلَى ٱللَّهِ كَذِبًا ١٥

15 - 18 - 295

وَإِذِ ٱعْتَزَلْتُمُوهُمْ وَمَا يَعْبُدُونَ إِلَّا ٱللَّهَ فَأْوُۥٓا۟ إِلَى ٱلْكَهْفِ
يَنشُرْ لَكُمْ رَبُّكُم مِّن رَّحْمَتِهِۦ وَيُهَيِّئْ لَكُم مِّنْ أَمْرِكُم مِّرْفَقًا ١٦
۞ وَتَرَى ٱلشَّمْسَ إِذَا طَلَعَت تَّزَٰوَرُ عَن كَهْفِهِمْ ذَاتَ
ٱلْيَمِينِ وَإِذَا غَرَبَت تَّقْرِضُهُمْ ذَاتَ ٱلشِّمَالِ وَهُمْ فِى فَجْوَةٍ
مِّنْهُ ۚ ذَٰلِكَ مِنْ ءَايَٰتِ ٱللَّهِ ۗ مَن يَهْدِ ٱللَّهُ فَهُوَ ٱلْمُهْتَدِ ۖ وَمَن
يُضْلِلْ فَلَن تَجِدَ لَهُۥ وَلِيًّا مُّرْشِدًا ١٧ وَتَحْسَبُهُمْ أَيْقَاظًا
وَهُمْ رُقُودٌ ۚ وَنُقَلِّبُهُمْ ذَاتَ ٱلْيَمِينِ وَذَاتَ ٱلشِّمَالِ ۖ وَكَلْبُهُم
بَٰسِطٌ ذِرَاعَيْهِ بِٱلْوَصِيدِ ۚ لَوِ ٱطَّلَعْتَ عَلَيْهِمْ لَوَلَّيْتَ مِنْهُمْ
فِرَارًا وَلَمُلِئْتَ مِنْهُمْ رُعْبًا ١٨ وَكَذَٰلِكَ بَعَثْنَٰهُمْ
لِيَتَسَآءَلُوا۟ بَيْنَهُمْ ۚ قَالَ قَآئِلٌ مِّنْهُمْ كَمْ لَبِثْتُمْ ۖ قَالُوا۟ لَبِثْنَا
يَوْمًا أَوْ بَعْضَ يَوْمٍ ۚ قَالُوا۟ رَبُّكُمْ أَعْلَمُ بِمَا لَبِثْتُمْ فَٱبْعَثُوٓا۟
أَحَدَكُم بِوَرِقِكُمْ هَٰذِهِۦٓ إِلَى ٱلْمَدِينَةِ فَلْيَنظُرْ أَيُّهَآ أَزْكَىٰ
طَعَامًا فَلْيَأْتِكُم بِرِزْقٍ مِّنْهُ وَلْيَتَلَطَّفْ وَلَا يُشْعِرَنَّ
بِكُمْ أَحَدًا ١٩ إِنَّهُمْ إِن يَظْهَرُوا۟ عَلَيْكُمْ يَرْجُمُوكُمْ
أَوْ يُعِيدُوكُمْ فِى مِلَّتِهِمْ وَلَن تُفْلِحُوٓا۟ إِذًا أَبَدًا ٢٠

15 - 18 - 296

وَكَذَٰلِكَ أَعْثَرْنَا عَلَيْهِمْ لِيَعْلَمُوٓا۟ أَنَّ وَعْدَ ٱللَّهِ حَقٌّ وَأَنَّ
ٱلسَّاعَةَ لَا رَيْبَ فِيهَآ إِذْ يَتَنَٰزَعُونَ بَيْنَهُمْ أَمْرَهُمْ ۖ فَقَالُوا۟
ٱبْنُوا۟ عَلَيْهِم بُنْيَٰنًا ۖ رَّبُّهُمْ أَعْلَمُ بِهِمْ ۚ قَالَ ٱلَّذِينَ غَلَبُوا۟ عَلَىٰٓ
أَمْرِهِمْ لَنَتَّخِذَنَّ عَلَيْهِم مَّسْجِدًا ٢١ سَيَقُولُونَ ثَلَٰثَةٌ
رَّابِعُهُمْ كَلْبُهُمْ وَيَقُولُونَ خَمْسَةٌ سَادِسُهُمْ كَلْبُهُمْ
رَجْمًۢا بِٱلْغَيْبِ ۖ وَيَقُولُونَ سَبْعَةٌ وَثَامِنُهُمْ كَلْبُهُمْ ۚ قُل رَّبِّىٓ
أَعْلَمُ بِعِدَّتِهِم مَّا يَعْلَمُهُمْ إِلَّا قَلِيلٌ ۗ فَلَا تُمَارِ فِيهِمْ إِلَّا مِرَآءً
ظَٰهِرًا وَلَا تَسْتَفْتِ فِيهِم مِّنْهُمْ أَحَدًا ٢٢ وَلَا تَقُولَنَّ لِشَا۟ىْءٍ
إِنِّى فَاعِلٌ ذَٰلِكَ غَدًا ٢٣ إِلَّآ أَن يَشَآءَ ٱللَّهُ ۚ وَٱذْكُر رَّبَّكَ
إِذَا نَسِيتَ وَقُلْ عَسَىٰٓ أَن يَهْدِيَنِ رَبِّى لِأَقْرَبَ مِنْ هَٰذَا رَشَدًا ٢٤
وَلَبِثُوا۟ فِى كَهْفِهِمْ ثَلَٰثَ مِا۟ئَةٍ سِنِينَ وَٱزْدَادُوا۟ تِسْعًا ٢٥
قُلِ ٱللَّهُ أَعْلَمُ بِمَا لَبِثُوا۟ ۖ لَهُۥ غَيْبُ ٱلسَّمَٰوَٰتِ وَٱلْأَرْضِ ۖ
أَبْصِرْ بِهِۦ وَأَسْمِعْ ۚ مَا لَهُم مِّن دُونِهِۦ مِن وَلِىٍّ وَلَا يُشْرِكُ
فِى حُكْمِهِۦٓ أَحَدًا ٢٦ وَٱتْلُ مَآ أُوحِىَ إِلَيْكَ مِن كِتَابِ
رَبِّكَ ۖ لَا مُبَدِّلَ لِكَلِمَٰتِهِۦ وَلَن تَجِدَ مِن دُونِهِۦ مُلْتَحَدًا ٢٧

15 - 18 - 297

وَٱصْبِرْ نَفْسَكَ مَعَ ٱلَّذِينَ يَدْعُونَ رَبَّهُم بِٱلْغَدَوٰةِ وَٱلْعَشِىِّ
يُرِيدُونَ وَجْهَهُۥ ۖ وَلَا تَعْدُ عَيْنَاكَ عَنْهُمْ تُرِيدُ زِينَةَ ٱلْحَيَوٰةِ
ٱلدُّنْيَا ۖ وَلَا تُطِعْ مَنْ أَغْفَلْنَا قَلْبَهُۥ عَن ذِكْرِنَا وَٱتَّبَعَ هَوَىٰهُ وَكَانَ
أَمْرُهُۥ فُرُطًا ٢٨ وَقُلِ ٱلْحَقُّ مِن رَّبِّكُمْ ۖ فَمَن شَآءَ فَلْيُؤْمِن وَمَن
شَآءَ فَلْيَكْفُرْ ۚ إِنَّآ أَعْتَدْنَا لِلظَّٰلِمِينَ نَارًا أَحَاطَ بِهِمْ سُرَادِقُهَا ۚ
وَإِن يَسْتَغِيثُوا۟ يُغَاثُوا۟ بِمَآءٍ كَٱلْمُهْلِ يَشْوِى ٱلْوُجُوهَ ۚ بِئْسَ
ٱلشَّرَابُ وَسَآءَتْ مُرْتَفَقًا ٢٩ إِنَّ ٱلَّذِينَ ءَامَنُوا۟ وَعَمِلُوا۟
ٱلصَّٰلِحَٰتِ إِنَّا لَا نُضِيعُ أَجْرَ مَنْ أَحْسَنَ عَمَلًا ٣٠ أُو۟لَٰٓئِكَ
لَهُمْ جَنَّٰتُ عَدْنٍ تَجْرِى مِن تَحْتِهِمُ ٱلْأَنْهَٰرُ يُحَلَّوْنَ فِيهَا مِنْ أَسَاوِرَ
مِن ذَهَبٍ وَيَلْبَسُونَ ثِيَابًا خُضْرًا مِّن سُندُسٍ وَإِسْتَبْرَقٍ مُّتَّكِـِٔينَ
فِيهَا عَلَى ٱلْأَرَآئِكِ ۚ نِعْمَ ٱلثَّوَابُ وَحَسُنَتْ مُرْتَفَقًا ٣١ ۞ وَٱضْرِبْ
لَهُم مَّثَلًا رَّجُلَيْنِ جَعَلْنَا لِأَحَدِهِمَا جَنَّتَيْنِ مِنْ أَعْنَٰبٍ وَحَفَفْنَٰهُمَا
بِنَخْلٍ وَجَعَلْنَا بَيْنَهُمَا زَرْعًا ٣٢ كِلْتَا ٱلْجَنَّتَيْنِ ءَاتَتْ أُكُلَهَا وَلَمْ
تَظْلِم مِّنْهُ شَيْـًٔا ۚ وَفَجَّرْنَا خِلَٰلَهُمَا نَهَرًا ٣٣ وَكَانَ لَهُۥ ثَمَرٌ فَقَالَ
لِصَٰحِبِهِۦ وَهُوَ يُحَاوِرُهُۥٓ أَنَا۠ أَكْثَرُ مِنكَ مَالًا وَأَعَزُّ نَفَرًا ٣٤

15 - 18 - 298

وَدَخَلَ جَنَّتَهُۥ وَهُوَ ظَالِمٌ لِّنَفْسِهِۦ قَالَ مَآ أَظُنُّ أَن تَبِيدَ هَٰذِهِۦٓ
أَبَدًا ٣٥ وَمَآ أَظُنُّ ٱلسَّاعَةَ قَآئِمَةً وَلَئِن رُّدِدتُّ إِلَىٰ رَبِّى لَأَجِدَنَّ
خَيْرًا مِّنْهَا مُنقَلَبًا ٣٦ قَالَ لَهُۥ صَاحِبُهُۥ وَهُوَ يُحَاوِرُهُۥٓ أَكَفَرْتَ
بِٱلَّذِى خَلَقَكَ مِن تُرَابٍ ثُمَّ مِن نُّطْفَةٍ ثُمَّ سَوَّىٰكَ رَجُلًا ٣٧
لَّٰكِنَّا۠ هُوَ ٱللَّهُ رَبِّى وَلَآ أُشْرِكُ بِرَبِّىٓ أَحَدًا ٣٨ وَلَوْلَآ إِذْ دَخَلْتَ
جَنَّتَكَ قُلْتَ مَا شَآءَ ٱللَّهُ لَا قُوَّةَ إِلَّا بِٱللَّهِ ۚ إِن تَرَنِ أَنَا۠ أَقَلَّ مِنكَ
مَالًا وَوَلَدًا ٣٩ فَعَسَىٰ رَبِّىٓ أَن يُؤْتِيَنِ خَيْرًا مِّن جَنَّتِكَ وَيُرْسِلَ
عَلَيْهَا حُسْبَانًا مِّنَ ٱلسَّمَآءِ فَتُصْبِحَ صَعِيدًا زَلَقًا ٤٠ أَوْ يُصْبِحَ
مَآؤُهَا غَوْرًا فَلَن تَسْتَطِيعَ لَهُۥ طَلَبًا ٤١ وَأُحِيطَ بِثَمَرِهِۦ
فَأَصْبَحَ يُقَلِّبُ كَفَّيْهِ عَلَىٰ مَآ أَنفَقَ فِيهَا وَهِىَ خَاوِيَةٌ عَلَىٰ
عُرُوشِهَا وَيَقُولُ يَٰلَيْتَنِى لَمْ أُشْرِكْ بِرَبِّىٓ أَحَدًا ٤٢ وَلَمْ تَكُن لَّهُۥ
فِئَةٌ يَنصُرُونَهُۥ مِن دُونِ ٱللَّهِ وَمَا كَانَ مُنتَصِرًا ٤٣ هُنَالِكَ ٱلْوَلَٰيَةُ
لِلَّهِ ٱلْحَقِّ ۚ هُوَ خَيْرٌ ثَوَابًا وَخَيْرٌ عُقْبًا ٤٤ وَٱضْرِبْ لَهُم مَّثَلَ ٱلْحَيَوٰةِ
ٱلدُّنْيَا كَمَآءٍ أَنزَلْنَٰهُ مِنَ ٱلسَّمَآءِ فَٱخْتَلَطَ بِهِۦ نَبَاتُ ٱلْأَرْضِ
فَأَصْبَحَ هَشِيمًا تَذْرُوهُ ٱلرِّيَٰحُ ۗ وَكَانَ ٱللَّهُ عَلَىٰ كُلِّ شَىْءٍ مُّقْتَدِرًا ٤٥

15 - 18 - 299

ٱلْمَالُ وَٱلْبَنُونَ زِينَةُ ٱلْحَيَوٰةِ ٱلدُّنْيَا ۖ وَٱلْبَٰقِيَٰتُ ٱلصَّٰلِحَٰتُ
خَيْرٌ عِندَ رَبِّكَ ثَوَابًا وَخَيْرٌ أَمَلًا ٤٦ وَيَوْمَ نُسَيِّرُ ٱلْجِبَالَ وَتَرَى
ٱلْأَرْضَ بَارِزَةً وَحَشَرْنَٰهُمْ فَلَمْ نُغَادِرْ مِنْهُمْ أَحَدًا ٤٧ وَعُرِضُوا۟
عَلَىٰ رَبِّكَ صَفًّا لَّقَدْ جِئْتُمُونَا كَمَا خَلَقْنَٰكُمْ أَوَّلَ مَرَّةٍۭ ۚ بَلْ زَعَمْتُمْ
أَلَّن نَّجْعَلَ لَكُم مَّوْعِدًا ٤٨ وَوُضِعَ ٱلْكِتَٰبُ فَتَرَى ٱلْمُجْرِمِينَ
مُشْفِقِينَ مِمَّا فِيهِ وَيَقُولُونَ يَٰوَيْلَتَنَا مَالِ هَٰذَا ٱلْكِتَٰبِ
لَا يُغَادِرُ صَغِيرَةً وَلَا كَبِيرَةً إِلَّآ أَحْصَىٰهَا ۚ وَوَجَدُوا۟ مَا عَمِلُوا۟
حَاضِرًا ۗ وَلَا يَظْلِمُ رَبُّكَ أَحَدًا ٤٩ وَإِذْ قُلْنَا لِلْمَلَٰٓئِكَةِ ٱسْجُدُوا۟
لِءَادَمَ فَسَجَدُوٓا۟ إِلَّآ إِبْلِيسَ كَانَ مِنَ ٱلْجِنِّ فَفَسَقَ عَنْ أَمْرِ رَبِّهِۦٓ ۗ
أَفَتَتَّخِذُونَهُۥ وَذُرِّيَّتَهُۥٓ أَوْلِيَآءَ مِن دُونِى وَهُمْ لَكُمْ عَدُوٌّۢ ۚ
بِئْسَ لِلظَّٰلِمِينَ بَدَلًا ٥٠ ۞ مَّآ أَشْهَدتُّهُمْ خَلْقَ ٱلسَّمَٰوَٰتِ وَٱلْأَرْضِ
وَلَا خَلْقَ أَنفُسِهِمْ وَمَا كُنتُ مُتَّخِذَ ٱلْمُضِلِّينَ عَضُدًا ٥١
وَيَوْمَ يَقُولُ نَادُوا۟ شُرَكَآءِىَ ٱلَّذِينَ زَعَمْتُمْ فَدَعَوْهُمْ
فَلَمْ يَسْتَجِيبُوا۟ لَهُمْ وَجَعَلْنَا بَيْنَهُم مَّوْبِقًا ٥٢ وَرَءَا ٱلْمُجْرِمُونَ
ٱلنَّارَ فَظَنُّوٓا۟ أَنَّهُم مُّوَاقِعُوهَا وَلَمْ يَجِدُوا۟ عَنْهَا مَصْرِفًا ٥٣

15 - 18 - 300

وَلَقَدْ صَرَّفْنَا فِى هَٰذَا ٱلْقُرْءَانِ لِلنَّاسِ مِن كُلِّ مَثَلٍ ۚ وَكَانَ
ٱلْإِنسَٰنُ أَكْثَرَ شَىْءٍ جَدَلًا ٥٤ وَمَا مَنَعَ ٱلنَّاسَ أَن يُؤْمِنُوٓا۟
إِذْ جَآءَهُمُ ٱلْهُدَىٰ وَيَسْتَغْفِرُوا۟ رَبَّهُمْ إِلَّآ أَن تَأْتِيَهُمْ سُنَّةُ
ٱلْأَوَّلِينَ أَوْ يَأْتِيَهُمُ ٱلْعَذَابُ قُبُلًا ٥٥ وَمَا نُرْسِلُ ٱلْمُرْسَلِينَ
إِلَّا مُبَشِّرِينَ وَمُنذِرِينَ ۚ وَيُجَٰدِلُ ٱلَّذِينَ كَفَرُوا۟ بِٱلْبَٰطِلِ
لِيُدْحِضُوا۟ بِهِ ٱلْحَقَّ ۖ وَٱتَّخَذُوٓا۟ ءَايَٰتِى وَمَآ أُنذِرُوا۟ هُزُوًا ٥٦
وَمَنْ أَظْلَمُ مِمَّن ذُكِّرَ بِـَٔايَٰتِ رَبِّهِۦ فَأَعْرَضَ عَنْهَا وَنَسِىَ
مَا قَدَّمَتْ يَدَاهُ ۚ إِنَّا جَعَلْنَا عَلَىٰ قُلُوبِهِمْ أَكِنَّةً أَن يَفْقَهُوهُ
وَفِىٓ ءَاذَانِهِمْ وَقْرًا ۖ وَإِن تَدْعُهُمْ إِلَى ٱلْهُدَىٰ فَلَن يَهْتَدُوٓا۟ إِذًا
أَبَدًا ٥٧ وَرَبُّكَ ٱلْغَفُورُ ذُو ٱلرَّحْمَةِ ۖ لَوْ يُؤَاخِذُهُم بِمَا كَسَبُوا۟
لَعَجَّلَ لَهُمُ ٱلْعَذَابَ ۚ بَل لَّهُم مَّوْعِدٌ لَّن يَجِدُوا۟ مِن دُونِهِۦ
مَوْئِلًا ٥٨ وَتِلْكَ ٱلْقُرَىٰٓ أَهْلَكْنَٰهُمْ لَمَّا ظَلَمُوا۟ وَجَعَلْنَا
لِمَهْلِكِهِم مَّوْعِدًا ٥٩ وَإِذْ قَالَ مُوسَىٰ لِفَتَىٰهُ لَآ أَبْرَحُ حَتَّىٰٓ
أَبْلُغَ مَجْمَعَ ٱلْبَحْرَيْنِ أَوْ أَمْضِىَ حُقُبًا ٦٠ فَلَمَّا بَلَغَا مَجْمَعَ
بَيْنِهِمَا نَسِيَا حُوتَهُمَا فَٱتَّخَذَ سَبِيلَهُۥ فِى ٱلْبَحْرِ سَرَبًا ٦١

15 - 18 - 301

فَلَمَّا جَاوَزَا قَالَ لِفَتَىٰهُ ءَاتِنَا غَدَآءَنَا لَقَدْ لَقِينَا مِن سَفَرِنَا
هَٰذَا نَصَبًا ٦٢ قَالَ أَرَءَيْتَ إِذْ أَوَيْنَآ إِلَى ٱلصَّخْرَةِ فَإِنِّى نَسِيتُ
ٱلْحُوتَ وَمَآ أَنسَىٰنِيهُ إِلَّا ٱلشَّيْطَٰنُ أَنْ أَذْكُرَهُۥ ۚ وَٱتَّخَذَ سَبِيلَهُۥ
فِى ٱلْبَحْرِ عَجَبًا ٦٣ قَالَ ذَٰلِكَ مَا كُنَّا نَبْغِ ۚ فَٱرْتَدَّا عَلَىٰٓ ءَاثَارِهِمَا
قَصَصًا ٦٤ فَوَجَدَا عَبْدًا مِّنْ عِبَادِنَآ ءَاتَيْنَٰهُ رَحْمَةً مِّنْ عِندِنَا
وَعَلَّمْنَٰهُ مِن لَّدُنَّا عِلْمًا ٦٥ قَالَ لَهُۥ مُوسَىٰ هَلْ أَتَّبِعُكَ عَلَىٰٓ أَن
تُعَلِّمَنِ مِمَّا عُلِّمْتَ رُشْدًا ٦٦ قَالَ إِنَّكَ لَن تَسْتَطِيعَ مَعِىَ
صَبْرًا ٦٧ وَكَيْفَ تَصْبِرُ عَلَىٰ مَا لَمْ تُحِطْ بِهِۦ خُبْرًا ٦٨ قَالَ
سَتَجِدُنِىٓ إِن شَآءَ ٱللَّهُ صَابِرًا وَلَآ أَعْصِى لَكَ أَمْرًا ٦٩ قَالَ فَإِنِ
ٱتَّبَعْتَنِى فَلَا تَسْـَٔلْنِى عَن شَىْءٍ حَتَّىٰٓ أُحْدِثَ لَكَ مِنْهُ ذِكْرًا ٧٠
فَٱنطَلَقَا حَتَّىٰٓ إِذَا رَكِبَا فِى ٱلسَّفِينَةِ خَرَقَهَا ۖ قَالَ أَخَرَقْتَهَا
لِتُغْرِقَ أَهْلَهَا لَقَدْ جِئْتَ شَيْـًٔا إِمْرًا ٧١ قَالَ أَلَمْ أَقُلْ إِنَّكَ
لَن تَسْتَطِيعَ مَعِىَ صَبْرًا ٧٢ قَالَ لَا تُؤَاخِذْنِى بِمَا نَسِيتُ وَلَا
تُرْهِقْنِى مِنْ أَمْرِى عُسْرًا ٧٣ فَٱنطَلَقَا حَتَّىٰٓ إِذَا لَقِيَا غُلَٰمًا فَقَتَلَهُۥ
قَالَ أَقَتَلْتَ نَفْسًا زَكِيَّةًۢ بِغَيْرِ نَفْسٍ لَّقَدْ جِئْتَ شَيْـًٔا نُّكْرًا ٧٤

۞ قَالَ أَلَمْ أَقُل لَّكَ إِنَّكَ لَن تَسْتَطِيعَ مَعِيَ صَبْرًا ٧٥ قَالَ إِن
سَأَلْتُكَ عَن شَيْءٍ بَعْدَهَا فَلَا تُصَاحِبْنِي قَدْ بَلَغْتَ مِن لَّدُنِّي
16-18-302 عُذْرًا ٧٦ فَانطَلَقَا حَتَّىٰ إِذَا أَتَيَا أَهْلَ قَرْيَةٍ اسْتَطْعَمَا أَهْلَهَا فَأَبَوْا
أَن يُضَيِّفُوهُمَا فَوَجَدَا فِيهَا جِدَارًا يُرِيدُ أَن يَنقَضَّ فَأَقَامَهُ
قَالَ لَوْ شِئْتَ لَتَّخَذْتَ عَلَيْهِ أَجْرًا ٧٧ قَالَ هَٰذَا فِرَاقُ بَيْنِي
وَبَيْنِكَ سَأُنَبِّئُكَ بِتَأْوِيلِ مَا لَمْ تَسْتَطِع عَّلَيْهِ صَبْرًا ٧٨ أَمَّا
السَّفِينَةُ فَكَانَتْ لِمَسَاكِينَ يَعْمَلُونَ فِي الْبَحْرِ فَأَرَدتُّ أَنْ
أَعِيبَهَا وَكَانَ وَرَاءَهُم مَّلِكٌ يَأْخُذُ كُلَّ سَفِينَةٍ غَصْبًا ٧٩ وَأَمَّا
الْغُلَامُ فَكَانَ أَبَوَاهُ مُؤْمِنَيْنِ فَخَشِينَا أَن يُرْهِقَهُمَا طُغْيَانًا
وَكُفْرًا ٨٠ فَأَرَدْنَا أَن يُبْدِلَهُمَا رَبُّهُمَا خَيْرًا مِّنْهُ زَكَاةً وَأَقْرَبَ
رُحْمًا ٨١ وَأَمَّا الْجِدَارُ فَكَانَ لِغُلَامَيْنِ يَتِيمَيْنِ فِي الْمَدِينَةِ
وَكَانَ تَحْتَهُ كَنزٌ لَّهُمَا وَكَانَ أَبُوهُمَا صَالِحًا فَأَرَادَ رَبُّكَ أَن
يَبْلُغَا أَشُدَّهُمَا وَيَسْتَخْرِجَا كَنزَهُمَا رَحْمَةً مِّن رَّبِّكَ
وَمَا فَعَلْتُهُ عَنْ أَمْرِي ذَٰلِكَ تَأْوِيلُ مَا لَمْ تَسْطِع عَّلَيْهِ صَبْرًا ٨٢
وَيَسْأَلُونَكَ عَن ذِي الْقَرْنَيْنِ قُلْ سَأَتْلُو عَلَيْكُم مِّنْهُ ذِكْرًا ٨٣
16-18-303 إِنَّا مَكَّنَّا لَهُ فِي الْأَرْضِ وَآتَيْنَاهُ مِن كُلِّ شَيْءٍ سَبَبًا ٨٤ فَأَتْبَعَ
سَبَبًا ٨٥ حَتَّىٰ إِذَا بَلَغَ مَغْرِبَ الشَّمْسِ وَجَدَهَا تَغْرُبُ فِي عَيْنٍ حَمِئَةٍ
وَوَجَدَ عِندَهَا قَوْمًا قُلْنَا يَا ذَا الْقَرْنَيْنِ إِمَّا أَن تُعَذِّبَ وَإِمَّا أَن تَتَّخِذَ
فِيهِمْ حُسْنًا ٨٦ قَالَ أَمَّا مَن ظَلَمَ فَسَوْفَ نُعَذِّبُهُ ثُمَّ يُرَدُّ إِلَىٰ رَبِّهِ
فَيُعَذِّبُهُ عَذَابًا نُّكْرًا ٨٧ وَأَمَّا مَنْ آمَنَ وَعَمِلَ صَالِحًا فَلَهُ جَزَاءً
الْحُسْنَىٰ وَسَنَقُولُ لَهُ مِنْ أَمْرِنَا يُسْرًا ٨٨ ثُمَّ أَتْبَعَ سَبَبًا ٨٩ حَتَّىٰ
إِذَا بَلَغَ مَطْلِعَ الشَّمْسِ وَجَدَهَا تَطْلُعُ عَلَىٰ قَوْمٍ لَّمْ نَجْعَل لَّهُم مِّن
دُونِهَا سِتْرًا ٩٠ كَذَٰلِكَ وَقَدْ أَحَطْنَا بِمَا لَدَيْهِ خُبْرًا ٩١ ثُمَّ
أَتْبَعَ سَبَبًا ٩٢ حَتَّىٰ إِذَا بَلَغَ بَيْنَ السَّدَّيْنِ وَجَدَ مِن دُونِهِمَا قَوْمًا
لَّا يَكَادُونَ يَفْقَهُونَ قَوْلًا ٩٣ قَالُوا يَا ذَا الْقَرْنَيْنِ إِنَّ يَأْجُوجَ
وَمَأْجُوجَ مُفْسِدُونَ فِي الْأَرْضِ فَهَلْ نَجْعَلُ لَكَ خَرْجًا عَلَىٰ أَن
تَجْعَلَ بَيْنَنَا وَبَيْنَهُمْ سَدًّا ٩٤ قَالَ مَا مَكَّنِّي فِيهِ رَبِّي خَيْرٌ فَأَعِينُونِي
بِقُوَّةٍ أَجْعَلْ بَيْنَكُمْ وَبَيْنَهُمْ رَدْمًا ٩٥ آتُونِي زُبَرَ الْحَدِيدِ حَتَّىٰ إِذَا سَاوَىٰ
بَيْنَ الصَّدَفَيْنِ قَالَ انفُخُوا حَتَّىٰ إِذَا جَعَلَهُ نَارًا قَالَ آتُونِي أُفْرِغْ عَلَيْهِ
قِطْرًا ٩٦ فَمَا اسْطَاعُوا أَن يَظْهَرُوهُ وَمَا اسْتَطَاعُوا لَهُ نَقْبًا ٩٧
16-18-304 قَالَ هَٰذَا رَحْمَةٌ مِّن رَّبِّي فَإِذَا جَاءَ وَعْدُ رَبِّي جَعَلَهُ دَكَّاءَ وَكَانَ وَعْدُ رَبِّي
حَقًّا ٩٨ ۞ وَتَرَكْنَا بَعْضَهُمْ يَوْمَئِذٍ يَمُوجُ فِي بَعْضٍ وَنُفِخَ فِي الصُّورِ
فَجَمَعْنَاهُمْ جَمْعًا ٩٩ وَعَرَضْنَا جَهَنَّمَ يَوْمَئِذٍ لِّلْكَافِرِينَ عَرْضًا ١٠٠ الَّذِينَ
كَانَتْ أَعْيُنُهُمْ فِي غِطَاءٍ عَن ذِكْرِي وَكَانُوا لَا يَسْتَطِيعُونَ سَمْعًا ١٠١
أَفَحَسِبَ الَّذِينَ كَفَرُوا أَن يَتَّخِذُوا عِبَادِي مِن دُونِي أَوْلِيَاءَ إِنَّا
أَعْتَدْنَا جَهَنَّمَ لِلْكَافِرِينَ نُزُلًا ١٠٢ قُلْ هَلْ نُنَبِّئُكُم بِالْأَخْسَرِينَ أَعْمَالًا ١٠٣
الَّذِينَ ضَلَّ سَعْيُهُمْ فِي الْحَيَاةِ الدُّنْيَا وَهُمْ يَحْسَبُونَ أَنَّهُمْ يُحْسِنُونَ
صُنْعًا ١٠٤ أُولَٰئِكَ الَّذِينَ كَفَرُوا بِآيَاتِ رَبِّهِمْ وَلِقَائِهِ فَحَبِطَتْ
أَعْمَالُهُمْ فَلَا نُقِيمُ لَهُمْ يَوْمَ الْقِيَامَةِ وَزْنًا ١٠٥ ذَٰلِكَ جَزَاؤُهُمْ جَهَنَّمُ
بِمَا كَفَرُوا وَاتَّخَذُوا آيَاتِي وَرُسُلِي هُزُوًا ١٠٦ إِنَّ الَّذِينَ آمَنُوا وَعَمِلُوا
الصَّالِحَاتِ كَانَتْ لَهُمْ جَنَّاتُ الْفِرْدَوْسِ نُزُلًا ١٠٧ خَالِدِينَ فِيهَا
لَا يَبْغُونَ عَنْهَا حِوَلًا ١٠٨ قُل لَّوْ كَانَ الْبَحْرُ مِدَادًا لِّكَلِمَاتِ رَبِّي لَنَفِدَ
الْبَحْرُ قَبْلَ أَن تَنفَدَ كَلِمَاتُ رَبِّي وَلَوْ جِئْنَا بِمِثْلِهِ مَدَدًا ١٠٩ قُلْ إِنَّمَا
أَنَا بَشَرٌ مِّثْلُكُمْ يُوحَىٰ إِلَيَّ أَنَّمَا إِلَٰهُكُمْ إِلَٰهٌ وَاحِدٌ فَمَن كَانَ يَرْجُو
لِقَاءَ رَبِّهِ فَلْيَعْمَلْ عَمَلًا صَالِحًا وَلَا يُشْرِكْ بِعِبَادَةِ رَبِّهِ أَحَدًا ١١٠

16-18-305

سُورَةُ مَرْيَمَ

بِسْمِ اللَّهِ الرَّحْمَٰنِ الرَّحِيمِ

كهيعص ١ ذِكْرُ رَحْمَتِ رَبِّكَ عَبْدَهُ زَكَرِيَّا ٢ إِذْ
نَادَىٰ رَبَّهُ نِدَاءً خَفِيًّا ٣ قَالَ رَبِّ إِنِّي وَهَنَ الْعَظْمُ مِنِّي
وَاشْتَعَلَ الرَّأْسُ شَيْبًا وَلَمْ أَكُن بِدُعَائِكَ رَبِّ شَقِيًّا ٤
وَإِنِّي خِفْتُ الْمَوَالِيَ مِن وَرَائِي وَكَانَتِ امْرَأَتِي
عَاقِرًا فَهَبْ لِي مِن لَّدُنكَ وَلِيًّا ٥ يَرِثُنِي وَيَرِثُ مِنْ
آلِ يَعْقُوبَ وَاجْعَلْهُ رَبِّ رَضِيًّا ٦ يَا زَكَرِيَّا إِنَّا
نُبَشِّرُكَ بِغُلَامٍ اسْمُهُ يَحْيَىٰ لَمْ نَجْعَل لَّهُ مِن قَبْلُ سَمِيًّا ٧
قَالَ رَبِّ أَنَّىٰ يَكُونُ لِي غُلَامٌ وَكَانَتِ امْرَأَتِي عَاقِرًا
وَقَدْ بَلَغْتُ مِنَ الْكِبَرِ عِتِيًّا ٨ قَالَ كَذَٰلِكَ قَالَ
رَبُّكَ هُوَ عَلَيَّ هَيِّنٌ وَقَدْ خَلَقْتُكَ مِن قَبْلُ وَلَمْ تَكُ
شَيْئًا ٩ قَالَ رَبِّ اجْعَل لِّي آيَةً قَالَ آيَتُكَ أَلَّا
تُكَلِّمَ النَّاسَ ثَلَاثَ لَيَالٍ سَوِيًّا ١٠ فَخَرَجَ عَلَىٰ قَوْمِهِ مِنَ
الْمِحْرَابِ فَأَوْحَىٰ إِلَيْهِمْ أَن سَبِّحُوا بُكْرَةً وَعَشِيًّا ١١
16-19-306 يَا يَحْيَىٰ خُذِ الْكِتَابَ بِقُوَّةٍ وَآتَيْنَاهُ الْحُكْمَ صَبِيًّا ١٢
وَحَنَانًا مِّن لَّدُنَّا وَزَكَاةً وَكَانَ تَقِيًّا ١٣ وَبَرًّا بِوَالِدَيْهِ وَلَمْ
يَكُن جَبَّارًا عَصِيًّا ١٤ وَسَلَامٌ عَلَيْهِ يَوْمَ وُلِدَ وَيَوْمَ يَمُوتُ
وَيَوْمَ يُبْعَثُ حَيًّا ١٥ وَاذْكُرْ فِي الْكِتَابِ مَرْيَمَ إِذِ انتَبَذَتْ
مِنْ أَهْلِهَا مَكَانًا شَرْقِيًّا ١٦ فَاتَّخَذَتْ مِن دُونِهِمْ حِجَابًا
فَأَرْسَلْنَا إِلَيْهَا رُوحَنَا فَتَمَثَّلَ لَهَا بَشَرًا سَوِيًّا ١٧ قَالَتْ إِنِّي
أَعُوذُ بِالرَّحْمَٰنِ مِنكَ إِن كُنتَ تَقِيًّا ١٨ قَالَ إِنَّمَا أَنَا رَسُولُ
رَبِّكِ لِأَهَبَ لَكِ غُلَامًا زَكِيًّا ١٩ قَالَتْ أَنَّىٰ يَكُونُ لِي
غُلَامٌ وَلَمْ يَمْسَسْنِي بَشَرٌ وَلَمْ أَكُ بَغِيًّا ٢٠ قَالَ كَذَٰلِكِ
قَالَ رَبُّكِ هُوَ عَلَيَّ هَيِّنٌ وَلِنَجْعَلَهُ آيَةً لِّلنَّاسِ وَرَحْمَةً
مِّنَّا وَكَانَ أَمْرًا مَّقْضِيًّا ٢١ ۞ فَحَمَلَتْهُ فَانتَبَذَتْ بِهِ
مَكَانًا قَصِيًّا ٢٢ فَأَجَاءَهَا الْمَخَاضُ إِلَىٰ جِذْعِ النَّخْلَةِ
قَالَتْ يَا لَيْتَنِي مِتُّ قَبْلَ هَٰذَا وَكُنتُ نَسْيًا مَّنسِيًّا ٢٣
فَنَادَاهَا مِن تَحْتِهَا أَلَّا تَحْزَنِي قَدْ جَعَلَ رَبُّكِ تَحْتَكِ سَرِيًّا ٢٤
وَهُزِّي إِلَيْكِ بِجِذْعِ النَّخْلَةِ تُسَاقِطْ عَلَيْكِ رُطَبًا جَنِيًّا ٢٥
16-19-307 فَكُلِي وَاشْرَبِي وَقَرِّي عَيْنًا فَإِمَّا تَرَيِنَّ مِنَ الْبَشَرِ أَحَدًا فَقُولِي
إِنِّي نَذَرْتُ لِلرَّحْمَٰنِ صَوْمًا فَلَنْ أُكَلِّمَ الْيَوْمَ إِنسِيًّا ٢٦ فَأَتَتْ
بِهِ قَوْمَهَا تَحْمِلُهُ قَالُوا يَا مَرْيَمُ لَقَدْ جِئْتِ شَيْئًا فَرِيًّا ٢٧
يَا أُخْتَ هَارُونَ مَا كَانَ أَبُوكِ امْرَأَ سَوْءٍ وَمَا كَانَتْ
أُمُّكِ بَغِيًّا ٢٨ فَأَشَارَتْ إِلَيْهِ قَالُوا كَيْفَ نُكَلِّمُ مَن كَانَ فِي
الْمَهْدِ صَبِيًّا ٢٩ قَالَ إِنِّي عَبْدُ اللَّهِ آتَانِيَ الْكِتَابَ وَجَعَلَنِي
نَبِيًّا ٣٠ وَجَعَلَنِي مُبَارَكًا أَيْنَ مَا كُنتُ وَأَوْصَانِي بِالصَّلَاةِ
وَالزَّكَاةِ مَا دُمْتُ حَيًّا ٣١ وَبَرًّا بِوَالِدَتِي وَلَمْ يَجْعَلْنِي
جَبَّارًا شَقِيًّا ٣٢ وَالسَّلَامُ عَلَيَّ يَوْمَ وُلِدتُّ وَيَوْمَ أَمُوتُ
وَيَوْمَ أُبْعَثُ حَيًّا ٣٣ ذَٰلِكَ عِيسَى ابْنُ مَرْيَمَ قَوْلَ الْحَقِّ
الَّذِي فِيهِ يَمْتَرُونَ ٣٤ مَا كَانَ لِلَّهِ أَن يَتَّخِذَ مِن وَلَدٍ سُبْحَانَهُ
إِذَا قَضَىٰ أَمْرًا فَإِنَّمَا يَقُولُ لَهُ كُن فَيَكُونُ ٣٥ وَإِنَّ اللَّهَ رَبِّي وَرَبُّكُمْ
فَاعْبُدُوهُ هَٰذَا صِرَاطٌ مُّسْتَقِيمٌ ٣٦ فَاخْتَلَفَ الْأَحْزَابُ مِن
بَيْنِهِمْ فَوَيْلٌ لِّلَّذِينَ كَفَرُوا مِن مَّشْهَدِ يَوْمٍ عَظِيمٍ ٣٧ أَسْمِعْ بِهِمْ
وَأَبْصِرْ يَوْمَ يَأْتُونَنَا لَٰكِنِ الظَّالِمُونَ الْيَوْمَ فِي ضَلَالٍ مُّبِينٍ ٣٨
16-19-308 وَأَنذِرْهُمْ يَوْمَ الْحَسْرَةِ إِذْ قُضِيَ الْأَمْرُ وَهُمْ فِي غَفْلَةٍ وَهُمْ
لَا يُؤْمِنُونَ ٣٩ إِنَّا نَحْنُ نَرِثُ الْأَرْضَ وَمَنْ عَلَيْهَا وَإِلَيْنَا يُرْجَعُونَ ٤٠
وَاذْكُرْ فِي الْكِتَابِ إِبْرَاهِيمَ إِنَّهُ كَانَ صِدِّيقًا نَّبِيًّا ٤١ إِذْ قَالَ لِأَبِيهِ
يَا أَبَتِ لِمَ تَعْبُدُ مَا لَا يَسْمَعُ وَلَا يُبْصِرُ وَلَا يُغْنِي عَنكَ شَيْئًا ٤٢
يَا أَبَتِ إِنِّي قَدْ جَاءَنِي مِنَ الْعِلْمِ مَا لَمْ يَأْتِكَ فَاتَّبِعْنِي أَهْدِكَ صِرَاطًا
سَوِيًّا ٤٣ يَا أَبَتِ لَا تَعْبُدِ الشَّيْطَانَ إِنَّ الشَّيْطَانَ كَانَ لِلرَّحْمَٰنِ
عَصِيًّا ٤٤ يَا أَبَتِ إِنِّي أَخَافُ أَن يَمَسَّكَ عَذَابٌ مِّنَ الرَّحْمَٰنِ
فَتَكُونَ لِلشَّيْطَانِ وَلِيًّا ٤٥ قَالَ أَرَاغِبٌ أَنتَ عَنْ آلِهَتِي
يَا إِبْرَاهِيمُ لَئِن لَّمْ تَنتَهِ لَأَرْجُمَنَّكَ وَاهْجُرْنِي مَلِيًّا ٤٦ قَالَ
سَلَامٌ عَلَيْكَ سَأَسْتَغْفِرُ لَكَ رَبِّي إِنَّهُ كَانَ بِي حَفِيًّا ٤٧
وَأَعْتَزِلُكُمْ وَمَا تَدْعُونَ مِن دُونِ اللَّهِ وَأَدْعُو رَبِّي عَسَىٰ أَلَّا
أَكُونَ بِدُعَاءِ رَبِّي شَقِيًّا ٤٨ فَلَمَّا اعْتَزَلَهُمْ وَمَا يَعْبُدُونَ مِن
دُونِ اللَّهِ وَهَبْنَا لَهُ إِسْحَاقَ وَيَعْقُوبَ وَكُلًّا جَعَلْنَا نَبِيًّا ٤٩
وَوَهَبْنَا لَهُم مِّن رَّحْمَتِنَا وَجَعَلْنَا لَهُمْ لِسَانَ صِدْقٍ عَلِيًّا ٥٠
وَاذْكُرْ فِي الْكِتَابِ مُوسَىٰ إِنَّهُ كَانَ مُخْلَصًا وَكَانَ رَسُولًا نَّبِيًّا ٥١
16-19-309 وَنَادَيْنَاهُ مِن جَانِبِ الطُّورِ الْأَيْمَنِ وَقَرَّبْنَاهُ نَجِيًّا ٥٢ وَوَهَبْنَا لَهُ مِن
رَّحْمَتِنَا أَخَاهُ هَارُونَ نَبِيًّا ٥٣ وَاذْكُرْ فِي الْكِتَابِ إِسْمَاعِيلَ إِنَّهُ كَانَ
صَادِقَ الْوَعْدِ وَكَانَ رَسُولًا نَّبِيًّا ٥٤ وَكَانَ يَأْمُرُ أَهْلَهُ بِالصَّلَاةِ
وَالزَّكَاةِ وَكَانَ عِندَ رَبِّهِ مَرْضِيًّا ٥٥ وَاذْكُرْ فِي الْكِتَابِ إِدْرِيسَ إِنَّهُ
كَانَ صِدِّيقًا نَّبِيًّا ٥٦ وَرَفَعْنَاهُ مَكَانًا عَلِيًّا ٥٧ أُولَٰئِكَ الَّذِينَ أَنْعَمَ
اللَّهُ عَلَيْهِم مِّنَ النَّبِيِّينَ مِن ذُرِّيَّةِ آدَمَ وَمِمَّنْ حَمَلْنَا مَعَ نُوحٍ وَمِن
ذُرِّيَّةِ إِبْرَاهِيمَ وَإِسْرَائِيلَ وَمِمَّنْ هَدَيْنَا وَاجْتَبَيْنَا إِذَا تُتْلَىٰ عَلَيْهِمْ
آيَاتُ الرَّحْمَٰنِ خَرُّوا سُجَّدًا وَبُكِيًّا ۩ ٥٨ ۞ فَخَلَفَ مِن بَعْدِهِمْ
خَلْفٌ أَضَاعُوا الصَّلَاةَ وَاتَّبَعُوا الشَّهَوَاتِ فَسَوْفَ يَلْقَوْنَ غَيًّا ٥٩
إِلَّا مَن تَابَ وَآمَنَ وَعَمِلَ صَالِحًا فَأُولَٰئِكَ يَدْخُلُونَ الْجَنَّةَ
وَلَا يُظْلَمُونَ شَيْئًا ٦٠ جَنَّاتِ عَدْنٍ الَّتِي وَعَدَ الرَّحْمَٰنُ عِبَادَهُ
بِالْغَيْبِ إِنَّهُ كَانَ وَعْدُهُ مَأْتِيًّا ٦١ لَّا يَسْمَعُونَ فِيهَا لَغْوًا إِلَّا
سَلَامًا وَلَهُمْ رِزْقُهُمْ فِيهَا بُكْرَةً وَعَشِيًّا ٦٢ تِلْكَ الْجَنَّةُ الَّتِي
نُورِثُ مِنْ عِبَادِنَا مَن كَانَ تَقِيًّا ٦٣ وَمَا نَتَنَزَّلُ إِلَّا بِأَمْرِ رَبِّكَ لَهُ
مَا بَيْنَ أَيْدِينَا وَمَا خَلْفَنَا وَمَا بَيْنَ ذَٰلِكَ وَمَا كَانَ رَبُّكَ نَسِيًّا ٦٤
16-19-310 رَّبُّ السَّمَاوَاتِ وَالْأَرْضِ وَمَا بَيْنَهُمَا فَاعْبُدْهُ وَاصْطَبِرْ لِعِبَادَتِهِ
هَلْ تَعْلَمُ لَهُ سَمِيًّا ٦٥ وَيَقُولُ الْإِنسَانُ أَإِذَا مَا مِتُّ لَسَوْفَ
أُخْرَجُ حَيًّا ٦٦ أَوَلَا يَذْكُرُ الْإِنسَانُ أَنَّا خَلَقْنَاهُ مِن قَبْلُ
وَلَمْ يَكُ شَيْئًا ٦٧ فَوَرَبِّكَ لَنَحْشُرَنَّهُمْ وَالشَّيَاطِينَ ثُمَّ
لَنُحْضِرَنَّهُمْ حَوْلَ جَهَنَّمَ جِثِيًّا ٦٨ ثُمَّ لَنَنزِعَنَّ مِن كُلِّ
شِيعَةٍ أَيُّهُمْ أَشَدُّ عَلَى الرَّحْمَٰنِ عِتِيًّا ٦٩ ثُمَّ لَنَحْنُ أَعْلَمُ بِالَّذِينَ
هُمْ أَوْلَىٰ بِهَا صِلِيًّا ٧٠ وَإِن مِّنكُمْ إِلَّا وَارِدُهَا كَانَ عَلَىٰ رَبِّكَ
حَتْمًا مَّقْضِيًّا ٧١ ثُمَّ نُنَجِّي الَّذِينَ اتَّقَوا وَّنَذَرُ الظَّالِمِينَ
فِيهَا جِثِيًّا ٧٢ وَإِذَا تُتْلَىٰ عَلَيْهِمْ آيَاتُنَا بَيِّنَاتٍ قَالَ الَّذِينَ كَفَرُوا
لِلَّذِينَ آمَنُوا أَيُّ الْفَرِيقَيْنِ خَيْرٌ مَّقَامًا وَأَحْسَنُ نَدِيًّا ٧٣
وَكَمْ أَهْلَكْنَا قَبْلَهُم مِّن قَرْنٍ هُمْ أَحْسَنُ أَثَاثًا وَرِئْيًا ٧٤
قُلْ مَن كَانَ فِي الضَّلَالَةِ فَلْيَمْدُدْ لَهُ الرَّحْمَٰنُ مَدًّا حَتَّىٰ إِذَا رَأَوْا
مَا يُوعَدُونَ إِمَّا الْعَذَابَ وَإِمَّا السَّاعَةَ فَسَيَعْلَمُونَ مَنْ هُوَ شَرٌّ
مَّكَانًا وَأَضْعَفُ جُندًا ٧٥ وَيَزِيدُ اللَّهُ الَّذِينَ اهْتَدَوْا هُدًى
وَالْبَاقِيَاتُ الصَّالِحَاتُ خَيْرٌ عِندَ رَبِّكَ ثَوَابًا وَخَيْرٌ مَّرَدًّا ٧٦
16-19-311 أَفَرَأَيْتَ الَّذِي كَفَرَ بِآيَاتِنَا وَقَالَ لَأُوتَيَنَّ مَالًا وَوَلَدًا ٧٧
أَطَّلَعَ الْغَيْبَ أَمِ اتَّخَذَ عِندَ الرَّحْمَٰنِ عَهْدًا ٧٨ كَلَّا
سَنَكْتُبُ مَا يَقُولُ وَنَمُدُّ لَهُ مِنَ الْعَذَابِ مَدًّا ٧٩ وَنَرِثُهُ
مَا يَقُولُ وَيَأْتِينَا فَرْدًا ٨٠ وَاتَّخَذُوا مِن دُونِ اللَّهِ آلِهَةً
لِّيَكُونُوا لَهُمْ عِزًّا ٨١ كَلَّا سَيَكْفُرُونَ بِعِبَادَتِهِمْ وَيَكُونُونَ
عَلَيْهِمْ ضِدًّا ٨٢ أَلَمْ تَرَ أَنَّا أَرْسَلْنَا الشَّيَاطِينَ عَلَى الْكَافِرِينَ
تَؤُزُّهُمْ أَزًّا ٨٣ فَلَا تَعْجَلْ عَلَيْهِمْ إِنَّمَا نَعُدُّ لَهُمْ عَدًّا ٨٤
يَوْمَ نَحْشُرُ الْمُتَّقِينَ إِلَى الرَّحْمَٰنِ وَفْدًا ٨٥ وَنَسُوقُ الْمُجْرِمِينَ
إِلَىٰ جَهَنَّمَ وِرْدًا ٨٦ لَّا يَمْلِكُونَ الشَّفَاعَةَ إِلَّا مَنِ اتَّخَذَ عِندَ
الرَّحْمَٰنِ عَهْدًا ٨٧ وَقَالُوا اتَّخَذَ الرَّحْمَٰنُ وَلَدًا ٨٨ لَّقَدْ
جِئْتُمْ شَيْئًا إِدًّا ٨٩ تَكَادُ السَّمَاوَاتُ يَتَفَطَّرْنَ مِنْهُ
وَتَنشَقُّ الْأَرْضُ وَتَخِرُّ الْجِبَالُ هَدًّا ٩٠ أَن دَعَوْا لِلرَّحْمَٰنِ وَلَدًا ٩١
وَمَا يَنبَغِي لِلرَّحْمَٰنِ أَن يَتَّخِذَ وَلَدًا ٩٢ إِن كُلُّ مَن فِي
السَّمَاوَاتِ وَالْأَرْضِ إِلَّا آتِي الرَّحْمَٰنِ عَبْدًا ٩٣ لَّقَدْ أَحْصَاهُمْ
وَعَدَّهُمْ عَدًّا ٩٤ وَكُلُّهُمْ آتِيهِ يَوْمَ الْقِيَامَةِ فَرْدًا ٩٥

19.Maryam [96] - ١٩. مريم

16 - 19 - 312 إِنَّ ٱلَّذِينَ ءَامَنُواْ وَعَمِلُواْ ٱلصَّٰلِحَٰتِ سَيَجۡعَلُ لَهُمُ
ٱلرَّحۡمَٰنُ وُدّٗا ٩٦ فَإِنَّمَا يَسَّرۡنَٰهُ بِلِسَانِكَ لِتُبَشِّرَ بِهِ
ٱلۡمُتَّقِينَ وَتُنذِرَ بِهِۦ قَوۡمٗا لُّدّٗا ٩٧ وَكَمۡ أَهۡلَكۡنَا قَبۡلَهُم
مِّن قَرۡنٍ هَلۡ تُحِسُّ مِنۡهُم مِّنۡ أَحَدٍ أَوۡ تَسۡمَعُ لَهُمۡ رِكۡزَۢا ٩٨

سُورَةُ طه

بِسۡمِ ٱللَّهِ ٱلرَّحۡمَٰنِ ٱلرَّحِيمِ

طه ١ مَآ أَنزَلۡنَا عَلَيۡكَ ٱلۡقُرۡءَانَ لِتَشۡقَىٰٓ ٢ إِلَّا تَذۡكِرَةٗ
لِّمَن يَخۡشَىٰ ٣ تَنزِيلٗا مِّمَّنۡ خَلَقَ ٱلۡأَرۡضَ وَٱلسَّمَٰوَٰتِ ٱلۡعُلَى ٤
ٱلرَّحۡمَٰنُ عَلَى ٱلۡعَرۡشِ ٱسۡتَوَىٰ ٥ لَهُۥ مَا فِي ٱلسَّمَٰوَٰتِ وَمَا فِي
ٱلۡأَرۡضِ وَمَا بَيۡنَهُمَا وَمَا تَحۡتَ ٱلثَّرَىٰ ٦ وَإِن تَجۡهَرۡ بِٱلۡقَوۡلِ
فَإِنَّهُۥ يَعۡلَمُ ٱلسِّرَّ وَأَخۡفَى ٧ ٱللَّهُ لَآ إِلَٰهَ إِلَّا هُوَۖ لَهُ ٱلۡأَسۡمَآءُ
ٱلۡحُسۡنَىٰ ٨ وَهَلۡ أَتَىٰكَ حَدِيثُ مُوسَىٰٓ ٩ إِذۡ رَءَا نَارٗا
فَقَالَ لِأَهۡلِهِ ٱمۡكُثُوٓاْ إِنِّيٓ ءَانَسۡتُ نَارٗا لَّعَلِّيٓ ءَاتِيكُم مِّنۡهَا بِقَبَسٍ
أَوۡ أَجِدُ عَلَى ٱلنَّارِ هُدٗى ١٠ فَلَمَّآ أَتَىٰهَا نُودِيَ يَٰمُوسَىٰٓ ١١ إِنِّيٓ
أَنَا۠ رَبُّكَ فَٱخۡلَعۡ نَعۡلَيۡكَ إِنَّكَ بِٱلۡوَادِ ٱلۡمُقَدَّسِ طُوٗى ١٢
16 - 20 - 313 وَأَنَا ٱخۡتَرۡتُكَ فَٱسۡتَمِعۡ لِمَا يُوحَىٰٓ ١٣ إِنَّنِيٓ أَنَا ٱللَّهُ لَآ إِلَٰهَ إِلَّآ أَنَا۠
فَٱعۡبُدۡنِي وَأَقِمِ ٱلصَّلَوٰةَ لِذِكۡرِيٓ ١٤ إِنَّ ٱلسَّاعَةَ ءَاتِيَةٌ
أَكَادُ أُخۡفِيهَا لِتُجۡزَىٰ كُلُّ نَفۡسِۢ بِمَا تَسۡعَىٰ ١٥ فَلَا يَصُدَّنَّكَ
عَنۡهَا مَن لَّا يُؤۡمِنُ بِهَا وَٱتَّبَعَ هَوَىٰهُ فَتَرۡدَىٰ ١٦ وَمَا تِلۡكَ
بِيَمِينِكَ يَٰمُوسَىٰ ١٧ قَالَ هِيَ عَصَايَ أَتَوَكَّؤُاْ عَلَيۡهَا
وَأَهُشُّ بِهَا عَلَىٰ غَنَمِي وَلِيَ فِيهَا مَـَٔارِبُ أُخۡرَىٰ ١٨ قَالَ أَلۡقِهَا
يَٰمُوسَىٰ ١٩ فَأَلۡقَىٰهَا فَإِذَا هِيَ حَيَّةٞ تَسۡعَىٰ ٢٠ قَالَ خُذۡهَا
وَلَا تَخَفۡۖ سَنُعِيدُهَا سِيرَتَهَا ٱلۡأُولَىٰ ٢١ وَٱضۡمُمۡ يَدَكَ
إِلَىٰ جَنَاحِكَ تَخۡرُجۡ بَيۡضَآءَ مِنۡ غَيۡرِ سُوٓءٍ ءَايَةً أُخۡرَىٰ ٢٢ لِنُرِيَكَ
مِنۡ ءَايَٰتِنَا ٱلۡكُبۡرَى ٢٣ ٱذۡهَبۡ إِلَىٰ فِرۡعَوۡنَ إِنَّهُۥ طَغَىٰ ٢٤ قَالَ
رَبِّ ٱشۡرَحۡ لِي صَدۡرِي ٢٥ وَيَسِّرۡ لِيٓ أَمۡرِي ٢٦ وَٱحۡلُلۡ عُقۡدَةٗ مِّن
لِّسَانِي ٢٧ يَفۡقَهُواْ قَوۡلِي ٢٨ وَٱجۡعَل لِّي وَزِيرٗا مِّنۡ أَهۡلِي ٢٩ هَٰرُونَ
أَخِي ٣٠ ٱشۡدُدۡ بِهِۦٓ أَزۡرِي ٣١ وَأَشۡرِكۡهُ فِيٓ أَمۡرِي ٣٢ كَيۡ نُسَبِّحَكَ
كَثِيرٗا ٣٣ وَنَذۡكُرَكَ كَثِيرًا ٣٤ إِنَّكَ كُنتَ بِنَا بَصِيرٗا ٣٥ قَالَ قَدۡ
أُوتِيتَ سُؤۡلَكَ يَٰمُوسَىٰ ٣٦ وَلَقَدۡ مَنَنَّا عَلَيۡكَ مَرَّةً أُخۡرَىٰٓ ٣٧
16 - 20 - 314 إِذۡ أَوۡحَيۡنَآ إِلَىٰٓ أُمِّكَ مَا يُوحَىٰٓ ٣٨ أَنِ ٱقۡذِفِيهِ فِي ٱلتَّابُوتِ فَٱقۡذِفِيهِ
فِي ٱلۡيَمِّ فَلۡيُلۡقِهِ ٱلۡيَمُّ بِٱلسَّاحِلِ يَأۡخُذۡهُ عَدُوّٞ لِّي وَعَدُوّٞ لَّهُۥۚ وَأَلۡقَيۡتُ
عَلَيۡكَ مَحَبَّةٗ مِّنِّي وَلِتُصۡنَعَ عَلَىٰ عَيۡنِيٓ ٣٩ إِذۡ تَمۡشِيٓ أُخۡتُكَ فَتَقُولُ
هَلۡ أَدُلُّكُمۡ عَلَىٰ مَن يَكۡفُلُهُۥۖ فَرَجَعۡنَٰكَ إِلَىٰٓ أُمِّكَ كَيۡ تَقَرَّ عَيۡنُهَا
وَلَا تَحۡزَنَۚ وَقَتَلۡتَ نَفۡسٗا فَنَجَّيۡنَٰكَ مِنَ ٱلۡغَمِّ وَفَتَنَّٰكَ فُتُونٗاۚ
فَلَبِثۡتَ سِنِينَ فِيٓ أَهۡلِ مَدۡيَنَ ثُمَّ جِئۡتَ عَلَىٰ قَدَرٖ يَٰمُوسَىٰ ٤٠
وَٱصۡطَنَعۡتُكَ لِنَفۡسِي ٤١ ٱذۡهَبۡ أَنتَ وَأَخُوكَ بِـَٔايَٰتِي وَلَا
تَنِيَا فِي ذِكۡرِي ٤٢ ٱذۡهَبَآ إِلَىٰ فِرۡعَوۡنَ إِنَّهُۥ طَغَىٰ ٤٣ فَقُولَا لَهُۥ قَوۡلٗا
لَّيِّنٗا لَّعَلَّهُۥ يَتَذَكَّرُ أَوۡ يَخۡشَىٰ ٤٤ قَالَا رَبَّنَآ إِنَّنَا نَخَافُ أَن يَفۡرُطَ
عَلَيۡنَآ أَوۡ أَن يَطۡغَىٰ ٤٥ قَالَ لَا تَخَافَآۖ إِنَّنِي مَعَكُمَآ أَسۡمَعُ وَأَرَىٰ ٤٦
فَأۡتِيَاهُ فَقُولَآ إِنَّا رَسُولَا رَبِّكَ فَأَرۡسِلۡ مَعَنَا بَنِيٓ إِسۡرَٰٓءِيلَ
وَلَا تُعَذِّبۡهُمۡۖ قَدۡ جِئۡنَٰكَ بِـَٔايَةٖ مِّن رَّبِّكَۖ وَٱلسَّلَٰمُ عَلَىٰ مَنِ ٱتَّبَعَ
ٱلۡهُدَىٰٓ ٤٧ إِنَّا قَدۡ أُوحِيَ إِلَيۡنَآ أَنَّ ٱلۡعَذَابَ عَلَىٰ مَن كَذَّبَ
وَتَوَلَّىٰ ٤٨ قَالَ فَمَن رَّبُّكُمَا يَٰمُوسَىٰ ٤٩ قَالَ رَبُّنَا ٱلَّذِيٓ أَعۡطَىٰ
كُلَّ شَيۡءٍ خَلۡقَهُۥ ثُمَّ هَدَىٰ ٥٠ قَالَ فَمَا بَالُ ٱلۡقُرُونِ ٱلۡأُولَىٰ ٥١
16 - 20 - 315 قَالَ عِلۡمُهَا عِندَ رَبِّي فِي كِتَٰبٖۖ لَّا يَضِلُّ رَبِّي وَلَا يَنسَى ٥٢ ٱلَّذِي
جَعَلَ لَكُمُ ٱلۡأَرۡضَ مَهۡدٗا وَسَلَكَ لَكُمۡ فِيهَا سُبُلٗا وَأَنزَلَ مِنَ
ٱلسَّمَآءِ مَآءٗ فَأَخۡرَجۡنَا بِهِۦٓ أَزۡوَٰجٗا مِّن نَّبَاتٖ شَتَّىٰ ٥٣ كُلُواْ
وَٱرۡعَوۡاْ أَنۡعَٰمَكُمۡۚ إِنَّ فِي ذَٰلِكَ لَأٓيَٰتٖ لِّأُوْلِي ٱلنُّهَىٰ ٥٤ ۞ مِنۡهَا
خَلَقۡنَٰكُمۡ وَفِيهَا نُعِيدُكُمۡ وَمِنۡهَا نُخۡرِجُكُمۡ تَارَةً أُخۡرَىٰ ٥٥ وَلَقَدۡ

أَرَيۡنَٰهُ ءَايَٰتِنَا كُلَّهَا فَكَذَّبَ وَأَبَىٰ ٥٦ قَالَ أَجِئۡتَنَا لِتُخۡرِجَنَا
مِنۡ أَرۡضِنَا بِسِحۡرِكَ يَٰمُوسَىٰ ٥٧ فَلَنَأۡتِيَنَّكَ بِسِحۡرٖ مِّثۡلِهِۦ
فَٱجۡعَلۡ بَيۡنَنَا وَبَيۡنَكَ مَوۡعِدٗا لَّا نُخۡلِفُهُۥ نَحۡنُ وَلَآ أَنتَ مَكَانٗا
سُوٗى ٥٨ قَالَ مَوۡعِدُكُمۡ يَوۡمُ ٱلزِّينَةِ وَأَن يُحۡشَرَ ٱلنَّاسُ ضُحٗى ٥٩
فَتَوَلَّىٰ فِرۡعَوۡنُ فَجَمَعَ كَيۡدَهُۥ ثُمَّ أَتَىٰ ٦٠ قَالَ لَهُم
مُّوسَىٰ وَيۡلَكُمۡ لَا تَفۡتَرُواْ عَلَى ٱللَّهِ كَذِبٗا فَيُسۡحِتَكُم بِعَذَابٖۖ
وَقَدۡ خَابَ مَنِ ٱفۡتَرَىٰ ٦١ فَتَنَٰزَعُوٓاْ أَمۡرَهُم بَيۡنَهُمۡ وَأَسَرُّواْ
ٱلنَّجۡوَىٰ ٦٢ قَالُوٓاْ إِنۡ هَٰذَٰنِ لَسَٰحِرَٰنِ يُرِيدَانِ أَن يُخۡرِجَاكُم
مِّنۡ أَرۡضِكُم بِسِحۡرِهِمَا وَيَذۡهَبَا بِطَرِيقَتِكُمُ ٱلۡمُثۡلَىٰ ٦٣
فَأَجۡمِعُواْ كَيۡدَكُمۡ ثُمَّ ٱئۡتُواْ صَفّٗاۚ وَقَدۡ أَفۡلَحَ ٱلۡيَوۡمَ مَنِ ٱسۡتَعۡلَىٰ ٦٤
16 - 20 - 316 قَالُواْ يَٰمُوسَىٰٓ إِمَّآ أَن تُلۡقِيَ وَإِمَّآ أَن نَّكُونَ أَوَّلَ مَنۡ أَلۡقَىٰ ٦٥ قَالَ بَلۡ
أَلۡقُواْۖ فَإِذَا حِبَالُهُمۡ وَعِصِيُّهُمۡ يُخَيَّلُ إِلَيۡهِ مِن سِحۡرِهِمۡ أَنَّهَا
تَسۡعَىٰ ٦٦ فَأَوۡجَسَ فِي نَفۡسِهِۦ خِيفَةٗ مُّوسَىٰ ٦٧ قُلۡنَا لَا تَخَفۡ إِنَّكَ
أَنتَ ٱلۡأَعۡلَىٰ ٦٨ وَأَلۡقِ مَا فِي يَمِينِكَ تَلۡقَفۡ مَا صَنَعُوٓاْۖ إِنَّمَا صَنَعُواْ
كَيۡدُ سَٰحِرٖۖ وَلَا يُفۡلِحُ ٱلسَّاحِرُ حَيۡثُ أَتَىٰ ٦٩ فَأُلۡقِيَ ٱلسَّحَرَةُ سُجَّدٗا
قَالُوٓاْ ءَامَنَّا بِرَبِّ هَٰرُونَ وَمُوسَىٰ ٧٠ قَالَ ءَامَنتُمۡ لَهُۥ قَبۡلَ أَنۡ ءَاذَنَ
لَكُمۡۖ إِنَّهُۥ لَكَبِيرُكُمُ ٱلَّذِي عَلَّمَكُمُ ٱلسِّحۡرَۖ فَلَأُقَطِّعَنَّ أَيۡدِيَكُمۡ
وَأَرۡجُلَكُم مِّنۡ خِلَٰفٖ وَلَأُصَلِّبَنَّكُمۡ فِي جُذُوعِ ٱلنَّخۡلِ وَلَتَعۡلَمُنَّ
أَيُّنَآ أَشَدُّ عَذَابٗا وَأَبۡقَىٰ ٧١ قَالُواْ لَن نُّؤۡثِرَكَ عَلَىٰ مَا جَآءَنَا مِنَ
ٱلۡبَيِّنَٰتِ وَٱلَّذِي فَطَرَنَاۖ فَٱقۡضِ مَآ أَنتَ قَاضٍۖ إِنَّمَا تَقۡضِي هَٰذِهِ
ٱلۡحَيَوٰةَ ٱلدُّنۡيَآ ٧٢ إِنَّآ ءَامَنَّا بِرَبِّنَا لِيَغۡفِرَ لَنَا خَطَٰيَٰنَا وَمَآ أَكۡرَهۡتَنَا
عَلَيۡهِ مِنَ ٱلسِّحۡرِۗ وَٱللَّهُ خَيۡرٞ وَأَبۡقَىٰٓ ٧٣ إِنَّهُۥ مَن يَأۡتِ رَبَّهُۥ مُجۡرِمٗا
فَإِنَّ لَهُۥ جَهَنَّمَ لَا يَمُوتُ فِيهَا وَلَا يَحۡيَىٰ ٧٤ وَمَن يَأۡتِهِۦ مُؤۡمِنٗا قَدۡ
عَمِلَ ٱلصَّٰلِحَٰتِ فَأُوْلَٰٓئِكَ لَهُمُ ٱلدَّرَجَٰتُ ٱلۡعُلَىٰ ٧٥ جَنَّٰتُ عَدۡنٖ
تَجۡرِي مِن تَحۡتِهَا ٱلۡأَنۡهَٰرُ خَٰلِدِينَ فِيهَاۚ وَذَٰلِكَ جَزَآءُ مَن تَزَكَّىٰ ٧٦
16 - 20 - 317 وَلَقَدۡ أَوۡحَيۡنَآ إِلَىٰ مُوسَىٰٓ أَنۡ أَسۡرِ بِعِبَادِي فَٱضۡرِبۡ لَهُمۡ طَرِيقٗا
فِي ٱلۡبَحۡرِ يَبَسٗا لَّا تَخَٰفُ دَرَكٗا وَلَا تَخۡشَىٰ ٧٧ فَأَتۡبَعَهُمۡ فِرۡعَوۡنُ
بِجُنُودِهِۦ فَغَشِيَهُم مِّنَ ٱلۡيَمِّ مَا غَشِيَهُمۡ ٧٨ وَأَضَلَّ فِرۡعَوۡنُ قَوۡمَهُۥ
وَمَا هَدَىٰ ٧٩ يَٰبَنِيٓ إِسۡرَٰٓءِيلَ قَدۡ أَنجَيۡنَٰكُم مِّنۡ عَدُوِّكُمۡ وَوَٰعَدۡنَٰكُمۡ
جَانِبَ ٱلطُّورِ ٱلۡأَيۡمَنَ وَنَزَّلۡنَا عَلَيۡكُمُ ٱلۡمَنَّ وَٱلسَّلۡوَىٰ ٨٠ كُلُواْ مِن
طَيِّبَٰتِ مَا رَزَقۡنَٰكُمۡ وَلَا تَطۡغَوۡاْ فِيهِ فَيَحِلَّ عَلَيۡكُمۡ غَضَبِيۖ
وَمَن يَحۡلِلۡ عَلَيۡهِ غَضَبِي فَقَدۡ هَوَىٰ ٨١ وَإِنِّي لَغَفَّارٞ لِّمَن تَابَ
وَءَامَنَ وَعَمِلَ صَٰلِحٗا ثُمَّ ٱهۡتَدَىٰ ٨٢ ۞ وَمَآ أَعۡجَلَكَ عَن
قَوۡمِكَ يَٰمُوسَىٰ ٨٣ قَالَ هُمۡ أُوْلَآءِ عَلَىٰٓ أَثَرِي وَعَجِلۡتُ إِلَيۡكَ
رَبِّ لِتَرۡضَىٰ ٨٤ قَالَ فَإِنَّا قَدۡ فَتَنَّا قَوۡمَكَ مِنۢ بَعۡدِكَ وَأَضَلَّهُمُ
ٱلسَّامِرِيُّ ٨٥ فَرَجَعَ مُوسَىٰٓ إِلَىٰ قَوۡمِهِۦ غَضۡبَٰنَ أَسِفٗاۚ قَالَ
يَٰقَوۡمِ أَلَمۡ يَعِدۡكُمۡ رَبُّكُمۡ وَعۡدًا حَسَنًاۚ أَفَطَالَ عَلَيۡكُمُ ٱلۡعَهۡدُ
أَمۡ أَرَدتُّمۡ أَن يَحِلَّ عَلَيۡكُمۡ غَضَبٞ مِّن رَّبِّكُمۡ فَأَخۡلَفۡتُم
مَّوۡعِدِي ٨٦ قَالُواْ مَآ أَخۡلَفۡنَا مَوۡعِدَكَ بِمَلۡكِنَا وَلَٰكِنَّا حُمِّلۡنَآ
أَوۡزَارٗا مِّن زِينَةِ ٱلۡقَوۡمِ فَقَذَفۡنَٰهَا فَكَذَٰلِكَ أَلۡقَى ٱلسَّامِرِيُّ ٨٧
16 - 20 - 318 فَأَخۡرَجَ لَهُمۡ عِجۡلٗا جَسَدٗا لَّهُۥ خُوَارٞ فَقَالُواْ هَٰذَآ إِلَٰهُكُمۡ
وَإِلَٰهُ مُوسَىٰ فَنَسِيَ ٨٨ أَفَلَا يَرَوۡنَ أَلَّا يَرۡجِعُ إِلَيۡهِمۡ قَوۡلٗا
وَلَا يَمۡلِكُ لَهُمۡ ضَرّٗا وَلَا نَفۡعٗا ٨٩ وَلَقَدۡ قَالَ لَهُمۡ هَٰرُونُ
مِن قَبۡلُ يَٰقَوۡمِ إِنَّمَا فُتِنتُم بِهِۦۖ وَإِنَّ رَبَّكُمُ ٱلرَّحۡمَٰنُ فَٱتَّبِعُونِي
وَأَطِيعُوٓاْ أَمۡرِي ٩٠ قَالُواْ لَن نَّبۡرَحَ عَلَيۡهِ عَٰكِفِينَ حَتَّىٰ يَرۡجِعَ
إِلَيۡنَا مُوسَىٰ ٩١ قَالَ يَٰهَٰرُونُ مَا مَنَعَكَ إِذۡ رَأَيۡتَهُمۡ ضَلُّوٓاْ ٩٢
أَلَّا تَتَّبِعَنِۖ أَفَعَصَيۡتَ أَمۡرِي ٩٣ قَالَ يَبۡنَؤُمَّ لَا تَأۡخُذۡ بِلِحۡيَتِي
وَلَا بِرَأۡسِيٓۖ إِنِّي خَشِيتُ أَن تَقُولَ فَرَّقۡتَ بَيۡنَ بَنِيٓ إِسۡرَٰٓءِيلَ
وَلَمۡ تَرۡقُبۡ قَوۡلِي ٩٤ قَالَ فَمَا خَطۡبُكَ يَٰسَٰمِرِيُّ ٩٥ قَالَ
بَصُرۡتُ بِمَا لَمۡ يَبۡصُرُواْ بِهِۦ فَقَبَضۡتُ قَبۡضَةٗ مِّنۡ أَثَرِ

ٱلرَّسُولِ فَنَبَذۡتُهَا وَكَذَٰلِكَ سَوَّلَتۡ لِي نَفۡسِي ٩٦ قَالَ
فَٱذۡهَبۡ فَإِنَّ لَكَ فِي ٱلۡحَيَوٰةِ أَن تَقُولَ لَا مِسَاسَۖ وَإِنَّ لَكَ
مَوۡعِدٗا لَّن تُخۡلَفَهُۥۖ وَٱنظُرۡ إِلَىٰٓ إِلَٰهِكَ ٱلَّذِي ظَلۡتَ عَلَيۡهِ
عَاكِفٗاۖ لَّنُحَرِّقَنَّهُۥ ثُمَّ لَنَنسِفَنَّهُۥ فِي ٱلۡيَمِّ نَسۡفًا ٩٧ إِنَّمَآ
إِلَٰهُكُمُ ٱللَّهُ ٱلَّذِي لَآ إِلَٰهَ إِلَّا هُوَۚ وَسِعَ كُلَّ شَيۡءٍ عِلۡمٗا ٩٨
كَذَٰلِكَ نَقُصُّ عَلَيۡكَ مِنۡ أَنۢبَآءِ مَا قَدۡ سَبَقَۚ وَقَدۡ ءَاتَيۡنَٰكَ مِن لَّدُنَّا
16 - 20 - 319 ذِكۡرٗا ٩٩ مَّنۡ أَعۡرَضَ عَنۡهُ فَإِنَّهُۥ يَحۡمِلُ يَوۡمَ ٱلۡقِيَٰمَةِ وِزۡرًا ١٠٠
خَٰلِدِينَ فِيهِۖ وَسَآءَ لَهُمۡ يَوۡمَ ٱلۡقِيَٰمَةِ حِمۡلٗا ١٠١ يَوۡمَ يُنفَخُ
فِي ٱلصُّورِۚ وَنَحۡشُرُ ٱلۡمُجۡرِمِينَ يَوۡمَئِذٖ زُرۡقٗا ١٠٢ يَتَخَٰفَتُونَ
بَيۡنَهُمۡ إِن لَّبِثۡتُمۡ إِلَّا عَشۡرٗا ١٠٣ نَّحۡنُ أَعۡلَمُ بِمَا يَقُولُونَ إِذۡ يَقُولُ
أَمۡثَلُهُمۡ طَرِيقَةً إِن لَّبِثۡتُمۡ إِلَّا يَوۡمٗا ١٠٤ وَيَسۡـَٔلُونَكَ عَنِ ٱلۡجِبَالِ
فَقُلۡ يَنسِفُهَا رَبِّي نَسۡفٗا ١٠٥ فَيَذَرُهَا قَاعٗا صَفۡصَفٗا ١٠٦
لَّا تَرَىٰ فِيهَا عِوَجٗا وَلَآ أَمۡتٗا ١٠٧ يَوۡمَئِذٖ يَتَّبِعُونَ ٱلدَّاعِيَ لَا عِوَجَ
لَهُۥۖ وَخَشَعَتِ ٱلۡأَصۡوَاتُ لِلرَّحۡمَٰنِ فَلَا تَسۡمَعُ إِلَّا هَمۡسٗا ١٠٨
يَوۡمَئِذٖ لَّا تَنفَعُ ٱلشَّفَٰعَةُ إِلَّا مَنۡ أَذِنَ لَهُ ٱلرَّحۡمَٰنُ وَرَضِيَ لَهُۥ
قَوۡلٗا ١٠٩ يَعۡلَمُ مَا بَيۡنَ أَيۡدِيهِمۡ وَمَا خَلۡفَهُمۡ وَلَا يُحِيطُونَ بِهِۦ
عِلۡمٗا ١١٠ ۞ وَعَنَتِ ٱلۡوُجُوهُ لِلۡحَيِّ ٱلۡقَيُّومِۖ وَقَدۡ خَابَ مَنۡ حَمَلَ
ظُلۡمٗا ١١١ وَمَن يَعۡمَلۡ مِنَ ٱلصَّٰلِحَٰتِ وَهُوَ مُؤۡمِنٞ فَلَا يَخَافُ
ظُلۡمٗا وَلَا هَضۡمٗا ١١٢ وَكَذَٰلِكَ أَنزَلۡنَٰهُ قُرۡءَانًا عَرَبِيّٗا وَصَرَّفۡنَا
فِيهِ مِنَ ٱلۡوَعِيدِ لَعَلَّهُمۡ يَتَّقُونَ أَوۡ يُحۡدِثُ لَهُمۡ ذِكۡرٗا ١١٣
16 - 20 - 320 فَتَعَٰلَى ٱللَّهُ ٱلۡمَلِكُ ٱلۡحَقُّۗ وَلَا تَعۡجَلۡ بِٱلۡقُرۡءَانِ مِن قَبۡلِ أَن
يُقۡضَىٰٓ إِلَيۡكَ وَحۡيُهُۥۖ وَقُل رَّبِّ زِدۡنِي عِلۡمٗا ١١٤ وَلَقَدۡ عَهِدۡنَآ
إِلَىٰٓ ءَادَمَ مِن قَبۡلُ فَنَسِيَ وَلَمۡ نَجِدۡ لَهُۥ عَزۡمٗا ١١٥ وَإِذۡ قُلۡنَا
لِلۡمَلَٰٓئِكَةِ ٱسۡجُدُواْ لِأٓدَمَ فَسَجَدُوٓاْ إِلَّآ إِبۡلِيسَ أَبَىٰ ١١٦
فَقُلۡنَا يَٰٓـَٔادَمُ إِنَّ هَٰذَا عَدُوّٞ لَّكَ وَلِزَوۡجِكَ فَلَا يُخۡرِجَنَّكُمَا
مِنَ ٱلۡجَنَّةِ فَتَشۡقَىٰٓ ١١٧ إِنَّ لَكَ أَلَّا تَجُوعَ فِيهَا وَلَا تَعۡرَىٰ ١١٨
وَأَنَّكَ لَا تَظۡمَؤُاْ فِيهَا وَلَا تَضۡحَىٰ ١١٩ فَوَسۡوَسَ إِلَيۡهِ
ٱلشَّيۡطَٰنُ قَالَ يَٰٓـَٔادَمُ هَلۡ أَدُلُّكَ عَلَىٰ شَجَرَةِ ٱلۡخُلۡدِ وَمُلۡكٖ
لَّا يَبۡلَىٰ ١٢٠ فَأَكَلَا مِنۡهَا فَبَدَتۡ لَهُمَا سَوۡءَٰتُهُمَا وَطَفِقَا
يَخۡصِفَانِ عَلَيۡهِمَا مِن وَرَقِ ٱلۡجَنَّةِۚ وَعَصَىٰٓ ءَادَمُ رَبَّهُۥ فَغَوَىٰ ١٢١
ثُمَّ ٱجۡتَبَٰهُ رَبُّهُۥ فَتَابَ عَلَيۡهِ وَهَدَىٰ ١٢٢ قَالَ ٱهۡبِطَا مِنۡهَا
جَمِيعَۢاۖ بَعۡضُكُمۡ لِبَعۡضٍ عَدُوّٞۖ فَإِمَّا يَأۡتِيَنَّكُم مِّنِّي هُدٗى
فَمَنِ ٱتَّبَعَ هُدَايَ فَلَا يَضِلُّ وَلَا يَشۡقَىٰ ١٢٣ وَمَنۡ أَعۡرَضَ
عَن ذِكۡرِي فَإِنَّ لَهُۥ مَعِيشَةٗ ضَنكٗا وَنَحۡشُرُهُۥ يَوۡمَ ٱلۡقِيَٰمَةِ
أَعۡمَىٰ ١٢٤ قَالَ رَبِّ لِمَ حَشَرۡتَنِيٓ أَعۡمَىٰ وَقَدۡ كُنتُ بَصِيرٗا ١٢٥
16 - 20 - 321 قَالَ كَذَٰلِكَ أَتَتۡكَ ءَايَٰتُنَا فَنَسِيتَهَاۖ وَكَذَٰلِكَ ٱلۡيَوۡمَ تُنسَىٰ ١٢٦
وَكَذَٰلِكَ نَجۡزِي مَنۡ أَسۡرَفَ وَلَمۡ يُؤۡمِنۢ بِـَٔايَٰتِ رَبِّهِۦۚ وَلَعَذَابُ ٱلۡأٓخِرَةِ
أَشَدُّ وَأَبۡقَىٰٓ ١٢٧ أَفَلَمۡ يَهۡدِ لَهُمۡ كَمۡ أَهۡلَكۡنَا قَبۡلَهُم مِّنَ ٱلۡقُرُونِ
يَمۡشُونَ فِي مَسَٰكِنِهِمۡۚ إِنَّ فِي ذَٰلِكَ لَأٓيَٰتٖ لِّأُوْلِي ٱلنُّهَىٰ ١٢٨
وَلَوۡلَا كَلِمَةٞ سَبَقَتۡ مِن رَّبِّكَ لَكَانَ لِزَامٗا وَأَجَلٞ مُّسَمّٗى ١٢٩
فَٱصۡبِرۡ عَلَىٰ مَا يَقُولُونَ وَسَبِّحۡ بِحَمۡدِ رَبِّكَ قَبۡلَ طُلُوعِ ٱلشَّمۡسِ
وَقَبۡلَ غُرُوبِهَاۖ وَمِنۡ ءَانَآيِٕ ٱلَّيۡلِ فَسَبِّحۡ وَأَطۡرَافَ ٱلنَّهَارِ لَعَلَّكَ
تَرۡضَىٰ ١٣٠ وَلَا تَمُدَّنَّ عَيۡنَيۡكَ إِلَىٰ مَا مَتَّعۡنَا بِهِۦٓ أَزۡوَٰجٗا مِّنۡهُمۡ زَهۡرَةَ
ٱلۡحَيَوٰةِ ٱلدُّنۡيَا لِنَفۡتِنَهُمۡ فِيهِۚ وَرِزۡقُ رَبِّكَ خَيۡرٞ وَأَبۡقَىٰ ١٣١ وَأۡمُرۡ أَهۡلَكَ
بِٱلصَّلَوٰةِ وَٱصۡطَبِرۡ عَلَيۡهَاۖ لَا نَسۡـَٔلُكَ رِزۡقٗاۖ نَّحۡنُ نَرۡزُقُكَۗ وَٱلۡعَٰقِبَةُ
لِلتَّقۡوَىٰ ١٣٢ وَقَالُواْ لَوۡلَا يَأۡتِينَا بِـَٔايَةٖ مِّن رَّبِّهِۦٓۚ أَوَلَمۡ تَأۡتِهِم
بَيِّنَةُ مَا فِي ٱلصُّحُفِ ٱلۡأُولَىٰ ١٣٣ وَلَوۡ أَنَّآ أَهۡلَكۡنَٰهُم بِعَذَابٖ
مِّن قَبۡلِهِۦ لَقَالُواْ رَبَّنَا لَوۡلَآ أَرۡسَلۡتَ إِلَيۡنَا رَسُولٗا فَنَتَّبِعَ
ءَايَٰتِكَ مِن قَبۡلِ أَن نَّذِلَّ وَنَخۡزَىٰ ١٣٤ قُلۡ كُلّٞ مُّتَرَبِّصٞ فَتَرَبَّصُواْۖ
فَسَتَعۡلَمُونَ مَنۡ أَصۡحَٰبُ ٱلصِّرَٰطِ ٱلسَّوِيِّ وَمَنِ ٱهۡتَدَىٰ ١٣٥

20.Ṭa' Hā' [135] - ٢٠. طه

سُورَةُ الأَنبِيَاءِ

بِسْمِ اللَّهِ الرَّحْمَٰنِ الرَّحِيمِ

17-21-322 اقْتَرَبَ لِلنَّاسِ حِسَابُهُمْ وَهُمْ فِي غَفْلَةٍ مُّعْرِضُونَ ١
مَا يَأْتِيهِم مِّن ذِكْرٍ مِّن رَّبِّهِم مُّحْدَثٍ إِلَّا اسْتَمَعُوهُ وَهُمْ
يَلْعَبُونَ ٢ لَاهِيَةً قُلُوبُهُمْ ۗ وَأَسَرُّوا النَّجْوَى الَّذِينَ
ظَلَمُوا هَلْ هَٰذَا إِلَّا بَشَرٌ مِّثْلُكُمْ ۖ أَفَتَأْتُونَ السِّحْرَ وَأَنتُمْ
تُبْصِرُونَ ٣ قَالَ رَبِّي يَعْلَمُ الْقَوْلَ فِي السَّمَاءِ وَالْأَرْضِ ۖ
وَهُوَ السَّمِيعُ الْعَلِيمُ ٤ بَلْ قَالُوا أَضْغَاثُ أَحْلَامٍ بَلِ
افْتَرَاهُ بَلْ هُوَ شَاعِرٌ فَلْيَأْتِنَا بِآيَةٍ كَمَا أُرْسِلَ الْأَوَّلُونَ ٥
مَا آمَنَتْ قَبْلَهُم مِّن قَرْيَةٍ أَهْلَكْنَاهَا ۖ أَفَهُمْ يُؤْمِنُونَ ٦
وَمَا أَرْسَلْنَا قَبْلَكَ إِلَّا رِجَالًا نُّوحِي إِلَيْهِمْ ۖ فَاسْأَلُوا أَهْلَ
الذِّكْرِ إِن كُنتُمْ لَا تَعْلَمُونَ ٧ وَمَا جَعَلْنَاهُمْ جَسَدًا
لَّا يَأْكُلُونَ الطَّعَامَ وَمَا كَانُوا خَالِدِينَ ٨ ثُمَّ صَدَقْنَاهُمُ
الْوَعْدَ فَأَنجَيْنَاهُمْ وَمَن نَّشَاءُ وَأَهْلَكْنَا الْمُسْرِفِينَ ٩
لَقَدْ أَنزَلْنَا إِلَيْكُمْ كِتَابًا فِيهِ ذِكْرُكُمْ ۖ أَفَلَا تَعْقِلُونَ ١٠
17-21-323 وَكَمْ قَصَمْنَا مِن قَرْيَةٍ كَانَتْ ظَالِمَةً وَأَنشَأْنَا بَعْدَهَا قَوْمًا
آخَرِينَ ١١ فَلَمَّا أَحَسُّوا بَأْسَنَا إِذَا هُم مِّنْهَا يَرْكُضُونَ ١٢
لَا تَرْكُضُوا وَارْجِعُوا إِلَىٰ مَا أُتْرِفْتُمْ فِيهِ وَمَسَاكِنِكُمْ لَعَلَّكُمْ
تُسْأَلُونَ ١٣ قَالُوا يَا وَيْلَنَا إِنَّا كُنَّا ظَالِمِينَ ١٤ فَمَا زَالَت تِّلْكَ
دَعْوَاهُمْ حَتَّىٰ جَعَلْنَاهُمْ حَصِيدًا خَامِدِينَ ١٥ وَمَا خَلَقْنَا
السَّمَاءَ وَالْأَرْضَ وَمَا بَيْنَهُمَا لَاعِبِينَ ١٦ لَوْ أَرَدْنَا أَن نَّتَّخِذَ
لَهْوًا لَّاتَّخَذْنَاهُ مِن لَّدُنَّا إِن كُنَّا فَاعِلِينَ ١٧ بَلْ نَقْذِفُ بِالْحَقِّ عَلَى
الْبَاطِلِ فَيَدْمَغُهُ فَإِذَا هُوَ زَاهِقٌ ۚ وَلَكُمُ الْوَيْلُ مِمَّا تَصِفُونَ ١٨
وَلَهُ مَن فِي السَّمَاوَاتِ وَالْأَرْضِ ۚ وَمَنْ عِندَهُ لَا يَسْتَكْبِرُونَ
عَنْ عِبَادَتِهِ وَلَا يَسْتَحْسِرُونَ ١٩ يُسَبِّحُونَ اللَّيْلَ وَالنَّهَارَ
لَا يَفْتُرُونَ ٢٠ أَمِ اتَّخَذُوا آلِهَةً مِّنَ الْأَرْضِ هُمْ يُنشِرُونَ ٢١
لَوْ كَانَ فِيهِمَا آلِهَةٌ إِلَّا اللَّهُ لَفَسَدَتَا ۚ فَسُبْحَانَ اللَّهِ رَبِّ الْعَرْشِ
عَمَّا يَصِفُونَ ٢٢ لَا يُسْأَلُ عَمَّا يَفْعَلُ وَهُمْ يُسْأَلُونَ ٢٣ أَمِ اتَّخَذُوا
مِن دُونِهِ آلِهَةً ۖ قُلْ هَاتُوا بُرْهَانَكُمْ ۖ هَٰذَا ذِكْرُ مَن مَّعِيَ وَذِكْرُ
مَن قَبْلِي ۗ بَلْ أَكْثَرُهُمْ لَا يَعْلَمُونَ الْحَقَّ ۖ فَهُم مُّعْرِضُونَ ٢٤
17-21-324 وَمَا أَرْسَلْنَا مِن قَبْلِكَ مِن رَّسُولٍ إِلَّا نُوحِي إِلَيْهِ أَنَّهُ لَا إِلَٰهَ
إِلَّا أَنَا فَاعْبُدُونِ ٢٥ وَقَالُوا اتَّخَذَ الرَّحْمَٰنُ وَلَدًا ۗ سُبْحَانَهُ ۚ
بَلْ عِبَادٌ مُّكْرَمُونَ ٢٦ لَا يَسْبِقُونَهُ بِالْقَوْلِ وَهُم
بِأَمْرِهِ يَعْمَلُونَ ٢٧ يَعْلَمُ مَا بَيْنَ أَيْدِيهِمْ وَمَا خَلْفَهُمْ
وَلَا يَشْفَعُونَ إِلَّا لِمَنِ ارْتَضَىٰ وَهُم مِّنْ خَشْيَتِهِ مُشْفِقُونَ ٢٨
۞ وَمَن يَقُلْ مِنْهُمْ إِنِّي إِلَٰهٌ مِّن دُونِهِ فَذَٰلِكَ نَجْزِيهِ
جَهَنَّمَ ۚ كَذَٰلِكَ نَجْزِي الظَّالِمِينَ ٢٩ أَوَلَمْ يَرَ الَّذِينَ كَفَرُوا
أَنَّ السَّمَاوَاتِ وَالْأَرْضَ كَانَتَا رَتْقًا فَفَتَقْنَاهُمَا ۖ وَجَعَلْنَا
مِنَ الْمَاءِ كُلَّ شَيْءٍ حَيٍّ ۖ أَفَلَا يُؤْمِنُونَ ٣٠ وَجَعَلْنَا فِي الْأَرْضِ
رَوَاسِيَ أَن تَمِيدَ بِهِمْ وَجَعَلْنَا فِيهَا فِجَاجًا سُبُلًا لَّعَلَّهُمْ
يَهْتَدُونَ ٣١ وَجَعَلْنَا السَّمَاءَ سَقْفًا مَّحْفُوظًا ۖ وَهُمْ عَنْ
آيَاتِهَا مُعْرِضُونَ ٣٢ وَهُوَ الَّذِي خَلَقَ اللَّيْلَ وَالنَّهَارَ وَالشَّمْسَ
وَالْقَمَرَ ۖ كُلٌّ فِي فَلَكٍ يَسْبَحُونَ ٣٣ وَمَا جَعَلْنَا لِبَشَرٍ مِّن قَبْلِكَ
الْخُلْدَ ۖ أَفَإِن مِّتَّ فَهُمُ الْخَالِدُونَ ٣٤ كُلُّ نَفْسٍ ذَائِقَةُ
الْمَوْتِ ۗ وَنَبْلُوكُم بِالشَّرِّ وَالْخَيْرِ فِتْنَةً ۖ وَإِلَيْنَا تُرْجَعُونَ ٣٥
17-21-325 وَإِذَا رَآكَ الَّذِينَ كَفَرُوا إِن يَتَّخِذُونَكَ إِلَّا هُزُوًا أَهَٰذَا
الَّذِي يَذْكُرُ آلِهَتَكُمْ وَهُم بِذِكْرِ الرَّحْمَٰنِ هُمْ
كَافِرُونَ ٣٦ خُلِقَ الْإِنسَانُ مِنْ عَجَلٍ ۚ سَأُرِيكُمْ
آيَاتِي فَلَا تَسْتَعْجِلُونِ ٣٧ وَيَقُولُونَ مَتَىٰ هَٰذَا الْوَعْدُ
إِن كُنتُمْ صَادِقِينَ ٣٨ لَوْ يَعْلَمُ الَّذِينَ كَفَرُوا حِينَ
لَا يَكُفُّونَ عَن وُجُوهِهِمُ النَّارَ وَلَا عَن ظُهُورِهِمْ وَلَا
هُمْ يُنصَرُونَ ٣٩ بَلْ تَأْتِيهِم بَغْتَةً فَتَبْهَتُهُمْ فَلَا
يَسْتَطِيعُونَ رَدَّهَا وَلَا هُمْ يُنظَرُونَ ٤٠ وَلَقَدِ اسْتُهْزِئَ
بِرُسُلٍ مِّن قَبْلِكَ فَحَاقَ بِالَّذِينَ سَخِرُوا مِنْهُم مَّا كَانُوا
بِهِ يَسْتَهْزِئُونَ ٤١ قُلْ مَن يَكْلَؤُكُم بِاللَّيْلِ وَالنَّهَارِ
مِنَ الرَّحْمَٰنِ ۗ بَلْ هُمْ عَن ذِكْرِ رَبِّهِم مُّعْرِضُونَ ٤٢
أَمْ لَهُمْ آلِهَةٌ تَمْنَعُهُم مِّن دُونِنَا ۚ لَا يَسْتَطِيعُونَ نَصْرَ
أَنفُسِهِمْ وَلَا هُم مِّنَّا يُصْحَبُونَ ٤٣ بَلْ مَتَّعْنَا هَٰؤُلَاءِ
وَآبَاءَهُمْ حَتَّىٰ طَالَ عَلَيْهِمُ الْعُمُرُ ۗ أَفَلَا يَرَوْنَ أَنَّا نَأْتِي
الْأَرْضَ نَنقُصُهَا مِنْ أَطْرَافِهَا ۚ أَفَهُمُ الْغَالِبُونَ ٤٤
17-21-326 قُلْ إِنَّمَا أُنذِرُكُم بِالْوَحْيِ ۚ وَلَا يَسْمَعُ الصُّمُّ الدُّعَاءَ إِذَا
مَا يُنذَرُونَ ٤٥ وَلَئِن مَّسَّتْهُمْ نَفْحَةٌ مِّنْ عَذَابِ رَبِّكَ
لَيَقُولُنَّ يَا وَيْلَنَا إِنَّا كُنَّا ظَالِمِينَ ٤٦ وَنَضَعُ الْمَوَازِينَ
الْقِسْطَ لِيَوْمِ الْقِيَامَةِ فَلَا تُظْلَمُ نَفْسٌ شَيْئًا ۖ وَإِن كَانَ
مِثْقَالَ حَبَّةٍ مِّنْ خَرْدَلٍ أَتَيْنَا بِهَا ۗ وَكَفَىٰ بِنَا حَاسِبِينَ ٤٧
وَلَقَدْ آتَيْنَا مُوسَىٰ وَهَارُونَ الْفُرْقَانَ وَضِيَاءً وَذِكْرًا
لِّلْمُتَّقِينَ ٤٨ الَّذِينَ يَخْشَوْنَ رَبَّهُم بِالْغَيْبِ وَهُم مِّنَ السَّاعَةِ
مُشْفِقُونَ ٤٩ وَهَٰذَا ذِكْرٌ مُّبَارَكٌ أَنزَلْنَاهُ ۚ أَفَأَنتُمْ لَهُ
مُنكِرُونَ ٥٠ ۞ وَلَقَدْ آتَيْنَا إِبْرَاهِيمَ رُشْدَهُ مِن قَبْلُ وَكُنَّا
بِهِ عَالِمِينَ ٥١ إِذْ قَالَ لِأَبِيهِ وَقَوْمِهِ مَا هَٰذِهِ التَّمَاثِيلُ الَّتِي
أَنتُمْ لَهَا عَاكِفُونَ ٥٢ قَالُوا وَجَدْنَا آبَاءَنَا لَهَا عَابِدِينَ ٥٣ قَالَ
لَقَدْ كُنتُمْ أَنتُمْ وَآبَاؤُكُمْ فِي ضَلَالٍ مُّبِينٍ ٥٤ قَالُوا أَجِئْتَنَا
بِالْحَقِّ أَمْ أَنتَ مِنَ اللَّاعِبِينَ ٥٥ قَالَ بَل رَّبُّكُمْ رَبُّ السَّمَاوَاتِ
وَالْأَرْضِ الَّذِي فَطَرَهُنَّ وَأَنَا عَلَىٰ ذَٰلِكُم مِّنَ الشَّاهِدِينَ ٥٦
وَتَاللَّهِ لَأَكِيدَنَّ أَصْنَامَكُم بَعْدَ أَن تُوَلُّوا مُدْبِرِينَ ٥٧
17-21-327 فَجَعَلَهُمْ جُذَاذًا إِلَّا كَبِيرًا لَّهُمْ لَعَلَّهُمْ إِلَيْهِ يَرْجِعُونَ ٥٨
قَالُوا مَن فَعَلَ هَٰذَا بِآلِهَتِنَا إِنَّهُ لَمِنَ الظَّالِمِينَ ٥٩
قَالُوا سَمِعْنَا فَتًى يَذْكُرُهُمْ يُقَالُ لَهُ إِبْرَاهِيمُ ٦٠ قَالُوا فَأْتُوا
بِهِ عَلَىٰ أَعْيُنِ النَّاسِ لَعَلَّهُمْ يَشْهَدُونَ ٦١ قَالُوا أَأَنتَ
فَعَلْتَ هَٰذَا بِآلِهَتِنَا يَا إِبْرَاهِيمُ ٦٢ قَالَ بَلْ فَعَلَهُ كَبِيرُهُمْ
هَٰذَا فَاسْأَلُوهُمْ إِن كَانُوا يَنطِقُونَ ٦٣ فَرَجَعُوا إِلَىٰ
أَنفُسِهِمْ فَقَالُوا إِنَّكُمْ أَنتُمُ الظَّالِمُونَ ٦٤ ثُمَّ نُكِسُوا
عَلَىٰ رُءُوسِهِمْ لَقَدْ عَلِمْتَ مَا هَٰؤُلَاءِ يَنطِقُونَ ٦٥ قَالَ
أَفَتَعْبُدُونَ مِن دُونِ اللَّهِ مَا لَا يَنفَعُكُمْ شَيْئًا وَلَا
يَضُرُّكُمْ ٦٦ أُفٍّ لَّكُمْ وَلِمَا تَعْبُدُونَ مِن دُونِ اللَّهِ ۖ
أَفَلَا تَعْقِلُونَ ٦٧ قَالُوا حَرِّقُوهُ وَانصُرُوا آلِهَتَكُمْ إِن كُنتُمْ
فَاعِلِينَ ٦٨ قُلْنَا يَا نَارُ كُونِي بَرْدًا وَسَلَامًا عَلَىٰ إِبْرَاهِيمَ ٦٩
وَأَرَادُوا بِهِ كَيْدًا فَجَعَلْنَاهُمُ الْأَخْسَرِينَ ٧٠ وَنَجَّيْنَاهُ
وَلُوطًا إِلَى الْأَرْضِ الَّتِي بَارَكْنَا فِيهَا لِلْعَالَمِينَ ٧١ وَوَهَبْنَا
لَهُ إِسْحَاقَ وَيَعْقُوبَ نَافِلَةً ۖ وَكُلًّا جَعَلْنَا صَالِحِينَ ٧٢
17-21-328 وَجَعَلْنَاهُمْ أَئِمَّةً يَهْدُونَ بِأَمْرِنَا وَأَوْحَيْنَا إِلَيْهِمْ فِعْلَ
الْخَيْرَاتِ وَإِقَامَ الصَّلَاةِ وَإِيتَاءَ الزَّكَاةِ ۖ وَكَانُوا لَنَا
عَابِدِينَ ٧٣ وَلُوطًا آتَيْنَاهُ حُكْمًا وَعِلْمًا وَنَجَّيْنَاهُ مِنَ
الْقَرْيَةِ الَّتِي كَانَت تَّعْمَلُ الْخَبَائِثَ ۗ إِنَّهُمْ كَانُوا قَوْمَ سَوْءٍ
فَاسِقِينَ ٧٤ وَأَدْخَلْنَاهُ فِي رَحْمَتِنَا ۖ إِنَّهُ مِنَ الصَّالِحِينَ ٧٥
وَنُوحًا إِذْ نَادَىٰ مِن قَبْلُ فَاسْتَجَبْنَا لَهُ فَنَجَّيْنَاهُ
وَأَهْلَهُ مِنَ الْكَرْبِ الْعَظِيمِ ٧٦ وَنَصَرْنَاهُ مِنَ الْقَوْمِ
الَّذِينَ كَذَّبُوا بِآيَاتِنَا ۚ إِنَّهُمْ كَانُوا قَوْمَ سَوْءٍ فَأَغْرَقْنَاهُمْ
أَجْمَعِينَ ٧٧ وَدَاوُودَ وَسُلَيْمَانَ إِذْ يَحْكُمَانِ فِي الْحَرْثِ
إِذْ نَفَشَتْ فِيهِ غَنَمُ الْقَوْمِ وَكُنَّا لِحُكْمِهِمْ شَاهِدِينَ ٧٨
فَفَهَّمْنَاهَا سُلَيْمَانَ ۚ وَكُلًّا آتَيْنَا حُكْمًا وَعِلْمًا ۚ وَسَخَّرْنَا
مَعَ دَاوُودَ الْجِبَالَ يُسَبِّحْنَ وَالطَّيْرَ ۚ وَكُنَّا فَاعِلِينَ ٧٩
وَعَلَّمْنَاهُ صَنْعَةَ لَبُوسٍ لَّكُمْ لِتُحْصِنَكُم مِّن بَأْسِكُمْ ۖ
فَهَلْ أَنتُمْ شَاكِرُونَ ٨٠ وَلِسُلَيْمَانَ الرِّيحَ عَاصِفَةً تَجْرِي بِأَمْرِهِ
إِلَى الْأَرْضِ الَّتِي بَارَكْنَا فِيهَا ۚ وَكُنَّا بِكُلِّ شَيْءٍ عَالِمِينَ ٨١
17-21-329 وَمِنَ الشَّيَاطِينِ مَن يَغُوصُونَ لَهُ وَيَعْمَلُونَ عَمَلًا دُونَ
ذَٰلِكَ ۖ وَكُنَّا لَهُمْ حَافِظِينَ ٨٢ ۞ وَأَيُّوبَ إِذْ نَادَىٰ
رَبَّهُ أَنِّي مَسَّنِيَ الضُّرُّ وَأَنتَ أَرْحَمُ الرَّاحِمِينَ ٨٣
فَاسْتَجَبْنَا لَهُ فَكَشَفْنَا مَا بِهِ مِن ضُرٍّ ۖ وَآتَيْنَاهُ أَهْلَهُ
وَمِثْلَهُم مَّعَهُمْ رَحْمَةً مِّنْ عِندِنَا وَذِكْرَىٰ لِلْعَابِدِينَ ٨٤
وَإِسْمَاعِيلَ وَإِدْرِيسَ وَذَا الْكِفْلِ ۖ كُلٌّ مِّنَ الصَّابِرِينَ ٨٥
وَأَدْخَلْنَاهُمْ فِي رَحْمَتِنَا ۖ إِنَّهُم مِّنَ الصَّالِحِينَ ٨٦
وَذَا النُّونِ إِذ ذَّهَبَ مُغَاضِبًا فَظَنَّ أَن لَّن نَّقْدِرَ عَلَيْهِ
فَنَادَىٰ فِي الظُّلُمَاتِ أَن لَّا إِلَٰهَ إِلَّا أَنتَ سُبْحَانَكَ إِنِّي
كُنتُ مِنَ الظَّالِمِينَ ٨٧ فَاسْتَجَبْنَا لَهُ وَنَجَّيْنَاهُ
مِنَ الْغَمِّ ۚ وَكَذَٰلِكَ نُنجِي الْمُؤْمِنِينَ ٨٨ وَزَكَرِيَّا
إِذْ نَادَىٰ رَبَّهُ رَبِّ لَا تَذَرْنِي فَرْدًا وَأَنتَ خَيْرُ الْوَارِثِينَ ٨٩
فَاسْتَجَبْنَا لَهُ وَوَهَبْنَا لَهُ يَحْيَىٰ وَأَصْلَحْنَا
لَهُ زَوْجَهُ ۚ إِنَّهُمْ كَانُوا يُسَارِعُونَ فِي الْخَيْرَاتِ
وَيَدْعُونَنَا رَغَبًا وَرَهَبًا ۖ وَكَانُوا لَنَا خَاشِعِينَ ٩٠
17-21-330 وَالَّتِي أَحْصَنَتْ فَرْجَهَا فَنَفَخْنَا فِيهَا مِن رُّوحِنَا
وَجَعَلْنَاهَا وَابْنَهَا آيَةً لِّلْعَالَمِينَ ٩١ إِنَّ هَٰذِهِ
أُمَّتُكُمْ أُمَّةً وَاحِدَةً وَأَنَا رَبُّكُمْ فَاعْبُدُونِ ٩٢
وَتَقَطَّعُوا أَمْرَهُم بَيْنَهُمْ ۖ كُلٌّ إِلَيْنَا رَاجِعُونَ ٩٣
فَمَن يَعْمَلْ مِنَ الصَّالِحَاتِ وَهُوَ مُؤْمِنٌ فَلَا كُفْرَانَ
لِسَعْيِهِ وَإِنَّا لَهُ كَاتِبُونَ ٩٤ وَحَرَامٌ عَلَىٰ قَرْيَةٍ
أَهْلَكْنَاهَا أَنَّهُمْ لَا يَرْجِعُونَ ٩٥ حَتَّىٰ إِذَا فُتِحَتْ
يَأْجُوجُ وَمَأْجُوجُ وَهُم مِّن كُلِّ حَدَبٍ يَنسِلُونَ ٩٦
وَاقْتَرَبَ الْوَعْدُ الْحَقُّ فَإِذَا هِيَ شَاخِصَةٌ أَبْصَارُ الَّذِينَ
كَفَرُوا يَا وَيْلَنَا قَدْ كُنَّا فِي غَفْلَةٍ مِّنْ هَٰذَا بَلْ كُنَّا
ظَالِمِينَ ٩٧ إِنَّكُمْ وَمَا تَعْبُدُونَ مِن دُونِ اللَّهِ
حَصَبُ جَهَنَّمَ أَنتُمْ لَهَا وَارِدُونَ ٩٨ لَوْ كَانَ
هَٰؤُلَاءِ آلِهَةً مَّا وَرَدُوهَا ۖ وَكُلٌّ فِيهَا خَالِدُونَ ٩٩
لَهُمْ فِيهَا زَفِيرٌ وَهُمْ فِيهَا لَا يَسْمَعُونَ ١٠٠ إِنَّ الَّذِينَ
سَبَقَتْ لَهُم مِّنَّا الْحُسْنَىٰ أُولَٰئِكَ عَنْهَا مُبْعَدُونَ ١٠١
17-21-331 لَا يَسْمَعُونَ حَسِيسَهَا ۖ وَهُمْ فِي مَا اشْتَهَتْ أَنفُسُهُمْ
خَالِدُونَ ١٠٢ لَا يَحْزُنُهُمُ الْفَزَعُ الْأَكْبَرُ وَتَتَلَقَّاهُمُ
الْمَلَائِكَةُ هَٰذَا يَوْمُكُمُ الَّذِي كُنتُمْ تُوعَدُونَ ١٠٣
يَوْمَ نَطْوِي السَّمَاءَ كَطَيِّ السِّجِلِّ لِلْكُتُبِ ۚ كَمَا
بَدَأْنَا أَوَّلَ خَلْقٍ نُّعِيدُهُ ۚ وَعْدًا عَلَيْنَا ۚ إِنَّا كُنَّا
فَاعِلِينَ ١٠٤ وَلَقَدْ كَتَبْنَا فِي الزَّبُورِ مِن بَعْدِ
الذِّكْرِ أَنَّ الْأَرْضَ يَرِثُهَا عِبَادِيَ الصَّالِحُونَ ١٠٥
إِنَّ فِي هَٰذَا لَبَلَاغًا لِّقَوْمٍ عَابِدِينَ ١٠٦ وَمَا أَرْسَلْنَاكَ
إِلَّا رَحْمَةً لِّلْعَالَمِينَ ١٠٧ قُلْ إِنَّمَا يُوحَىٰ إِلَيَّ أَنَّمَا
إِلَٰهُكُمْ إِلَٰهٌ وَاحِدٌ ۖ فَهَلْ أَنتُم مُّسْلِمُونَ ١٠٨
فَإِن تَوَلَّوْا فَقُلْ آذَنتُكُمْ عَلَىٰ سَوَاءٍ ۖ وَإِنْ أَدْرِي أَقَرِيبٌ
أَم بَعِيدٌ مَّا تُوعَدُونَ ١٠٩ إِنَّهُ يَعْلَمُ الْجَهْرَ مِنَ
الْقَوْلِ وَيَعْلَمُ مَا تَكْتُمُونَ ١١٠ وَإِنْ أَدْرِي لَعَلَّهُ
فِتْنَةٌ لَّكُمْ وَمَتَاعٌ إِلَىٰ حِينٍ ١١١ قَالَ رَبِّ احْكُم
بِالْحَقِّ ۗ وَرَبُّنَا الرَّحْمَٰنُ الْمُسْتَعَانُ عَلَىٰ مَا تَصِفُونَ ١١٢

سورة الحج

بسم الله الرحمن الرحيم

17 - 22 - 332
يا أيها الناس اتقوا ربكم إن زلزلة الساعة شيء عظيم ١
يوم ترونها تذهل كل مرضعة عما أرضعت وتضع كل
ذات حمل حملها وترى الناس سكارى وما هم بسكارى
ولكن عذاب الله شديد ٢ ومن الناس من يجادل في الله
بغير علم ويتبع كل شيطان مريد ٣ كتب عليه أنه
من تولاه فأنه يضله ويهديه إلى عذاب السعير ٤
يا أيها الناس إن كنتم في ريب من البعث فإنا خلقناكم
من تراب ثم من نطفة ثم من علقة ثم من مضغة
مخلقة وغير مخلقة لنبين لكم ونقر في الأرحام ما نشاء
إلى أجل مسمى ثم نخرجكم طفلا ثم لتبلغوا أشدكم
ومنكم من يتوفى ومنكم من يرد إلى أرذل العمر لكيلا
يعلم من بعد علم شيئا وترى الأرض هامدة فإذا أنزلنا عليها
الماء اهتزت وربت وأنبتت من كل زوج بهيج ٥
ذلك بأن الله هو الحق وأنه يحيي الموتى وأنه على كل شيء
17 - 22 - 333
قدير ٦ وأن الساعة آتية لا ريب فيها وأن الله يبعث من في
القبور ٧ ومن الناس من يجادل في الله بغير علم ولا هدى
ولا كتاب منير ٨ ثاني عطفه ليضل عن سبيل الله له في
الدنيا خزي ونذيقه يوم القيامة عذاب الحريق ٩ ذلك
بما قدمت يداك وأن الله ليس بظلام للعبيد ١٠ ومن الناس
من يعبد الله على حرف فإن أصابه خير اطمأن به وإن
أصابته فتنة انقلب على وجهه خسر الدنيا والآخرة ذلك
هو الخسران المبين ١١ يدعوا من دون الله ما لا يضره
وما لا ينفعه ذلك هو الضلال البعيد ١٢ يدعوا لمن
ضره أقرب من نفعه لبئس المولى ولبئس العشير ١٣
إن الله يدخل الذين آمنوا وعملوا الصالحات جنات
تجري من تحتها الأنهار إن الله يفعل ما يريد ١٤ من كان
يظن أن لن ينصره الله في الدنيا والآخرة فليمدد بسبب إلى
السماء ثم ليقطع فلينظر هل يذهبن كيده ما يغيظ ١٥
17 - 22 - 334
وكذلك أنزلناه آيات بينات وأن الله يهدي من يريد ١٦
إن الذين آمنوا والذين هادوا والصابئين والنصارى
والمجوس والذين أشركوا إن الله يفصل بينهم يوم
القيامة إن الله على كل شيء شهيد ١٧ ألم تر أن الله
يسجد له من في السماوات ومن في الأرض والشمس
والقمر والنجوم والجبال والشجر والدواب وكثير من
الناس وكثير حق عليه العذاب ومن يهن الله فما له من
مكرم إن الله يفعل ما يشاء ۩ ١٨ هذان خصمان
اختصموا في ربهم فالذين كفروا قطعت لهم ثياب
من نار يصب من فوق رءوسهم الحميم ١٩ يصهر به
ما في بطونهم والجلود ٢٠ ولهم مقامع من حديد ٢١ كلما
أرادوا أن يخرجوا منها من غم أعيدوا فيها وذوقوا عذاب
الحريق ٢٢ إن الله يدخل الذين آمنوا وعملوا الصالحات
جنات تجري من تحتها الأنهار يحلون فيها من
أساور من ذهب ولؤلؤا ولباسهم فيها حرير ٢٣
17 - 22 - 335
وهدوا إلى الطيب من القول وهدوا إلى صراط الحميد ٢٤
إن الذين كفروا ويصدون عن سبيل الله والمسجد
الحرام الذي جعلناه للناس سواء العاكف فيه والباد
ومن يرد فيه بإلحاد بظلم نذقه من عذاب أليم ٢٥
وإذ بوأنا لإبراهيم مكان البيت أن لا تشرك
بي شيئا وطهر بيتي للطائفين والقائمين والركع
السجود ٢٦ وأذن في الناس بالحج يأتوك رجالا وعلى
كل ضامر يأتين من كل فج عميق ٢٧ ليشهدوا
منافع لهم ويذكروا اسم الله في أيام معلومات
على ما رزقهم من بهيمة الأنعام فكلوا منها
وأطعموا البائس الفقير ٢٨ ثم ليقضوا تفثهم
وليوفوا نذورهم وليطوفوا بالبيت العتيق ٢٩
ذلك ومن يعظم حرمات الله فهو خير له عند
ربه وأحلت لكم الأنعام إلا ما يتلى عليكم
فاجتنبوا الرجس من الأوثان واجتنبوا قول الزور ٣٠
17 - 22 - 336
حنفاء لله غير مشركين به ومن يشرك بالله فكأنما خر من
السماء فتخطفه الطير أو تهوي به الريح في مكان سحيق ٣١
ذلك ومن يعظم شعائر الله فإنها من تقوى القلوب ٣٢
لكم فيها منافع إلى أجل مسمى ثم محلها إلى البيت
العتيق ٣٣ ولكل أمة جعلنا منسكا ليذكروا اسم الله على
ما رزقهم من بهيمة الأنعام فإلهكم إله واحد فله
أسلموا وبشر المخبتين ٣٤ الذين إذا ذكر الله وجلت
قلوبهم والصابرين على ما أصابهم والمقيمي الصلاة
ومما رزقناهم ينفقون ٣٥ والبدن جعلناها لكم من شعائر
الله لكم فيها خير فاذكروا اسم الله عليها صواف فإذا وجبت
جنوبها فكلوا منها وأطعموا القانع والمعتر كذلك سخرناها
لكم لعلكم تشكرون ٣٦ لن ينال الله لحومها ولا دماؤها
ولكن يناله التقوى منكم كذلك سخرها لكم لتكبروا
الله على ما هداكم وبشر المحسنين ٣٧ إن الله يدافع
عن الذين آمنوا إن الله لا يحب كل خوان كفور ٣٨
17 - 22 - 337
أذن للذين يقاتلون بأنهم ظلموا وإن الله على نصرهم
لقدير ٣٩ الذين أخرجوا من ديارهم بغير حق إلا أن يقولوا
ربنا الله ولولا دفع الله الناس بعضهم ببعض لهدمت
صوامع وبيع وصلوات ومساجد يذكر فيها اسم الله
كثيرا ولينصرن الله من ينصره إن الله لقوي
عزيز ٤٠ الذين إن مكناهم في الأرض أقاموا الصلاة
وآتوا الزكاة وأمروا بالمعروف ونهوا عن المنكر
ولله عاقبة الأمور ٤١ وإن يكذبوك فقد كذبت
قبلهم قوم نوح وعاد وثمود ٤٢ وقوم إبراهيم وقوم
لوط ٤٣ وأصحاب مدين وكذب موسى فأمليت للكافرين
ثم أخذتهم فكيف كان نكير ٤٤ فكأين من قرية
أهلكناها وهي ظالمة فهي خاوية على عروشها وبئر
معطلة وقصر مشيد ٤٥ أفلم يسيروا في الأرض فتكون
لهم قلوب يعقلون بها أو آذان يسمعون بها فإنها
لا تعمى الأبصار ولكن تعمى القلوب التي في الصدور ٤٦
17 - 22 - 338
ويستعجلونك بالعذاب ولن يخلف الله وعده وإن يوما
عند ربك كألف سنة مما تعدون ٤٧ وكأين من قرية
أمليت لها وهي ظالمة ثم أخذتها وإلي المصير ٤٨
قل يا أيها الناس إنما أنا لكم نذير مبين ٤٩ فالذين
آمنوا وعملوا الصالحات لهم مغفرة ورزق كريم ٥٠
والذين سعوا في آياتنا معاجزين أولئك أصحاب
الجحيم ٥١ وما أرسلنا من قبلك من رسول ولا نبي إلا
إذا تمنى ألقى الشيطان في أمنيته فينسخ الله ما يلقي
الشيطان ثم يحكم الله آياته والله عليم حكيم ٥٢ ليجعل
ما يلقي الشيطان فتنة للذين في قلوبهم مرض والقاسية
قلوبهم وإن الظالمين لفي شقاق بعيد ٥٣ وليعلم
الذين أوتوا العلم أنه الحق من ربك فيؤمنوا به
فتخبت له قلوبهم وإن الله لهاد الذين آمنوا إلى صراط
مستقيم ٥٤ ولا يزال الذين كفروا في مرية منه حتى
تأتيهم الساعة بغتة أو يأتيهم عذاب يوم عقيم ٥٥
17 - 22 - 339
الملك يومئذ لله يحكم بينهم فالذين آمنوا
وعملوا الصالحات في جنات النعيم ٥٦ والذين
كفروا وكذبوا بآياتنا فأولئك لهم عذاب
مهين ٥٧ والذين هاجروا في سبيل الله ثم قتلوا
أو ماتوا ليرزقنهم الله رزقا حسنا وإن الله لهو
خير الرازقين ٥٨ ليدخلنهم مدخلا يرضونه
وإن الله لعليم حليم ٥٩ ۞ ذلك ومن عاقب بمثل
ما عوقب به ثم بغي عليه لينصرنه الله إن الله
لعفو غفور ٦٠ ذلك بأن الله يولج الليل في
النهار ويولج النهار في الليل وأن الله سميع
بصير ٦١ ذلك بأن الله هو الحق وأن ما يدعون
من دونه هو الباطل وأن الله هو العلي الكبير ٦٢
ألم تر أن الله أنزل من السماء ماء فتصبح الأرض
مخضرة إن الله لطيف خبير ٦٣ له ما في السماوات
وما في الأرض وإن الله لهو الغني الحميد ٦٤
17 - 22 - 340
ألم تر أن الله سخر لكم ما في الأرض والفلك تجري
في البحر بأمره ويمسك السماء أن تقع على الأرض إلا
بإذنه إن الله بالناس لرءوف رحيم ٦٥ وهو الذي
أحياكم ثم يميتكم ثم يحييكم إن الإنسان لكفور ٦٦
لكل أمة جعلنا منسكا هم ناسكوه فلا ينازعنك
في الأمر وادع إلى ربك إنك لعلى هدى مستقيم ٦٧
وإن جادلوك فقل الله أعلم بما تعملون ٦٨ الله يحكم
بينكم يوم القيامة فيما كنتم فيه تختلفون ٦٩
ألم تعلم أن الله يعلم ما في السماء والأرض إن
ذلك في كتاب إن ذلك على الله يسير ٧٠ ويعبدون
من دون الله ما لم ينزل به سلطانا وما ليس لهم به
علم وما للظالمين من نصير ٧١ وإذا تتلى عليهم آياتنا
بينات تعرف في وجوه الذين كفروا المنكر يكادون
يسطون بالذين يتلون عليهم آياتنا قل أفأنبئكم بشر من
ذلكم النار وعدها الله الذين كفروا وبئس المصير ٧٢
17 - 22 - 341
يا أيها الناس ضرب مثل فاستمعوا له إن الذين
تدعون من دون الله لن يخلقوا ذبابا ولو اجتمعوا له
وإن يسلبهم الذباب شيئا لا يستنقذوه منه
ضعف الطالب والمطلوب ٧٣ ما قدروا الله حق قدره
إن الله لقوي عزيز ٧٤ الله يصطفي من الملائكة
رسلا ومن الناس إن الله سميع بصير ٧٥ يعلم
ما بين أيديهم وما خلفهم وإلى الله ترجع الأمور ٧٦
يا أيها الذين آمنوا اركعوا واسجدوا واعبدوا
ربكم وافعلوا الخير لعلكم تفلحون ۩ ٧٧
وجاهدوا في الله حق جهاده هو اجتباكم
وما جعل عليكم في الدين من حرج ملة أبيكم
إبراهيم هو سماكم المسلمين من قبل وفي
هذا ليكون الرسول شهيدا عليكم وتكونوا
شهداء على الناس فأقيموا الصلاة وآتوا الزكاة
واعتصموا بالله هو مولاكم فنعم المولى ونعم النصير ٧٨

18 - 23 - 342

سورة المؤمنون

بسم الله الرحمن الرحيم

قد أفلح المؤمنون ١ الذين هم في صلاتهم خاشعون ٢
والذين هم عن اللغو معرضون ٣ والذين هم للزكاة
فاعلون ٤ والذين هم لفروجهم حافظون ٥ إلا على
أزواجهم أو ما ملكت أيمانهم فإنهم غير ملومين ٦ فمن ابتغى
وراء ذلك فأولئك هم العادون ٧ والذين هم لأماناتهم
وعهدهم راعون ٨ والذين هم على صلواتهم يحافظون ٩ أولئك
هم الوارثون ١٠ الذين يرثون الفردوس هم فيها خالدون ١١
ولقد خلقنا الإنسان من سلالة من طين ١٢ ثم جعلناه نطفة
في قرار مكين ١٣ ثم خلقنا النطفة علقة فخلقنا العلقة
مضغة فخلقنا المضغة عظاما فكسونا العظام لحما ثم
أنشأناه خلقا آخر فتبارك الله أحسن الخالقين ١٤ ثم
إنكم بعد ذلك لميتون ١٥ ثم إنكم يوم القيامة تبعثون ١٦
ولقد خلقنا فوقكم سبع طرائق وما كنا عن الخلق غافلين ١٧
18 - 23 - 343 وأنزلنا من السماء ماء بقدر فأسكناه في الأرض وإنا على
ذهاب به لقادرون ١٨ فأنشأنا لكم به جنات من نخيل
وأعناب لكم فيها فواكه كثيرة ومنها تأكلون ١٩ وشجرة
تخرج من طور سيناء تنبت بالدهن وصبغ للآكلين ٢٠
وإن لكم في الأنعام لعبرة نسقيكم مما في بطونها ولكم فيها
منافع كثيرة ومنها تأكلون ٢١ وعليها وعلى الفلك تحملون ٢٢
ولقد أرسلنا نوحا إلى قومه فقال يا قوم اعبدوا الله
ما لكم من إله غيره أفلا تتقون ٢٣ فقال الملأ الذين
كفروا من قومه ما هذا إلا بشر مثلكم يريد أن يتفضل عليكم
ولو شاء الله لأنزل ملائكة ما سمعنا بهذا في آبائنا
الأولين ٢٤ إن هو إلا رجل به جنة فتربصوا به حتى حين ٢٥
قال رب انصرني بما كذبون ٢٦ فأوحينا إليه أن اصنع
الفلك بأعيننا ووحينا فإذا جاء أمرنا وفار التنور فاسلك
فيها من كل زوجين اثنين وأهلك إلا من سبق عليه
القول منهم ولا تخاطبني في الذين ظلموا إنهم مغرقون ٢٧
18 - 23 - 344 فإذا استويت أنت ومن معك على الفلك فقل الحمد لله الذي
نجانا من القوم الظالمين ٢٨ وقل رب أنزلني منزلا مباركا وأنت
خير المنزلين ٢٩ إن في ذلك لآيات وإن كنا لمبتلين ٣٠ ثم أنشأنا
من بعدهم قرنا آخرين ٣١ فأرسلنا فيهم رسولا منهم أن اعبدوا
الله ما لكم من إله غيره أفلا تتقون ٣٢ وقال الملأ من قومه
الذين كفروا وكذبوا بلقاء الآخرة وأترفناهم في الحياة الدنيا
ما هذا إلا بشر مثلكم يأكل مما تأكلون منه ويشرب
مما تشربون ٣٣ ولئن أطعتم بشرا مثلكم إنكم إذا لخاسرون ٣٤
أيعدكم أنكم إذا متم وكنتم ترابا وعظاما أنكم مخرجون ٣٥
* هيهات هيهات لما توعدون ٣٦ إن هي إلا حياتنا
الدنيا نموت ونحيا وما نحن بمبعوثين ٣٧ إن هو إلا
رجل افترى على الله كذبا وما نحن له بمؤمنين ٣٨ قال رب
انصرني بما كذبون ٣٩ قال عما قليل ليصبحن نادمين ٤٠
فأخذتهم الصيحة بالحق فجعلناهم غثاء فبعدا للقوم
الظالمين ٤١ ثم أنشأنا من بعدهم قرونا آخرين ٤٢
18 - 23 - 345 ما تسبق من أمة أجلها وما يستأخرون ٤٣ ثم أرسلنا رسلنا
تترا كل ما جاء أمة رسولها كذبوه فأتبعنا بعضهم بعضا
وجعلناهم أحاديث فبعدا لقوم لا يؤمنون ٤٤ ثم أرسلنا موسى
وأخاه هارون بآياتنا وسلطان مبين ٤٥ إلى فرعون وملئه
فاستكبروا وكانوا قوما عالين ٤٦ فقالوا أنؤمن لبشرين مثلنا
وقومهما لنا عابدون ٤٧ فكذبوهما فكانوا من المهلكين ٤٨
ولقد آتينا موسى الكتاب لعلهم يهتدون ٤٩ وجعلنا
ابن مريم وأمه آية وآويناهما إلى ربوة ذات قرار ومعين ٥٠
يا أيها الرسل كلوا من الطيبات واعملوا صالحا إني بما
تعملون عليم ٥١ وإن هذه أمتكم أمة واحدة وأنا ربكم
فاتقون ٥٢ فتقطعوا أمرهم بينهم زبرا كل حزب بما لديهم
فرحون ٥٣ فذرهم في غمرتهم حتى حين ٥٤ أيحسبون أنما نمدهم
به من مال وبنين ٥٥ نسارع لهم في الخيرات بل لا يشعرون ٥٦
إن الذين هم من خشية ربهم مشفقون ٥٧ والذين هم
بآيات ربهم يؤمنون ٥٨ والذين هم بربهم لا يشركون ٥٩
18 - 23 - 346 والذين يؤتون ما آتوا وقلوبهم وجلة أنهم إلى ربهم راجعون ٦٠
أولئك يسارعون في الخيرات وهم لها سابقون ٦١ ولا نكلف
نفسا إلا وسعها ولدينا كتاب ينطق بالحق وهم لا يظلمون ٦٢
بل قلوبهم في غمرة من هذا ولهم أعمال من دون ذلك
هم لها عاملون ٦٣ حتى إذا أخذنا مترفيهم بالعذاب إذا هم
يجأرون ٦٤ لا تجأروا اليوم إنكم منا لا تنصرون ٦٥ قد كانت
آياتي تتلى عليكم فكنتم على أعقابكم تنكصون ٦٦
مستكبرين به سامرا تهجرون ٦٧ أفلم يدبروا القول أم
جاءهم ما لم يأت آباءهم الأولين ٦٨ أم لم يعرفوا رسولهم
فهم له منكرون ٦٩ أم يقولون به جنة بل جاءهم بالحق
وأكثرهم للحق كارهون ٧٠ ولو اتبع الحق أهواءهم لفسدت
السماوات والأرض ومن فيهن بل أتيناهم بذكرهم فهم
عن ذكرهم معرضون ٧١ أم تسألهم خرجا فخراج ربك خير
وهو خير الرازقين ٧٢ وإنك لتدعوهم إلى صراط مستقيم ٧٣
وإن الذين لا يؤمنون بالآخرة عن الصراط لناكبون ٧٤
18 - 23 - 347 * ولو رحمناهم وكشفنا ما بهم من ضر للجوا في طغيانهم
يعمهون ٧٥ ولقد أخذناهم بالعذاب فما استكانوا لربهم
وما يتضرعون ٧٦ حتى إذا فتحنا عليهم بابا ذا عذاب شديد
إذا هم فيه مبلسون ٧٧ وهو الذي أنشأ لكم السمع والأبصار
والأفئدة قليلا ما تشكرون ٧٨ وهو الذي ذرأكم في الأرض
وإليه تحشرون ٧٩ وهو الذي يحيي ويميت وله اختلاف
الليل والنهار أفلا تعقلون ٨٠ بل قالوا مثل ما قال
الأولون ٨١ قالوا أإذا متنا وكنا ترابا وعظاما أإنا
لمبعوثون ٨٢ لقد وعدنا نحن وآباؤنا هذا من قبل
إن هذا إلا أساطير الأولين ٨٣ قل لمن الأرض ومن
فيها إن كنتم تعلمون ٨٤ سيقولون لله قل أفلا
تذكرون ٨٥ قل من رب السماوات السبع ورب العرش
العظيم ٨٦ سيقولون لله قل أفلا تتقون ٨٧ قل من
بيده ملكوت كل شيء وهو يجير ولا يجار عليه إن
كنتم تعلمون ٨٨ سيقولون لله قل فأنى تسحرون ٨٩
18 - 23 - 348 بل أتيناهم بالحق وإنهم لكاذبون ٩٠ ما اتخذ الله من
ولد وما كان معه من إله إذا لذهب كل إله بما خلق
ولعلا بعضهم على بعض سبحان الله عما يصفون ٩١
عالم الغيب والشهادة فتعالى عما يشركون ٩٢ قل رب
إما تريني ما يوعدون ٩٣ رب فلا تجعلني في القوم الظالمين ٩٤
وإنا على أن نريك ما نعدهم لقادرون ٩٥ ادفع بالتي
هي أحسن السيئة نحن أعلم بما يصفون ٩٦ وقل رب
أعوذ بك من همزات الشياطين ٩٧ وأعوذ بك رب أن
يحضرون ٩٨ حتى إذا جاء أحدهم الموت قال رب
ارجعون ٩٩ لعلي أعمل صالحا فيما تركت كلا إنها
كلمة هو قائلها ومن ورائهم برزخ إلى يوم يبعثون ١٠٠
فإذا نفخ في الصور فلا أنساب بينهم يومئذ ولا يتساءلون ١٠١
فمن ثقلت موازينه فأولئك هم المفلحون ١٠٢ ومن
خفت موازينه فأولئك الذين خسروا أنفسهم في جهنم
خالدون ١٠٣ تلفح وجوههم النار وهم فيها كالحون ١٠٤
18 - 23 - 349 ألم تكن آياتي تتلى عليكم فكنتم بها تكذبون ١٠٥
قالوا ربنا غلبت علينا شقوتنا وكنا قوما ضالين ١٠٦
ربنا أخرجنا منها فإن عدنا فإنا ظالمون ١٠٧
قال اخسئوا فيها ولا تكلمون ١٠٨ إنه كان فريق من
عبادي يقولون ربنا آمنا فاغفر لنا وارحمنا وأنت
خير الراحمين ١٠٩ فاتخذتموهم سخريا حتى أنسوكم ذكري
وكنتم منهم تضحكون ١١٠ إني جزيتهم اليوم بما صبروا
أنهم هم الفائزون ١١١ قال كم لبثتم في الأرض عدد
سنين ١١٢ قالوا لبثنا يوما أو بعض يوم فاسأل العادين ١١٣
قال إن لبثتم إلا قليلا لو أنكم كنتم تعلمون ١١٤
أفحسبتم أنما خلقناكم عبثا وأنكم إلينا لا ترجعون ١١٥
فتعالى الله الملك الحق لا إله إلا هو رب العرش الكريم ١١٦
ومن يدع مع الله إلها آخر لا برهان له به
فإنما حسابه عند ربه إنه لا يفلح الكافرون ١١٧
وقل رب اغفر وارحم وأنت خير الراحمين ١١٨

18 - 24 - 350

سورة النور

بسم الله الرحمن الرحيم

سورة أنزلناها وفرضناها وأنزلنا فيها آيات بينات لعلكم تذكرون ١
الزانية والزاني فاجلدوا كل واحد منهما مائة جلدة ولا تأخذكم بهما
رأفة في دين الله إن كنتم تؤمنون بالله واليوم الآخر وليشهد عذابهما
طائفة من المؤمنين ٢ الزاني لا ينكح إلا زانية أو مشركة والزانية
لا ينكحها إلا زان أو مشرك وحرم ذلك على المؤمنين ٣ والذين
يرمون المحصنات ثم لم يأتوا بأربعة شهداء فاجلدوهم ثمانين
جلدة ولا تقبلوا لهم شهادة أبدا وأولئك هم الفاسقون ٤ إلا
الذين تابوا من بعد ذلك وأصلحوا فإن الله غفور رحيم ٥ والذين
يرمون أزواجهم ولم يكن لهم شهداء إلا أنفسهم فشهادة أحدهم أربع
شهادات بالله إنه لمن الصادقين ٦ والخامسة أن لعنت الله عليه
إن كان من الكاذبين ٧ ويدرأ عنها العذاب أن تشهد أربع شهادات
بالله إنه لمن الكاذبين ٨ والخامسة أن غضب الله عليها إن كان من
الصادقين ٩ ولولا فضل الله عليكم ورحمته وأن الله تواب حكيم ١٠
18 - 24 - 351 إن الذين جاءو بالإفك عصبة منكم لا تحسبوه شرا لكم بل
هو خير لكم لكل امرئ منهم ما اكتسب من الإثم والذي تولى
كبره منهم له عذاب عظيم ١١ لولا إذ سمعتموه ظن المؤمنون
والمؤمنات بأنفسهم خيرا وقالوا هذا إفك مبين ١٢ لولا
جاءو عليه بأربعة شهداء فإذ لم يأتوا بالشهداء فأولئك
عند الله هم الكاذبون ١٣ ولولا فضل الله عليكم ورحمته
في الدنيا والآخرة لمسكم في ما أفضتم فيه عذاب عظيم ١٤
إذ تلقونه بألسنتكم وتقولون بأفواهكم ما ليس لكم به علم
وتحسبونه هينا وهو عند الله عظيم ١٥ ولولا إذ سمعتموه
قلتم ما يكون لنا أن نتكلم بهذا سبحانك هذا بهتان
عظيم ١٦ يعظكم الله أن تعودوا لمثله أبدا إن كنتم
مؤمنين ١٧ ويبين الله لكم الآيات والله عليم حكيم ١٨ إن
الذين يحبون أن تشيع الفاحشة في الذين آمنوا لهم عذاب
أليم في الدنيا والآخرة والله يعلم وأنتم لا تعلمون ١٩ ولولا
فضل الله عليكم ورحمته وأن الله رءوف رحيم ٢٠

۞ يَٰٓأَيُّهَا ٱلَّذِينَ ءَامَنُوا۟ لَا تَتَّبِعُوا۟ خُطُوَٰتِ ٱلشَّيْطَٰنِ ۚ وَمَن يَتَّبِعْ 18 - 24 - 352
خُطُوَٰتِ ٱلشَّيْطَٰنِ فَإِنَّهُۥ يَأْمُرُ بِٱلْفَحْشَآءِ وَٱلْمُنكَرِ ۚ وَلَوْلَا
فَضْلُ ٱللَّهِ عَلَيْكُمْ وَرَحْمَتُهُۥ مَا زَكَىٰ مِنكُم مِّنْ أَحَدٍ أَبَدًا وَلَٰكِنَّ
ٱللَّهَ يُزَكِّى مَن يَشَآءُ ۗ وَٱللَّهُ سَمِيعٌ عَلِيمٌ ٢١ وَلَا يَأْتَلِ أُو۟لُوا۟ ٱلْفَضْلِ
مِنكُمْ وَٱلسَّعَةِ أَن يُؤْتُوٓا۟ أُو۟لِى ٱلْقُرْبَىٰ وَٱلْمَسَٰكِينَ وَٱلْمُهَٰجِرِينَ
فِى سَبِيلِ ٱللَّهِ ۖ وَلْيَعْفُوا۟ وَلْيَصْفَحُوٓا۟ ۗ أَلَا تُحِبُّونَ أَن يَغْفِرَ ٱللَّهُ
لَكُمْ ۗ وَٱللَّهُ غَفُورٌ رَّحِيمٌ ٢٢ إِنَّ ٱلَّذِينَ يَرْمُونَ ٱلْمُحْصَنَٰتِ
ٱلْغَٰفِلَٰتِ ٱلْمُؤْمِنَٰتِ لُعِنُوا۟ فِى ٱلدُّنْيَا وَٱلْءَاخِرَةِ وَلَهُمْ عَذَابٌ
عَظِيمٌ ٢٣ يَوْمَ تَشْهَدُ عَلَيْهِمْ أَلْسِنَتُهُمْ وَأَيْدِيهِمْ وَأَرْجُلُهُم بِمَا
كَانُوا۟ يَعْمَلُونَ ٢٤ يَوْمَئِذٍ يُوَفِّيهِمُ ٱللَّهُ دِينَهُمُ ٱلْحَقَّ وَيَعْلَمُونَ أَنَّ
ٱللَّهَ هُوَ ٱلْحَقُّ ٱلْمُبِينُ ٢٥ ٱلْخَبِيثَٰتُ لِلْخَبِيثِينَ وَٱلْخَبِيثُونَ
لِلْخَبِيثَٰتِ ۖ وَٱلطَّيِّبَٰتُ لِلطَّيِّبِينَ وَٱلطَّيِّبُونَ لِلطَّيِّبَٰتِ ۚ
أُو۟لَٰٓئِكَ مُبَرَّءُونَ مِمَّا يَقُولُونَ ۖ لَهُم مَّغْفِرَةٌ وَرِزْقٌ كَرِيمٌ ٢٦ يَٰٓأَيُّهَا
ٱلَّذِينَ ءَامَنُوا۟ لَا تَدْخُلُوا۟ بُيُوتًا غَيْرَ بُيُوتِكُمْ حَتَّىٰ تَسْتَأْنِسُوا۟
وَتُسَلِّمُوا۟ عَلَىٰٓ أَهْلِهَا ۚ ذَٰلِكُمْ خَيْرٌ لَّكُمْ لَعَلَّكُمْ تَذَكَّرُونَ ٢٧
فَإِن لَّمْ تَجِدُوا۟ فِيهَآ أَحَدًا فَلَا تَدْخُلُوهَا حَتَّىٰ يُؤْذَنَ لَكُمْ ۖ 18 - 24 - 353
وَإِن قِيلَ لَكُمُ ٱرْجِعُوا۟ فَٱرْجِعُوا۟ ۖ هُوَ أَزْكَىٰ لَكُمْ ۚ وَٱللَّهُ بِمَا
تَعْمَلُونَ عَلِيمٌ ٢٨ لَّيْسَ عَلَيْكُمْ جُنَاحٌ أَن تَدْخُلُوا۟ بُيُوتًا
غَيْرَ مَسْكُونَةٍ فِيهَا مَتَٰعٌ لَّكُمْ ۚ وَٱللَّهُ يَعْلَمُ مَا تُبْدُونَ وَمَا
تَكْتُمُونَ ٢٩ قُل لِّلْمُؤْمِنِينَ يَغُضُّوا۟ مِنْ أَبْصَٰرِهِمْ وَيَحْفَظُوا۟
فُرُوجَهُمْ ۚ ذَٰلِكَ أَزْكَىٰ لَهُمْ ۗ إِنَّ ٱللَّهَ خَبِيرٌۢ بِمَا يَصْنَعُونَ ٣٠
وَقُل لِّلْمُؤْمِنَٰتِ يَغْضُضْنَ مِنْ أَبْصَٰرِهِنَّ وَيَحْفَظْنَ
فُرُوجَهُنَّ وَلَا يُبْدِينَ زِينَتَهُنَّ إِلَّا مَا ظَهَرَ مِنْهَا ۖ وَلْيَضْرِبْنَ
بِخُمُرِهِنَّ عَلَىٰ جُيُوبِهِنَّ ۖ وَلَا يُبْدِينَ زِينَتَهُنَّ إِلَّا لِبُعُولَتِهِنَّ
أَوْ ءَابَآئِهِنَّ أَوْ ءَابَآءِ بُعُولَتِهِنَّ أَوْ أَبْنَآئِهِنَّ أَوْ أَبْنَآءِ بُعُولَتِهِنَّ
أَوْ إِخْوَٰنِهِنَّ أَوْ بَنِىٓ إِخْوَٰنِهِنَّ أَوْ بَنِىٓ أَخَوَٰتِهِنَّ أَوْ نِسَآئِهِنَّ
أَوْ مَا مَلَكَتْ أَيْمَٰنُهُنَّ أَوِ ٱلتَّٰبِعِينَ غَيْرِ أُو۟لِى ٱلْإِرْبَةِ مِنَ
ٱلرِّجَالِ أَوِ ٱلطِّفْلِ ٱلَّذِينَ لَمْ يَظْهَرُوا۟ عَلَىٰ عَوْرَٰتِ ٱلنِّسَآءِ ۖ
وَلَا يَضْرِبْنَ بِأَرْجُلِهِنَّ لِيُعْلَمَ مَا يُخْفِينَ مِن زِينَتِهِنَّ ۚ وَتُوبُوٓا۟
إِلَى ٱللَّهِ جَمِيعًا أَيُّهَ ٱلْمُؤْمِنُونَ لَعَلَّكُمْ تُفْلِحُونَ ٣١
وَأَنكِحُوا۟ ٱلْأَيَٰمَىٰ مِنكُمْ وَٱلصَّٰلِحِينَ مِنْ عِبَادِكُمْ وَإِمَآئِكُمْ ۚ إِن 18 - 24 - 354
يَكُونُوا۟ فُقَرَآءَ يُغْنِهِمُ ٱللَّهُ مِن فَضْلِهِۦ ۗ وَٱللَّهُ وَٰسِعٌ عَلِيمٌ ٣٢
وَلْيَسْتَعْفِفِ ٱلَّذِينَ لَا يَجِدُونَ نِكَاحًا حَتَّىٰ يُغْنِيَهُمُ ٱللَّهُ مِن فَضْلِهِۦ ۗ
وَٱلَّذِينَ يَبْتَغُونَ ٱلْكِتَٰبَ مِمَّا مَلَكَتْ أَيْمَٰنُكُمْ فَكَاتِبُوهُمْ إِنْ
عَلِمْتُمْ فِيهِمْ خَيْرًا ۖ وَءَاتُوهُم مِّن مَّالِ ٱللَّهِ ٱلَّذِىٓ ءَاتَىٰكُمْ ۚ وَلَا تُكْرِهُوا۟
فَتَيَٰتِكُمْ عَلَى ٱلْبِغَآءِ إِنْ أَرَدْنَ تَحَصُّنًا لِّتَبْتَغُوا۟ عَرَضَ ٱلْحَيَوٰةِ
ٱلدُّنْيَا ۚ وَمَن يُكْرِههُّنَّ فَإِنَّ ٱللَّهَ مِنۢ بَعْدِ إِكْرَٰهِهِنَّ غَفُورٌ رَّحِيمٌ ٣٣
وَلَقَدْ أَنزَلْنَآ إِلَيْكُمْ ءَايَٰتٍ مُّبَيِّنَٰتٍ وَمَثَلًا مِّنَ ٱلَّذِينَ خَلَوْا۟
مِن قَبْلِكُمْ وَمَوْعِظَةً لِّلْمُتَّقِينَ ٣٤ ۞ ٱللَّهُ نُورُ ٱلسَّمَٰوَٰتِ وَٱلْأَرْضِ ۚ
مَثَلُ نُورِهِۦ كَمِشْكَوٰةٍ فِيهَا مِصْبَاحٌ ۖ ٱلْمِصْبَاحُ فِى زُجَاجَةٍ ۖ
ٱلزُّجَاجَةُ كَأَنَّهَا كَوْكَبٌ دُرِّىٌّ يُوقَدُ مِن شَجَرَةٍ مُّبَٰرَكَةٍ زَيْتُونَةٍ
لَّا شَرْقِيَّةٍ وَلَا غَرْبِيَّةٍ يَكَادُ زَيْتُهَا يُضِىٓءُ وَلَوْ لَمْ تَمْسَسْهُ نَارٌ ۚ
نُّورٌ عَلَىٰ نُورٍ ۗ يَهْدِى ٱللَّهُ لِنُورِهِۦ مَن يَشَآءُ ۚ وَيَضْرِبُ ٱللَّهُ ٱلْأَمْثَٰلَ
لِلنَّاسِ ۗ وَٱللَّهُ بِكُلِّ شَىْءٍ عَلِيمٌ ٣٥ فِى بُيُوتٍ أَذِنَ ٱللَّهُ أَن تُرْفَعَ
وَيُذْكَرَ فِيهَا ٱسْمُهُۥ يُسَبِّحُ لَهُۥ فِيهَا بِٱلْغُدُوِّ وَٱلْءَاصَالِ ٣٦
رِجَالٌ لَّا تُلْهِيهِمْ تِجَٰرَةٌ وَلَا بَيْعٌ عَن ذِكْرِ ٱللَّهِ وَإِقَامِ ٱلصَّلَوٰةِ 18 - 24 - 355
وَإِيتَآءِ ٱلزَّكَوٰةِ ۙ يَخَافُونَ يَوْمًا تَتَقَلَّبُ فِيهِ ٱلْقُلُوبُ وَٱلْأَبْصَٰرُ ٣٧
لِيَجْزِيَهُمُ ٱللَّهُ أَحْسَنَ مَا عَمِلُوا۟ وَيَزِيدَهُم مِّن فَضْلِهِۦ ۗ وَٱللَّهُ
يَرْزُقُ مَن يَشَآءُ بِغَيْرِ حِسَابٍ ٣٨ وَٱلَّذِينَ كَفَرُوٓا۟ أَعْمَٰلُهُمْ كَسَرَابٍۭ
بِقِيعَةٍ يَحْسَبُهُ ٱلظَّمْـَٔانُ مَآءً حَتَّىٰٓ إِذَا جَآءَهُۥ لَمْ يَجِدْهُ شَيْـًٔا

وَوَجَدَ ٱللَّهَ عِندَهُۥ فَوَفَّىٰهُ حِسَابَهُۥ ۗ وَٱللَّهُ سَرِيعُ ٱلْحِسَابِ ٣٩
أَوْ كَظُلُمَٰتٍ فِى بَحْرٍ لُّجِّىٍّ يَغْشَىٰهُ مَوْجٌ مِّن فَوْقِهِۦ مَوْجٌ مِّن فَوْقِهِۦ
سَحَابٌ ۚ ظُلُمَٰتٌۢ بَعْضُهَا فَوْقَ بَعْضٍ إِذَآ أَخْرَجَ يَدَهُۥ لَمْ يَكَدْ
يَرَىٰهَا ۗ وَمَن لَّمْ يَجْعَلِ ٱللَّهُ لَهُۥ نُورًا فَمَا لَهُۥ مِن نُّورٍ ٤٠ أَلَمْ تَرَ أَنَّ
ٱللَّهَ يُسَبِّحُ لَهُۥ مَن فِى ٱلسَّمَٰوَٰتِ وَٱلْأَرْضِ وَٱلطَّيْرُ صَٰٓفَّٰتٍ ۖ كُلٌّ
قَدْ عَلِمَ صَلَاتَهُۥ وَتَسْبِيحَهُۥ ۗ وَٱللَّهُ عَلِيمٌۢ بِمَا يَفْعَلُونَ ٤١ وَلِلَّهِ مُلْكُ
ٱلسَّمَٰوَٰتِ وَٱلْأَرْضِ ۖ وَإِلَى ٱللَّهِ ٱلْمَصِيرُ ٤٢ أَلَمْ تَرَ أَنَّ ٱللَّهَ يُزْجِى
سَحَابًا ثُمَّ يُؤَلِّفُ بَيْنَهُۥ ثُمَّ يَجْعَلُهُۥ رُكَامًا فَتَرَى ٱلْوَدْقَ يَخْرُجُ مِنْ
خِلَٰلِهِۦ وَيُنَزِّلُ مِنَ ٱلسَّمَآءِ مِن جِبَالٍ فِيهَا مِنۢ بَرَدٍ فَيُصِيبُ بِهِۦ مَن يَشَآءُ
وَيَصْرِفُهُۥ عَن مَّن يَشَآءُ ۖ يَكَادُ سَنَا بَرْقِهِۦ يَذْهَبُ بِٱلْأَبْصَٰرِ ٤٣
يُقَلِّبُ ٱللَّهُ ٱلَّيْلَ وَٱلنَّهَارَ ۚ إِنَّ فِى ذَٰلِكَ لَعِبْرَةً لِّأُو۟لِى ٱلْأَبْصَٰرِ ٤٤ 18 - 24 - 356
وَٱللَّهُ خَلَقَ كُلَّ دَآبَّةٍ مِّن مَّآءٍ ۖ فَمِنْهُم مَّن يَمْشِى عَلَىٰ بَطْنِهِۦ وَمِنْهُم مَّن
يَمْشِى عَلَىٰ رِجْلَيْنِ وَمِنْهُم مَّن يَمْشِى عَلَىٰٓ أَرْبَعٍ ۚ يَخْلُقُ ٱللَّهُ مَا يَشَآءُ ۚ
إِنَّ ٱللَّهَ عَلَىٰ كُلِّ شَىْءٍ قَدِيرٌ ٤٥ لَّقَدْ أَنزَلْنَآ ءَايَٰتٍ مُّبَيِّنَٰتٍ ۚ
وَٱللَّهُ يَهْدِى مَن يَشَآءُ إِلَىٰ صِرَٰطٍ مُّسْتَقِيمٍ ٤٦ وَيَقُولُونَ
ءَامَنَّا بِٱللَّهِ وَبِٱلرَّسُولِ وَأَطَعْنَا ثُمَّ يَتَوَلَّىٰ فَرِيقٌ مِّنْهُم مِّنۢ بَعْدِ
ذَٰلِكَ ۚ وَمَآ أُو۟لَٰٓئِكَ بِٱلْمُؤْمِنِينَ ٤٧ وَإِذَا دُعُوٓا۟ إِلَى ٱللَّهِ وَرَسُولِهِۦ
لِيَحْكُمَ بَيْنَهُمْ إِذَا فَرِيقٌ مِّنْهُم مُّعْرِضُونَ ٤٨ وَإِن يَكُن لَّهُمُ ٱلْحَقُّ
يَأْتُوٓا۟ إِلَيْهِ مُذْعِنِينَ ٤٩ أَفِى قُلُوبِهِم مَّرَضٌ أَمِ ٱرْتَابُوٓا۟ أَمْ يَخَافُونَ
أَن يَحِيفَ ٱللَّهُ عَلَيْهِمْ وَرَسُولُهُۥ ۚ بَلْ أُو۟لَٰٓئِكَ هُمُ ٱلظَّٰلِمُونَ ٥٠ إِنَّمَا
كَانَ قَوْلَ ٱلْمُؤْمِنِينَ إِذَا دُعُوٓا۟ إِلَى ٱللَّهِ وَرَسُولِهِۦ لِيَحْكُمَ بَيْنَهُمْ أَن
يَقُولُوا۟ سَمِعْنَا وَأَطَعْنَا ۚ وَأُو۟لَٰٓئِكَ هُمُ ٱلْمُفْلِحُونَ ٥١ وَمَن
يُطِعِ ٱللَّهَ وَرَسُولَهُۥ وَيَخْشَ ٱللَّهَ وَيَتَّقْهِ فَأُو۟لَٰٓئِكَ هُمُ ٱلْفَآئِزُونَ ٥٢
۞ وَأَقْسَمُوا۟ بِٱللَّهِ جَهْدَ أَيْمَٰنِهِمْ لَئِنْ أَمَرْتَهُمْ لَيَخْرُجُنَّ ۖ قُل
لَّا تُقْسِمُوا۟ ۖ طَاعَةٌ مَّعْرُوفَةٌ ۚ إِنَّ ٱللَّهَ خَبِيرٌۢ بِمَا تَعْمَلُونَ ٥٣
قُلْ أَطِيعُوا۟ ٱللَّهَ وَأَطِيعُوا۟ ٱلرَّسُولَ ۖ فَإِن تَوَلَّوْا۟ فَإِنَّمَا عَلَيْهِ مَا حُمِّلَ 18 - 24 - 357
وَعَلَيْكُم مَّا حُمِّلْتُمْ ۖ وَإِن تُطِيعُوهُ تَهْتَدُوا۟ ۚ وَمَا عَلَى ٱلرَّسُولِ
إِلَّا ٱلْبَلَٰغُ ٱلْمُبِينُ ٥٤ وَعَدَ ٱللَّهُ ٱلَّذِينَ ءَامَنُوا۟ مِنكُمْ وَعَمِلُوا۟
ٱلصَّٰلِحَٰتِ لَيَسْتَخْلِفَنَّهُمْ فِى ٱلْأَرْضِ كَمَا ٱسْتَخْلَفَ
ٱلَّذِينَ مِن قَبْلِهِمْ وَلَيُمَكِّنَنَّ لَهُمْ دِينَهُمُ ٱلَّذِى ٱرْتَضَىٰ
لَهُمْ وَلَيُبَدِّلَنَّهُم مِّنۢ بَعْدِ خَوْفِهِمْ أَمْنًا ۚ يَعْبُدُونَنِى لَا يُشْرِكُونَ
بِى شَيْـًٔا ۚ وَمَن كَفَرَ بَعْدَ ذَٰلِكَ فَأُو۟لَٰٓئِكَ هُمُ ٱلْفَٰسِقُونَ ٥٥
وَأَقِيمُوا۟ ٱلصَّلَوٰةَ وَءَاتُوا۟ ٱلزَّكَوٰةَ وَأَطِيعُوا۟ ٱلرَّسُولَ لَعَلَّكُمْ
تُرْحَمُونَ ٥٦ لَا تَحْسَبَنَّ ٱلَّذِينَ كَفَرُوا۟ مُعْجِزِينَ فِى ٱلْأَرْضِ ۚ
وَمَأْوَىٰهُمُ ٱلنَّارُ ۖ وَلَبِئْسَ ٱلْمَصِيرُ ٥٧ يَٰٓأَيُّهَا ٱلَّذِينَ ءَامَنُوا۟
لِيَسْتَـْٔذِنكُمُ ٱلَّذِينَ مَلَكَتْ أَيْمَٰنُكُمْ وَٱلَّذِينَ لَمْ يَبْلُغُوا۟ ٱلْحُلُمَ مِنكُمْ
ثَلَٰثَ مَرَّٰتٍ ۚ مِّن قَبْلِ صَلَوٰةِ ٱلْفَجْرِ وَحِينَ تَضَعُونَ ثِيَابَكُم مِّنَ
ٱلظَّهِيرَةِ وَمِنۢ بَعْدِ صَلَوٰةِ ٱلْعِشَآءِ ۚ ثَلَٰثُ عَوْرَٰتٍ لَّكُمْ ۚ لَيْسَ عَلَيْكُمْ
وَلَا عَلَيْهِمْ جُنَاحٌۢ بَعْدَهُنَّ ۚ طَوَّٰفُونَ عَلَيْكُم بَعْضُكُمْ عَلَىٰ بَعْضٍ ۚ
كَذَٰلِكَ يُبَيِّنُ ٱللَّهُ لَكُمُ ٱلْءَايَٰتِ ۗ وَٱللَّهُ عَلِيمٌ حَكِيمٌ ٥٨
وَإِذَا بَلَغَ ٱلْأَطْفَٰلُ مِنكُمُ ٱلْحُلُمَ فَلْيَسْتَـْٔذِنُوا۟ كَمَا 18 - 24 - 358
ٱسْتَـْٔذَنَ ٱلَّذِينَ مِن قَبْلِهِمْ ۚ كَذَٰلِكَ يُبَيِّنُ ٱللَّهُ لَكُمْ
ءَايَٰتِهِۦ ۗ وَٱللَّهُ عَلِيمٌ حَكِيمٌ ٥٩ وَٱلْقَوَٰعِدُ مِنَ ٱلنِّسَآءِ
ٱلَّٰتِى لَا يَرْجُونَ نِكَاحًا فَلَيْسَ عَلَيْهِنَّ جُنَاحٌ أَن يَضَعْنَ
ثِيَابَهُنَّ غَيْرَ مُتَبَرِّجَٰتٍۭ بِزِينَةٍ ۖ وَأَن يَسْتَعْفِفْنَ خَيْرٌ
لَّهُنَّ ۗ وَٱللَّهُ سَمِيعٌ عَلِيمٌ ٦٠ لَّيْسَ عَلَى ٱلْأَعْمَىٰ حَرَجٌ وَلَا
عَلَى ٱلْأَعْرَجِ حَرَجٌ وَلَا عَلَى ٱلْمَرِيضِ حَرَجٌ وَلَا عَلَىٰٓ أَنفُسِكُمْ
أَن تَأْكُلُوا۟ مِنۢ بُيُوتِكُمْ أَوْ بُيُوتِ ءَابَآئِكُمْ أَوْ بُيُوتِ
أُمَّهَٰتِكُمْ أَوْ بُيُوتِ إِخْوَٰنِكُمْ أَوْ بُيُوتِ أَخَوَٰتِكُمْ
أَوْ بُيُوتِ أَعْمَٰمِكُمْ أَوْ بُيُوتِ عَمَّٰتِكُمْ أَوْ بُيُوتِ

أَخْوَٰلِكُمْ أَوْ بُيُوتِ خَٰلَٰتِكُمْ أَوْ مَا مَلَكْتُم
مَّفَاتِحَهُۥٓ أَوْ صَدِيقِكُمْ ۚ لَيْسَ عَلَيْكُمْ جُنَاحٌ أَن
تَأْكُلُوا۟ جَمِيعًا أَوْ أَشْتَاتًا ۚ فَإِذَا دَخَلْتُم بُيُوتًا فَسَلِّمُوا۟
عَلَىٰٓ أَنفُسِكُمْ تَحِيَّةً مِّنْ عِندِ ٱللَّهِ مُبَٰرَكَةً طَيِّبَةً ۚ كَذَٰلِكَ
يُبَيِّنُ ٱللَّهُ لَكُمُ ٱلْءَايَٰتِ لَعَلَّكُمْ تَعْقِلُونَ ٦١
إِنَّمَا ٱلْمُؤْمِنُونَ ٱلَّذِينَ ءَامَنُوا۟ بِٱللَّهِ وَرَسُولِهِۦ وَإِذَا كَانُوا۟ مَعَهُۥ 18 - 24 - 359
عَلَىٰٓ أَمْرٍ جَامِعٍ لَّمْ يَذْهَبُوا۟ حَتَّىٰ يَسْتَـْٔذِنُوهُ ۚ إِنَّ ٱلَّذِينَ يَسْتَـْٔذِنُونَكَ
أُو۟لَٰٓئِكَ ٱلَّذِينَ يُؤْمِنُونَ بِٱللَّهِ وَرَسُولِهِۦ ۚ فَإِذَا ٱسْتَـْٔذَنُوكَ
لِبَعْضِ شَأْنِهِمْ فَأْذَن لِّمَن شِئْتَ مِنْهُمْ وَٱسْتَغْفِرْ لَهُمُ
ٱللَّهَ ۚ إِنَّ ٱللَّهَ غَفُورٌ رَّحِيمٌ ٦٢ لَّا تَجْعَلُوا۟ دُعَآءَ ٱلرَّسُولِ
بَيْنَكُمْ كَدُعَآءِ بَعْضِكُم بَعْضًا ۚ قَدْ يَعْلَمُ ٱللَّهُ ٱلَّذِينَ
يَتَسَلَّلُونَ مِنكُمْ لِوَاذًا ۚ فَلْيَحْذَرِ ٱلَّذِينَ يُخَالِفُونَ عَنْ
أَمْرِهِۦٓ أَن تُصِيبَهُمْ فِتْنَةٌ أَوْ يُصِيبَهُمْ عَذَابٌ أَلِيمٌ ٦٣ أَلَآ إِنَّ
لِلَّهِ مَا فِى ٱلسَّمَٰوَٰتِ وَٱلْأَرْضِ ۖ قَدْ يَعْلَمُ مَآ أَنتُمْ عَلَيْهِ وَيَوْمَ
يُرْجَعُونَ إِلَيْهِ فَيُنَبِّئُهُم بِمَا عَمِلُوا۟ ۗ وَٱللَّهُ بِكُلِّ شَىْءٍ عَلِيمٌۢ ٦٤

سُورَةُ الفُرْقَانِ

بِسْمِ ٱللَّهِ ٱلرَّحْمَٰنِ ٱلرَّحِيمِ

تَبَارَكَ ٱلَّذِى نَزَّلَ ٱلْفُرْقَانَ عَلَىٰ عَبْدِهِۦ لِيَكُونَ لِلْعَٰلَمِينَ نَذِيرًا ١
ٱلَّذِى لَهُۥ مُلْكُ ٱلسَّمَٰوَٰتِ وَٱلْأَرْضِ وَلَمْ يَتَّخِذْ وَلَدًا وَلَمْ يَكُن
لَّهُۥ شَرِيكٌ فِى ٱلْمُلْكِ وَخَلَقَ كُلَّ شَىْءٍ فَقَدَّرَهُۥ تَقْدِيرًا ٢
وَٱتَّخَذُوا۟ مِن دُونِهِۦٓ ءَالِهَةً لَّا يَخْلُقُونَ شَيْـًٔا وَهُمْ يُخْلَقُونَ 18 - 25 - 360
وَلَا يَمْلِكُونَ لِأَنفُسِهِمْ ضَرًّا وَلَا نَفْعًا وَلَا يَمْلِكُونَ مَوْتًا
وَلَا حَيَوٰةً وَلَا نُشُورًا ٣ وَقَالَ ٱلَّذِينَ كَفَرُوٓا۟ إِنْ هَٰذَآ إِلَّآ
إِفْكٌ ٱفْتَرَىٰهُ وَأَعَانَهُۥ عَلَيْهِ قَوْمٌ ءَاخَرُونَ ۖ فَقَدْ جَآءُو ظُلْمًا
وَزُورًا ٤ وَقَالُوٓا۟ أَسَٰطِيرُ ٱلْأَوَّلِينَ ٱكْتَتَبَهَا فَهِىَ تُمْلَىٰ
عَلَيْهِ بُكْرَةً وَأَصِيلًا ٥ قُلْ أَنزَلَهُ ٱلَّذِى يَعْلَمُ ٱلسِّرَّ
فِى ٱلسَّمَٰوَٰتِ وَٱلْأَرْضِ ۚ إِنَّهُۥ كَانَ غَفُورًا رَّحِيمًا ٦
وَقَالُوا۟ مَالِ هَٰذَا ٱلرَّسُولِ يَأْكُلُ ٱلطَّعَامَ وَيَمْشِى فِى
ٱلْأَسْوَاقِ ۙ لَوْلَآ أُنزِلَ إِلَيْهِ مَلَكٌ فَيَكُونَ مَعَهُۥ نَذِيرًا ٧
أَوْ يُلْقَىٰٓ إِلَيْهِ كَنزٌ أَوْ تَكُونُ لَهُۥ جَنَّةٌ يَأْكُلُ مِنْهَا ۚ وَقَالَ
ٱلظَّٰلِمُونَ إِن تَتَّبِعُونَ إِلَّا رَجُلًا مَّسْحُورًا ٨ ٱنظُرْ
كَيْفَ ضَرَبُوا۟ لَكَ ٱلْأَمْثَٰلَ فَضَلُّوا۟ فَلَا يَسْتَطِيعُونَ
سَبِيلًا ٩ تَبَارَكَ ٱلَّذِىٓ إِن شَآءَ جَعَلَ لَكَ خَيْرًا مِّن ذَٰلِكَ
جَنَّٰتٍ تَجْرِى مِن تَحْتِهَا ٱلْأَنْهَٰرُ وَيَجْعَل لَّكَ قُصُورًۢا ١٠ بَلْ
كَذَّبُوا۟ بِٱلسَّاعَةِ ۖ وَأَعْتَدْنَا لِمَن كَذَّبَ بِٱلسَّاعَةِ سَعِيرًا ١١
إِذَا رَأَتْهُم مِّن مَّكَانٍۭ بَعِيدٍ سَمِعُوا۟ لَهَا تَغَيُّظًا وَزَفِيرًا ١٢ 18 - 25 - 361
وَإِذَآ أُلْقُوا۟ مِنْهَا مَكَانًا ضَيِّقًا مُّقَرَّنِينَ دَعَوْا۟ هُنَالِكَ ثُبُورًا ١٣
لَّا تَدْعُوا۟ ٱلْيَوْمَ ثُبُورًا وَٰحِدًا وَٱدْعُوا۟ ثُبُورًا كَثِيرًا ١٤
قُلْ أَذَٰلِكَ خَيْرٌ أَمْ جَنَّةُ ٱلْخُلْدِ ٱلَّتِى وُعِدَ ٱلْمُتَّقُونَ ۚ كَانَتْ
لَهُمْ جَزَآءً وَمَصِيرًا ١٥ لَّهُمْ فِيهَا مَا يَشَآءُونَ خَٰلِدِينَ ۚ
كَانَ عَلَىٰ رَبِّكَ وَعْدًا مَّسْـُٔولًا ١٦ وَيَوْمَ يَحْشُرُهُمْ وَمَا
يَعْبُدُونَ مِن دُونِ ٱللَّهِ فَيَقُولُ ءَأَنتُمْ أَضْلَلْتُمْ عِبَادِى
هَٰٓؤُلَآءِ أَمْ هُمْ ضَلُّوا۟ ٱلسَّبِيلَ ١٧ قَالُوا۟ سُبْحَٰنَكَ مَا كَانَ
يَنۢبَغِى لَنَآ أَن نَّتَّخِذَ مِن دُونِكَ مِنْ أَوْلِيَآءَ وَلَٰكِن مَّتَّعْتَهُمْ
وَءَابَآءَهُمْ حَتَّىٰ نَسُوا۟ ٱلذِّكْرَ وَكَانُوا۟ قَوْمًۢا بُورًا ١٨
فَقَدْ كَذَّبُوكُم بِمَا تَقُولُونَ فَمَا تَسْتَطِيعُونَ صَرْفًا
وَلَا نَصْرًا ۚ وَمَن يَظْلِم مِّنكُمْ نُذِقْهُ عَذَابًا كَبِيرًا ١٩
وَمَآ أَرْسَلْنَا قَبْلَكَ مِنَ ٱلْمُرْسَلِينَ إِلَّآ إِنَّهُمْ لَيَأْكُلُونَ
ٱلطَّعَامَ وَيَمْشُونَ فِى ٱلْأَسْوَاقِ ۗ وَجَعَلْنَا بَعْضَكُمْ
لِبَعْضٍ فِتْنَةً أَتَصْبِرُونَ ۗ وَكَانَ رَبُّكَ بَصِيرًا ٢٠

25.al-Furqān [21] ٢٥. الفرقان

19-25-362

۞ وَقَالَ ٱلَّذِينَ لَا يَرْجُونَ لِقَآءَنَا لَوْلَآ أُنزِلَ عَلَيْنَا ٱلْمَلَٰٓئِكَةُ أَوْ نَرَىٰ رَبَّنَا ۗ لَقَدِ ٱسْتَكْبَرُوا۟ فِىٓ أَنفُسِهِمْ وَعَتَوْ عُتُوًّا كَبِيرًا ٢١ يَوْمَ يَرَوْنَ ٱلْمَلَٰٓئِكَةَ لَا بُشْرَىٰ يَوْمَئِذٍ لِّلْمُجْرِمِينَ وَيَقُولُونَ حِجْرًا مَّحْجُورًا ٢٢ وَقَدِمْنَآ إِلَىٰ مَا عَمِلُوا۟ مِنْ عَمَلٍ فَجَعَلْنَٰهُ هَبَآءً مَّنثُورًا ٢٣ أَصْحَٰبُ ٱلْجَنَّةِ يَوْمَئِذٍ خَيْرٌ مُّسْتَقَرًّا وَأَحْسَنُ مَقِيلًا ٢٤ وَيَوْمَ تَشَقَّقُ ٱلسَّمَآءُ بِٱلْغَمَٰمِ وَنُزِّلَ ٱلْمَلَٰٓئِكَةُ تَنزِيلًا ٢٥ ٱلْمُلْكُ يَوْمَئِذٍ ٱلْحَقُّ لِلرَّحْمَٰنِ ۚ وَكَانَ يَوْمًا عَلَى ٱلْكَٰفِرِينَ عَسِيرًا ٢٦ وَيَوْمَ يَعَضُّ ٱلظَّالِمُ عَلَىٰ يَدَيْهِ يَقُولُ يَٰلَيْتَنِى ٱتَّخَذْتُ مَعَ ٱلرَّسُولِ سَبِيلًا ٢٧ يَٰوَيْلَتَىٰ لَيْتَنِى لَمْ أَتَّخِذْ فُلَانًا خَلِيلًا ٢٨ لَّقَدْ أَضَلَّنِى عَنِ ٱلذِّكْرِ بَعْدَ إِذْ جَآءَنِى ۗ وَكَانَ ٱلشَّيْطَٰنُ لِلْإِنسَٰنِ خَذُولًا ٢٩ وَقَالَ ٱلرَّسُولُ يَٰرَبِّ إِنَّ قَوْمِى ٱتَّخَذُوا۟ هَٰذَا ٱلْقُرْءَانَ مَهْجُورًا ٣٠ وَكَذَٰلِكَ جَعَلْنَا لِكُلِّ نَبِىٍّ عَدُوًّا مِّنَ ٱلْمُجْرِمِينَ ۗ وَكَفَىٰ بِرَبِّكَ هَادِيًا وَنَصِيرًا ٣١ وَقَالَ ٱلَّذِينَ كَفَرُوا۟ لَوْلَا نُزِّلَ عَلَيْهِ ٱلْقُرْءَانُ جُمْلَةً وَٰحِدَةً ۚ كَذَٰلِكَ لِنُثَبِّتَ بِهِۦ فُؤَادَكَ ۖ وَرَتَّلْنَٰهُ تَرْتِيلًا ٣٢

19-25-363

وَلَا يَأْتُونَكَ بِمَثَلٍ إِلَّا جِئْنَٰكَ بِٱلْحَقِّ وَأَحْسَنَ تَفْسِيرًا ٣٣ ٱلَّذِينَ يُحْشَرُونَ عَلَىٰ وُجُوهِهِمْ إِلَىٰ جَهَنَّمَ أُو۟لَٰٓئِكَ شَرٌّ مَّكَانًا وَأَضَلُّ سَبِيلًا ٣٤ وَلَقَدْ ءَاتَيْنَا مُوسَى ٱلْكِتَٰبَ وَجَعَلْنَا مَعَهُۥٓ أَخَاهُ هَٰرُونَ وَزِيرًا ٣٥ فَقُلْنَا ٱذْهَبَآ إِلَى ٱلْقَوْمِ ٱلَّذِينَ كَذَّبُوا۟ بِـَٔايَٰتِنَا فَدَمَّرْنَٰهُمْ تَدْمِيرًا ٣٦ وَقَوْمَ نُوحٍ لَّمَّا كَذَّبُوا۟ ٱلرُّسُلَ أَغْرَقْنَٰهُمْ وَجَعَلْنَٰهُمْ لِلنَّاسِ ءَايَةً ۖ وَأَعْتَدْنَا لِلظَّٰلِمِينَ عَذَابًا أَلِيمًا ٣٧ وَعَادًا وَثَمُودَا۟ وَأَصْحَٰبَ ٱلرَّسِّ وَقُرُونًۢا بَيْنَ ذَٰلِكَ كَثِيرًا ٣٨ وَكُلًّا ضَرَبْنَا لَهُ ٱلْأَمْثَٰلَ ۖ وَكُلًّا تَبَّرْنَا تَتْبِيرًا ٣٩ وَلَقَدْ أَتَوْا۟ عَلَى ٱلْقَرْيَةِ ٱلَّتِىٓ أُمْطِرَتْ مَطَرَ ٱلسَّوْءِ ۚ أَفَلَمْ يَكُونُوا۟ يَرَوْنَهَا ۚ بَلْ كَانُوا۟ لَا يَرْجُونَ نُشُورًا ٤٠ وَإِذَا رَأَوْكَ إِن يَتَّخِذُونَكَ إِلَّا هُزُوًا أَهَٰذَا ٱلَّذِى بَعَثَ ٱللَّهُ رَسُولًا ٤١ إِن كَادَ لَيُضِلُّنَا عَنْ ءَالِهَتِنَا لَوْلَآ أَن صَبَرْنَا عَلَيْهَا ۚ وَسَوْفَ يَعْلَمُونَ حِينَ يَرَوْنَ ٱلْعَذَابَ مَنْ أَضَلُّ سَبِيلًا ٤٢ أَرَءَيْتَ مَنِ ٱتَّخَذَ إِلَٰهَهُۥ هَوَىٰهُ أَفَأَنتَ تَكُونُ عَلَيْهِ وَكِيلًا ٤٣ أَمْ تَحْسَبُ أَنَّ أَكْثَرَهُمْ يَسْمَعُونَ أَوْ يَعْقِلُونَ ۚ إِنْ هُمْ إِلَّا كَٱلْأَنْعَٰمِ ۖ بَلْ هُمْ أَضَلُّ سَبِيلًا ٤٤

19-25-364

أَلَمْ تَرَ إِلَىٰ رَبِّكَ كَيْفَ مَدَّ ٱلظِّلَّ وَلَوْ شَآءَ لَجَعَلَهُۥ سَاكِنًا ثُمَّ جَعَلْنَا ٱلشَّمْسَ عَلَيْهِ دَلِيلًا ٤٥ ثُمَّ قَبَضْنَٰهُ إِلَيْنَا قَبْضًا يَسِيرًا ٤٦ وَهُوَ ٱلَّذِى جَعَلَ لَكُمُ ٱلَّيْلَ لِبَاسًا وَٱلنَّوْمَ سُبَاتًا وَجَعَلَ ٱلنَّهَارَ نُشُورًا ٤٧ وَهُوَ ٱلَّذِىٓ أَرْسَلَ ٱلرِّيَٰحَ بُشْرًۢا بَيْنَ يَدَىْ رَحْمَتِهِۦ ۚ وَأَنزَلْنَا مِنَ ٱلسَّمَآءِ مَآءً طَهُورًا ٤٨ لِّنُحْـِۧىَ بِهِۦ بَلْدَةً مَّيْتًا وَنُسْقِيَهُۥ مِمَّا خَلَقْنَآ أَنْعَٰمًا وَأَنَاسِىَّ كَثِيرًا ٤٩ وَلَقَدْ صَرَّفْنَٰهُ بَيْنَهُمْ لِيَذَّكَّرُوا۟ فَأَبَىٰٓ أَكْثَرُ ٱلنَّاسِ إِلَّا كُفُورًا ٥٠ وَلَوْ شِئْنَا لَبَعَثْنَا فِى كُلِّ قَرْيَةٍ نَّذِيرًا ٥١ فَلَا تُطِعِ ٱلْكَٰفِرِينَ وَجَٰهِدْهُم بِهِۦ جِهَادًا كَبِيرًا ٥٢ ۞ وَهُوَ ٱلَّذِى مَرَجَ ٱلْبَحْرَيْنِ هَٰذَا عَذْبٌ فُرَاتٌ وَهَٰذَا مِلْحٌ أُجَاجٌ وَجَعَلَ بَيْنَهُمَا بَرْزَخًا وَحِجْرًا مَّحْجُورًا ٥٣ وَهُوَ ٱلَّذِى خَلَقَ مِنَ ٱلْمَآءِ بَشَرًا فَجَعَلَهُۥ نَسَبًا وَصِهْرًا ۗ وَكَانَ رَبُّكَ قَدِيرًا ٥٤ وَيَعْبُدُونَ مِن دُونِ ٱللَّهِ مَا لَا يَنفَعُهُمْ وَلَا يَضُرُّهُمْ ۗ وَكَانَ ٱلْكَافِرُ عَلَىٰ رَبِّهِۦ ظَهِيرًا ٥٥

19-25-365

وَمَآ أَرْسَلْنَٰكَ إِلَّا مُبَشِّرًا وَنَذِيرًا ٥٦ قُلْ مَآ أَسْـَٔلُكُمْ عَلَيْهِ مِنْ أَجْرٍ إِلَّا مَن شَآءَ أَن يَتَّخِذَ إِلَىٰ رَبِّهِۦ سَبِيلًا ٥٧ وَتَوَكَّلْ عَلَى ٱلْحَىِّ ٱلَّذِى لَا يَمُوتُ وَسَبِّحْ بِحَمْدِهِۦ ۚ وَكَفَىٰ بِهِۦ بِذُنُوبِ عِبَادِهِۦ خَبِيرًا ٥٨ ٱلَّذِى خَلَقَ ٱلسَّمَٰوَٰتِ وَٱلْأَرْضَ وَمَا بَيْنَهُمَا فِى سِتَّةِ أَيَّامٍ ثُمَّ ٱسْتَوَىٰ عَلَى ٱلْعَرْشِ ۚ ٱلرَّحْمَٰنُ فَسْـَٔلْ بِهِۦ خَبِيرًا ٥٩ وَإِذَا قِيلَ لَهُمُ ٱسْجُدُوا۟ لِلرَّحْمَٰنِ قَالُوا۟ وَمَا ٱلرَّحْمَٰنُ أَنَسْجُدُ لِمَا تَأْمُرُنَا وَزَادَهُمْ نُفُورًا ۩ ٦٠ تَبَارَكَ ٱلَّذِى جَعَلَ فِى ٱلسَّمَآءِ بُرُوجًا وَجَعَلَ فِيهَا سِرَٰجًا وَقَمَرًا مُّنِيرًا ٦١ وَهُوَ ٱلَّذِى جَعَلَ ٱلَّيْلَ وَٱلنَّهَارَ خِلْفَةً لِّمَنْ أَرَادَ أَن يَذَّكَّرَ أَوْ أَرَادَ شُكُورًا ٦٢ وَعِبَادُ ٱلرَّحْمَٰنِ ٱلَّذِينَ يَمْشُونَ عَلَى ٱلْأَرْضِ هَوْنًا وَإِذَا خَاطَبَهُمُ ٱلْجَٰهِلُونَ قَالُوا۟ سَلَٰمًا ٦٣ وَٱلَّذِينَ يَبِيتُونَ لِرَبِّهِمْ سُجَّدًا وَقِيَٰمًا ٦٤ وَٱلَّذِينَ يَقُولُونَ رَبَّنَا ٱصْرِفْ عَنَّا عَذَابَ جَهَنَّمَ ۖ إِنَّ عَذَابَهَا كَانَ غَرَامًا ٦٥ إِنَّهَا سَآءَتْ مُسْتَقَرًّا وَمُقَامًا ٦٦ وَٱلَّذِينَ إِذَآ أَنفَقُوا۟ لَمْ يُسْرِفُوا۟ وَلَمْ يَقْتُرُوا۟ وَكَانَ بَيْنَ ذَٰلِكَ قَوَامًا ٦٧

19-25-366

وَٱلَّذِينَ لَا يَدْعُونَ مَعَ ٱللَّهِ إِلَٰهًا ءَاخَرَ وَلَا يَقْتُلُونَ ٱلنَّفْسَ ٱلَّتِى حَرَّمَ ٱللَّهُ إِلَّا بِٱلْحَقِّ وَلَا يَزْنُونَ ۚ وَمَن يَفْعَلْ ذَٰلِكَ يَلْقَ أَثَامًا ٦٨ يُضَٰعَفْ لَهُ ٱلْعَذَابُ يَوْمَ ٱلْقِيَٰمَةِ وَيَخْلُدْ فِيهِۦ مُهَانًا ٦٩ إِلَّا مَن تَابَ وَءَامَنَ وَعَمِلَ عَمَلًا صَٰلِحًا فَأُو۟لَٰٓئِكَ يُبَدِّلُ ٱللَّهُ سَيِّـَٔاتِهِمْ حَسَنَٰتٍ ۗ وَكَانَ ٱللَّهُ غَفُورًا رَّحِيمًا ٧٠ وَمَن تَابَ وَعَمِلَ صَٰلِحًا فَإِنَّهُۥ يَتُوبُ إِلَى ٱللَّهِ مَتَابًا ٧١ وَٱلَّذِينَ لَا يَشْهَدُونَ ٱلزُّورَ وَإِذَا مَرُّوا۟ بِٱللَّغْوِ مَرُّوا۟ كِرَامًا ٧٢ وَٱلَّذِينَ إِذَا ذُكِّرُوا۟ بِـَٔايَٰتِ رَبِّهِمْ لَمْ يَخِرُّوا۟ عَلَيْهَا صُمًّا وَعُمْيَانًا ٧٣ وَٱلَّذِينَ يَقُولُونَ رَبَّنَا هَبْ لَنَا مِنْ أَزْوَٰجِنَا وَذُرِّيَّٰتِنَا قُرَّةَ أَعْيُنٍ وَٱجْعَلْنَا لِلْمُتَّقِينَ إِمَامًا ٧٤ أُو۟لَٰٓئِكَ يُجْزَوْنَ ٱلْغُرْفَةَ بِمَا صَبَرُوا۟ وَيُلَقَّوْنَ فِيهَا تَحِيَّةً وَسَلَٰمًا ٧٥ خَٰلِدِينَ فِيهَا ۚ حَسُنَتْ مُسْتَقَرًّا وَمُقَامًا ٧٦ قُلْ مَا يَعْبَؤُا۟ بِكُمْ رَبِّى لَوْلَا دُعَآؤُكُمْ ۖ فَقَدْ كَذَّبْتُمْ فَسَوْفَ يَكُونُ لِزَامًۢا ٧٧

26.aš-Šuʿarāʾ [111] ٢٦. الشعراء

19-26-367

سُورَةُ الشُّعَرَاءِ

بِسْمِ ٱللَّهِ ٱلرَّحْمَٰنِ ٱلرَّحِيمِ

طسٓمٓ ١ تِلْكَ ءَايَٰتُ ٱلْكِتَٰبِ ٱلْمُبِينِ ٢ لَعَلَّكَ بَٰخِعٌ نَّفْسَكَ أَلَّا يَكُونُوا۟ مُؤْمِنِينَ ٣ إِن نَّشَأْ نُنَزِّلْ عَلَيْهِم مِّنَ ٱلسَّمَآءِ ءَايَةً فَظَلَّتْ أَعْنَٰقُهُمْ لَهَا خَٰضِعِينَ ٤ وَمَا يَأْتِيهِم مِّن ذِكْرٍ مِّنَ ٱلرَّحْمَٰنِ مُحْدَثٍ إِلَّا كَانُوا۟ عَنْهُ مُعْرِضِينَ ٥ فَقَدْ كَذَّبُوا۟ فَسَيَأْتِيهِمْ أَنۢبَٰٓؤُا۟ مَا كَانُوا۟ بِهِۦ يَسْتَهْزِءُونَ ٦ أَوَلَمْ يَرَوْا۟ إِلَى ٱلْأَرْضِ كَمْ أَنۢبَتْنَا فِيهَا مِن كُلِّ زَوْجٍ كَرِيمٍ ٧ إِنَّ فِى ذَٰلِكَ لَءَايَةً ۖ وَمَا كَانَ أَكْثَرُهُم مُّؤْمِنِينَ ٨ وَإِنَّ رَبَّكَ لَهُوَ ٱلْعَزِيزُ ٱلرَّحِيمُ ٩ وَإِذْ نَادَىٰ رَبُّكَ مُوسَىٰٓ أَنِ ٱئْتِ ٱلْقَوْمَ ٱلظَّٰلِمِينَ ١٠ قَوْمَ فِرْعَوْنَ ۚ أَلَا يَتَّقُونَ ١١ قَالَ رَبِّ إِنِّىٓ أَخَافُ أَن يُكَذِّبُونِ ١٢ وَيَضِيقُ صَدْرِى وَلَا يَنطَلِقُ لِسَانِى فَأَرْسِلْ إِلَىٰ هَٰرُونَ ١٣ وَلَهُمْ عَلَىَّ ذَنۢبٌ فَأَخَافُ أَن يَقْتُلُونِ ١٤ قَالَ كَلَّا ۖ فَٱذْهَبَا بِـَٔايَٰتِنَآ ۖ إِنَّا مَعَكُم مُّسْتَمِعُونَ ١٥ فَأْتِيَا فِرْعَوْنَ فَقُولَآ إِنَّا رَسُولُ رَبِّ ٱلْعَٰلَمِينَ ١٦ أَنْ أَرْسِلْ مَعَنَا بَنِىٓ إِسْرَٰٓءِيلَ ١٧ قَالَ أَلَمْ نُرَبِّكَ فِينَا وَلِيدًا وَلَبِثْتَ فِينَا مِنْ عُمُرِكَ سِنِينَ ١٨ وَفَعَلْتَ فَعْلَتَكَ ٱلَّتِى فَعَلْتَ وَأَنتَ مِنَ ٱلْكَٰفِرِينَ ١٩

19-26-368

قَالَ فَعَلْتُهَآ إِذًا وَأَنَا۠ مِنَ ٱلضَّآلِّينَ ٢٠ فَفَرَرْتُ مِنكُمْ لَمَّا خِفْتُكُمْ فَوَهَبَ لِى رَبِّى حُكْمًا وَجَعَلَنِى مِنَ ٱلْمُرْسَلِينَ ٢١ وَتِلْكَ نِعْمَةٌ تَمُنُّهَا عَلَىَّ أَنْ عَبَّدتَّ بَنِىٓ إِسْرَٰٓءِيلَ ٢٢ قَالَ فِرْعَوْنُ وَمَا رَبُّ ٱلْعَٰلَمِينَ ٢٣ قَالَ رَبُّ ٱلسَّمَٰوَٰتِ وَٱلْأَرْضِ وَمَا بَيْنَهُمَآ ۖ إِن كُنتُم مُّوقِنِينَ ٢٤ قَالَ لِمَنْ حَوْلَهُۥٓ أَلَا تَسْتَمِعُونَ ٢٥ قَالَ رَبُّكُمْ وَرَبُّ ءَابَآئِكُمُ ٱلْأَوَّلِينَ ٢٦ قَالَ إِنَّ رَسُولَكُمُ ٱلَّذِىٓ أُرْسِلَ إِلَيْكُمْ لَمَجْنُونٌ ٢٧ قَالَ رَبُّ ٱلْمَشْرِقِ وَٱلْمَغْرِبِ وَمَا بَيْنَهُمَآ ۖ إِن كُنتُمْ تَعْقِلُونَ ٢٨ قَالَ لَئِنِ ٱتَّخَذْتَ إِلَٰهًا غَيْرِى لَأَجْعَلَنَّكَ مِنَ ٱلْمَسْجُونِينَ ٢٩ قَالَ أَوَلَوْ جِئْتُكَ بِشَىْءٍ مُّبِينٍ ٣٠ قَالَ فَأْتِ بِهِۦٓ إِن كُنتَ مِنَ ٱلصَّٰدِقِينَ ٣١ فَأَلْقَىٰ عَصَاهُ فَإِذَا هِىَ ثُعْبَانٌ مُّبِينٌ ٣٢ وَنَزَعَ يَدَهُۥ فَإِذَا هِىَ بَيْضَآءُ لِلنَّٰظِرِينَ ٣٣ قَالَ لِلْمَلَإِ حَوْلَهُۥٓ إِنَّ هَٰذَا لَسَٰحِرٌ عَلِيمٌ ٣٤ يُرِيدُ أَن يُخْرِجَكُم مِّنْ أَرْضِكُم بِسِحْرِهِۦ فَمَاذَا تَأْمُرُونَ ٣٥ قَالُوٓا۟ أَرْجِهْ وَأَخَاهُ وَٱبْعَثْ فِى ٱلْمَدَآئِنِ حَٰشِرِينَ ٣٦ يَأْتُوكَ بِكُلِّ سَحَّارٍ عَلِيمٍ ٣٧ فَجُمِعَ ٱلسَّحَرَةُ لِمِيقَٰتِ يَوْمٍ مَّعْلُومٍ ٣٨ وَقِيلَ لِلنَّاسِ هَلْ أَنتُم مُّجْتَمِعُونَ ٣٩

19-26-369

لَعَلَّنَا نَتَّبِعُ ٱلسَّحَرَةَ إِن كَانُوا۟ هُمُ ٱلْغَٰلِبِينَ ٤٠ فَلَمَّا جَآءَ ٱلسَّحَرَةُ قَالُوا۟ لِفِرْعَوْنَ أَئِنَّ لَنَا لَأَجْرًا إِن كُنَّا نَحْنُ ٱلْغَٰلِبِينَ ٤١ قَالَ نَعَمْ وَإِنَّكُمْ إِذًا لَّمِنَ ٱلْمُقَرَّبِينَ ٤٢ قَالَ لَهُم مُّوسَىٰٓ أَلْقُوا۟ مَآ أَنتُم مُّلْقُونَ ٤٣ فَأَلْقَوْا۟ حِبَالَهُمْ وَعِصِيَّهُمْ وَقَالُوا۟ بِعِزَّةِ فِرْعَوْنَ إِنَّا لَنَحْنُ ٱلْغَٰلِبُونَ ٤٤ فَأَلْقَىٰ مُوسَىٰ عَصَاهُ فَإِذَا هِىَ تَلْقَفُ مَا يَأْفِكُونَ ٤٥ فَأُلْقِىَ ٱلسَّحَرَةُ سَٰجِدِينَ ٤٦ قَالُوٓا۟ ءَامَنَّا بِرَبِّ ٱلْعَٰلَمِينَ ٤٧ رَبِّ مُوسَىٰ وَهَٰرُونَ ٤٨ قَالَ ءَامَنتُمْ لَهُۥ قَبْلَ أَنْ ءَاذَنَ لَكُمْ ۖ إِنَّهُۥ لَكَبِيرُكُمُ ٱلَّذِى عَلَّمَكُمُ ٱلسِّحْرَ فَلَسَوْفَ تَعْلَمُونَ ۚ لَأُقَطِّعَنَّ أَيْدِيَكُمْ وَأَرْجُلَكُم مِّنْ خِلَٰفٍ وَلَأُصَلِّبَنَّكُمْ أَجْمَعِينَ ٤٩ قَالُوا۟ لَا ضَيْرَ ۖ إِنَّآ إِلَىٰ رَبِّنَا مُنقَلِبُونَ ٥٠ إِنَّا نَطْمَعُ أَن يَغْفِرَ لَنَا رَبُّنَا خَطَٰيَٰنَآ أَن كُنَّآ أَوَّلَ ٱلْمُؤْمِنِينَ ٥١ ۞ وَأَوْحَيْنَآ إِلَىٰ مُوسَىٰٓ أَنْ أَسْرِ بِعِبَادِىٓ إِنَّكُم مُّتَّبَعُونَ ٥٢ فَأَرْسَلَ فِرْعَوْنُ فِى ٱلْمَدَآئِنِ حَٰشِرِينَ ٥٣ إِنَّ هَٰٓؤُلَآءِ لَشِرْذِمَةٌ قَلِيلُونَ ٥٤ وَإِنَّهُمْ لَنَا لَغَآئِظُونَ ٥٥ وَإِنَّا لَجَمِيعٌ حَٰذِرُونَ ٥٦ فَأَخْرَجْنَٰهُم مِّن جَنَّٰتٍ وَعُيُونٍ ٥٧ وَكُنُوزٍ وَمَقَامٍ كَرِيمٍ ٥٨ كَذَٰلِكَ وَأَوْرَثْنَٰهَا بَنِىٓ إِسْرَٰٓءِيلَ ٥٩ فَأَتْبَعُوهُم مُّشْرِقِينَ ٦٠

19-26-370

فَلَمَّا تَرَٰٓءَا ٱلْجَمْعَانِ قَالَ أَصْحَٰبُ مُوسَىٰٓ إِنَّا لَمُدْرَكُونَ ٦١ قَالَ كَلَّآ ۖ إِنَّ مَعِىَ رَبِّى سَيَهْدِينِ ٦٢ فَأَوْحَيْنَآ إِلَىٰ مُوسَىٰٓ أَنِ ٱضْرِب بِّعَصَاكَ ٱلْبَحْرَ ۖ فَٱنفَلَقَ فَكَانَ كُلُّ فِرْقٍ كَٱلطَّوْدِ ٱلْعَظِيمِ ٦٣ وَأَزْلَفْنَا ثَمَّ ٱلْـَٔاخَرِينَ ٦٤ وَأَنجَيْنَا مُوسَىٰ وَمَن مَّعَهُۥٓ أَجْمَعِينَ ٦٥ ثُمَّ أَغْرَقْنَا ٱلْـَٔاخَرِينَ ٦٦ إِنَّ فِى ذَٰلِكَ لَءَايَةً ۖ وَمَا كَانَ أَكْثَرُهُم مُّؤْمِنِينَ ٦٧ وَإِنَّ رَبَّكَ لَهُوَ ٱلْعَزِيزُ ٱلرَّحِيمُ ٦٨ وَٱتْلُ عَلَيْهِمْ نَبَأَ إِبْرَٰهِيمَ ٦٩ إِذْ قَالَ لِأَبِيهِ وَقَوْمِهِۦ مَا تَعْبُدُونَ ٧٠ قَالُوا۟ نَعْبُدُ أَصْنَامًا فَنَظَلُّ لَهَا عَٰكِفِينَ ٧١ قَالَ هَلْ يَسْمَعُونَكُمْ إِذْ تَدْعُونَ ٧٢ أَوْ يَنفَعُونَكُمْ أَوْ يَضُرُّونَ ٧٣ قَالُوا۟ بَلْ وَجَدْنَآ ءَابَآءَنَا كَذَٰلِكَ يَفْعَلُونَ ٧٤ قَالَ أَفَرَءَيْتُم مَّا كُنتُمْ تَعْبُدُونَ ٧٥ أَنتُمْ وَءَابَآؤُكُمُ ٱلْأَقْدَمُونَ ٧٦ فَإِنَّهُمْ عَدُوٌّ لِّىٓ إِلَّا رَبَّ ٱلْعَٰلَمِينَ ٧٧ ٱلَّذِى خَلَقَنِى فَهُوَ يَهْدِينِ ٧٨ وَٱلَّذِى هُوَ يُطْعِمُنِى وَيَسْقِينِ ٧٩ وَإِذَا مَرِضْتُ فَهُوَ يَشْفِينِ ٨٠ وَٱلَّذِى يُمِيتُنِى ثُمَّ يُحْيِينِ ٨١ وَٱلَّذِىٓ أَطْمَعُ أَن يَغْفِرَ لِى خَطِيٓـَٔتِى يَوْمَ ٱلدِّينِ ٨٢ رَبِّ هَبْ لِى حُكْمًا وَأَلْحِقْنِى بِٱلصَّٰلِحِينَ ٨٣

19-26-371

وَٱجْعَل لِّى لِسَانَ صِدْقٍ فِى ٱلْـَٔاخِرِينَ ٨٤ وَٱجْعَلْنِى مِن وَرَثَةِ جَنَّةِ ٱلنَّعِيمِ ٨٥ وَٱغْفِرْ لِأَبِىٓ إِنَّهُۥ كَانَ مِنَ ٱلضَّآلِّينَ ٨٦ وَلَا تُخْزِنِى يَوْمَ يُبْعَثُونَ ٨٧ يَوْمَ لَا يَنفَعُ مَالٌ وَلَا بَنُونَ ٨٨ إِلَّا مَنْ أَتَى ٱللَّهَ بِقَلْبٍ سَلِيمٍ ٨٩ وَأُزْلِفَتِ ٱلْجَنَّةُ لِلْمُتَّقِينَ ٩٠ وَبُرِّزَتِ ٱلْجَحِيمُ لِلْغَاوِينَ ٩١ وَقِيلَ لَهُمْ أَيْنَ مَا كُنتُمْ تَعْبُدُونَ ٩٢ مِن دُونِ ٱللَّهِ هَلْ يَنصُرُونَكُمْ أَوْ يَنتَصِرُونَ ٩٣ فَكُبْكِبُوا۟ فِيهَا هُمْ وَٱلْغَاوُۥنَ ٩٤ وَجُنُودُ إِبْلِيسَ أَجْمَعُونَ ٩٥ قَالُوا۟ وَهُمْ فِيهَا يَخْتَصِمُونَ ٩٦ تَٱللَّهِ إِن كُنَّا لَفِى ضَلَٰلٍ مُّبِينٍ ٩٧ إِذْ نُسَوِّيكُم بِرَبِّ ٱلْعَٰلَمِينَ ٩٨ وَمَآ أَضَلَّنَآ إِلَّا ٱلْمُجْرِمُونَ ٩٩ فَمَا لَنَا مِن شَٰفِعِينَ ١٠٠ وَلَا صَدِيقٍ حَمِيمٍ ١٠١ فَلَوْ أَنَّ لَنَا كَرَّةً فَنَكُونَ مِنَ ٱلْمُؤْمِنِينَ ١٠٢ إِنَّ فِى ذَٰلِكَ لَءَايَةً ۖ وَمَا كَانَ أَكْثَرُهُم مُّؤْمِنِينَ ١٠٣ وَإِنَّ رَبَّكَ لَهُوَ ٱلْعَزِيزُ ٱلرَّحِيمُ ١٠٤ كَذَّبَتْ قَوْمُ نُوحٍ ٱلْمُرْسَلِينَ ١٠٥ إِذْ قَالَ لَهُمْ أَخُوهُمْ نُوحٌ أَلَا تَتَّقُونَ ١٠٦ إِنِّى لَكُمْ رَسُولٌ أَمِينٌ ١٠٧ فَٱتَّقُوا۟ ٱللَّهَ وَأَطِيعُونِ ١٠٨ وَمَآ أَسْـَٔلُكُمْ عَلَيْهِ مِنْ أَجْرٍ ۖ إِنْ أَجْرِىَ إِلَّا عَلَىٰ رَبِّ ٱلْعَٰلَمِينَ ١٠٩ فَٱتَّقُوا۟ ٱللَّهَ وَأَطِيعُونِ ١١٠ ۞ قَالُوٓا۟ أَنُؤْمِنُ لَكَ وَٱتَّبَعَكَ ٱلْأَرْذَلُونَ ١١١

وَلَقَدْ وَصَّلْنَا لَهُمُ الْقَوْلَ لَعَلَّهُمْ يَتَذَكَّرُونَ ٥١ الَّذِينَ 20 - 28 - 392
ءاتيناهم الكتاب من قبله هم به يؤمنون ٥٢ وإذا يتلى
عليهم قالوا ءامنا به إنه الحق من ربنا إنا كنا من قبله
مسلمين ٥٣ أولئك يؤتون أجرهم مرتين بما صبروا ويدرءون
بالحسنة السيئة ومما رزقناهم ينفقون ٥٤ وإذا سمعوا
اللغو أعرضوا عنه وقالوا لنا أعمالنا ولكم أعمالكم سلام
عليكم لا نبتغي الجاهلين ٥٥ إنك لا تهدي من أحببت
ولكن الله يهدي من يشاء وهو أعلم بالمهتدين ٥٦
وقالوا إن نتبع الهدى معك نتخطف من أرضنا أولم
نمكن لهم حرما ءامنا يجبى إليه ثمرات كل شيء رزقا
من لدنا ولكن أكثرهم لا يعلمون ٥٧ وكم أهلكنا من
قرية بطرت معيشتها فتلك مساكنهم لم تسكن من
بعدهم إلا قليلا وكنا نحن الوارثين ٥٨ وما كان ربك
مهلك القرى حتى يبعث في أمها رسولا يتلوا عليهم
ءاياتنا وما كنا مهلكي القرى إلا وأهلها ظالمون ٥٩
وما أوتيتم من شيء فمتاع الحياة الدنيا وزينتها وما عند 20 - 28 - 393
الله خير وأبقى أفلا تعقلون ٦٠ أفمن وعدناه وعدا حسنا
فهو لاقيه كمن متعناه متاع الحياة الدنيا ثم هو يوم القيامة
من المحضرين ٦١ ويوم يناديهم فيقول أين شركاءي
الذين كنتم تزعمون ٦٢ قال الذين حق عليهم القول ربنا
هؤلاء الذين أغوينا أغويناهم كما غوينا تبرأنا إليك
ما كانوا إيانا يعبدون ٦٣ وقيل ادعوا شركاءكم فدعوهم فلم
يستجيبوا لهم ورأوا العذاب لو أنهم كانوا يهتدون ٦٤
ويوم يناديهم فيقول ماذا أجبتم المرسلين ٦٥ فعميت
عليهم الأنباء يومئذ فهم لا يتساءلون ٦٦ فأما من تاب
وءامن وعمل صالحا فعسى أن يكون من المفلحين ٦٧
وربك يخلق ما يشاء ويختار ما كان لهم الخيرة سبحان
الله وتعالى عما يشركون ٦٨ وربك يعلم ما تكن
صدورهم وما يعلنون ٦٩ وهو الله لا إله إلا هو له
الحمد في الأولى والآخرة وله الحكم وإليه ترجعون ٧٠
قل أرءيتم إن جعل الله عليكم الليل سرمدا إلى يوم 20 - 28 - 394
القيامة من إله غير الله يأتيكم بضياء أفلا تسمعون ٧١
قل أرءيتم إن جعل الله عليكم النهار سرمدا إلى
يوم القيامة من إله غير الله يأتيكم بليل تسكنون
فيه أفلا تبصرون ٧٢ ومن رحمته جعل لكم الليل
والنهار لتسكنوا فيه ولتبتغوا من فضله ولعلكم
تشكرون ٧٣ ويوم يناديهم فيقول أين شركاءي الذين
كنتم تزعمون ٧٤ ونزعنا من كل أمة شهيدا فقلنا
هاتوا برهانكم فعلموا أن الحق لله وضل عنهم
ما كانوا يفترون ٧٥ * إن قارون كان من قوم موسى
فبغى عليهم وءاتيناه من الكنوز ما إن مفاتحه لتنوأ
بالعصبة أولي القوة إذ قال له قومه لا تفرح إن الله
لا يحب الفرحين ٧٦ وابتغ فيما ءاتاك الله الدار الآخرة
ولا تنس نصيبك من الدنيا وأحسن كما أحسن الله إليك
ولا تبغ الفساد في الأرض إن الله لا يحب المفسدين ٧٧
قال إنما أوتيته على علم عندي أولم يعلم أن الله قد أهلك 20 - 28 - 395
من قبله من القرون من هو أشد منه قوة وأكثر جمعا
ولا يسأل عن ذنوبهم المجرمون ٧٨ فخرج على قومه
في زينته قال الذين يريدون الحياة الدنيا يليت لنا
مثل ما أوتي قارون إنه لذو حظ عظيم ٧٩ وقال الذين
أوتوا العلم ويلكم ثواب الله خير لمن ءامن وعمل
صالحا ولا يلقاها إلا الصابرون ٨٠ فخسفنا به
وبداره الأرض فما كان له من فئة ينصرونه من دون
الله وما كان من المنتصرين ٨١ وأصبح الذين تمنوا
مكانه بالأمس يقولون ويكأن الله يبسط الرزق لمن
يشاء من عباده ويقدر لولا أن من الله علينا لخسف بنا
ويكأنه لا يفلح الكافرون ٨٢ تلك الدار الآخرة نجعلها للذين
لا يريدون علوا في الأرض ولا فسادا والعاقبة للمتقين ٨٣
من جاء بالحسنة فله خير منها ومن جاء بالسيئة فلا
يجزى الذين عملوا السيئات إلا ما كانوا يعملون ٨٤
إن الذي فرض عليك القرءان لرادك إلى معاد قل ربي 20 - 28 - 396
أعلم من جاء بالهدى ومن هو في ضلال مبين ٨٥ وما كنت
ترجوا أن يلقى إليك الكتاب إلا رحمة من ربك فلا
تكونن ظهيرا للكافرين ٨٦ ولا يصدنك عن ءايات
الله بعد إذ أنزلت إليك وادع إلى ربك ولا تكونن من
المشركين ٨٧ ولا تدع مع الله إلها ءاخر لا إله إلا هو
كل شيء هالك إلا وجهه له الحكم وإليه ترجعون ٨٨

سورة العنكبوت

بسم الله الرحمن الرحيم

الم ١ أحسب الناس أن يتركوا أن يقولوا ءامنا وهم
لا يفتنون ٢ ولقد فتنا الذين من قبلهم فليعلمن الله الذين
صدقوا وليعلمن الكاذبين ٣ أم حسب الذين يعملون
السيئات أن يسبقونا ساء ما يحكمون ٤ من كان يرجوا
لقاء الله فإن أجل الله لآت وهو السميع العليم ٥ ومن
جاهد فإنما يجاهد لنفسه إن الله لغني عن العالمين ٦
والذين ءامنوا وعملوا الصالحات لنكفرن عنهم سيئاتهم 20 - 29 - 397
ولنجزينهم أحسن الذي كانوا يعملون ٧ ووصينا الإنسان
بوالديه حسنا وإن جاهداك لتشرك بي ما ليس لك به علم
فلا تطعهما إلي مرجعكم فأنبئكم بما كنتم تعملون ٨
والذين ءامنوا وعملوا الصالحات لندخلنهم في الصالحين ٩
ومن الناس من يقول ءامنا بالله فإذا أوذي في الله جعل
فتنة الناس كعذاب الله ولئن جاء نصر من ربك ليقولن
إنا كنا معكم أوليس الله بأعلم بما في صدور العالمين ١٠
وليعلمن الله الذين ءامنوا وليعلمن المنافقين ١١
وقال الذين كفروا للذين ءامنوا اتبعوا سبيلنا
ولنحمل خطاياكم وما هم بحاملين من خطاياهم من
شيء إنهم لكاذبون ١٢ وليحملن أثقالهم وأثقالا مع
أثقالهم وليسئلن يوم القيامة عما كانوا يفترون ١٣
ولقد أرسلنا نوحا إلى قومه فلبث فيهم ألف سنة
إلا خمسين عاما فأخذهم الطوفان وهم ظالمون ١٤
فأنجيناه وأصحاب السفينة وجعلناها ءاية للعالمين ١٥ 20 - 29 - 398
وإبراهيم إذ قال لقومه اعبدوا الله واتقوه ذلكم
خير لكم إن كنتم تعلمون ١٦ إنما تعبدون من
دون الله أوثانا وتخلقون إفكا إن الذين تعبدون من
دون الله لا يملكون لكم رزقا فابتغوا عند الله الرزق
واعبدوه واشكروا له إليه ترجعون ١٧ وإن تكذبوا
فقد كذب أمم من قبلكم وما على الرسول إلا البلاغ
المبين ١٨ أولم يروا كيف يبدئ الله الخلق ثم
يعيده إن ذلك على الله يسير ١٩ قل سيروا في الأرض
فانظروا كيف بدأ الخلق ثم الله ينشئ النشأة الآخرة
إن الله على كل شيء قدير ٢٠ يعذب من يشاء ويرحم
من يشاء وإليه تقلبون ٢١ وما أنتم بمعجزين في
الأرض ولا في السماء وما لكم من دون الله من
ولي ولا نصير ٢٢ والذين كفروا بآيات الله ولقائه
أولئك يئسوا من رحمتي وأولئك لهم عذاب أليم ٢٣
20 - 29 - 399 فما كان جواب قومه إلا أن قالوا اقتلوه أو حرقوه
فأنجاه الله من النار إن في ذلك لآيات لقوم يؤمنون ٢٤
وقال إنما اتخذتم من دون الله أوثانا مودة بينكم
في الحياة الدنيا ثم يوم القيامة يكفر بعضكم
ببعض ويلعن بعضكم بعضا ومأواكم النار
وما لكم من ناصرين ٢٥ * فآمن له لوط وقال
إني مهاجر إلى ربي إنه هو العزيز الحكيم ٢٦
ووهبنا له إسحاق ويعقوب وجعلنا في ذريته
النبوة والكتاب وءاتيناه أجره في الدنيا وإنه
في الآخرة لمن الصالحين ٢٧ ولوطا إذ قال لقومه
إنكم لتأتون الفاحشة ما سبقكم بها من أحد
من العالمين ٢٨ أئنكم لتأتون الرجال وتقطعون
السبيل وتأتون في ناديكم المنكر فما كان جواب
قومه إلا أن قالوا ائتنا بعذاب الله إن كنت من
الصادقين ٢٩ قال رب انصرني على القوم المفسدين ٣٠
20 - 29 - 400 ولما جاءت رسلنا إبراهيم بالبشرى قالوا إنا مهلكوا
أهل هذه القرية إن أهلها كانوا ظالمين ٣١
قال إن فيها لوطا قالوا نحن أعلم بمن فيها لننجينه
وأهله إلا امرأته كانت من الغابرين ٣٢ ولما
أن جاءت رسلنا لوطا سيء بهم وضاق بهم ذرعا
وقالوا لا تخف ولا تحزن إنا منجوك وأهلك إلا
امرأتك كانت من الغابرين ٣٣ إنا منزلون على أهل
هذه القرية رجزا من السماء بما كانوا يفسقون ٣٤
ولقد تركنا منها ءاية بينة لقوم يعقلون ٣٥
وإلى مدين أخاهم شعيبا فقال يقوم اعبدوا الله
وارجوا اليوم الآخر ولا تعثوا في الأرض مفسدين ٣٦
فكذبوه فأخذتهم الرجفة فأصبحوا في دارهم
جاثمين ٣٧ وعادا وثمودا وقد تبين لكم
من مساكنهم وزين لهم الشيطان أعمالهم
فصدهم عن السبيل وكانوا مستبصرين ٣٨
20 - 29 - 401 وقارون وفرعون وهامان ولقد جاءهم موسى بالبينات
فاستكبروا في الأرض وما كانوا سابقين ٣٩
فكلا أخذنا بذنبه فمنهم من أرسلنا عليه حاصبا
ومنهم من أخذته الصيحة ومنهم من خسفنا به
الأرض ومنهم من أغرقنا وما كان الله ليظلمهم
ولكن كانوا أنفسهم يظلمون ٤٠ مثل الذين
اتخذوا من دون الله أولياء كمثل العنكبوت
اتخذت بيتا وإن أوهن البيوت لبيت العنكبوت
لو كانوا يعلمون ٤١ إن الله يعلم ما يدعون من
دونه من شيء وهو العزيز الحكيم ٤٢ وتلك
الأمثال نضربها للناس وما يعقلها إلا العالمون ٤٣
خلق الله السماوات والأرض بالحق إن في ذلك
لآية للمؤمنين ٤٤ اتل ما أوحي إليك من الكتاب
وأقم الصلاة إن الصلاة تنهى عن الفحشاء
والمنكر ولذكر الله أكبر والله يعلم ما تصنعون ٤٥

۞ وَلَا تُجَٰدِلُوٓاْ أَهۡلَ ٱلۡكِتَٰبِ إِلَّا بِٱلَّتِي هِيَ أَحۡسَنُ إِلَّا 21 - 29 - 402
ٱلَّذِينَ ظَلَمُواْ مِنۡهُمۡۖ وَقُولُوٓاْ ءَامَنَّا بِٱلَّذِيٓ أُنزِلَ إِلَيۡنَا وَأُنزِلَ
إِلَيۡكُمۡ وَإِلَٰهُنَا وَإِلَٰهُكُمۡ وَٰحِدٞ وَنَحۡنُ لَهُۥ مُسۡلِمُونَ ٤٦
وَكَذَٰلِكَ أَنزَلۡنَآ إِلَيۡكَ ٱلۡكِتَٰبَۚ فَٱلَّذِينَ ءَاتَيۡنَٰهُمُ
ٱلۡكِتَٰبَ يُؤۡمِنُونَ بِهِۦۖ وَمِنۡ هَٰٓؤُلَآءِ مَن يُؤۡمِنُ بِهِۦۚ وَمَا
يَجۡحَدُ بِـَٔايَٰتِنَآ إِلَّا ٱلۡكَٰفِرُونَ ٤٧ وَمَا كُنتَ تَتۡلُواْ مِن
قَبۡلِهِۦ مِن كِتَٰبٖ وَلَا تَخُطُّهُۥ بِيَمِينِكَۖ إِذٗا لَّٱرۡتَابَ
ٱلۡمُبۡطِلُونَ ٤٨ بَلۡ هُوَ ءَايَٰتُۢ بَيِّنَٰتٞ فِي صُدُورِ ٱلَّذِينَ
أُوتُواْ ٱلۡعِلۡمَۚ وَمَا يَجۡحَدُ بِـَٔايَٰتِنَآ إِلَّا ٱلظَّٰلِمُونَ ٤٩ وَقَالُواْ
لَوۡلَآ أُنزِلَ عَلَيۡهِ ءَايَٰتٞ مِّن رَّبِّهِۦۚ قُلۡ إِنَّمَا ٱلۡأٓيَٰتُ عِندَ ٱللَّهِ
وَإِنَّمَآ أَنَا۠ نَذِيرٞ مُّبِينٌ ٥٠ أَوَلَمۡ يَكۡفِهِمۡ أَنَّآ أَنزَلۡنَا عَلَيۡكَ
ٱلۡكِتَٰبَ يُتۡلَىٰ عَلَيۡهِمۡۚ إِنَّ فِي ذَٰلِكَ لَرَحۡمَةٗ وَذِكۡرَىٰ
لِقَوۡمٖ يُؤۡمِنُونَ ٥١ قُلۡ كَفَىٰ بِٱللَّهِ بَيۡنِي وَبَيۡنَكُمۡ
شَهِيدٗاۖ يَعۡلَمُ مَا فِي ٱلسَّمَٰوَٰتِ وَٱلۡأَرۡضِۗ وَٱلَّذِينَ ءَامَنُواْ
بِٱلۡبَٰطِلِ وَكَفَرُواْ بِٱللَّهِ أُوْلَٰٓئِكَ هُمُ ٱلۡخَٰسِرُونَ ٥٢

وَيَسۡتَعۡجِلُونَكَ بِٱلۡعَذَابِ وَلَوۡلَآ أَجَلٞ مُّسَمّٗى لَّجَآءَهُمُ ٱلۡعَذَابُۚ 21 - 29 - 403
وَلَيَأۡتِيَنَّهُم بَغۡتَةٗ وَهُمۡ لَا يَشۡعُرُونَ ٥٣ يَسۡتَعۡجِلُونَكَ بِٱلۡعَذَابِ
وَإِنَّ جَهَنَّمَ لَمُحِيطَةُۢ بِٱلۡكَٰفِرِينَ ٥٤ يَوۡمَ يَغۡشَىٰهُمُ ٱلۡعَذَابُ
مِن فَوۡقِهِمۡ وَمِن تَحۡتِ أَرۡجُلِهِمۡ وَيَقُولُ ذُوقُواْ مَا كُنتُمۡ تَعۡمَلُونَ ٥٥
يَٰعِبَادِيَ ٱلَّذِينَ ءَامَنُوٓاْ إِنَّ أَرۡضِي وَٰسِعَةٞ فَإِيَّٰيَ فَٱعۡبُدُونِ ٥٦
كُلُّ نَفۡسٖ ذَآئِقَةُ ٱلۡمَوۡتِۖ ثُمَّ إِلَيۡنَا تُرۡجَعُونَ ٥٧ وَٱلَّذِينَ
ءَامَنُواْ وَعَمِلُواْ ٱلصَّٰلِحَٰتِ لَنُبَوِّئَنَّهُم مِّنَ ٱلۡجَنَّةِ غُرَفٗا تَجۡرِي
مِن تَحۡتِهَا ٱلۡأَنۡهَٰرُ خَٰلِدِينَ فِيهَاۚ نِعۡمَ أَجۡرُ ٱلۡعَٰمِلِينَ ٥٨ ٱلَّذِينَ
صَبَرُواْ وَعَلَىٰ رَبِّهِمۡ يَتَوَكَّلُونَ ٥٩ وَكَأَيِّن مِّن دَآبَّةٖ لَّا تَحۡمِلُ
رِزۡقَهَا ٱللَّهُ يَرۡزُقُهَا وَإِيَّاكُمۡۚ وَهُوَ ٱلسَّمِيعُ ٱلۡعَلِيمُ ٦٠ وَلَئِن
سَأَلۡتَهُم مَّنۡ خَلَقَ ٱلسَّمَٰوَٰتِ وَٱلۡأَرۡضَ وَسَخَّرَ ٱلشَّمۡسَ وَٱلۡقَمَرَ
لَيَقُولُنَّ ٱللَّهُۖ فَأَنَّىٰ يُؤۡفَكُونَ ٦١ ٱللَّهُ يَبۡسُطُ ٱلرِّزۡقَ لِمَن يَشَآءُ مِنۡ
عِبَادِهِۦ وَيَقۡدِرُ لَهُۥٓۚ إِنَّ ٱللَّهَ بِكُلِّ شَيۡءٍ عَلِيمٞ ٦٢ وَلَئِن سَأَلۡتَهُم
مَّن نَّزَّلَ مِنَ ٱلسَّمَآءِ مَآءٗ فَأَحۡيَا بِهِ ٱلۡأَرۡضَ مِنۢ بَعۡدِ مَوۡتِهَا
لَيَقُولُنَّ ٱللَّهُۚ قُلِ ٱلۡحَمۡدُ لِلَّهِۚ بَلۡ أَكۡثَرُهُمۡ لَا يَعۡقِلُونَ ٦٣

وَمَا هَٰذِهِ ٱلۡحَيَوٰةُ ٱلدُّنۡيَآ إِلَّا لَهۡوٞ وَلَعِبٞۚ وَإِنَّ ٱلدَّارَ ٱلۡأٓخِرَةَ لَهِيَ 21 - 29 - 404
ٱلۡحَيَوَانُۚ لَوۡ كَانُواْ يَعۡلَمُونَ ٦٤ فَإِذَا رَكِبُواْ فِي ٱلۡفُلۡكِ دَعَوُاْ ٱللَّهَ
مُخۡلِصِينَ لَهُ ٱلدِّينَ فَلَمَّا نَجَّىٰهُمۡ إِلَى ٱلۡبَرِّ إِذَا هُمۡ يُشۡرِكُونَ ٦٥
لِيَكۡفُرُواْ بِمَآ ءَاتَيۡنَٰهُمۡ وَلِيَتَمَتَّعُواْۚ فَسَوۡفَ يَعۡلَمُونَ ٦٦
أَوَلَمۡ يَرَوۡاْ أَنَّا جَعَلۡنَا حَرَمًا ءَامِنٗا وَيُتَخَطَّفُ ٱلنَّاسُ مِنۡ
حَوۡلِهِمۡۚ أَفَبِٱلۡبَٰطِلِ يُؤۡمِنُونَ وَبِنِعۡمَةِ ٱللَّهِ يَكۡفُرُونَ ٦٧
وَمَنۡ أَظۡلَمُ مِمَّنِ ٱفۡتَرَىٰ عَلَى ٱللَّهِ كَذِبًا أَوۡ كَذَّبَ بِٱلۡحَقِّ لَمَّا جَآءَهُۥٓۚ
أَلَيۡسَ فِي جَهَنَّمَ مَثۡوٗى لِّلۡكَٰفِرِينَ ٦٨ وَٱلَّذِينَ جَٰهَدُواْ
فِينَا لَنَهۡدِيَنَّهُمۡ سُبُلَنَاۚ وَإِنَّ ٱللَّهَ لَمَعَ ٱلۡمُحۡسِنِينَ ٦٩

سُورَةُ الرُّومِ

بِسۡمِ ٱللَّهِ ٱلرَّحۡمَٰنِ ٱلرَّحِيمِ

الٓمٓ ١ غُلِبَتِ ٱلرُّومُ ٢ فِيٓ أَدۡنَى ٱلۡأَرۡضِ وَهُم مِّنۢ
بَعۡدِ غَلَبِهِمۡ سَيَغۡلِبُونَ ٣ فِي بِضۡعِ سِنِينَۗ لِلَّهِ ٱلۡأَمۡرُ
مِن قَبۡلُ وَمِنۢ بَعۡدُۚ وَيَوۡمَئِذٖ يَفۡرَحُ ٱلۡمُؤۡمِنُونَ ٤
بِنَصۡرِ ٱللَّهِۚ يَنصُرُ مَن يَشَآءُۖ وَهُوَ ٱلۡعَزِيزُ ٱلرَّحِيمُ ٥

وَعۡدَ ٱللَّهِۖ لَا يُخۡلِفُ ٱللَّهُ وَعۡدَهُۥ وَلَٰكِنَّ أَكۡثَرَ ٱلنَّاسِ لَا يَعۡلَمُونَ ٦ 21 - 29 - 405
يَعۡلَمُونَ ظَٰهِرٗا مِّنَ ٱلۡحَيَوٰةِ ٱلدُّنۡيَا وَهُمۡ عَنِ ٱلۡأٓخِرَةِ هُمۡ
غَٰفِلُونَ ٧ أَوَلَمۡ يَتَفَكَّرُواْ فِيٓ أَنفُسِهِمۗ مَّا خَلَقَ ٱللَّهُ ٱلسَّمَٰوَٰتِ
وَٱلۡأَرۡضَ وَمَا بَيۡنَهُمَآ إِلَّا بِٱلۡحَقِّ وَأَجَلٖ مُّسَمّٗىۗ وَإِنَّ كَثِيرٗا
مِّنَ ٱلنَّاسِ بِلِقَآيِٕ رَبِّهِمۡ لَكَٰفِرُونَ ٨ أَوَلَمۡ يَسِيرُواْ فِي
ٱلۡأَرۡضِ فَيَنظُرُواْ كَيۡفَ كَانَ عَٰقِبَةُ ٱلَّذِينَ مِن قَبۡلِهِمۡۚ كَانُوٓاْ
أَشَدَّ مِنۡهُمۡ قُوَّةٗ وَأَثَارُواْ ٱلۡأَرۡضَ وَعَمَرُوهَآ أَكۡثَرَ مِمَّا
عَمَرُوهَا وَجَآءَتۡهُمۡ رُسُلُهُم بِٱلۡبَيِّنَٰتِۖ فَمَا كَانَ ٱللَّهُ
لِيَظۡلِمَهُمۡ وَلَٰكِن كَانُوٓاْ أَنفُسَهُمۡ يَظۡلِمُونَ ٩ ثُمَّ كَانَ
عَٰقِبَةَ ٱلَّذِينَ أَسَٰٓـُٔواْ ٱلسُّوٓأَىٰٓ أَن كَذَّبُواْ بِـَٔايَٰتِ ٱللَّهِ وَكَانُواْ بِهَا
يَسۡتَهۡزِءُونَ ١٠ ٱللَّهُ يَبۡدَؤُاْ ٱلۡخَلۡقَ ثُمَّ يُعِيدُهُۥ ثُمَّ إِلَيۡهِ تُرۡجَعُونَ ١١
وَيَوۡمَ تَقُومُ ٱلسَّاعَةُ يُبۡلِسُ ٱلۡمُجۡرِمُونَ ١٢ وَلَمۡ يَكُن لَّهُم مِّن
شُرَكَآئِهِمۡ شُفَعَٰٓؤُاْ وَكَانُواْ بِشُرَكَآئِهِمۡ كَٰفِرِينَ ١٣
وَيَوۡمَ تَقُومُ ٱلسَّاعَةُ يَوۡمَئِذٖ يَتَفَرَّقُونَ ١٤ فَأَمَّا ٱلَّذِينَ
ءَامَنُواْ وَعَمِلُواْ ٱلصَّٰلِحَٰتِ فَهُمۡ فِي رَوۡضَةٖ يُحۡبَرُونَ ١٥

وَأَمَّا ٱلَّذِينَ كَفَرُواْ وَكَذَّبُواْ بِـَٔايَٰتِنَا وَلِقَآيِٕ ٱلۡأٓخِرَةِ 21 - 30 - 406
فَأُوْلَٰٓئِكَ فِي ٱلۡعَذَابِ مُحۡضَرُونَ ١٦ فَسُبۡحَٰنَ ٱللَّهِ حِينَ تُمۡسُونَ
وَحِينَ تُصۡبِحُونَ ١٧ وَلَهُ ٱلۡحَمۡدُ فِي ٱلسَّمَٰوَٰتِ وَٱلۡأَرۡضِ
وَعَشِيّٗا وَحِينَ تُظۡهِرُونَ ١٨ يُخۡرِجُ ٱلۡحَيَّ مِنَ ٱلۡمَيِّتِ وَيُخۡرِجُ
ٱلۡمَيِّتَ مِنَ ٱلۡحَيِّ وَيُحۡيِ ٱلۡأَرۡضَ بَعۡدَ مَوۡتِهَاۚ وَكَذَٰلِكَ تُخۡرَجُونَ ١٩
وَمِنۡ ءَايَٰتِهِۦٓ أَنۡ خَلَقَكُم مِّن تُرَابٖ ثُمَّ إِذَآ أَنتُم بَشَرٞ
تَنتَشِرُونَ ٢٠ وَمِنۡ ءَايَٰتِهِۦٓ أَنۡ خَلَقَ لَكُم مِّنۡ أَنفُسِكُمۡ
أَزۡوَٰجٗا لِّتَسۡكُنُوٓاْ إِلَيۡهَا وَجَعَلَ بَيۡنَكُم مَّوَدَّةٗ وَرَحۡمَةًۚ
إِنَّ فِي ذَٰلِكَ لَأٓيَٰتٖ لِّقَوۡمٖ يَتَفَكَّرُونَ ٢١ وَمِنۡ ءَايَٰتِهِۦ
خَلۡقُ ٱلسَّمَٰوَٰتِ وَٱلۡأَرۡضِ وَٱخۡتِلَٰفُ أَلۡسِنَتِكُمۡ وَأَلۡوَٰنِكُمۡۚ
إِنَّ فِي ذَٰلِكَ لَأٓيَٰتٖ لِّلۡعَٰلِمِينَ ٢٢ وَمِنۡ ءَايَٰتِهِۦ مَنَامُكُم
بِٱلَّيۡلِ وَٱلنَّهَارِ وَٱبۡتِغَآؤُكُم مِّن فَضۡلِهِۦٓۚ إِنَّ فِي ذَٰلِكَ
لَأٓيَٰتٖ لِّقَوۡمٖ يَسۡمَعُونَ ٢٣ وَمِنۡ ءَايَٰتِهِۦ يُرِيكُمُ ٱلۡبَرۡقَ
خَوۡفٗا وَطَمَعٗا وَيُنَزِّلُ مِنَ ٱلسَّمَآءِ مَآءٗ فَيُحۡيِۦ بِهِ ٱلۡأَرۡضَ
بَعۡدَ مَوۡتِهَآۚ إِنَّ فِي ذَٰلِكَ لَأٓيَٰتٖ لِّقَوۡمٖ يَعۡقِلُونَ ٢٤

وَمِنۡ ءَايَٰتِهِۦٓ أَن تَقُومَ ٱلسَّمَآءُ وَٱلۡأَرۡضُ بِأَمۡرِهِۦۚ ثُمَّ إِذَا دَعَاكُمۡ 21 - 30 - 407
دَعۡوَةٗ مِّنَ ٱلۡأَرۡضِ إِذَآ أَنتُمۡ تَخۡرُجُونَ ٢٥ وَلَهُۥ مَن فِي ٱلسَّمَٰوَٰتِ
وَٱلۡأَرۡضِۖ كُلّٞ لَّهُۥ قَٰنِتُونَ ٢٦ وَهُوَ ٱلَّذِي يَبۡدَؤُاْ ٱلۡخَلۡقَ ثُمَّ
يُعِيدُهُۥ وَهُوَ أَهۡوَنُ عَلَيۡهِۚ وَلَهُ ٱلۡمَثَلُ ٱلۡأَعۡلَىٰ فِي ٱلسَّمَٰوَٰتِ
وَٱلۡأَرۡضِۚ وَهُوَ ٱلۡعَزِيزُ ٱلۡحَكِيمُ ٢٧ ضَرَبَ لَكُم مَّثَلٗا
مِّنۡ أَنفُسِكُمۡۖ هَل لَّكُم مِّن مَّا مَلَكَتۡ أَيۡمَٰنُكُم مِّن
شُرَكَآءَ فِي مَا رَزَقۡنَٰكُمۡ فَأَنتُمۡ فِيهِ سَوَآءٞ تَخَافُونَهُمۡ
كَخِيفَتِكُمۡ أَنفُسَكُمۡۚ كَذَٰلِكَ نُفَصِّلُ ٱلۡأٓيَٰتِ لِقَوۡمٖ
يَعۡقِلُونَ ٢٨ بَلِ ٱتَّبَعَ ٱلَّذِينَ ظَلَمُوٓاْ أَهۡوَآءَهُم بِغَيۡرِ عِلۡمٖۖ
فَمَن يَهۡدِي مَنۡ أَضَلَّ ٱللَّهُۖ وَمَا لَهُم مِّن نَّٰصِرِينَ ٢٩ فَأَقِمۡ
وَجۡهَكَ لِلدِّينِ حَنِيفٗاۚ فِطۡرَتَ ٱللَّهِ ٱلَّتِي فَطَرَ ٱلنَّاسَ عَلَيۡهَاۚ
لَا تَبۡدِيلَ لِخَلۡقِ ٱللَّهِۚ ذَٰلِكَ ٱلدِّينُ ٱلۡقَيِّمُ وَلَٰكِنَّ أَكۡثَرَ
ٱلنَّاسِ لَا يَعۡلَمُونَ ٣٠ ۞ مُنِيبِينَ إِلَيۡهِ وَٱتَّقُوهُ وَأَقِيمُواْ
ٱلصَّلَوٰةَ وَلَا تَكُونُواْ مِنَ ٱلۡمُشۡرِكِينَ ٣١ مِنَ ٱلَّذِينَ فَرَّقُواْ
دِينَهُمۡ وَكَانُواْ شِيَعٗاۖ كُلُّ حِزۡبِۢ بِمَا لَدَيۡهِمۡ فَرِحُونَ ٣٢

وَإِذَا مَسَّ ٱلنَّاسَ ضُرّٞ دَعَوۡاْ رَبَّهُم مُّنِيبِينَ إِلَيۡهِ ثُمَّ إِذَآ أَذَاقَهُم 21 - 30 - 408
مِّنۡهُ رَحۡمَةً إِذَا فَرِيقٞ مِّنۡهُم بِرَبِّهِمۡ يُشۡرِكُونَ ٣٣ لِيَكۡفُرُواْ بِمَآ
ءَاتَيۡنَٰهُمۡۚ فَتَمَتَّعُواْ فَسَوۡفَ تَعۡلَمُونَ ٣٤ أَمۡ أَنزَلۡنَا عَلَيۡهِمۡ
سُلۡطَٰنٗا فَهُوَ يَتَكَلَّمُ بِمَا كَانُواْ بِهِۦ يُشۡرِكُونَ ٣٥ وَإِذَآ أَذَقۡنَا
ٱلنَّاسَ رَحۡمَةٗ فَرِحُواْ بِهَاۖ وَإِن تُصِبۡهُمۡ سَيِّئَةُۢ بِمَا قَدَّمَتۡ أَيۡدِيهِمۡ
إِذَا هُمۡ يَقۡنَطُونَ ٣٦ أَوَلَمۡ يَرَوۡاْ أَنَّ ٱللَّهَ يَبۡسُطُ ٱلرِّزۡقَ لِمَن يَشَآءُ
وَيَقۡدِرُۚ إِنَّ فِي ذَٰلِكَ لَأٓيَٰتٖ لِّقَوۡمٖ يُؤۡمِنُونَ ٣٧ فَـَٔاتِ ذَا ٱلۡقُرۡبَىٰ
حَقَّهُۥ وَٱلۡمِسۡكِينَ وَٱبۡنَ ٱلسَّبِيلِۚ ذَٰلِكَ خَيۡرٞ لِّلَّذِينَ يُرِيدُونَ
وَجۡهَ ٱللَّهِۖ وَأُوْلَٰٓئِكَ هُمُ ٱلۡمُفۡلِحُونَ ٣٨ وَمَآ ءَاتَيۡتُم مِّن رِّبٗا
لِّيَرۡبُوَاْ فِيٓ أَمۡوَٰلِ ٱلنَّاسِ فَلَا يَرۡبُواْ عِندَ ٱللَّهِۖ وَمَآ ءَاتَيۡتُم مِّن
زَكَوٰةٖ تُرِيدُونَ وَجۡهَ ٱللَّهِ فَأُوْلَٰٓئِكَ هُمُ ٱلۡمُضۡعِفُونَ ٣٩
ٱللَّهُ ٱلَّذِي خَلَقَكُمۡ ثُمَّ رَزَقَكُمۡ ثُمَّ يُمِيتُكُمۡ ثُمَّ يُحۡيِيكُمۡۖ هَلۡ مِن
شُرَكَآئِكُم مَّن يَفۡعَلُ مِن ذَٰلِكُم مِّن شَيۡءٖۚ سُبۡحَٰنَهُۥ وَتَعَٰلَىٰ
عَمَّا يُشۡرِكُونَ ٤٠ ظَهَرَ ٱلۡفَسَادُ فِي ٱلۡبَرِّ وَٱلۡبَحۡرِ بِمَا كَسَبَتۡ
أَيۡدِي ٱلنَّاسِ لِيُذِيقَهُم بَعۡضَ ٱلَّذِي عَمِلُواْ لَعَلَّهُمۡ يَرۡجِعُونَ ٤١

قُلۡ سِيرُواْ فِي ٱلۡأَرۡضِ فَٱنظُرُواْ كَيۡفَ كَانَ عَٰقِبَةُ ٱلَّذِينَ مِن قَبۡلُۚ 21 - 30 - 409
كَانَ أَكۡثَرُهُم مُّشۡرِكِينَ ٤٢ فَأَقِمۡ وَجۡهَكَ لِلدِّينِ ٱلۡقَيِّمِ مِن
قَبۡلِ أَن يَأۡتِيَ يَوۡمٞ لَّا مَرَدَّ لَهُۥ مِنَ ٱللَّهِۖ يَوۡمَئِذٖ يَصَّدَّعُونَ ٤٣ مَن
كَفَرَ فَعَلَيۡهِ كُفۡرُهُۥۖ وَمَنۡ عَمِلَ صَٰلِحٗا فَلِأَنفُسِهِمۡ يَمۡهَدُونَ ٤٤
لِيَجۡزِيَ ٱلَّذِينَ ءَامَنُواْ وَعَمِلُواْ ٱلصَّٰلِحَٰتِ مِن فَضۡلِهِۦٓۚ إِنَّهُۥ لَا يُحِبُّ
ٱلۡكَٰفِرِينَ ٤٥ وَمِنۡ ءَايَٰتِهِۦٓ أَن يُرۡسِلَ ٱلرِّيَاحَ مُبَشِّرَٰتٖ وَلِيُذِيقَكُم
مِّن رَّحۡمَتِهِۦ وَلِتَجۡرِيَ ٱلۡفُلۡكُ بِأَمۡرِهِۦ وَلِتَبۡتَغُواْ مِن فَضۡلِهِۦ وَلَعَلَّكُمۡ
تَشۡكُرُونَ ٤٦ وَلَقَدۡ أَرۡسَلۡنَا مِن قَبۡلِكَ رُسُلًا إِلَىٰ قَوۡمِهِمۡ فَجَآءُوهُم
بِٱلۡبَيِّنَٰتِ فَٱنتَقَمۡنَا مِنَ ٱلَّذِينَ أَجۡرَمُواْۖ وَكَانَ حَقًّا عَلَيۡنَا نَصۡرُ
ٱلۡمُؤۡمِنِينَ ٤٧ ٱللَّهُ ٱلَّذِي يُرۡسِلُ ٱلرِّيَٰحَ فَتُثِيرُ سَحَابٗا فَيَبۡسُطُهُۥ
فِي ٱلسَّمَآءِ كَيۡفَ يَشَآءُ وَيَجۡعَلُهُۥ كِسَفٗا فَتَرَى ٱلۡوَدۡقَ يَخۡرُجُ مِنۡ
خِلَٰلِهِۦۖ فَإِذَآ أَصَابَ بِهِۦ مَن يَشَآءُ مِنۡ عِبَادِهِۦٓ إِذَا هُمۡ يَسۡتَبۡشِرُونَ ٤٨
وَإِن كَانُواْ مِن قَبۡلِ أَن يُنَزَّلَ عَلَيۡهِم مِّن قَبۡلِهِۦ لَمُبۡلِسِينَ ٤٩
فَٱنظُرۡ إِلَىٰٓ ءَاثَٰرِ رَحۡمَتِ ٱللَّهِ كَيۡفَ يُحۡيِ ٱلۡأَرۡضَ بَعۡدَ مَوۡتِهَآۚ
إِنَّ ذَٰلِكَ لَمُحۡيِ ٱلۡمَوۡتَىٰۖ وَهُوَ عَلَىٰ كُلِّ شَيۡءٖ قَدِيرٞ ٥٠

وَلَئِنۡ أَرۡسَلۡنَا رِيحٗا فَرَأَوۡهُ مُصۡفَرّٗا لَّظَلُّواْ مِنۢ بَعۡدِهِۦ يَكۡفُرُونَ ٥١ 21 - 30 - 410
فَإِنَّكَ لَا تُسۡمِعُ ٱلۡمَوۡتَىٰ وَلَا تُسۡمِعُ ٱلصُّمَّ ٱلدُّعَآءَ إِذَا وَلَّوۡاْ
مُدۡبِرِينَ ٥٢ وَمَآ أَنتَ بِهَٰدِ ٱلۡعُمۡيِ عَن ضَلَٰلَتِهِمۡۖ إِن تُسۡمِعُ إِلَّا
مَن يُؤۡمِنُ بِـَٔايَٰتِنَا فَهُم مُّسۡلِمُونَ ٥٣ ۞ ٱللَّهُ ٱلَّذِي خَلَقَكُم
مِّن ضَعۡفٖ ثُمَّ جَعَلَ مِنۢ بَعۡدِ ضَعۡفٖ قُوَّةٗ ثُمَّ جَعَلَ مِنۢ بَعۡدِ
قُوَّةٖ ضَعۡفٗا وَشَيۡبَةٗۚ يَخۡلُقُ مَا يَشَآءُۚ وَهُوَ ٱلۡعَلِيمُ ٱلۡقَدِيرُ ٥٤
وَيَوۡمَ تَقُومُ ٱلسَّاعَةُ يُقۡسِمُ ٱلۡمُجۡرِمُونَ مَا لَبِثُواْ غَيۡرَ
سَاعَةٖۚ كَذَٰلِكَ كَانُواْ يُؤۡفَكُونَ ٥٥ وَقَالَ ٱلَّذِينَ أُوتُواْ
ٱلۡعِلۡمَ وَٱلۡإِيمَٰنَ لَقَدۡ لَبِثۡتُمۡ فِي كِتَٰبِ ٱللَّهِ إِلَىٰ يَوۡمِ ٱلۡبَعۡثِۖ
فَهَٰذَا يَوۡمُ ٱلۡبَعۡثِ وَلَٰكِنَّكُمۡ كُنتُمۡ لَا تَعۡلَمُونَ ٥٦ فَيَوۡمَئِذٖ
لَّا يَنفَعُ ٱلَّذِينَ ظَلَمُواْ مَعۡذِرَتُهُمۡ وَلَا هُمۡ يُسۡتَعۡتَبُونَ ٥٧
وَلَقَدۡ ضَرَبۡنَا لِلنَّاسِ فِي هَٰذَا ٱلۡقُرۡءَانِ مِن كُلِّ مَثَلٖۚ
وَلَئِن جِئۡتَهُم بِـَٔايَةٖ لَّيَقُولَنَّ ٱلَّذِينَ كَفَرُوٓاْ إِنۡ أَنتُمۡ إِلَّا
مُبۡطِلُونَ ٥٨ كَذَٰلِكَ يَطۡبَعُ ٱللَّهُ عَلَىٰ قُلُوبِ ٱلَّذِينَ لَا يَعۡلَمُونَ ٥٩
فَٱصۡبِرۡ إِنَّ وَعۡدَ ٱللَّهِ حَقّٞۖ وَلَا يَسۡتَخِفَّنَّكَ ٱلَّذِينَ لَا يُوقِنُونَ ٦٠

سُورَةُ لُقۡمَانَ 21 - 31 - 411

بِسۡمِ ٱللَّهِ ٱلرَّحۡمَٰنِ ٱلرَّحِيمِ

الٓمٓ ١ تِلۡكَ ءَايَٰتُ ٱلۡكِتَٰبِ ٱلۡحَكِيمِ ٢ هُدٗى وَرَحۡمَةٗ
لِّلۡمُحۡسِنِينَ ٣ ٱلَّذِينَ يُقِيمُونَ ٱلصَّلَوٰةَ وَيُؤۡتُونَ ٱلزَّكَوٰةَ وَهُم
بِٱلۡأٓخِرَةِ هُمۡ يُوقِنُونَ ٤ أُوْلَٰٓئِكَ عَلَىٰ هُدٗى مِّن رَّبِّهِمۡۖ وَأُوْلَٰٓئِكَ
هُمُ ٱلۡمُفۡلِحُونَ ٥ وَمِنَ ٱلنَّاسِ مَن يَشۡتَرِي لَهۡوَ ٱلۡحَدِيثِ
لِيُضِلَّ عَن سَبِيلِ ٱللَّهِ بِغَيۡرِ عِلۡمٖ وَيَتَّخِذَهَا هُزُوًاۚ أُوْلَٰٓئِكَ لَهُمۡ
عَذَابٞ مُّهِينٞ ٦ وَإِذَا تُتۡلَىٰ عَلَيۡهِ ءَايَٰتُنَا وَلَّىٰ مُسۡتَكۡبِرٗا
كَأَن لَّمۡ يَسۡمَعۡهَا كَأَنَّ فِيٓ أُذُنَيۡهِ وَقۡرٗاۖ فَبَشِّرۡهُ بِعَذَابٍ أَلِيمٍ ٧
إِنَّ ٱلَّذِينَ ءَامَنُواْ وَعَمِلُواْ ٱلصَّٰلِحَٰتِ لَهُمۡ جَنَّٰتُ ٱلنَّعِيمِ ٨
خَٰلِدِينَ فِيهَاۖ وَعۡدَ ٱللَّهِ حَقّٗاۚ وَهُوَ ٱلۡعَزِيزُ ٱلۡحَكِيمُ ٩ خَلَقَ
ٱلسَّمَٰوَٰتِ بِغَيۡرِ عَمَدٖ تَرَوۡنَهَاۖ وَأَلۡقَىٰ فِي ٱلۡأَرۡضِ رَوَٰسِيَ أَن تَمِيدَ
بِكُمۡ وَبَثَّ فِيهَا مِن كُلِّ دَآبَّةٖۚ وَأَنزَلۡنَا مِنَ ٱلسَّمَآءِ مَآءٗ فَأَنۢبَتۡنَا
فِيهَا مِن كُلِّ زَوۡجٖ كَرِيمٍ ١٠ هَٰذَا خَلۡقُ ٱللَّهِ فَأَرُونِي مَاذَا
خَلَقَ ٱلَّذِينَ مِن دُونِهِۦۚ بَلِ ٱلظَّٰلِمُونَ فِي ضَلَٰلٖ مُّبِينٖ ١١

21-31-412 وَلَقَدْ ءَاتَيْنَا لُقْمَٰنَ ٱلْحِكْمَةَ أَنِ ٱشْكُرْ لِلَّهِ ۚ وَمَن يَشْكُرْ فَإِنَّمَا
يَشْكُرُ لِنَفْسِهِۦ ۖ وَمَن كَفَرَ فَإِنَّ ٱللَّهَ غَنِىٌّ حَمِيدٌ ١٢ وَإِذْ قَالَ
لُقْمَٰنُ لِٱبْنِهِۦ وَهُوَ يَعِظُهُۥ يَٰبُنَىَّ لَا تُشْرِكْ بِٱللَّهِ ۖ إِنَّ ٱلشِّرْكَ
لَظُلْمٌ عَظِيمٌ ١٣ وَوَصَّيْنَا ٱلْإِنسَٰنَ بِوَٰلِدَيْهِ حَمَلَتْهُ أُمُّهُۥ
وَهْنًا عَلَىٰ وَهْنٍ وَفِصَٰلُهُۥ فِى عَامَيْنِ أَنِ ٱشْكُرْ لِى وَلِوَٰلِدَيْكَ
إِلَىَّ ٱلْمَصِيرُ ١٤ وَإِن جَٰهَدَاكَ عَلَىٰٓ أَن تُشْرِكَ بِى مَا لَيْسَ
لَكَ بِهِۦ عِلْمٌ فَلَا تُطِعْهُمَا ۖ وَصَاحِبْهُمَا فِى ٱلدُّنْيَا مَعْرُوفًا ۖ
وَٱتَّبِعْ سَبِيلَ مَنْ أَنَابَ إِلَىَّ ۚ ثُمَّ إِلَىَّ مَرْجِعُكُمْ فَأُنَبِّئُكُم
بِمَا كُنتُمْ تَعْمَلُونَ ١٥ يَٰبُنَىَّ إِنَّهَآ إِن تَكُ مِثْقَالَ حَبَّةٍ مِّنْ
خَرْدَلٍ فَتَكُن فِى صَخْرَةٍ أَوْ فِى ٱلسَّمَٰوَٰتِ أَوْ فِى ٱلْأَرْضِ يَأْتِ
بِهَا ٱللَّهُ ۚ إِنَّ ٱللَّهَ لَطِيفٌ خَبِيرٌ ١٦ يَٰبُنَىَّ أَقِمِ ٱلصَّلَوٰةَ وَأْمُرْ
بِٱلْمَعْرُوفِ وَٱنْهَ عَنِ ٱلْمُنكَرِ وَٱصْبِرْ عَلَىٰ مَآ أَصَابَكَ ۖ إِنَّ ذَٰلِكَ
مِنْ عَزْمِ ٱلْأُمُورِ ١٧ وَلَا تُصَعِّرْ خَدَّكَ لِلنَّاسِ وَلَا تَمْشِ فِى ٱلْأَرْضِ
مَرَحًا ۖ إِنَّ ٱللَّهَ لَا يُحِبُّ كُلَّ مُخْتَالٍ فَخُورٍ ١٨ وَٱقْصِدْ فِى مَشْيِكَ
وَٱغْضُضْ مِن صَوْتِكَ ۚ إِنَّ أَنكَرَ ٱلْأَصْوَٰتِ لَصَوْتُ ٱلْحَمِيرِ ١٩
21-31-413 أَلَمْ تَرَوْا۟ أَنَّ ٱللَّهَ سَخَّرَ لَكُم مَّا فِى ٱلسَّمَٰوَٰتِ وَمَا فِى ٱلْأَرْضِ وَأَسْبَغَ
عَلَيْكُمْ نِعَمَهُۥ ظَٰهِرَةً وَبَاطِنَةً ۗ وَمِنَ ٱلنَّاسِ مَن يُجَٰدِلُ فِى ٱللَّهِ
بِغَيْرِ عِلْمٍ وَلَا هُدًى وَلَا كِتَٰبٍ مُّنِيرٍ ٢٠ وَإِذَا قِيلَ لَهُمُ ٱتَّبِعُوا۟
مَآ أَنزَلَ ٱللَّهُ قَالُوا۟ بَلْ نَتَّبِعُ مَا وَجَدْنَا عَلَيْهِ ءَابَآءَنَآ ۚ أَوَلَوْ كَانَ
ٱلشَّيْطَٰنُ يَدْعُوهُمْ إِلَىٰ عَذَابِ ٱلسَّعِيرِ ٢١ ۞ وَمَن يُسْلِمْ
وَجْهَهُۥٓ إِلَى ٱللَّهِ وَهُوَ مُحْسِنٌ فَقَدِ ٱسْتَمْسَكَ بِٱلْعُرْوَةِ ٱلْوُثْقَىٰ ۗ
وَإِلَى ٱللَّهِ عَٰقِبَةُ ٱلْأُمُورِ ٢٢ وَمَن كَفَرَ فَلَا يَحْزُنكَ كُفْرُهُۥٓ ۚ إِلَيْنَا
مَرْجِعُهُمْ فَنُنَبِّئُهُم بِمَا عَمِلُوٓا۟ ۚ إِنَّ ٱللَّهَ عَلِيمٌۢ بِذَاتِ ٱلصُّدُورِ ٢٣
نُمَتِّعُهُمْ قَلِيلًا ثُمَّ نَضْطَرُّهُمْ إِلَىٰ عَذَابٍ غَلِيظٍ ٢٤
وَلَئِن سَأَلْتَهُم مَّنْ خَلَقَ ٱلسَّمَٰوَٰتِ وَٱلْأَرْضَ لَيَقُولُنَّ ٱللَّهُ ۚ قُلِ
ٱلْحَمْدُ لِلَّهِ ۚ بَلْ أَكْثَرُهُمْ لَا يَعْلَمُونَ ٢٥ لِلَّهِ مَا فِى ٱلسَّمَٰوَٰتِ
وَٱلْأَرْضِ ۚ إِنَّ ٱللَّهَ هُوَ ٱلْغَنِىُّ ٱلْحَمِيدُ ٢٦ وَلَوْ أَنَّمَا فِى ٱلْأَرْضِ
مِن شَجَرَةٍ أَقْلَٰمٌ وَٱلْبَحْرُ يَمُدُّهُۥ مِنۢ بَعْدِهِۦ سَبْعَةُ أَبْحُرٍ
مَّا نَفِدَتْ كَلِمَٰتُ ٱللَّهِ ۗ إِنَّ ٱللَّهَ عَزِيزٌ حَكِيمٌ ٢٧ مَّا خَلْقُكُمْ
وَلَا بَعْثُكُمْ إِلَّا كَنَفْسٍ وَٰحِدَةٍ ۗ إِنَّ ٱللَّهَ سَمِيعٌۢ بَصِيرٌ ٢٨
21-31-414 أَلَمْ تَرَ أَنَّ ٱللَّهَ يُولِجُ ٱلَّيْلَ فِى ٱلنَّهَارِ وَيُولِجُ ٱلنَّهَارَ
فِى ٱلَّيْلِ وَسَخَّرَ ٱلشَّمْسَ وَٱلْقَمَرَ كُلٌّ يَجْرِىٓ إِلَىٰٓ
أَجَلٍ مُّسَمًّى وَأَنَّ ٱللَّهَ بِمَا تَعْمَلُونَ خَبِيرٌ ٢٩
ذَٰلِكَ بِأَنَّ ٱللَّهَ هُوَ ٱلْحَقُّ وَأَنَّ مَا يَدْعُونَ مِن دُونِهِ
ٱلْبَٰطِلُ وَأَنَّ ٱللَّهَ هُوَ ٱلْعَلِىُّ ٱلْكَبِيرُ ٣٠ أَلَمْ تَرَ أَنَّ ٱلْفُلْكَ
تَجْرِى فِى ٱلْبَحْرِ بِنِعْمَتِ ٱللَّهِ لِيُرِيَكُم مِّنْ ءَايَٰتِهِۦٓ ۚ إِنَّ
فِى ذَٰلِكَ لَءَايَٰتٍ لِّكُلِّ صَبَّارٍ شَكُورٍ ٣١ وَإِذَا غَشِيَهُم مَّوْجٌ
كَٱلظُّلَلِ دَعَوُا۟ ٱللَّهَ مُخْلِصِينَ لَهُ ٱلدِّينَ فَلَمَّا نَجَّىٰهُمْ إِلَى ٱلْبَرِّ
فَمِنْهُم مُّقْتَصِدٌ ۚ وَمَا يَجْحَدُ بِـَٔايَٰتِنَآ إِلَّا كُلُّ خَتَّارٍ كَفُورٍ ٣٢
يَٰٓأَيُّهَا ٱلنَّاسُ ٱتَّقُوا۟ رَبَّكُمْ وَٱخْشَوْا۟ يَوْمًا لَّا يَجْزِى وَالِدٌ
عَن وَلَدِهِۦ وَلَا مَوْلُودٌ هُوَ جَازٍ عَن وَالِدِهِۦ شَيْـًٔا ۚ إِنَّ وَعْدَ ٱللَّهِ
حَقٌّ ۖ فَلَا تَغُرَّنَّكُمُ ٱلْحَيَوٰةُ ٱلدُّنْيَا وَلَا يَغُرَّنَّكُم بِٱللَّهِ
ٱلْغَرُورُ ٣٣ إِنَّ ٱللَّهَ عِندَهُۥ عِلْمُ ٱلسَّاعَةِ وَيُنَزِّلُ ٱلْغَيْثَ
وَيَعْلَمُ مَا فِى ٱلْأَرْحَامِ ۖ وَمَا تَدْرِى نَفْسٌ مَّاذَا تَكْسِبُ غَدًا ۖ
وَمَا تَدْرِى نَفْسٌۢ بِأَىِّ أَرْضٍ تَمُوتُ ۚ إِنَّ ٱللَّهَ عَلِيمٌ خَبِيرٌۢ ٣٤

سُورَةُ السَّجْدَة

بِسْمِ ٱللَّهِ ٱلرَّحْمَٰنِ ٱلرَّحِيمِ

21-31-415 الٓمٓ ١ تَنزِيلُ ٱلْكِتَٰبِ لَا رَيْبَ فِيهِ مِن رَّبِّ ٱلْعَٰلَمِينَ ٢
أَمْ يَقُولُونَ ٱفْتَرَىٰهُ ۚ بَلْ هُوَ ٱلْحَقُّ مِن رَّبِّكَ لِتُنذِرَ قَوْمًا مَّآ أَتَىٰهُم
مِّن نَّذِيرٍ مِّن قَبْلِكَ لَعَلَّهُمْ يَهْتَدُونَ ٣ ٱللَّهُ ٱلَّذِى خَلَقَ
ٱلسَّمَٰوَٰتِ وَٱلْأَرْضَ وَمَا بَيْنَهُمَا فِى سِتَّةِ أَيَّامٍ ثُمَّ ٱسْتَوَىٰ عَلَى
ٱلْعَرْشِ ۖ مَا لَكُم مِّن دُونِهِۦ مِن وَلِىٍّ وَلَا شَفِيعٍ ۚ أَفَلَا تَتَذَكَّرُونَ ٤
يُدَبِّرُ ٱلْأَمْرَ مِنَ ٱلسَّمَآءِ إِلَى ٱلْأَرْضِ ثُمَّ يَعْرُجُ إِلَيْهِ فِى يَوْمٍ كَانَ
مِقْدَارُهُۥٓ أَلْفَ سَنَةٍ مِّمَّا تَعُدُّونَ ٥ ذَٰلِكَ عَٰلِمُ ٱلْغَيْبِ وَٱلشَّهَٰدَةِ
ٱلْعَزِيزُ ٱلرَّحِيمُ ٦ ٱلَّذِىٓ أَحْسَنَ كُلَّ شَىْءٍ خَلَقَهُۥ ۖ وَبَدَأَ خَلْقَ ٱلْإِنسَٰنِ
مِن طِينٍ ٧ ثُمَّ جَعَلَ نَسْلَهُۥ مِن سُلَٰلَةٍ مِّن مَّآءٍ مَّهِينٍ ٨
ثُمَّ سَوَّىٰهُ وَنَفَخَ فِيهِ مِن رُّوحِهِۦ ۖ وَجَعَلَ لَكُمُ ٱلسَّمْعَ وَٱلْأَبْصَٰرَ
وَٱلْأَفْـِٔدَةَ ۚ قَلِيلًا مَّا تَشْكُرُونَ ٩ وَقَالُوٓا۟ أَءِذَا ضَلَلْنَا فِى ٱلْأَرْضِ
أَءِنَّا لَفِى خَلْقٍ جَدِيدٍۭ ۚ بَلْ هُم بِلِقَآءِ رَبِّهِمْ كَٰفِرُونَ ١٠ ۞ قُلْ يَتَوَفَّىٰكُم
مَّلَكُ ٱلْمَوْتِ ٱلَّذِى وُكِّلَ بِكُمْ ثُمَّ إِلَىٰ رَبِّكُمْ تُرْجَعُونَ ١١
21-32-416 وَلَوْ تَرَىٰٓ إِذِ ٱلْمُجْرِمُونَ نَاكِسُوا۟ رُءُوسِهِمْ عِندَ رَبِّهِمْ
رَبَّنَآ أَبْصَرْنَا وَسَمِعْنَا فَٱرْجِعْنَا نَعْمَلْ صَٰلِحًا إِنَّا مُوقِنُونَ ١٢
وَلَوْ شِئْنَا لَءَاتَيْنَا كُلَّ نَفْسٍ هُدَىٰهَا وَلَٰكِنْ حَقَّ
ٱلْقَوْلُ مِنِّى لَأَمْلَأَنَّ جَهَنَّمَ مِنَ ٱلْجِنَّةِ وَٱلنَّاسِ أَجْمَعِينَ ١٣
فَذُوقُوا۟ بِمَا نَسِيتُمْ لِقَآءَ يَوْمِكُمْ هَٰذَآ إِنَّا نَسِينَٰكُمْ ۖ
وَذُوقُوا۟ عَذَابَ ٱلْخُلْدِ بِمَا كُنتُمْ تَعْمَلُونَ ١٤ إِنَّمَا يُؤْمِنُ
بِـَٔايَٰتِنَا ٱلَّذِينَ إِذَا ذُكِّرُوا۟ بِهَا خَرُّوا۟ سُجَّدًا وَسَبَّحُوا۟ بِحَمْدِ
رَبِّهِمْ وَهُمْ لَا يَسْتَكْبِرُونَ ۩ ١٥ تَتَجَافَىٰ جُنُوبُهُمْ
عَنِ ٱلْمَضَاجِعِ يَدْعُونَ رَبَّهُمْ خَوْفًا وَطَمَعًا وَمِمَّا رَزَقْنَٰهُمْ
يُنفِقُونَ ١٦ فَلَا تَعْلَمُ نَفْسٌ مَّآ أُخْفِىَ لَهُم مِّن قُرَّةِ أَعْيُنٍ
جَزَآءًۢ بِمَا كَانُوا۟ يَعْمَلُونَ ١٧ أَفَمَن كَانَ مُؤْمِنًا كَمَن كَانَ فَاسِقًا ۚ
لَّا يَسْتَوُۥنَ ١٨ أَمَّا ٱلَّذِينَ ءَامَنُوا۟ وَعَمِلُوا۟ ٱلصَّٰلِحَٰتِ فَلَهُمْ
جَنَّٰتُ ٱلْمَأْوَىٰ نُزُلًۢا بِمَا كَانُوا۟ يَعْمَلُونَ ١٩ وَأَمَّا ٱلَّذِينَ فَسَقُوا۟
فَمَأْوَىٰهُمُ ٱلنَّارُ ۖ كُلَّمَآ أَرَادُوٓا۟ أَن يَخْرُجُوا۟ مِنْهَآ أُعِيدُوا۟ فِيهَا
وَقِيلَ لَهُمْ ذُوقُوا۟ عَذَابَ ٱلنَّارِ ٱلَّذِى كُنتُم بِهِۦ تُكَذِّبُونَ ٢٠
21-32-417 وَلَنُذِيقَنَّهُم مِّنَ ٱلْعَذَابِ ٱلْأَدْنَىٰ دُونَ ٱلْعَذَابِ ٱلْأَكْبَرِ
لَعَلَّهُمْ يَرْجِعُونَ ٢١ وَمَنْ أَظْلَمُ مِمَّن ذُكِّرَ بِـَٔايَٰتِ
رَبِّهِۦ ثُمَّ أَعْرَضَ عَنْهَآ ۚ إِنَّا مِنَ ٱلْمُجْرِمِينَ مُنتَقِمُونَ ٢٢
وَلَقَدْ ءَاتَيْنَا مُوسَى ٱلْكِتَٰبَ فَلَا تَكُن فِى مِرْيَةٍ
مِّن لِّقَآئِهِۦ ۖ وَجَعَلْنَٰهُ هُدًى لِّبَنِىٓ إِسْرَٰٓءِيلَ ٢٣
وَجَعَلْنَا مِنْهُمْ أَئِمَّةً يَهْدُونَ بِأَمْرِنَا لَمَّا صَبَرُوا۟ ۖ
وَكَانُوا۟ بِـَٔايَٰتِنَا يُوقِنُونَ ٢٤ إِنَّ رَبَّكَ هُوَ يَفْصِلُ بَيْنَهُمْ
يَوْمَ ٱلْقِيَٰمَةِ فِيمَا كَانُوا۟ فِيهِ يَخْتَلِفُونَ ٢٥ أَوَلَمْ يَهْدِ لَهُمْ
كَمْ أَهْلَكْنَا مِن قَبْلِهِم مِّنَ ٱلْقُرُونِ يَمْشُونَ
فِى مَسَٰكِنِهِمْ ۚ إِنَّ فِى ذَٰلِكَ لَءَايَٰتٍ ۖ أَفَلَا يَسْمَعُونَ ٢٦
أَوَلَمْ يَرَوْا۟ أَنَّا نَسُوقُ ٱلْمَآءَ إِلَى ٱلْأَرْضِ ٱلْجُرُزِ فَنُخْرِجُ بِهِۦ
زَرْعًا تَأْكُلُ مِنْهُ أَنْعَٰمُهُمْ وَأَنفُسُهُمْ ۖ أَفَلَا يُبْصِرُونَ ٢٧
وَيَقُولُونَ مَتَىٰ هَٰذَا ٱلْفَتْحُ إِن كُنتُمْ صَٰدِقِينَ ٢٨
قُلْ يَوْمَ ٱلْفَتْحِ لَا يَنفَعُ ٱلَّذِينَ كَفَرُوٓا۟ إِيمَٰنُهُمْ وَلَا هُمْ
يُنظَرُونَ ٢٩ فَأَعْرِضْ عَنْهُمْ وَٱنتَظِرْ إِنَّهُم مُّنتَظِرُونَ ٣٠

سُورَةُ الأَحْزَاب

بِسْمِ ٱللَّهِ ٱلرَّحْمَٰنِ ٱلرَّحِيمِ

21-32-418 يَٰٓأَيُّهَا ٱلنَّبِىُّ ٱتَّقِ ٱللَّهَ وَلَا تُطِعِ ٱلْكَٰفِرِينَ وَٱلْمُنَٰفِقِينَ ۗ إِنَّ ٱللَّهَ
كَانَ عَلِيمًا حَكِيمًا ١ وَٱتَّبِعْ مَا يُوحَىٰٓ إِلَيْكَ مِن رَّبِّكَ ۚ
إِنَّ ٱللَّهَ كَانَ بِمَا تَعْمَلُونَ خَبِيرًا ٢ وَتَوَكَّلْ عَلَى ٱللَّهِ ۚ
وَكَفَىٰ بِٱللَّهِ وَكِيلًا ٣ مَّا جَعَلَ ٱللَّهُ لِرَجُلٍ مِّن قَلْبَيْنِ فِى جَوْفِهِۦ ۚ
وَمَا جَعَلَ أَزْوَٰجَكُمُ ٱلَّٰٓـِٔى تُظَٰهِرُونَ مِنْهُنَّ أُمَّهَٰتِكُمْ ۚ وَمَا جَعَلَ
أَدْعِيَآءَكُمْ أَبْنَآءَكُمْ ۚ ذَٰلِكُمْ قَوْلُكُم بِأَفْوَٰهِكُمْ ۖ وَٱللَّهُ يَقُولُ ٱلْحَقَّ
وَهُوَ يَهْدِى ٱلسَّبِيلَ ٤ ٱدْعُوهُمْ لِءَابَآئِهِمْ هُوَ أَقْسَطُ عِندَ ٱللَّهِ ۚ
فَإِن لَّمْ تَعْلَمُوٓا۟ ءَابَآءَهُمْ فَإِخْوَٰنُكُمْ فِى ٱلدِّينِ وَمَوَٰلِيكُمْ ۚ وَلَيْسَ
عَلَيْكُمْ جُنَاحٌ فِيمَآ أَخْطَأْتُم بِهِۦ وَلَٰكِن مَّا تَعَمَّدَتْ قُلُوبُكُمْ ۚ
وَكَانَ ٱللَّهُ غَفُورًا رَّحِيمًا ٥ ٱلنَّبِىُّ أَوْلَىٰ بِٱلْمُؤْمِنِينَ مِنْ أَنفُسِهِمْ ۖ
وَأَزْوَٰجُهُۥٓ أُمَّهَٰتُهُمْ ۗ وَأُو۟لُوا۟ ٱلْأَرْحَامِ بَعْضُهُمْ أَوْلَىٰ بِبَعْضٍ
فِى كِتَٰبِ ٱللَّهِ مِنَ ٱلْمُؤْمِنِينَ وَٱلْمُهَٰجِرِينَ إِلَّآ أَن تَفْعَلُوٓا۟ إِلَىٰٓ
أَوْلِيَآئِكُم مَّعْرُوفًا ۚ كَانَ ذَٰلِكَ فِى ٱلْكِتَٰبِ مَسْطُورًا ٦
21-33-419 وَإِذْ أَخَذْنَا مِنَ ٱلنَّبِيِّـۧنَ مِيثَٰقَهُمْ وَمِنكَ وَمِن نُّوحٍ وَإِبْرَٰهِيمَ
وَمُوسَىٰ وَعِيسَى ٱبْنِ مَرْيَمَ ۖ وَأَخَذْنَا مِنْهُم مِّيثَٰقًا غَلِيظًا ٧
لِّيَسْـَٔلَ ٱلصَّٰدِقِينَ عَن صِدْقِهِمْ ۚ وَأَعَدَّ لِلْكَٰفِرِينَ عَذَابًا أَلِيمًا ٨
يَٰٓأَيُّهَا ٱلَّذِينَ ءَامَنُوا۟ ٱذْكُرُوا۟ نِعْمَةَ ٱللَّهِ عَلَيْكُمْ إِذْ جَآءَتْكُمْ
جُنُودٌ فَأَرْسَلْنَا عَلَيْهِمْ رِيحًا وَجُنُودًا لَّمْ تَرَوْهَا ۚ وَكَانَ ٱللَّهُ
بِمَا تَعْمَلُونَ بَصِيرًا ٩ إِذْ جَآءُوكُم مِّن فَوْقِكُمْ وَمِنْ أَسْفَلَ
مِنكُمْ وَإِذْ زَاغَتِ ٱلْأَبْصَٰرُ وَبَلَغَتِ ٱلْقُلُوبُ ٱلْحَنَاجِرَ
وَتَظُنُّونَ بِٱللَّهِ ٱلظُّنُونَا۠ ١٠ هُنَالِكَ ٱبْتُلِىَ ٱلْمُؤْمِنُونَ وَزُلْزِلُوا۟
زِلْزَالًا شَدِيدًا ١١ وَإِذْ يَقُولُ ٱلْمُنَٰفِقُونَ وَٱلَّذِينَ فِى قُلُوبِهِم
مَّرَضٌ مَّا وَعَدَنَا ٱللَّهُ وَرَسُولُهُۥٓ إِلَّا غُرُورًا ١٢ وَإِذْ قَالَت طَّآئِفَةٌ
مِّنْهُمْ يَٰٓأَهْلَ يَثْرِبَ لَا مُقَامَ لَكُمْ فَٱرْجِعُوا۟ ۚ وَيَسْتَـْٔذِنُ فَرِيقٌ
مِّنْهُمُ ٱلنَّبِىَّ يَقُولُونَ إِنَّ بُيُوتَنَا عَوْرَةٌ وَمَا هِىَ بِعَوْرَةٍ ۖ إِن يُرِيدُونَ
إِلَّا فِرَارًا ١٣ وَلَوْ دُخِلَتْ عَلَيْهِم مِّنْ أَقْطَارِهَا ثُمَّ سُئِلُوا۟ ٱلْفِتْنَةَ
لَءَاتَوْهَا وَمَا تَلَبَّثُوا۟ بِهَآ إِلَّا يَسِيرًا ١٤ وَلَقَدْ كَانُوا۟ عَٰهَدُوا۟
ٱللَّهَ مِن قَبْلُ لَا يُوَلُّونَ ٱلْأَدْبَٰرَ ۚ وَكَانَ عَهْدُ ٱللَّهِ مَسْـُٔولًا ١٥
21-33-420 قُل لَّن يَنفَعَكُمُ ٱلْفِرَارُ إِن فَرَرْتُم مِّنَ ٱلْمَوْتِ أَوِ ٱلْقَتْلِ وَإِذًا
لَّا تُمَتَّعُونَ إِلَّا قَلِيلًا ١٦ قُلْ مَن ذَا ٱلَّذِى يَعْصِمُكُم مِّنَ ٱللَّهِ
إِنْ أَرَادَ بِكُمْ سُوٓءًا أَوْ أَرَادَ بِكُمْ رَحْمَةً ۚ وَلَا يَجِدُونَ لَهُم مِّن دُونِ
ٱللَّهِ وَلِيًّا وَلَا نَصِيرًا ١٧ ۞ قَدْ يَعْلَمُ ٱللَّهُ ٱلْمُعَوِّقِينَ مِنكُمْ وَٱلْقَآئِلِينَ
لِإِخْوَٰنِهِمْ هَلُمَّ إِلَيْنَا ۖ وَلَا يَأْتُونَ ٱلْبَأْسَ إِلَّا قَلِيلًا ١٨ أَشِحَّةً
عَلَيْكُمْ ۖ فَإِذَا جَآءَ ٱلْخَوْفُ رَأَيْتَهُمْ يَنظُرُونَ إِلَيْكَ تَدُورُ أَعْيُنُهُمْ
كَٱلَّذِى يُغْشَىٰ عَلَيْهِ مِنَ ٱلْمَوْتِ ۖ فَإِذَا ذَهَبَ ٱلْخَوْفُ سَلَقُوكُم
بِأَلْسِنَةٍ حِدَادٍ أَشِحَّةً عَلَى ٱلْخَيْرِ ۚ أُو۟لَٰٓئِكَ لَمْ يُؤْمِنُوا۟ فَأَحْبَطَ
ٱللَّهُ أَعْمَٰلَهُمْ ۚ وَكَانَ ذَٰلِكَ عَلَى ٱللَّهِ يَسِيرًا ١٩ يَحْسَبُونَ
ٱلْأَحْزَابَ لَمْ يَذْهَبُوا۟ ۖ وَإِن يَأْتِ ٱلْأَحْزَابُ يَوَدُّوا۟ لَوْ أَنَّهُم
بَادُونَ فِى ٱلْأَعْرَابِ يَسْـَٔلُونَ عَنْ أَنۢبَآئِكُمْ ۖ وَلَوْ كَانُوا۟ فِيكُم
مَّا قَٰتَلُوٓا۟ إِلَّا قَلِيلًا ٢٠ لَّقَدْ كَانَ لَكُمْ فِى رَسُولِ ٱللَّهِ أُسْوَةٌ حَسَنَةٌ
لِّمَن كَانَ يَرْجُوا۟ ٱللَّهَ وَٱلْيَوْمَ ٱلْءَاخِرَ وَذَكَرَ ٱللَّهَ كَثِيرًا ٢١
وَلَمَّا رَءَا ٱلْمُؤْمِنُونَ ٱلْأَحْزَابَ قَالُوا۟ هَٰذَا مَا وَعَدَنَا ٱللَّهُ وَرَسُولُهُۥ
وَصَدَقَ ٱللَّهُ وَرَسُولُهُۥ ۚ وَمَا زَادَهُمْ إِلَّآ إِيمَٰنًا وَتَسْلِيمًا ٢٢
21-33-421 مِّنَ ٱلْمُؤْمِنِينَ رِجَالٌ صَدَقُوا۟ مَا عَٰهَدُوا۟ ٱللَّهَ عَلَيْهِ ۖ فَمِنْهُم مَّن
قَضَىٰ نَحْبَهُۥ وَمِنْهُم مَّن يَنتَظِرُ ۖ وَمَا بَدَّلُوا۟ تَبْدِيلًا ٢٣ لِّيَجْزِىَ
ٱللَّهُ ٱلصَّٰدِقِينَ بِصِدْقِهِمْ وَيُعَذِّبَ ٱلْمُنَٰفِقِينَ إِن شَآءَ أَوْ
يَتُوبَ عَلَيْهِمْ ۚ إِنَّ ٱللَّهَ كَانَ غَفُورًا رَّحِيمًا ٢٤ وَرَدَّ ٱللَّهُ ٱلَّذِينَ
كَفَرُوا۟ بِغَيْظِهِمْ لَمْ يَنَالُوا۟ خَيْرًا ۚ وَكَفَى ٱللَّهُ ٱلْمُؤْمِنِينَ
ٱلْقِتَالَ ۚ وَكَانَ ٱللَّهُ قَوِيًّا عَزِيزًا ٢٥ وَأَنزَلَ ٱلَّذِينَ ظَٰهَرُوهُم مِّنْ
أَهْلِ ٱلْكِتَٰبِ مِن صَيَاصِيهِمْ وَقَذَفَ فِى قُلُوبِهِمُ ٱلرُّعْبَ
فَرِيقًا تَقْتُلُونَ وَتَأْسِرُونَ فَرِيقًا ٢٦ وَأَوْرَثَكُمْ أَرْضَهُمْ
وَدِيَٰرَهُمْ وَأَمْوَٰلَهُمْ وَأَرْضًا لَّمْ تَطَـُٔوهَا ۚ وَكَانَ ٱللَّهُ عَلَىٰ كُلِّ
شَىْءٍ قَدِيرًا ٢٧ يَٰٓأَيُّهَا ٱلنَّبِىُّ قُل لِّأَزْوَٰجِكَ إِن كُنتُنَّ تُرِدْنَ
ٱلْحَيَوٰةَ ٱلدُّنْيَا وَزِينَتَهَا فَتَعَالَيْنَ أُمَتِّعْكُنَّ وَأُسَرِّحْكُنَّ
سَرَاحًا جَمِيلًا ٢٨ وَإِن كُنتُنَّ تُرِدْنَ ٱللَّهَ وَرَسُولَهُۥ وَٱلدَّارَ
ٱلْءَاخِرَةَ فَإِنَّ ٱللَّهَ أَعَدَّ لِلْمُحْسِنَٰتِ مِنكُنَّ أَجْرًا عَظِيمًا ٢٩
يَٰنِسَآءَ ٱلنَّبِىِّ مَن يَأْتِ مِنكُنَّ بِفَٰحِشَةٍ مُّبَيِّنَةٍ يُضَٰعَفْ
لَهَا ٱلْعَذَابُ ضِعْفَيْنِ ۚ وَكَانَ ذَٰلِكَ عَلَى ٱللَّهِ يَسِيرًا ٣٠

33.al-'Ahzāb [31] -٣٣. الأحزاب

22-33-422
۞ وَمَن يَقْنُتْ مِنكُنَّ لِلَّهِ وَرَسُولِهِۦ وَتَعْمَلْ صَٰلِحًا نُّؤْتِهَآ
أَجْرَهَا مَرَّتَيْنِ وَأَعْتَدْنَا لَهَا رِزْقًا كَرِيمًا ٣١ يَٰنِسَآءَ ٱلنَّبِىِّ
لَسْتُنَّ كَأَحَدٍ مِّنَ ٱلنِّسَآءِ إِنِ ٱتَّقَيْتُنَّ فَلَا تَخْضَعْنَ بِٱلْقَوْلِ
فَيَطْمَعَ ٱلَّذِى فِى قَلْبِهِۦ مَرَضٌ وَقُلْنَ قَوْلًا مَّعْرُوفًا ٣٢ وَقَرْنَ
فِى بُيُوتِكُنَّ وَلَا تَبَرَّجْنَ تَبَرُّجَ ٱلْجَٰهِلِيَّةِ ٱلْأُولَىٰ وَأَقِمْنَ
ٱلصَّلَوٰةَ وَءَاتِينَ ٱلزَّكَوٰةَ وَأَطِعْنَ ٱللَّهَ وَرَسُولَهُۥٓ إِنَّمَا
يُرِيدُ ٱللَّهُ لِيُذْهِبَ عَنكُمُ ٱلرِّجْسَ أَهْلَ ٱلْبَيْتِ وَيُطَهِّرَكُمْ
تَطْهِيرًا ٣٣ وَٱذْكُرْنَ مَا يُتْلَىٰ فِى بُيُوتِكُنَّ مِنْ
ءَايَٰتِ ٱللَّهِ وَٱلْحِكْمَةِ إِنَّ ٱللَّهَ كَانَ لَطِيفًا خَبِيرًا ٣٤
إِنَّ ٱلْمُسْلِمِينَ وَٱلْمُسْلِمَٰتِ وَٱلْمُؤْمِنِينَ وَٱلْمُؤْمِنَٰتِ
وَٱلْقَٰنِتِينَ وَٱلْقَٰنِتَٰتِ وَٱلصَّٰدِقِينَ وَٱلصَّٰدِقَٰتِ وَٱلصَّٰبِرِينَ
وَٱلصَّٰبِرَٰتِ وَٱلْخَٰشِعِينَ وَٱلْخَٰشِعَٰتِ وَٱلْمُتَصَدِّقِينَ
وَٱلْمُتَصَدِّقَٰتِ وَٱلصَّٰٓئِمِينَ وَٱلصَّٰٓئِمَٰتِ وَٱلْحَٰفِظِينَ
فُرُوجَهُمْ وَٱلْحَٰفِظَٰتِ وَٱلذَّٰكِرِينَ ٱللَّهَ كَثِيرًا
وَٱلذَّٰكِرَٰتِ أَعَدَّ ٱللَّهُ لَهُم مَّغْفِرَةً وَأَجْرًا عَظِيمًا ٣٥
22-33-423
وَمَا كَانَ لِمُؤْمِنٍ وَلَا مُؤْمِنَةٍ إِذَا قَضَى ٱللَّهُ وَرَسُولُهُۥٓ أَمْرًا أَن يَكُونَ
لَهُمُ ٱلْخِيَرَةُ مِنْ أَمْرِهِمْ وَمَن يَعْصِ ٱللَّهَ وَرَسُولَهُۥ فَقَدْ ضَلَّ ضَلَٰلًا
مُّبِينًا ٣٦ وَإِذْ تَقُولُ لِلَّذِىٓ أَنْعَمَ ٱللَّهُ عَلَيْهِ وَأَنْعَمْتَ عَلَيْهِ
أَمْسِكْ عَلَيْكَ زَوْجَكَ وَٱتَّقِ ٱللَّهَ وَتُخْفِى فِى نَفْسِكَ مَا ٱللَّهُ
مُبْدِيهِ وَتَخْشَى ٱلنَّاسَ وَٱللَّهُ أَحَقُّ أَن تَخْشَىٰهُ فَلَمَّا قَضَىٰ زَيْدٌ
مِّنْهَا وَطَرًا زَوَّجْنَٰكَهَا لِكَىْ لَا يَكُونَ عَلَى ٱلْمُؤْمِنِينَ حَرَجٌ فِىٓ
أَزْوَٰجِ أَدْعِيَآئِهِمْ إِذَا قَضَوْا۟ مِنْهُنَّ وَطَرًا وَكَانَ أَمْرُ ٱللَّهِ مَفْعُولًا ٣٧
مَّا كَانَ عَلَى ٱلنَّبِىِّ مِنْ حَرَجٍ فِيمَا فَرَضَ ٱللَّهُ لَهُۥ سُنَّةَ ٱللَّهِ فِى
ٱلَّذِينَ خَلَوْا۟ مِن قَبْلُ وَكَانَ أَمْرُ ٱللَّهِ قَدَرًا مَّقْدُورًا ٣٨ ٱلَّذِينَ
يُبَلِّغُونَ رِسَٰلَٰتِ ٱللَّهِ وَيَخْشَوْنَهُۥ وَلَا يَخْشَوْنَ أَحَدًا إِلَّا ٱللَّهَ وَكَفَىٰ
بِٱللَّهِ حَسِيبًا ٣٩ مَّا كَانَ مُحَمَّدٌ أَبَآ أَحَدٍ مِّن رِّجَالِكُمْ وَلَٰكِن
رَّسُولَ ٱللَّهِ وَخَاتَمَ ٱلنَّبِيِّۦنَ وَكَانَ ٱللَّهُ بِكُلِّ شَىْءٍ عَلِيمًا ٤٠
يَٰٓأَيُّهَا ٱلَّذِينَ ءَامَنُوا۟ ٱذْكُرُوا۟ ٱللَّهَ ذِكْرًا كَثِيرًا ٤١ وَسَبِّحُوهُ
بُكْرَةً وَأَصِيلًا ٤٢ هُوَ ٱلَّذِى يُصَلِّى عَلَيْكُمْ وَمَلَٰٓئِكَتُهُۥ
لِيُخْرِجَكُم مِّنَ ٱلظُّلُمَٰتِ إِلَى ٱلنُّورِ وَكَانَ بِٱلْمُؤْمِنِينَ رَحِيمًا ٤٣
22-33-424
تَحِيَّتُهُمْ يَوْمَ يَلْقَوْنَهُۥ سَلَٰمٌ وَأَعَدَّ لَهُمْ أَجْرًا كَرِيمًا ٤٤ يَٰٓأَيُّهَا
ٱلنَّبِىُّ إِنَّآ أَرْسَلْنَٰكَ شَٰهِدًا وَمُبَشِّرًا وَنَذِيرًا ٤٥ وَدَاعِيًا
إِلَى ٱللَّهِ بِإِذْنِهِۦ وَسِرَاجًا مُّنِيرًا ٤٦ وَبَشِّرِ ٱلْمُؤْمِنِينَ بِأَنَّ لَهُم
مِّنَ ٱللَّهِ فَضْلًا كَبِيرًا ٤٧ وَلَا تُطِعِ ٱلْكَٰفِرِينَ وَٱلْمُنَٰفِقِينَ
وَدَعْ أَذَىٰهُمْ وَتَوَكَّلْ عَلَى ٱللَّهِ وَكَفَىٰ بِٱللَّهِ وَكِيلًا ٤٨
يَٰٓأَيُّهَا ٱلَّذِينَ ءَامَنُوٓا۟ إِذَا نَكَحْتُمُ ٱلْمُؤْمِنَٰتِ ثُمَّ طَلَّقْتُمُوهُنَّ
مِن قَبْلِ أَن تَمَسُّوهُنَّ فَمَا لَكُمْ عَلَيْهِنَّ مِنْ عِدَّةٍ تَعْتَدُّونَهَا
فَمَتِّعُوهُنَّ وَسَرِّحُوهُنَّ سَرَاحًا جَمِيلًا ٤٩ يَٰٓأَيُّهَا ٱلنَّبِىُّ
إِنَّآ أَحْلَلْنَا لَكَ أَزْوَٰجَكَ ٱلَّٰتِىٓ ءَاتَيْتَ أُجُورَهُنَّ وَمَا مَلَكَتْ
يَمِينُكَ مِمَّآ أَفَآءَ ٱللَّهُ عَلَيْكَ وَبَنَاتِ عَمِّكَ وَبَنَاتِ عَمَّٰتِكَ
وَبَنَاتِ خَالِكَ وَبَنَاتِ خَٰلَٰتِكَ ٱلَّٰتِى هَاجَرْنَ مَعَكَ وَٱمْرَأَةً
مُّؤْمِنَةً إِن وَهَبَتْ نَفْسَهَا لِلنَّبِىِّ إِنْ أَرَادَ ٱلنَّبِىُّ أَن يَسْتَنكِحَهَا
خَالِصَةً لَّكَ مِن دُونِ ٱلْمُؤْمِنِينَ قَدْ عَلِمْنَا مَا فَرَضْنَا
عَلَيْهِمْ فِىٓ أَزْوَٰجِهِمْ وَمَا مَلَكَتْ أَيْمَٰنُهُمْ لِكَيْلَا
يَكُونَ عَلَيْكَ حَرَجٌ وَكَانَ ٱللَّهُ غَفُورًا رَّحِيمًا ٥٠
22-33-425
۞ تُرْجِى مَن تَشَآءُ مِنْهُنَّ وَتُـْٔوِىٓ إِلَيْكَ مَن تَشَآءُ وَمَنِ ٱبْتَغَيْتَ
مِمَّنْ عَزَلْتَ فَلَا جُنَاحَ عَلَيْكَ ذَٰلِكَ أَدْنَىٰٓ أَن تَقَرَّ أَعْيُنُهُنَّ
وَلَا يَحْزَنَّ وَيَرْضَيْنَ بِمَآ ءَاتَيْتَهُنَّ كُلُّهُنَّ وَٱللَّهُ يَعْلَمُ
مَا فِى قُلُوبِكُمْ وَكَانَ ٱللَّهُ عَلِيمًا حَلِيمًا ٥١ لَّا يَحِلُّ لَكَ
ٱلنِّسَآءُ مِنۢ بَعْدُ وَلَآ أَن تَبَدَّلَ بِهِنَّ مِنْ أَزْوَٰجٍ وَلَوْ أَعْجَبَكَ
حُسْنُهُنَّ إِلَّا مَا مَلَكَتْ يَمِينُكَ وَكَانَ ٱللَّهُ عَلَىٰ كُلِّ
شَىْءٍ رَّقِيبًا ٥٢ يَٰٓأَيُّهَا ٱلَّذِينَ ءَامَنُوا۟ لَا تَدْخُلُوا۟ بُيُوتَ ٱلنَّبِىِّ
إِلَّآ أَن يُؤْذَنَ لَكُمْ إِلَىٰ طَعَامٍ غَيْرَ نَٰظِرِينَ إِنَىٰهُ وَلَٰكِنْ
إِذَا دُعِيتُمْ فَٱدْخُلُوا۟ فَإِذَا طَعِمْتُمْ فَٱنتَشِرُوا۟ وَلَا مُسْتَـْٔنِسِينَ
لِحَدِيثٍ إِنَّ ذَٰلِكُمْ كَانَ يُؤْذِى ٱلنَّبِىَّ فَيَسْتَحْىِۦ مِنكُمْ
وَٱللَّهُ لَا يَسْتَحْىِۦ مِنَ ٱلْحَقِّ وَإِذَا سَأَلْتُمُوهُنَّ مَتَٰعًا فَسْـَٔلُوهُنَّ
مِن وَرَآءِ حِجَابٍ ذَٰلِكُمْ أَطْهَرُ لِقُلُوبِكُمْ وَقُلُوبِهِنَّ
وَمَا كَانَ لَكُمْ أَن تُؤْذُوا۟ رَسُولَ ٱللَّهِ وَلَآ أَن تَنكِحُوٓا۟ أَزْوَٰجَهُۥ
مِنۢ بَعْدِهِۦٓ أَبَدًا إِنَّ ذَٰلِكُمْ كَانَ عِندَ ٱللَّهِ عَظِيمًا ٥٣
إِن تُبْدُوا۟ شَيْـًٔا أَوْ تُخْفُوهُ فَإِنَّ ٱللَّهَ كَانَ بِكُلِّ شَىْءٍ عَلِيمًا ٥٤
22-33-426
لَّا جُنَاحَ عَلَيْهِنَّ فِىٓ ءَابَآئِهِنَّ وَلَآ أَبْنَآئِهِنَّ وَلَآ إِخْوَٰنِهِنَّ وَلَآ
أَبْنَآءِ إِخْوَٰنِهِنَّ وَلَآ أَبْنَآءِ أَخَوَٰتِهِنَّ وَلَا نِسَآئِهِنَّ وَلَا مَا مَلَكَتْ
أَيْمَٰنُهُنَّ وَٱتَّقِينَ ٱللَّهَ إِنَّ ٱللَّهَ كَانَ عَلَىٰ كُلِّ شَىْءٍ شَهِيدًا ٥٥
إِنَّ ٱللَّهَ وَمَلَٰٓئِكَتَهُۥ يُصَلُّونَ عَلَى ٱلنَّبِىِّ يَٰٓأَيُّهَا ٱلَّذِينَ
ءَامَنُوا۟ صَلُّوا۟ عَلَيْهِ وَسَلِّمُوا۟ تَسْلِيمًا ٥٦ إِنَّ ٱلَّذِينَ يُؤْذُونَ
ٱللَّهَ وَرَسُولَهُۥ لَعَنَهُمُ ٱللَّهُ فِى ٱلدُّنْيَا وَٱلْءَاخِرَةِ وَأَعَدَّ لَهُمْ عَذَابًا
مُّهِينًا ٥٧ وَٱلَّذِينَ يُؤْذُونَ ٱلْمُؤْمِنِينَ وَٱلْمُؤْمِنَٰتِ بِغَيْرِ
مَا ٱكْتَسَبُوا۟ فَقَدِ ٱحْتَمَلُوا۟ بُهْتَٰنًا وَإِثْمًا مُّبِينًا ٥٨
يَٰٓأَيُّهَا ٱلنَّبِىُّ قُل لِّأَزْوَٰجِكَ وَبَنَاتِكَ وَنِسَآءِ ٱلْمُؤْمِنِينَ
يُدْنِينَ عَلَيْهِنَّ مِن جَلَٰبِيبِهِنَّ ذَٰلِكَ أَدْنَىٰٓ أَن يُعْرَفْنَ فَلَا
يُؤْذَيْنَ وَكَانَ ٱللَّهُ غَفُورًا رَّحِيمًا ٥٩ ۞ لَّئِن لَّمْ يَنتَهِ ٱلْمُنَٰفِقُونَ
وَٱلَّذِينَ فِى قُلُوبِهِم مَّرَضٌ وَٱلْمُرْجِفُونَ فِى ٱلْمَدِينَةِ
لَنُغْرِيَنَّكَ بِهِمْ ثُمَّ لَا يُجَاوِرُونَكَ فِيهَآ إِلَّا قَلِيلًا ٦٠ مَّلْعُونِينَ
أَيْنَمَا ثُقِفُوٓا۟ أُخِذُوا۟ وَقُتِّلُوا۟ تَقْتِيلًا ٦١ سُنَّةَ ٱللَّهِ فِى
ٱلَّذِينَ خَلَوْا۟ مِن قَبْلُ وَلَن تَجِدَ لِسُنَّةِ ٱللَّهِ تَبْدِيلًا ٦٢
22-33-427
يَسْـَٔلُكَ ٱلنَّاسُ عَنِ ٱلسَّاعَةِ قُلْ إِنَّمَا عِلْمُهَا عِندَ ٱللَّهِ وَمَا يُدْرِيكَ
لَعَلَّ ٱلسَّاعَةَ تَكُونُ قَرِيبًا ٦٣ إِنَّ ٱللَّهَ لَعَنَ ٱلْكَٰفِرِينَ وَأَعَدَّ
لَهُمْ سَعِيرًا ٦٤ خَٰلِدِينَ فِيهَآ أَبَدًا لَّا يَجِدُونَ وَلِيًّا وَلَا نَصِيرًا ٦٥
يَوْمَ تُقَلَّبُ وُجُوهُهُمْ فِى ٱلنَّارِ يَقُولُونَ يَٰلَيْتَنَآ أَطَعْنَا ٱللَّهَ
وَأَطَعْنَا ٱلرَّسُولَا۠ ٦٦ وَقَالُوا۟ رَبَّنَآ إِنَّآ أَطَعْنَا سَادَتَنَا وَكُبَرَآءَنَا
فَأَضَلُّونَا ٱلسَّبِيلَا۠ ٦٧ رَبَّنَآ ءَاتِهِمْ ضِعْفَيْنِ مِنَ ٱلْعَذَابِ
وَٱلْعَنْهُمْ لَعْنًا كَبِيرًا ٦٨ يَٰٓأَيُّهَا ٱلَّذِينَ ءَامَنُوا۟ لَا تَكُونُوا۟ كَٱلَّذِينَ
ءَاذَوْا۟ مُوسَىٰ فَبَرَّأَهُ ٱللَّهُ مِمَّا قَالُوا۟ وَكَانَ عِندَ ٱللَّهِ وَجِيهًا ٦٩
يَٰٓأَيُّهَا ٱلَّذِينَ ءَامَنُوا۟ ٱتَّقُوا۟ ٱللَّهَ وَقُولُوا۟ قَوْلًا سَدِيدًا ٧٠ يُصْلِحْ
لَكُمْ أَعْمَٰلَكُمْ وَيَغْفِرْ لَكُمْ ذُنُوبَكُمْ وَمَن يُطِعِ ٱللَّهَ وَرَسُولَهُۥ
فَقَدْ فَازَ فَوْزًا عَظِيمًا ٧١ إِنَّا عَرَضْنَا ٱلْأَمَانَةَ عَلَى ٱلسَّمَٰوَٰتِ
وَٱلْأَرْضِ وَٱلْجِبَالِ فَأَبَيْنَ أَن يَحْمِلْنَهَا وَأَشْفَقْنَ مِنْهَا وَحَمَلَهَا
ٱلْإِنسَٰنُ إِنَّهُۥ كَانَ ظَلُومًا جَهُولًا ٧٢ لِّيُعَذِّبَ ٱللَّهُ ٱلْمُنَٰفِقِينَ
وَٱلْمُنَٰفِقَٰتِ وَٱلْمُشْرِكِينَ وَٱلْمُشْرِكَٰتِ وَيَتُوبَ ٱللَّهُ
عَلَى ٱلْمُؤْمِنِينَ وَٱلْمُؤْمِنَٰتِ وَكَانَ ٱللَّهُ غَفُورًا رَّحِيمًا ٧٣

22-33-428

سُورَةُ سَبَإٍ

34.Saba' [31] -٣٤. سبأ

بِسْمِ ٱللَّهِ ٱلرَّحْمَٰنِ ٱلرَّحِيمِ

ٱلْحَمْدُ لِلَّهِ ٱلَّذِى لَهُۥ مَا فِى ٱلسَّمَٰوَٰتِ وَمَا فِى ٱلْأَرْضِ وَلَهُ ٱلْحَمْدُ
فِى ٱلْءَاخِرَةِ وَهُوَ ٱلْحَكِيمُ ٱلْخَبِيرُ ١ يَعْلَمُ مَا يَلِجُ فِى ٱلْأَرْضِ وَمَا
يَخْرُجُ مِنْهَا وَمَا يَنزِلُ مِنَ ٱلسَّمَآءِ وَمَا يَعْرُجُ فِيهَا وَهُوَ
ٱلرَّحِيمُ ٱلْغَفُورُ ٢ وَقَالَ ٱلَّذِينَ كَفَرُوا۟ لَا تَأْتِينَا ٱلسَّاعَةُ
قُلْ بَلَىٰ وَرَبِّى لَتَأْتِيَنَّكُمْ عَٰلِمِ ٱلْغَيْبِ لَا يَعْزُبُ عَنْهُ مِثْقَالُ
ذَرَّةٍ فِى ٱلسَّمَٰوَٰتِ وَلَا فِى ٱلْأَرْضِ وَلَآ أَصْغَرُ مِن ذَٰلِكَ
وَلَآ أَكْبَرُ إِلَّا فِى كِتَٰبٍ مُّبِينٍ ٣ لِّيَجْزِىَ ٱلَّذِينَ
ءَامَنُوا۟ وَعَمِلُوا۟ ٱلصَّٰلِحَٰتِ أُو۟لَٰٓئِكَ لَهُم مَّغْفِرَةٌ وَرِزْقٌ
كَرِيمٌ ٤ وَٱلَّذِينَ سَعَوْ فِىٓ ءَايَٰتِنَا مُعَٰجِزِينَ أُو۟لَٰٓئِكَ
لَهُمْ عَذَابٌ مِّن رِّجْزٍ أَلِيمٌ ٥ وَيَرَى ٱلَّذِينَ أُوتُوا۟ ٱلْعِلْمَ
ٱلَّذِىٓ أُنزِلَ إِلَيْكَ مِن رَّبِّكَ هُوَ ٱلْحَقَّ وَيَهْدِىٓ إِلَىٰ صِرَٰطِ
ٱلْعَزِيزِ ٱلْحَمِيدِ ٦ وَقَالَ ٱلَّذِينَ كَفَرُوا۟ هَلْ نَدُلُّكُمْ عَلَىٰ رَجُلٍ
يُنَبِّئُكُمْ إِذَا مُزِّقْتُمْ كُلَّ مُمَزَّقٍ إِنَّكُمْ لَفِى خَلْقٍ جَدِيدٍ ٧
22-34-429
أَفْتَرَىٰ عَلَى ٱللَّهِ كَذِبًا أَم بِهِۦ جِنَّةٌۢ بَلِ ٱلَّذِينَ لَا يُؤْمِنُونَ بِٱلْءَاخِرَةِ
فِى ٱلْعَذَابِ وَٱلضَّلَٰلِ ٱلْبَعِيدِ ٨ أَفَلَمْ يَرَوْا۟ إِلَىٰ مَا بَيْنَ أَيْدِيهِمْ
وَمَا خَلْفَهُم مِّنَ ٱلسَّمَآءِ وَٱلْأَرْضِ إِن نَّشَأْ نَخْسِفْ بِهِمُ ٱلْأَرْضَ
أَوْ نُسْقِطْ عَلَيْهِمْ كِسَفًا مِّنَ ٱلسَّمَآءِ إِنَّ فِى ذَٰلِكَ لَءَايَةً
لِّكُلِّ عَبْدٍ مُّنِيبٍ ٩ ۞ وَلَقَدْ ءَاتَيْنَا دَاوُۥدَ مِنَّا فَضْلًا
يَٰجِبَالُ أَوِّبِى مَعَهُۥ وَٱلطَّيْرَ وَأَلَنَّا لَهُ ٱلْحَدِيدَ ١٠ أَنِ ٱعْمَلْ
سَٰبِغَٰتٍ وَقَدِّرْ فِى ٱلسَّرْدِ وَٱعْمَلُوا۟ صَٰلِحًا إِنِّى بِمَا تَعْمَلُونَ
بَصِيرٌ ١١ وَلِسُلَيْمَٰنَ ٱلرِّيحَ غُدُوُّهَا شَهْرٌ وَرَوَاحُهَا شَهْرٌ
وَأَسَلْنَا لَهُۥ عَيْنَ ٱلْقِطْرِ وَمِنَ ٱلْجِنِّ مَن يَعْمَلُ بَيْنَ يَدَيْهِ بِإِذْنِ
رَبِّهِۦ وَمَن يَزِغْ مِنْهُمْ عَنْ أَمْرِنَا نُذِقْهُ مِنْ عَذَابِ ٱلسَّعِيرِ ١٢
يَعْمَلُونَ لَهُۥ مَا يَشَآءُ مِن مَّحَٰرِيبَ وَتَمَٰثِيلَ وَجِفَانٍ كَٱلْجَوَابِ
وَقُدُورٍ رَّاسِيَٰتٍ ٱعْمَلُوٓا۟ ءَالَ دَاوُۥدَ شُكْرًا وَقَلِيلٌ مِّنْ عِبَادِىَ
ٱلشَّكُورُ ١٣ فَلَمَّا قَضَيْنَا عَلَيْهِ ٱلْمَوْتَ مَا دَلَّهُمْ عَلَىٰ مَوْتِهِۦٓ
إِلَّا دَآبَّةُ ٱلْأَرْضِ تَأْكُلُ مِنسَأَتَهُۥ فَلَمَّا خَرَّ تَبَيَّنَتِ ٱلْجِنُّ
أَن لَّوْ كَانُوا۟ يَعْلَمُونَ ٱلْغَيْبَ مَا لَبِثُوا۟ فِى ٱلْعَذَابِ ٱلْمُهِينِ ١٤
22-34-430
لَقَدْ كَانَ لِسَبَإٍ فِى مَسْكَنِهِمْ ءَايَةٌ جَنَّتَانِ عَن يَمِينٍ وَشِمَالٍ
كُلُوا۟ مِن رِّزْقِ رَبِّكُمْ وَٱشْكُرُوا۟ لَهُۥ بَلْدَةٌ طَيِّبَةٌ وَرَبٌّ غَفُورٌ ١٥
فَأَعْرَضُوا۟ فَأَرْسَلْنَا عَلَيْهِمْ سَيْلَ ٱلْعَرِمِ وَبَدَّلْنَٰهُم بِجَنَّتَيْهِمْ
جَنَّتَيْنِ ذَوَاتَىْ أُكُلٍ خَمْطٍ وَأَثْلٍ وَشَىْءٍ مِّن سِدْرٍ قَلِيلٍ ١٦
ذَٰلِكَ جَزَيْنَٰهُم بِمَا كَفَرُوا۟ وَهَلْ نُجَٰزِىٓ إِلَّا ٱلْكَفُورَ ١٧
وَجَعَلْنَا بَيْنَهُمْ وَبَيْنَ ٱلْقُرَى ٱلَّتِى بَٰرَكْنَا فِيهَا قُرًى ظَٰهِرَةً
وَقَدَّرْنَا فِيهَا ٱلسَّيْرَ سِيرُوا۟ فِيهَا لَيَالِىَ وَأَيَّامًا ءَامِنِينَ ١٨
فَقَالُوا۟ رَبَّنَا بَٰعِدْ بَيْنَ أَسْفَارِنَا وَظَلَمُوٓا۟ أَنفُسَهُمْ فَجَعَلْنَٰهُمْ
أَحَادِيثَ وَمَزَّقْنَٰهُمْ كُلَّ مُمَزَّقٍ إِنَّ فِى ذَٰلِكَ لَءَايَٰتٍ لِّكُلِّ صَبَّارٍ
شَكُورٍ ١٩ وَلَقَدْ صَدَّقَ عَلَيْهِمْ إِبْلِيسُ ظَنَّهُۥ فَٱتَّبَعُوهُ إِلَّا
فَرِيقًا مِّنَ ٱلْمُؤْمِنِينَ ٢٠ وَمَا كَانَ لَهُۥ عَلَيْهِم مِّن سُلْطَٰنٍ
إِلَّا لِنَعْلَمَ مَن يُؤْمِنُ بِٱلْءَاخِرَةِ مِمَّنْ هُوَ مِنْهَا فِى شَكٍّ
وَرَبُّكَ عَلَىٰ كُلِّ شَىْءٍ حَفِيظٌ ٢١ قُلِ ٱدْعُوا۟ ٱلَّذِينَ زَعَمْتُم مِّن
دُونِ ٱللَّهِ لَا يَمْلِكُونَ مِثْقَالَ ذَرَّةٍ فِى ٱلسَّمَٰوَٰتِ وَلَا فِى
ٱلْأَرْضِ وَمَا لَهُمْ فِيهِمَا مِن شِرْكٍ وَمَا لَهُۥ مِنْهُم مِّن ظَهِيرٍ ٢٢
22-34-431
وَلَا تَنفَعُ ٱلشَّفَٰعَةُ عِندَهُۥٓ إِلَّا لِمَنْ أَذِنَ لَهُۥ حَتَّىٰٓ إِذَا فُزِّعَ عَن
قُلُوبِهِمْ قَالُوا۟ مَاذَا قَالَ رَبُّكُمْ قَالُوا۟ ٱلْحَقَّ وَهُوَ ٱلْعَلِىُّ ٱلْكَبِيرُ ٢٣
۞ قُلْ مَن يَرْزُقُكُم مِّنَ ٱلسَّمَٰوَٰتِ وَٱلْأَرْضِ قُلِ ٱللَّهُ
وَإِنَّآ أَوْ إِيَّاكُمْ لَعَلَىٰ هُدًى أَوْ فِى ضَلَٰلٍ مُّبِينٍ ٢٤ قُل
لَّا تُسْـَٔلُونَ عَمَّآ أَجْرَمْنَا وَلَا نُسْـَٔلُ عَمَّا تَعْمَلُونَ ٢٥ قُلْ
يَجْمَعُ بَيْنَنَا رَبُّنَا ثُمَّ يَفْتَحُ بَيْنَنَا بِٱلْحَقِّ وَهُوَ ٱلْفَتَّاحُ ٱلْعَلِيمُ ٢٦
قُلْ أَرُونِىَ ٱلَّذِينَ أَلْحَقْتُم بِهِۦ شُرَكَآءَ كَلَّا بَلْ هُوَ ٱللَّهُ
ٱلْعَزِيزُ ٱلْحَكِيمُ ٢٧ وَمَآ أَرْسَلْنَٰكَ إِلَّا كَآفَّةً لِّلنَّاسِ
بَشِيرًا وَنَذِيرًا وَلَٰكِنَّ أَكْثَرَ ٱلنَّاسِ لَا يَعْلَمُونَ ٢٨
وَيَقُولُونَ مَتَىٰ هَٰذَا ٱلْوَعْدُ إِن كُنتُمْ صَٰدِقِينَ ٢٩
قُل لَّكُم مِّيعَادُ يَوْمٍ لَّا تَسْتَـْٔخِرُونَ عَنْهُ سَاعَةً وَلَا تَسْتَقْدِمُونَ ٣٠
وَقَالَ ٱلَّذِينَ كَفَرُوا۟ لَن نُّؤْمِنَ بِهَٰذَا ٱلْقُرْءَانِ وَلَا
بِٱلَّذِى بَيْنَ يَدَيْهِ وَلَوْ تَرَىٰٓ إِذِ ٱلظَّٰلِمُونَ مَوْقُوفُونَ عِندَ
رَبِّهِمْ يَرْجِعُ بَعْضُهُمْ إِلَىٰ بَعْضٍ ٱلْقَوْلَ يَقُولُ ٱلَّذِينَ
ٱسْتُضْعِفُوا۟ لِلَّذِينَ ٱسْتَكْبَرُوا۟ لَوْلَآ أَنتُمْ لَكُنَّا مُؤْمِنِينَ ٣١

22-34-432 قال الذين استكبروا للذين استضعفوا أنحن صددنكم
عن الهدى بعد إذ جاءكم بل كنتم مجرمين ٣٢ وقال الذين
استضعفوا للذين استكبروا بل مكر اليل والنهار إذ
تأمروننا أن نكفر بالله ونجعل له أندادا وأسروا الندامة
لما رأوا العذاب وجعلنا الأغلل في أعناق الذين كفروا
هل يجزون إلا ما كانوا يعملون ٣٣ وما أرسلنا في قرية
من نذير إلا قال مترفوها إنا بما أرسلتم به كفرون ٣٤
وقالوا نحن أكثر أمولا وأولدا وما نحن بمعذبين ٣٥
قل إن ربي يبسط الرزق لمن يشاء ويقدر ولكن أكثر
الناس لا يعلمون ٣٦ وما أمولكم ولا أولدكم بالتي تقربكم
عندنا زلفى إلا من ءامن وعمل صلحا فأولئك لهم جزاء
الضعف بما عملوا وهم في الغرفت ءامنون ٣٧ والذين
يسعون في ءايتنا معجزين أولئك في العذاب محضرون ٣٨
قل إن ربي يبسط الرزق لمن يشاء من عباده ويقدر له
وما أنفقتم من شيء فهو يخلفه وهو خير الرزقين ٣٩
22-34-433 ويوم يحشرهم جميعا ثم يقول للملئكة أهؤلاء إياكم كانوا
يعبدون ٤٠ قالوا سبحنك أنت ولينا من دونهم بل كانوا
يعبدون الجن أكثرهم بهم مؤمنون ٤١ فاليوم لا يملك
بعضكم لبعض نفعا ولا ضرا ونقول للذين ظلموا ذوقوا عذاب
النار التي كنتم بها تكذبون ٤٢ وإذا تتلى عليهم ءايتنا بينت
قالوا ما هذا إلا رجل يريد أن يصدكم عما كان يعبد ءاباؤكم
وقالوا ما هذا إلا إفك مفترى وقال الذين كفروا للحق لما
جاءهم إن هذا إلا سحر مبين ٤٣ وما ءاتينهم من كتب
يدرسونها وما أرسلنا إليهم قبلك من نذير ٤٤ وكذب
الذين من قبلهم وما بلغوا معشار ما ءاتينهم فكذبوا
رسلي فكيف كان نكير ٤٥ قل إنما أعظكم بوحدة أن
تقوموا لله مثنى وفردى ثم تتفكروا ما بصاحبكم من
جنة إن هو إلا نذير لكم بين يدي عذاب شديد ٤٦ قل
ما سألتكم من أجر فهو لكم إن أجري إلا على الله وهو على
كل شيء شهيد ٤٧ قل إن ربي يقذف بالحق علم الغيوب ٤٨
22-34-434 قل جاء الحق وما يبدئ البطل وما يعيد ٤٩ قل إن ضللت
فإنما أضل على نفسي وإن اهتديت فبما يوحي إلي ربي إنه
سميع قريب ٥٠ ولو ترى إذ فزعوا فلا فوت وأخذوا من
مكان قريب ٥١ وقالوا ءامنا به وأنى لهم التناوش من
مكان بعيد ٥٢ وقد كفروا به من قبل ويقذفون
بالغيب من مكان بعيد ٥٣ وحيل بينهم وبين ما يشتهون
كما فعل بأشياعهم من قبل إنهم كانوا في شك مريب ٥٤

سورة فاطر

بسم الله الرحمن الرحيم

الحمد لله فاطر السموت والأرض جاعل الملئكة رسلا أولي
أجنحة مثنى وثلث وربع يزيد في الخلق ما يشاء إن الله على
كل شيء قدير ١ ما يفتح الله للناس من رحمة فلا ممسك لها
وما يمسك فلا مرسل له من بعده وهو العزيز الحكيم ٢
يأيها الناس اذكروا نعمت الله عليكم هل من خلق غير الله
يرزقكم من السماء والأرض لا إله إلا هو فأنى تؤفكون ٣
22-34-435 وإن يكذبوك فقد كذبت رسل من قبلك وإلى الله ترجع
الأمور ٤ يأيها الناس إن وعد الله حق فلا تغرنكم الحيوة
الدنيا ولا يغرنكم بالله الغرور ٥ إن الشيطن لكم عدو فاتخذوه
عدوا إنما يدعوا حزبه ليكونوا من أصحب السعير ٦ الذين
كفروا لهم عذاب شديد والذين ءامنوا وعملوا الصلحت لهم
مغفرة وأجر كبير ٧ أفمن زين له سوء عمله فرءاه حسنا فإن
الله يضل من يشاء ويهدي من يشاء فلا تذهب نفسك عليهم
حسرت إن الله عليم بما يصنعون ٨ والله الذي أرسل
الريح فتثير سحابا فسقنه إلى بلد ميت فأحيينا به الأرض
بعد موتها كذلك النشور ٩ من كان يريد العزة فلله العزة جميعا
إليه يصعد الكلم الطيب والعمل الصلح يرفعه والذين
يمكرون السيئات لهم عذاب شديد ومكر أولئك هو يبور ١٠
والله خلقكم من تراب ثم من نطفة ثم جعلكم أزوجا
وما تحمل من أنثى ولا تضع إلا بعلمه وما يعمر من معمر
ولا ينقص من عمره إلا في كتب إن ذلك على الله يسير ١١
22-35-436 وما يستوي البحران هذا عذب فرات سائغ شرابه وهذا
ملح أجاج ومن كل تأكلون لحما طريا وتستخرجون
حلية تلبسونها وترى الفلك فيه مواخر لتبتغوا من فضله
ولعلكم تشكرون ١٢ يولج اليل في النهار ويولج
النهار في اليل وسخر الشمس والقمر كل يجري
لأجل مسمى ذلكم الله ربكم له الملك والذين
تدعون من دونه ما يملكون من قطمير ١٣ إن
تدعوهم لا يسمعوا دعاءكم ولو سمعوا ما استجابوا لكم
ويوم القيمة يكفرون بشرككم ولا ينبئك مثل خبير ١٤
يأيها الناس أنتم الفقراء إلى الله والله هو الغني
الحميد ١٥ إن يشأ يذهبكم ويأت بخلق جديد ١٦
وما ذلك على الله بعزيز ١٧ ولا تزر وازرة وزر أخرى وإن
تدع مثقلة إلى حملها لا يحمل منه شيء ولو كان ذا قربى
إنما تنذر الذين يخشون ربهم بالغيب وأقاموا الصلوة
ومن تزكى فإنما يتزكى لنفسه وإلى الله المصير ١٨
22-35-437 وما يستوي الأعمى والبصير ١٩ ولا الظلمت ولا النور ٢٠
ولا الظل ولا الحرور ٢١ وما يستوي الأحياء ولا
الأموت إن الله يسمع من يشاء وما أنت بمسمع من في
القبور ٢٢ إن أنت إلا نذير ٢٣ إنا أرسلنك بالحق بشيرا
ونذيرا وإن من أمة إلا خلا فيها نذير ٢٤ وإن يكذبوك
فقد كذب الذين من قبلهم جاءتهم رسلهم بالبينت
وبالزبر وبالكتب المنير ٢٥ ثم أخذت الذين كفروا
فكيف كان نكير ٢٦ ألم تر أن الله أنزل من السماء
ماء فأخرجنا به ثمرت مختلفا ألونها ومن الجبال
جدد بيض وحمر مختلف ألونها وغرابيب سود ٢٧
ومن الناس والدواب والأنعم مختلف ألونه كذلك
إنما يخشى الله من عباده العلمؤا إن الله عزيز غفور ٢٨
إن الذين يتلون كتب الله وأقاموا الصلوة وأنفقوا مما
رزقنهم سرا وعلانية يرجون تجرة لن تبور ٢٩ ليوفيهم
أجورهم ويزيدهم من فضله إنه غفور شكور ٣٠
22-35-438 والذي أوحينا إليك من الكتب هو الحق مصدقا لما بين
يديه إن الله بعباده لخبير بصير ٣١ ثم أورثنا الكتب
الذين اصطفينا من عبادنا فمنهم ظالم لنفسه ومنهم
مقتصد ومنهم سابق بالخيرت بإذن الله ذلك هو
الفضل الكبير ٣٢ جنت عدن يدخلونها يحلون
فيها من أساور من ذهب ولؤلؤا ولباسهم فيها حرير ٣٣
وقالوا الحمد لله الذي أذهب عنا الحزن إن ربنا لغفور
شكور ٣٤ الذي أحلنا دار المقامة من فضله لا يمسنا
فيها نصب ولا يمسنا فيها لغوب ٣٥ والذين كفروا لهم
نار جهنم لا يقضى عليهم فيموتوا ولا يخفف عنهم من
عذابها كذلك نجزي كل كفور ٣٦ وهم يصطرخون
فيها ربنا أخرجنا نعمل صلحا غير الذي كنا نعمل
أولم نعمركم ما يتذكر فيه من تذكر وجاءكم النذير
فذوقوا فما للظلمين من نصير ٣٧ إن الله علم
غيب السموت والأرض إنه عليم بذات الصدور ٣٨
22-35-439 هو الذي جعلكم خلئف في الأرض فمن كفر فعليه كفره ولا
يزيد الكفرين كفرهم عند ربهم إلا مقتا ولا يزيد الكفرين
كفرهم إلا خسارا ٣٩ قل أرءيتم شركاءكم الذين تدعون من
دون الله أروني ماذا خلقوا من الأرض أم لهم شرك في السموت
أم ءاتينهم كتبا فهم على بينت منه بل إن يعد الظلمون
بعضهم بعضا إلا غرورا ٤٠ إن الله يمسك السموت
والأرض أن تزولا ولئن زالتا إن أمسكهما من أحد من بعده
إنه كان حليما غفورا ٤١ وأقسموا بالله جهد أيمنهم لئن جاءهم
نذير ليكونن أهدى من إحدى الأمم فلما جاءهم نذير
ما زادهم إلا نفورا ٤٢ استكبارا في الأرض ومكر السيئ
ولا يحيق المكر السيئ إلا بأهله فهل ينظرون إلا سنت
الأولين فلن تجد لسنت الله تبديلا ولن تجد لسنت الله تحويلا ٤٣
أولم يسيروا في الأرض فينظروا كيف كان عقبة الذين من
قبلهم وكانوا أشد منهم قوة وما كان الله ليعجزه من شيء
في السموت ولا في الأرض إنه كان عليما قديرا ٤٤
22-35-440 ولو يؤاخذ الله الناس بما كسبوا ما ترك على ظهرها
من دابة ولكن يؤخرهم إلى أجل مسمى فإذا
جاء أجلهم فإن الله كان بعباده بصيرا ٤٥

سورة يس

بسم الله الرحمن الرحيم

يس ١ والقرءان الحكيم ٢ إنك لمن المرسلين ٣ على
صرط مستقيم ٤ تنزيل العزيز الرحيم ٥ لتنذر قوما
ما أنذر ءاباؤهم فهم غفلون ٦ لقد حق القول على أكثرهم
فهم لا يؤمنون ٧ إنا جعلنا في أعنقهم أغللا فهي إلى
الأذقان فهم مقمحون ٨ وجعلنا من بين أيديهم سدا
ومن خلفهم سدا فأغشينهم فهم لا يبصرون ٩ وسواء
عليهم ءأنذرتهم أم لم تنذرهم لا يؤمنون ١٠ إنما تنذر
من اتبع الذكر وخشي الرحمن بالغيب فبشره بمغفرة
وأجر كريم ١١ إنا نحن نحي الموتى ونكتب ما قدموا
وءاثرهم وكل شيء أحصينه في إمام مبين ١٢
22-36-441 واضرب لهم مثلا أصحب القرية إذ جاءها المرسلون ١٣
إذ أرسلنا إليهم اثنين فكذبوهما فعززنا بثالث فقالوا
إنا إليكم مرسلون ١٤ قالوا ما أنتم إلا بشر مثلنا
وما أنزل الرحمن من شيء إن أنتم إلا تكذبون ١٥ قالوا
ربنا يعلم إنا إليكم لمرسلون ١٦ وما علينا إلا البلغ
المبين ١٧ قالوا إنا تطيرنا بكم لئن لم تنتهوا لنرجمنكم
وليمسنكم منا عذاب أليم ١٨ قالوا طئركم معكم أئن
ذكرتم بل أنتم قوم مسرفون ١٩ وجاء من أقصا المدينة
رجل يسعى قال يقوم اتبعوا المرسلين ٢٠ اتبعوا
من لا يسألكم أجرا وهم مهتدون ٢١ وما لي لا أعبد
الذي فطرني وإليه ترجعون ٢٢ ءأتخذ من دونه ءالهة
إن يردن الرحمن بضر لا تغن عني شفعتهم شيئا
ولا ينقذون ٢٣ إني إذا لفي ضلل مبين ٢٤ إني ءامنت
بربكم فاسمعون ٢٥ قيل ادخل الجنة قال يليت قومي
يعلمون ٢٦ بما غفر لي ربي وجعلني من المكرمين ٢٧

23-36-442
۞وَمَا أَنزَلْنَا عَلَىٰ قَوْمِهِۦ مِنۢ بَعْدِهِۦ مِن جُندٍ مِّنَ ٱلسَّمَآءِ وَمَا كُنَّا
مُنزِلِينَ ٢٨ إِن كَانَتْ إِلَّا صَيْحَةً وَٰحِدَةً فَإِذَا هُمْ خَٰمِدُونَ ٢٩
يَٰحَسْرَةً عَلَى ٱلْعِبَادِ مَا يَأْتِيهِم مِّن رَّسُولٍ إِلَّا كَانُوا۟ بِهِۦ
يَسْتَهْزِءُونَ ٣٠ أَلَمْ يَرَوْا۟ كَمْ أَهْلَكْنَا قَبْلَهُم مِّنَ ٱلْقُرُونِ
أَنَّهُمْ إِلَيْهِمْ لَا يَرْجِعُونَ ٣١ وَإِن كُلٌّ لَّمَّا جَمِيعٌ لَّدَيْنَا مُحْضَرُونَ ٣٢
وَءَايَةٌ لَّهُمُ ٱلْأَرْضُ ٱلْمَيْتَةُ أَحْيَيْنَٰهَا وَأَخْرَجْنَا مِنْهَا حَبًّا
فَمِنْهُ يَأْكُلُونَ ٣٣ وَجَعَلْنَا فِيهَا جَنَّٰتٍ مِّن نَّخِيلٍ
وَأَعْنَٰبٍ وَفَجَّرْنَا فِيهَا مِنَ ٱلْعُيُونِ ٣٤ لِيَأْكُلُوا۟ مِن ثَمَرِهِۦ
وَمَا عَمِلَتْهُ أَيْدِيهِمْ أَفَلَا يَشْكُرُونَ ٣٥ سُبْحَٰنَ ٱلَّذِى
خَلَقَ ٱلْأَزْوَٰجَ كُلَّهَا مِمَّا تُنۢبِتُ ٱلْأَرْضُ وَمِنْ أَنفُسِهِمْ
وَمِمَّا لَا يَعْلَمُونَ ٣٦ وَءَايَةٌ لَّهُمُ ٱلَّيْلُ نَسْلَخُ مِنْهُ ٱلنَّهَارَ
فَإِذَا هُم مُّظْلِمُونَ ٣٧ وَٱلشَّمْسُ تَجْرِى لِمُسْتَقَرٍّ لَّهَا
ذَٰلِكَ تَقْدِيرُ ٱلْعَزِيزِ ٱلْعَلِيمِ ٣٨ وَٱلْقَمَرَ قَدَّرْنَٰهُ مَنَازِلَ حَتَّىٰ
عَادَ كَٱلْعُرْجُونِ ٱلْقَدِيمِ ٣٩ لَا ٱلشَّمْسُ يَنۢبَغِى لَهَآ أَن تُدْرِكَ
ٱلْقَمَرَ وَلَا ٱلَّيْلُ سَابِقُ ٱلنَّهَارِ وَكُلٌّ فِى فَلَكٍ يَسْبَحُونَ ٤٠
23-36-443
وَءَايَةٌ لَّهُمْ أَنَّا حَمَلْنَا ذُرِّيَّتَهُمْ فِى ٱلْفُلْكِ ٱلْمَشْحُونِ ٤١ وَخَلَقْنَا
لَهُم مِّن مِّثْلِهِۦ مَا يَرْكَبُونَ ٤٢ وَإِن نَّشَأْ نُغْرِقْهُمْ فَلَا صَرِيخَ لَهُمْ
وَلَا هُمْ يُنقَذُونَ ٤٣ إِلَّا رَحْمَةً مِّنَّا وَمَتَٰعًا إِلَىٰ حِينٍ ٤٤ وَإِذَا
قِيلَ لَهُمُ ٱتَّقُوا۟ مَا بَيْنَ أَيْدِيكُمْ وَمَا خَلْفَكُمْ لَعَلَّكُمْ تُرْحَمُونَ ٤٥
وَمَا تَأْتِيهِم مِّنْ ءَايَةٍ مِّنْ ءَايَٰتِ رَبِّهِمْ إِلَّا كَانُوا۟ عَنْهَا
مُعْرِضِينَ ٤٦ وَإِذَا قِيلَ لَهُمْ أَنفِقُوا۟ مِمَّا رَزَقَكُمُ ٱللَّهُ قَالَ ٱلَّذِينَ
كَفَرُوا۟ لِلَّذِينَ ءَامَنُوٓا۟ أَنُطْعِمُ مَن لَّوْ يَشَآءُ ٱللَّهُ أَطْعَمَهُۥٓ إِنْ
أَنتُمْ إِلَّا فِى ضَلَٰلٍ مُّبِينٍ ٤٧ وَيَقُولُونَ مَتَىٰ هَٰذَا ٱلْوَعْدُ إِن كُنتُمْ
صَٰدِقِينَ ٤٨ مَا يَنظُرُونَ إِلَّا صَيْحَةً وَٰحِدَةً تَأْخُذُهُمْ وَهُمْ
يَخِصِّمُونَ ٤٩ فَلَا يَسْتَطِيعُونَ تَوْصِيَةً وَلَآ إِلَىٰٓ أَهْلِهِمْ
يَرْجِعُونَ ٥٠ وَنُفِخَ فِى ٱلصُّورِ فَإِذَا هُم مِّنَ ٱلْأَجْدَاثِ إِلَىٰ رَبِّهِمْ
يَنسِلُونَ ٥١ قَالُوا۟ يَٰوَيْلَنَا مَنۢ بَعَثَنَا مِن مَّرْقَدِنَا هَٰذَا مَا وَعَدَ
ٱلرَّحْمَٰنُ وَصَدَقَ ٱلْمُرْسَلُونَ ٥٢ إِن كَانَتْ إِلَّا صَيْحَةً
وَٰحِدَةً فَإِذَا هُمْ جَمِيعٌ لَّدَيْنَا مُحْضَرُونَ ٥٣ فَٱلْيَوْمَ لَا تُظْلَمُ
نَفْسٌ شَيْـًٔا وَلَا تُجْزَوْنَ إِلَّا مَا كُنتُمْ تَعْمَلُونَ ٥٤
23-36-444
إِنَّ أَصْحَٰبَ ٱلْجَنَّةِ ٱلْيَوْمَ فِى شُغُلٍ فَٰكِهُونَ ٥٥ هُمْ وَأَزْوَٰجُهُمْ
فِى ظِلَٰلٍ عَلَى ٱلْأَرَآئِكِ مُتَّكِـُٔونَ ٥٦ لَهُمْ فِيهَا فَٰكِهَةٌ
وَلَهُم مَّا يَدَّعُونَ ٥٧ سَلَٰمٌ قَوْلًا مِّن رَّبٍّ رَّحِيمٍ ٥٨ وَٱمْتَٰزُوا۟
ٱلْيَوْمَ أَيُّهَا ٱلْمُجْرِمُونَ ٥٩ ۞أَلَمْ أَعْهَدْ إِلَيْكُمْ يَٰبَنِىٓ ءَادَمَ
أَن لَّا تَعْبُدُوا۟ ٱلشَّيْطَٰنَ إِنَّهُۥ لَكُمْ عَدُوٌّ مُّبِينٌ ٦٠ وَأَنِ
ٱعْبُدُونِى هَٰذَا صِرَٰطٌ مُّسْتَقِيمٌ ٦١ وَلَقَدْ أَضَلَّ مِنكُمْ
جِبِلًّا كَثِيرًا أَفَلَمْ تَكُونُوا۟ تَعْقِلُونَ ٦٢ هَٰذِهِۦ جَهَنَّمُ ٱلَّتِى
كُنتُمْ تُوعَدُونَ ٦٣ ٱصْلَوْهَا ٱلْيَوْمَ بِمَا كُنتُمْ تَكْفُرُونَ ٦٤
ٱلْيَوْمَ نَخْتِمُ عَلَىٰٓ أَفْوَٰهِهِمْ وَتُكَلِّمُنَآ أَيْدِيهِمْ وَتَشْهَدُ أَرْجُلُهُم
بِمَا كَانُوا۟ يَكْسِبُونَ ٦٥ وَلَوْ نَشَآءُ لَطَمَسْنَا عَلَىٰٓ أَعْيُنِهِمْ
فَٱسْتَبَقُوا۟ ٱلصِّرَٰطَ فَأَنَّىٰ يُبْصِرُونَ ٦٦ وَلَوْ نَشَآءُ لَمَسَخْنَٰهُمْ
عَلَىٰ مَكَانَتِهِمْ فَمَا ٱسْتَطَٰعُوا۟ مُضِيًّا وَلَا يَرْجِعُونَ ٦٧
وَمَن نُّعَمِّرْهُ نُنَكِّسْهُ فِى ٱلْخَلْقِ أَفَلَا يَعْقِلُونَ ٦٨ وَمَا
عَلَّمْنَٰهُ ٱلشِّعْرَ وَمَا يَنۢبَغِى لَهُۥٓ إِنْ هُوَ إِلَّا ذِكْرٌ وَقُرْءَانٌ مُّبِينٌ ٦٩
لِّيُنذِرَ مَن كَانَ حَيًّا وَيَحِقَّ ٱلْقَوْلُ عَلَى ٱلْكَٰفِرِينَ ٧٠
23-36-445
أَوَلَمْ يَرَوْا۟ أَنَّا خَلَقْنَا لَهُم مِّمَّا عَمِلَتْ أَيْدِينَآ أَنْعَٰمًا
فَهُمْ لَهَا مَٰلِكُونَ ٧١ وَذَلَّلْنَٰهَا لَهُمْ فَمِنْهَا رَكُوبُهُمْ
وَمِنْهَا يَأْكُلُونَ ٧٢ وَلَهُمْ فِيهَا مَنَٰفِعُ وَمَشَارِبُ
أَفَلَا يَشْكُرُونَ ٧٣ وَٱتَّخَذُوا۟ مِن دُونِ ٱللَّهِ ءَالِهَةً
لَّعَلَّهُمْ يُنصَرُونَ ٧٤ لَا يَسْتَطِيعُونَ نَصْرَهُمْ وَهُمْ
لَهُمْ جُندٌ مُّحْضَرُونَ ٧٥ فَلَا يَحْزُنكَ قَوْلُهُمْ إِنَّا نَعْلَمُ
مَا يُسِرُّونَ وَمَا يُعْلِنُونَ ٧٦ أَوَلَمْ يَرَ ٱلْإِنسَٰنُ أَنَّا خَلَقْنَٰهُ
مِن نُّطْفَةٍ فَإِذَا هُوَ خَصِيمٌ مُّبِينٌ ٧٧ وَضَرَبَ لَنَا
مَثَلًا وَنَسِىَ خَلْقَهُۥ قَالَ مَن يُحْىِ ٱلْعِظَٰمَ وَهِىَ رَمِيمٌ ٧٨
قُلْ يُحْيِيهَا ٱلَّذِىٓ أَنشَأَهَآ أَوَّلَ مَرَّةٍ وَهُوَ بِكُلِّ خَلْقٍ عَلِيمٌ ٧٩
ٱلَّذِى جَعَلَ لَكُم مِّنَ ٱلشَّجَرِ ٱلْأَخْضَرِ نَارًا فَإِذَآ أَنتُم
مِّنْهُ تُوقِدُونَ ٨٠ أَوَلَيْسَ ٱلَّذِى خَلَقَ ٱلسَّمَٰوَٰتِ وَٱلْأَرْضَ
بِقَٰدِرٍ عَلَىٰٓ أَن يَخْلُقَ مِثْلَهُم بَلَىٰ وَهُوَ ٱلْخَلَّٰقُ ٱلْعَلِيمُ ٨١
إِنَّمَآ أَمْرُهُۥٓ إِذَآ أَرَادَ شَيْـًٔا أَن يَقُولَ لَهُۥ كُن فَيَكُونُ ٨٢
فَسُبْحَٰنَ ٱلَّذِى بِيَدِهِۦ مَلَكُوتُ كُلِّ شَىْءٍ وَإِلَيْهِ تُرْجَعُونَ ٨٣

23-37-446

سُورَةُ الصَّافَّاتِ

بِسْمِ ٱللَّهِ ٱلرَّحْمَٰنِ ٱلرَّحِيمِ

وَٱلصَّٰٓفَّٰتِ صَفًّا ١ فَٱلزَّٰجِرَٰتِ زَجْرًا ٢ فَٱلتَّٰلِيَٰتِ ذِكْرًا ٣ إِنَّ إِلَٰهَكُمْ
لَوَٰحِدٌ ٤ رَّبُّ ٱلسَّمَٰوَٰتِ وَٱلْأَرْضِ وَمَا بَيْنَهُمَا وَرَبُّ ٱلْمَشَٰرِقِ ٥ إِنَّا زَيَّنَّا
ٱلسَّمَآءَ ٱلدُّنْيَا بِزِينَةٍ ٱلْكَوَاكِبِ ٦ وَحِفْظًا مِّن كُلِّ شَيْطَٰنٍ مَّارِدٍ ٧
لَّا يَسَّمَّعُونَ إِلَى ٱلْمَلَإِ ٱلْأَعْلَىٰ وَيُقْذَفُونَ مِن كُلِّ جَانِبٍ ٨ دُحُورًا وَلَهُمْ
عَذَابٌ وَاصِبٌ ٩ إِلَّا مَنْ خَطِفَ ٱلْخَطْفَةَ فَأَتْبَعَهُۥ شِهَابٌ ثَاقِبٌ ١٠
فَٱسْتَفْتِهِمْ أَهُمْ أَشَدُّ خَلْقًا أَم مَّنْ خَلَقْنَآ إِنَّا خَلَقْنَٰهُم مِّن طِينٍ لَّازِبٍۭ ١١
بَلْ عَجِبْتَ وَيَسْخَرُونَ ١٢ وَإِذَا ذُكِّرُوا۟ لَا يَذْكُرُونَ ١٣ وَإِذَا رَأَوْا۟ ءَايَةً
يَسْتَسْخِرُونَ ١٤ وَقَالُوٓا۟ إِنْ هَٰذَآ إِلَّا سِحْرٌ مُّبِينٌ ١٥ أَءِذَا مِتْنَا
وَكُنَّا تُرَابًا وَعِظَٰمًا أَءِنَّا لَمَبْعُوثُونَ ١٦ أَوَءَابَآؤُنَا ٱلْأَوَّلُونَ ١٧ قُلْ نَعَمْ
وَأَنتُمْ دَٰخِرُونَ ١٨ فَإِنَّمَا هِىَ زَجْرَةٌ وَٰحِدَةٌ فَإِذَا هُمْ يَنظُرُونَ ١٩ وَقَالُوا۟
يَٰوَيْلَنَا هَٰذَا يَوْمُ ٱلدِّينِ ٢٠ هَٰذَا يَوْمُ ٱلْفَصْلِ ٱلَّذِى كُنتُم بِهِۦ تُكَذِّبُونَ ٢١
۞ٱحْشُرُوا۟ ٱلَّذِينَ ظَلَمُوا۟ وَأَزْوَٰجَهُمْ وَمَا كَانُوا۟ يَعْبُدُونَ ٢٢ مِن دُونِ
ٱللَّهِ فَٱهْدُوهُمْ إِلَىٰ صِرَٰطِ ٱلْجَحِيمِ ٢٣ وَقِفُوهُمْ إِنَّهُم مَّسْـُٔولُونَ ٢٤
23-37-447
مَا لَكُمْ لَا تَنَاصَرُونَ ٢٥ بَلْ هُمُ ٱلْيَوْمَ مُسْتَسْلِمُونَ ٢٦ وَأَقْبَلَ بَعْضُهُمْ
عَلَىٰ بَعْضٍ يَتَسَآءَلُونَ ٢٧ قَالُوٓا۟ إِنَّكُمْ كُنتُمْ تَأْتُونَنَا عَنِ ٱلْيَمِينِ ٢٨
قَالُوا۟ بَل لَّمْ تَكُونُوا۟ مُؤْمِنِينَ ٢٩ وَمَا كَانَ لَنَا عَلَيْكُم مِّن سُلْطَٰنٍۭ
بَلْ كُنتُمْ قَوْمًا طَٰغِينَ ٣٠ فَحَقَّ عَلَيْنَا قَوْلُ رَبِّنَآ إِنَّا لَذَآئِقُونَ ٣١
فَأَغْوَيْنَٰكُمْ إِنَّا كُنَّا غَٰوِينَ ٣٢ فَإِنَّهُمْ يَوْمَئِذٍ فِى ٱلْعَذَابِ
مُشْتَرِكُونَ ٣٣ إِنَّا كَذَٰلِكَ نَفْعَلُ بِٱلْمُجْرِمِينَ ٣٤ إِنَّهُمْ كَانُوٓا۟ إِذَا قِيلَ
لَهُمْ لَآ إِلَٰهَ إِلَّا ٱللَّهُ يَسْتَكْبِرُونَ ٣٥ وَيَقُولُونَ أَئِنَّا لَتَارِكُوٓا۟ ءَالِهَتِنَا
لِشَاعِرٍ مَّجْنُونٍۭ ٣٦ بَلْ جَآءَ بِٱلْحَقِّ وَصَدَّقَ ٱلْمُرْسَلِينَ ٣٧ إِنَّكُمْ
لَذَآئِقُوا۟ ٱلْعَذَابِ ٱلْأَلِيمِ ٣٨ وَمَا تُجْزَوْنَ إِلَّا مَا كُنتُمْ تَعْمَلُونَ ٣٩
إِلَّا عِبَادَ ٱللَّهِ ٱلْمُخْلَصِينَ ٤٠ أُو۟لَٰٓئِكَ لَهُمْ رِزْقٌ مَّعْلُومٌ ٤١ فَوَٰكِهُ
وَهُم مُّكْرَمُونَ ٤٢ فِى جَنَّٰتِ ٱلنَّعِيمِ ٤٣ عَلَىٰ سُرُرٍ مُّتَقَٰبِلِينَ ٤٤
يُطَافُ عَلَيْهِم بِكَأْسٍ مِّن مَّعِينٍۭ ٤٥ بَيْضَآءَ لَذَّةٍ لِّلشَّٰرِبِينَ ٤٦
لَا فِيهَا غَوْلٌ وَلَا هُمْ عَنْهَا يُنزَفُونَ ٤٧ وَعِندَهُمْ قَٰصِرَٰتُ
ٱلطَّرْفِ عِينٌ ٤٨ كَأَنَّهُنَّ بَيْضٌ مَّكْنُونٌ ٤٩ فَأَقْبَلَ بَعْضُهُمْ عَلَىٰ
بَعْضٍ يَتَسَآءَلُونَ ٥٠ قَالَ قَآئِلٌ مِّنْهُمْ إِنِّى كَانَ لِى قَرِينٌ ٥١
23-37-448
يَقُولُ أَءِنَّكَ لَمِنَ ٱلْمُصَدِّقِينَ ٥٢ أَءِذَا مِتْنَا وَكُنَّا تُرَابًا وَعِظَٰمًا أَءِنَّا
لَمَدِينُونَ ٥٣ قَالَ هَلْ أَنتُم مُّطَّلِعُونَ ٥٤ فَٱطَّلَعَ فَرَءَاهُ فِى سَوَآءِ
ٱلْجَحِيمِ ٥٥ قَالَ تَٱللَّهِ إِن كِدتَّ لَتُرْدِينِ ٥٦ وَلَوْلَا نِعْمَةُ رَبِّى
لَكُنتُ مِنَ ٱلْمُحْضَرِينَ ٥٧ أَفَمَا نَحْنُ بِمَيِّتِينَ ٥٨ إِلَّا مَوْتَتَنَا
ٱلْأُولَىٰ وَمَا نَحْنُ بِمُعَذَّبِينَ ٥٩ إِنَّ هَٰذَا لَهُوَ ٱلْفَوْزُ ٱلْعَظِيمُ ٦٠
لِمِثْلِ هَٰذَا فَلْيَعْمَلِ ٱلْعَٰمِلُونَ ٦١ أَذَٰلِكَ خَيْرٌ نُّزُلًا أَمْ شَجَرَةُ
ٱلزَّقُّومِ ٦٢ إِنَّا جَعَلْنَٰهَا فِتْنَةً لِّلظَّٰلِمِينَ ٦٣ إِنَّهَا شَجَرَةٌ تَخْرُجُ
فِىٓ أَصْلِ ٱلْجَحِيمِ ٦٤ طَلْعُهَا كَأَنَّهُۥ رُءُوسُ ٱلشَّيَٰطِينِ ٦٥
فَإِنَّهُمْ لَءَاكِلُونَ مِنْهَا فَمَالِـُٔونَ مِنْهَا ٱلْبُطُونَ ٦٦ ثُمَّ إِنَّ لَهُمْ
عَلَيْهَا لَشَوْبًا مِّنْ حَمِيمٍ ٦٧ ثُمَّ إِنَّ مَرْجِعَهُمْ لَإِلَى ٱلْجَحِيمِ ٦٨
إِنَّهُمْ أَلْفَوْا۟ ءَابَآءَهُمْ ضَآلِّينَ ٦٩ فَهُمْ عَلَىٰٓ ءَاثَٰرِهِمْ يُهْرَعُونَ ٧٠
وَلَقَدْ ضَلَّ قَبْلَهُمْ أَكْثَرُ ٱلْأَوَّلِينَ ٧١ وَلَقَدْ أَرْسَلْنَا فِيهِم
مُّنذِرِينَ ٧٢ فَٱنظُرْ كَيْفَ كَانَ عَٰقِبَةُ ٱلْمُنذَرِينَ ٧٣
إِلَّا عِبَادَ ٱللَّهِ ٱلْمُخْلَصِينَ ٧٤ وَلَقَدْ نَادَىٰنَا نُوحٌ فَلَنِعْمَ
ٱلْمُجِيبُونَ ٧٥ وَنَجَّيْنَٰهُ وَأَهْلَهُۥ مِنَ ٱلْكَرْبِ ٱلْعَظِيمِ ٧٦
23-37-449
وَجَعَلْنَا ذُرِّيَّتَهُۥ هُمُ ٱلْبَاقِينَ ٧٧ وَتَرَكْنَا عَلَيْهِ فِى ٱلْءَاخِرِينَ ٧٨ سَلَٰمٌ
عَلَىٰ نُوحٍ فِى ٱلْعَٰلَمِينَ ٧٩ إِنَّا كَذَٰلِكَ نَجْزِى ٱلْمُحْسِنِينَ ٨٠ إِنَّهُۥ
مِنْ عِبَادِنَا ٱلْمُؤْمِنِينَ ٨١ ثُمَّ أَغْرَقْنَا ٱلْءَاخَرِينَ ٨٢ ۞وَإِنَّ مِن
شِيعَتِهِۦ لَإِبْرَٰهِيمَ ٨٣ إِذْ جَآءَ رَبَّهُۥ بِقَلْبٍ سَلِيمٍ ٨٤ إِذْ قَالَ لِأَبِيهِ
وَقَوْمِهِۦ مَاذَا تَعْبُدُونَ ٨٥ أَئِفْكًا ءَالِهَةً دُونَ ٱللَّهِ تُرِيدُونَ ٨٦
فَمَا ظَنُّكُم بِرَبِّ ٱلْعَٰلَمِينَ ٨٧ فَنَظَرَ نَظْرَةً فِى ٱلنُّجُومِ ٨٨
فَقَالَ إِنِّى سَقِيمٌ ٨٩ فَتَوَلَّوْا۟ عَنْهُ مُدْبِرِينَ ٩٠ فَرَاغَ إِلَىٰٓ ءَالِهَتِهِمْ
فَقَالَ أَلَا تَأْكُلُونَ ٩١ مَا لَكُمْ لَا تَنطِقُونَ ٩٢ فَرَاغَ عَلَيْهِمْ ضَرْبًۢا
بِٱلْيَمِينِ ٩٣ فَأَقْبَلُوٓا۟ إِلَيْهِ يَزِفُّونَ ٩٤ قَالَ أَتَعْبُدُونَ مَا تَنْحِتُونَ ٩٥
وَٱللَّهُ خَلَقَكُمْ وَمَا تَعْمَلُونَ ٩٦ قَالُوا۟ ٱبْنُوا۟ لَهُۥ بُنْيَٰنًا فَأَلْقُوهُ
فِى ٱلْجَحِيمِ ٩٧ فَأَرَادُوا۟ بِهِۦ كَيْدًا فَجَعَلْنَٰهُمُ ٱلْأَسْفَلِينَ ٩٨
وَقَالَ إِنِّى ذَاهِبٌ إِلَىٰ رَبِّى سَيَهْدِينِ ٩٩ رَبِّ هَبْ لِى مِنَ ٱلصَّٰلِحِينَ ١٠٠
فَبَشَّرْنَٰهُ بِغُلَٰمٍ حَلِيمٍ ١٠١ فَلَمَّا بَلَغَ مَعَهُ ٱلسَّعْىَ قَالَ يَٰبُنَىَّ
إِنِّىٓ أَرَىٰ فِى ٱلْمَنَامِ أَنِّىٓ أَذْبَحُكَ فَٱنظُرْ مَاذَا تَرَىٰ قَالَ يَٰٓأَبَتِ
ٱفْعَلْ مَا تُؤْمَرُ سَتَجِدُنِىٓ إِن شَآءَ ٱللَّهُ مِنَ ٱلصَّٰبِرِينَ ١٠٢
23-37-450
فَلَمَّآ أَسْلَمَا وَتَلَّهُۥ لِلْجَبِينِ ١٠٣ وَنَٰدَيْنَٰهُ أَن يَٰٓإِبْرَٰهِيمُ ١٠٤
قَدْ صَدَّقْتَ ٱلرُّءْيَآ إِنَّا كَذَٰلِكَ نَجْزِى ٱلْمُحْسِنِينَ ١٠٥ إِنَّ
هَٰذَا لَهُوَ ٱلْبَلَٰٓؤُا۟ ٱلْمُبِينُ ١٠٦ وَفَدَيْنَٰهُ بِذِبْحٍ عَظِيمٍ ١٠٧ وَتَرَكْنَا
عَلَيْهِ فِى ٱلْءَاخِرِينَ ١٠٨ سَلَٰمٌ عَلَىٰٓ إِبْرَٰهِيمَ ١٠٩ كَذَٰلِكَ نَجْزِى
ٱلْمُحْسِنِينَ ١١٠ إِنَّهُۥ مِنْ عِبَادِنَا ٱلْمُؤْمِنِينَ ١١١ وَبَشَّرْنَٰهُ
بِإِسْحَٰقَ نَبِيًّا مِّنَ ٱلصَّٰلِحِينَ ١١٢ وَبَٰرَكْنَا عَلَيْهِ وَعَلَىٰٓ إِسْحَٰقَ
وَمِن ذُرِّيَّتِهِمَا مُحْسِنٌ وَظَالِمٌ لِّنَفْسِهِۦ مُبِينٌ ١١٣ وَلَقَدْ مَنَنَّا
عَلَىٰ مُوسَىٰ وَهَٰرُونَ ١١٤ وَنَجَّيْنَٰهُمَا وَقَوْمَهُمَا مِنَ ٱلْكَرْبِ
ٱلْعَظِيمِ ١١٥ وَنَصَرْنَٰهُمْ فَكَانُوا۟ هُمُ ٱلْغَٰلِبِينَ ١١٦ وَءَاتَيْنَٰهُمَا
ٱلْكِتَٰبَ ٱلْمُسْتَبِينَ ١١٧ وَهَدَيْنَٰهُمَا ٱلصِّرَٰطَ ٱلْمُسْتَقِيمَ ١١٨
وَتَرَكْنَا عَلَيْهِمَا فِى ٱلْءَاخِرِينَ ١١٩ سَلَٰمٌ عَلَىٰ مُوسَىٰ
وَهَٰرُونَ ١٢٠ إِنَّا كَذَٰلِكَ نَجْزِى ٱلْمُحْسِنِينَ ١٢١ إِنَّهُمَا
مِنْ عِبَادِنَا ٱلْمُؤْمِنِينَ ١٢٢ وَإِنَّ إِلْيَاسَ لَمِنَ ٱلْمُرْسَلِينَ ١٢٣
إِذْ قَالَ لِقَوْمِهِۦٓ أَلَا تَتَّقُونَ ١٢٤ أَتَدْعُونَ بَعْلًا وَتَذَرُونَ أَحْسَنَ
ٱلْخَٰلِقِينَ ١٢٥ ٱللَّهَ رَبَّكُمْ وَرَبَّ ءَابَآئِكُمُ ٱلْأَوَّلِينَ ١٢٦
23-37-451
فَكَذَّبُوهُ فَإِنَّهُمْ لَمُحْضَرُونَ ١٢٧ إِلَّا عِبَادَ ٱللَّهِ ٱلْمُخْلَصِينَ ١٢٨
وَتَرَكْنَا عَلَيْهِ فِى ٱلْءَاخِرِينَ ١٢٩ سَلَٰمٌ عَلَىٰٓ إِلْ يَاسِينَ ١٣٠ إِنَّا
كَذَٰلِكَ نَجْزِى ٱلْمُحْسِنِينَ ١٣١ إِنَّهُۥ مِنْ عِبَادِنَا ٱلْمُؤْمِنِينَ ١٣٢
وَإِنَّ لُوطًا لَّمِنَ ٱلْمُرْسَلِينَ ١٣٣ إِذْ نَجَّيْنَٰهُ وَأَهْلَهُۥٓ أَجْمَعِينَ ١٣٤
إِلَّا عَجُوزًا فِى ٱلْغَٰبِرِينَ ١٣٥ ثُمَّ دَمَّرْنَا ٱلْءَاخَرِينَ ١٣٦ وَإِنَّكُمْ
لَتَمُرُّونَ عَلَيْهِم مُّصْبِحِينَ ١٣٧ وَبِٱلَّيْلِ أَفَلَا تَعْقِلُونَ ١٣٨ وَإِنَّ
يُونُسَ لَمِنَ ٱلْمُرْسَلِينَ ١٣٩ إِذْ أَبَقَ إِلَى ٱلْفُلْكِ ٱلْمَشْحُونِ ١٤٠
فَسَاهَمَ فَكَانَ مِنَ ٱلْمُدْحَضِينَ ١٤١ فَٱلْتَقَمَهُ ٱلْحُوتُ وَهُوَ مُلِيمٌ ١٤٢
فَلَوْلَآ أَنَّهُۥ كَانَ مِنَ ٱلْمُسَبِّحِينَ ١٤٣ لَلَبِثَ فِى بَطْنِهِۦٓ إِلَىٰ يَوْمِ
يُبْعَثُونَ ١٤٤ ۞فَنَبَذْنَٰهُ بِٱلْعَرَآءِ وَهُوَ سَقِيمٌ ١٤٥ وَأَنۢبَتْنَا
عَلَيْهِ شَجَرَةً مِّن يَقْطِينٍ ١٤٦ وَأَرْسَلْنَٰهُ إِلَىٰ مِا۟ئَةِ أَلْفٍ أَوْ
يَزِيدُونَ ١٤٧ فَـَٔامَنُوا۟ فَمَتَّعْنَٰهُمْ إِلَىٰ حِينٍ ١٤٨ فَٱسْتَفْتِهِمْ
أَلِرَبِّكَ ٱلْبَنَاتُ وَلَهُمُ ٱلْبَنُونَ ١٤٩ أَمْ خَلَقْنَا ٱلْمَلَٰٓئِكَةَ إِنَٰثًا
وَهُمْ شَٰهِدُونَ ١٥٠ أَلَآ إِنَّهُم مِّنْ إِفْكِهِمْ لَيَقُولُونَ ١٥١ وَلَدَ
ٱللَّهُ وَإِنَّهُمْ لَكَٰذِبُونَ ١٥٢ أَصْطَفَى ٱلْبَنَاتِ عَلَى ٱلْبَنِينَ ١٥٣

23 - 37 - 452 ما لكم كيف تحكمون ١٥٤ أفلا تذكرون ١٥٥ أم لكم سلطان
مبين ١٥٦ فأتوا بكتابكم إن كنتم صادقين ١٥٧ وجعلوا بينه
وبين الجنة نسبا ولقد علمت الجنة إنهم لمحضرون ١٥٨
سبحان الله عما يصفون ١٥٩ إلا عباد الله المخلصين ١٦٠
فإنكم وما تعبدون ١٦١ ما أنتم عليه بفاتنين ١٦٢
إلا من هو صال الجحيم ١٦٣ وما منا إلا له مقام معلوم ١٦٤
وإنا لنحن الصافون ١٦٥ وإنا لنحن المسبحون ١٦٦
وإن كانوا ليقولون ١٦٧ لو أن عندنا ذكرا من الأولين ١٦٨
لكنا عباد الله المخلصين ١٦٩ فكفروا به فسوف يعلمون ١٧٠ ولقد
سبقت كلمتنا لعبادنا المرسلين ١٧١ إنهم لهم المنصورون ١٧٢
وإن جندنا لهم الغالبون ١٧٣ فتول عنهم حتى حين ١٧٤ وأبصرهم
فسوف يبصرون ١٧٥ أفبعذابنا يستعجلون ١٧٦ فإذا نزل بساحتهم
فساء صباح المنذرين ١٧٧ وتول عنهم حتى حين ١٧٨ وأبصر
فسوف يبصرون ١٧٩ سبحان ربك رب العزة عما يصفون ١٨٠
وسلام على المرسلين ١٨١ والحمد لله رب العالمين ١٨٢

سورة ص

23 - 38 - 453 بسم الله الرحمن الرحيم
ص والقرآن ذي الذكر ١ بل الذين كفروا في عزة وشقاق ٢
كم أهلكنا من قبلهم من قرن فنادوا ولات حين مناص ٣ وعجبوا
أن جاءهم منذر منهم وقال الكافرون هذا ساحر كذاب ٤ أجعل
الآلهة إلها واحدا إن هذا لشيء عجاب ٥ وانطلق الملأ منهم أن
امشوا واصبروا على آلهتكم إن هذا لشيء يراد ٦ ما سمعنا
بهذا في الملة الآخرة إن هذا إلا اختلاق ٧ أأنزل عليه الذكر
من بيننا بل هم في شك من ذكري بل لما يذوقوا عذاب ٨ أم عندهم
خزائن رحمة ربك العزيز الوهاب ٩ أم لهم ملك السماوات والأرض
وما بينهما فليرتقوا في الأسباب ١٠ جند ما هنالك مهزوم من
الأحزاب ١١ كذبت قبلهم قوم نوح وعاد وفرعون ذو الأوتاد ١٢
وثمود وقوم لوط وأصحاب الأيكة أولئك الأحزاب ١٣ إن كل إلا
كذب الرسل فحق عقاب ١٤ وما ينظر هؤلاء إلا صيحة واحدة
ما لها من فواق ١٥ وقالوا ربنا عجل لنا قطنا قبل يوم الحساب ١٦
23 - 38 - 454 اصبر على ما يقولون واذكر عبدنا داود ذا الأيد إنه أواب ١٧ إنا
سخرنا الجبال معه يسبحن بالعشي والإشراق ١٨ والطير
محشورة كل له أواب ١٩ وشددنا ملكه وآتيناه الحكمة
وفصل الخطاب ٢٠ * وهل أتاك نبأ الخصم إذ تسوروا
المحراب ٢١ إذ دخلوا على داود ففزع منهم قالوا لا تخف
خصمان بغى بعضنا على بعض فاحكم بيننا بالحق ولا تشطط
واهدنا إلى سواء الصراط ٢٢ إن هذا أخي له تسع وتسعون نعجة
ولي نعجة واحدة فقال أكفلنيها وعزني في الخطاب ٢٣ قال
لقد ظلمك بسؤال نعجتك إلى نعاجه وإن كثيرا من الخلطاء ليبغي
بعضهم على بعض إلا الذين آمنوا وعملوا الصالحات وقليل ما هم
وظن داود أنما فتناه فاستغفر ربه وخر راكعا وأناب ۩ ٢٤
فغفرنا له ذلك وإن له عندنا لزلفى وحسن مآب ٢٥
يا داود إنا جعلناك خليفة في الأرض فاحكم بين الناس بالحق
ولا تتبع الهوى فيضلك عن سبيل الله إن الذين يضلون
عن سبيل الله لهم عذاب شديد بما نسوا يوم الحساب ٢٦
23 - 38 - 455 وما خلقنا السماء والأرض وما بينهما باطلا ذلك ظن الذين
كفروا فويل للذين كفروا من النار ٢٧ أم نجعل الذين آمنوا وعملوا
الصالحات كالمفسدين في الأرض أم نجعل المتقين كالفجار ٢٨
كتاب أنزلناه إليك مبارك ليدبروا آياته وليتذكر أولو
الألباب ٢٩ ووهبنا لداود سليمان نعم العبد إنه أواب ٣٠

إذ عرض عليه بالعشي الصافنات الجياد ٣١ فقال إني أحببت
حب الخير عن ذكر ربي حتى توارت بالحجاب ٣٢ ردوها علي
فطفق مسحا بالسوق والأعناق ٣٣ ولقد فتنا سليمان
وألقينا على كرسيه جسدا ثم أناب ٣٤ قال رب اغفر لي وهب
لي ملكا لا ينبغي لأحد من بعدي إنك أنت الوهاب ٣٥
فسخرنا له الريح تجري بأمره رخاء حيث أصاب ٣٦ والشياطين
كل بناء وغواص ٣٧ وآخرين مقرنين في الأصفاد ٣٨ هذا
عطاؤنا فامنن أو أمسك بغير حساب ٣٩ وإن له عندنا لزلفى وحسن
مآب ٤٠ واذكر عبدنا أيوب إذ نادى ربه أني مسني الشيطان
بنصب وعذاب ٤١ اركض برجلك هذا مغتسل بارد وشراب ٤٢
23 - 38 - 456 ووهبنا له أهله ومثلهم معهم رحمة منا وذكرى لأولي الألباب ٤٣
وخذ بيدك ضغثا فاضرب به ولا تحنث إنا وجدناه صابرا نعم
العبد إنه أواب ٤٤ واذكر عبادنا إبراهيم وإسحاق ويعقوب أولي
الأيدي والأبصار ٤٥ إنا أخلصناهم بخالصة ذكرى الدار ٤٦
وإنهم عندنا لمن المصطفين الأخيار ٤٧ واذكر إسماعيل
واليسع وذا الكفل وكل من الأخيار ٤٨ هذا ذكر وإن للمتقين
لحسن مآب ٤٩ جنات عدن مفتحة لهم الأبواب ٥٠ متكئين
فيها يدعون فيها بفاكهة كثيرة وشراب ٥١ * وعندهم قاصرات
الطرف أتراب ٥٢ هذا ما توعدون ليوم الحساب ٥٣ إن هذا
لرزقنا ما له من نفاد ٥٤ هذا وإن للطاغين لشر مآب ٥٥
جهنم يصلونها فبئس المهاد ٥٦ هذا فليذوقوه حميم
وغساق ٥٧ وآخر من شكله أزواج ٥٨ هذا فوج
مقتحم معكم لا مرحبا بهم إنهم صالوا النار ٥٩ قالوا
بل أنتم لا مرحبا بكم أنتم قدمتموه لنا فبئس القرار ٦٠
قالوا ربنا من قدم لنا هذا فزده عذابا ضعفا في النار ٦١
23 - 38 - 457 وقالوا ما لنا لا نرى رجالا كنا نعدهم من الأشرار ٦٢ أتخذناهم
سخريا أم زاغت عنهم الأبصار ٦٣ إن ذلك لحق تخاصم أهل
النار ٦٤ قل إنما أنا منذر وما من إله إلا الله الواحد القهار ٦٥
رب السماوات والأرض وما بينهما العزيز الغفار ٦٦ قل هو نبأ
عظيم ٦٧ أنتم عنه معرضون ٦٨ ما كان لي من علم بالملإ الأعلى
إذ يختصمون ٦٩ إن يوحى إلي إلا أنما أنا نذير مبين ٧٠ إذ قال
ربك للملائكة إني خالق بشرا من طين ٧١ فإذا سويته ونفخت
فيه من روحي فقعوا له ساجدين ٧٢ فسجد الملائكة كلهم
أجمعون ٧٣ إلا إبليس استكبر وكان من الكافرين ٧٤ قال
يا إبليس ما منعك أن تسجد لما خلقت بيدي أستكبرت أم كنت
من العالين ٧٥ قال أنا خير منه خلقتني من نار وخلقته من
طين ٧٦ قال فاخرج منها فإنك رجيم ٧٧ وإن عليك لعنتي إلى يوم
الدين ٧٨ قال رب فأنظرني إلى يوم يبعثون ٧٩ قال فإنك من
المنظرين ٨٠ إلى يوم الوقت المعلوم ٨١ قال فبعزتك
لأغوينهم أجمعين ٨٢ إلا عبادك منهم المخلصين ٨٣
23 - 38 - 458 قال فالحق والحق أقول ٨٤ لأملأن جهنم منك وممن تبعك منهم
أجمعين ٨٥ قل ما أسألكم عليه من أجر وما أنا من المتكلفين ٨٦
إن هو إلا ذكر للعالمين ٨٧ ولتعلمن نبأه بعد حين ٨٨

سورة الزمر

بسم الله الرحمن الرحيم
تنزيل الكتاب من الله العزيز الحكيم ١ إنا أنزلنا إليك
الكتاب بالحق فاعبد الله مخلصا له الدين ٢ ألا
لله الدين الخالص والذين اتخذوا من دونه أولياء
ما نعبدهم إلا ليقربونا إلى الله زلفى إن الله يحكم
بينهم في ما هم فيه يختلفون إن الله لا يهدي من هو

كاذب كفار ٣ لو أراد الله أن يتخذ ولدا لاصطفى
مما يخلق ما يشاء سبحانه هو الله الواحد القهار ٤
خلق السماوات والأرض بالحق يكور الليل على
النهار ويكور النهار على الليل وسخر الشمس والقمر
كل يجري لأجل مسمى ألا هو العزيز الغفار ٥
23 - 39 - 459 خلقكم من نفس واحدة ثم جعل منها زوجها وأنزل لكم
من الأنعام ثمانية أزواج يخلقكم في بطون أمهاتكم
خلقا من بعد خلق في ظلمات ثلاث ذلكم الله ربكم له
الملك لا إله إلا هو فأنى تصرفون ٦ إن تكفروا فإن
الله غني عنكم ولا يرضى لعباده الكفر وإن تشكروا يرضه
لكم ولا تزر وازرة وزر أخرى ثم إلى ربكم مرجعكم
فينبئكم بما كنتم تعملون إنه عليم بذات الصدور ٧
* وإذا مس الإنسان ضر دعا ربه منيبا إليه ثم إذا خوله نعمة
منه نسي ما كان يدعو إليه من قبل وجعل لله أندادا ليضل
عن سبيله قل تمتع بكفرك قليلا إنك من أصحاب النار ٨
أمن هو قانت آناء الليل ساجدا وقائما يحذر الآخرة
ويرجو رحمة ربه قل هل يستوي الذين يعلمون والذين
لا يعلمون إنما يتذكر أولو الألباب ٩ قل يا عباد الذين
آمنوا اتقوا ربكم للذين أحسنوا في هذه الدنيا حسنة
وأرض الله واسعة إنما يوفى الصابرون أجرهم بغير حساب ١٠
23 - 39 - 460 قل إني أمرت أن أعبد الله مخلصا له الدين ١١ وأمرت لأن أكون
أول المسلمين ١٢ قل إني أخاف إن عصيت ربي عذاب يوم
عظيم ١٣ قل الله أعبد مخلصا له ديني ١٤ فاعبدوا ما شئتم من
دونه قل إن الخاسرين الذين خسروا أنفسهم وأهليهم يوم القيامة
ألا ذلك هو الخسران المبين ١٥ لهم من فوقهم ظلل من النار
ومن تحتهم ظلل ذلك يخوف الله به عباده يا عباد فاتقون ١٦
والذين اجتنبوا الطاغوت أن يعبدوها وأنابوا إلى الله لهم البشرى
فبشر عباد ١٧ الذين يستمعون القول فيتبعون أحسنه
أولئك الذين هداهم الله وأولئك هم أولو الألباب ١٨
أفمن حق عليه كلمة العذاب أفأنت تنقذ من في النار ١٩
لكن الذين اتقوا ربهم لهم غرف من فوقها غرف مبنية تجري
من تحتها الأنهار وعد الله لا يخلف الله الميعاد ٢٠ ألم تر
أن الله أنزل من السماء ماء فسلكه ينابيع في الأرض ثم
يخرج به زرعا مختلفا ألوانه ثم يهيج فتراه مصفرا ثم
يجعله حطاما إن في ذلك لذكرى لأولي الألباب ٢١
23 - 39 - 461 أفمن شرح الله صدره للإسلام فهو على نور من ربه فويل
للقاسية قلوبهم من ذكر الله أولئك في ضلال مبين ٢٢
الله نزل أحسن الحديث كتابا متشابها مثاني تقشعر منه
جلود الذين يخشون ربهم ثم تلين جلودهم وقلوبهم
إلى ذكر الله ذلك هدى الله يهدي به من يشاء ومن
يضلل الله فما له من هاد ٢٣ أفمن يتقي بوجهه سوء
العذاب يوم القيامة وقيل للظالمين ذوقوا ما كنتم تكسبون ٢٤
كذب الذين من قبلهم فأتاهم العذاب من حيث
لا يشعرون ٢٥ فأذاقهم الله الخزي في الحياة الدنيا ولعذاب
الآخرة أكبر لو كانوا يعلمون ٢٦ ولقد ضربنا للناس في
هذا القرآن من كل مثل لعلهم يتذكرون ٢٧ قرآنا عربيا
غير ذي عوج لعلهم يتقون ٢٨ ضرب الله مثلا رجلا فيه
شركاء متشاكسون ورجلا سلما لرجل هل يستويان مثلا
الحمد لله بل أكثرهم لا يعلمون ٢٩ إنك ميت وإنهم
ميتون ٣٠ ثم إنكم يوم القيامة عند ربكم تختصمون ٣١

24 - 39 - 462
۞ فمن أظلم ممن كذب على الله وكذب بالصدق إذ جاءه أليس في جهنم مثوى للكافرين ﴿٣٢﴾ والذي جاء بالصدق وصدق به أولئك هم المتقون ﴿٣٣﴾ لهم ما يشاءون عند ربهم ذلك جزاء المحسنين ﴿٣٤﴾ ليكفر الله عنهم أسوأ الذي عملوا ويجزيهم أجرهم بأحسن الذي كانوا يعملون ﴿٣٥﴾ أليس الله بكاف عبده ويخوفونك بالذين من دونه ومن يضلل الله فما له من هاد ﴿٣٦﴾ ومن يهد الله فما له من مضل أليس الله بعزيز ذي انتقام ﴿٣٧﴾ ولئن سألتهم من خلق السماوات والأرض ليقولن الله قل أفرأيتم ما تدعون من دون الله إن أرادني الله بضر هل هن كاشفات ضره أو أرادني برحمة هل هن ممسكات رحمته قل حسبي الله عليه يتوكل المتوكلون ﴿٣٨﴾ قل يا قوم اعملوا على مكانتكم إني عامل فسوف تعلمون ﴿٣٩﴾ من يأتيه عذاب يخزيه ويحل عليه عذاب مقيم ﴿٤٠﴾

24 - 39 - 463
إنا أنزلنا عليك الكتاب للناس بالحق فمن اهتدى فلنفسه ومن ضل فإنما يضل عليها وما أنت عليهم بوكيل ﴿٤١﴾ الله يتوفى الأنفس حين موتها والتي لم تمت في منامها فيمسك التي قضى عليها الموت ويرسل الأخرى إلى أجل مسمى إن في ذلك لآيات لقوم يتفكرون ﴿٤٢﴾ أم اتخذوا من دون الله شفعاء قل أولو كانوا لا يملكون شيئا ولا يعقلون ﴿٤٣﴾ قل لله الشفاعة جميعا له ملك السماوات والأرض ثم إليه ترجعون ﴿٤٤﴾ وإذا ذكر الله وحده اشمأزت قلوب الذين لا يؤمنون بالآخرة وإذا ذكر الذين من دونه إذا هم يستبشرون ﴿٤٥﴾ قل اللهم فاطر السماوات والأرض عالم الغيب والشهادة أنت تحكم بين عبادك في ما كانوا فيه يختلفون ﴿٤٦﴾ ولو أن للذين ظلموا ما في الأرض جميعا ومثله معه لافتدوا به من سوء العذاب يوم القيامة وبدا لهم من الله ما لم يكونوا يحتسبون ﴿٤٧﴾

24 - 39 - 464
وبدا لهم سيئات ما كسبوا وحاق بهم ما كانوا به يستهزئون ﴿٤٨﴾ فإذا مس الإنسان ضر دعانا ثم إذا خولناه نعمة منا قال إنما أوتيته على علم بل هي فتنة ولكن أكثرهم لا يعلمون ﴿٤٩﴾ قد قالها الذين من قبلهم فما أغنى عنهم ما كانوا يكسبون ﴿٥٠﴾ فأصابهم سيئات ما كسبوا والذين ظلموا من هؤلاء سيصيبهم سيئات ما كسبوا وما هم بمعجزين ﴿٥١﴾ أولم يعلموا أن الله يبسط الرزق لمن يشاء ويقدر إن في ذلك لآيات لقوم يؤمنون ﴿٥٢﴾ ۞ قل يا عبادي الذين أسرفوا على أنفسهم لا تقنطوا من رحمة الله إن الله يغفر الذنوب جميعا إنه هو الغفور الرحيم ﴿٥٣﴾ وأنيبوا إلى ربكم وأسلموا له من قبل أن يأتيكم العذاب ثم لا تنصرون ﴿٥٤﴾ واتبعوا أحسن ما أنزل إليكم من ربكم من قبل أن يأتيكم العذاب بغتة وأنتم لا تشعرون ﴿٥٥﴾ أن تقول نفس يا حسرتى على ما فرطت في جنب الله وإن كنت لمن الساخرين ﴿٥٦﴾

24 - 39 - 465
أو تقول لو أن الله هداني لكنت من المتقين ﴿٥٧﴾ أو تقول حين ترى العذاب لو أن لي كرة فأكون من المحسنين ﴿٥٨﴾ بلى قد جاءتك آياتي فكذبت بها واستكبرت وكنت من الكافرين ﴿٥٩﴾ ويوم القيامة ترى الذين كذبوا على الله وجوههم مسودة أليس في جهنم مثوى للمتكبرين ﴿٦٠﴾ وينجي الله الذين اتقوا بمفازتهم لا يمسهم السوء ولا هم يحزنون ﴿٦١﴾ الله خالق كل شيء وهو على كل شيء وكيل ﴿٦٢﴾ له مقاليد السماوات والأرض والذين كفروا بآيات الله أولئك هم الخاسرون ﴿٦٣﴾ قل أفغير الله تأمروني أعبد أيها الجاهلون ﴿٦٤﴾ ولقد أوحي إليك وإلى الذين من قبلك لئن أشركت ليحبطن عملك ولتكونن من الخاسرين ﴿٦٥﴾ بل الله فاعبد وكن من الشاكرين ﴿٦٦﴾ وما قدروا الله حق قدره والأرض جميعا قبضته يوم القيامة والسماوات مطويات بيمينه سبحانه وتعالى عما يشركون ﴿٦٧﴾

24 - 39 - 466
ونفخ في الصور فصعق من في السماوات ومن في الأرض إلا من شاء الله ثم نفخ فيه أخرى فإذا هم قيام ينظرون ﴿٦٨﴾ وأشرقت الأرض بنور ربها ووضع الكتاب وجيء بالنبيين والشهداء وقضي بينهم بالحق وهم لا يظلمون ﴿٦٩﴾ ووفيت كل نفس ما عملت وهو أعلم بما يفعلون ﴿٧٠﴾ وسيق الذين كفروا إلى جهنم زمرا حتى إذا جاءوها فتحت أبوابها وقال لهم خزنتها ألم يأتكم رسل منكم يتلون عليكم آيات ربكم وينذرونكم لقاء يومكم هذا قالوا بلى ولكن حقت كلمة العذاب على الكافرين ﴿٧١﴾ قيل ادخلوا أبواب جهنم خالدين فيها فبئس مثوى المتكبرين ﴿٧٢﴾ وسيق الذين اتقوا ربهم إلى الجنة زمرا حتى إذا جاءوها وفتحت أبوابها وقال لهم خزنتها سلام عليكم طبتم فادخلوها خالدين ﴿٧٣﴾ وقالوا الحمد لله الذي صدقنا وعده وأورثنا الأرض نتبوأ من الجنة حيث نشاء فنعم أجر العاملين ﴿٧٤﴾

24 - 39 - 467
وترى الملائكة حافين من حول العرش يسبحون بحمد ربهم وقضي بينهم بالحق وقيل الحمد لله رب العالمين ﴿٧٥﴾

سورة غافر

بسم الله الرحمن الرحيم

حم ﴿١﴾ تنزيل الكتاب من الله العزيز العليم ﴿٢﴾ غافر الذنب وقابل التوب شديد العقاب ذي الطول لا إله إلا هو إليه المصير ﴿٣﴾ ما يجادل في آيات الله إلا الذين كفروا فلا يغررك تقلبهم في البلاد ﴿٤﴾ كذبت قبلهم قوم نوح والأحزاب من بعدهم وهمت كل أمة برسولهم ليأخذوه وجادلوا بالباطل ليدحضوا به الحق فأخذتهم فكيف كان عقاب ﴿٥﴾ وكذلك حقت كلمت ربك على الذين كفروا أنهم أصحاب النار ﴿٦﴾ الذين يحملون العرش ومن حوله يسبحون بحمد ربهم ويؤمنون به ويستغفرون للذين آمنوا ربنا وسعت كل شيء رحمة وعلما فاغفر للذين تابوا واتبعوا سبيلك وقهم عذاب الجحيم ﴿٧﴾

24 - 39 - 468
ربنا وأدخلهم جنات عدن التي وعدتهم ومن صلح من آبائهم وأزواجهم وذرياتهم إنك أنت العزيز الحكيم ﴿٨﴾ وقهم السيئات ومن تق السيئات يومئذ فقد رحمته وذلك هو الفوز العظيم ﴿٩﴾ إن الذين كفروا ينادون لمقت الله أكبر من مقتكم أنفسكم إذ تدعون إلى الإيمان فتكفرون ﴿١٠﴾ قالوا ربنا أمتنا اثنتين وأحييتنا اثنتين فاعترفنا بذنوبنا فهل إلى خروج من سبيل ﴿١١﴾ ذلكم بأنه إذا دعي الله وحده كفرتم وإن يشرك به تؤمنوا فالحكم لله العلي الكبير ﴿١٢﴾ هو الذي يريكم آياته وينزل لكم من السماء رزقا وما يتذكر إلا من ينيب ﴿١٣﴾ فادعوا الله مخلصين له الدين ولو كره الكافرون ﴿١٤﴾ رفيع الدرجات ذو العرش يلقي الروح من أمره على من يشاء من عباده لينذر يوم التلاق ﴿١٥﴾ يوم هم بارزون لا يخفى على الله منهم شيء لمن الملك اليوم لله الواحد القهار ﴿١٦﴾

24 - 40 - 469
اليوم تجزى كل نفس بما كسبت لا ظلم اليوم إن الله سريع الحساب ﴿١٧﴾ وأنذرهم يوم الآزفة إذ القلوب لدى الحناجر كاظمين ما للظالمين من حميم ولا شفيع يطاع ﴿١٨﴾ يعلم خائنة الأعين وما تخفي الصدور ﴿١٩﴾ والله يقضي بالحق والذين يدعون من دونه لا يقضون بشيء إن الله هو السميع البصير ﴿٢٠﴾ ۞ أولم يسيروا في الأرض فينظروا كيف كان عاقبة الذين كانوا من قبلهم كانوا هم أشد منهم قوة وآثارا في الأرض فأخذهم الله بذنوبهم وما كان لهم من الله من واق ﴿٢١﴾ ذلك بأنهم كانت تأتيهم رسلهم بالبينات فكفروا فأخذهم الله إنه قوي شديد العقاب ﴿٢٢﴾ ولقد أرسلنا موسى بآياتنا وسلطان مبين ﴿٢٣﴾ إلى فرعون وهامان وقارون فقالوا ساحر كذاب ﴿٢٤﴾ فلما جاءهم بالحق من عندنا قالوا اقتلوا أبناء الذين آمنوا معه واستحيوا نساءهم وما كيد الكافرين إلا في ضلال ﴿٢٥﴾

24 - 40 - 470
وقال فرعون ذروني أقتل موسى وليدع ربه إني أخاف أن يبدل دينكم أو أن يظهر في الأرض الفساد ﴿٢٦﴾ وقال موسى إني عذت بربي وربكم من كل متكبر لا يؤمن بيوم الحساب ﴿٢٧﴾ وقال رجل مؤمن من آل فرعون يكتم إيمانه أتقتلون رجلا أن يقول ربي الله وقد جاءكم بالبينات من ربكم وإن يك كاذبا فعليه كذبه وإن يك صادقا يصبكم بعض الذي يعدكم إن الله لا يهدي من هو مسرف كذاب ﴿٢٨﴾ يا قوم لكم الملك اليوم ظاهرين في الأرض فمن ينصرنا من بأس الله إن جاءنا قال فرعون ما أريكم إلا ما أرى وما أهديكم إلا سبيل الرشاد ﴿٢٩﴾ وقال الذي آمن يا قوم إني أخاف عليكم مثل يوم الأحزاب ﴿٣٠﴾ مثل دأب قوم نوح وعاد وثمود والذين من بعدهم وما الله يريد ظلما للعباد ﴿٣١﴾ ويا قوم إني أخاف عليكم يوم التناد ﴿٣٢﴾ يوم تولون مدبرين ما لكم من الله من عاصم ومن يضلل الله فما له من هاد ﴿٣٣﴾

24 - 40 - 471
ولقد جاءكم يوسف من قبل بالبينات فما زلتم في شك مما جاءكم به حتى إذا هلك قلتم لن يبعث الله من بعده رسولا كذلك يضل الله من هو مسرف مرتاب ﴿٣٤﴾ الذين يجادلون في آيات الله بغير سلطان أتاهم كبر مقتا عند الله وعند الذين آمنوا كذلك يطبع الله على كل قلب متكبر جبار ﴿٣٥﴾ وقال فرعون يا هامان ابن لي صرحا لعلي أبلغ الأسباب ﴿٣٦﴾ أسباب السماوات فأطلع إلى إله موسى وإني لأظنه كاذبا وكذلك زين لفرعون سوء عمله وصد عن السبيل وما كيد فرعون إلا في تباب ﴿٣٧﴾ وقال الذي آمن يا قوم اتبعون أهدكم سبيل الرشاد ﴿٣٨﴾ يا قوم إنما هذه الحياة الدنيا متاع وإن الآخرة هي دار القرار ﴿٣٩﴾ من عمل سيئة فلا يجزى إلا مثلها ومن عمل صالحا من ذكر أو أنثى وهو مؤمن فأولئك يدخلون الجنة يرزقون فيها بغير حساب ﴿٤٠﴾

40.Ghafir [41] - غافر ٤٠

24-40-472 ويقوم ما لي أدعوكم إلى النجوة وتدعونني إلى النار ٤١
تدعونني لأكفر بالله وأشرك به ما ليس لي به
علم وأنا أدعوكم إلى العزيز الغفر ٤٢ لا جرم أنما
تدعونني إليه ليس له دعوة في الدنيا ولا في الآخرة
وأن مردنا إلى الله وأن المسرفين هم أصحب النار ٤٣
فستذكرون ما أقول لكم وأفوض أمري إلى الله
إن الله بصير بالعباد ٤٤ فوقه الله سيئات ما مكروا
وحاق بآل فرعون سوء العذاب ٤٥ النار يعرضون
عليها غدوا وعشيا ويوم تقوم الساعة أدخلوا آل
فرعون أشد العذاب ٤٦ وإذ يتحاجون في النار
فيقول الضعفؤا للذين استكبروا إنا كنا لكم
تبعا فهل أنتم مغنون عنا نصيبا من النار ٤٧ قال
الذين استكبروا إنا كل فيها إن الله قد حكم
بين العباد ٤٨ وقال الذين في النار لخزنة جهنم
ادعوا ربكم يخفف عنا يوما من العذاب ٤٩
24-40-473 قالوا أولم تك تأتيكم رسلكم بالبينت قالوا بلى
قالوا فادعوا وما دعؤا الكفرين إلا في ضلل ٥٠
إنا لننصر رسلنا والذين آمنوا في الحيوة الدنيا
ويوم يقوم الأشهد ٥١ يوم لا ينفع الظلمين معذرتهم
ولهم اللعنة ولهم سوء الدار ٥٢ ولقد آتينا موسى
الهدى وأورثنا بني إسرءيل الكتب ٥٣ هدى
وذكرى لأولي الألبب ٥٤ فاصبر إن وعد الله
حق واستغفر لذنبك وسبح بحمد ربك بالعشي
والإبكر ٥٥ إن الذين يجدلون في آيات الله
بغير سلطن أتىهم إن في صدورهم إلا كبر
ما هم ببلغيه فاستعذ بالله إنه هو السميع
البصير ٥٦ لخلق السموات والأرض أكبر من
خلق الناس ولكن أكثر الناس لا يعلمون ٥٧
وما يستوي الأعمى والبصير والذين آمنوا وعملوا
الصلحت ولا المسيء قليلا ما تتذكرون ٥٨
24-40-474 إن الساعة لآتية لا ريب فيها ولكن أكثر الناس
لا يؤمنون ٥٩ وقال ربكم ادعوني أستجب لكم
إن الذين يستكبرون عن عبادتي سيدخلون جهنم
داخرين ٦٠ الله الذي جعل لكم اليل لتسكنوا
فيه والنهار مبصرا إن الله لذو فضل على الناس ولكن
أكثر الناس لا يشكرون ٦١ ذلكم الله ربكم
خلق كل شيء لا إله إلا هو فأنى تؤفكون ٦٢
كذلك يؤفك الذين كانوا بآيات الله يجحدون ٦٣
الله الذي جعل لكم الأرض قرارا والسماء بناء
وصوركم فأحسن صوركم ورزقكم من
الطيبت ذلكم الله ربكم فتبارك الله رب
العلمين ٦٤ هو الحي لا إله إلا هو فادعوه مخلصين
له الدين الحمد لله رب العلمين ٦٥ قل إني
نهيت أن أعبد الذين تدعون من دون الله لما جاءني
البينت من ربي وأمرت أن أسلم لرب العلمين ٦٦
24-40-475 هو الذي خلقكم من تراب ثم من نطفة ثم من علقة ثم
يخرجكم طفلا ثم لتبلغوا أشدكم ثم لتكونوا شيوخا
ومنكم من يتوفى من قبل ولتبلغوا أجلا مسمى ولعلكم
تعقلون ٦٧ هو الذي يحيي ويميت فإذا قضى أمرا فإنما
يقول له كن فيكون ٦٨ ألم تر إلى الذين يجدلون
في آيات الله أنى يصرفون ٦٩ الذين كذبوا بالكتب
وبما أرسلنا به رسلنا فسوف يعلمون ٧٠ إذ الأغلل
في أعنقهم والسلسل يسحبون ٧١ في الحميم
ثم في النار يسجرون ٧٢ ثم قيل لهم أين ما كنتم
تشركون ٧٣ من دون الله قالوا ضلوا عنا بل لم نكن
ندعوا من قبل شيئا كذلك يضل الله الكفرين ٧٤
ذلكم بما كنتم تفرحون في الأرض بغير الحق وبما كنتم
تمرحون ٧٥ ادخلوا أبوب جهنم خلدين فيها فبئس مثوى
المتكبرين ٧٦ فاصبر إن وعد الله حق فإما نرينك
بعض الذي نعدهم أو نتوفينك فإلينا يرجعون ٧٧
24-40-476 ولقد أرسلنا رسلا من قبلك منهم من قصصنا عليك
ومنهم من لم نقصص عليك وما كان لرسول أن يأتي
بآية إلا بإذن الله فإذا جاء أمر الله قضي بالحق وخسر
هنالك المبطلون ٧٨ الله الذي جعل لكم الأنعم
لتركبوا منها ومنها تأكلون ٧٩ ولكم فيها منفع
ولتبلغوا عليها حاجة في صدوركم وعليها وعلى
الفلك تحملون ٨٠ ويريكم آياته فأي آيات الله
تنكرون ٨١ أفلم يسيروا في الأرض فينظروا كيف
كان عقبة الذين من قبلهم كانوا أكثر منهم وأشد
قوة وآثارا في الأرض فما أغنى عنهم ما كانوا يكسبون ٨٢
فلما جاءتهم رسلهم بالبينت فرحوا بما عندهم من
العلم وحاق بهم ما كانوا به يستهزءون ٨٣ فلما رأوا
بأسنا قالوا آمنا بالله وحده وكفرنا بما كنا به
مشركين ٨٤ فلم يك ينفعهم إيمنهم لما رأوا بأسنا سنت
الله التي قد خلت في عباده وخسر هنالك الكفرون ٨٥

24-41-477

سورة فصلت

بسم الله الرحمن الرحيم

41.Fuṣṣilat [46] - فصلت ٤١

حم ١ تنزيل من الرحمن الرحيم ٢ كتب فصلت آياته
قرءانا عربيا لقوم يعلمون ٣ بشيرا ونذيرا فأعرض أكثرهم
فهم لا يسمعون ٤ وقالوا قلوبنا في أكنة مما تدعونا إليه وفي
آذاننا وقر ومن بيننا وبينك حجاب فاعمل إننا عملون ٥
قل إنما أنا بشر مثلكم يوحى إلي أنما إلهكم إله وحد
فاستقيموا إليه واستغفروه وويل للمشركين ٦ الذين
لا يؤتون الزكوة وهم بالآخرة هم كفرون ٧ إن الذين
آمنوا وعملوا الصلحت لهم أجر غير ممنون ٨ قل أئنكم
لتكفرون بالذي خلق الأرض في يومين وتجعلون له أندادا
ذلك رب العلمين ٩ وجعل فيها روسي من فوقها
وبرك فيها وقدر فيها أقوتها في أربعة أيام سواء
للسائلين ١٠ ثم استوى إلى السماء وهي دخان فقال
لها وللأرض ائتيا طوعا أو كرها قالتا أتينا طائعين ١١
24-41-478 فقضىهن سبع سموات في يومين وأوحى في كل سماء أمرها
وزينا السماء الدنيا بمصبيح وحفظا ذلك تقدير العزيز
العليم ١٢ فإن أعرضوا فقل أنذرتكم صعقة مثل صعقة
عاد وثمود ١٣ إذ جاءتهم الرسل من بين أيديهم ومن
خلفهم ألا تعبدوا إلا الله قالوا لو شاء ربنا لأنزل ملئكة
فإنا بما أرسلتم به كفرون ١٤ فأما عاد فاستكبروا في
الأرض بغير الحق وقالوا من أشد منا قوة أولم يروا أن الله
الذي خلقهم هو أشد منهم قوة وكانوا بآياتنا يجحدون ١٥
فأرسلنا عليهم ريحا صرصرا في أيام نحسات لنذيقهم
عذاب الخزي في الحيوة الدنيا ولعذاب الآخرة أخزى وهم
لا ينصرون ١٦ وأما ثمود فهدينهم فاستحبوا العمى على
الهدى فأخذتهم صعقة العذاب الهون بما كانوا يكسبون ١٧
ونجينا الذين آمنوا وكانوا يتقون ١٨ ويوم يحشر أعداء الله
إلى النار فهم يوزعون ١٩ حتى إذا ما جاءوها شهد عليهم
سمعهم وأبصرهم وجلودهم بما كانوا يعملون ٢٠
24-41-479 وقالوا لجلودهم لم شهدتم علينا قالوا أنطقنا الله الذي
أنطق كل شيء وهو خلقكم أول مرة وإليه ترجعون ٢١
وما كنتم تستترون أن يشهد عليكم سمعكم ولا أبصركم
ولا جلودكم ولكن ظننتم أن الله لا يعلم كثيرا مما تعملون ٢٢
وذلكم ظنكم الذي ظننتم بربكم أردىكم فأصبحتم
من الخسرين ٢٣ فإن يصبروا فالنار مثوى لهم وإن يستعتبوا
فما هم من المعتبين ٢٤ وقيضنا لهم قرناء فزينوا لهم
ما بين أيديهم وما خلفهم وحق عليهم القول في أمم قد
خلت من قبلهم من الجن والإنس إنهم كانوا خسرين ٢٥
وقال الذين كفروا لا تسمعوا لهذا القرءان والغوا فيه
لعلكم تغلبون ٢٦ فلنذيقن الذين كفروا عذابا شديدا
ولنجزينهم أسوأ الذي كانوا يعملون ٢٧ ذلك جزاء أعداء الله
النار لهم فيها دار الخلد جزاء بما كانوا بآياتنا يجحدون ٢٨
وقال الذين كفروا ربنا أرنا الذين أضلانا من الجن
والإنس نجعلهما تحت أقدامنا ليكونا من الأسفلين ٢٩
24-41-480 إن الذين قالوا ربنا الله ثم استقموا تتنزل عليهم
الملئكة ألا تخافوا ولا تحزنوا وأبشروا بالجنة
التي كنتم توعدون ٣٠ نحن أولياؤكم في الحيوة الدنيا
وفي الآخرة ولكم فيها ما تشتهي أنفسكم ولكم
فيها ما تدعون ٣١ نزلا من غفور رحيم ٣٢ ومن أحسن
قولا ممن دعا إلى الله وعمل صلحا وقال إنني من
المسلمين ٣٣ ولا تستوي الحسنة ولا السيئة ادفع
بالتي هي أحسن فإذا الذي بينك وبينه عدوة كأنه
ولي حميم ٣٤ وما يلقىها إلا الذين صبروا وما يلقىها
إلا ذو حظ عظيم ٣٥ وإما ينزغنك من الشيطن نزغ
فاستعذ بالله إنه هو السميع العليم ٣٦ ومن آياته
اليل والنهار والشمس والقمر لا تسجدوا للشمس
ولا للقمر واسجدوا لله الذي خلقهن إن كنتم
إياه تعبدون ٣٧ فإن استكبروا فالذين عند
ربك يسبحون له باليل والنهار وهم لا يسئمون ٣٨ ۩
24-41-481 ومن آياته أنك ترى الأرض خشعة فإذا أنزلنا عليها الماء
اهتزت وربت إن الذي أحياها لمحي الموتى إنه على كل شيء
قدير ٣٩ إن الذين يلحدون في آياتنا لا يخفون علينا أفمن
يلقى في النار خير أم من يأتي آمنا يوم القيمة اعملوا ما شئتم
إنه بما تعملون بصير ٤٠ إن الذين كفروا بالذكر لما جاءهم
وإنه لكتب عزيز ٤١ لا يأتيه البطل من بين يديه ولا من
خلفه تنزيل من حكيم حميد ٤٢ ما يقال لك إلا ما قد قيل
للرسل من قبلك إن ربك لذو مغفرة وذو عقاب أليم ٤٣
ولو جعلنه قرءانا أعجميا لقالوا لولا فصلت آياته
ءأعجمي وعربي قل هو للذين آمنوا هدى وشفاء والذين
لا يؤمنون في آذانهم وقر وهو عليهم عمى أولئك
ينادون من مكان بعيد ٤٤ ولقد آتينا موسى الكتب
فاختلف فيه ولولا كلمة سبقت من ربك لقضي
بينهم وإنهم لفي شك منه مريب ٤٥ من عمل صلحا
فلنفسه ومن أساء فعليها وما ربك بظلم للعبيد ٤٦

25 - 41 - 482 * إِلَيْهِ يُرَدُّ عِلْمُ ٱلسَّاعَةِ ۚ وَمَا تَخْرُجُ مِن ثَمَرَٰتٍ مِّنْ أَكْمَامِهَا
وَمَا تَحْمِلُ مِنْ أُنثَىٰ وَلَا تَضَعُ إِلَّا بِعِلْمِهِۦ ۚ وَيَوْمَ يُنَادِيهِمْ أَيْنَ
شُرَكَآءِى قَالُوٓا۟ ءَاذَنَّٰكَ مَا مِنَّا مِن شَهِيدٍ (٤٧) وَضَلَّ عَنْهُم
مَّا كَانُوا۟ يَدْعُونَ مِن قَبْلُ ۖ وَظَنُّوا۟ مَا لَهُم مِّن مَّحِيصٍ (٤٨)
لَّا يَسْـَٔمُ ٱلْإِنسَٰنُ مِن دُعَآءِ ٱلْخَيْرِ وَإِن مَّسَّهُ ٱلشَّرُّ فَيَـُٔوسٌ
قَنُوطٌ (٤٩) وَلَئِنْ أَذَقْنَٰهُ رَحْمَةً مِّنَّا مِنۢ بَعْدِ ضَرَّآءَ مَسَّتْهُ
لَيَقُولَنَّ هَٰذَا لِى وَمَآ أَظُنُّ ٱلسَّاعَةَ قَآئِمَةً وَلَئِن رُّجِعْتُ إِلَىٰ
رَبِّىٓ إِنَّ لِى عِندَهُۥ لَلْحُسْنَىٰ ۚ فَلَنُنَبِّئَنَّ ٱلَّذِينَ كَفَرُوا۟ بِمَا عَمِلُوا۟
وَلَنُذِيقَنَّهُم مِّنْ عَذَابٍ غَلِيظٍ (٥٠) وَإِذَآ أَنْعَمْنَا عَلَى ٱلْإِنسَٰنِ
أَعْرَضَ وَنَـَٔا بِجَانِبِهِۦ وَإِذَا مَسَّهُ ٱلشَّرُّ فَذُو دُعَآءٍ
عَرِيضٍ (٥١) قُلْ أَرَءَيْتُمْ إِن كَانَ مِنْ عِندِ ٱللَّهِ ثُمَّ كَفَرْتُم بِهِۦ
مَنْ أَضَلُّ مِمَّنْ هُوَ فِى شِقَاقٍۭ بَعِيدٍ (٥٢) سَنُرِيهِمْ ءَايَٰتِنَا
فِى ٱلْـَٔافَاقِ وَفِىٓ أَنفُسِهِمْ حَتَّىٰ يَتَبَيَّنَ لَهُمْ أَنَّهُ ٱلْحَقُّ ۗ
أَوَلَمْ يَكْفِ بِرَبِّكَ أَنَّهُۥ عَلَىٰ كُلِّ شَىْءٍ شَهِيدٌ (٥٣) أَلَآ إِنَّهُمْ
فِى مِرْيَةٍ مِّن لِّقَآءِ رَبِّهِمْ ۗ أَلَآ إِنَّهُۥ بِكُلِّ شَىْءٍ مُّحِيطٌۢ (٥٤)

سُورَةُ الشُّورَىٰ

بِسْمِ ٱللَّهِ ٱلرَّحْمَٰنِ ٱلرَّحِيمِ

25 - 42 - 483 حمٓ (١) عٓسٓقٓ (٢) كَذَٰلِكَ يُوحِىٓ إِلَيْكَ وَإِلَى ٱلَّذِينَ مِن قَبْلِكَ
ٱللَّهُ ٱلْعَزِيزُ ٱلْحَكِيمُ (٣) لَهُۥ مَا فِى ٱلسَّمَٰوَٰتِ وَمَا فِى ٱلْأَرْضِ ۖ
وَهُوَ ٱلْعَلِىُّ ٱلْعَظِيمُ (٤) تَكَادُ ٱلسَّمَٰوَٰتُ يَتَفَطَّرْنَ مِن فَوْقِهِنَّ ۚ
وَٱلْمَلَٰٓئِكَةُ يُسَبِّحُونَ بِحَمْدِ رَبِّهِمْ وَيَسْتَغْفِرُونَ لِمَن فِى
ٱلْأَرْضِ ۗ أَلَآ إِنَّ ٱللَّهَ هُوَ ٱلْغَفُورُ ٱلرَّحِيمُ (٥) وَٱلَّذِينَ ٱتَّخَذُوا۟
مِن دُونِهِۦٓ أَوْلِيَآءَ ٱللَّهُ حَفِيظٌ عَلَيْهِمْ وَمَآ أَنتَ عَلَيْهِم بِوَكِيلٍ (٦)
وَكَذَٰلِكَ أَوْحَيْنَآ إِلَيْكَ قُرْءَانًا عَرَبِيًّا لِّتُنذِرَ أُمَّ ٱلْقُرَىٰ وَمَنْ
حَوْلَهَا وَتُنذِرَ يَوْمَ ٱلْجَمْعِ لَا رَيْبَ فِيهِ ۚ فَرِيقٌ فِى ٱلْجَنَّةِ وَفَرِيقٌ فِى
ٱلسَّعِيرِ (٧) وَلَوْ شَآءَ ٱللَّهُ لَجَعَلَهُمْ أُمَّةً وَٰحِدَةً وَلَٰكِن يُدْخِلُ مَن
يَشَآءُ فِى رَحْمَتِهِۦ ۚ وَٱلظَّٰلِمُونَ مَا لَهُم مِّن وَلِىٍّ وَلَا نَصِيرٍ (٨) أَمِ
ٱتَّخَذُوا۟ مِن دُونِهِۦٓ أَوْلِيَآءَ ۖ فَٱللَّهُ هُوَ ٱلْوَلِىُّ وَهُوَ يُحْىِ ٱلْمَوْتَىٰ وَهُوَ
عَلَىٰ كُلِّ شَىْءٍ قَدِيرٌ (٩) وَمَا ٱخْتَلَفْتُمْ فِيهِ مِن شَىْءٍ فَحُكْمُهُۥٓ
إِلَى ٱللَّهِ ۚ ذَٰلِكُمُ ٱللَّهُ رَبِّى عَلَيْهِ تَوَكَّلْتُ وَإِلَيْهِ أُنِيبُ (١٠)
25 - 42 - 484 فَاطِرُ ٱلسَّمَٰوَٰتِ وَٱلْأَرْضِ ۚ جَعَلَ لَكُم مِّنْ أَنفُسِكُمْ أَزْوَٰجًا
وَمِنَ ٱلْأَنْعَٰمِ أَزْوَٰجًا ۖ يَذْرَؤُكُمْ فِيهِ ۚ لَيْسَ كَمِثْلِهِۦ شَىْءٌ ۖ وَهُوَ
ٱلسَّمِيعُ ٱلْبَصِيرُ (١١) لَهُۥ مَقَالِيدُ ٱلسَّمَٰوَٰتِ وَٱلْأَرْضِ ۖ يَبْسُطُ
ٱلرِّزْقَ لِمَن يَشَآءُ وَيَقْدِرُ ۚ إِنَّهُۥ بِكُلِّ شَىْءٍ عَلِيمٌ (١٢) * شَرَعَ
لَكُم مِّنَ ٱلدِّينِ مَا وَصَّىٰ بِهِۦ نُوحًا وَٱلَّذِىٓ أَوْحَيْنَآ إِلَيْكَ وَمَا
وَصَّيْنَا بِهِۦٓ إِبْرَٰهِيمَ وَمُوسَىٰ وَعِيسَىٰٓ ۖ أَنْ أَقِيمُوا۟ ٱلدِّينَ
وَلَا تَتَفَرَّقُوا۟ فِيهِ ۚ كَبُرَ عَلَى ٱلْمُشْرِكِينَ مَا تَدْعُوهُمْ إِلَيْهِ ۚ ٱللَّهُ
يَجْتَبِىٓ إِلَيْهِ مَن يَشَآءُ وَيَهْدِىٓ إِلَيْهِ مَن يُنِيبُ (١٣) وَمَا تَفَرَّقُوٓا۟
إِلَّا مِنۢ بَعْدِ مَا جَآءَهُمُ ٱلْعِلْمُ بَغْيًۢا بَيْنَهُمْ ۚ وَلَوْلَا كَلِمَةٌ سَبَقَتْ
مِن رَّبِّكَ إِلَىٰٓ أَجَلٍ مُّسَمًّى لَّقُضِىَ بَيْنَهُمْ ۚ وَإِنَّ ٱلَّذِينَ أُورِثُوا۟
ٱلْكِتَٰبَ مِنۢ بَعْدِهِمْ لَفِى شَكٍّ مِّنْهُ مُرِيبٍ (١٤) فَلِذَٰلِكَ
فَٱدْعُ ۖ وَٱسْتَقِمْ كَمَآ أُمِرْتَ ۖ وَلَا تَتَّبِعْ أَهْوَآءَهُمْ ۖ وَقُلْ
ءَامَنتُ بِمَآ أَنزَلَ ٱللَّهُ مِن كِتَٰبٍ ۖ وَأُمِرْتُ لِأَعْدِلَ بَيْنَكُمُ ۖ
ٱللَّهُ رَبُّنَا وَرَبُّكُمْ ۖ لَنَآ أَعْمَٰلُنَا وَلَكُمْ أَعْمَٰلُكُمْ ۖ لَا حُجَّةَ
بَيْنَنَا وَبَيْنَكُمُ ۖ ٱللَّهُ يَجْمَعُ بَيْنَنَا ۖ وَإِلَيْهِ ٱلْمَصِيرُ (١٥)
25 - 42 - 485 وَٱلَّذِينَ يُحَآجُّونَ فِى ٱللَّهِ مِنۢ بَعْدِ مَا ٱسْتُجِيبَ لَهُۥ حُجَّتُهُمْ
دَاحِضَةٌ عِندَ رَبِّهِمْ وَعَلَيْهِمْ غَضَبٌ وَلَهُمْ عَذَابٌ شَدِيدٌ (١٦)
ٱللَّهُ ٱلَّذِىٓ أَنزَلَ ٱلْكِتَٰبَ بِٱلْحَقِّ وَٱلْمِيزَانَ ۗ وَمَا يُدْرِيكَ
لَعَلَّ ٱلسَّاعَةَ قَرِيبٌ (١٧) يَسْتَعْجِلُ بِهَا ٱلَّذِينَ لَا يُؤْمِنُونَ
بِهَا ۖ وَٱلَّذِينَ ءَامَنُوا۟ مُشْفِقُونَ مِنْهَا وَيَعْلَمُونَ أَنَّهَا ٱلْحَقُّ ۗ

أَلَآ إِنَّ ٱلَّذِينَ يُمَارُونَ فِى ٱلسَّاعَةِ لَفِى ضَلَٰلٍۭ بَعِيدٍ (١٨)
ٱللَّهُ لَطِيفٌۢ بِعِبَادِهِۦ يَرْزُقُ مَن يَشَآءُ ۖ وَهُوَ ٱلْقَوِىُّ ٱلْعَزِيزُ (١٩)
مَن كَانَ يُرِيدُ حَرْثَ ٱلْـَٔاخِرَةِ نَزِدْ لَهُۥ فِى حَرْثِهِۦ ۖ وَمَن
كَانَ يُرِيدُ حَرْثَ ٱلدُّنْيَا نُؤْتِهِۦ مِنْهَا وَمَا لَهُۥ فِى ٱلْـَٔاخِرَةِ
مِن نَّصِيبٍ (٢٠) أَمْ لَهُمْ شُرَكَٰٓؤُا۟ شَرَعُوا۟ لَهُم مِّنَ ٱلدِّينِ
مَا لَمْ يَأْذَنۢ بِهِ ٱللَّهُ ۚ وَلَوْلَا كَلِمَةُ ٱلْفَصْلِ لَقُضِىَ بَيْنَهُمْ ۗ
وَإِنَّ ٱلظَّٰلِمِينَ لَهُمْ عَذَابٌ أَلِيمٌ (٢١) تَرَى ٱلظَّٰلِمِينَ
مُشْفِقِينَ مِمَّا كَسَبُوا۟ وَهُوَ وَاقِعٌۢ بِهِمْ ۗ وَٱلَّذِينَ
ءَامَنُوا۟ وَعَمِلُوا۟ ٱلصَّٰلِحَٰتِ فِى رَوْضَاتِ ٱلْجَنَّاتِ ۖ لَهُم
مَّا يَشَآءُونَ عِندَ رَبِّهِمْ ۚ ذَٰلِكَ هُوَ ٱلْفَضْلُ ٱلْكَبِيرُ (٢٢)
25 - 42 - 486 ذَٰلِكَ ٱلَّذِى يُبَشِّرُ ٱللَّهُ عِبَادَهُ ٱلَّذِينَ ءَامَنُوا۟ وَعَمِلُوا۟ ٱلصَّٰلِحَٰتِ ۗ
قُل لَّآ أَسْـَٔلُكُمْ عَلَيْهِ أَجْرًا إِلَّا ٱلْمَوَدَّةَ فِى ٱلْقُرْبَىٰ ۗ وَمَن يَقْتَرِفْ
حَسَنَةً نَّزِدْ لَهُۥ فِيهَا حُسْنًا ۚ إِنَّ ٱللَّهَ غَفُورٌ شَكُورٌ (٢٣) أَمْ يَقُولُونَ
ٱفْتَرَىٰ عَلَى ٱللَّهِ كَذِبًا ۖ فَإِن يَشَإِ ٱللَّهُ يَخْتِمْ عَلَىٰ قَلْبِكَ ۗ وَيَمْحُ ٱللَّهُ
ٱلْبَٰطِلَ وَيُحِقُّ ٱلْحَقَّ بِكَلِمَٰتِهِۦٓ ۚ إِنَّهُۥ عَلِيمٌۢ بِذَاتِ ٱلصُّدُورِ (٢٤)
وَهُوَ ٱلَّذِى يَقْبَلُ ٱلتَّوْبَةَ عَنْ عِبَادِهِۦ وَيَعْفُوا۟ عَنِ ٱلسَّيِّـَٔاتِ
وَيَعْلَمُ مَا تَفْعَلُونَ (٢٥) وَيَسْتَجِيبُ ٱلَّذِينَ ءَامَنُوا۟ وَعَمِلُوا۟
ٱلصَّٰلِحَٰتِ وَيَزِيدُهُم مِّن فَضْلِهِۦ ۚ وَٱلْكَٰفِرُونَ لَهُمْ عَذَابٌ
شَدِيدٌ (٢٦) * وَلَوْ بَسَطَ ٱللَّهُ ٱلرِّزْقَ لِعِبَادِهِۦ لَبَغَوْا۟ فِى ٱلْأَرْضِ
وَلَٰكِن يُنَزِّلُ بِقَدَرٍ مَّا يَشَآءُ ۚ إِنَّهُۥ بِعِبَادِهِۦ خَبِيرٌۢ بَصِيرٌ (٢٧) وَهُوَ ٱلَّذِى
يُنَزِّلُ ٱلْغَيْثَ مِنۢ بَعْدِ مَا قَنَطُوا۟ وَيَنشُرُ رَحْمَتَهُۥ ۚ وَهُوَ ٱلْوَلِىُّ ٱلْحَمِيدُ (٢٨)
وَمِنْ ءَايَٰتِهِۦ خَلْقُ ٱلسَّمَٰوَٰتِ وَٱلْأَرْضِ وَمَا بَثَّ فِيهِمَا مِن دَآبَّةٍ ۚ
وَهُوَ عَلَىٰ جَمْعِهِمْ إِذَا يَشَآءُ قَدِيرٌ (٢٩) وَمَآ أَصَٰبَكُم مِّن مُّصِيبَةٍ فَبِمَا
كَسَبَتْ أَيْدِيكُمْ وَيَعْفُوا۟ عَن كَثِيرٍ (٣٠) وَمَآ أَنتُم بِمُعْجِزِينَ
فِى ٱلْأَرْضِ ۖ وَمَا لَكُم مِّن دُونِ ٱللَّهِ مِن وَلِىٍّ وَلَا نَصِيرٍ (٣١)
25 - 42 - 487 وَمِنْ ءَايَٰتِهِ ٱلْجَوَارِ فِى ٱلْبَحْرِ كَٱلْأَعْلَٰمِ (٣٢) إِن يَشَأْ يُسْكِنِ ٱلرِّيحَ
فَيَظْلَلْنَ رَوَاكِدَ عَلَىٰ ظَهْرِهِۦٓ ۚ إِنَّ فِى ذَٰلِكَ لَءَايَٰتٍ لِّكُلِّ صَبَّارٍ شَكُورٍ (٣٣)
أَوْ يُوبِقْهُنَّ بِمَا كَسَبُوا۟ وَيَعْفُ عَن كَثِيرٍ (٣٤) وَيَعْلَمَ ٱلَّذِينَ
يُجَٰدِلُونَ فِىٓ ءَايَٰتِنَا مَا لَهُم مِّن مَّحِيصٍ (٣٥) فَمَآ أُوتِيتُم مِّن شَىْءٍ فَمَتَٰعُ
ٱلْحَيَوٰةِ ٱلدُّنْيَا ۖ وَمَا عِندَ ٱللَّهِ خَيْرٌ وَأَبْقَىٰ لِلَّذِينَ ءَامَنُوا۟ وَعَلَىٰ رَبِّهِمْ
يَتَوَكَّلُونَ (٣٦) وَٱلَّذِينَ يَجْتَنِبُونَ كَبَٰٓئِرَ ٱلْإِثْمِ وَٱلْفَوَٰحِشَ وَإِذَا مَا
غَضِبُوا۟ هُمْ يَغْفِرُونَ (٣٧) وَٱلَّذِينَ ٱسْتَجَابُوا۟ لِرَبِّهِمْ وَأَقَامُوا۟ ٱلصَّلَوٰةَ
وَأَمْرُهُمْ شُورَىٰ بَيْنَهُمْ وَمِمَّا رَزَقْنَٰهُمْ يُنفِقُونَ (٣٨) وَٱلَّذِينَ إِذَآ أَصَابَهُمُ
ٱلْبَغْىُ هُمْ يَنتَصِرُونَ (٣٩) وَجَزَٰٓؤُا۟ سَيِّئَةٍ سَيِّئَةٌ مِّثْلُهَا ۖ فَمَنْ عَفَا
وَأَصْلَحَ فَأَجْرُهُۥ عَلَى ٱللَّهِ ۚ إِنَّهُۥ لَا يُحِبُّ ٱلظَّٰلِمِينَ (٤٠) وَلَمَنِ ٱنتَصَرَ
بَعْدَ ظُلْمِهِۦ فَأُو۟لَٰٓئِكَ مَا عَلَيْهِم مِّن سَبِيلٍ (٤١) إِنَّمَا ٱلسَّبِيلُ عَلَى
ٱلَّذِينَ يَظْلِمُونَ ٱلنَّاسَ وَيَبْغُونَ فِى ٱلْأَرْضِ بِغَيْرِ ٱلْحَقِّ ۚ أُو۟لَٰٓئِكَ
لَهُمْ عَذَابٌ أَلِيمٌ (٤٢) وَلَمَن صَبَرَ وَغَفَرَ إِنَّ ذَٰلِكَ لَمِنْ عَزْمِ
ٱلْأُمُورِ (٤٣) وَمَن يُضْلِلِ ٱللَّهُ فَمَا لَهُۥ مِن وَلِىٍّ مِّنۢ بَعْدِهِۦ ۗ وَتَرَى
ٱلظَّٰلِمِينَ لَمَّا رَأَوُا۟ ٱلْعَذَابَ يَقُولُونَ هَلْ إِلَىٰ مَرَدٍّ مِّن سَبِيلٍ (٤٤)
25 - 42 - 488 وَتَرَىٰهُمْ يُعْرَضُونَ عَلَيْهَا خَٰشِعِينَ مِنَ ٱلذُّلِّ يَنظُرُونَ
مِن طَرْفٍ خَفِىٍّ ۗ وَقَالَ ٱلَّذِينَ ءَامَنُوٓا۟ إِنَّ ٱلْخَٰسِرِينَ ٱلَّذِينَ
خَسِرُوٓا۟ أَنفُسَهُمْ وَأَهْلِيهِمْ يَوْمَ ٱلْقِيَٰمَةِ ۗ أَلَآ إِنَّ ٱلظَّٰلِمِينَ
فِى عَذَابٍ مُّقِيمٍ (٤٥) وَمَا كَانَ لَهُم مِّنْ أَوْلِيَآءَ يَنصُرُونَهُم
مِّن دُونِ ٱللَّهِ ۗ وَمَن يُضْلِلِ ٱللَّهُ فَمَا لَهُۥ مِن سَبِيلٍ (٤٦) ٱسْتَجِيبُوا۟
لِرَبِّكُم مِّن قَبْلِ أَن يَأْتِىَ يَوْمٌ لَّا مَرَدَّ لَهُۥ مِنَ ٱللَّهِ ۚ مَا لَكُم
مِّن مَّلْجَإٍ يَوْمَئِذٍ وَمَا لَكُم مِّن نَّكِيرٍ (٤٧) فَإِنْ أَعْرَضُوا۟
فَمَآ أَرْسَلْنَٰكَ عَلَيْهِمْ حَفِيظًا ۖ إِنْ عَلَيْكَ إِلَّا ٱلْبَلَٰغُ ۗ وَإِنَّآ إِذَآ
أَذَقْنَا ٱلْإِنسَٰنَ مِنَّا رَحْمَةً فَرِحَ بِهَا ۖ وَإِن تُصِبْهُمْ سَيِّئَةٌۢ
بِمَا قَدَّمَتْ أَيْدِيهِمْ فَإِنَّ ٱلْإِنسَٰنَ كَفُورٌ (٤٨) لِّلَّهِ مُلْكُ

ٱلسَّمَٰوَٰتِ وَٱلْأَرْضِ ۚ يَخْلُقُ مَا يَشَآءُ ۚ يَهَبُ لِمَن يَشَآءُ إِنَٰثًا
وَيَهَبُ لِمَن يَشَآءُ ٱلذُّكُورَ (٤٩) أَوْ يُزَوِّجُهُمْ ذُكْرَانًا وَإِنَٰثًا ۖ
وَيَجْعَلُ مَن يَشَآءُ عَقِيمًا ۚ إِنَّهُۥ عَلِيمٌ قَدِيرٌ (٥٠) * وَمَا كَانَ
لِبَشَرٍ أَن يُكَلِّمَهُ ٱللَّهُ إِلَّا وَحْيًا أَوْ مِن وَرَآئِ حِجَابٍ أَوْ يُرْسِلَ
رَسُولًا فَيُوحِىَ بِإِذْنِهِۦ مَا يَشَآءُ ۚ إِنَّهُۥ عَلِىٌّ حَكِيمٌ (٥١)
25 - 42 - 489 وَكَذَٰلِكَ أَوْحَيْنَآ إِلَيْكَ رُوحًا مِّنْ أَمْرِنَا ۚ مَا كُنتَ تَدْرِى مَا ٱلْكِتَٰبُ
وَلَا ٱلْإِيمَٰنُ وَلَٰكِن جَعَلْنَٰهُ نُورًا نَّهْدِى بِهِۦ مَن نَّشَآءُ مِنْ عِبَادِنَا ۚ
وَإِنَّكَ لَتَهْدِىٓ إِلَىٰ صِرَٰطٍ مُّسْتَقِيمٍ (٥٢) صِرَٰطِ ٱللَّهِ ٱلَّذِى لَهُۥ
مَا فِى ٱلسَّمَٰوَٰتِ وَمَا فِى ٱلْأَرْضِ ۗ أَلَآ إِلَى ٱللَّهِ تَصِيرُ ٱلْأُمُورُ (٥٣)

سُورَةُ الزُّخْرُفِ

بِسْمِ ٱللَّهِ ٱلرَّحْمَٰنِ ٱلرَّحِيمِ

حمٓ (١) وَٱلْكِتَٰبِ ٱلْمُبِينِ (٢) إِنَّا جَعَلْنَٰهُ قُرْءَٰنًا عَرَبِيًّا
لَّعَلَّكُمْ تَعْقِلُونَ (٣) وَإِنَّهُۥ فِىٓ أُمِّ ٱلْكِتَٰبِ لَدَيْنَا
لَعَلِىٌّ حَكِيمٌ (٤) أَفَنَضْرِبُ عَنكُمُ ٱلذِّكْرَ صَفْحًا
أَن كُنتُمْ قَوْمًا مُّسْرِفِينَ (٥) وَكَمْ أَرْسَلْنَا مِن نَّبِىٍّ فِى
ٱلْأَوَّلِينَ (٦) وَمَا يَأْتِيهِم مِّن نَّبِىٍّ إِلَّا كَانُوا۟ بِهِۦ يَسْتَهْزِءُونَ (٧)
فَأَهْلَكْنَآ أَشَدَّ مِنْهُم بَطْشًا وَمَضَىٰ مَثَلُ ٱلْأَوَّلِينَ (٨)
وَلَئِن سَأَلْتَهُم مَّنْ خَلَقَ ٱلسَّمَٰوَٰتِ وَٱلْأَرْضَ لَيَقُولُنَّ
خَلَقَهُنَّ ٱلْعَزِيزُ ٱلْعَلِيمُ (٩) ٱلَّذِى جَعَلَ لَكُمُ ٱلْأَرْضَ
مَهْدًا وَجَعَلَ لَكُمْ فِيهَا سُبُلًا لَّعَلَّكُمْ تَهْتَدُونَ (١٠)
25 - 43 - 490 وَٱلَّذِى نَزَّلَ مِنَ ٱلسَّمَآءِ مَآءًۢ بِقَدَرٍ فَأَنشَرْنَا بِهِۦ بَلْدَةً مَّيْتًا ۚ
كَذَٰلِكَ تُخْرَجُونَ (١١) وَٱلَّذِى خَلَقَ ٱلْأَزْوَٰجَ كُلَّهَا وَجَعَلَ
لَكُم مِّنَ ٱلْفُلْكِ وَٱلْأَنْعَٰمِ مَا تَرْكَبُونَ (١٢) لِتَسْتَوُۥا۟ عَلَىٰ ظُهُورِهِۦ
ثُمَّ تَذْكُرُوا۟ نِعْمَةَ رَبِّكُمْ إِذَا ٱسْتَوَيْتُمْ عَلَيْهِ وَتَقُولُوا۟ سُبْحَٰنَ
ٱلَّذِى سَخَّرَ لَنَا هَٰذَا وَمَا كُنَّا لَهُۥ مُقْرِنِينَ (١٣) وَإِنَّآ إِلَىٰ رَبِّنَا
لَمُنقَلِبُونَ (١٤) وَجَعَلُوا۟ لَهُۥ مِنْ عِبَادِهِۦ جُزْءًا ۚ إِنَّ ٱلْإِنسَٰنَ
لَكَفُورٌ مُّبِينٌ (١٥) أَمِ ٱتَّخَذَ مِمَّا يَخْلُقُ بَنَاتٍ وَأَصْفَىٰكُم
بِٱلْبَنِينَ (١٦) وَإِذَا بُشِّرَ أَحَدُهُم بِمَا ضَرَبَ لِلرَّحْمَٰنِ مَثَلًا
ظَلَّ وَجْهُهُۥ مُسْوَدًّا وَهُوَ كَظِيمٌ (١٧) أَوَمَن يُنَشَّؤُا۟ فِى
ٱلْحِلْيَةِ وَهُوَ فِى ٱلْخِصَامِ غَيْرُ مُبِينٍ (١٨) وَجَعَلُوا۟ ٱلْمَلَٰٓئِكَةَ
ٱلَّذِينَ هُمْ عِبَٰدُ ٱلرَّحْمَٰنِ إِنَٰثًا ۚ أَشَهِدُوا۟ خَلْقَهُمْ ۚ سَتُكْتَبُ
شَهَٰدَتُهُمْ وَيُسْـَٔلُونَ (١٩) وَقَالُوا۟ لَوْ شَآءَ ٱلرَّحْمَٰنُ مَا عَبَدْنَٰهُم ۗ
مَّا لَهُم بِذَٰلِكَ مِنْ عِلْمٍ ۖ إِنْ هُمْ إِلَّا يَخْرُصُونَ (٢٠) أَمْ ءَاتَيْنَٰهُمْ
كِتَٰبًا مِّن قَبْلِهِۦ فَهُم بِهِۦ مُسْتَمْسِكُونَ (٢١) بَلْ قَالُوٓا۟ إِنَّا
وَجَدْنَآ ءَابَآءَنَا عَلَىٰٓ أُمَّةٍ وَإِنَّا عَلَىٰٓ ءَاثَٰرِهِم مُّهْتَدُونَ (٢٢)
25 - 43 - 491 وَكَذَٰلِكَ مَآ أَرْسَلْنَا مِن قَبْلِكَ فِى قَرْيَةٍ مِّن نَّذِيرٍ إِلَّا قَالَ مُتْرَفُوهَآ
إِنَّا وَجَدْنَآ ءَابَآءَنَا عَلَىٰٓ أُمَّةٍ وَإِنَّا عَلَىٰٓ ءَاثَٰرِهِم مُّقْتَدُونَ (٢٣)
* قَٰلَ أَوَلَوْ جِئْتُكُم بِأَهْدَىٰ مِمَّا وَجَدتُّمْ عَلَيْهِ ءَابَآءَكُمْ ۖ قَالُوٓا۟
إِنَّا بِمَآ أُرْسِلْتُم بِهِۦ كَٰفِرُونَ (٢٤) فَٱنتَقَمْنَا مِنْهُمْ ۖ فَٱنظُرْ كَيْفَ
كَانَ عَٰقِبَةُ ٱلْمُكَذِّبِينَ (٢٥) وَإِذْ قَالَ إِبْرَٰهِيمُ لِأَبِيهِ وَقَوْمِهِۦٓ إِنَّنِى
بَرَآءٌ مِّمَّا تَعْبُدُونَ (٢٦) إِلَّا ٱلَّذِى فَطَرَنِى فَإِنَّهُۥ سَيَهْدِينِ (٢٧)
وَجَعَلَهَا كَلِمَةًۢ بَاقِيَةً فِى عَقِبِهِۦ لَعَلَّهُمْ يَرْجِعُونَ (٢٨) بَلْ
مَتَّعْتُ هَٰٓؤُلَآءِ وَءَابَآءَهُمْ حَتَّىٰ جَآءَهُمُ ٱلْحَقُّ وَرَسُولٌ مُّبِينٌ (٢٩)
وَلَمَّا جَآءَهُمُ ٱلْحَقُّ قَالُوا۟ هَٰذَا سِحْرٌ وَإِنَّا بِهِۦ كَٰفِرُونَ (٣٠) وَقَالُوا۟
لَوْلَا نُزِّلَ هَٰذَا ٱلْقُرْءَانُ عَلَىٰ رَجُلٍ مِّنَ ٱلْقَرْيَتَيْنِ عَظِيمٍ (٣١) أَهُمْ
يَقْسِمُونَ رَحْمَتَ رَبِّكَ ۚ نَحْنُ قَسَمْنَا بَيْنَهُم مَّعِيشَتَهُمْ فِى ٱلْحَيَوٰةِ
ٱلدُّنْيَا ۚ وَرَفَعْنَا بَعْضَهُمْ فَوْقَ بَعْضٍ دَرَجَٰتٍ لِّيَتَّخِذَ بَعْضُهُم
بَعْضًا سُخْرِيًّا ۗ وَرَحْمَتُ رَبِّكَ خَيْرٌ مِّمَّا يَجْمَعُونَ (٣٢) وَلَوْلَآ
أَن يَكُونَ ٱلنَّاسُ أُمَّةً وَٰحِدَةً لَّجَعَلْنَا لِمَن يَكْفُرُ بِٱلرَّحْمَٰنِ
لِبُيُوتِهِمْ سُقُفًا مِّن فِضَّةٍ وَمَعَارِجَ عَلَيْهَا يَظْهَرُونَ (٣٣)

25 - 43 - 492
وَلِبُيُوتِهِمْ أَبْوَٰبًا وَسُرُرًا عَلَيْهَا يَتَّكِـُٔونَ ٣٤ وَزُخْرُفًا ۚ وَإِن
كُلُّ ذَٰلِكَ لَمَّا مَتَـٰعُ ٱلْحَيَوٰةِ ٱلدُّنْيَا ۚ وَٱلْـَٔاخِرَةُ عِندَ رَبِّكَ
لِلْمُتَّقِينَ ٣٥ وَمَن يَعْشُ عَن ذِكْرِ ٱلرَّحْمَـٰنِ نُقَيِّضْ لَهُۥ شَيْطَـٰنًا
فَهُوَ لَهُۥ قَرِينٌ ٣٦ وَإِنَّهُمْ لَيَصُدُّونَهُمْ عَنِ ٱلسَّبِيلِ وَيَحْسَبُونَ
أَنَّهُم مُّهْتَدُونَ ٣٧ حَتَّىٰٓ إِذَا جَآءَنَا قَالَ يَـٰلَيْتَ بَيْنِى وَبَيْنَكَ
بُعْدَ ٱلْمَشْرِقَيْنِ فَبِئْسَ ٱلْقَرِينُ ٣٨ وَلَن يَنفَعَكُمُ ٱلْيَوْمَ
إِذ ظَّلَمْتُمْ أَنَّكُمْ فِى ٱلْعَذَابِ مُشْتَرِكُونَ ٣٩ أَفَأَنتَ تُسْمِعُ
ٱلصُّمَّ أَوْ تَهْدِى ٱلْعُمْىَ وَمَن كَانَ فِى ضَلَـٰلٍ مُّبِينٍ ٤٠ فَإِمَّا
نَذْهَبَنَّ بِكَ فَإِنَّا مِنْهُم مُّنتَقِمُونَ ٤١ أَوْ نُرِيَنَّكَ ٱلَّذِى
وَعَدْنَـٰهُمْ فَإِنَّا عَلَيْهِم مُّقْتَدِرُونَ ٤٢ فَٱسْتَمْسِكْ بِٱلَّذِىٓ أُوحِىَ
إِلَيْكَ ۖ إِنَّكَ عَلَىٰ صِرَٰطٍ مُّسْتَقِيمٍ ٤٣ وَإِنَّهُۥ لَذِكْرٌ لَّكَ وَلِقَوْمِكَ ۖ
وَسَوْفَ تُسْـَٔلُونَ ٤٤ وَسْـَٔلْ مَنْ أَرْسَلْنَا مِن قَبْلِكَ مِن رُّسُلِنَآ
أَجَعَلْنَا مِن دُونِ ٱلرَّحْمَـٰنِ ءَالِهَةً يُعْبَدُونَ ٤٥ وَلَقَدْ أَرْسَلْنَا
مُوسَىٰ بِـَٔايَـٰتِنَآ إِلَىٰ فِرْعَوْنَ وَمَلَإِي۟هِۦ فَقَالَ إِنِّى رَسُولُ رَبِّ
ٱلْعَـٰلَمِينَ ٤٦ فَلَمَّا جَآءَهُم بِـَٔايَـٰتِنَآ إِذَا هُم مِّنْهَا يَضْحَكُونَ ٤٧
25 - 43 - 493
وَمَا نُرِيهِم مِّنْ ءَايَةٍ إِلَّا هِىَ أَكْبَرُ مِنْ أُخْتِهَا ۖ وَأَخَذْنَـٰهُم
بِٱلْعَذَابِ لَعَلَّهُمْ يَرْجِعُونَ ٤٨ وَقَالُوا۟ يَـٰٓأَيُّهَ ٱلسَّاحِرُ ٱدْعُ لَنَا
رَبَّكَ بِمَا عَهِدَ عِندَكَ إِنَّنَا لَمُهْتَدُونَ ٤٩ فَلَمَّا كَشَفْنَا
عَنْهُمُ ٱلْعَذَابَ إِذَا هُمْ يَنكُثُونَ ٥٠ وَنَادَىٰ فِرْعَوْنُ فِى قَوْمِهِۦ
قَالَ يَـٰقَوْمِ أَلَيْسَ لِى مُلْكُ مِصْرَ وَهَـٰذِهِ ٱلْأَنْهَـٰرُ تَجْرِى مِن
تَحْتِىٓ ۖ أَفَلَا تُبْصِرُونَ ٥١ أَمْ أَنَا۠ خَيْرٌ مِّنْ هَـٰذَا ٱلَّذِى هُوَ مَهِينٌ
وَلَا يَكَادُ يُبِينُ ٥٢ فَلَوْلَآ أُلْقِىَ عَلَيْهِ أَسْوِرَةٌ مِّن ذَهَبٍ أَوْ جَآءَ
مَعَهُ ٱلْمَلَـٰٓئِكَةُ مُقْتَرِنِينَ ٥٣ فَٱسْتَخَفَّ قَوْمَهُۥ
فَأَطَاعُوهُ ۚ إِنَّهُمْ كَانُوا۟ قَوْمًا فَـٰسِقِينَ ٥٤ فَلَمَّآ ءَاسَفُونَا
ٱنتَقَمْنَا مِنْهُمْ فَأَغْرَقْنَـٰهُمْ أَجْمَعِينَ ٥٥ فَجَعَلْنَـٰهُمْ
سَلَفًا وَمَثَلًا لِّلْـَٔاخِرِينَ ٥٦ ۞ وَلَمَّا ضُرِبَ ٱبْنُ مَرْيَمَ مَثَلًا
إِذَا قَوْمُكَ مِنْهُ يَصِدُّونَ ٥٧ وَقَالُوٓا۟ ءَأَـٰلِهَتُنَا خَيْرٌ أَمْ
هُوَ ۚ مَا ضَرَبُوهُ لَكَ إِلَّا جَدَلًۢا ۚ بَلْ هُمْ قَوْمٌ خَصِمُونَ ٥٨ إِنْ هُوَ
إِلَّا عَبْدٌ أَنْعَمْنَا عَلَيْهِ وَجَعَلْنَـٰهُ مَثَلًا لِّبَنِىٓ إِسْرَٰٓءِيلَ ٥٩
وَلَوْ نَشَآءُ لَجَعَلْنَا مِنكُم مَّلَـٰٓئِكَةً فِى ٱلْأَرْضِ يَخْلُفُونَ ٦٠
25 - 43 - 494
وَإِنَّهُۥ لَعِلْمٌ لِّلسَّاعَةِ فَلَا تَمْتَرُنَّ بِهَا وَٱتَّبِعُونِ ۚ هَـٰذَا صِرَٰطٌ
مُّسْتَقِيمٌ ٦١ وَلَا يَصُدَّنَّكُمُ ٱلشَّيْطَـٰنُ ۖ إِنَّهُۥ لَكُمْ عَدُوٌّ مُّبِينٌ ٦٢
وَلَمَّا جَآءَ عِيسَىٰ بِٱلْبَيِّنَـٰتِ قَالَ قَدْ جِئْتُكُم بِٱلْحِكْمَةِ
وَلِأُبَيِّنَ لَكُم بَعْضَ ٱلَّذِى تَخْتَلِفُونَ فِيهِ ۖ فَٱتَّقُوا۟ ٱللَّهَ وَأَطِيعُونِ ٦٣
إِنَّ ٱللَّهَ هُوَ رَبِّى وَرَبُّكُمْ فَٱعْبُدُوهُ ۚ هَـٰذَا صِرَٰطٌ مُّسْتَقِيمٌ ٦٤
فَٱخْتَلَفَ ٱلْأَحْزَابُ مِنۢ بَيْنِهِمْ ۖ فَوَيْلٌ لِّلَّذِينَ ظَلَمُوا۟
مِنْ عَذَابِ يَوْمٍ أَلِيمٍ ٦٥ هَلْ يَنظُرُونَ إِلَّا ٱلسَّاعَةَ أَن
تَأْتِيَهُم بَغْتَةً وَهُمْ لَا يَشْعُرُونَ ٦٦ ٱلْأَخِلَّآءُ يَوْمَئِذٍۭ
بَعْضُهُمْ لِبَعْضٍ عَدُوٌّ إِلَّا ٱلْمُتَّقِينَ ٦٧ يَـٰعِبَادِ لَا خَوْفٌ
عَلَيْكُمُ ٱلْيَوْمَ وَلَآ أَنتُمْ تَحْزَنُونَ ٦٨ ٱلَّذِينَ ءَامَنُوا۟ بِـَٔايَـٰتِنَا
وَكَانُوا۟ مُسْلِمِينَ ٦٩ ٱدْخُلُوا۟ ٱلْجَنَّةَ أَنتُمْ وَأَزْوَٰجُكُمْ
تُحْبَرُونَ ٧٠ يُطَافُ عَلَيْهِم بِصِحَافٍ مِّن ذَهَبٍ وَأَكْوَابٍ ۖ
وَفِيهَا مَا تَشْتَهِيهِ ٱلْأَنفُسُ وَتَلَذُّ ٱلْأَعْيُنُ ۖ وَأَنتُمْ فِيهَا
خَـٰلِدُونَ ٧١ وَتِلْكَ ٱلْجَنَّةُ ٱلَّتِىٓ أُورِثْتُمُوهَا بِمَا كُنتُمْ
تَعْمَلُونَ ٧٢ لَكُمْ فِيهَا فَـٰكِهَةٌ كَثِيرَةٌ مِّنْهَا تَأْكُلُونَ ٧٣
25 - 43 - 495
إِنَّ ٱلْمُجْرِمِينَ فِى عَذَابِ جَهَنَّمَ خَـٰلِدُونَ ٧٤ لَا يُفَتَّرُ عَنْهُمْ وَهُمْ
فِيهِ مُبْلِسُونَ ٧٥ وَمَا ظَلَمْنَـٰهُمْ وَلَـٰكِن كَانُوا۟ هُمُ ٱلظَّـٰلِمِينَ ٧٦
وَنَادَوْا۟ يَـٰمَـٰلِكُ لِيَقْضِ عَلَيْنَا رَبُّكَ ۖ قَالَ إِنَّكُم مَّـٰكِثُونَ ٧٧ لَقَدْ
جِئْنَـٰكُم بِٱلْحَقِّ وَلَـٰكِنَّ أَكْثَرَكُمْ لِلْحَقِّ كَـٰرِهُونَ ٧٨ أَمْ أَبْرَمُوٓا۟ أَمْرًا
فَإِنَّا مُبْرِمُونَ ٧٩ أَمْ يَحْسَبُونَ أَنَّا لَا نَسْمَعُ سِرَّهُمْ وَنَجْوَىٰهُم ۚ بَلَىٰ

وَرُسُلُنَا لَدَيْهِمْ يَكْتُبُونَ ٨٠ قُلْ إِن كَانَ لِلرَّحْمَـٰنِ وَلَدٌ فَأَنَا۠ أَوَّلُ
ٱلْعَـٰبِدِينَ ٨١ سُبْحَـٰنَ رَبِّ ٱلسَّمَـٰوَٰتِ وَٱلْأَرْضِ رَبِّ ٱلْعَرْشِ
عَمَّا يَصِفُونَ ٨٢ فَذَرْهُمْ يَخُوضُوا۟ وَيَلْعَبُوا۟ حَتَّىٰ يُلَـٰقُوا۟ يَوْمَهُمُ
ٱلَّذِى يُوعَدُونَ ٨٣ وَهُوَ ٱلَّذِى فِى ٱلسَّمَآءِ إِلَـٰهٌ وَفِى ٱلْأَرْضِ
إِلَـٰهٌ ۚ وَهُوَ ٱلْحَكِيمُ ٱلْعَلِيمُ ٨٤ وَتَبَارَكَ ٱلَّذِى لَهُۥ مُلْكُ ٱلسَّمَـٰوَٰتِ
وَٱلْأَرْضِ وَمَا بَيْنَهُمَا وَعِندَهُۥ عِلْمُ ٱلسَّاعَةِ وَإِلَيْهِ تُرْجَعُونَ ٨٥
وَلَا يَمْلِكُ ٱلَّذِينَ يَدْعُونَ مِن دُونِهِ ٱلشَّفَـٰعَةَ إِلَّا مَن
شَهِدَ بِٱلْحَقِّ وَهُمْ يَعْلَمُونَ ٨٦ وَلَئِن سَأَلْتَهُم مَّنْ خَلَقَهُمْ
لَيَقُولُنَّ ٱللَّهُ ۖ فَأَنَّىٰ يُؤْفَكُونَ ٨٧ وَقِيلِهِۦ يَـٰرَبِّ إِنَّ هَـٰٓؤُلَآءِ قَوْمٌ
لَّا يُؤْمِنُونَ ٨٨ فَٱصْفَحْ عَنْهُمْ وَقُلْ سَلَـٰمٌ ۚ فَسَوْفَ يَعْلَمُونَ ٨٩

25 - 44 - 496

سُورَةُ الدُّخَانِ

بِسْمِ ٱللَّهِ ٱلرَّحْمَـٰنِ ٱلرَّحِيمِ

حمٓ ١ وَٱلْكِتَـٰبِ ٱلْمُبِينِ ٢ إِنَّآ أَنزَلْنَـٰهُ فِى لَيْلَةٍ مُّبَـٰرَكَةٍ ۚ
إِنَّا كُنَّا مُنذِرِينَ ٣ فِيهَا يُفْرَقُ كُلُّ أَمْرٍ حَكِيمٍ ٤ أَمْرًا
مِّنْ عِندِنَآ ۚ إِنَّا كُنَّا مُرْسِلِينَ ٥ رَحْمَةً مِّن رَّبِّكَ ۚ إِنَّهُۥ هُوَ
ٱلسَّمِيعُ ٱلْعَلِيمُ ٦ رَبِّ ٱلسَّمَـٰوَٰتِ وَٱلْأَرْضِ وَمَا بَيْنَهُمَآ ۖ
إِن كُنتُم مُّوقِنِينَ ٧ لَآ إِلَـٰهَ إِلَّا هُوَ يُحْىِۦ وَيُمِيتُ ۖ رَبُّكُمْ
وَرَبُّ ءَابَآئِكُمُ ٱلْأَوَّلِينَ ٨ بَلْ هُمْ فِى شَكٍّ يَلْعَبُونَ ٩
فَٱرْتَقِبْ يَوْمَ تَأْتِى ٱلسَّمَآءُ بِدُخَانٍ مُّبِينٍ ١٠ يَغْشَى ٱلنَّاسَ ۖ
هَـٰذَا عَذَابٌ أَلِيمٌ ١١ رَّبَّنَا ٱكْشِفْ عَنَّا ٱلْعَذَابَ إِنَّا مُؤْمِنُونَ ١٢
أَنَّىٰ لَهُمُ ٱلذِّكْرَىٰ وَقَدْ جَآءَهُمْ رَسُولٌ مُّبِينٌ ١٣ ثُمَّ تَوَلَّوْا۟
عَنْهُ وَقَالُوا۟ مُعَلَّمٌ مَّجْنُونٌ ١٤ إِنَّا كَاشِفُوا۟ ٱلْعَذَابِ قَلِيلًا ۚ إِنَّكُمْ
عَآئِدُونَ ١٥ يَوْمَ نَبْطِشُ ٱلْبَطْشَةَ ٱلْكُبْرَىٰٓ إِنَّا مُنتَقِمُونَ ١٦
۞ وَلَقَدْ فَتَنَّا قَبْلَهُمْ قَوْمَ فِرْعَوْنَ وَجَآءَهُمْ رَسُولٌ كَرِيمٌ ١٧
أَنْ أَدُّوٓا۟ إِلَىَّ عِبَادَ ٱللَّهِ ۖ إِنِّى لَكُمْ رَسُولٌ أَمِينٌ ١٨
25 - 44 - 497
وَأَن لَّا تَعْلُوا۟ عَلَى ٱللَّهِ ۖ إِنِّىٓ ءَاتِيكُم بِسُلْطَـٰنٍ مُّبِينٍ ١٩ وَإِنِّى عُذْتُ
بِرَبِّى وَرَبِّكُمْ أَن تَرْجُمُونِ ٢٠ وَإِن لَّمْ تُؤْمِنُوا۟ لِى فَٱعْتَزِلُونِ ٢١
فَدَعَا رَبَّهُۥٓ أَنَّ هَـٰٓؤُلَآءِ قَوْمٌ مُّجْرِمُونَ ٢٢ فَأَسْرِ بِعِبَادِى لَيْلًا إِنَّكُم
مُّتَّبَعُونَ ٢٣ وَٱتْرُكِ ٱلْبَحْرَ رَهْوًا ۖ إِنَّهُمْ جُندٌ مُّغْرَقُونَ ٢٤ كَمْ
تَرَكُوا۟ مِن جَنَّـٰتٍ وَعُيُونٍ ٢٥ وَزُرُوعٍ وَمَقَامٍ كَرِيمٍ ٢٦ وَنَعْمَةٍ
كَانُوا۟ فِيهَا فَـٰكِهِينَ ٢٧ كَذَٰلِكَ ۖ وَأَوْرَثْنَـٰهَا قَوْمًا ءَاخَرِينَ ٢٨ فَمَا
بَكَتْ عَلَيْهِمُ ٱلسَّمَآءُ وَٱلْأَرْضُ وَمَا كَانُوا۟ مُنظَرِينَ ٢٩ وَلَقَدْ
نَجَّيْنَا بَنِىٓ إِسْرَٰٓءِيلَ مِنَ ٱلْعَذَابِ ٱلْمُهِينِ ٣٠ مِن فِرْعَوْنَ ۚ إِنَّهُۥ
كَانَ عَالِيًا مِّنَ ٱلْمُسْرِفِينَ ٣١ وَلَقَدِ ٱخْتَرْنَـٰهُمْ عَلَىٰ عِلْمٍ عَلَى
ٱلْعَـٰلَمِينَ ٣٢ وَءَاتَيْنَـٰهُم مِّنَ ٱلْـَٔايَـٰتِ مَا فِيهِ بَلَـٰٓؤٌا۟ مُّبِينٌ ٣٣
إِنَّ هَـٰٓؤُلَآءِ لَيَقُولُونَ ٣٤ إِنْ هِىَ إِلَّا مَوْتَتُنَا ٱلْأُولَىٰ وَمَا نَحْنُ
بِمُنشَرِينَ ٣٥ فَأْتُوا۟ بِـَٔابَآئِنَآ إِن كُنتُمْ صَـٰدِقِينَ ٣٦ أَهُمْ
خَيْرٌ أَمْ قَوْمُ تُبَّعٍ وَٱلَّذِينَ مِن قَبْلِهِمْ ۚ أَهْلَكْنَـٰهُمْ ۖ إِنَّهُمْ كَانُوا۟
مُجْرِمِينَ ٣٧ وَمَا خَلَقْنَا ٱلسَّمَـٰوَٰتِ وَٱلْأَرْضَ وَمَا بَيْنَهُمَا لَـٰعِبِينَ ٣٨
مَا خَلَقْنَـٰهُمَآ إِلَّا بِٱلْحَقِّ وَلَـٰكِنَّ أَكْثَرَهُمْ لَا يَعْلَمُونَ ٣٩
25 - 44 - 498
إِنَّ يَوْمَ ٱلْفَصْلِ مِيقَـٰتُهُمْ أَجْمَعِينَ ٤٠ يَوْمَ لَا يُغْنِى
مَوْلًى عَن مَّوْلًى شَيْـًٔا وَلَا هُمْ يُنصَرُونَ ٤١ إِلَّا مَن رَّحِمَ ٱللَّهُ ۚ
إِنَّهُۥ هُوَ ٱلْعَزِيزُ ٱلرَّحِيمُ ٤٢ إِنَّ شَجَرَتَ ٱلزَّقُّومِ ٤٣
طَعَامُ ٱلْأَثِيمِ ٤٤ كَٱلْمُهْلِ يَغْلِى فِى ٱلْبُطُونِ ٤٥
كَغَلْىِ ٱلْحَمِيمِ ٤٦ خُذُوهُ فَٱعْتِلُوهُ إِلَىٰ سَوَآءِ
ٱلْجَحِيمِ ٤٧ ثُمَّ صُبُّوا۟ فَوْقَ رَأْسِهِۦ مِنْ عَذَابِ
ٱلْحَمِيمِ ٤٨ ذُقْ إِنَّكَ أَنتَ ٱلْعَزِيزُ ٱلْكَرِيمُ ٤٩
إِنَّ هَـٰذَا مَا كُنتُم بِهِۦ تَمْتَرُونَ ٥٠ إِنَّ ٱلْمُتَّقِينَ
فِى مَقَامٍ أَمِينٍ ٥١ فِى جَنَّـٰتٍ وَعُيُونٍ ٥٢ يَلْبَسُونَ
مِن سُندُسٍ وَإِسْتَبْرَقٍ مُّتَقَـٰبِلِينَ ٥٣ كَذَٰلِكَ

وَزَوَّجْنَـٰهُم بِحُورٍ عِينٍ ٥٤ يَدْعُونَ فِيهَا بِكُلِّ
فَـٰكِهَةٍ ءَامِنِينَ ٥٥ لَا يَذُوقُونَ فِيهَا ٱلْمَوْتَ إِلَّا
ٱلْمَوْتَةَ ٱلْأُولَىٰ ۖ وَوَقَىٰهُمْ عَذَابَ ٱلْجَحِيمِ ٥٦ فَضْلًا مِّن
رَّبِّكَ ۚ ذَٰلِكَ هُوَ ٱلْفَوْزُ ٱلْعَظِيمُ ٥٧ فَإِنَّمَا يَسَّرْنَـٰهُ بِلِسَانِكَ
لَعَلَّهُمْ يَتَذَكَّرُونَ ٥٨ فَٱرْتَقِبْ إِنَّهُم مُّرْتَقِبُونَ ٥٩

25 - 45 - 499

سُورَةُ الجَاثِيَةِ

بِسْمِ ٱللَّهِ ٱلرَّحْمَـٰنِ ٱلرَّحِيمِ

حمٓ ١ تَنزِيلُ ٱلْكِتَـٰبِ مِنَ ٱللَّهِ ٱلْعَزِيزِ ٱلْحَكِيمِ ٢ إِنَّ فِى ٱلسَّمَـٰوَٰتِ
وَٱلْأَرْضِ لَـَٔايَـٰتٍ لِّلْمُؤْمِنِينَ ٣ وَفِى خَلْقِكُمْ وَمَا يَبُثُّ مِن دَآبَّةٍ ءَايَـٰتٌ لِّقَوْمٍ
يُوقِنُونَ ٤ وَٱخْتِلَـٰفِ ٱلَّيْلِ وَٱلنَّهَارِ وَمَآ أَنزَلَ ٱللَّهُ مِنَ ٱلسَّمَآءِ مِن رِّزْقٍ
فَأَحْيَا بِهِ ٱلْأَرْضَ بَعْدَ مَوْتِهَا وَتَصْرِيفِ ٱلرِّيَـٰحِ ءَايَـٰتٌ لِّقَوْمٍ يَعْقِلُونَ ٥
تِلْكَ ءَايَـٰتُ ٱللَّهِ نَتْلُوهَا عَلَيْكَ بِٱلْحَقِّ ۖ فَبِأَىِّ حَدِيثٍۭ بَعْدَ ٱللَّهِ وَءَايَـٰتِهِۦ
يُؤْمِنُونَ ٦ وَيْلٌ لِّكُلِّ أَفَّاكٍ أَثِيمٍ ٧ يَسْمَعُ ءَايَـٰتِ ٱللَّهِ تُتْلَىٰ عَلَيْهِ ثُمَّ
يُصِرُّ مُسْتَكْبِرًا كَأَن لَّمْ يَسْمَعْهَا ۖ فَبَشِّرْهُ بِعَذَابٍ أَلِيمٍ ٨ وَإِذَا عَلِمَ مِنْ ءَايَـٰتِنَا
شَيْـًٔا ٱتَّخَذَهَا هُزُوًا ۚ أُو۟لَـٰٓئِكَ لَهُمْ عَذَابٌ مُّهِينٌ ٩ مِّن وَرَآئِهِمْ جَهَنَّمُ ۖ
وَلَا يُغْنِى عَنْهُم مَّا كَسَبُوا۟ شَيْـًٔا وَلَا مَا ٱتَّخَذُوا۟ مِن دُونِ ٱللَّهِ أَوْلِيَآءَ ۖ وَلَهُمْ
عَذَابٌ عَظِيمٌ ١٠ هَـٰذَا هُدًى ۖ وَٱلَّذِينَ كَفَرُوا۟ بِـَٔايَـٰتِ رَبِّهِمْ لَهُمْ عَذَابٌ مِّن
رِّجْزٍ أَلِيمٌ ١١ ۞ ٱللَّهُ ٱلَّذِى سَخَّرَ لَكُمُ ٱلْبَحْرَ لِتَجْرِىَ ٱلْفُلْكُ فِيهِ بِأَمْرِهِۦ
وَلِتَبْتَغُوا۟ مِن فَضْلِهِۦ وَلَعَلَّكُمْ تَشْكُرُونَ ١٢ وَسَخَّرَ لَكُم مَّا فِى ٱلسَّمَـٰوَٰتِ
وَمَا فِى ٱلْأَرْضِ جَمِيعًا مِّنْهُ ۚ إِنَّ فِى ذَٰلِكَ لَـَٔايَـٰتٍ لِّقَوْمٍ يَتَفَكَّرُونَ ١٣
قُل لِّلَّذِينَ ءَامَنُوا۟ يَغْفِرُوا۟ لِلَّذِينَ لَا يَرْجُونَ أَيَّامَ ٱللَّهِ لِيَجْزِىَ
25 - 45 - 500
قَوْمًۢا بِمَا كَانُوا۟ يَكْسِبُونَ ١٤ مَنْ عَمِلَ صَـٰلِحًا فَلِنَفْسِهِۦ ۖ
وَمَنْ أَسَآءَ فَعَلَيْهَا ۖ ثُمَّ إِلَىٰ رَبِّكُمْ تُرْجَعُونَ ١٥ وَلَقَدْ ءَاتَيْنَا
بَنِىٓ إِسْرَٰٓءِيلَ ٱلْكِتَـٰبَ وَٱلْحُكْمَ وَٱلنُّبُوَّةَ وَرَزَقْنَـٰهُم مِّنَ ٱلطَّيِّبَـٰتِ
وَفَضَّلْنَـٰهُمْ عَلَى ٱلْعَـٰلَمِينَ ١٦ وَءَاتَيْنَـٰهُم بَيِّنَـٰتٍ مِّنَ ٱلْأَمْرِ ۖ
فَمَا ٱخْتَلَفُوٓا۟ إِلَّا مِنۢ بَعْدِ مَا جَآءَهُمُ ٱلْعِلْمُ بَغْيًۢا بَيْنَهُمْ ۚ إِنَّ رَبَّكَ
يَقْضِى بَيْنَهُمْ يَوْمَ ٱلْقِيَـٰمَةِ فِيمَا كَانُوا۟ فِيهِ يَخْتَلِفُونَ ١٧
ثُمَّ جَعَلْنَـٰكَ عَلَىٰ شَرِيعَةٍ مِّنَ ٱلْأَمْرِ فَٱتَّبِعْهَا وَلَا تَتَّبِعْ
أَهْوَآءَ ٱلَّذِينَ لَا يَعْلَمُونَ ١٨ إِنَّهُمْ لَن يُغْنُوا۟ عَنكَ مِنَ ٱللَّهِ
شَيْـًٔا ۚ وَإِنَّ ٱلظَّـٰلِمِينَ بَعْضُهُمْ أَوْلِيَآءُ بَعْضٍ ۖ وَٱللَّهُ وَلِىُّ ٱلْمُتَّقِينَ ١٩
هَـٰذَا بَصَـٰٓئِرُ لِلنَّاسِ وَهُدًى وَرَحْمَةٌ لِّقَوْمٍ يُوقِنُونَ ٢٠
أَمْ حَسِبَ ٱلَّذِينَ ٱجْتَرَحُوا۟ ٱلسَّيِّـَٔاتِ أَن نَّجْعَلَهُمْ كَٱلَّذِينَ
ءَامَنُوا۟ وَعَمِلُوا۟ ٱلصَّـٰلِحَـٰتِ سَوَآءً مَّحْيَاهُمْ وَمَمَاتُهُمْ ۚ سَآءَ
مَا يَحْكُمُونَ ٢١ وَخَلَقَ ٱللَّهُ ٱلسَّمَـٰوَٰتِ وَٱلْأَرْضَ بِٱلْحَقِّ
وَلِتُجْزَىٰ كُلُّ نَفْسٍۭ بِمَا كَسَبَتْ وَهُمْ لَا يُظْلَمُونَ ٢٢
25 - 45 - 501
أَفَرَءَيْتَ مَنِ ٱتَّخَذَ إِلَـٰهَهُۥ هَوَىٰهُ وَأَضَلَّهُ ٱللَّهُ عَلَىٰ عِلْمٍ وَخَتَمَ عَلَىٰ سَمْعِهِۦ
وَقَلْبِهِۦ وَجَعَلَ عَلَىٰ بَصَرِهِۦ غِشَـٰوَةً فَمَن يَهْدِيهِ مِنۢ بَعْدِ ٱللَّهِ ۚ أَفَلَا
تَذَكَّرُونَ ٢٣ وَقَالُوا۟ مَا هِىَ إِلَّا حَيَاتُنَا ٱلدُّنْيَا نَمُوتُ وَنَحْيَا وَمَا يُهْلِكُنَآ
إِلَّا ٱلدَّهْرُ ۚ وَمَا لَهُم بِذَٰلِكَ مِنْ عِلْمٍ ۖ إِنْ هُمْ إِلَّا يَظُنُّونَ ٢٤ وَإِذَا تُتْلَىٰ
عَلَيْهِمْ ءَايَـٰتُنَا بَيِّنَـٰتٍ مَّا كَانَ حُجَّتَهُمْ إِلَّآ أَن قَالُوا۟ ٱئْتُوا۟ بِـَٔابَآئِنَآ إِن
كُنتُمْ صَـٰدِقِينَ ٢٥ قُلِ ٱللَّهُ يُحْيِيكُمْ ثُمَّ يُمِيتُكُمْ ثُمَّ يَجْمَعُكُمْ إِلَىٰ
يَوْمِ ٱلْقِيَـٰمَةِ لَا رَيْبَ فِيهِ وَلَـٰكِنَّ أَكْثَرَ ٱلنَّاسِ لَا يَعْلَمُونَ ٢٦ وَلِلَّهِ مُلْكُ
ٱلسَّمَـٰوَٰتِ وَٱلْأَرْضِ ۚ وَيَوْمَ تَقُومُ ٱلسَّاعَةُ يَوْمَئِذٍ يَخْسَرُ ٱلْمُبْطِلُونَ ٢٧
وَتَرَىٰ كُلَّ أُمَّةٍ جَاثِيَةً ۚ كُلُّ أُمَّةٍ تُدْعَىٰٓ إِلَىٰ كِتَـٰبِهَا ٱلْيَوْمَ تُجْزَوْنَ مَا كُنتُمْ
تَعْمَلُونَ ٢٨ هَـٰذَا كِتَـٰبُنَا يَنطِقُ عَلَيْكُم بِٱلْحَقِّ ۚ إِنَّا كُنَّا نَسْتَنسِخُ
مَا كُنتُمْ تَعْمَلُونَ ٢٩ فَأَمَّا ٱلَّذِينَ ءَامَنُوا۟ وَعَمِلُوا۟ ٱلصَّـٰلِحَـٰتِ
فَيُدْخِلُهُمْ رَبُّهُمْ فِى رَحْمَتِهِۦ ۚ ذَٰلِكَ هُوَ ٱلْفَوْزُ ٱلْمُبِينُ ٣٠ وَأَمَّا
ٱلَّذِينَ كَفَرُوٓا۟ أَفَلَمْ تَكُنْ ءَايَـٰتِى تُتْلَىٰ عَلَيْكُمْ فَٱسْتَكْبَرْتُمْ وَكُنتُمْ قَوْمًا
مُّجْرِمِينَ ٣١ وَإِذَا قِيلَ إِنَّ وَعْدَ ٱللَّهِ حَقٌّ وَٱلسَّاعَةُ لَا رَيْبَ فِيهَا
قُلْتُم مَّا نَدْرِى مَا ٱلسَّاعَةُ إِن نَّظُنُّ إِلَّا ظَنًّا وَمَا نَحْنُ بِمُسْتَيْقِنِينَ ٣٢

25 - 45 - 502 وبدا لهم سيئات ما عملوا وحاق بهم ما كانوا به يستهزءون ﴿٣٣﴾
وقيل اليوم ننساكم كما نسيتم لقاء يومكم هذا ومأواكم النار
وما لكم من نصرين ﴿٣٤﴾ ذلكم بأنكم اتخذتم ءايت الله هزوا
وغرتكم الحيوة الدنيا فاليوم لا يخرجون منها ولا هم يستعتبون ﴿٣٥﴾
فلله الحمد رب السموت ورب الأرض رب العلمين ﴿٣٦﴾
وله الكبرياء في السموت والأرض وهو العزيز الحكيم ﴿٣٧﴾

سورة الأحقاف

بسم الله الرحمن الرحيم

حم ﴿١﴾ تنزيل الكتب من الله العزيز الحكيم ﴿٢﴾ ما خلقنا
السموت والأرض وما بينهما إلا بالحق وأجل مسمى والذين
كفروا عما أنذروا معرضون ﴿٣﴾ قل أرءيتم ما تدعون من
دون الله أروني ماذا خلقوا من الأرض أم لهم شرك في
السموت ائتوني بكتب من قبل هذا أو أثرة من علم إن كنتم
صدقين ﴿٤﴾ ومن أضل ممن يدعوا من دون الله من
لا يستجيب له إلى يوم القيمة وهم عن دعائهم غفلون ﴿٥﴾
26 - 46 - 503 وإذا حشر الناس كانوا لهم أعداء وكانوا بعبادتهم كفرين ﴿٦﴾ وإذا
تتلى عليهم ءايتنا بينت قال الذين كفروا للحق لما جاءهم هذا
سحر مبين ﴿٧﴾ أم يقولون افترىه قل إن افتريته فلا تملكون
لي من الله شيا هو أعلم بما تفيضون فيه كفى به شهيدا بيني
وبينكم وهو الغفور الرحيم ﴿٨﴾ قل ما كنت بدعا من الرسل
وما أدري ما يفعل بي ولا بكم إن أتبع إلا ما يوحى إلي وما أنا
إلا نذير مبين ﴿٩﴾ قل أرءيتم إن كان من عند الله وكفرتم به
وشهد شاهد من بني إسرءيل على مثله فءامن واستكبرتم
إن الله لا يهدي القوم الظلمين ﴿١٠﴾ وقال الذين كفروا
للذين ءامنوا لو كان خيرا ما سبقونا إليه وإذ لم يهتدوا به
فسيقولون هذا إفك قديم ﴿١١﴾ ومن قبله كتب موسى
إماما ورحمة وهذا كتب مصدق لسانا عربيا لينذر
الذين ظلموا وبشرى للمحسنين ﴿١٢﴾ إن الذين قالوا ربنا
الله ثم استقموا فلا خوف عليهم ولا هم يحزنون ﴿١٣﴾
أولئك أصحب الجنة خلدين فيها جزاء بما كانوا يعملون ﴿١٤﴾
26 - 46 - 504 ووصينا الإنسن بولديه إحسنا حملته أمه كرها ووضعته
كرها وحمله وفصله ثلثون شهرا حتى إذا بلغ أشده وبلغ
أربعين سنة قال رب أوزعني أن أشكر نعمتك التي أنعمت
علي وعلى ولدي وأن أعمل صلحا ترضىه وأصلح لي في ذريتي
إني تبت إليك وإني من المسلمين ﴿١٥﴾ أولئك الذين نتقبل
عنهم أحسن ما عملوا ونتجاوز عن سيئاتهم في أصحب
الجنة وعد الصدق الذي كانوا يوعدون ﴿١٦﴾ والذي قال
لولديه أف لكما أتعدانني أن أخرج وقد خلت القرون من
قبلي وهما يستغيثان الله ويلك ءامن إن وعد الله حق فيقول
ما هذا إلا أسطير الأولين ﴿١٧﴾ أولئك الذين حق عليهم القول
في أمم قد خلت من قبلهم من الجن والإنس إنهم كانوا
خسرين ﴿١٨﴾ ولكل درجت مما عملوا وليوفيهم أعملهم وهم لا
يظلمون ﴿١٩﴾ ويوم يعرض الذين كفروا على النار أذهبتم طيبتكم في
حياتكم الدنيا واستمتعتم بها فاليوم تجزون عذاب الهون بما
كنتم تستكبرون في الأرض بغير الحق وبما كنتم تفسقون ﴿٢٠﴾
26 - 46 - 505 ۞ واذكر أخا عاد إذ أنذر قومه بالأحقاف وقد خلت النذر
من بين يديه ومن خلفه ألا تعبدوا إلا الله إني أخاف عليكم
عذاب يوم عظيم ﴿٢١﴾ قالوا أجئتنا لتأفكنا عن ءالهتنا فأتنا
بما تعدنا إن كنت من الصدقين ﴿٢٢﴾ قال إنما العلم عند الله
وأبلغكم ما أرسلت به ولكني أريكم قوما تجهلون ﴿٢٣﴾ فلما

رأوه عارضا مستقبل أوديتهم قالوا هذا عارض ممطرنا
بل هو ما استعجلتم به ريح فيها عذاب أليم ﴿٢٤﴾ تدمر كل
شيء بأمر ربها فأصبحوا لا يرى إلا مسكنهم كذلك نجزي
القوم المجرمين ﴿٢٥﴾ ولقد مكنهم فيما إن مكنكم فيه
وجعلنا لهم سمعا وأبصرا وأفئدة فما أغنى عنهم سمعهم
ولا أبصرهم ولا أفئدتهم من شيء إذ كانوا يجحدون بءايت
الله وحاق بهم ما كانوا به يستهزءون ﴿٢٦﴾ ولقد أهلكنا
ما حولكم من القرى وصرفنا الأيت لعلهم يرجعون ﴿٢٧﴾
فلولا نصرهم الذين اتخذوا من دون الله قربانا ءالهة
بل ضلوا عنهم وذلك إفكهم وما كانوا يفترون ﴿٢٨﴾
26 - 46 - 506 وإذ صرفنا إليك نفرا من الجن يستمعون القرءان
فلما حضروه قالوا أنصتوا فلما قضي ولوا إلى قومهم
منذرين ﴿٢٩﴾ قالوا يقومنا إنا سمعنا كتبا أنزل من
بعد موسى مصدقا لما بين يديه يهدي إلى الحق
وإلى طريق مستقيم ﴿٣٠﴾ يقومنا أجيبوا داعي الله وءامنوا
به يغفر لكم من ذنوبكم ويجركم من عذاب أليم ﴿٣١﴾
ومن لا يجب داعي الله فليس بمعجز في الأرض وليس له
من دونه أولياء أولئك في ضلل مبين ﴿٣٢﴾ أولم يروا
أن الله الذي خلق السموت والأرض ولم يعي بخلقهن
بقدر على أن يحي الموتى بلى إنه على كل شيء قدير ﴿٣٣﴾
ويوم يعرض الذين كفروا على النار أليس هذا بالحق قالوا
بلى وربنا قال فذوقوا العذاب بما كنتم تكفرون ﴿٣٤﴾
فاصبر كما صبر أولوا العزم من الرسل ولا تستعجل
لهم كأنهم يوم يرون ما يوعدون لم يلبثوا إلا ساعة
من نهار بلغ فهل يهلك إلا القوم الفسقون ﴿٣٥﴾

سورة محمد

26 - 47 - 507 بسم الله الرحمن الرحيم

الذين كفروا وصدوا عن سبيل الله أضل أعملهم ﴿١﴾ والذين ءامنوا
وعملوا الصلحت وءامنوا بما نزل على محمد وهو الحق من ربهم كفر
عنهم سيئاتهم وأصلح بالهم ﴿٢﴾ ذلك بأن الذين كفروا اتبعوا البطل وأن
الذين ءامنوا اتبعوا الحق من ربهم كذلك يضرب الله للناس أمثلهم ﴿٣﴾
فإذا لقيتم الذين كفروا فضرب الرقاب حتى إذا أثخنتموهم فشدوا الوثاق فإما
منا بعد وإما فداء حتى تضع الحرب أوزارها ذلك ولو يشاء الله لانتصر
منهم ولكن ليبلوا بعضكم ببعض والذين قتلوا في سبيل الله فلن يضل
أعملهم ﴿٤﴾ سيهديهم ويصلح بالهم ﴿٥﴾ ويدخلهم الجنة عرفها لهم ﴿٦﴾
يأيها الذين ءامنوا إن تنصروا الله ينصركم ويثبت أقدامكم ﴿٧﴾
والذين كفروا فتعسا لهم وأضل أعملهم ﴿٨﴾ ذلك بأنهم كرهوا
ما أنزل الله فأحبط أعملهم ﴿٩﴾ ۞ أفلم يسيروا في الأرض فينظروا
كيف كان عقبة الذين من قبلهم دمر الله عليهم وللكفرين أمثلها ﴿١٠﴾
ذلك بأن الله مولى الذين ءامنوا وأن الكفرين لا مولى لهم ﴿١١﴾
26 - 47 - 508 إن الله يدخل الذين ءامنوا وعملوا الصلحت جنت تجري من
تحتها الأنهر والذين كفروا يتمتعون ويأكلون كما تأكل الأنعم
والنار مثوى لهم ﴿١٢﴾ وكأين من قرية هي أشد قوة من قريتك
التي أخرجتك أهلكنهم فلا ناصر لهم ﴿١٣﴾ أفمن كان على بينة من
ربه كمن زين له سوء عمله واتبعوا أهواءهم ﴿١٤﴾ مثل الجنة التي
وعد المتقون فيها أنهر من ماء غير ءاسن وأنهر من لبن لم يتغير
طعمه وأنهر من خمر لذة للشربين وأنهر من عسل مصفى ولهم
فيها من كل الثمرت ومغفرة من ربهم كمن هو خلد في النار وسقوا
ماء حميما فقطع أمعاءهم ﴿١٥﴾ ومنهم من يستمع إليك حتى إذا
خرجوا من عندك قالوا للذين أوتوا العلم ماذا قال ءانفا أولئك

الذين طبع الله على قلوبهم واتبعوا أهواءهم ﴿١٦﴾ والذين اهتدوا
زادهم هدى وءاتىهم تقوىهم ﴿١٧﴾ فهل ينظرون إلا الساعة
أن تأتيهم بغتة فقد جاء أشراطها فأنى لهم إذا جاءتهم
ذكرىهم ﴿١٨﴾ فاعلم أنه لا إله إلا الله واستغفر لذنبك
وللمؤمنين والمؤمنت والله يعلم متقلبكم ومثوىكم ﴿١٩﴾
26 - 47 - 509 ويقول الذين ءامنوا لولا نزلت سورة فإذا أنزلت سورة
محكمة وذكر فيها القتال رأيت الذين في قلوبهم مرض
ينظرون إليك نظر المغشي عليه من الموت فأولى لهم ﴿٢٠﴾
طاعة وقول معروف فإذا عزم الأمر فلو صدقوا الله
لكان خيرا لهم ﴿٢١﴾ فهل عسيتم إن توليتم أن تفسدوا
في الأرض وتقطعوا أرحامكم ﴿٢٢﴾ أولئك الذين لعنهم
الله فأصمهم وأعمى أبصرهم ﴿٢٣﴾ أفلا يتدبرون القرءان
أم على قلوب أقفالها ﴿٢٤﴾ إن الذين ارتدوا على أدبرهم
من بعد ما تبين لهم الهدى الشيطن سول لهم وأملى
لهم ﴿٢٥﴾ ذلك بأنهم قالوا للذين كرهوا ما نزل الله
سنطيعكم في بعض الأمر والله يعلم إسرارهم ﴿٢٦﴾
فكيف إذا توفتهم الملئكة يضربون وجوههم
وأدبرهم ﴿٢٧﴾ ذلك بأنهم اتبعوا ما أسخط الله
وكرهوا رضونه فأحبط أعملهم ﴿٢٨﴾ أم حسب
الذين في قلوبهم مرض أن لن يخرج الله أضغنهم ﴿٢٩﴾
26 - 47 - 510 ولو نشاء لأرينكهم فلعرفتهم بسيمهم ولتعرفنهم في
لحن القول والله يعلم أعملكم ﴿٣٠﴾ ولنبلونكم حتى نعلم
المجهدين منكم والصبرين ونبلوا أخباركم ﴿٣١﴾ إن الذين
كفروا وصدوا عن سبيل الله وشاقوا الرسول من بعد
ما تبين لهم الهدى لن يضروا الله شيا وسيحبط
أعملهم ﴿٣٢﴾ ۞ يأيها الذين ءامنوا أطيعوا الله وأطيعوا الرسول
ولا تبطلوا أعملكم ﴿٣٣﴾ إن الذين كفروا وصدوا عن سبيل
الله ثم ماتوا وهم كفار فلن يغفر الله لهم ﴿٣٤﴾ فلا تهنوا
وتدعوا إلى السلم وأنتم الأعلون والله معكم ولن يتركم
أعملكم ﴿٣٥﴾ إنما الحيوة الدنيا لعب ولهو وإن تؤمنوا وتتقوا
يؤتكم أجوركم ولا يسلكم أمولكم ﴿٣٦﴾ إن يسلكموها
فيحفكم تبخلوا ويخرج أضغنكم ﴿٣٧﴾ هأنتم هؤلاء
تدعون لتنفقوا في سبيل الله فمنكم من يبخل ومن يبخل
فإنما يبخل عن نفسه والله الغني وأنتم الفقراء وإن
تتولوا يستبدل قوما غيركم ثم لا يكونوا أمثلكم ﴿٣٨﴾

سورة الفتح

26 - 48 - 511 بسم الله الرحمن الرحيم

إنا فتحنا لك فتحا مبينا ﴿١﴾ ليغفر لك الله ما تقدم من ذنبك
وما تأخر ويتم نعمته عليك ويهديك صرطا مستقيما ﴿٢﴾
وينصرك الله نصرا عزيزا ﴿٣﴾ هو الذي أنزل السكينة في قلوب
المؤمنين ليزدادوا إيمنا مع إيمنهم ولله جنود السموت
والأرض وكان الله عليما حكيما ﴿٤﴾ ليدخل المؤمنين والمؤمنت
جنت تجري من تحتها الأنهر خلدين فيها ويكفر عنهم
سيئاتهم وكان ذلك عند الله فوزا عظيما ﴿٥﴾ ويعذب
المنفقين والمنفقت والمشركين والمشركت الظانين
بالله ظن السوء عليهم دائرة السوء وغضب الله عليهم
ولعنهم وأعد لهم جهنم وساءت مصيرا ﴿٦﴾ ولله جنود
السموت والأرض وكان الله عزيزا حكيما ﴿٧﴾ إنا
أرسلنك شهدا ومبشرا ونذيرا ﴿٨﴾ لتؤمنوا بالله ورسوله
وتعزروه وتوقروه وتسبحوه بكرة وأصيلا ﴿٩﴾

26 - 48 - 512
إِنَّ ٱلَّذِينَ يُبَايِعُونَكَ إِنَّمَا يُبَايِعُونَ ٱللَّهَ يَدُ ٱللَّهِ فَوْقَ
أَيْدِيهِمْ فَمَن نَّكَثَ فَإِنَّمَا يَنكُثُ عَلَىٰ نَفْسِهِۦ وَمَنْ أَوْفَىٰ
بِمَا عَٰهَدَ عَلَيْهُ ٱللَّهَ فَسَيُؤْتِيهِ أَجْرًا عَظِيمًا ١٠ سَيَقُولُ
لَكَ ٱلْمُخَلَّفُونَ مِنَ ٱلْأَعْرَابِ شَغَلَتْنَآ أَمْوَٰلُنَا وَأَهْلُونَا
فَٱسْتَغْفِرْ لَنَا يَقُولُونَ بِأَلْسِنَتِهِم مَّا لَيْسَ فِى قُلُوبِهِمْ قُلْ
فَمَن يَمْلِكُ لَكُم مِّنَ ٱللَّهِ شَيْـًٔا إِنْ أَرَادَ بِكُمْ ضَرًّا أَوْ أَرَادَ بِكُمْ
نَفْعًۢا بَلْ كَانَ ٱللَّهُ بِمَا تَعْمَلُونَ خَبِيرًۢا ١١ بَلْ ظَنَنتُمْ أَن لَّن
يَنقَلِبَ ٱلرَّسُولُ وَٱلْمُؤْمِنُونَ إِلَىٰٓ أَهْلِيهِمْ أَبَدًا وَزُيِّنَ ذَٰلِكَ فِى
قُلُوبِكُمْ وَظَنَنتُمْ ظَنَّ ٱلسَّوْءِ وَكُنتُمْ قَوْمًۢا بُورًا ١٢ وَمَن لَّمْ يُؤْمِنۢ
بِٱللَّهِ وَرَسُولِهِۦ فَإِنَّآ أَعْتَدْنَا لِلْكَٰفِرِينَ سَعِيرًا ١٣ وَلِلَّهِ مُلْكُ
ٱلسَّمَٰوَٰتِ وَٱلْأَرْضِ يَغْفِرُ لِمَن يَشَآءُ وَيُعَذِّبُ مَن يَشَآءُ
وَكَانَ ٱللَّهُ غَفُورًا رَّحِيمًا ١٤ سَيَقُولُ ٱلْمُخَلَّفُونَ إِذَا
ٱنطَلَقْتُمْ إِلَىٰ مَغَانِمَ لِتَأْخُذُوهَا ذَرُونَا نَتَّبِعْكُمْ يُرِيدُونَ
أَن يُبَدِّلُوا۟ كَلَٰمَ ٱللَّهِ قُل لَّن تَتَّبِعُونَا كَذَٰلِكُمْ قَالَ ٱللَّهُ مِن قَبْلُ
فَسَيَقُولُونَ بَلْ تَحْسُدُونَنَا بَلْ كَانُوا۟ لَا يَفْقَهُونَ إِلَّا قَلِيلًا ١٥
26 - 48 - 513
قُل لِّلْمُخَلَّفِينَ مِنَ ٱلْأَعْرَابِ سَتُدْعَوْنَ إِلَىٰ قَوْمٍ أُو۟لِى بَأْسٍ شَدِيدٍ
تُقَٰتِلُونَهُمْ أَوْ يُسْلِمُونَ فَإِن تُطِيعُوا۟ يُؤْتِكُمُ ٱللَّهُ أَجْرًا حَسَنًا
وَإِن تَتَوَلَّوْا۟ كَمَا تَوَلَّيْتُم مِّن قَبْلُ يُعَذِّبْكُمْ عَذَابًا أَلِيمًا ١٦ لَّيْسَ
عَلَى ٱلْأَعْمَىٰ حَرَجٌ وَلَا عَلَى ٱلْأَعْرَجِ حَرَجٌ وَلَا عَلَى ٱلْمَرِيضِ حَرَجٌ
وَمَن يُطِعِ ٱللَّهَ وَرَسُولَهُۥ يُدْخِلْهُ جَنَّٰتٍ تَجْرِى مِن تَحْتِهَا
ٱلْأَنْهَٰرُ وَمَن يَتَوَلَّ يُعَذِّبْهُ عَذَابًا أَلِيمًا ١٧ ۞ لَّقَدْ رَضِىَ ٱللَّهُ
عَنِ ٱلْمُؤْمِنِينَ إِذْ يُبَايِعُونَكَ تَحْتَ ٱلشَّجَرَةِ فَعَلِمَ مَا فِى
قُلُوبِهِمْ فَأَنزَلَ ٱلسَّكِينَةَ عَلَيْهِمْ وَأَثَٰبَهُمْ فَتْحًا قَرِيبًا ١٨ وَمَغَانِمَ
كَثِيرَةً يَأْخُذُونَهَا وَكَانَ ٱللَّهُ عَزِيزًا حَكِيمًا ١٩ وَعَدَكُمُ ٱللَّهُ
مَغَانِمَ كَثِيرَةً تَأْخُذُونَهَا فَعَجَّلَ لَكُمْ هَٰذِهِۦ وَكَفَّ أَيْدِىَ
ٱلنَّاسِ عَنكُمْ وَلِتَكُونَ ءَايَةً لِّلْمُؤْمِنِينَ وَيَهْدِيَكُمْ صِرَٰطًا
مُّسْتَقِيمًا ٢٠ وَأُخْرَىٰ لَمْ تَقْدِرُوا۟ عَلَيْهَا قَدْ أَحَاطَ ٱللَّهُ بِهَا
وَكَانَ ٱللَّهُ عَلَىٰ كُلِّ شَىْءٍ قَدِيرًا ٢١ وَلَوْ قَٰتَلَكُمُ ٱلَّذِينَ
كَفَرُوا۟ لَوَلَّوُا۟ ٱلْأَدْبَٰرَ ثُمَّ لَا يَجِدُونَ وَلِيًّا وَلَا نَصِيرًا ٢٢ سُنَّةَ
ٱللَّهِ ٱلَّتِى قَدْ خَلَتْ مِن قَبْلُ وَلَن تَجِدَ لِسُنَّةِ ٱللَّهِ تَبْدِيلًا ٢٣
26 - 48 - 514
وَهُوَ ٱلَّذِى كَفَّ أَيْدِيَهُمْ عَنكُمْ وَأَيْدِيَكُمْ عَنْهُم بِبَطْنِ مَكَّةَ مِنۢ
بَعْدِ أَنْ أَظْفَرَكُمْ عَلَيْهِمْ وَكَانَ ٱللَّهُ بِمَا تَعْمَلُونَ بَصِيرًا ٢٤
هُمُ ٱلَّذِينَ كَفَرُوا۟ وَصَدُّوكُمْ عَنِ ٱلْمَسْجِدِ ٱلْحَرَامِ
وَٱلْهَدْىَ مَعْكُوفًا أَن يَبْلُغَ مَحِلَّهُۥ وَلَوْلَا رِجَالٌ مُّؤْمِنُونَ وَنِسَآءٌ
مُّؤْمِنَٰتٌ لَّمْ تَعْلَمُوهُمْ أَن تَطَـُٔوهُمْ فَتُصِيبَكُم مِّنْهُم مَّعَرَّةٌۢ
بِغَيْرِ عِلْمٍ لِّيُدْخِلَ ٱللَّهُ فِى رَحْمَتِهِۦ مَن يَشَآءُ لَوْ تَزَيَّلُوا۟ لَعَذَّبْنَا
ٱلَّذِينَ كَفَرُوا۟ مِنْهُمْ عَذَابًا أَلِيمًا ٢٥ إِذْ جَعَلَ ٱلَّذِينَ كَفَرُوا۟
فِى قُلُوبِهِمُ ٱلْحَمِيَّةَ حَمِيَّةَ ٱلْجَٰهِلِيَّةِ فَأَنزَلَ ٱللَّهُ سَكِينَتَهُۥ
عَلَىٰ رَسُولِهِۦ وَعَلَى ٱلْمُؤْمِنِينَ وَأَلْزَمَهُمْ كَلِمَةَ ٱلتَّقْوَىٰ
وَكَانُوٓا۟ أَحَقَّ بِهَا وَأَهْلَهَا وَكَانَ ٱللَّهُ بِكُلِّ شَىْءٍ عَلِيمًا ٢٦
لَّقَدْ صَدَقَ ٱللَّهُ رَسُولَهُ ٱلرُّءْيَا بِٱلْحَقِّ لَتَدْخُلُنَّ ٱلْمَسْجِدَ
ٱلْحَرَامَ إِن شَآءَ ٱللَّهُ ءَامِنِينَ مُحَلِّقِينَ رُءُوسَكُمْ وَمُقَصِّرِينَ
لَا تَخَافُونَ فَعَلِمَ مَا لَمْ تَعْلَمُوا۟ فَجَعَلَ مِن دُونِ ذَٰلِكَ
فَتْحًا قَرِيبًا ٢٧ هُوَ ٱلَّذِىٓ أَرْسَلَ رَسُولَهُۥ بِٱلْهُدَىٰ وَدِينِ
ٱلْحَقِّ لِيُظْهِرَهُۥ عَلَى ٱلدِّينِ كُلِّهِۦ وَكَفَىٰ بِٱللَّهِ شَهِيدًا ٢٨
26 - 48 - 515
مُّحَمَّدٌ رَّسُولُ ٱللَّهِ وَٱلَّذِينَ مَعَهُۥٓ أَشِدَّآءُ عَلَى ٱلْكُفَّارِ رُحَمَآءُ بَيْنَهُمْ
تَرَىٰهُمْ رُكَّعًا سُجَّدًا يَبْتَغُونَ فَضْلًا مِّنَ ٱللَّهِ وَرِضْوَٰنًا سِيمَاهُمْ
فِى وُجُوهِهِم مِّنْ أَثَرِ ٱلسُّجُودِ ذَٰلِكَ مَثَلُهُمْ فِى ٱلتَّوْرَىٰةِ وَمَثَلُهُمْ فِى
ٱلْإِنجِيلِ كَزَرْعٍ أَخْرَجَ شَطْـَٔهُۥ فَـَٔازَرَهُۥ فَٱسْتَغْلَظَ فَٱسْتَوَىٰ
عَلَىٰ سُوقِهِۦ يُعْجِبُ ٱلزُّرَّاعَ لِيَغِيظَ بِهِمُ ٱلْكُفَّارَ وَعَدَ ٱللَّهُ ٱلَّذِينَ
ءَامَنُوا۟ وَعَمِلُوا۟ ٱلصَّٰلِحَٰتِ مِنْهُم مَّغْفِرَةً وَأَجْرًا عَظِيمًۢا ٢٩

سُورَةُ ٱلْحُجُرَاتِ

بِسْمِ ٱللَّهِ ٱلرَّحْمَٰنِ ٱلرَّحِيمِ

يَٰٓأَيُّهَا ٱلَّذِينَ ءَامَنُوا۟ لَا تُقَدِّمُوا۟ بَيْنَ يَدَىِ ٱللَّهِ وَرَسُولِهِۦ وَٱتَّقُوا۟
ٱللَّهَ إِنَّ ٱللَّهَ سَمِيعٌ عَلِيمٌ ١ يَٰٓأَيُّهَا ٱلَّذِينَ ءَامَنُوا۟ لَا تَرْفَعُوٓا۟
أَصْوَٰتَكُمْ فَوْقَ صَوْتِ ٱلنَّبِىِّ وَلَا تَجْهَرُوا۟ لَهُۥ بِٱلْقَوْلِ كَجَهْرِ بَعْضِكُمْ
لِبَعْضٍ أَن تَحْبَطَ أَعْمَٰلُكُمْ وَأَنتُمْ لَا تَشْعُرُونَ ٢ إِنَّ ٱلَّذِينَ
يَغُضُّونَ أَصْوَٰتَهُمْ عِندَ رَسُولِ ٱللَّهِ أُو۟لَٰٓئِكَ ٱلَّذِينَ ٱمْتَحَنَ
ٱللَّهُ قُلُوبَهُمْ لِلتَّقْوَىٰ لَهُم مَّغْفِرَةٌ وَأَجْرٌ عَظِيمٌ ٣ إِنَّ ٱلَّذِينَ
يُنَادُونَكَ مِن وَرَآءِ ٱلْحُجُرَٰتِ أَكْثَرُهُمْ لَا يَعْقِلُونَ ٤
26 - 49 - 516
وَلَوْ أَنَّهُمْ صَبَرُوا۟ حَتَّىٰ تَخْرُجَ إِلَيْهِمْ لَكَانَ خَيْرًا لَّهُمْ وَٱللَّهُ غَفُورٌ
رَّحِيمٌ ٥ يَٰٓأَيُّهَا ٱلَّذِينَ ءَامَنُوٓا۟ إِن جَآءَكُمْ فَاسِقٌۢ بِنَبَإٍ فَتَبَيَّنُوٓا۟ أَن
تُصِيبُوا۟ قَوْمًۢا بِجَهَٰلَةٍ فَتُصْبِحُوا۟ عَلَىٰ مَا فَعَلْتُمْ نَٰدِمِينَ ٦
وَٱعْلَمُوٓا۟ أَنَّ فِيكُمْ رَسُولَ ٱللَّهِ لَوْ يُطِيعُكُمْ فِى كَثِيرٍ مِّنَ ٱلْأَمْرِ لَعَنِتُّمْ
وَلَٰكِنَّ ٱللَّهَ حَبَّبَ إِلَيْكُمُ ٱلْإِيمَٰنَ وَزَيَّنَهُۥ فِى قُلُوبِكُمْ وَكَرَّهَ
إِلَيْكُمُ ٱلْكُفْرَ وَٱلْفُسُوقَ وَٱلْعِصْيَانَ أُو۟لَٰٓئِكَ هُمُ ٱلرَّٰشِدُونَ ٧
فَضْلًا مِّنَ ٱللَّهِ وَنِعْمَةً وَٱللَّهُ عَلِيمٌ حَكِيمٌ ٨ وَإِن طَآئِفَتَانِ
مِنَ ٱلْمُؤْمِنِينَ ٱقْتَتَلُوا۟ فَأَصْلِحُوا۟ بَيْنَهُمَا فَإِنۢ بَغَتْ إِحْدَىٰهُمَا
عَلَى ٱلْأُخْرَىٰ فَقَٰتِلُوا۟ ٱلَّتِى تَبْغِى حَتَّىٰ تَفِىٓءَ إِلَىٰٓ أَمْرِ ٱللَّهِ فَإِن فَآءَتْ
فَأَصْلِحُوا۟ بَيْنَهُمَا بِٱلْعَدْلِ وَأَقْسِطُوٓا۟ إِنَّ ٱللَّهَ يُحِبُّ ٱلْمُقْسِطِينَ ٩
إِنَّمَا ٱلْمُؤْمِنُونَ إِخْوَةٌ فَأَصْلِحُوا۟ بَيْنَ أَخَوَيْكُمْ وَٱتَّقُوا۟ ٱللَّهَ
لَعَلَّكُمْ تُرْحَمُونَ ١٠ يَٰٓأَيُّهَا ٱلَّذِينَ ءَامَنُوا۟ لَا يَسْخَرْ قَوْمٌ مِّن قَوْمٍ
عَسَىٰٓ أَن يَكُونُوا۟ خَيْرًا مِّنْهُمْ وَلَا نِسَآءٌ مِّن نِّسَآءٍ عَسَىٰٓ أَن يَكُنَّ خَيْرًا
مِّنْهُنَّ وَلَا تَلْمِزُوٓا۟ أَنفُسَكُمْ وَلَا تَنَابَزُوا۟ بِٱلْأَلْقَٰبِ بِئْسَ ٱلِٱسْمُ
ٱلْفُسُوقُ بَعْدَ ٱلْإِيمَٰنِ وَمَن لَّمْ يَتُبْ فَأُو۟لَٰٓئِكَ هُمُ ٱلظَّٰلِمُونَ ١١
26 - 49 - 517
يَٰٓأَيُّهَا ٱلَّذِينَ ءَامَنُوا۟ ٱجْتَنِبُوا۟ كَثِيرًا مِّنَ ٱلظَّنِّ إِنَّ بَعْضَ ٱلظَّنِّ
إِثْمٌ وَلَا تَجَسَّسُوا۟ وَلَا يَغْتَب بَّعْضُكُم بَعْضًا أَيُحِبُّ أَحَدُكُمْ أَن
يَأْكُلَ لَحْمَ أَخِيهِ مَيْتًا فَكَرِهْتُمُوهُ وَٱتَّقُوا۟ ٱللَّهَ إِنَّ ٱللَّهَ
تَوَّابٌ رَّحِيمٌ ١٢ يَٰٓأَيُّهَا ٱلنَّاسُ إِنَّا خَلَقْنَٰكُم مِّن ذَكَرٍ وَأُنثَىٰ وَجَعَلْنَٰكُمْ
شُعُوبًا وَقَبَآئِلَ لِتَعَارَفُوٓا۟ إِنَّ أَكْرَمَكُمْ عِندَ ٱللَّهِ أَتْقَىٰكُمْ إِنَّ ٱللَّهَ
عَلِيمٌ خَبِيرٌ ١٣ ۞ قَالَتِ ٱلْأَعْرَابُ ءَامَنَّا قُل لَّمْ تُؤْمِنُوا۟ وَلَٰكِن
قُولُوٓا۟ أَسْلَمْنَا وَلَمَّا يَدْخُلِ ٱلْإِيمَٰنُ فِى قُلُوبِكُمْ وَإِن تُطِيعُوا۟ ٱللَّهَ
وَرَسُولَهُۥ لَا يَلِتْكُم مِّنْ أَعْمَٰلِكُمْ شَيْـًٔا إِنَّ ٱللَّهَ غَفُورٌ رَّحِيمٌ ١٤
إِنَّمَا ٱلْمُؤْمِنُونَ ٱلَّذِينَ ءَامَنُوا۟ بِٱللَّهِ وَرَسُولِهِۦ ثُمَّ لَمْ يَرْتَابُوا۟
وَجَٰهَدُوا۟ بِأَمْوَٰلِهِمْ وَأَنفُسِهِمْ فِى سَبِيلِ ٱللَّهِ أُو۟لَٰٓئِكَ هُمُ
ٱلصَّٰدِقُونَ ١٥ قُلْ أَتُعَلِّمُونَ ٱللَّهَ بِدِينِكُمْ وَٱللَّهُ يَعْلَمُ مَا فِى
ٱلسَّمَٰوَٰتِ وَمَا فِى ٱلْأَرْضِ وَٱللَّهُ بِكُلِّ شَىْءٍ عَلِيمٌ ١٦ يَمُنُّونَ
عَلَيْكَ أَنْ أَسْلَمُوا۟ قُل لَّا تَمُنُّوا۟ عَلَىَّ إِسْلَٰمَكُم بَلِ ٱللَّهُ يَمُنُّ
عَلَيْكُمْ أَنْ هَدَىٰكُمْ لِلْإِيمَٰنِ إِن كُنتُمْ صَٰدِقِينَ ١٧ إِنَّ ٱللَّهَ يَعْلَمُ
غَيْبَ ٱلسَّمَٰوَٰتِ وَٱلْأَرْضِ وَٱللَّهُ بَصِيرٌۢ بِمَا تَعْمَلُونَ ١٨

26 - 49 - 518

سُورَةُ قٓ

بِسْمِ ٱللَّهِ ٱلرَّحْمَٰنِ ٱلرَّحِيمِ

قٓ وَٱلْقُرْءَانِ ٱلْمَجِيدِ ١ بَلْ عَجِبُوٓا۟ أَن جَآءَهُم مُّنذِرٌ مِّنْهُمْ
فَقَالَ ٱلْكَٰفِرُونَ هَٰذَا شَىْءٌ عَجِيبٌ ٢ أَءِذَا مِتْنَا وَكُنَّا تُرَابًا ذَٰلِكَ
رَجْعٌۢ بَعِيدٌ ٣ قَدْ عَلِمْنَا مَا تَنقُصُ ٱلْأَرْضُ مِنْهُمْ وَعِندَنَا كِتَٰبٌ
حَفِيظٌۢ ٤ بَلْ كَذَّبُوا۟ بِٱلْحَقِّ لَمَّا جَآءَهُمْ فَهُمْ فِىٓ أَمْرٍ مَّرِيجٍ ٥
أَفَلَمْ يَنظُرُوٓا۟ إِلَى ٱلسَّمَآءِ فَوْقَهُمْ كَيْفَ بَنَيْنَٰهَا وَزَيَّنَّٰهَا
وَمَا لَهَا مِن فُرُوجٍ ٦ وَٱلْأَرْضَ مَدَدْنَٰهَا وَأَلْقَيْنَا فِيهَا رَوَٰسِىَ
وَأَنۢبَتْنَا فِيهَا مِن كُلِّ زَوْجٍۭ بَهِيجٍ ٧ تَبْصِرَةً وَذِكْرَىٰ لِكُلِّ عَبْدٍ
مُّنِيبٍ ٨ وَنَزَّلْنَا مِنَ ٱلسَّمَآءِ مَآءً مُّبَٰرَكًا فَأَنۢبَتْنَا بِهِۦ جَنَّٰتٍ
وَحَبَّ ٱلْحَصِيدِ ٩ وَٱلنَّخْلَ بَاسِقَٰتٍ لَّهَا طَلْعٌ نَّضِيدٌ ١٠ رِّزْقًا
لِّلْعِبَادِ وَأَحْيَيْنَا بِهِۦ بَلْدَةً مَّيْتًا كَذَٰلِكَ ٱلْخُرُوجُ ١١ كَذَّبَتْ قَبْلَهُمْ
قَوْمُ نُوحٍ وَأَصْحَٰبُ ٱلرَّسِّ وَثَمُودُ ١٢ وَعَادٌ وَفِرْعَوْنُ وَإِخْوَٰنُ لُوطٍ ١٣
وَأَصْحَٰبُ ٱلْأَيْكَةِ وَقَوْمُ تُبَّعٍ كُلٌّ كَذَّبَ ٱلرُّسُلَ فَحَقَّ وَعِيدِ ١٤
أَفَعَيِينَا بِٱلْخَلْقِ ٱلْأَوَّلِ بَلْ هُمْ فِى لَبْسٍ مِّنْ خَلْقٍ جَدِيدٍ ١٥
26 - 50 - 519
وَلَقَدْ خَلَقْنَا ٱلْإِنسَٰنَ وَنَعْلَمُ مَا تُوَسْوِسُ بِهِۦ نَفْسُهُۥ وَنَحْنُ أَقْرَبُ إِلَيْهِ
مِنْ حَبْلِ ٱلْوَرِيدِ ١٦ إِذْ يَتَلَقَّى ٱلْمُتَلَقِّيَانِ عَنِ ٱلْيَمِينِ وَعَنِ ٱلشِّمَالِ
قَعِيدٌ ١٧ مَّا يَلْفِظُ مِن قَوْلٍ إِلَّا لَدَيْهِ رَقِيبٌ عَتِيدٌ ١٨ وَجَآءَتْ سَكْرَةُ
ٱلْمَوْتِ بِٱلْحَقِّ ذَٰلِكَ مَا كُنتَ مِنْهُ تَحِيدُ ١٩ وَنُفِخَ فِى ٱلصُّورِ ذَٰلِكَ يَوْمُ
ٱلْوَعِيدِ ٢٠ وَجَآءَتْ كُلُّ نَفْسٍ مَّعَهَا سَآئِقٌ وَشَهِيدٌ ٢١ لَّقَدْ كُنتَ
فِى غَفْلَةٍ مِّنْ هَٰذَا فَكَشَفْنَا عَنكَ غِطَآءَكَ فَبَصَرُكَ ٱلْيَوْمَ حَدِيدٌ ٢٢
وَقَالَ قَرِينُهُۥ هَٰذَا مَا لَدَىَّ عَتِيدٌ ٢٣ أَلْقِيَا فِى جَهَنَّمَ كُلَّ كَفَّارٍ عَنِيدٍ ٢٤
مَّنَّاعٍ لِّلْخَيْرِ مُعْتَدٍ مُّرِيبٍ ٢٥ ٱلَّذِى جَعَلَ مَعَ ٱللَّهِ إِلَٰهًا ءَاخَرَ
فَأَلْقِيَاهُ فِى ٱلْعَذَابِ ٱلشَّدِيدِ ٢٦ ۞ قَالَ قَرِينُهُۥ رَبَّنَا مَآ أَطْغَيْتُهُۥ وَلَٰكِن
كَانَ فِى ضَلَٰلٍۭ بَعِيدٍ ٢٧ قَالَ لَا تَخْتَصِمُوا۟ لَدَىَّ وَقَدْ قَدَّمْتُ إِلَيْكُم
بِٱلْوَعِيدِ ٢٨ مَا يُبَدَّلُ ٱلْقَوْلُ لَدَىَّ وَمَآ أَنَا۠ بِظَلَّٰمٍ لِّلْعَبِيدِ ٢٩ يَوْمَ
نَقُولُ لِجَهَنَّمَ هَلِ ٱمْتَلَأْتِ وَتَقُولُ هَلْ مِن مَّزِيدٍ ٣٠ وَأُزْلِفَتِ ٱلْجَنَّةُ
لِلْمُتَّقِينَ غَيْرَ بَعِيدٍ ٣١ هَٰذَا مَا تُوعَدُونَ لِكُلِّ أَوَّابٍ حَفِيظٍ ٣٢
مَّنْ خَشِىَ ٱلرَّحْمَٰنَ بِٱلْغَيْبِ وَجَآءَ بِقَلْبٍ مُّنِيبٍ ٣٣ ٱدْخُلُوهَا
بِسَلَٰمٍ ذَٰلِكَ يَوْمُ ٱلْخُلُودِ ٣٤ لَهُم مَّا يَشَآءُونَ فِيهَا وَلَدَيْنَا مَزِيدٌ ٣٥
26 - 50 - 520
وَكَمْ أَهْلَكْنَا قَبْلَهُم مِّن قَرْنٍ هُمْ أَشَدُّ مِنْهُم بَطْشًا فَنَقَّبُوا۟
فِى ٱلْبِلَٰدِ هَلْ مِن مَّحِيصٍ ٣٦ إِنَّ فِى ذَٰلِكَ لَذِكْرَىٰ لِمَن
كَانَ لَهُۥ قَلْبٌ أَوْ أَلْقَى ٱلسَّمْعَ وَهُوَ شَهِيدٌ ٣٧ وَلَقَدْ خَلَقْنَا
ٱلسَّمَٰوَٰتِ وَٱلْأَرْضَ وَمَا بَيْنَهُمَا فِى سِتَّةِ أَيَّامٍ وَمَا مَسَّنَا
مِن لُّغُوبٍ ٣٨ فَٱصْبِرْ عَلَىٰ مَا يَقُولُونَ وَسَبِّحْ بِحَمْدِ رَبِّكَ
قَبْلَ طُلُوعِ ٱلشَّمْسِ وَقَبْلَ ٱلْغُرُوبِ ٣٩ وَمِنَ ٱلَّيْلِ فَسَبِّحْهُ
وَأَدْبَٰرَ ٱلسُّجُودِ ٤٠ وَٱسْتَمِعْ يَوْمَ يُنَادِ ٱلْمُنَادِ مِن مَّكَانٍ قَرِيبٍ ٤١
يَوْمَ يَسْمَعُونَ ٱلصَّيْحَةَ بِٱلْحَقِّ ذَٰلِكَ يَوْمُ ٱلْخُرُوجِ ٤٢ إِنَّا
نَحْنُ نُحْىِۦ وَنُمِيتُ وَإِلَيْنَا ٱلْمَصِيرُ ٤٣ يَوْمَ تَشَقَّقُ ٱلْأَرْضُ
عَنْهُمْ سِرَاعًا ذَٰلِكَ حَشْرٌ عَلَيْنَا يَسِيرٌ ٤٤ نَّحْنُ أَعْلَمُ بِمَا يَقُولُونَ
وَمَآ أَنتَ عَلَيْهِم بِجَبَّارٍ فَذَكِّرْ بِٱلْقُرْءَانِ مَن يَخَافُ وَعِيدِ ٤٥

سُورَةُ ٱلذَّارِيَاتِ

بِسْمِ ٱللَّهِ ٱلرَّحْمَٰنِ ٱلرَّحِيمِ

وَٱلذَّٰرِيَٰتِ ذَرْوًا ١ فَٱلْحَٰمِلَٰتِ وِقْرًا ٢ فَٱلْجَٰرِيَٰتِ يُسْرًا ٣
فَٱلْمُقَسِّمَٰتِ أَمْرًا ٤ إِنَّمَا تُوعَدُونَ لَصَادِقٌ ٥ وَإِنَّ ٱلدِّينَ لَوَٰقِعٌ ٦
26 - 51 - 521
وَٱلسَّمَآءِ ذَاتِ ٱلْحُبُكِ ٧ إِنَّكُمْ لَفِى قَوْلٍ مُّخْتَلِفٍ ٨ يُؤْفَكُ عَنْهُ مَنْ
أُفِكَ ٩ قُتِلَ ٱلْخَرَّٰصُونَ ١٠ ٱلَّذِينَ هُمْ فِى غَمْرَةٍ سَاهُونَ ١١ يَسْـَٔلُونَ
أَيَّانَ يَوْمُ ٱلدِّينِ ١٢ يَوْمَ هُمْ عَلَى ٱلنَّارِ يُفْتَنُونَ ١٣ ذُوقُوا۟ فِتْنَتَكُمْ هَٰذَا
ٱلَّذِى كُنتُم بِهِۦ تَسْتَعْجِلُونَ ١٤ إِنَّ ٱلْمُتَّقِينَ فِى جَنَّٰتٍ وَعُيُونٍ ١٥
ءَاخِذِينَ مَآ ءَاتَىٰهُمْ رَبُّهُمْ إِنَّهُمْ كَانُوا۟ قَبْلَ ذَٰلِكَ مُحْسِنِينَ ١٦
كَانُوا۟ قَلِيلًا مِّنَ ٱلَّيْلِ مَا يَهْجَعُونَ ١٧ وَبِٱلْأَسْحَارِ هُمْ يَسْتَغْفِرُونَ ١٨
وَفِىٓ أَمْوَٰلِهِمْ حَقٌّ لِّلسَّآئِلِ وَٱلْمَحْرُومِ ١٩ وَفِى ٱلْأَرْضِ ءَايَٰتٌ
لِّلْمُوقِنِينَ ٢٠ وَفِىٓ أَنفُسِكُمْ أَفَلَا تُبْصِرُونَ ٢١ وَفِى ٱلسَّمَآءِ رِزْقُكُمْ
وَمَا تُوعَدُونَ ٢٢ فَوَرَبِّ ٱلسَّمَآءِ وَٱلْأَرْضِ إِنَّهُۥ لَحَقٌّ مِّثْلَ مَآ أَنَّكُمْ
تَنطِقُونَ ٢٣ هَلْ أَتَىٰكَ حَدِيثُ ضَيْفِ إِبْرَٰهِيمَ ٱلْمُكْرَمِينَ ٢٤ إِذْ
دَخَلُوا۟ عَلَيْهِ فَقَالُوا۟ سَلَٰمًا قَالَ سَلَٰمٌ قَوْمٌ مُّنكَرُونَ ٢٥ فَرَاغَ إِلَىٰٓ
أَهْلِهِۦ فَجَآءَ بِعِجْلٍ سَمِينٍ ٢٦ فَقَرَّبَهُۥٓ إِلَيْهِمْ قَالَ أَلَا تَأْكُلُونَ ٢٧
فَأَوْجَسَ مِنْهُمْ خِيفَةً قَالُوا۟ لَا تَخَفْ وَبَشَّرُوهُ بِغُلَٰمٍ عَلِيمٍ ٢٨
فَأَقْبَلَتِ ٱمْرَأَتُهُۥ فِى صَرَّةٍ فَصَكَّتْ وَجْهَهَا وَقَالَتْ عَجُوزٌ عَقِيمٌ ٢٩
قَالُوا۟ كَذَٰلِكِ قَالَ رَبُّكِ إِنَّهُۥ هُوَ ٱلْحَكِيمُ ٱلْعَلِيمُ ٣٠

27 - 51 - 522 قَالَ فَمَا خَطْبُكُمْ أَيُّهَا الْمُرْسَلُونَ ٣١ قَالُوا إِنَّا أُرْسِلْنَا إِلَىٰ قَوْمٍ
مُّجْرِمِينَ ٣٢ لِنُرْسِلَ عَلَيْهِمْ حِجَارَةً مِّن طِينٍ ٣٣ مُّسَوَّمَةً عِندَ رَبِّكَ
لِلْمُسْرِفِينَ ٣٤ فَأَخْرَجْنَا مَن كَانَ فِيهَا مِنَ الْمُؤْمِنِينَ ٣٥ فَمَا وَجَدْنَا
فِيهَا غَيْرَ بَيْتٍ مِّنَ الْمُسْلِمِينَ ٣٦ وَتَرَكْنَا فِيهَا آيَةً لِّلَّذِينَ يَخَافُونَ
الْعَذَابَ الْأَلِيمَ ٣٧ وَفِي مُوسَىٰ إِذْ أَرْسَلْنَاهُ إِلَىٰ فِرْعَوْنَ بِسُلْطَانٍ
مُّبِينٍ ٣٨ فَتَوَلَّىٰ بِرُكْنِهِ وَقَالَ سَاحِرٌ أَوْ مَجْنُونٌ ٣٩ فَأَخَذْنَاهُ وَجُنُودَهُ
فَنَبَذْنَاهُمْ فِي الْيَمِّ وَهُوَ مُلِيمٌ ٤٠ وَفِي عَادٍ إِذْ أَرْسَلْنَا عَلَيْهِمُ الرِّيحَ
الْعَقِيمَ ٤١ مَا تَذَرُ مِن شَيْءٍ أَتَتْ عَلَيْهِ إِلَّا جَعَلَتْهُ كَالرَّمِيمِ ٤٢
وَفِي ثَمُودَ إِذْ قِيلَ لَهُمْ تَمَتَّعُوا حَتَّىٰ حِينٍ ٤٣ فَعَتَوْا عَنْ أَمْرِ رَبِّهِمْ
فَأَخَذَتْهُمُ الصَّاعِقَةُ وَهُمْ يَنظُرُونَ ٤٤ فَمَا اسْتَطَاعُوا مِن قِيَامٍ
وَمَا كَانُوا مُنتَصِرِينَ ٤٥ وَقَوْمَ نُوحٍ مِّن قَبْلُ إِنَّهُمْ كَانُوا قَوْمًا
فَاسِقِينَ ٤٦ وَالسَّمَاءَ بَنَيْنَاهَا بِأَيْدٍ وَإِنَّا لَمُوسِعُونَ ٤٧ وَالْأَرْضَ
فَرَشْنَاهَا فَنِعْمَ الْمَاهِدُونَ ٤٨ وَمِن كُلِّ شَيْءٍ خَلَقْنَا زَوْجَيْنِ
لَعَلَّكُمْ تَذَكَّرُونَ ٤٩ فَفِرُّوا إِلَى اللَّهِ إِنِّي لَكُم مِّنْهُ نَذِيرٌ مُّبِينٌ ٥٠
وَلَا تَجْعَلُوا مَعَ اللَّهِ إِلَٰهًا آخَرَ إِنِّي لَكُم مِّنْهُ نَذِيرٌ مُّبِينٌ ٥١
27 - 51 - 523 كَذَٰلِكَ مَا أَتَى الَّذِينَ مِن قَبْلِهِم مِّن رَّسُولٍ إِلَّا قَالُوا سَاحِرٌ
أَوْ مَجْنُونٌ ٥٢ أَتَوَاصَوْا بِهِ بَلْ هُمْ قَوْمٌ طَاغُونَ ٥٣ فَتَوَلَّ عَنْهُمْ
فَمَا أَنتَ بِمَلُومٍ ٥٤ وَذَكِّرْ فَإِنَّ الذِّكْرَىٰ تَنفَعُ الْمُؤْمِنِينَ ٥٥ وَمَا
خَلَقْتُ الْجِنَّ وَالْإِنسَ إِلَّا لِيَعْبُدُونِ ٥٦ مَا أُرِيدُ مِنْهُم مِّن رِّزْقٍ
وَمَا أُرِيدُ أَن يُطْعِمُونِ ٥٧ إِنَّ اللَّهَ هُوَ الرَّزَّاقُ ذُو الْقُوَّةِ الْمَتِينُ ٥٨
فَإِنَّ لِلَّذِينَ ظَلَمُوا ذَنُوبًا مِّثْلَ ذَنُوبِ أَصْحَابِهِمْ فَلَا
يَسْتَعْجِلُونِ ٥٩ فَوَيْلٌ لِّلَّذِينَ كَفَرُوا مِن يَوْمِهِمُ الَّذِي يُوعَدُونَ ٦٠

سُورَةُ الطُّورِ

بِسْمِ اللَّهِ الرَّحْمَٰنِ الرَّحِيمِ

وَالطُّورِ ١ وَكِتَابٍ مَّسْطُورٍ ٢ فِي رَقٍّ مَّنشُورٍ ٣ وَالْبَيْتِ
الْمَعْمُورِ ٤ وَالسَّقْفِ الْمَرْفُوعِ ٥ وَالْبَحْرِ الْمَسْجُورِ ٦ إِنَّ
عَذَابَ رَبِّكَ لَوَاقِعٌ ٧ مَّا لَهُ مِن دَافِعٍ ٨ يَوْمَ تَمُورُ السَّمَاءُ
مَوْرًا ٩ وَتَسِيرُ الْجِبَالُ سَيْرًا ١٠ فَوَيْلٌ يَوْمَئِذٍ لِّلْمُكَذِّبِينَ ١١
الَّذِينَ هُمْ فِي خَوْضٍ يَلْعَبُونَ ١٢ يَوْمَ يُدَعُّونَ إِلَىٰ نَارِ
جَهَنَّمَ دَعًّا ١٣ هَٰذِهِ النَّارُ الَّتِي كُنتُم بِهَا تُكَذِّبُونَ ١٤
27 - 52 - 524 أَفَسِحْرٌ هَٰذَا أَمْ أَنتُمْ لَا تُبْصِرُونَ ١٥ اصْلَوْهَا فَاصْبِرُوا
أَوْ لَا تَصْبِرُوا سَوَاءٌ عَلَيْكُمْ إِنَّمَا تُجْزَوْنَ مَا كُنتُمْ تَعْمَلُونَ ١٦
إِنَّ الْمُتَّقِينَ فِي جَنَّاتٍ وَنَعِيمٍ ١٧ فَاكِهِينَ بِمَا آتَاهُمْ رَبُّهُمْ
وَوَقَاهُمْ رَبُّهُمْ عَذَابَ الْجَحِيمِ ١٨ كُلُوا وَاشْرَبُوا هَنِيئًا بِمَا
كُنتُمْ تَعْمَلُونَ ١٩ مُتَّكِئِينَ عَلَىٰ سُرُرٍ مَّصْفُوفَةٍ وَزَوَّجْنَاهُم
بِحُورٍ عِينٍ ٢٠ وَالَّذِينَ آمَنُوا وَاتَّبَعَتْهُمْ ذُرِّيَّتُهُم بِإِيمَانٍ أَلْحَقْنَا
بِهِمْ ذُرِّيَّتَهُمْ وَمَا أَلَتْنَاهُم مِّنْ عَمَلِهِم مِّن شَيْءٍ كُلُّ امْرِئٍ بِمَا
كَسَبَ رَهِينٌ ٢١ وَأَمْدَدْنَاهُم بِفَاكِهَةٍ وَلَحْمٍ مِّمَّا يَشْتَهُونَ ٢٢
يَتَنَازَعُونَ فِيهَا كَأْسًا لَّا لَغْوٌ فِيهَا وَلَا تَأْثِيمٌ ٢٣ وَيَطُوفُ عَلَيْهِمْ
غِلْمَانٌ لَّهُمْ كَأَنَّهُمْ لُؤْلُؤٌ مَّكْنُونٌ ٢٤ وَأَقْبَلَ بَعْضُهُمْ عَلَىٰ
بَعْضٍ يَتَسَاءَلُونَ ٢٥ قَالُوا إِنَّا كُنَّا قَبْلُ فِي أَهْلِنَا مُشْفِقِينَ ٢٦
فَمَنَّ اللَّهُ عَلَيْنَا وَوَقَانَا عَذَابَ السَّمُومِ ٢٧ إِنَّا كُنَّا
مِن قَبْلُ نَدْعُوهُ إِنَّهُ هُوَ الْبَرُّ الرَّحِيمُ ٢٨ فَذَكِّرْ فَمَا أَنتَ بِنِعْمَتِ
رَبِّكَ بِكَاهِنٍ وَلَا مَجْنُونٍ ٢٩ أَمْ يَقُولُونَ شَاعِرٌ نَّتَرَبَّصُ بِهِ رَيْبَ
الْمَنُونِ ٣٠ قُلْ تَرَبَّصُوا فَإِنِّي مَعَكُم مِّنَ الْمُتَرَبِّصِينَ ٣١
27 - 52 - 525 أَمْ تَأْمُرُهُمْ أَحْلَامُهُم بِهَٰذَا أَمْ هُمْ قَوْمٌ طَاغُونَ ٣٢ أَمْ يَقُولُونَ
تَقَوَّلَهُ بَل لَّا يُؤْمِنُونَ ٣٣ فَلْيَأْتُوا بِحَدِيثٍ مِّثْلِهِ إِن كَانُوا
صَادِقِينَ ٣٤ أَمْ خُلِقُوا مِنْ غَيْرِ شَيْءٍ أَمْ هُمُ الْخَالِقُونَ ٣٥
أَمْ خَلَقُوا السَّمَاوَاتِ وَالْأَرْضَ بَل لَّا يُوقِنُونَ ٣٦ أَمْ عِندَهُمْ
خَزَائِنُ رَبِّكَ أَمْ هُمُ الْمُصَيْطِرُونَ ٣٧ أَمْ لَهُمْ سُلَّمٌ
يَسْتَمِعُونَ فِيهِ فَلْيَأْتِ مُسْتَمِعُهُم بِسُلْطَانٍ مُّبِينٍ ٣٨
أَمْ لَهُ الْبَنَاتُ وَلَكُمُ الْبَنُونَ ٣٩ أَمْ تَسْأَلُهُمْ أَجْرًا فَهُم مِّن مَّغْرَمٍ
مُّثْقَلُونَ ٤٠ أَمْ عِندَهُمُ الْغَيْبُ فَهُمْ يَكْتُبُونَ ٤١ أَمْ يُرِيدُونَ
كَيْدًا فَالَّذِينَ كَفَرُوا هُمُ الْمَكِيدُونَ ٤٢ أَمْ لَهُمْ إِلَٰهٌ غَيْرُ اللَّهِ
سُبْحَانَ اللَّهِ عَمَّا يُشْرِكُونَ ٤٣ وَإِن يَرَوْا كِسْفًا مِّنَ السَّمَاءِ سَاقِطًا
يَقُولُوا سَحَابٌ مَّرْكُومٌ ٤٤ فَذَرْهُمْ حَتَّىٰ يُلَاقُوا يَوْمَهُمُ الَّذِي فِيهِ
يُصْعَقُونَ ٤٥ يَوْمَ لَا يُغْنِي عَنْهُمْ كَيْدُهُمْ شَيْئًا وَلَا هُمْ يُنصَرُونَ ٤٦
وَإِنَّ لِلَّذِينَ ظَلَمُوا عَذَابًا دُونَ ذَٰلِكَ وَلَٰكِنَّ أَكْثَرَهُمْ
لَا يَعْلَمُونَ ٤٧ وَاصْبِرْ لِحُكْمِ رَبِّكَ فَإِنَّكَ بِأَعْيُنِنَا وَسَبِّحْ بِحَمْدِ
رَبِّكَ حِينَ تَقُومُ ٤٨ وَمِنَ اللَّيْلِ فَسَبِّحْهُ وَإِدْبَارَ النُّجُومِ ٤٩

سُورَةُ النَّجْمِ

27 - 53 - 526

بِسْمِ اللَّهِ الرَّحْمَٰنِ الرَّحِيمِ

وَالنَّجْمِ إِذَا هَوَىٰ ١ مَا ضَلَّ صَاحِبُكُمْ وَمَا غَوَىٰ ٢ وَمَا يَنطِقُ عَنِ
الْهَوَىٰ ٣ إِنْ هُوَ إِلَّا وَحْيٌ يُوحَىٰ ٤ عَلَّمَهُ شَدِيدُ الْقُوَىٰ ٥ ذُو مِرَّةٍ
فَاسْتَوَىٰ ٦ وَهُوَ بِالْأُفُقِ الْأَعْلَىٰ ٧ ثُمَّ دَنَا فَتَدَلَّىٰ ٨ فَكَانَ قَابَ
قَوْسَيْنِ أَوْ أَدْنَىٰ ٩ فَأَوْحَىٰ إِلَىٰ عَبْدِهِ مَا أَوْحَىٰ ١٠ مَا كَذَبَ الْفُؤَادُ
مَا رَأَىٰ ١١ أَفَتُمَارُونَهُ عَلَىٰ مَا يَرَىٰ ١٢ وَلَقَدْ رَآهُ نَزْلَةً أُخْرَىٰ ١٣
عِندَ سِدْرَةِ الْمُنتَهَىٰ ١٤ عِندَهَا جَنَّةُ الْمَأْوَىٰ ١٥ إِذْ يَغْشَى السِّدْرَةَ
مَا يَغْشَىٰ ١٦ مَا زَاغَ الْبَصَرُ وَمَا طَغَىٰ ١٧ لَقَدْ رَأَىٰ مِنْ آيَاتِ رَبِّهِ
الْكُبْرَىٰ ١٨ أَفَرَأَيْتُمُ اللَّاتَ وَالْعُزَّىٰ ١٩ وَمَنَاةَ الثَّالِثَةَ الْأُخْرَىٰ ٢٠
أَلَكُمُ الذَّكَرُ وَلَهُ الْأُنثَىٰ ٢١ تِلْكَ إِذًا قِسْمَةٌ ضِيزَىٰ ٢٢ إِنْ هِيَ إِلَّا أَسْمَاءٌ
سَمَّيْتُمُوهَا أَنتُمْ وَآبَاؤُكُم مَّا أَنزَلَ اللَّهُ بِهَا مِن سُلْطَانٍ إِن يَتَّبِعُونَ إِلَّا
الظَّنَّ وَمَا تَهْوَى الْأَنفُسُ وَلَقَدْ جَاءَهُم مِّن رَّبِّهِمُ الْهُدَىٰ ٢٣ أَمْ لِلْإِنسَانِ
مَا تَمَنَّىٰ ٢٤ فَلِلَّهِ الْآخِرَةُ وَالْأُولَىٰ ٢٥ وَكَم مِّن مَّلَكٍ فِي السَّمَاوَاتِ
لَا تُغْنِي شَفَاعَتُهُمْ شَيْئًا إِلَّا مِن بَعْدِ أَن يَأْذَنَ اللَّهُ لِمَن يَشَاءُ وَيَرْضَىٰ ٢٦
27 - 53 - 527 إِنَّ الَّذِينَ لَا يُؤْمِنُونَ بِالْآخِرَةِ لَيُسَمُّونَ الْمَلَائِكَةَ تَسْمِيَةَ الْأُنثَىٰ ٢٧
وَمَا لَهُم بِهِ مِنْ عِلْمٍ إِن يَتَّبِعُونَ إِلَّا الظَّنَّ وَإِنَّ الظَّنَّ لَا يُغْنِي مِنَ
الْحَقِّ شَيْئًا ٢٨ فَأَعْرِضْ عَن مَّن تَوَلَّىٰ عَن ذِكْرِنَا وَلَمْ يُرِدْ إِلَّا الْحَيَاةَ
الدُّنْيَا ٢٩ ذَٰلِكَ مَبْلَغُهُم مِّنَ الْعِلْمِ إِنَّ رَبَّكَ هُوَ أَعْلَمُ بِمَن ضَلَّ عَن
سَبِيلِهِ وَهُوَ أَعْلَمُ بِمَنِ اهْتَدَىٰ ٣٠ وَلِلَّهِ مَا فِي السَّمَاوَاتِ وَمَا فِي
الْأَرْضِ لِيَجْزِيَ الَّذِينَ أَسَاءُوا بِمَا عَمِلُوا وَيَجْزِيَ الَّذِينَ أَحْسَنُوا
بِالْحُسْنَى ٣١ الَّذِينَ يَجْتَنِبُونَ كَبَائِرَ الْإِثْمِ وَالْفَوَاحِشَ إِلَّا اللَّمَمَ
إِنَّ رَبَّكَ وَاسِعُ الْمَغْفِرَةِ هُوَ أَعْلَمُ بِكُمْ إِذْ أَنشَأَكُم مِّنَ الْأَرْضِ
وَإِذْ أَنتُمْ أَجِنَّةٌ فِي بُطُونِ أُمَّهَاتِكُمْ فَلَا تُزَكُّوا أَنفُسَكُمْ هُوَ أَعْلَمُ
بِمَنِ اتَّقَىٰ ٣٢ أَفَرَأَيْتَ الَّذِي تَوَلَّىٰ ٣٣ وَأَعْطَىٰ قَلِيلًا وَأَكْدَىٰ ٣٤
أَعِندَهُ عِلْمُ الْغَيْبِ فَهُوَ يَرَىٰ ٣٥ أَمْ لَمْ يُنَبَّأْ بِمَا فِي صُحُفِ
مُوسَىٰ ٣٦ وَإِبْرَاهِيمَ الَّذِي وَفَّىٰ ٣٧ أَلَّا تَزِرُ وَازِرَةٌ وِزْرَ أُخْرَىٰ ٣٨
وَأَن لَّيْسَ لِلْإِنسَانِ إِلَّا مَا سَعَىٰ ٣٩ وَأَنَّ سَعْيَهُ سَوْفَ يُرَىٰ ٤٠
ثُمَّ يُجْزَاهُ الْجَزَاءَ الْأَوْفَىٰ ٤١ وَأَنَّ إِلَىٰ رَبِّكَ الْمُنتَهَىٰ ٤٢
وَأَنَّهُ هُوَ أَضْحَكَ وَأَبْكَىٰ ٤٣ وَأَنَّهُ هُوَ أَمَاتَ وَأَحْيَا ٤٤
وَأَنَّهُ خَلَقَ الزَّوْجَيْنِ الذَّكَرَ وَالْأُنثَىٰ ٤٥ مِن نُّطْفَةٍ إِذَا تُمْنَىٰ ٤٦
27 - 53 - 528 وَأَنَّ عَلَيْهِ النَّشْأَةَ الْأُخْرَىٰ ٤٧ وَأَنَّهُ هُوَ أَغْنَىٰ وَأَقْنَىٰ ٤٨ وَأَنَّهُ هُوَ
رَبُّ الشِّعْرَىٰ ٤٩ وَأَنَّهُ أَهْلَكَ عَادًا الْأُولَىٰ ٥٠ وَثَمُودَ فَمَا
أَبْقَىٰ ٥١ وَقَوْمَ نُوحٍ مِّن قَبْلُ إِنَّهُمْ كَانُوا هُمْ أَظْلَمَ وَأَطْغَىٰ ٥٢
وَالْمُؤْتَفِكَةَ أَهْوَىٰ ٥٣ فَغَشَّاهَا مَا غَشَّىٰ ٥٤ فَبِأَيِّ آلَاءِ رَبِّكَ
تَتَمَارَىٰ ٥٥ هَٰذَا نَذِيرٌ مِّنَ النُّذُرِ الْأُولَىٰ ٥٦ أَزِفَتِ الْآزِفَةُ ٥٧
لَيْسَ لَهَا مِن دُونِ اللَّهِ كَاشِفَةٌ ٥٨ أَفَمِنْ هَٰذَا الْحَدِيثِ
تَعْجَبُونَ ٥٩ وَتَضْحَكُونَ وَلَا تَبْكُونَ ٦٠ وَأَنتُمْ سَامِدُونَ ٦١
فَاسْجُدُوا لِلَّهِ وَاعْبُدُوا ٦٢

سُورَةُ الْقَمَرِ

بِسْمِ اللَّهِ الرَّحْمَٰنِ الرَّحِيمِ

اقْتَرَبَتِ السَّاعَةُ وَانشَقَّ الْقَمَرُ ١ وَإِن يَرَوْا آيَةً يُعْرِضُوا وَيَقُولُوا
سِحْرٌ مُّسْتَمِرٌّ ٢ وَكَذَّبُوا وَاتَّبَعُوا أَهْوَاءَهُمْ وَكُلُّ أَمْرٍ مُّسْتَقِرٌّ ٣
وَلَقَدْ جَاءَهُم مِّنَ الْأَنبَاءِ مَا فِيهِ مُزْدَجَرٌ ٤ حِكْمَةٌ بَالِغَةٌ فَمَا تُغْنِ
النُّذُرُ ٥ فَتَوَلَّ عَنْهُمْ يَوْمَ يَدْعُ الدَّاعِ إِلَىٰ شَيْءٍ نُّكُرٍ ٦
27 - 54 - 529 خُشَّعًا أَبْصَارُهُمْ يَخْرُجُونَ مِنَ الْأَجْدَاثِ كَأَنَّهُمْ جَرَادٌ مُّنتَشِرٌ ٧
مُّهْطِعِينَ إِلَى الدَّاعِ يَقُولُ الْكَافِرُونَ هَٰذَا يَوْمٌ عَسِرٌ ٨ كَذَّبَتْ
قَبْلَهُمْ قَوْمُ نُوحٍ فَكَذَّبُوا عَبْدَنَا وَقَالُوا مَجْنُونٌ وَازْدُجِرَ ٩ فَدَعَا
رَبَّهُ أَنِّي مَغْلُوبٌ فَانتَصِرْ ١٠ فَفَتَحْنَا أَبْوَابَ السَّمَاءِ بِمَاءٍ مُّنْهَمِرٍ ١١
وَفَجَّرْنَا الْأَرْضَ عُيُونًا فَالْتَقَى الْمَاءُ عَلَىٰ أَمْرٍ قَدْ قُدِرَ ١٢
وَحَمَلْنَاهُ عَلَىٰ ذَاتِ أَلْوَاحٍ وَدُسُرٍ ١٣ تَجْرِي بِأَعْيُنِنَا جَزَاءً لِّمَن كَانَ
كُفِرَ ١٤ وَلَقَد تَّرَكْنَاهَا آيَةً فَهَلْ مِن مُّدَّكِرٍ ١٥ فَكَيْفَ كَانَ
عَذَابِي وَنُذُرِ ١٦ وَلَقَدْ يَسَّرْنَا الْقُرْآنَ لِلذِّكْرِ فَهَلْ مِن مُّدَّكِرٍ ١٧
كَذَّبَتْ عَادٌ فَكَيْفَ كَانَ عَذَابِي وَنُذُرِ ١٨ إِنَّا أَرْسَلْنَا عَلَيْهِمْ رِيحًا
صَرْصَرًا فِي يَوْمِ نَحْسٍ مُّسْتَمِرٍّ ١٩ تَنزِعُ النَّاسَ كَأَنَّهُمْ أَعْجَازُ نَخْلٍ
مُّنقَعِرٍ ٢٠ فَكَيْفَ كَانَ عَذَابِي وَنُذُرِ ٢١ وَلَقَدْ يَسَّرْنَا الْقُرْآنَ
لِلذِّكْرِ فَهَلْ مِن مُّدَّكِرٍ ٢٢ كَذَّبَتْ ثَمُودُ بِالنُّذُرِ ٢٣ فَقَالُوا أَبَشَرًا
مِّنَّا وَاحِدًا نَّتَّبِعُهُ إِنَّا إِذًا لَّفِي ضَلَالٍ وَسُعُرٍ ٢٤ أَؤُلْقِيَ الذِّكْرُ عَلَيْهِ مِن
بَيْنِنَا بَلْ هُوَ كَذَّابٌ أَشِرٌ ٢٥ سَيَعْلَمُونَ غَدًا مَّنِ الْكَذَّابُ الْأَشِرُ ٢٦
إِنَّا مُرْسِلُو النَّاقَةِ فِتْنَةً لَّهُمْ فَارْتَقِبْهُمْ وَاصْطَبِرْ ٢٧
27 - 54 - 530 وَنَبِّئْهُمْ أَنَّ الْمَاءَ قِسْمَةٌ بَيْنَهُمْ كُلُّ شِرْبٍ مُّحْتَضَرٌ ٢٨ فَنَادَوْا صَاحِبَهُمْ
فَتَعَاطَىٰ فَعَقَرَ ٢٩ فَكَيْفَ كَانَ عَذَابِي وَنُذُرِ ٣٠ إِنَّا أَرْسَلْنَا عَلَيْهِمْ
صَيْحَةً وَاحِدَةً فَكَانُوا كَهَشِيمِ الْمُحْتَظِرِ ٣١ وَلَقَدْ يَسَّرْنَا الْقُرْآنَ
لِلذِّكْرِ فَهَلْ مِن مُّدَّكِرٍ ٣٢ كَذَّبَتْ قَوْمُ لُوطٍ بِالنُّذُرِ ٣٣ إِنَّا أَرْسَلْنَا
عَلَيْهِمْ حَاصِبًا إِلَّا آلَ لُوطٍ نَّجَّيْنَاهُم بِسَحَرٍ ٣٤ نِّعْمَةً مِّنْ عِندِنَا
كَذَٰلِكَ نَجْزِي مَن شَكَرَ ٣٥ وَلَقَدْ أَنذَرَهُم بَطْشَتَنَا فَتَمَارَوْا
بِالنُّذُرِ ٣٦ وَلَقَدْ رَاوَدُوهُ عَن ضَيْفِهِ فَطَمَسْنَا أَعْيُنَهُمْ فَذُوقُوا
عَذَابِي وَنُذُرِ ٣٧ وَلَقَدْ صَبَّحَهُم بُكْرَةً عَذَابٌ مُّسْتَقِرٌّ ٣٨ فَذُوقُوا
عَذَابِي وَنُذُرِ ٣٩ وَلَقَدْ يَسَّرْنَا الْقُرْآنَ لِلذِّكْرِ فَهَلْ مِن مُّدَّكِرٍ ٤٠
وَلَقَدْ جَاءَ آلَ فِرْعَوْنَ النُّذُرُ ٤١ كَذَّبُوا بِآيَاتِنَا كُلِّهَا فَأَخَذْنَاهُمْ
أَخْذَ عَزِيزٍ مُّقْتَدِرٍ ٤٢ أَكُفَّارُكُمْ خَيْرٌ مِّنْ أُولَٰئِكُمْ أَمْ لَكُم بَرَاءَةٌ
فِي الزُّبُرِ ٤٣ أَمْ يَقُولُونَ نَحْنُ جَمِيعٌ مُّنتَصِرٌ ٤٤ سَيُهْزَمُ الْجَمْعُ
وَيُوَلُّونَ الدُّبُرَ ٤٥ بَلِ السَّاعَةُ مَوْعِدُهُمْ وَالسَّاعَةُ أَدْهَىٰ وَأَمَرُّ ٤٦
إِنَّ الْمُجْرِمِينَ فِي ضَلَالٍ وَسُعُرٍ ٤٧ يَوْمَ يُسْحَبُونَ فِي النَّارِ عَلَىٰ
وُجُوهِهِمْ ذُوقُوا مَسَّ سَقَرَ ٤٨ إِنَّا كُلَّ شَيْءٍ خَلَقْنَاهُ بِقَدَرٍ ٤٩
27 - 54 - 531 وَمَا أَمْرُنَا إِلَّا وَاحِدَةٌ كَلَمْحٍ بِالْبَصَرِ ٥٠ وَلَقَدْ أَهْلَكْنَا
أَشْيَاعَكُمْ فَهَلْ مِن مُّدَّكِرٍ ٥١ وَكُلُّ شَيْءٍ فَعَلُوهُ فِي الزُّبُرِ ٥٢
وَكُلُّ صَغِيرٍ وَكَبِيرٍ مُّسْتَطَرٌ ٥٣ إِنَّ الْمُتَّقِينَ فِي
جَنَّاتٍ وَنَهَرٍ ٥٤ فِي مَقْعَدِ صِدْقٍ عِندَ مَلِيكٍ مُّقْتَدِرٍ ٥٥

سُورَةُ الرَّحْمَٰنِ

بِسْمِ اللَّهِ الرَّحْمَٰنِ الرَّحِيمِ

الرَّحْمَٰنُ ١ عَلَّمَ الْقُرْآنَ ٢ خَلَقَ الْإِنسَانَ ٣ عَلَّمَهُ الْبَيَانَ ٤
الشَّمْسُ وَالْقَمَرُ بِحُسْبَانٍ ٥ وَالنَّجْمُ وَالشَّجَرُ يَسْجُدَانِ ٦
وَالسَّمَاءَ رَفَعَهَا وَوَضَعَ الْمِيزَانَ ٧ أَلَّا تَطْغَوْا فِي الْمِيزَانِ ٨
وَأَقِيمُوا الْوَزْنَ بِالْقِسْطِ وَلَا تُخْسِرُوا الْمِيزَانَ ٩ وَالْأَرْضَ
وَضَعَهَا لِلْأَنَامِ ١٠ فِيهَا فَاكِهَةٌ وَالنَّخْلُ ذَاتُ الْأَكْمَامِ ١١
وَالْحَبُّ ذُو الْعَصْفِ وَالرَّيْحَانُ ١٢ فَبِأَيِّ آلَاءِ رَبِّكُمَا تُكَذِّبَانِ ١٣
خَلَقَ الْإِنسَانَ مِن صَلْصَالٍ كَالْفَخَّارِ ١٤ وَخَلَقَ الْجَانَّ مِن
مَّارِجٍ مِّن نَّارٍ ١٥ فَبِأَيِّ آلَاءِ رَبِّكُمَا تُكَذِّبَانِ ١٦ رَبُّ
الْمَشْرِقَيْنِ وَرَبُّ الْمَغْرِبَيْنِ ١٧ فَبِأَيِّ آلَاءِ رَبِّكُمَا تُكَذِّبَانِ ١٨

27 - 55 - 532
مَرَجَ ٱلْبَحْرَيْنِ يَلْتَقِيَانِ ١٩ بَيْنَهُمَا بَرْزَخٌ لَّا يَبْغِيَانِ ٢٠ فَبِأَيِّ ءَالَآءِ
رَبِّكُمَا تُكَذِّبَانِ ٢١ يَخْرُجُ مِنْهُمَا ٱللُّؤْلُؤُ وَٱلْمَرْجَانُ ٢٢ فَبِأَيِّ ءَالَآءِ
رَبِّكُمَا تُكَذِّبَانِ ٢٣ وَلَهُ ٱلْجَوَارِ ٱلْمُنشَـَٔاتُ فِى ٱلْبَحْرِ كَٱلْأَعْلَـٰمِ ٢٤
فَبِأَيِّ ءَالَآءِ رَبِّكُمَا تُكَذِّبَانِ ٢٥ كُلُّ مَنْ عَلَيْهَا فَانٍ ٢٦ وَيَبْقَىٰ وَجْهُ
رَبِّكَ ذُو ٱلْجَلَـٰلِ وَٱلْإِكْرَامِ ٢٧ فَبِأَيِّ ءَالَآءِ رَبِّكُمَا تُكَذِّبَانِ ٢٨
يَسْـَٔلُهُۥ مَن فِى ٱلسَّمَـٰوَٰتِ وَٱلْأَرْضِ كُلَّ يَوْمٍ هُوَ فِى شَأْنٍ ٢٩ فَبِأَيِّ
ءَالَآءِ رَبِّكُمَا تُكَذِّبَانِ ٣٠ سَنَفْرُغُ لَكُمْ أَيُّهَ ٱلثَّقَلَانِ ٣١ فَبِأَيِّ
ءَالَآءِ رَبِّكُمَا تُكَذِّبَانِ ٣٢ يَـٰمَعْشَرَ ٱلْجِنِّ وَٱلْإِنسِ إِنِ ٱسْتَطَعْتُمْ
أَن تَنفُذُوا۟ مِنْ أَقْطَارِ ٱلسَّمَـٰوَٰتِ وَٱلْأَرْضِ فَٱنفُذُوا۟ ۚ لَا تَنفُذُونَ
إِلَّا بِسُلْطَـٰنٍ ٣٣ فَبِأَيِّ ءَالَآءِ رَبِّكُمَا تُكَذِّبَانِ ٣٤ يُرْسَلُ عَلَيْكُمَا
شُوَاظٌ مِّن نَّارٍ وَنُحَاسٌ فَلَا تَنتَصِرَانِ ٣٥ فَبِأَيِّ ءَالَآءِ رَبِّكُمَا
تُكَذِّبَانِ ٣٦ فَإِذَا ٱنشَقَّتِ ٱلسَّمَآءُ فَكَانَتْ وَرْدَةً كَٱلدِّهَانِ ٣٧
فَبِأَيِّ ءَالَآءِ رَبِّكُمَا تُكَذِّبَانِ ٣٨ فَيَوْمَئِذٍ لَّا يُسْـَٔلُ عَن
ذَنۢبِهِۦٓ إِنسٌ وَلَا جَآنٌّ ٣٩ فَبِأَيِّ ءَالَآءِ رَبِّكُمَا تُكَذِّبَانِ ٤٠
يُعْرَفُ ٱلْمُجْرِمُونَ بِسِيمَـٰهُمْ فَيُؤْخَذُ بِٱلنَّوَٰصِى وَٱلْأَقْدَامِ ٤١
27 - 55 - 533
فَبِأَيِّ ءَالَآءِ رَبِّكُمَا تُكَذِّبَانِ ٤٢ هَـٰذِهِۦ جَهَنَّمُ ٱلَّتِى يُكَذِّبُ بِهَا
ٱلْمُجْرِمُونَ ٤٣ يَطُوفُونَ بَيْنَهَا وَبَيْنَ حَمِيمٍ ءَانٍ ٤٤ فَبِأَيِّ ءَالَآءِ
رَبِّكُمَا تُكَذِّبَانِ ٤٥ وَلِمَنْ خَافَ مَقَامَ رَبِّهِۦ جَنَّتَانِ ٤٦ فَبِأَيِّ ءَالَآءِ
رَبِّكُمَا تُكَذِّبَانِ ٤٧ ذَوَاتَآ أَفْنَانٍ ٤٨ فَبِأَيِّ ءَالَآءِ رَبِّكُمَا تُكَذِّبَانِ ٤٩
فِيهِمَا عَيْنَانِ تَجْرِيَانِ ٥٠ فَبِأَيِّ ءَالَآءِ رَبِّكُمَا تُكَذِّبَانِ ٥١ فِيهِمَا
مِن كُلِّ فَـٰكِهَةٍ زَوْجَانِ ٥٢ فَبِأَيِّ ءَالَآءِ رَبِّكُمَا تُكَذِّبَانِ ٥٣ مُتَّكِـِٔينَ
عَلَىٰ فُرُشٍۭ بَطَآئِنُهَا مِنْ إِسْتَبْرَقٍ ۚ وَجَنَى ٱلْجَنَّتَيْنِ دَانٍ ٥٤ فَبِأَيِّ
ءَالَآءِ رَبِّكُمَا تُكَذِّبَانِ ٥٥ فِيهِنَّ قَـٰصِرَٰتُ ٱلطَّرْفِ لَمْ يَطْمِثْهُنَّ
إِنسٌ قَبْلَهُمْ وَلَا جَآنٌّ ٥٦ فَبِأَيِّ ءَالَآءِ رَبِّكُمَا تُكَذِّبَانِ ٥٧ كَأَنَّهُنَّ
ٱلْيَاقُوتُ وَٱلْمَرْجَانُ ٥٨ فَبِأَيِّ ءَالَآءِ رَبِّكُمَا تُكَذِّبَانِ ٥٩
هَلْ جَزَآءُ ٱلْإِحْسَـٰنِ إِلَّا ٱلْإِحْسَـٰنُ ٦٠ فَبِأَيِّ ءَالَآءِ رَبِّكُمَا
تُكَذِّبَانِ ٦١ وَمِن دُونِهِمَا جَنَّتَانِ ٦٢ فَبِأَيِّ ءَالَآءِ رَبِّكُمَا
تُكَذِّبَانِ ٦٣ مُدْهَآمَّتَانِ ٦٤ فَبِأَيِّ ءَالَآءِ رَبِّكُمَا تُكَذِّبَانِ ٦٥
فِيهِمَا عَيْنَانِ نَضَّاخَتَانِ ٦٦ فَبِأَيِّ ءَالَآءِ رَبِّكُمَا تُكَذِّبَانِ ٦٧
فِيهِمَا فَـٰكِهَةٌ وَنَخْلٌ وَرُمَّانٌ ٦٨ فَبِأَيِّ ءَالَآءِ رَبِّكُمَا تُكَذِّبَانِ ٦٩
27 - 55 - 534
فِيهِنَّ خَيْرَٰتٌ حِسَانٌ ٧٠ فَبِأَيِّ ءَالَآءِ رَبِّكُمَا تُكَذِّبَانِ ٧١
حُورٌ مَّقْصُورَٰتٌ فِى ٱلْخِيَامِ ٧٢ فَبِأَيِّ ءَالَآءِ رَبِّكُمَا
تُكَذِّبَانِ ٧٣ لَمْ يَطْمِثْهُنَّ إِنسٌ قَبْلَهُمْ وَلَا جَآنٌّ ٧٤ فَبِأَيِّ
ءَالَآءِ رَبِّكُمَا تُكَذِّبَانِ ٧٥ مُتَّكِـِٔينَ عَلَىٰ رَفْرَفٍ خُضْرٍ
وَعَبْقَرِىٍّ حِسَانٍ ٧٦ فَبِأَيِّ ءَالَآءِ رَبِّكُمَا تُكَذِّبَانِ ٧٧
تَبَـٰرَكَ ٱسْمُ رَبِّكَ ذِى ٱلْجَلَـٰلِ وَٱلْإِكْرَامِ ٧٨

سُورَةُ الوَاقِعَةِ

بِسْمِ ٱللَّهِ ٱلرَّحْمَـٰنِ ٱلرَّحِيمِ

إِذَا وَقَعَتِ ٱلْوَاقِعَةُ ١ لَيْسَ لِوَقْعَتِهَا كَاذِبَةٌ ٢ خَافِضَةٌ رَّافِعَةٌ ٣
إِذَا رُجَّتِ ٱلْأَرْضُ رَجًّا ٤ وَبُسَّتِ ٱلْجِبَالُ بَسًّا ٥ فَكَانَتْ
هَبَآءً مُّنۢبَثًّا ٦ وَكُنتُمْ أَزْوَٰجًا ثَلَـٰثَةً ٧ فَأَصْحَـٰبُ ٱلْمَيْمَنَةِ
مَآ أَصْحَـٰبُ ٱلْمَيْمَنَةِ ٨ وَأَصْحَـٰبُ ٱلْمَشْـَٔمَةِ مَآ أَصْحَـٰبُ
ٱلْمَشْـَٔمَةِ ٩ وَٱلسَّـٰبِقُونَ ٱلسَّـٰبِقُونَ ١٠ أُو۟لَـٰٓئِكَ ٱلْمُقَرَّبُونَ ١١
فِى جَنَّـٰتِ ٱلنَّعِيمِ ١٢ ثُلَّةٌ مِّنَ ٱلْأَوَّلِينَ ١٣ وَقَلِيلٌ مِّنَ ٱلْـَٔاخِرِينَ ١٤
عَلَىٰ سُرُرٍ مَّوْضُونَةٍ ١٥ مُّتَّكِـِٔينَ عَلَيْهَا مُتَقَـٰبِلِينَ ١٦
27 - 55 - 535
يَطُوفُ عَلَيْهِمْ وِلْدَٰنٌ مُّخَلَّدُونَ ١٧ بِأَكْوَابٍ وَأَبَارِيقَ وَكَأْسٍ
مِّن مَّعِينٍ ١٨ لَّا يُصَدَّعُونَ عَنْهَا وَلَا يُنزِفُونَ ١٩ وَفَـٰكِهَةٍ مِّمَّا
يَتَخَيَّرُونَ ٢٠ وَلَحْمِ طَيْرٍ مِّمَّا يَشْتَهُونَ ٢١ وَحُورٌ عِينٌ ٢٢ كَأَمْثَـٰلِ
ٱللُّؤْلُؤِ ٱلْمَكْنُونِ ٢٣ جَزَآءًۢ بِمَا كَانُوا۟ يَعْمَلُونَ ٢٤ لَا يَسْمَعُونَ
فِيهَا لَغْوًا وَلَا تَأْثِيمًا ٢٥ إِلَّا قِيلًا سَلَـٰمًا سَلَـٰمًا ٢٦ وَأَصْحَـٰبُ ٱلْيَمِينِ مَآ
أَصْحَـٰبُ ٱلْيَمِينِ ٢٧ فِى سِدْرٍ مَّخْضُودٍ ٢٨ وَطَلْحٍ مَّنضُودٍ ٢٩ وَظِلٍّ
مَّمْدُودٍ ٣٠ وَمَآءٍ مَّسْكُوبٍ ٣١ وَفَـٰكِهَةٍ كَثِيرَةٍ ٣٢ لَّا مَقْطُوعَةٍ
وَلَا مَمْنُوعَةٍ ٣٣ وَفُرُشٍ مَّرْفُوعَةٍ ٣٤ إِنَّآ أَنشَأْنَـٰهُنَّ إِنشَآءً ٣٥
فَجَعَلْنَـٰهُنَّ أَبْكَارًا ٣٦ عُرُبًا أَتْرَابًا ٣٧ لِّأَصْحَـٰبِ ٱلْيَمِينِ ٣٨ ثُلَّةٌ
مِّنَ ٱلْأَوَّلِينَ ٣٩ وَثُلَّةٌ مِّنَ ٱلْـَٔاخِرِينَ ٤٠ وَأَصْحَـٰبُ ٱلشِّمَالِ مَآ
أَصْحَـٰبُ ٱلشِّمَالِ ٤١ فِى سَمُومٍ وَحَمِيمٍ ٤٢ وَظِلٍّ مِّن يَحْمُومٍ ٤٣
لَّا بَارِدٍ وَلَا كَرِيمٍ ٤٤ إِنَّهُمْ كَانُوا۟ قَبْلَ ذَٰلِكَ مُتْرَفِينَ ٤٥ وَكَانُوا۟
يُصِرُّونَ عَلَى ٱلْحِنثِ ٱلْعَظِيمِ ٤٦ وَكَانُوا۟ يَقُولُونَ أَئِذَا مِتْنَا وَكُنَّا
تُرَابًا وَعِظَـٰمًا أَءِنَّا لَمَبْعُوثُونَ ٤٧ أَوَءَابَآؤُنَا ٱلْأَوَّلُونَ ٤٨ قُلْ إِنَّ
ٱلْأَوَّلِينَ وَٱلْـَٔاخِرِينَ ٤٩ لَمَجْمُوعُونَ إِلَىٰ مِيقَـٰتِ يَوْمٍ مَّعْلُومٍ ٥٠
27 - 56 - 536
ثُمَّ إِنَّكُمْ أَيُّهَا ٱلضَّآلُّونَ ٱلْمُكَذِّبُونَ ٥١ لَـَٔاكِلُونَ مِن شَجَرٍ مِّن زَقُّومٍ ٥٢
فَمَالِـُٔونَ مِنْهَا ٱلْبُطُونَ ٥٣ فَشَـٰرِبُونَ عَلَيْهِ مِنَ ٱلْحَمِيمِ ٥٤ فَشَـٰرِبُونَ
شُرْبَ ٱلْهِيمِ ٥٥ هَـٰذَا نُزُلُهُمْ يَوْمَ ٱلدِّينِ ٥٦ نَحْنُ خَلَقْنَـٰكُمْ فَلَوْلَا
تُصَدِّقُونَ ٥٧ أَفَرَءَيْتُم مَّا تُمْنُونَ ٥٨ ءَأَنتُمْ تَخْلُقُونَهُۥٓ أَمْ نَحْنُ
ٱلْخَـٰلِقُونَ ٥٩ نَحْنُ قَدَّرْنَا بَيْنَكُمُ ٱلْمَوْتَ وَمَا نَحْنُ بِمَسْبُوقِينَ ٦٠
عَلَىٰٓ أَن نُّبَدِّلَ أَمْثَـٰلَكُمْ وَنُنشِئَكُمْ فِى مَا لَا تَعْلَمُونَ ٦١ وَلَقَدْ
عَلِمْتُمُ ٱلنَّشْأَةَ ٱلْأُولَىٰ فَلَوْلَا تَذَكَّرُونَ ٦٢ أَفَرَءَيْتُم مَّا
تَحْرُثُونَ ٦٣ ءَأَنتُمْ تَزْرَعُونَهُۥٓ أَمْ نَحْنُ ٱلزَّٰرِعُونَ ٦٤ لَوْ نَشَآءُ لَجَعَلْنَـٰهُ
حُطَـٰمًا فَظَلْتُمْ تَفَكَّهُونَ ٦٥ إِنَّا لَمُغْرَمُونَ ٦٦ بَلْ نَحْنُ
مَحْرُومُونَ ٦٧ أَفَرَءَيْتُمُ ٱلْمَآءَ ٱلَّذِى تَشْرَبُونَ ٦٨ ءَأَنتُمْ أَنزَلْتُمُوهُ
مِنَ ٱلْمُزْنِ أَمْ نَحْنُ ٱلْمُنزِلُونَ ٦٩ لَوْ نَشَآءُ جَعَلْنَـٰهُ أُجَاجًا فَلَوْلَا
تَشْكُرُونَ ٧٠ أَفَرَءَيْتُمُ ٱلنَّارَ ٱلَّتِى تُورُونَ ٧١ ءَأَنتُمْ أَنشَأْتُمْ
شَجَرَتَهَآ أَمْ نَحْنُ ٱلْمُنشِـُٔونَ ٧٢ نَحْنُ جَعَلْنَـٰهَا تَذْكِرَةً وَمَتَـٰعًا
لِّلْمُقْوِينَ ٧٣ فَسَبِّحْ بِٱسْمِ رَبِّكَ ٱلْعَظِيمِ ٧٤ ۞ فَلَآ أُقْسِمُ
بِمَوَٰقِعِ ٱلنُّجُومِ ٧٥ وَإِنَّهُۥ لَقَسَمٌ لَّوْ تَعْلَمُونَ عَظِيمٌ ٧٦
27 - 56 - 537
إِنَّهُۥ لَقُرْءَانٌ كَرِيمٌ ٧٧ فِى كِتَـٰبٍ مَّكْنُونٍ ٧٨ لَّا يَمَسُّهُۥٓ إِلَّا
ٱلْمُطَهَّرُونَ ٧٩ تَنزِيلٌ مِّن رَّبِّ ٱلْعَـٰلَمِينَ ٨٠ أَفَبِهَـٰذَا ٱلْحَدِيثِ
أَنتُم مُّدْهِنُونَ ٨١ وَتَجْعَلُونَ رِزْقَكُمْ أَنَّكُمْ تُكَذِّبُونَ ٨٢ فَلَوْلَآ
إِذَا بَلَغَتِ ٱلْحُلْقُومَ ٨٣ وَأَنتُمْ حِينَئِذٍ تَنظُرُونَ ٨٤ وَنَحْنُ أَقْرَبُ
إِلَيْهِ مِنكُمْ وَلَـٰكِن لَّا تُبْصِرُونَ ٨٥ فَلَوْلَآ إِن كُنتُمْ غَيْرَ مَدِينِينَ ٨٦
تَرْجِعُونَهَآ إِن كُنتُمْ صَـٰدِقِينَ ٨٧ فَأَمَّآ إِن كَانَ مِنَ ٱلْمُقَرَّبِينَ ٨٨
فَرَوْحٌ وَرَيْحَانٌ وَجَنَّتُ نَعِيمٍ ٨٩ وَأَمَّآ إِن كَانَ مِنْ أَصْحَـٰبِ
ٱلْيَمِينِ ٩٠ فَسَلَـٰمٌ لَّكَ مِنْ أَصْحَـٰبِ ٱلْيَمِينِ ٩١ وَأَمَّآ إِن كَانَ مِنَ
ٱلْمُكَذِّبِينَ ٱلضَّآلِّينَ ٩٢ فَنُزُلٌ مِّنْ حَمِيمٍ ٩٣ وَتَصْلِيَةُ جَحِيمٍ ٩٤
إِنَّ هَـٰذَا لَهُوَ حَقُّ ٱلْيَقِينِ ٩٥ فَسَبِّحْ بِٱسْمِ رَبِّكَ ٱلْعَظِيمِ ٩٦

سُورَةُ الحَدِيدِ

بِسْمِ ٱللَّهِ ٱلرَّحْمَـٰنِ ٱلرَّحِيمِ

سَبَّحَ لِلَّهِ مَا فِى ٱلسَّمَـٰوَٰتِ وَٱلْأَرْضِ ۖ وَهُوَ ٱلْعَزِيزُ ٱلْحَكِيمُ ١ لَهُۥ مُلْكُ
ٱلسَّمَـٰوَٰتِ وَٱلْأَرْضِ ۖ يُحْىِۦ وَيُمِيتُ ۖ وَهُوَ عَلَىٰ كُلِّ شَىْءٍ قَدِيرٌ ٢ هُوَ
ٱلْأَوَّلُ وَٱلْـَٔاخِرُ وَٱلظَّـٰهِرُ وَٱلْبَاطِنُ ۖ وَهُوَ بِكُلِّ شَىْءٍ عَلِيمٌ ٣
27 - 56 - 538
هُوَ ٱلَّذِى خَلَقَ ٱلسَّمَـٰوَٰتِ وَٱلْأَرْضَ فِى سِتَّةِ أَيَّامٍ ثُمَّ ٱسْتَوَىٰ
عَلَى ٱلْعَرْشِ ۚ يَعْلَمُ مَا يَلِجُ فِى ٱلْأَرْضِ وَمَا يَخْرُجُ مِنْهَا وَمَا يَنزِلُ مِنَ
ٱلسَّمَآءِ وَمَا يَعْرُجُ فِيهَا ۖ وَهُوَ مَعَكُمْ أَيْنَ مَا كُنتُمْ ۚ وَٱللَّهُ بِمَا تَعْمَلُونَ
بَصِيرٌ ٤ لَّهُۥ مُلْكُ ٱلسَّمَـٰوَٰتِ وَٱلْأَرْضِ ۚ وَإِلَى ٱللَّهِ تُرْجَعُ ٱلْأُمُورُ ٥
يُولِجُ ٱلَّيْلَ فِى ٱلنَّهَارِ وَيُولِجُ ٱلنَّهَارَ فِى ٱلَّيْلِ ۚ وَهُوَ عَلِيمٌۢ بِذَاتِ
ٱلصُّدُورِ ٦ ءَامِنُوا۟ بِٱللَّهِ وَرَسُولِهِۦ وَأَنفِقُوا۟ مِمَّا جَعَلَكُم
مُّسْتَخْلَفِينَ فِيهِ ۖ فَٱلَّذِينَ ءَامَنُوا۟ مِنكُمْ وَأَنفَقُوا۟ لَهُمْ أَجْرٌ كَبِيرٌ ٧
وَمَا لَكُمْ لَا تُؤْمِنُونَ بِٱللَّهِ ۙ وَٱلرَّسُولُ يَدْعُوكُمْ لِتُؤْمِنُوا۟ بِرَبِّكُمْ وَقَدْ
أَخَذَ مِيثَـٰقَكُمْ إِن كُنتُم مُّؤْمِنِينَ ٨ هُوَ ٱلَّذِى يُنَزِّلُ عَلَىٰ عَبْدِهِۦٓ
ءَايَـٰتٍۭ بَيِّنَـٰتٍ لِّيُخْرِجَكُم مِّنَ ٱلظُّلُمَـٰتِ إِلَى ٱلنُّورِ ۚ وَإِنَّ ٱللَّهَ بِكُمْ
لَرَءُوفٌ رَّحِيمٌ ٩ وَمَا لَكُمْ أَلَّا تُنفِقُوا۟ فِى سَبِيلِ ٱللَّهِ وَلِلَّهِ مِيرَٰثُ
ٱلسَّمَـٰوَٰتِ وَٱلْأَرْضِ ۚ لَا يَسْتَوِى مِنكُم مَّنْ أَنفَقَ مِن قَبْلِ ٱلْفَتْحِ
وَقَـٰتَلَ ۚ أُو۟لَـٰٓئِكَ أَعْظَمُ دَرَجَةً مِّنَ ٱلَّذِينَ أَنفَقُوا۟ مِنۢ بَعْدُ وَقَـٰتَلُوا۟ ۚ
وَكُلًّا وَعَدَ ٱللَّهُ ٱلْحُسْنَىٰ ۚ وَٱللَّهُ بِمَا تَعْمَلُونَ خَبِيرٌ ١٠ مَّن ذَا
ٱلَّذِى يُقْرِضُ ٱللَّهَ قَرْضًا حَسَنًا فَيُضَـٰعِفَهُۥ لَهُۥ وَلَهُۥٓ أَجْرٌ كَرِيمٌ ١١
27 - 57 - 539
يَوْمَ تَرَى ٱلْمُؤْمِنِينَ وَٱلْمُؤْمِنَـٰتِ يَسْعَىٰ نُورُهُم بَيْنَ أَيْدِيهِمْ
وَبِأَيْمَـٰنِهِم بُشْرَىٰكُمُ ٱلْيَوْمَ جَنَّـٰتٌ تَجْرِى مِن تَحْتِهَا ٱلْأَنْهَـٰرُ خَـٰلِدِينَ
فِيهَا ۚ ذَٰلِكَ هُوَ ٱلْفَوْزُ ٱلْعَظِيمُ ١٢ يَوْمَ يَقُولُ ٱلْمُنَـٰفِقُونَ وَٱلْمُنَـٰفِقَـٰتُ
لِلَّذِينَ ءَامَنُوا۟ ٱنظُرُونَا نَقْتَبِسْ مِن نُّورِكُمْ قِيلَ ٱرْجِعُوا۟ وَرَآءَكُمْ
فَٱلْتَمِسُوا۟ نُورًا فَضُرِبَ بَيْنَهُم بِسُورٍ لَّهُۥ بَابٌۢ بَاطِنُهُۥ فِيهِ ٱلرَّحْمَةُ
وَظَـٰهِرُهُۥ مِن قِبَلِهِ ٱلْعَذَابُ ١٣ يُنَادُونَهُمْ أَلَمْ نَكُن مَّعَكُمْ ۖ قَالُوا۟ بَلَىٰ
وَلَـٰكِنَّكُمْ فَتَنتُمْ أَنفُسَكُمْ وَتَرَبَّصْتُمْ وَٱرْتَبْتُمْ وَغَرَّتْكُمُ ٱلْأَمَانِىُّ
حَتَّىٰ جَآءَ أَمْرُ ٱللَّهِ وَغَرَّكُم بِٱللَّهِ ٱلْغَرُورُ ١٤ فَٱلْيَوْمَ لَا يُؤْخَذُ مِنكُمْ
فِدْيَةٌ وَلَا مِنَ ٱلَّذِينَ كَفَرُوا۟ ۚ مَأْوَىٰكُمُ ٱلنَّارُ ۖ هِىَ مَوْلَىٰكُمْ ۖ
وَبِئْسَ ٱلْمَصِيرُ ١٥ ۞ أَلَمْ يَأْنِ لِلَّذِينَ ءَامَنُوٓا۟ أَن تَخْشَعَ
قُلُوبُهُمْ لِذِكْرِ ٱللَّهِ وَمَا نَزَلَ مِنَ ٱلْحَقِّ وَلَا يَكُونُوا۟ كَٱلَّذِينَ
أُوتُوا۟ ٱلْكِتَـٰبَ مِن قَبْلُ فَطَالَ عَلَيْهِمُ ٱلْأَمَدُ فَقَسَتْ قُلُوبُهُمْ ۖ وَكَثِيرٌ
مِّنْهُمْ فَـٰسِقُونَ ١٦ ٱعْلَمُوٓا۟ أَنَّ ٱللَّهَ يُحْىِ ٱلْأَرْضَ بَعْدَ مَوْتِهَا ۚ قَدْ بَيَّنَّا
لَكُمُ ٱلْـَٔايَـٰتِ لَعَلَّكُمْ تَعْقِلُونَ ١٧ إِنَّ ٱلْمُصَّدِّقِينَ وَٱلْمُصَّدِّقَـٰتِ
وَأَقْرَضُوا۟ ٱللَّهَ قَرْضًا حَسَنًا يُضَـٰعَفُ لَهُمْ وَلَهُمْ أَجْرٌ كَرِيمٌ ١٨
27 - 57 - 540
وَٱلَّذِينَ ءَامَنُوا۟ بِٱللَّهِ وَرُسُلِهِۦٓ أُو۟لَـٰٓئِكَ هُمُ ٱلصِّدِّيقُونَ ۖ وَٱلشُّهَدَآءُ
عِندَ رَبِّهِمْ لَهُمْ أَجْرُهُمْ وَنُورُهُمْ ۖ وَٱلَّذِينَ كَفَرُوا۟ وَكَذَّبُوا۟
بِـَٔايَـٰتِنَآ أُو۟لَـٰٓئِكَ أَصْحَـٰبُ ٱلْجَحِيمِ ١٩ ٱعْلَمُوٓا۟ أَنَّمَا ٱلْحَيَوٰةُ
ٱلدُّنْيَا لَعِبٌ وَلَهْوٌ وَزِينَةٌ وَتَفَاخُرٌۢ بَيْنَكُمْ وَتَكَاثُرٌ فِى ٱلْأَمْوَٰلِ
وَٱلْأَوْلَـٰدِ ۖ كَمَثَلِ غَيْثٍ أَعْجَبَ ٱلْكُفَّارَ نَبَاتُهُۥ ثُمَّ يَهِيجُ فَتَرَىٰهُ
مُصْفَرًّا ثُمَّ يَكُونُ حُطَـٰمًا ۖ وَفِى ٱلْـَٔاخِرَةِ عَذَابٌ شَدِيدٌ وَمَغْفِرَةٌ
مِّنَ ٱللَّهِ وَرِضْوَٰنٌ ۚ وَمَا ٱلْحَيَوٰةُ ٱلدُّنْيَآ إِلَّا مَتَـٰعُ ٱلْغُرُورِ ٢٠
سَابِقُوٓا۟ إِلَىٰ مَغْفِرَةٍ مِّن رَّبِّكُمْ وَجَنَّةٍ عَرْضُهَا كَعَرْضِ ٱلسَّمَآءِ
وَٱلْأَرْضِ أُعِدَّتْ لِلَّذِينَ ءَامَنُوا۟ بِٱللَّهِ وَرُسُلِهِۦ ۚ ذَٰلِكَ فَضْلُ
ٱللَّهِ يُؤْتِيهِ مَن يَشَآءُ ۚ وَٱللَّهُ ذُو ٱلْفَضْلِ ٱلْعَظِيمِ ٢١ مَآ أَصَابَ
مِن مُّصِيبَةٍ فِى ٱلْأَرْضِ وَلَا فِىٓ أَنفُسِكُمْ إِلَّا فِى كِتَـٰبٍ مِّن
قَبْلِ أَن نَّبْرَأَهَآ ۚ إِنَّ ذَٰلِكَ عَلَى ٱللَّهِ يَسِيرٌ ٢٢ لِّكَيْلَا
تَأْسَوْا۟ عَلَىٰ مَا فَاتَكُمْ وَلَا تَفْرَحُوا۟ بِمَآ ءَاتَىٰكُمْ ۗ وَٱللَّهُ
لَا يُحِبُّ كُلَّ مُخْتَالٍ فَخُورٍ ٢٣ ٱلَّذِينَ يَبْخَلُونَ وَيَأْمُرُونَ
ٱلنَّاسَ بِٱلْبُخْلِ ۗ وَمَن يَتَوَلَّ فَإِنَّ ٱللَّهَ هُوَ ٱلْغَنِىُّ ٱلْحَمِيدُ ٢٤
27 - 57 - 541
لَقَدْ أَرْسَلْنَا رُسُلَنَا بِٱلْبَيِّنَـٰتِ وَأَنزَلْنَا مَعَهُمُ ٱلْكِتَـٰبَ
وَٱلْمِيزَانَ لِيَقُومَ ٱلنَّاسُ بِٱلْقِسْطِ ۖ وَأَنزَلْنَا ٱلْحَدِيدَ فِيهِ
بَأْسٌ شَدِيدٌ وَمَنَـٰفِعُ لِلنَّاسِ وَلِيَعْلَمَ ٱللَّهُ مَن يَنصُرُهُۥ وَرُسُلَهُۥ
بِٱلْغَيْبِ ۚ إِنَّ ٱللَّهَ قَوِىٌّ عَزِيزٌ ٢٥ وَلَقَدْ أَرْسَلْنَا نُوحًا وَإِبْرَٰهِيمَ
وَجَعَلْنَا فِى ذُرِّيَّتِهِمَا ٱلنُّبُوَّةَ وَٱلْكِتَـٰبَ ۖ فَمِنْهُم مُّهْتَدٍ ۖ
وَكَثِيرٌ مِّنْهُمْ فَـٰسِقُونَ ٢٦ ثُمَّ قَفَّيْنَا عَلَىٰٓ ءَاثَـٰرِهِم
بِرُسُلِنَا وَقَفَّيْنَا بِعِيسَى ٱبْنِ مَرْيَمَ وَءَاتَيْنَـٰهُ ٱلْإِنجِيلَ وَجَعَلْنَا
فِى قُلُوبِ ٱلَّذِينَ ٱتَّبَعُوهُ رَأْفَةً وَرَحْمَةً وَرَهْبَانِيَّةً
ٱبْتَدَعُوهَا مَا كَتَبْنَـٰهَا عَلَيْهِمْ إِلَّا ٱبْتِغَآءَ رِضْوَٰنِ ٱللَّهِ
فَمَا رَعَوْهَا حَقَّ رِعَايَتِهَا ۖ فَـَٔاتَيْنَا ٱلَّذِينَ ءَامَنُوا۟ مِنْهُمْ أَجْرَهُمْ ۖ
وَكَثِيرٌ مِّنْهُمْ فَـٰسِقُونَ ٢٧ يَـٰٓأَيُّهَا ٱلَّذِينَ ءَامَنُوا۟ ٱتَّقُوا۟ ٱللَّهَ
وَءَامِنُوا۟ بِرَسُولِهِۦ يُؤْتِكُمْ كِفْلَيْنِ مِن رَّحْمَتِهِۦ وَيَجْعَل لَّكُمْ نُورًا
تَمْشُونَ بِهِۦ وَيَغْفِرْ لَكُمْ ۚ وَٱللَّهُ غَفُورٌ رَّحِيمٌ ٢٨ لِّئَلَّا يَعْلَمَ
أَهْلُ ٱلْكِتَـٰبِ أَلَّا يَقْدِرُونَ عَلَىٰ شَىْءٍ مِّن فَضْلِ ٱللَّهِ ۙ وَأَنَّ
ٱلْفَضْلَ بِيَدِ ٱللَّهِ يُؤْتِيهِ مَن يَشَآءُ ۚ وَٱللَّهُ ذُو ٱلْفَضْلِ ٱلْعَظِيمِ ٢٩

سورة المجادلة

بسم الله الرحمن الرحيم

28 - 58 - 542
قد سمع الله قول التي تجادلك في زوجها وتشتكي إلى الله
والله يسمع تحاوركما إن الله سميع بصير (١) الذين يظاهرون
منكم من نسائهم ما هن أمهاتهم إن أمهاتهم إلا اللائي
ولدنهم وإنهم ليقولون منكرا من القول وزورا وإن
الله لعفو غفور (٢) والذين يظاهرون من نسائهم ثم يعودون
لما قالوا فتحرير رقبة من قبل أن يتماسا ذلكم توعظون
به والله بما تعملون خبير (٣) فمن لم يجد فصيام شهرين
متتابعين من قبل أن يتماسا فمن لم يستطع فإطعام ستين
مسكينا ذلك لتؤمنوا بالله ورسوله وتلك حدود الله
وللكافرين عذاب أليم (٤) إن الذين يحادون الله ورسوله
كبتوا كما كبت الذين من قبلهم وقد أنزلنا آيات بينات
وللكافرين عذاب مهين (٥) يوم يبعثهم الله جميعا فينبئهم
بما عملوا أحصاه الله ونسوه والله على كل شيء شهيد (٦)
28 - 58 - 543
ألم تر أن الله يعلم ما في السماوات وما في الأرض ما يكون من
نجوى ثلاثة إلا هو رابعهم ولا خمسة إلا هو سادسهم ولا أدنى
من ذلك ولا أكثر إلا هو معهم أين ما كانوا ثم ينبئهم بما
عملوا يوم القيامة إن الله بكل شيء عليم (٧) ألم تر إلى الذين
نهوا عن النجوى ثم يعودون لما نهوا عنه ويتناجون بالإثم
والعدوان ومعصيت الرسول وإذا جاءوك حيوك بما لم يحيك
به الله ويقولون في أنفسهم لولا يعذبنا الله بما نقول حسبهم
جهنم يصلونها فبئس المصير (٨) يا أيها الذين آمنوا إذا
تناجيتم فلا تتناجوا بالإثم والعدوان ومعصيت الرسول
وتناجوا بالبر والتقوى واتقوا الله الذي إليه تحشرون (٩) إنما
النجوى من الشيطان ليحزن الذين آمنوا وليس بضارهم
شيئا إلا بإذن الله وعلى الله فليتوكل المؤمنون (١٠) يا أيها
الذين آمنوا إذا قيل لكم تفسحوا في المجالس فافسحوا يفسح
الله لكم وإذا قيل انشزوا فانشزوا يرفع الله الذين آمنوا منكم
والذين أوتوا العلم درجات والله بما تعملون خبير (١١)
28 - 58 - 544
يا أيها الذين آمنوا إذا ناجيتم الرسول فقدموا بين يدي نجواكم
صدقة ذلك خير لكم وأطهر فإن لم تجدوا فإن الله غفور
رحيم (١٢) أأشفقتم أن تقدموا بين يدي نجواكم صدقات فإذ لم
تفعلوا وتاب الله عليكم فأقيموا الصلاة وآتوا الزكاة وأطيعوا الله
ورسوله والله خبير بما تعملون (١٣) ألم تر إلى الذين تولوا
قوما غضب الله عليهم ما هم منكم ولا منهم ويحلفون على الكذب
وهم يعلمون (١٤) أعد الله لهم عذابا شديدا إنهم ساء ما كانوا
يعملون (١٥) اتخذوا أيمانهم جنة فصدوا عن سبيل الله فلهم
عذاب مهين (١٦) لن تغني عنهم أموالهم ولا أولادهم من الله
شيئا أولئك أصحاب النار هم فيها خالدون (١٧) يوم يبعثهم
الله جميعا فيحلفون له كما يحلفون لكم ويحسبون أنهم
على شيء ألا إنهم هم الكاذبون (١٨) استحوذ عليهم الشيطان
فأنساهم ذكر الله أولئك حزب الشيطان ألا إن حزب الشيطان
هم الخاسرون (١٩) إن الذين يحادون الله ورسوله أولئك في
الأذلين (٢٠) كتب الله لأغلبن أنا ورسلي إن الله قوي عزيز (٢١)
28 - 58 - 545
لا تجد قوما يؤمنون بالله واليوم الآخر يوادون من حاد
الله ورسوله ولو كانوا آباءهم أو أبناءهم أو إخوانهم
أو عشيرتهم أولئك كتب في قلوبهم الإيمان وأيدهم
بروح منه ويدخلهم جنات تجري من تحتها الأنهار
خالدين فيها رضي الله عنهم ورضوا عنه أولئك حزب
الله ألا إن حزب الله هم المفلحون (٢٢)

سورة الحشر

بسم الله الرحمن الرحيم

سبح لله ما في السماوات وما في الأرض وهو العزيز
الحكيم (١) هو الذي أخرج الذين كفروا من أهل الكتاب من
ديارهم لأول الحشر ما ظننتم أن يخرجوا وظنوا أنهم مانعتهم
حصونهم من الله فأتاهم الله من حيث لم يحتسبوا وقذف
في قلوبهم الرعب يخربون بيوتهم بأيديهم وأيدي المؤمنين
فاعتبروا يا أولي الأبصار (٢) ولولا أن كتب الله عليهم
الجلاء لعذبهم في الدنيا ولهم في الآخرة عذاب النار (٣)
28 - 59 - 546
ذلك بأنهم شاقوا الله ورسوله ومن يشاق الله فإن الله شديد
العقاب (٤) ما قطعتم من لينة أو تركتموها قائمة على
أصولها فبإذن الله وليخزي الفاسقين (٥) وما أفاء الله
على رسوله منهم فما أوجفتم عليه من خيل ولا ركاب
ولكن الله يسلط رسله على من يشاء والله على كل شيء
قدير (٦) ما أفاء الله على رسوله من أهل القرى فلله وللرسول
ولذي القربى واليتامى والمساكين وابن السبيل كي لا يكون
دولة بين الأغنياء منكم وما آتاكم الرسول فخذوه وما
نهاكم عنه فانتهوا واتقوا الله إن الله شديد العقاب (٧)
للفقراء المهاجرين الذين أخرجوا من ديارهم وأموالهم
يبتغون فضلا من الله ورضوانا وينصرون الله ورسوله
أولئك هم الصادقون (٨) والذين تبوءوا الدار والإيمان من
قبلهم يحبون من هاجر إليهم ولا يجدون في صدورهم
حاجة مما أوتوا ويؤثرون على أنفسهم ولو كان بهم خصاصة
ومن يوق شح نفسه فأولئك هم المفلحون (٩)
28 - 59 - 547
والذين جاءوا من بعدهم يقولون ربنا اغفر لنا ولإخواننا
الذين سبقونا بالإيمان ولا تجعل في قلوبنا غلا للذين
آمنوا ربنا إنك رءوف رحيم (١٠) ألم تر إلى الذين
نافقوا يقولون لإخوانهم الذين كفروا من أهل الكتاب
لئن أخرجتم لنخرجن معكم ولا نطيع فيكم أحدا أبدا
وإن قوتلتم لننصرنكم والله يشهد إنهم لكاذبون (١١)
لئن أخرجوا لا يخرجون معهم ولئن قوتلوا لا ينصرونهم
ولئن نصروهم ليولن الأدبار ثم لا ينصرون (١٢) لأنتم
أشد رهبة في صدورهم من الله ذلك بأنهم قوم
لا يفقهون (١٣) لا يقاتلونكم جميعا إلا في قرى محصنة
أو من وراء جدر بأسهم بينهم شديد تحسبهم جميعا
وقلوبهم شتى ذلك بأنهم قوم لا يعقلون (١٤) كمثل
الذين من قبلهم قريبا ذاقوا وبال أمرهم ولهم عذاب
أليم (١٥) كمثل الشيطان إذ قال للإنسان اكفر فلما
كفر قال إني بريء منك إني أخاف الله رب العالمين (١٦)
28 - 59 - 548
فكان عاقبتهما أنهما في النار خالدين فيها
وذلك جزاء الظالمين (١٧) يا أيها الذين آمنوا
اتقوا الله ولتنظر نفس ما قدمت لغد واتقوا الله إن
الله خبير بما تعملون (١٨) ولا تكونوا كالذين
نسوا الله فأنساهم أنفسهم أولئك هم الفاسقون (١٩)
لا يستوي أصحاب النار وأصحاب الجنة أصحاب
الجنة هم الفائزون (٢٠) لو أنزلنا هذا القرآن
على جبل لرأيته خاشعا متصدعا من خشية الله
وتلك الأمثال نضربها للناس لعلهم يتفكرون (٢١)
هو الله الذي لا إله إلا هو عالم الغيب والشهادة
هو الرحمن الرحيم (٢٢) هو الله الذي لا إله إلا هو الملك
القدوس السلام المؤمن المهيمن العزيز الجبار
المتكبر سبحان الله عما يشركون (٢٣) هو الله
الخالق البارئ المصور له الأسماء الحسنى يسبح
له ما في السماوات والأرض وهو العزيز الحكيم (٢٤)

سورة الممتحنة

28 - 60 - 549

بسم الله الرحمن الرحيم

يا أيها الذين آمنوا لا تتخذوا عدوي وعدوكم أولياء تلقون إليهم
بالمودة وقد كفروا بما جاءكم من الحق يخرجون الرسول وإياكم أن
تؤمنوا بالله ربكم إن كنتم خرجتم جهادا في سبيلي وابتغاء مرضاتي
تسرون إليهم بالمودة وأنا أعلم بما أخفيتم وما أعلنتم ومن
يفعله منكم فقد ضل سواء السبيل (١) إن يثقفوكم يكونوا لكم أعداء
ويبسطوا إليكم أيديهم وألسنتهم بالسوء وودوا لو تكفرون (٢)
لن تنفعكم أرحامكم ولا أولادكم يوم القيامة يفصل بينكم والله
بما تعملون بصير (٣) قد كانت لكم أسوة حسنة في إبراهيم والذين
معه إذ قالوا لقومهم إنا برآء منكم ومما تعبدون من دون الله
كفرنا بكم وبدا بيننا وبينكم العداوة والبغضاء أبدا حتى تؤمنوا
بالله وحده إلا قول إبراهيم لأبيه لأستغفرن لك وما أملك لك من
الله من شيء ربنا عليك توكلنا وإليك أنبنا وإليك المصير (٤) ربنا
لا تجعلنا فتنة للذين كفروا واغفر لنا ربنا إنك أنت العزيز الحكيم (٥)
لقد كان لكم فيهم أسوة حسنة لمن كان يرجو الله واليوم الآخر
ومن يتول فإن الله هو الغني الحميد (٦) عسى الله أن يجعل بينكم
28 - 60 - 550
وبين الذين عاديتم منهم مودة والله قدير والله غفور رحيم (٧)
لا ينهاكم الله عن الذين لم يقاتلوكم في الدين ولم يخرجوكم
من دياركم أن تبروهم وتقسطوا إليهم إن الله يحب المقسطين (٨)
إنما ينهاكم الله عن الذين قاتلوكم في الدين وأخرجوكم من
دياركم وظاهروا على إخراجكم أن تولوهم ومن يتولهم فأولئك
هم الظالمون (٩) يا أيها الذين آمنوا إذا جاءكم المؤمنات مهاجرات
فامتحنوهن الله أعلم بإيمانهن فإن علمتموهن مؤمنات فلا
ترجعوهن إلى الكفار لا هن حل لهم ولا هم يحلون لهن وآتوهم
ما أنفقوا ولا جناح عليكم أن تنكحوهن إذا آتيتموهن أجورهن
ولا تمسكوا بعصم الكوافر واسألوا ما أنفقتم وليسألوا ما أنفقوا
ذلكم حكم الله يحكم بينكم والله عليم حكيم (١٠) وإن فاتكم
شيء من أزواجكم إلى الكفار فعاقبتم فآتوا الذين ذهبت
أزواجهم مثل ما أنفقوا واتقوا الله الذي أنتم به مؤمنون (١١)
28 - 60 - 551
يا أيها النبي إذا جاءك المؤمنات يبايعنك على أن لا يشركن بالله
شيئا ولا يسرقن ولا يزنين ولا يقتلن أولادهن ولا يأتين
ببهتان يفترينه بين أيديهن وأرجلهن ولا يعصينك في
معروف فبايعهن واستغفر لهن الله إن الله غفور رحيم (١٢)
يا أيها الذين آمنوا لا تتولوا قوما غضب الله عليهم قد
يئسوا من الآخرة كما يئس الكفار من أصحاب القبور (١٣)

سورة الصف

بسم الله الرحمن الرحيم

سبح لله ما في السماوات وما في الأرض وهو العزيز الحكيم (١)
يا أيها الذين آمنوا لم تقولون ما لا تفعلون (٢)
كبر مقتا عند الله أن تقولوا ما لا تفعلون (٣) إن
الله يحب الذين يقاتلون في سبيله صفا كأنهم
بنيان مرصوص (٤) وإذ قال موسى لقومه يا قوم لم
تؤذونني وقد تعلمون أني رسول الله إليكم فلما زاغوا
أزاغ الله قلوبهم والله لا يهدي القوم الفاسقين (٥)

28 - 61 - 552 وَإِذْ قَالَ عِيسَى ٱبْنُ مَرْيَمَ يَٰبَنِىٓ إِسْرَٰٓءِيلَ إِنِّى رَسُولُ ٱللَّهِ إِلَيْكُم مُّصَدِّقًا لِّمَا
بَيْنَ يَدَىَّ مِنَ ٱلتَّوْرَىٰةِ وَمُبَشِّرًۢا بِرَسُولٍ يَأْتِى مِنۢ بَعْدِى ٱسْمُهُۥٓ أَحْمَدُ فَلَمَّا
جَآءَهُم بِٱلْبَيِّنَٰتِ قَالُوا۟ هَٰذَا سِحْرٌ مُّبِينٌ ٦ وَمَنْ أَظْلَمُ مِمَّنِ ٱفْتَرَىٰ عَلَى
ٱللَّهِ ٱلْكَذِبَ وَهُوَ يُدْعَىٰٓ إِلَى ٱلْإِسْلَٰمِ وَٱللَّهُ لَا يَهْدِى ٱلْقَوْمَ ٱلظَّٰلِمِينَ ٧
يُرِيدُونَ لِيُطْفِـُٔوا۟ نُورَ ٱللَّهِ بِأَفْوَٰهِهِمْ وَٱللَّهُ مُتِمُّ نُورِهِۦ وَلَوْ كَرِهَ
ٱلْكَٰفِرُونَ ٨ هُوَ ٱلَّذِىٓ أَرْسَلَ رَسُولَهُۥ بِٱلْهُدَىٰ وَدِينِ ٱلْحَقِّ لِيُظْهِرَهُۥ
عَلَى ٱلدِّينِ كُلِّهِۦ وَلَوْ كَرِهَ ٱلْمُشْرِكُونَ ٩ يَٰٓأَيُّهَا ٱلَّذِينَ ءَامَنُوا۟ هَلْ أَدُلُّكُمْ عَلَىٰ
تِجَٰرَةٍ تُنجِيكُم مِّنْ عَذَابٍ أَلِيمٍ ١٠ تُؤْمِنُونَ بِٱللَّهِ وَرَسُولِهِۦ وَتُجَٰهِدُونَ
فِى سَبِيلِ ٱللَّهِ بِأَمْوَٰلِكُمْ وَأَنفُسِكُمْ ذَٰلِكُمْ خَيْرٌ لَّكُمْ إِن كُنتُمْ تَعْلَمُونَ ١١
يَغْفِرْ لَكُمْ ذُنُوبَكُمْ وَيُدْخِلْكُمْ جَنَّٰتٍ تَجْرِى مِن تَحْتِهَا ٱلْأَنْهَٰرُ وَمَسَٰكِنَ
طَيِّبَةً فِى جَنَّٰتِ عَدْنٍ ذَٰلِكَ ٱلْفَوْزُ ٱلْعَظِيمُ ١٢ وَأُخْرَىٰ تُحِبُّونَهَا نَصْرٌ
مِّنَ ٱللَّهِ وَفَتْحٌ قَرِيبٌ وَبَشِّرِ ٱلْمُؤْمِنِينَ ١٣ يَٰٓأَيُّهَا ٱلَّذِينَ ءَامَنُوا۟ كُونُوٓا۟
أَنصَارَ ٱللَّهِ كَمَا قَالَ عِيسَى ٱبْنُ مَرْيَمَ لِلْحَوَارِيِّۦنَ مَنْ أَنصَارِىٓ إِلَى ٱللَّهِ
قَالَ ٱلْحَوَارِيُّونَ نَحْنُ أَنصَارُ ٱللَّهِ فَـَٔامَنَت طَّآئِفَةٌ مِّنۢ بَنِىٓ إِسْرَٰٓءِيلَ
وَكَفَرَت طَّآئِفَةٌ فَأَيَّدْنَا ٱلَّذِينَ ءَامَنُوا۟ عَلَىٰ عَدُوِّهِمْ فَأَصْبَحُوا۟ ظَٰهِرِينَ ١٤

28 - 62 - 553

سُورَةُ الجُمُعَةِ

بِسْمِ ٱللَّهِ ٱلرَّحْمَٰنِ ٱلرَّحِيمِ

يُسَبِّحُ لِلَّهِ مَا فِى ٱلسَّمَٰوَٰتِ وَمَا فِى ٱلْأَرْضِ ٱلْمَلِكِ ٱلْقُدُّوسِ ٱلْعَزِيزِ
ٱلْحَكِيمِ ١ هُوَ ٱلَّذِى بَعَثَ فِى ٱلْأُمِّيِّۦنَ رَسُولًا مِّنْهُمْ يَتْلُوا۟ عَلَيْهِمْ
ءَايَٰتِهِۦ وَيُزَكِّيهِمْ وَيُعَلِّمُهُمُ ٱلْكِتَٰبَ وَٱلْحِكْمَةَ وَإِن كَانُوا۟
مِن قَبْلُ لَفِى ضَلَٰلٍ مُّبِينٍ ٢ وَءَاخَرِينَ مِنْهُمْ لَمَّا يَلْحَقُوا۟ بِهِمْ
وَهُوَ ٱلْعَزِيزُ ٱلْحَكِيمُ ٣ ذَٰلِكَ فَضْلُ ٱللَّهِ يُؤْتِيهِ مَن يَشَآءُ وَٱللَّهُ
ذُو ٱلْفَضْلِ ٱلْعَظِيمِ ٤ مَثَلُ ٱلَّذِينَ حُمِّلُوا۟ ٱلتَّوْرَىٰةَ ثُمَّ لَمْ
يَحْمِلُوهَا كَمَثَلِ ٱلْحِمَارِ يَحْمِلُ أَسْفَارًۢا بِئْسَ مَثَلُ ٱلْقَوْمِ
ٱلَّذِينَ كَذَّبُوا۟ بِـَٔايَٰتِ ٱللَّهِ وَٱللَّهُ لَا يَهْدِى ٱلْقَوْمَ ٱلظَّٰلِمِينَ ٥
قُلْ يَٰٓأَيُّهَا ٱلَّذِينَ هَادُوٓا۟ إِن زَعَمْتُمْ أَنَّكُمْ أَوْلِيَآءُ لِلَّهِ مِن
دُونِ ٱلنَّاسِ فَتَمَنَّوُا۟ ٱلْمَوْتَ إِن كُنتُمْ صَٰدِقِينَ ٦ وَلَا يَتَمَنَّوْنَهُۥٓ
أَبَدًۢا بِمَا قَدَّمَتْ أَيْدِيهِمْ وَٱللَّهُ عَلِيمٌۢ بِٱلظَّٰلِمِينَ ٧ قُلْ
إِنَّ ٱلْمَوْتَ ٱلَّذِى تَفِرُّونَ مِنْهُ فَإِنَّهُۥ مُلَٰقِيكُمْ ثُمَّ تُرَدُّونَ
إِلَىٰ عَٰلِمِ ٱلْغَيْبِ وَٱلشَّهَٰدَةِ فَيُنَبِّئُكُم بِمَا كُنتُمْ تَعْمَلُونَ ٨
28 - 62 - 554 يَٰٓأَيُّهَا ٱلَّذِينَ ءَامَنُوٓا۟ إِذَا نُودِىَ لِلصَّلَوٰةِ مِن يَوْمِ ٱلْجُمُعَةِ فَٱسْعَوْا۟
إِلَىٰ ذِكْرِ ٱللَّهِ وَذَرُوا۟ ٱلْبَيْعَ ذَٰلِكُمْ خَيْرٌ لَّكُمْ إِن كُنتُمْ تَعْلَمُونَ ٩
فَإِذَا قُضِيَتِ ٱلصَّلَوٰةُ فَٱنتَشِرُوا۟ فِى ٱلْأَرْضِ وَٱبْتَغُوا۟
مِن فَضْلِ ٱللَّهِ وَٱذْكُرُوا۟ ٱللَّهَ كَثِيرًا لَّعَلَّكُمْ تُفْلِحُونَ ١٠
وَإِذَا رَأَوْا۟ تِجَٰرَةً أَوْ لَهْوًا ٱنفَضُّوٓا۟ إِلَيْهَا وَتَرَكُوكَ قَآئِمًا قُلْ مَا عِندَ
ٱللَّهِ خَيْرٌ مِّنَ ٱللَّهْوِ وَمِنَ ٱلتِّجَٰرَةِ وَٱللَّهُ خَيْرُ ٱلرَّٰزِقِينَ ١١

سُورَةُ المُنَافِقُونَ

بِسْمِ ٱللَّهِ ٱلرَّحْمَٰنِ ٱلرَّحِيمِ

إِذَا جَآءَكَ ٱلْمُنَٰفِقُونَ قَالُوا۟ نَشْهَدُ إِنَّكَ لَرَسُولُ ٱللَّهِ وَٱللَّهُ يَعْلَمُ إِنَّكَ
لَرَسُولُهُۥ وَٱللَّهُ يَشْهَدُ إِنَّ ٱلْمُنَٰفِقِينَ لَكَٰذِبُونَ ١ ٱتَّخَذُوٓا۟
أَيْمَٰنَهُمْ جُنَّةً فَصَدُّوا۟ عَن سَبِيلِ ٱللَّهِ إِنَّهُمْ سَآءَ مَا كَانُوا۟
يَعْمَلُونَ ٢ ذَٰلِكَ بِأَنَّهُمْ ءَامَنُوا۟ ثُمَّ كَفَرُوا۟ فَطُبِعَ عَلَىٰ قُلُوبِهِمْ فَهُمْ
لَا يَفْقَهُونَ ٣ ۞ وَإِذَا رَأَيْتَهُمْ تُعْجِبُكَ أَجْسَامُهُمْ وَإِن يَقُولُوا۟
تَسْمَعْ لِقَوْلِهِمْ كَأَنَّهُمْ خُشُبٌ مُّسَنَّدَةٌ يَحْسَبُونَ كُلَّ صَيْحَةٍ
عَلَيْهِمْ هُمُ ٱلْعَدُوُّ فَٱحْذَرْهُمْ قَٰتَلَهُمُ ٱللَّهُ أَنَّىٰ يُؤْفَكُونَ ٤
28 - 63 - 555 وَإِذَا قِيلَ لَهُمْ تَعَالَوْا۟ يَسْتَغْفِرْ لَكُمْ رَسُولُ ٱللَّهِ لَوَّوْا۟
رُءُوسَهُمْ وَرَأَيْتَهُمْ يَصُدُّونَ وَهُم مُّسْتَكْبِرُونَ ٥
سَوَآءٌ عَلَيْهِمْ أَسْتَغْفَرْتَ لَهُمْ أَمْ لَمْ تَسْتَغْفِرْ لَهُمْ لَن
يَغْفِرَ ٱللَّهُ لَهُمْ إِنَّ ٱللَّهَ لَا يَهْدِى ٱلْقَوْمَ ٱلْفَٰسِقِينَ ٦
هُمُ ٱلَّذِينَ يَقُولُونَ لَا تُنفِقُوا۟ عَلَىٰ مَنْ عِندَ رَسُولِ ٱللَّهِ

حَتَّىٰ يَنفَضُّوا۟ وَلِلَّهِ خَزَآئِنُ ٱلسَّمَٰوَٰتِ وَٱلْأَرْضِ وَلَٰكِنَّ
ٱلْمُنَٰفِقِينَ لَا يَفْقَهُونَ ٧ يَقُولُونَ لَئِن رَّجَعْنَآ إِلَى
ٱلْمَدِينَةِ لَيُخْرِجَنَّ ٱلْأَعَزُّ مِنْهَا ٱلْأَذَلَّ وَلِلَّهِ ٱلْعِزَّةُ
وَلِرَسُولِهِۦ وَلِلْمُؤْمِنِينَ وَلَٰكِنَّ ٱلْمُنَٰفِقِينَ لَا يَعْلَمُونَ ٨
يَٰٓأَيُّهَا ٱلَّذِينَ ءَامَنُوا۟ لَا تُلْهِكُمْ أَمْوَٰلُكُمْ وَلَآ أَوْلَٰدُكُمْ
عَن ذِكْرِ ٱللَّهِ وَمَن يَفْعَلْ ذَٰلِكَ فَأُو۟لَٰٓئِكَ هُمُ
ٱلْخَٰسِرُونَ ٩ وَأَنفِقُوا۟ مِن مَّا رَزَقْنَٰكُم مِّن قَبْلِ أَن
يَأْتِىَ أَحَدَكُمُ ٱلْمَوْتُ فَيَقُولَ رَبِّ لَوْلَآ أَخَّرْتَنِىٓ إِلَىٰٓ أَجَلٍ
قَرِيبٍ فَأَصَّدَّقَ وَأَكُن مِّنَ ٱلصَّٰلِحِينَ ١٠ وَلَن يُؤَخِّرَ
ٱللَّهُ نَفْسًا إِذَا جَآءَ أَجَلُهَا وَٱللَّهُ خَبِيرٌۢ بِمَا تَعْمَلُونَ ١١

28 - 64 - 556

سُورَةُ التَّغَابُنِ

بِسْمِ ٱللَّهِ ٱلرَّحْمَٰنِ ٱلرَّحِيمِ

يُسَبِّحُ لِلَّهِ مَا فِى ٱلسَّمَٰوَٰتِ وَمَا فِى ٱلْأَرْضِ لَهُ ٱلْمُلْكُ وَلَهُ ٱلْحَمْدُ وَهُوَ
عَلَىٰ كُلِّ شَىْءٍ قَدِيرٌ ١ هُوَ ٱلَّذِى خَلَقَكُمْ فَمِنكُمْ كَافِرٌ وَمِنكُم مُّؤْمِنٌ
وَٱللَّهُ بِمَا تَعْمَلُونَ بَصِيرٌ ٢ خَلَقَ ٱلسَّمَٰوَٰتِ وَٱلْأَرْضَ بِٱلْحَقِّ وَصَوَّرَكُمْ
فَأَحْسَنَ صُوَرَكُمْ وَإِلَيْهِ ٱلْمَصِيرُ ٣ يَعْلَمُ مَا فِى ٱلسَّمَٰوَٰتِ وَٱلْأَرْضِ
وَيَعْلَمُ مَا تُسِرُّونَ وَمَا تُعْلِنُونَ وَٱللَّهُ عَلِيمٌۢ بِذَاتِ ٱلصُّدُورِ ٤
أَلَمْ يَأْتِكُمْ نَبَؤُا۟ ٱلَّذِينَ كَفَرُوا۟ مِن قَبْلُ فَذَاقُوا۟ وَبَالَ أَمْرِهِمْ وَلَهُمْ عَذَابٌ
أَلِيمٌ ٥ ذَٰلِكَ بِأَنَّهُۥ كَانَت تَّأْتِيهِمْ رُسُلُهُم بِٱلْبَيِّنَٰتِ فَقَالُوٓا۟ أَبَشَرٌ
يَهْدُونَنَا فَكَفَرُوا۟ وَتَوَلَّوا۟ وَّٱسْتَغْنَى ٱللَّهُ وَٱللَّهُ غَنِىٌّ حَمِيدٌ ٦ زَعَمَ ٱلَّذِينَ
كَفَرُوٓا۟ أَن لَّن يُبْعَثُوا۟ قُلْ بَلَىٰ وَرَبِّى لَتُبْعَثُنَّ ثُمَّ لَتُنَبَّؤُنَّ بِمَا عَمِلْتُمْ
وَذَٰلِكَ عَلَى ٱللَّهِ يَسِيرٌ ٧ فَـَٔامِنُوا۟ بِٱللَّهِ وَرَسُولِهِۦ وَٱلنُّورِ ٱلَّذِىٓ أَنزَلْنَا
وَٱللَّهُ بِمَا تَعْمَلُونَ خَبِيرٌ ٨ يَوْمَ يَجْمَعُكُمْ لِيَوْمِ ٱلْجَمْعِ ذَٰلِكَ يَوْمُ ٱلتَّغَابُنِ
وَمَن يُؤْمِنۢ بِٱللَّهِ وَيَعْمَلْ صَٰلِحًا يُكَفِّرْ عَنْهُ سَيِّـَٔاتِهِۦ وَيُدْخِلْهُ جَنَّٰتٍ
تَجْرِى مِن تَحْتِهَا ٱلْأَنْهَٰرُ خَٰلِدِينَ فِيهَآ أَبَدًا ذَٰلِكَ ٱلْفَوْزُ ٱلْعَظِيمُ ٩
28 - 64 - 557 وَٱلَّذِينَ كَفَرُوا۟ وَكَذَّبُوا۟ بِـَٔايَٰتِنَآ أُو۟لَٰٓئِكَ
أَصْحَٰبُ ٱلنَّارِ خَٰلِدِينَ فِيهَا وَبِئْسَ ٱلْمَصِيرُ ١٠
مَآ أَصَابَ مِن مُّصِيبَةٍ إِلَّا بِإِذْنِ ٱللَّهِ وَمَن يُؤْمِنۢ بِٱللَّهِ
يَهْدِ قَلْبَهُۥ وَٱللَّهُ بِكُلِّ شَىْءٍ عَلِيمٌ ١١ وَأَطِيعُوا۟ ٱللَّهَ
وَأَطِيعُوا۟ ٱلرَّسُولَ فَإِن تَوَلَّيْتُمْ فَإِنَّمَا عَلَىٰ رَسُولِنَا ٱلْبَلَٰغُ
ٱلْمُبِينُ ١٢ ٱللَّهُ لَآ إِلَٰهَ إِلَّا هُوَ وَعَلَى ٱللَّهِ فَلْيَتَوَكَّلِ
ٱلْمُؤْمِنُونَ ١٣ يَٰٓأَيُّهَا ٱلَّذِينَ ءَامَنُوٓا۟ إِنَّ مِنْ أَزْوَٰجِكُمْ
وَأَوْلَٰدِكُمْ عَدُوًّا لَّكُمْ فَٱحْذَرُوهُمْ وَإِن تَعْفُوا۟
وَتَصْفَحُوا۟ وَتَغْفِرُوا۟ فَإِنَّ ٱللَّهَ غَفُورٌ رَّحِيمٌ ١٤ إِنَّمَآ
أَمْوَٰلُكُمْ وَأَوْلَٰدُكُمْ فِتْنَةٌ وَٱللَّهُ عِندَهُۥٓ أَجْرٌ
عَظِيمٌ ١٥ فَٱتَّقُوا۟ ٱللَّهَ مَا ٱسْتَطَعْتُمْ وَٱسْمَعُوا۟ وَأَطِيعُوا۟
وَأَنفِقُوا۟ خَيْرًا لِّأَنفُسِكُمْ وَمَن يُوقَ شُحَّ نَفْسِهِۦ
فَأُو۟لَٰٓئِكَ هُمُ ٱلْمُفْلِحُونَ ١٦ إِن تُقْرِضُوا۟ ٱللَّهَ قَرْضًا
حَسَنًا يُضَٰعِفْهُ لَكُمْ وَيَغْفِرْ لَكُمْ وَٱللَّهُ شَكُورٌ
حَلِيمٌ ١٧ عَٰلِمُ ٱلْغَيْبِ وَٱلشَّهَٰدَةِ ٱلْعَزِيزُ ٱلْحَكِيمُ ١٨

28 - 64 - 558

سُورَةُ الطَّلَاقِ

بِسْمِ ٱللَّهِ ٱلرَّحْمَٰنِ ٱلرَّحِيمِ

يَٰٓأَيُّهَا ٱلنَّبِىُّ إِذَا طَلَّقْتُمُ ٱلنِّسَآءَ فَطَلِّقُوهُنَّ لِعِدَّتِهِنَّ وَأَحْصُوا۟ ٱلْعِدَّةَ
وَٱتَّقُوا۟ ٱللَّهَ رَبَّكُمْ لَا تُخْرِجُوهُنَّ مِنۢ بُيُوتِهِنَّ وَلَا يَخْرُجْنَ إِلَّآ أَن
يَأْتِينَ بِفَٰحِشَةٍ مُّبَيِّنَةٍ وَتِلْكَ حُدُودُ ٱللَّهِ وَمَن يَتَعَدَّ حُدُودَ ٱللَّهِ
فَقَدْ ظَلَمَ نَفْسَهُۥ لَا تَدْرِى لَعَلَّ ٱللَّهَ يُحْدِثُ بَعْدَ ذَٰلِكَ أَمْرًا ١
فَإِذَا بَلَغْنَ أَجَلَهُنَّ فَأَمْسِكُوهُنَّ بِمَعْرُوفٍ أَوْ فَارِقُوهُنَّ بِمَعْرُوفٍ
وَأَشْهِدُوا۟ ذَوَىْ عَدْلٍ مِّنكُمْ وَأَقِيمُوا۟ ٱلشَّهَٰدَةَ لِلَّهِ ذَٰلِكُمْ يُوعَظُ بِهِۦ
مَن كَانَ يُؤْمِنُ بِٱللَّهِ وَٱلْيَوْمِ ٱلْءَاخِرِ وَمَن يَتَّقِ ٱللَّهَ يَجْعَل لَّهُۥ مَخْرَجًا ٢
وَيَرْزُقْهُ مِنْ حَيْثُ لَا يَحْتَسِبُ وَمَن يَتَوَكَّلْ عَلَى ٱللَّهِ فَهُوَ حَسْبُهُۥٓ

إِنَّ ٱللَّهَ بَٰلِغُ أَمْرِهِۦ قَدْ جَعَلَ ٱللَّهُ لِكُلِّ شَىْءٍ قَدْرًا ٣ وَٱلَّٰٓـِٔى يَئِسْنَ
مِنَ ٱلْمَحِيضِ مِن نِّسَآئِكُمْ إِنِ ٱرْتَبْتُمْ فَعِدَّتُهُنَّ ثَلَٰثَةُ أَشْهُرٍ
وَٱلَّٰٓـِٔى لَمْ يَحِضْنَ وَأُو۟لَٰتُ ٱلْأَحْمَالِ أَجَلُهُنَّ أَن يَضَعْنَ حَمْلَهُنَّ
وَمَن يَتَّقِ ٱللَّهَ يَجْعَل لَّهُۥ مِنْ أَمْرِهِۦ يُسْرًا ٤ ذَٰلِكَ أَمْرُ ٱللَّهِ أَنزَلَهُۥٓ
إِلَيْكُمْ وَمَن يَتَّقِ ٱللَّهَ يُكَفِّرْ عَنْهُ سَيِّـَٔاتِهِۦ وَيُعْظِمْ لَهُۥٓ أَجْرًا ٥
28 - 65 - 559 أَسْكِنُوهُنَّ مِنْ حَيْثُ سَكَنتُم مِّن وُجْدِكُمْ وَلَا تُضَآرُّوهُنَّ لِتُضَيِّقُوا۟
عَلَيْهِنَّ وَإِن كُنَّ أُو۟لَٰتِ حَمْلٍ فَأَنفِقُوا۟ عَلَيْهِنَّ حَتَّىٰ يَضَعْنَ حَمْلَهُنَّ فَإِنْ
أَرْضَعْنَ لَكُمْ فَـَٔاتُوهُنَّ أُجُورَهُنَّ وَأْتَمِرُوا۟ بَيْنَكُم بِمَعْرُوفٍ وَإِن
تَعَاسَرْتُمْ فَسَتُرْضِعُ لَهُۥٓ أُخْرَىٰ ٦ لِيُنفِقْ ذُو سَعَةٍ مِّن سَعَتِهِۦ وَمَن
قُدِرَ عَلَيْهِ رِزْقُهُۥ فَلْيُنفِقْ مِمَّآ ءَاتَىٰهُ ٱللَّهُ لَا يُكَلِّفُ ٱللَّهُ نَفْسًا إِلَّا
مَآ ءَاتَىٰهَا سَيَجْعَلُ ٱللَّهُ بَعْدَ عُسْرٍ يُسْرًا ٧ وَكَأَيِّن مِّن قَرْيَةٍ عَتَتْ
عَنْ أَمْرِ رَبِّهَا وَرُسُلِهِۦ فَحَاسَبْنَٰهَا حِسَابًا شَدِيدًا وَعَذَّبْنَٰهَا عَذَابًا
نُّكْرًا ٨ فَذَاقَتْ وَبَالَ أَمْرِهَا وَكَانَ عَٰقِبَةُ أَمْرِهَا خُسْرًا ٩ أَعَدَّ ٱللَّهُ
لَهُمْ عَذَابًا شَدِيدًا فَٱتَّقُوا۟ ٱللَّهَ يَٰٓأُو۟لِى ٱلْأَلْبَٰبِ ٱلَّذِينَ ءَامَنُوا۟ قَدْ أَنزَلَ
ٱللَّهُ إِلَيْكُمْ ذِكْرًا ١٠ رَّسُولًا يَتْلُوا۟ عَلَيْكُمْ ءَايَٰتِ ٱللَّهِ مُبَيِّنَٰتٍ لِّيُخْرِجَ
ٱلَّذِينَ ءَامَنُوا۟ وَعَمِلُوا۟ ٱلصَّٰلِحَٰتِ مِنَ ٱلظُّلُمَٰتِ إِلَى ٱلنُّورِ وَمَن يُؤْمِنۢ
بِٱللَّهِ وَيَعْمَلْ صَٰلِحًا يُدْخِلْهُ جَنَّٰتٍ تَجْرِى مِن تَحْتِهَا ٱلْأَنْهَٰرُ خَٰلِدِينَ
فِيهَآ أَبَدًا قَدْ أَحْسَنَ ٱللَّهُ لَهُۥ رِزْقًا ١١ ٱللَّهُ ٱلَّذِى خَلَقَ سَبْعَ سَمَٰوَٰتٍ
وَمِنَ ٱلْأَرْضِ مِثْلَهُنَّ يَتَنَزَّلُ ٱلْأَمْرُ بَيْنَهُنَّ لِتَعْلَمُوٓا۟ أَنَّ ٱللَّهَ عَلَىٰ
كُلِّ شَىْءٍ قَدِيرٌ وَأَنَّ ٱللَّهَ قَدْ أَحَاطَ بِكُلِّ شَىْءٍ عِلْمًۢا ١٢

28 - 66 - 560

سُورَةُ التَّحْرِيمِ

بِسْمِ ٱللَّهِ ٱلرَّحْمَٰنِ ٱلرَّحِيمِ

يَٰٓأَيُّهَا ٱلنَّبِىُّ لِمَ تُحَرِّمُ مَآ أَحَلَّ ٱللَّهُ لَكَ تَبْتَغِى مَرْضَاتَ أَزْوَٰجِكَ وَٱللَّهُ
غَفُورٌ رَّحِيمٌ ١ قَدْ فَرَضَ ٱللَّهُ لَكُمْ تَحِلَّةَ أَيْمَٰنِكُمْ وَٱللَّهُ مَوْلَىٰكُمْ وَهُوَ
ٱلْعَلِيمُ ٱلْحَكِيمُ ٢ وَإِذْ أَسَرَّ ٱلنَّبِىُّ إِلَىٰ بَعْضِ أَزْوَٰجِهِۦ حَدِيثًا فَلَمَّا
نَبَّأَتْ بِهِۦ وَأَظْهَرَهُ ٱللَّهُ عَلَيْهِ عَرَّفَ بَعْضَهُۥ وَأَعْرَضَ عَنۢ بَعْضٍ فَلَمَّا
نَبَّأَهَا بِهِۦ قَالَتْ مَنْ أَنۢبَأَكَ هَٰذَا قَالَ نَبَّأَنِىَ ٱلْعَلِيمُ ٱلْخَبِيرُ ٣ إِن
تَتُوبَآ إِلَى ٱللَّهِ فَقَدْ صَغَتْ قُلُوبُكُمَا وَإِن تَظَٰهَرَا عَلَيْهِ فَإِنَّ ٱللَّهَ
هُوَ مَوْلَىٰهُ وَجِبْرِيلُ وَصَٰلِحُ ٱلْمُؤْمِنِينَ وَٱلْمَلَٰٓئِكَةُ بَعْدَ ذَٰلِكَ
ظَهِيرٌ ٤ عَسَىٰ رَبُّهُۥٓ إِن طَلَّقَكُنَّ أَن يُبْدِلَهُۥٓ أَزْوَٰجًا خَيْرًا مِّنكُنَّ
مُسْلِمَٰتٍ مُّؤْمِنَٰتٍ قَٰنِتَٰتٍ تَٰٓئِبَٰتٍ عَٰبِدَٰتٍ سَٰٓئِحَٰتٍ ثَيِّبَٰتٍ
وَأَبْكَارًا ٥ يَٰٓأَيُّهَا ٱلَّذِينَ ءَامَنُوا۟ قُوٓا۟ أَنفُسَكُمْ وَأَهْلِيكُمْ نَارًا
وَقُودُهَا ٱلنَّاسُ وَٱلْحِجَارَةُ عَلَيْهَا مَلَٰٓئِكَةٌ غِلَاظٌ شِدَادٌ
لَّا يَعْصُونَ ٱللَّهَ مَآ أَمَرَهُمْ وَيَفْعَلُونَ مَا يُؤْمَرُونَ ٦ يَٰٓأَيُّهَا ٱلَّذِينَ
كَفَرُوا۟ لَا تَعْتَذِرُوا۟ ٱلْيَوْمَ إِنَّمَا تُجْزَوْنَ مَا كُنتُمْ تَعْمَلُونَ ٧
28 - 66 - 561 يَٰٓأَيُّهَا ٱلَّذِينَ ءَامَنُوا۟ تُوبُوٓا۟ إِلَى ٱللَّهِ تَوْبَةً نَّصُوحًا عَسَىٰ رَبُّكُمْ
أَن يُكَفِّرَ عَنكُمْ سَيِّـَٔاتِكُمْ وَيُدْخِلَكُمْ جَنَّٰتٍ تَجْرِى
مِن تَحْتِهَا ٱلْأَنْهَٰرُ يَوْمَ لَا يُخْزِى ٱللَّهُ ٱلنَّبِىَّ وَٱلَّذِينَ ءَامَنُوا۟
مَعَهُۥ نُورُهُمْ يَسْعَىٰ بَيْنَ أَيْدِيهِمْ وَبِأَيْمَٰنِهِمْ يَقُولُونَ رَبَّنَآ
أَتْمِمْ لَنَا نُورَنَا وَٱغْفِرْ لَنَآ إِنَّكَ عَلَىٰ كُلِّ شَىْءٍ قَدِيرٌ ٨
يَٰٓأَيُّهَا ٱلنَّبِىُّ جَٰهِدِ ٱلْكُفَّارَ وَٱلْمُنَٰفِقِينَ وَٱغْلُظْ عَلَيْهِمْ
وَمَأْوَىٰهُمْ جَهَنَّمُ وَبِئْسَ ٱلْمَصِيرُ ٩ ضَرَبَ ٱللَّهُ مَثَلًا
لِّلَّذِينَ كَفَرُوا۟ ٱمْرَأَتَ نُوحٍ وَٱمْرَأَتَ لُوطٍ كَانَتَا تَحْتَ
عَبْدَيْنِ مِنْ عِبَادِنَا صَٰلِحَيْنِ فَخَانَتَاهُمَا فَلَمْ يُغْنِيَا عَنْهُمَا
مِنَ ٱللَّهِ شَيْـًٔا وَقِيلَ ٱدْخُلَا ٱلنَّارَ مَعَ ٱلدَّٰخِلِينَ ١٠
وَضَرَبَ ٱللَّهُ مَثَلًا لِّلَّذِينَ ءَامَنُوا۟ ٱمْرَأَتَ فِرْعَوْنَ إِذْ
قَالَتْ رَبِّ ٱبْنِ لِى عِندَكَ بَيْتًا فِى ٱلْجَنَّةِ وَنَجِّنِى مِن فِرْعَوْنَ
وَعَمَلِهِۦ وَنَجِّنِى مِنَ ٱلْقَوْمِ ٱلظَّٰلِمِينَ ١١ وَمَرْيَمَ ٱبْنَتَ
عِمْرَٰنَ ٱلَّتِىٓ أَحْصَنَتْ فَرْجَهَا فَنَفَخْنَا فِيهِ مِن رُّوحِنَا
وَصَدَّقَتْ بِكَلِمَٰتِ رَبِّهَا وَكُتُبِهِۦ وَكَانَتْ مِنَ ٱلْقَٰنِتِينَ ١٢

سورة الملك

بسم الله الرحمن الرحيم

29-67-562 تبارك الذي بيده الملك وهو على كل شيء قدير ١ الذي خلق الموت والحياة ليبلوكم أيكم أحسن عملا وهو العزيز الغفور ٢ الذي خلق سبع سماوات طباقا ما ترى في خلق الرحمن من تفاوت فارجع البصر هل ترى من فطور ٣ ثم ارجع البصر كرتين ينقلب إليك البصر خاسئا وهو حسير ٤ ولقد زينا السماء الدنيا بمصابيح وجعلناها رجوما للشياطين وأعتدنا لهم عذاب السعير ٥ وللذين كفروا بربهم عذاب جهنم وبئس المصير ٦ إذا ألقوا فيها سمعوا لها شهيقا وهي تفور ٧ تكاد تميز من الغيظ كلما ألقي فيها فوج سألهم خزنتها ألم يأتكم نذير ٨ قالوا بلى قد جاءنا نذير فكذبنا وقلنا ما نزل الله من شيء إن أنتم إلا في ضلال كبير ٩ وقالوا لو كنا نسمع أو نعقل ما كنا في أصحاب السعير ١٠ فاعترفوا بذنبهم فسحقا لأصحاب السعير ١١ إن الذين يخشون ربهم بالغيب لهم مغفرة وأجر كبير ١٢ وأسروا قولكم أو اجهروا به إنه عليم بذات الصدور ١٣ ألا
29-67-563 يعلم من خلق وهو اللطيف الخبير ١٤ هو الذي جعل لكم الأرض ذلولا فامشوا في مناكبها وكلوا من رزقه وإليه النشور ١٥ أأمنتم من في السماء أن يخسف بكم الأرض فإذا هي تمور ١٦ أم أمنتم من في السماء أن يرسل عليكم حاصبا فستعلمون كيف نذير ١٧ ولقد كذب الذين من قبلهم فكيف كان نكير ١٨ أولم يروا إلى الطير فوقهم صافات ويقبضن ما يمسكهن إلا الرحمن إنه بكل شيء بصير ١٩ أمن هذا الذي هو جند لكم ينصركم من دون الرحمن إن الكافرون إلا في غرور ٢٠ أمن هذا الذي يرزقكم إن أمسك رزقه بل لجوا في عتو ونفور ٢١ أفمن يمشي مكبا على وجهه أهدى أمن يمشي سويا على صراط مستقيم ٢٢ قل هو الذي أنشأكم وجعل لكم السمع والأبصار والأفئدة قليلا ما تشكرون ٢٣ قل هو الذي ذرأكم في الأرض وإليه تحشرون ٢٤ ويقولون متى هذا الوعد إن كنتم صادقين ٢٥ قل إنما العلم عند الله وإنما أنا نذير مبين ٢٦
29-67-564 فلما رأوه زلفة سيئت وجوه الذين كفروا وقيل هذا الذي كنتم به تدعون ٢٧ قل أرأيتم إن أهلكني الله ومن معي أو رحمنا فمن يجير الكافرين من عذاب أليم ٢٨ قل هو الرحمن آمنا به وعليه توكلنا فستعلمون من هو في ضلال مبين ٢٩ قل أرأيتم إن أصبح ماؤكم غورا فمن يأتيكم بماء معين ٣٠

سورة القلم

بسم الله الرحمن الرحيم

ن والقلم وما يسطرون ١ ما أنت بنعمة ربك بمجنون ٢ وإن لك لأجرا غير ممنون ٣ وإنك لعلى خلق عظيم ٤ فستبصر ويبصرون ٥ بأييكم المفتون ٦ إن ربك هو أعلم بمن ضل عن سبيله وهو أعلم بالمهتدين ٧ فلا تطع المكذبين ٨ ودوا لو تدهن فيدهنون ٩ ولا تطع كل حلاف مهين ١٠ هماز مشاء بنميم ١١ مناع للخير معتد أثيم ١٢ عتل بعد ذلك زنيم ١٣ أن كان ذا مال وبنين ١٤ إذا تتلى عليه آياتنا قال أساطير الأولين ١٥ سنسمه على الخرطوم ١٦
29-67-565 إنا بلوناهم كما بلونا أصحاب الجنة إذ أقسموا ليصرمنها مصبحين ١٧ ولا يستثنون ١٨ فطاف عليها طائف من ربك وهم نائمون ١٩ فأصبحت كالصريم ٢٠ فتنادوا مصبحين ٢١ أن اغدوا على حرثكم إن كنتم صارمين ٢٢ فانطلقوا وهم يتخافتون ٢٣ أن لا يدخلنها اليوم عليكم مسكين ٢٤ وغدوا على حرد قادرين ٢٥ فلما رأوها قالوا إنا لضالون ٢٦ بل نحن محرومون ٢٧ قال أوسطهم ألم أقل لكم لولا تسبحون ٢٨ قالوا سبحان ربنا إنا كنا ظالمين ٢٩ فأقبل بعضهم على بعض يتلاومون ٣٠ قالوا يا ويلنا إنا كنا طاغين ٣١ عسى ربنا أن يبدلنا خيرا منها إنا إلى ربنا راغبون ٣٢ كذلك العذاب ولعذاب الآخرة أكبر لو كانوا يعلمون ٣٣ إن للمتقين عند ربهم جنات النعيم ٣٤ أفنجعل المسلمين كالمجرمين ٣٥ ما لكم كيف تحكمون ٣٦ أم لكم كتاب فيه تدرسون ٣٧ إن لكم فيه لما تخيرون ٣٨ أم لكم أيمان علينا بالغة إلى يوم القيامة إن لكم لما تحكمون ٣٩ سلهم أيهم بذلك زعيم ٤٠ أم لهم شركاء فليأتوا بشركائهم إن كانوا صادقين ٤١ يوم يكشف عن ساق ويدعون إلى السجود فلا يستطيعون ٤٢
29-68-566 خاشعة أبصارهم ترهقهم ذلة وقد كانوا يدعون إلى السجود وهم سالمون ٤٣ فذرني ومن يكذب بهذا الحديث سنستدرجهم من حيث لا يعلمون ٤٤ وأملي لهم إن كيدي متين ٤٥ أم تسألهم أجرا فهم من مغرم مثقلون ٤٦ أم عندهم الغيب فهم يكتبون ٤٧ فاصبر لحكم ربك ولا تكن كصاحب الحوت إذ نادى وهو مكظوم ٤٨ لولا أن تداركه نعمة من ربه لنبذ بالعراء وهو مذموم ٤٩ فاجتباه ربه فجعله من الصالحين ٥٠ وإن يكاد الذين كفروا ليزلقونك بأبصارهم لما سمعوا الذكر ويقولون إنه لمجنون ٥١ وما هو إلا ذكر للعالمين ٥٢

سورة الحاقة

بسم الله الرحمن الرحيم

الحاقة ١ ما الحاقة ٢ وما أدراك ما الحاقة ٣ كذبت ثمود وعاد بالقارعة ٤ فأما ثمود فأهلكوا بالطاغية ٥ وأما عاد فأهلكوا بريح صرصر عاتية ٦ سخرها عليهم سبع ليال وثمانية أيام حسوما فترى القوم فيها صرعى كأنهم أعجاز نخل خاوية ٧ فهل ترى لهم من باقية ٨ وجاء فرعون ومن قبله والمؤتفكات بالخاطئة ٩ فعصوا رسول
29-69-567 ربهم فأخذهم أخذة رابية ١٠ إنا لما طغا الماء حملناكم في الجارية ١١ لنجعلها لكم تذكرة وتعيها أذن واعية ١٢ فإذا نفخ في الصور نفخة واحدة ١٣ وحملت الأرض والجبال فدكتا دكة واحدة ١٤ فيومئذ وقعت الواقعة ١٥ وانشقت السماء فهي يومئذ واهية ١٦ والملك على أرجائها ويحمل عرش ربك فوقهم يومئذ ثمانية ١٧ يومئذ تعرضون لا تخفى منكم خافية ١٨ فأما من أوتي كتابه بيمينه فيقول هاؤم اقرءوا كتابيه ١٩ إني ظننت أني ملاق حسابيه ٢٠ فهو في عيشة راضية ٢١ في جنة عالية ٢٢ قطوفها دانية ٢٣ كلوا واشربوا هنيئا بما أسلفتم في الأيام الخالية ٢٤ وأما من أوتي كتابه بشماله فيقول يا ليتني لم أوت كتابيه ٢٥ ولم أدر ما حسابيه ٢٦ يا ليتها كانت القاضية ٢٧ ما أغنى عني ماليه ٢٨ هلك عني سلطانيه ٢٩ خذوه فغلوه ٣٠ ثم الجحيم صلوه ٣١ ثم في سلسلة ذرعها سبعون ذراعا فاسلكوه ٣٢ إنه كان لا يؤمن بالله العظيم ٣٣ ولا يحض على طعام المسكين ٣٤ فليس له اليوم هاهنا حميم ٣٥ ولا طعام إلا من غسلين ٣٦ لا يأكله إلا الخاطئون ٣٧ فلا أقسم بما
29-69-568 تبصرون ٣٨ وما لا تبصرون ٣٩ إنه لقول رسول كريم ٤٠ وما هو بقول شاعر قليلا ما تؤمنون ٤١ ولا بقول كاهن قليلا ما تذكرون ٤٢ تنزيل من رب العالمين ٤٣ ولو تقول علينا بعض الأقاويل ٤٤ لأخذنا منه باليمين ٤٥ ثم لقطعنا منه الوتين ٤٦ فما منكم من أحد عنه حاجزين ٤٧ وإنه لتذكرة للمتقين ٤٨ وإنا لنعلم أن منكم مكذبين ٤٩ وإنه لحسرة على الكافرين ٥٠ وإنه لحق اليقين ٥١ فسبح باسم ربك العظيم ٥٢

سورة المعارج

بسم الله الرحمن الرحيم

سأل سائل بعذاب واقع ١ للكافرين ليس له دافع ٢ من الله ذي المعارج ٣ تعرج الملائكة والروح إليه في يوم كان مقداره خمسين ألف سنة ٤ فاصبر صبرا جميلا ٥ إنهم يرونه بعيدا ٦ ونراه قريبا ٧ يوم تكون السماء كالمهل ٨ وتكون الجبال كالعهن ٩ ولا يسأل حميم حميما ١٠
29-70-569 يبصرونهم يود المجرم لو يفتدي من عذاب يومئذ ببنيه ١١ وصاحبته وأخيه ١٢ وفصيلته التي تؤويه ١٣ ومن في الأرض جميعا ثم ينجيه ١٤ كلا إنها لظى ١٥ نزاعة للشوى ١٦ تدعو من أدبر وتولى ١٧ وجمع فأوعى ١٨ إن الإنسان خلق هلوعا ١٩ إذا مسه الشر جزوعا ٢٠ وإذا مسه الخير منوعا ٢١ إلا المصلين ٢٢ الذين هم على صلاتهم دائمون ٢٣ والذين في أموالهم حق معلوم ٢٤ للسائل والمحروم ٢٥ والذين يصدقون بيوم الدين ٢٦ والذين هم من عذاب ربهم مشفقون ٢٧ إن عذاب ربهم غير مأمون ٢٨ والذين هم لفروجهم حافظون ٢٩ إلا على أزواجهم أو ما ملكت أيمانهم فإنهم غير ملومين ٣٠ فمن ابتغى وراء ذلك فأولئك هم العادون ٣١ والذين هم لأماناتهم وعهدهم راعون ٣٢ والذين هم بشهاداتهم قائمون ٣٣ والذين هم على صلاتهم يحافظون ٣٤ أولئك في جنات مكرمون ٣٥ فمال الذين كفروا قبلك مهطعين ٣٦ عن اليمين وعن الشمال عزين ٣٧ أيطمع كل امرئ منهم أن يدخل جنة نعيم ٣٨ كلا إنا خلقناهم مما يعلمون ٣٩ فلا أقسم برب المشارق والمغارب إنا لقادرون ٤٠ على أن نبدل خيرا منهم وما نحن بمسبوقين ٤١
29-70-570 فذرهم يخوضوا ويلعبوا حتى يلاقوا يومهم الذي يوعدون ٤٢ يوم يخرجون من الأجداث سراعا كأنهم إلى نصب يوفضون ٤٣ خاشعة أبصارهم ترهقهم ذلة ذلك اليوم الذي كانوا يوعدون ٤٤

سورة نوح

بسم الله الرحمن الرحيم

إنا أرسلنا نوحا إلى قومه أن أنذر قومك من قبل أن يأتيهم عذاب أليم ١ قال يا قوم إني لكم نذير مبين ٢ أن اعبدوا الله واتقوه وأطيعون ٣ يغفر لكم من ذنوبكم ويؤخركم إلى أجل مسمى إن أجل الله إذا جاء لا يؤخر لو كنتم تعلمون ٤ قال رب إني دعوت قومي ليلا ونهارا ٥ فلم يزدهم دعائي إلا فرارا ٦ وإني كلما دعوتهم لتغفر لهم جعلوا أصابعهم في آذانهم واستغشوا ثيابهم وأصروا واستكبروا استكبارا ٧ ثم إني دعوتهم جهارا ٨ ثم إني أعلنت لهم وأسررت لهم إسرارا ٩ فقلت استغفروا ربكم إنه كان غفارا ١٠
29-71-571 يرسل السماء عليكم مدرارا ١١ ويمددكم بأموال وبنين ويجعل لكم جنات ويجعل لكم أنهارا ١٢ ما لكم لا ترجون لله وقارا ١٣ وقد خلقكم أطوارا ١٤ ألم تروا كيف خلق الله سبع سماوات طباقا ١٥ وجعل القمر فيهن نورا وجعل الشمس سراجا ١٦ والله أنبتكم من الأرض نباتا ١٧ ثم يعيدكم فيها ويخرجكم إخراجا ١٨ والله جعل لكم الأرض بساطا ١٩ لتسلكوا منها سبلا فجاجا ٢٠ قال نوح رب إنهم عصوني واتبعوا من لم يزده ماله وولده إلا خسارا ٢١ ومكروا مكرا كبارا ٢٢ وقالوا لا تذرن آلهتكم ولا تذرن ودا ولا سواعا ولا يغوث ويعوق ونسرا ٢٣ وقد أضلوا كثيرا ولا تزد الظالمين إلا ضلالا ٢٤ مما خطيئاتهم أغرقوا فأدخلوا نارا فلم يجدوا لهم من دون الله أنصارا ٢٥ وقال نوح رب لا تذر على الأرض من الكافرين ديارا ٢٦ إنك إن تذرهم يضلوا عبادك ولا يلدوا إلا فاجرا كفارا ٢٧ رب اغفر لي ولوالدي ولمن دخل بيتي مؤمنا وللمؤمنين والمؤمنات ولا تزد الظالمين إلا تبارا ٢٨

29 - 72 - 572

سُورَةُ الجِنِّ

بِسۡمِ ٱللَّهِ ٱلرَّحۡمَٰنِ ٱلرَّحِيمِ

قُلۡ أُوحِيَ إِلَيَّ أَنَّهُ ٱسۡتَمَعَ نَفَرٞ مِّنَ ٱلۡجِنِّ فَقَالُوٓاْ إِنَّا سَمِعۡنَا قُرۡءَانًا
عَجَبٗا ١ يَهۡدِيٓ إِلَى ٱلرُّشۡدِ فَـَٔامَنَّا بِهِۦۖ وَلَن نُّشۡرِكَ بِرَبِّنَآ أَحَدٗا ٢
وَأَنَّهُۥ تَعَٰلَىٰ جَدُّ رَبِّنَا مَا ٱتَّخَذَ صَٰحِبَةٗ وَلَا وَلَدٗا ٣ وَأَنَّهُۥ كَانَ
يَقُولُ سَفِيهُنَا عَلَى ٱللَّهِ شَطَطٗا ٤ وَأَنَّا ظَنَنَّآ أَن لَّن تَقُولَ ٱلۡإِنسُ
وَٱلۡجِنُّ عَلَى ٱللَّهِ كَذِبٗا ٥ وَأَنَّهُۥ كَانَ رِجَالٞ مِّنَ ٱلۡإِنسِ يَعُوذُونَ بِرِجَالٖ
مِّنَ ٱلۡجِنِّ فَزَادُوهُمۡ رَهَقٗا ٦ وَأَنَّهُمۡ ظَنُّواْ كَمَا ظَنَنتُمۡ أَن لَّن يَبۡعَثَ
ٱللَّهُ أَحَدٗا ٧ وَأَنَّا لَمَسۡنَا ٱلسَّمَآءَ فَوَجَدۡنَٰهَا مُلِئَتۡ حَرَسٗا
شَدِيدٗا وَشُهُبٗا ٨ وَأَنَّا كُنَّا نَقۡعُدُ مِنۡهَا مَقَٰعِدَ لِلسَّمۡعِۖ فَمَن
يَسۡتَمِعِ ٱلۡأٓنَ يَجِدۡ لَهُۥ شِهَابٗا رَّصَدٗا ٩ وَأَنَّا لَا نَدۡرِيٓ أَشَرٌّ أُرِيدَ
بِمَن فِي ٱلۡأَرۡضِ أَمۡ أَرَادَ بِهِمۡ رَبُّهُمۡ رَشَدٗا ١٠ وَأَنَّا مِنَّا ٱلصَّٰلِحُونَ
وَمِنَّا دُونَ ذَٰلِكَۖ كُنَّا طَرَآئِقَ قِدَدٗا ١١ وَأَنَّا ظَنَنَّآ أَن لَّن نُّعۡجِزَ
ٱللَّهَ فِي ٱلۡأَرۡضِ وَلَن نُّعۡجِزَهُۥ هَرَبٗا ١٢ وَأَنَّا لَمَّا سَمِعۡنَا ٱلۡهُدَىٰٓ
ءَامَنَّا بِهِۦۖ فَمَن يُؤۡمِنۢ بِرَبِّهِۦ فَلَا يَخَافُ بَخۡسٗا وَلَا رَهَقٗا ١٣
وَأَنَّا مِنَّا ٱلۡمُسۡلِمُونَ وَمِنَّا ٱلۡقَٰسِطُونَۖ فَمَنۡ أَسۡلَمَ فَأُوْلَٰٓئِكَ
29 - 72 - 573
تَحَرَّوۡاْ رَشَدٗا ١٤ وَأَمَّا ٱلۡقَٰسِطُونَ فَكَانُواْ لِجَهَنَّمَ حَطَبٗا ١٥
وَأَلَّوِ ٱسۡتَقَٰمُواْ عَلَى ٱلطَّرِيقَةِ لَأَسۡقَيۡنَٰهُم مَّآءً غَدَقٗا ١٦ لِّنَفۡتِنَهُمۡ
فِيهِۚ وَمَن يُعۡرِضۡ عَن ذِكۡرِ رَبِّهِۦ يَسۡلُكۡهُ عَذَابٗا صَعَدٗا ١٧ وَأَنَّ
ٱلۡمَسَٰجِدَ لِلَّهِ فَلَا تَدۡعُواْ مَعَ ٱللَّهِ أَحَدٗا ١٨ وَأَنَّهُۥ لَمَّا قَامَ عَبۡدُ ٱللَّهِ
يَدۡعُوهُ كَادُواْ يَكُونُونَ عَلَيۡهِ لِبَدٗا ١٩ قُلۡ إِنَّمَآ أَدۡعُواْ رَبِّي وَلَآ أُشۡرِكُ
بِهِۦٓ أَحَدٗا ٢٠ قُلۡ إِنِّي لَآ أَمۡلِكُ لَكُمۡ ضَرّٗا وَلَا رَشَدٗا ٢١ قُلۡ إِنِّي
لَن يُجِيرَنِي مِنَ ٱللَّهِ أَحَدٞ وَلَنۡ أَجِدَ مِن دُونِهِۦ مُلۡتَحَدًا ٢٢ إِلَّا بَلَٰغٗا
مِّنَ ٱللَّهِ وَرِسَٰلَٰتِهِۦۚ وَمَن يَعۡصِ ٱللَّهَ وَرَسُولَهُۥ فَإِنَّ لَهُۥ نَارَ جَهَنَّمَ
خَٰلِدِينَ فِيهَآ أَبَدًا ٢٣ حَتَّىٰٓ إِذَا رَأَوۡاْ مَا يُوعَدُونَ فَسَيَعۡلَمُونَ
مَنۡ أَضۡعَفُ نَاصِرٗا وَأَقَلُّ عَدَدٗا ٢٤ قُلۡ إِنۡ أَدۡرِيٓ أَقَرِيبٞ مَّا تُوعَدُونَ
أَمۡ يَجۡعَلُ لَهُۥ رَبِّيٓ أَمَدًا ٢٥ عَٰلِمُ ٱلۡغَيۡبِ فَلَا يُظۡهِرُ عَلَىٰ غَيۡبِهِۦٓ
أَحَدًا ٢٦ إِلَّا مَنِ ٱرۡتَضَىٰ مِن رَّسُولٖ فَإِنَّهُۥ يَسۡلُكُ مِنۢ بَيۡنِ
يَدَيۡهِ وَمِنۡ خَلۡفِهِۦ رَصَدٗا ٢٧ لِّيَعۡلَمَ أَن قَدۡ أَبۡلَغُواْ رِسَٰلَٰتِ
رَبِّهِمۡ وَأَحَاطَ بِمَا لَدَيۡهِمۡ وَأَحۡصَىٰ كُلَّ شَيۡءٍ عَدَدَۢا ٢٨

29 - 73 - 574

سُورَةُ المُزَّمِّلِ

بِسۡمِ ٱللَّهِ ٱلرَّحۡمَٰنِ ٱلرَّحِيمِ

يَٰٓأَيُّهَا ٱلۡمُزَّمِّلُ ١ قُمِ ٱلَّيۡلَ إِلَّا قَلِيلٗا ٢ نِّصۡفَهُۥٓ أَوِ ٱنقُصۡ مِنۡهُ قَلِيلًا ٣
أَوۡ زِدۡ عَلَيۡهِ وَرَتِّلِ ٱلۡقُرۡءَانَ تَرۡتِيلًا ٤ إِنَّا سَنُلۡقِي عَلَيۡكَ قَوۡلٗا
ثَقِيلًا ٥ إِنَّ نَاشِئَةَ ٱلَّيۡلِ هِيَ أَشَدُّ وَطۡـٔٗا وَأَقۡوَمُ قِيلًا ٦ إِنَّ لَكَ فِي
ٱلنَّهَارِ سَبۡحٗا طَوِيلٗا ٧ وَٱذۡكُرِ ٱسۡمَ رَبِّكَ وَتَبَتَّلۡ إِلَيۡهِ تَبۡتِيلٗا ٨
رَّبُّ ٱلۡمَشۡرِقِ وَٱلۡمَغۡرِبِ لَآ إِلَٰهَ إِلَّا هُوَ فَٱتَّخِذۡهُ وَكِيلٗا ٩ وَٱصۡبِرۡ
عَلَىٰ مَا يَقُولُونَ وَٱهۡجُرۡهُمۡ هَجۡرٗا جَمِيلٗا ١٠ وَذَرۡنِي وَٱلۡمُكَذِّبِينَ
أُوْلِي ٱلنَّعۡمَةِ وَمَهِّلۡهُمۡ قَلِيلًا ١١ إِنَّ لَدَيۡنَآ أَنكَالٗا وَجَحِيمٗا ١٢
وَطَعَامٗا ذَا غُصَّةٖ وَعَذَابًا أَلِيمٗا ١٣ يَوۡمَ تَرۡجُفُ ٱلۡأَرۡضُ وَٱلۡجِبَالُ
وَكَانَتِ ٱلۡجِبَالُ كَثِيبٗا مَّهِيلًا ١٤ إِنَّآ أَرۡسَلۡنَآ إِلَيۡكُمۡ رَسُولٗا شَٰهِدًا
عَلَيۡكُمۡ كَمَآ أَرۡسَلۡنَآ إِلَىٰ فِرۡعَوۡنَ رَسُولٗا ١٥ فَعَصَىٰ فِرۡعَوۡنُ ٱلرَّسُولَ
فَأَخَذۡنَٰهُ أَخۡذٗا وَبِيلٗا ١٦ فَكَيۡفَ تَتَّقُونَ إِن كَفَرۡتُمۡ يَوۡمٗا
يَجۡعَلُ ٱلۡوِلۡدَٰنَ شِيبًا ١٧ ٱلسَّمَآءُ مُنفَطِرُۢ بِهِۦۚ كَانَ وَعۡدُهُۥ مَفۡعُولًا ١٨
إِنَّ هَٰذِهِۦ تَذۡكِرَةٞۖ فَمَن شَآءَ ٱتَّخَذَ إِلَىٰ رَبِّهِۦ سَبِيلًا ١٩
29 - 73 - 575
۞إِنَّ رَبَّكَ يَعۡلَمُ أَنَّكَ تَقُومُ أَدۡنَىٰ مِن ثُلُثَيِ ٱلَّيۡلِ وَنِصۡفَهُۥ وَثُلُثَهُۥ وَطَآئِفَةٞ
مِّنَ ٱلَّذِينَ مَعَكَۚ وَٱللَّهُ يُقَدِّرُ ٱلَّيۡلَ وَٱلنَّهَارَۚ عَلِمَ أَن لَّن تُحۡصُوهُ فَتَابَ
عَلَيۡكُمۡۖ فَٱقۡرَءُواْ مَا تَيَسَّرَ مِنَ ٱلۡقُرۡءَانِۚ عَلِمَ أَن سَيَكُونُ مِنكُم مَّرۡضَىٰ
وَءَاخَرُونَ يَضۡرِبُونَ فِي ٱلۡأَرۡضِ يَبۡتَغُونَ مِن فَضۡلِ ٱللَّهِ وَءَاخَرُونَ
يُقَٰتِلُونَ فِي سَبِيلِ ٱللَّهِۖ فَٱقۡرَءُواْ مَا تَيَسَّرَ مِنۡهُۚ وَأَقِيمُواْ ٱلصَّلَوٰةَ وَءَاتُواْ
ٱلزَّكَوٰةَ وَأَقۡرِضُواْ ٱللَّهَ قَرۡضًا حَسَنٗاۚ وَمَا تُقَدِّمُواْ لِأَنفُسِكُم مِّنۡ خَيۡرٖ تَجِدُوهُ
عِندَ ٱللَّهِ هُوَ خَيۡرٗا وَأَعۡظَمَ أَجۡرٗاۚ وَٱسۡتَغۡفِرُواْ ٱللَّهَۖ إِنَّ ٱللَّهَ غَفُورٞ رَّحِيمُۢ ٢٠

سُورَةُ المُدَّثِّرِ

بِسۡمِ ٱللَّهِ ٱلرَّحۡمَٰنِ ٱلرَّحِيمِ

يَٰٓأَيُّهَا ٱلۡمُدَّثِّرُ ١ قُمۡ فَأَنذِرۡ ٢ وَرَبَّكَ فَكَبِّرۡ ٣ وَثِيَابَكَ فَطَهِّرۡ ٤
وَٱلرُّجۡزَ فَٱهۡجُرۡ ٥ وَلَا تَمۡنُن تَسۡتَكۡثِرُ ٦ وَلِرَبِّكَ فَٱصۡبِرۡ ٧ فَإِذَا نُقِرَ
فِي ٱلنَّاقُورِ ٨ فَذَٰلِكَ يَوۡمَئِذٖ يَوۡمٌ عَسِيرٌ ٩ عَلَى ٱلۡكَٰفِرِينَ غَيۡرُ يَسِيرٖ ١٠
ذَرۡنِي وَمَنۡ خَلَقۡتُ وَحِيدٗا ١١ وَجَعَلۡتُ لَهُۥ مَالٗا مَّمۡدُودٗا ١٢ وَبَنِينَ
شُهُودٗا ١٣ وَمَهَّدتُّ لَهُۥ تَمۡهِيدٗا ١٤ ثُمَّ يَطۡمَعُ أَنۡ أَزِيدَ ١٥ كَلَّآۖ إِنَّهُۥ
كَانَ لِأٓيَٰتِنَا عَنِيدٗا ١٦ سَأُرۡهِقُهُۥ صَعُودًا ١٧ إِنَّهُۥ فَكَّرَ وَقَدَّرَ ١٨
فَقُتِلَ كَيۡفَ قَدَّرَ ١٩ ثُمَّ قُتِلَ كَيۡفَ قَدَّرَ ٢٠ ثُمَّ نَظَرَ ٢١ ثُمَّ عَبَسَ وَبَسَرَ ٢٢
29 - 74 - 576
ثُمَّ أَدۡبَرَ وَٱسۡتَكۡبَرَ ٢٣ فَقَالَ إِنۡ هَٰذَآ إِلَّا سِحۡرٞ يُؤۡثَرُ ٢٤ إِنۡ هَٰذَآ
إِلَّا قَوۡلُ ٱلۡبَشَرِ ٢٥ سَأُصۡلِيهِ سَقَرَ ٢٦ وَمَآ أَدۡرَىٰكَ مَا سَقَرُ ٢٧
لَا تُبۡقِي وَلَا تَذَرُ ٢٨ لَوَّاحَةٞ لِّلۡبَشَرِ ٢٩ عَلَيۡهَا تِسۡعَةَ عَشَرَ ٣٠ وَمَا جَعَلۡنَآ
أَصۡحَٰبَ ٱلنَّارِ إِلَّا مَلَٰٓئِكَةٗۙ وَمَا جَعَلۡنَا عِدَّتَهُمۡ إِلَّا فِتۡنَةٗ لِّلَّذِينَ كَفَرُواْ
لِيَسۡتَيۡقِنَ ٱلَّذِينَ أُوتُواْ ٱلۡكِتَٰبَ وَيَزۡدَادَ ٱلَّذِينَ ءَامَنُوٓاْ إِيمَٰنٗا وَلَا يَرۡتَابَ
ٱلَّذِينَ أُوتُواْ ٱلۡكِتَٰبَ وَٱلۡمُؤۡمِنُونَ وَلِيَقُولَ ٱلَّذِينَ فِي قُلُوبِهِم مَّرَضٞ
وَٱلۡكَٰفِرُونَ مَاذَآ أَرَادَ ٱللَّهُ بِهَٰذَا مَثَلٗاۚ كَذَٰلِكَ يُضِلُّ ٱللَّهُ مَن يَشَآءُ
وَيَهۡدِي مَن يَشَآءُۚ وَمَا يَعۡلَمُ جُنُودَ رَبِّكَ إِلَّا هُوَۚ وَمَا هِيَ إِلَّا ذِكۡرَىٰ
لِلۡبَشَرِ ٣١ كَلَّا وَٱلۡقَمَرِ ٣٢ وَٱلَّيۡلِ إِذۡ أَدۡبَرَ ٣٣ وَٱلصُّبۡحِ إِذَآ أَسۡفَرَ ٣٤ إِنَّهَا
لَإِحۡدَى ٱلۡكُبَرِ ٣٥ نَذِيرٗا لِّلۡبَشَرِ ٣٦ لِمَن شَآءَ مِنكُمۡ أَن يَتَقَدَّمَ أَوۡ يَتَأَخَّرَ ٣٧
كُلُّ نَفۡسِۭ بِمَا كَسَبَتۡ رَهِينَةٌ ٣٨ إِلَّآ أَصۡحَٰبَ ٱلۡيَمِينِ ٣٩ فِي جَنَّٰتٖ
يَتَسَآءَلُونَ ٤٠ عَنِ ٱلۡمُجۡرِمِينَ ٤١ مَا سَلَكَكُمۡ فِي سَقَرَ ٤٢ قَالُواْ لَمۡ نَكُ
مِنَ ٱلۡمُصَلِّينَ ٤٣ وَلَمۡ نَكُ نُطۡعِمُ ٱلۡمِسۡكِينَ ٤٤ وَكُنَّا نَخُوضُ مَعَ
ٱلۡخَآئِضِينَ ٤٥ وَكُنَّا نُكَذِّبُ بِيَوۡمِ ٱلدِّينِ ٤٦ حَتَّىٰٓ أَتَىٰنَا ٱلۡيَقِينُ ٤٧
فَمَا تَنفَعُهُمۡ شَفَٰعَةُ ٱلشَّٰفِعِينَ ٤٨ فَمَا لَهُمۡ عَنِ ٱلتَّذۡكِرَةِ
29 - 74 - 577
مُعۡرِضِينَ ٤٩ كَأَنَّهُمۡ حُمُرٞ مُّسۡتَنفِرَةٞ ٥٠ فَرَّتۡ مِن قَسۡوَرَةِۭ ٥١
بَلۡ يُرِيدُ كُلُّ ٱمۡرِيٕٖ مِّنۡهُمۡ أَن يُؤۡتَىٰ صُحُفٗا مُّنَشَّرَةٗ ٥٢ كَلَّاۖ بَل
لَّا يَخَافُونَ ٱلۡأٓخِرَةَ ٥٣ كَلَّآ إِنَّهُۥ تَذۡكِرَةٞ ٥٤ فَمَن شَآءَ ذَكَرَهُۥ ٥٥ وَمَا
يَذۡكُرُونَ إِلَّآ أَن يَشَآءَ ٱللَّهُۚ هُوَ أَهۡلُ ٱلتَّقۡوَىٰ وَأَهۡلُ ٱلۡمَغۡفِرَةِ ٥٦

سُورَةُ القِيَامَةِ

بِسۡمِ ٱللَّهِ ٱلرَّحۡمَٰنِ ٱلرَّحِيمِ

لَآ أُقۡسِمُ بِيَوۡمِ ٱلۡقِيَٰمَةِ ١ وَلَآ أُقۡسِمُ بِٱلنَّفۡسِ ٱللَّوَّامَةِ ٢ أَيَحۡسَبُ
ٱلۡإِنسَٰنُ أَلَّن نَّجۡمَعَ عِظَامَهُۥ ٣ بَلَىٰ قَٰدِرِينَ عَلَىٰٓ أَن نُّسَوِّيَ بَنَانَهُۥ ٤ بَلۡ
يُرِيدُ ٱلۡإِنسَٰنُ لِيَفۡجُرَ أَمَامَهُۥ ٥ يَسۡـَٔلُ أَيَّانَ يَوۡمُ ٱلۡقِيَٰمَةِ ٦ فَإِذَا بَرِقَ
ٱلۡبَصَرُ ٧ وَخَسَفَ ٱلۡقَمَرُ ٨ وَجُمِعَ ٱلشَّمۡسُ وَٱلۡقَمَرُ ٩ يَقُولُ ٱلۡإِنسَٰنُ
يَوۡمَئِذٍ أَيۡنَ ٱلۡمَفَرُّ ١٠ كَلَّا لَا وَزَرَ ١١ إِلَىٰ رَبِّكَ يَوۡمَئِذٍ ٱلۡمُسۡتَقَرُّ ١٢ يُنَبَّؤُاْ
ٱلۡإِنسَٰنُ يَوۡمَئِذِۭ بِمَا قَدَّمَ وَأَخَّرَ ١٣ بَلِ ٱلۡإِنسَٰنُ عَلَىٰ نَفۡسِهِۦ بَصِيرَةٞ ١٤
وَلَوۡ أَلۡقَىٰ مَعَاذِيرَهُۥ ١٥ لَا تُحَرِّكۡ بِهِۦ لِسَانَكَ لِتَعۡجَلَ بِهِۦٓ ١٦ إِنَّ عَلَيۡنَا
جَمۡعَهُۥ وَقُرۡءَانَهُۥ ١٧ فَإِذَا قَرَأۡنَٰهُ فَٱتَّبِعۡ قُرۡءَانَهُۥ ١٨ ثُمَّ إِنَّ عَلَيۡنَا بَيَانَهُۥ ١٩
كَلَّا بَلۡ تُحِبُّونَ ٱلۡعَاجِلَةَ ٢٠ وَتَذَرُونَ ٱلۡأٓخِرَةَ ٢١ وُجُوهٞ يَوۡمَئِذٖ
29 - 74 - 578
نَّاضِرَةٌ ٢٢ إِلَىٰ رَبِّهَا نَاظِرَةٞ ٢٣ وَوُجُوهٞ يَوۡمَئِذِۭ بَاسِرَةٞ ٢٤ تَظُنُّ أَن يُفۡعَلَ
بِهَا فَاقِرَةٞ ٢٥ كَلَّآ إِذَا بَلَغَتِ ٱلتَّرَاقِيَ ٢٦ وَقِيلَ مَنۡۜ رَاقٖ ٢٧ وَظَنَّ أَنَّهُ
ٱلۡفِرَاقُ ٢٨ وَٱلۡتَفَّتِ ٱلسَّاقُ بِٱلسَّاقِ ٢٩ إِلَىٰ رَبِّكَ يَوۡمَئِذٍ ٱلۡمَسَاقُ ٣٠
فَلَا صَدَّقَ وَلَا صَلَّىٰ ٣١ وَلَٰكِن كَذَّبَ وَتَوَلَّىٰ ٣٢ ثُمَّ ذَهَبَ إِلَىٰٓ أَهۡلِهِۦ
يَتَمَطَّىٰٓ ٣٣ أَوۡلَىٰ لَكَ فَأَوۡلَىٰ ٣٤ ثُمَّ أَوۡلَىٰ لَكَ فَأَوۡلَىٰٓ ٣٥ أَيَحۡسَبُ
ٱلۡإِنسَٰنُ أَن يُتۡرَكَ سُدًى ٣٦ أَلَمۡ يَكُ نُطۡفَةٗ مِّن مَّنِيّٖ يُمۡنَىٰ ٣٧
ثُمَّ كَانَ عَلَقَةٗ فَخَلَقَ فَسَوَّىٰ ٣٨ فَجَعَلَ مِنۡهُ ٱلزَّوۡجَيۡنِ ٱلذَّكَرَ
وَٱلۡأُنثَىٰٓ ٣٩ أَلَيۡسَ ذَٰلِكَ بِقَٰدِرٍ عَلَىٰٓ أَن يُحۡـِۧيَ ٱلۡمَوۡتَىٰ ٤٠

سُورَةُ الإِنسَانِ

بِسۡمِ ٱللَّهِ ٱلرَّحۡمَٰنِ ٱلرَّحِيمِ

هَلۡ أَتَىٰ عَلَى ٱلۡإِنسَٰنِ حِينٞ مِّنَ ٱلدَّهۡرِ لَمۡ يَكُن شَيۡـٔٗا مَّذۡكُورًا ١ إِنَّا خَلَقۡنَا
ٱلۡإِنسَٰنَ مِن نُّطۡفَةٍ أَمۡشَاجٖ نَّبۡتَلِيهِ فَجَعَلۡنَٰهُ سَمِيعَۢا بَصِيرًا ٢ إِنَّا
هَدَيۡنَٰهُ ٱلسَّبِيلَ إِمَّا شَاكِرٗا وَإِمَّا كَفُورًا ٣ إِنَّآ أَعۡتَدۡنَا لِلۡكَٰفِرِينَ سَلَٰسِلَاْ
وَأَغۡلَٰلٗا وَسَعِيرًا ٤ إِنَّ ٱلۡأَبۡرَارَ يَشۡرَبُونَ مِن كَأۡسٖ كَانَ مِزَاجُهَا كَافُورًا ٥
29 - 76 - 579
عَيۡنٗا يَشۡرَبُ بِهَا عِبَادُ ٱللَّهِ يُفَجِّرُونَهَا تَفۡجِيرٗا ٦ يُوفُونَ بِٱلنَّذۡرِ وَيَخَافُونَ
يَوۡمٗا كَانَ شَرُّهُۥ مُسۡتَطِيرٗا ٧ وَيُطۡعِمُونَ ٱلطَّعَامَ عَلَىٰ حُبِّهِۦ مِسۡكِينٗا
وَيَتِيمٗا وَأَسِيرًا ٨ إِنَّمَا نُطۡعِمُكُمۡ لِوَجۡهِ ٱللَّهِ لَا نُرِيدُ مِنكُمۡ جَزَآءٗ
وَلَا شُكُورًا ٩ إِنَّا نَخَافُ مِن رَّبِّنَا يَوۡمًا عَبُوسٗا قَمۡطَرِيرٗا ١٠ فَوَقَىٰهُمُ ٱللَّهُ شَرَّ
ذَٰلِكَ ٱلۡيَوۡمِ وَلَقَّىٰهُمۡ نَضۡرَةٗ وَسُرُورٗا ١١ وَجَزَىٰهُم بِمَا صَبَرُواْ جَنَّةٗ
وَحَرِيرٗا ١٢ مُّتَّكِـِٔينَ فِيهَا عَلَى ٱلۡأَرَآئِكِۖ لَا يَرَوۡنَ فِيهَا شَمۡسٗا
وَلَا زَمۡهَرِيرٗا ١٣ وَدَانِيَةً عَلَيۡهِمۡ ظِلَٰلُهَا وَذُلِّلَتۡ قُطُوفُهَا تَذۡلِيلٗا ١٤
وَيُطَافُ عَلَيۡهِم بِـَٔانِيَةٖ مِّن فِضَّةٖ وَأَكۡوَابٖ كَانَتۡ قَوَارِيرَا۠ ١٥ قَوَارِيرَاْ مِن فِضَّةٖ
قَدَّرُوهَا تَقۡدِيرٗا ١٦ وَيُسۡقَوۡنَ فِيهَا كَأۡسٗا كَانَ مِزَاجُهَا زَنجَبِيلًا ١٧ عَيۡنٗا فِيهَا
تُسَمَّىٰ سَلۡسَبِيلٗا ١٨ ۞وَيَطُوفُ عَلَيۡهِمۡ وِلۡدَٰنٞ مُّخَلَّدُونَ إِذَا رَأَيۡتَهُمۡ حَسِبۡتَهُمۡ
لُؤۡلُؤٗا مَّنثُورٗا ١٩ وَإِذَا رَأَيۡتَ ثَمَّ رَأَيۡتَ نَعِيمٗا وَمُلۡكٗا كَبِيرًا ٢٠ عَٰلِيَهُمۡ ثِيَابُ
سُندُسٍ خُضۡرٞ وَإِسۡتَبۡرَقٞۖ وَحُلُّوٓاْ أَسَاوِرَ مِن فِضَّةٖ وَسَقَىٰهُمۡ رَبُّهُمۡ
شَرَابٗا طَهُورًا ٢١ إِنَّ هَٰذَا كَانَ لَكُمۡ جَزَآءٗ وَكَانَ سَعۡيُكُم مَّشۡكُورًا ٢٢
إِنَّا نَحۡنُ نَزَّلۡنَا عَلَيۡكَ ٱلۡقُرۡءَانَ تَنزِيلٗا ٢٣ فَٱصۡبِرۡ لِحُكۡمِ رَبِّكَ وَلَا تُطِعۡ
مِنۡهُمۡ ءَاثِمًا أَوۡ كَفُورٗا ٢٤ وَٱذۡكُرِ ٱسۡمَ رَبِّكَ بُكۡرَةٗ وَأَصِيلٗا ٢٥
29 - 76 - 580
وَمِنَ ٱلَّيۡلِ فَٱسۡجُدۡ لَهُۥ وَسَبِّحۡهُ لَيۡلٗا طَوِيلًا ٢٦ إِنَّ هَٰٓؤُلَآءِ
يُحِبُّونَ ٱلۡعَاجِلَةَ وَيَذَرُونَ وَرَآءَهُمۡ يَوۡمٗا ثَقِيلٗا ٢٧ نَّحۡنُ خَلَقۡنَٰهُمۡ
وَشَدَدۡنَآ أَسۡرَهُمۡۖ وَإِذَا شِئۡنَا بَدَّلۡنَآ أَمۡثَٰلَهُمۡ تَبۡدِيلًا ٢٨ إِنَّ
هَٰذِهِۦ تَذۡكِرَةٞۖ فَمَن شَآءَ ٱتَّخَذَ إِلَىٰ رَبِّهِۦ سَبِيلٗا ٢٩ وَمَا تَشَآءُونَ
إِلَّآ أَن يَشَآءَ ٱللَّهُۚ إِنَّ ٱللَّهَ كَانَ عَلِيمًا حَكِيمٗا ٣٠ يُدۡخِلُ
مَن يَشَآءُ فِي رَحۡمَتِهِۦۚ وَٱلظَّٰلِمِينَ أَعَدَّ لَهُمۡ عَذَابًا أَلِيمَۢا ٣١

سُورَةُ المُرسَلَاتِ

بِسۡمِ ٱللَّهِ ٱلرَّحۡمَٰنِ ٱلرَّحِيمِ

وَٱلۡمُرۡسَلَٰتِ عُرۡفٗا ١ فَٱلۡعَٰصِفَٰتِ عَصۡفٗا ٢ وَٱلنَّٰشِرَٰتِ نَشۡرٗا ٣
فَٱلۡفَٰرِقَٰتِ فَرۡقٗا ٤ فَٱلۡمُلۡقِيَٰتِ ذِكۡرًا ٥ عُذۡرًا أَوۡ نُذۡرًا ٦ إِنَّمَا
تُوعَدُونَ لَوَٰقِعٞ ٧ فَإِذَا ٱلنُّجُومُ طُمِسَتۡ ٨ وَإِذَا ٱلسَّمَآءُ فُرِجَتۡ ٩
وَإِذَا ٱلۡجِبَالُ نُسِفَتۡ ١٠ وَإِذَا ٱلرُّسُلُ أُقِّتَتۡ ١١ لِأَيِّ يَوۡمٍ أُجِّلَتۡ ١٢
لِيَوۡمِ ٱلۡفَصۡلِ ١٣ وَمَآ أَدۡرَىٰكَ مَا يَوۡمُ ٱلۡفَصۡلِ ١٤ وَيۡلٞ يَوۡمَئِذٖ
لِّلۡمُكَذِّبِينَ ١٥ أَلَمۡ نُهۡلِكِ ٱلۡأَوَّلِينَ ١٦ ثُمَّ نُتۡبِعُهُمُ ٱلۡأٓخِرِينَ ١٧
كَذَٰلِكَ نَفۡعَلُ بِٱلۡمُجۡرِمِينَ ١٨ وَيۡلٞ يَوۡمَئِذٖ لِّلۡمُكَذِّبِينَ ١٩
29 - 77 - 581
أَلَمۡ نَخۡلُقكُّم مِّن مَّآءٖ مَّهِينٖ ٢٠ فَجَعَلۡنَٰهُ فِي قَرَارٖ مَّكِينٍ ٢١ إِلَىٰ قَدَرٖ
مَّعۡلُومٖ ٢٢ فَقَدَرۡنَا فَنِعۡمَ ٱلۡقَٰدِرُونَ ٢٣ وَيۡلٞ يَوۡمَئِذٖ لِّلۡمُكَذِّبِينَ ٢٤
أَلَمۡ نَجۡعَلِ ٱلۡأَرۡضَ كِفَاتًا ٢٥ أَحۡيَآءٗ وَأَمۡوَٰتٗا ٢٦ وَجَعَلۡنَا فِيهَا رَوَٰسِيَ
شَٰمِخَٰتٖ وَأَسۡقَيۡنَٰكُم مَّآءٗ فُرَاتٗا ٢٧ وَيۡلٞ يَوۡمَئِذٖ لِّلۡمُكَذِّبِينَ ٢٨
ٱنطَلِقُوٓاْ إِلَىٰ مَا كُنتُم بِهِۦ تُكَذِّبُونَ ٢٩ ٱنطَلِقُوٓاْ إِلَىٰ ظِلّٖ ذِي ثَلَٰثِ
شُعَبٖ ٣٠ لَّا ظَلِيلٖ وَلَا يُغۡنِي مِنَ ٱللَّهَبِ ٣١ إِنَّهَا تَرۡمِي بِشَرَرٖ
كَٱلۡقَصۡرِ ٣٢ كَأَنَّهُۥ جِمَٰلَتٞ صُفۡرٞ ٣٣ وَيۡلٞ يَوۡمَئِذٖ لِّلۡمُكَذِّبِينَ ٣٤
هَٰذَا يَوۡمُ لَا يَنطِقُونَ ٣٥ وَلَا يُؤۡذَنُ لَهُمۡ فَيَعۡتَذِرُونَ ٣٦ وَيۡلٞ يَوۡمَئِذٖ
لِّلۡمُكَذِّبِينَ ٣٧ هَٰذَا يَوۡمُ ٱلۡفَصۡلِۖ جَمَعۡنَٰكُمۡ وَٱلۡأَوَّلِينَ ٣٨ فَإِن كَانَ
لَكُمۡ كَيۡدٞ فَكِيدُونِ ٣٩ وَيۡلٞ يَوۡمَئِذٖ لِّلۡمُكَذِّبِينَ ٤٠ إِنَّ ٱلۡمُتَّقِينَ
فِي ظِلَٰلٖ وَعُيُونٖ ٤١ وَفَوَٰكِهَ مِمَّا يَشۡتَهُونَ ٤٢ كُلُواْ وَٱشۡرَبُواْ هَنِيٓـَٔۢا
بِمَا كُنتُمۡ تَعۡمَلُونَ ٤٣ إِنَّا كَذَٰلِكَ نَجۡزِي ٱلۡمُحۡسِنِينَ ٤٤ وَيۡلٞ
يَوۡمَئِذٖ لِّلۡمُكَذِّبِينَ ٤٥ كُلُواْ وَتَمَتَّعُواْ قَلِيلًا إِنَّكُم مُّجۡرِمُونَ ٤٦ وَيۡلٞ
يَوۡمَئِذٖ لِّلۡمُكَذِّبِينَ ٤٧ وَإِذَا قِيلَ لَهُمُ ٱرۡكَعُواْ لَا يَرۡكَعُونَ ٤٨
وَيۡلٞ يَوۡمَئِذٖ لِّلۡمُكَذِّبِينَ ٤٩ فَبِأَيِّ حَدِيثِۭ بَعۡدَهُۥ يُؤۡمِنُونَ ٥٠

سورة النبإ

30 - 78 - 582

بسم الله الرحمن الرحيم

عم يتساءلون ١ عن النبإ العظيم ٢ الذي هم فيه مختلفون ٣
كلا سيعلمون ٤ ثم كلا سيعلمون ٥ ألم نجعل الأرض مهادا ٦
والجبال أوتادا ٧ وخلقناكم أزواجا ٨ وجعلنا نومكم سباتا ٩
وجعلنا الليل لباسا ١٠ وجعلنا النهار معاشا ١١ وبنينا
فوقكم سبعا شدادا ١٢ وجعلنا سراجا وهاجا ١٣ وأنزلنا من
المعصرات ماء ثجاجا ١٤ لنخرج به حبا ونباتا ١٥ وجنات
ألفافا ١٦ إن يوم الفصل كان ميقاتا ١٧ يوم ينفخ في الصور
فتأتون أفواجا ١٨ وفتحت السماء فكانت أبوابا ١٩ وسيرت
الجبال فكانت سرابا ٢٠ إن جهنم كانت مرصادا ٢١ للطاغين
مآبا ٢٢ لابثين فيها أحقابا ٢٣ لا يذوقون فيها بردا ولا
شرابا ٢٤ إلا حميما وغساقا ٢٥ جزاء وفاقا ٢٦ إنهم كانوا
لا يرجون حسابا ٢٧ وكذبوا بآياتنا كذابا ٢٨ وكل شيء
أحصيناه كتابا ٢٩ فذوقوا فلن نزيدكم إلا عذابا ٣٠
30 - 78 - 583 إن للمتقين مفازا ٣١ حدائق وأعنابا ٣٢ وكواعب أترابا ٣٣ وكأسا
دهاقا ٣٤ لا يسمعون فيها لغوا ولا كذابا ٣٥ جزاء من ربك عطاء
حسابا ٣٦ رب السماوات والأرض وما بينهما الرحمن لا يملكون
منه خطابا ٣٧ يوم يقوم الروح والملائكة صفا لا يتكلمون
إلا من أذن له الرحمن وقال صوابا ٣٨ ذلك اليوم الحق فمن
شاء اتخذ إلى ربه مآبا ٣٩ إنا أنذرناكم عذابا قريبا يوم ينظر
المرء ما قدمت يداه ويقول الكافر يا ليتني كنت ترابا ٤٠

سورة النازعات

بسم الله الرحمن الرحيم

والنازعات غرقا ١ والناشطات نشطا ٢ والسابحات سبحا ٣
فالسابقات سبقا ٤ فالمدبرات أمرا ٥ يوم ترجف الراجفة ٦
تتبعها الرادفة ٧ قلوب يومئذ واجفة ٨ أبصارها خاشعة ٩
يقولون أئنا لمردودون في الحافرة ١٠ أئذا كنا عظاما نخرة ١١ قالوا
تلك إذا كرة خاسرة ١٢ فإنما هي زجرة واحدة ١٣ فإذا هم بالساهرة ١٤
هل أتاك حديث موسى ١٥ إذ ناداه ربه بالواد المقدس طوى ١٦
30 - 79 - 584 اذهب إلى فرعون إنه طغى ١٧ فقل هل لك إلى أن تزكى ١٨
وأهديك إلى ربك فتخشى ١٩ فأراه الآية الكبرى ٢٠
فكذب وعصى ٢١ ثم أدبر يسعى ٢٢ فحشر فنادى ٢٣
فقال أنا ربكم الأعلى ٢٤ فأخذه الله نكال الآخرة والأولى ٢٥
إن في ذلك لعبرة لمن يخشى ٢٦ أأنتم أشد خلقا أم السماء
بناها ٢٧ رفع سمكها فسواها ٢٨ وأغطش ليلها وأخرج
ضحاها ٢٩ والأرض بعد ذلك دحاها ٣٠ أخرج منها ماءها
ومرعاها ٣١ والجبال أرساها ٣٢ متاعا لكم ولأنعامكم ٣٣
فإذا جاءت الطامة الكبرى ٣٤ يوم يتذكر الإنسان ما سعى ٣٥
وبرزت الجحيم لمن يرى ٣٦ فأما من طغى ٣٧ وآثر الحياة
الدنيا ٣٨ فإن الجحيم هي المأوى ٣٩ وأما من خاف مقام
ربه ونهى النفس عن الهوى ٤٠ فإن الجنة هي المأوى ٤١
يسألونك عن الساعة أيان مرساها ٤٢ فيم أنت من
ذكراها ٤٣ إلى ربك منتهاها ٤٤ إنما أنت منذر من يخشاها ٤٥
كأنهم يوم يرونها لم يلبثوا إلا عشية أو ضحاها ٤٦

سورة عبس

30 - 79 - 585

بسم الله الرحمن الرحيم

عبس وتولى ١ أن جاءه الأعمى ٢ وما يدريك لعله يزكى ٣ أو يذكر
فتنفعه الذكرى ٤ أما من استغنى ٥ فأنت له تصدى ٦ وما عليك
ألا يزكى ٧ وأما من جاءك يسعى ٨ وهو يخشى ٩ فأنت عنه تلهى ١٠
كلا إنها تذكرة ١١ فمن شاء ذكره ١٢ في صحف مكرمة ١٣ مرفوعة
مطهرة ١٤ بأيدي سفرة ١٥ كرام بررة ١٦ قتل الإنسان ما أكفره ١٧ من
أي شيء خلقه ١٨ من نطفة خلقه فقدره ١٩ ثم السبيل يسره ٢٠
ثم أماته فأقبره ٢١ ثم إذا شاء أنشره ٢٢ كلا لما يقض ما أمره ٢٣
فلينظر الإنسان إلى طعامه ٢٤ أنا صببنا الماء صبا ٢٥ ثم شققنا
الأرض شقا ٢٦ فأنبتنا فيها حبا ٢٧ وعنبا وقضبا ٢٨ وزيتونا ونخلا ٢٩
وحدائق غلبا ٣٠ وفاكهة وأبا ٣١ متاعا لكم ولأنعامكم ٣٢ فإذا جاءت
الصاخة ٣٣ يوم يفر المرء من أخيه ٣٤ وأمه وأبيه ٣٥ وصاحبته
وبنيه ٣٦ لكل امرئ منهم يومئذ شأن يغنيه ٣٧ وجوه يومئذ
مسفرة ٣٨ ضاحكة مستبشرة ٣٩ ووجوه يومئذ عليها غبرة ٤٠
ترهقها قترة ٤١ أولئك هم الكفرة الفجرة ٤٢

سورة التكوير

30 - 81 - 586

بسم الله الرحمن الرحيم

إذا الشمس كورت ١ وإذا النجوم انكدرت ٢ وإذا الجبال
سيرت ٣ وإذا العشار عطلت ٤ وإذا الوحوش حشرت ٥
وإذا البحار سجرت ٦ وإذا النفوس زوجت ٧ وإذا الموءودة
سئلت ٨ بأي ذنب قتلت ٩ وإذا الصحف نشرت ١٠
وإذا السماء كشطت ١١ وإذا الجحيم سعرت ١٢ وإذا الجنة
أزلفت ١٣ علمت نفس ما أحضرت ١٤ فلا أقسم بالخنس ١٥
الجوار الكنس ١٦ والليل إذا عسعس ١٧ والصبح إذا تنفس ١٨
إنه لقول رسول كريم ١٩ ذي قوة عند ذي العرش مكين ٢٠ مطاع ثم
أمين ٢١ وما صاحبكم بمجنون ٢٢ ولقد رآه بالأفق المبين ٢٣
وما هو على الغيب بضنين ٢٤ وما هو بقول شيطان رجيم ٢٥
فأين تذهبون ٢٦ إن هو إلا ذكر للعالمين ٢٧ لمن شاء منكم أن
يستقيم ٢٨ وما تشاءون إلا أن يشاء الله رب العالمين ٢٩

سورة الانفطار

30 - 82 - 587

بسم الله الرحمن الرحيم

إذا السماء انفطرت ١ وإذا الكواكب انتثرت ٢ وإذا البحار
فجرت ٣ وإذا القبور بعثرت ٤ علمت نفس ما قدمت
وأخرت ٥ يا أيها الإنسان ما غرك بربك الكريم ٦ الذي
خلقك فسواك فعدلك ٧ في أي صورة ما شاء ركبك ٨
كلا بل تكذبون بالدين ٩ وإن عليكم لحافظين ١٠ كراما
كاتبين ١١ يعلمون ما تفعلون ١٢ إن الأبرار لفي نعيم ١٣ وإن
الفجار لفي جحيم ١٤ يصلونها يوم الدين ١٥ وما هم عنها
بغائبين ١٦ وما أدراك ما يوم الدين ١٧ ثم ما أدراك ما يوم
الدين ١٨ يوم لا تملك نفس لنفس شيئا والأمر يومئذ لله ١٩

سورة المطففين

بسم الله الرحمن الرحيم

ويل للمطففين ١ الذين إذا اكتالوا على الناس يستوفون ٢
وإذا كالوهم أو وزنوهم يخسرون ٣ ألا يظن أولئك أنهم مبعوثون ٤
ليوم عظيم ٥ يوم يقوم الناس لرب العالمين ٦ كلا إن كتاب
30 - 82 - 588 الفجار لفي سجين ٧ وما أدراك ما سجين ٨ كتاب مرقوم ٩
ويل يومئذ للمكذبين ١٠ الذين يكذبون بيوم الدين ١١ وما يكذب
به إلا كل معتد أثيم ١٢ إذا تتلى عليه آياتنا قال أساطير الأولين ١٣
كلا بل ران على قلوبهم ما كانوا يكسبون ١٤ كلا إنهم عن ربهم
يومئذ لمحجوبون ١٥ ثم إنهم لصالو الجحيم ١٦ ثم يقال هذا
الذي كنتم به تكذبون ١٧ كلا إن كتاب الأبرار لفي عليين ١٨
وما أدراك ما عليون ١٩ كتاب مرقوم ٢٠ يشهده المقربون ٢١
إن الأبرار لفي نعيم ٢٢ على الأرائك ينظرون ٢٣ تعرف في
وجوههم نضرة النعيم ٢٤ يسقون من رحيق مختوم ٢٥ ختامه
مسك وفي ذلك فليتنافس المتنافسون ٢٦ ومزاجه من
تسنيم ٢٧ عينا يشرب بها المقربون ٢٨ إن الذين أجرموا كانوا
من الذين آمنوا يضحكون ٢٩ وإذا مروا بهم يتغامزون ٣٠
وإذا انقلبوا إلى أهلهم انقلبوا فكهين ٣١ وإذا رأوهم قالوا
إن هؤلاء لضالون ٣٢ وما أرسلوا عليهم حافظين ٣٣
30 - 83 - 589 فاليوم الذين آمنوا من الكفار يضحكون ٣٤ على
الأرائك ينظرون ٣٥ هل ثوب الكفار ما كانوا يفعلون ٣٦

سورة الانشقاق

بسم الله الرحمن الرحيم

إذا السماء انشقت ١ وأذنت لربها وحقت ٢ وإذا الأرض مدت ٣
وألقت ما فيها وتخلت ٤ وأذنت لربها وحقت ٥ يا أيها
الإنسان إنك كادح إلى ربك كدحا فملاقيه ٦ فأما من أوتي
كتابه بيمينه ٧ فسوف يحاسب حسابا يسيرا ٨ وينقلب
إلى أهله مسرورا ٩ وأما من أوتي كتابه وراء ظهره ١٠ فسوف
يدعو ثبورا ١١ ويصلى سعيرا ١٢ إنه كان في أهله مسرورا ١٣
إنه ظن أن لن يحور ١٤ بلى إن ربه كان به بصيرا ١٥ فلا أقسم
بالشفق ١٦ والليل وما وسق ١٧ والقمر إذا اتسق ١٨
لتركبن طبقا عن طبق ١٩ فما لهم لا يؤمنون ٢٠ وإذا قرئ
عليهم القرآن لا يسجدون ۩ ٢١ بل الذين كفروا يكذبون ٢٢
والله أعلم بما يوعون ٢٣ فبشرهم بعذاب أليم ٢٤
30 - 85 - 590 إلا الذين آمنوا وعملوا الصالحات لهم أجر غير ممنون ٢٥

سورة البروج

بسم الله الرحمن الرحيم

والسماء ذات البروج ١ واليوم الموعود ٢ وشاهد ومشهود ٣
قتل أصحاب الأخدود ٤ النار ذات الوقود ٥ إذ هم عليها
قعود ٦ وهم على ما يفعلون بالمؤمنين شهود ٧ وما نقموا
منهم إلا أن يؤمنوا بالله العزيز الحميد ٨ الذي له ملك
السماوات والأرض والله على كل شيء شهيد ٩ إن الذين
فتنوا المؤمنين والمؤمنات ثم لم يتوبوا فلهم عذاب جهنم ولهم
عذاب الحريق ١٠ إن الذين آمنوا وعملوا الصالحات لهم
جنات تجري من تحتها الأنهار ذلك الفوز الكبير ١١ إن بطش
ربك لشديد ١٢ إنه هو يبدئ ويعيد ١٣ وهو الغفور الودود ١٤
ذو العرش المجيد ١٥ فعال لما يريد ١٦ هل أتاك حديث
الجنود ١٧ فرعون وثمود ١٨ بل الذين كفروا في تكذيب ١٩ والله
من ورائهم محيط ٢٠ بل هو قرآن مجيد ٢١ في لوح محفوظ ٢٢

سورة الطارق

30 - 86 - 591

بسم الله الرحمن الرحيم

والسماء والطارق ١ وما أدراك ما الطارق ٢ النجم الثاقب ٣
إن كل نفس لما عليها حافظ ٤ فلينظر الإنسان مم خلق ٥
خلق من ماء دافق ٦ يخرج من بين الصلب والترائب ٧ إنه
على رجعه لقادر ٨ يوم تبلى السرائر ٩ فما له من قوة ولا
ناصر ١٠ والسماء ذات الرجع ١١ والأرض ذات الصدع ١٢
إنه لقول فصل ١٣ وما هو بالهزل ١٤ إنهم يكيدون كيدا ١٥
وأكيد كيدا ١٦ فمهل الكافرين أمهلهم رويدا ١٧

سورة الأعلى

بسم الله الرحمن الرحيم

سبح اسم ربك الأعلى ١ الذي خلق فسوى ٢ والذي قدر
فهدى ٣ والذي أخرج المرعى ٤ فجعله غثاء أحوى ٥
سنقرئك فلا تنسى ٦ إلا ما شاء الله إنه يعلم الجهر وما يخفى ٧
ونيسرك لليسرى ٨ فذكر إن نفعت الذكرى ٩ سيذكر من يخشى ١٠

30 - 87 - 592 وَيَتَجَنَّبُهَا ٱلْأَشْقَى (١١) ٱلَّذِى يَصْلَى ٱلنَّارَ ٱلْكُبْرَىٰ (١٢) ثُمَّ لَا يَمُوتُ
فِيهَا وَلَا يَحْيَىٰ (١٣) قَدْ أَفْلَحَ مَن تَزَكَّىٰ (١٤) وَذَكَرَ ٱسْمَ رَبِّهِۦ فَصَلَّىٰ (١٥)
بَلْ تُؤْثِرُونَ ٱلْحَيَوٰةَ ٱلدُّنْيَا (١٦) وَٱلْـَٔاخِرَةُ خَيْرٌ وَأَبْقَىٰٓ (١٧) إِنَّ
هَٰذَا لَفِى ٱلصُّحُفِ ٱلْأُولَىٰ (١٨) صُحُفِ إِبْرَٰهِيمَ وَمُوسَىٰ (١٩)

سُورَةُ الغَاشِيَةِ

بِسْمِ ٱللَّهِ ٱلرَّحْمَٰنِ ٱلرَّحِيمِ

هَلْ أَتَىٰكَ حَدِيثُ ٱلْغَٰشِيَةِ (١) وُجُوهٌ يَوْمَئِذٍ خَٰشِعَةٌ (٢) عَامِلَةٌ
نَّاصِبَةٌ (٣) تَصْلَىٰ نَارًا حَامِيَةً (٤) تُسْقَىٰ مِنْ عَيْنٍ ءَانِيَةٍ (٥) لَّيْسَ
لَهُمْ طَعَامٌ إِلَّا مِن ضَرِيعٍ (٦) لَّا يُسْمِنُ وَلَا يُغْنِى مِن جُوعٍ (٧) وُجُوهٌ
يَوْمَئِذٍ نَّاعِمَةٌ (٨) لِّسَعْيِهَا رَاضِيَةٌ (٩) فِى جَنَّةٍ عَالِيَةٍ (١٠) لَّا تَسْمَعُ
فِيهَا لَٰغِيَةً (١١) فِيهَا عَيْنٌ جَارِيَةٌ (١٢) فِيهَا سُرُرٌ مَّرْفُوعَةٌ (١٣) وَأَكْوَابٌ
مَّوْضُوعَةٌ (١٤) وَنَمَارِقُ مَصْفُوفَةٌ (١٥) وَزَرَابِىُّ مَبْثُوثَةٌ (١٦) أَفَلَا يَنظُرُونَ
إِلَى ٱلْإِبِلِ كَيْفَ خُلِقَتْ (١٧) وَإِلَى ٱلسَّمَآءِ كَيْفَ رُفِعَتْ (١٨) وَإِلَى
ٱلْجِبَالِ كَيْفَ نُصِبَتْ (١٩) وَإِلَى ٱلْأَرْضِ كَيْفَ سُطِحَتْ (٢٠)
فَذَكِّرْ إِنَّمَآ أَنتَ مُذَكِّرٌ (٢١) لَّسْتَ عَلَيْهِم بِمُصَيْطِرٍ (٢٢)
30 - 89 - 593 إِلَّا مَن تَوَلَّىٰ وَكَفَرَ (٢٣) فَيُعَذِّبُهُ ٱللَّهُ ٱلْعَذَابَ ٱلْأَكْبَرَ (٢٤)
إِنَّ إِلَيْنَآ إِيَابَهُمْ (٢٥) ثُمَّ إِنَّ عَلَيْنَا حِسَابَهُم (٢٦)

سُورَةُ الفَجْرِ

بِسْمِ ٱللَّهِ ٱلرَّحْمَٰنِ ٱلرَّحِيمِ

وَٱلْفَجْرِ (١) وَلَيَالٍ عَشْرٍ (٢) وَٱلشَّفْعِ وَٱلْوَتْرِ (٣) وَٱلَّيْلِ إِذَا يَسْرِ (٤)
هَلْ فِى ذَٰلِكَ قَسَمٌ لِّذِى حِجْرٍ (٥) أَلَمْ تَرَ كَيْفَ فَعَلَ رَبُّكَ بِعَادٍ (٦)
إِرَمَ ذَاتِ ٱلْعِمَادِ (٧) ٱلَّتِى لَمْ يُخْلَقْ مِثْلُهَا فِى ٱلْبِلَٰدِ (٨) وَثَمُودَ ٱلَّذِينَ
جَابُوا۟ ٱلصَّخْرَ بِٱلْوَادِ (٩) وَفِرْعَوْنَ ذِى ٱلْأَوْتَادِ (١٠) ٱلَّذِينَ طَغَوْا۟ فِى
ٱلْبِلَٰدِ (١١) فَأَكْثَرُوا۟ فِيهَا ٱلْفَسَادَ (١٢) فَصَبَّ عَلَيْهِمْ رَبُّكَ سَوْطَ
عَذَابٍ (١٣) إِنَّ رَبَّكَ لَبِٱلْمِرْصَادِ (١٤) فَأَمَّا ٱلْإِنسَٰنُ إِذَا مَا ٱبْتَلَىٰهُ
رَبُّهُۥ فَأَكْرَمَهُۥ وَنَعَّمَهُۥ فَيَقُولُ رَبِّىٓ أَكْرَمَنِ (١٥) وَأَمَّآ إِذَا مَا ٱبْتَلَىٰهُ
فَقَدَرَ عَلَيْهِ رِزْقَهُۥ فَيَقُولُ رَبِّىٓ أَهَٰنَنِ (١٦) كَلَّا ۖ بَل لَّا تُكْرِمُونَ
ٱلْيَتِيمَ (١٧) وَلَا تَحَٰٓضُّونَ عَلَىٰ طَعَامِ ٱلْمِسْكِينِ (١٨) وَتَأْكُلُونَ
ٱلتُّرَاثَ أَكْلًا لَّمًّا (١٩) وَتُحِبُّونَ ٱلْمَالَ حُبًّا جَمًّا (٢٠) كَلَّآ إِذَا
دُكَّتِ ٱلْأَرْضُ دَكًّا دَكًّا (٢١) وَجَآءَ رَبُّكَ وَٱلْمَلَكُ صَفًّا صَفًّا (٢٢)
30 - 89 - 594 وَجِا۟ىٓءَ يَوْمَئِذٍۭ بِجَهَنَّمَ ۚ يَوْمَئِذٍ يَتَذَكَّرُ ٱلْإِنسَٰنُ وَأَنَّىٰ
لَهُ ٱلذِّكْرَىٰ (٢٣) يَقُولُ يَٰلَيْتَنِى قَدَّمْتُ لِحَيَاتِى (٢٤) فَيَوْمَئِذٍ
لَّا يُعَذِّبُ عَذَابَهُۥٓ أَحَدٌ (٢٥) وَلَا يُوثِقُ وَثَاقَهُۥٓ أَحَدٌ (٢٦) يَٰٓأَيَّتُهَا
ٱلنَّفْسُ ٱلْمُطْمَئِنَّةُ (٢٧) ٱرْجِعِىٓ إِلَىٰ رَبِّكِ رَاضِيَةً مَّرْضِيَّةً (٢٨)
فَٱدْخُلِى فِى عِبَٰدِى (٢٩) وَٱدْخُلِى جَنَّتِى (٣٠)

سُورَةُ البَلَدِ

بِسْمِ ٱللَّهِ ٱلرَّحْمَٰنِ ٱلرَّحِيمِ

لَآ أُقْسِمُ بِهَٰذَا ٱلْبَلَدِ (١) وَأَنتَ حِلٌّۢ بِهَٰذَا ٱلْبَلَدِ (٢) وَوَالِدٍ وَمَا وَلَدَ (٣)
لَقَدْ خَلَقْنَا ٱلْإِنسَٰنَ فِى كَبَدٍ (٤) أَيَحْسَبُ أَن لَّن يَقْدِرَ عَلَيْهِ
أَحَدٌ (٥) يَقُولُ أَهْلَكْتُ مَالًا لُّبَدًا (٦) أَيَحْسَبُ أَن لَّمْ يَرَهُۥٓ أَحَدٌ (٧)
أَلَمْ نَجْعَل لَّهُۥ عَيْنَيْنِ (٨) وَلِسَانًا وَشَفَتَيْنِ (٩) وَهَدَيْنَٰهُ
ٱلنَّجْدَيْنِ (١٠) فَلَا ٱقْتَحَمَ ٱلْعَقَبَةَ (١١) وَمَآ أَدْرَىٰكَ مَا ٱلْعَقَبَةُ (١٢)
فَكُّ رَقَبَةٍ (١٣) أَوْ إِطْعَٰمٌ فِى يَوْمٍ ذِى مَسْغَبَةٍ (١٤) يَتِيمًا ذَا مَقْرَبَةٍ (١٥)
أَوْ مِسْكِينًا ذَا مَتْرَبَةٍ (١٦) ثُمَّ كَانَ مِنَ ٱلَّذِينَ ءَامَنُوا۟ وَتَوَاصَوْا۟
بِٱلصَّبْرِ وَتَوَاصَوْا۟ بِٱلْمَرْحَمَةِ (١٧) أُو۟لَٰٓئِكَ أَصْحَٰبُ ٱلْمَيْمَنَةِ (١٨)
30 - 91 - 595 وَٱلَّذِينَ كَفَرُوا۟ بِـَٔايَٰتِنَا هُمْ أَصْحَٰبُ ٱلْمَشْـَٔمَةِ (١٩) عَلَيْهِمْ نَارٌ مُّؤْصَدَةٌۢ (٢٠)

سُورَةُ الشَّمْسِ

بِسْمِ ٱللَّهِ ٱلرَّحْمَٰنِ ٱلرَّحِيمِ

وَٱلشَّمْسِ وَضُحَىٰهَا (١) وَٱلْقَمَرِ إِذَا تَلَىٰهَا (٢) وَٱلنَّهَارِ إِذَا جَلَّىٰهَا (٣)
وَٱلَّيْلِ إِذَا يَغْشَىٰهَا (٤) وَٱلسَّمَآءِ وَمَا بَنَىٰهَا (٥) وَٱلْأَرْضِ
وَمَا طَحَىٰهَا (٦) وَنَفْسٍ وَمَا سَوَّىٰهَا (٧) فَأَلْهَمَهَا فُجُورَهَا
وَتَقْوَىٰهَا (٨) قَدْ أَفْلَحَ مَن زَكَّىٰهَا (٩) وَقَدْ خَابَ مَن دَسَّىٰهَا (١٠)
كَذَّبَتْ ثَمُودُ بِطَغْوَىٰهَآ (١١) إِذِ ٱنۢبَعَثَ أَشْقَىٰهَا (١٢) فَقَالَ لَهُمْ
رَسُولُ ٱللَّهِ نَاقَةَ ٱللَّهِ وَسُقْيَٰهَا (١٣) فَكَذَّبُوهُ فَعَقَرُوهَا فَدَمْدَمَ
عَلَيْهِمْ رَبُّهُم بِذَنۢبِهِمْ فَسَوَّىٰهَا (١٤) وَلَا يَخَافُ عُقْبَٰهَا (١٥)

سُورَةُ اللَّيْلِ

بِسْمِ ٱللَّهِ ٱلرَّحْمَٰنِ ٱلرَّحِيمِ

وَٱلَّيْلِ إِذَا يَغْشَىٰ (١) وَٱلنَّهَارِ إِذَا تَجَلَّىٰ (٢) وَمَا خَلَقَ ٱلذَّكَرَ وَٱلْأُنثَىٰٓ (٣)
إِنَّ سَعْيَكُمْ لَشَتَّىٰ (٤) فَأَمَّا مَنْ أَعْطَىٰ وَٱتَّقَىٰ (٥) وَصَدَّقَ بِٱلْحُسْنَىٰ (٦)
فَسَنُيَسِّرُهُۥ لِلْيُسْرَىٰ (٧) وَأَمَّا مَنۢ بَخِلَ وَٱسْتَغْنَىٰ (٨) وَكَذَّبَ بِٱلْحُسْنَىٰ (٩)
30 - 91 - 596 فَسَنُيَسِّرُهُۥ لِلْعُسْرَىٰ (١٠) وَمَا يُغْنِى عَنْهُ مَالُهُۥٓ إِذَا تَرَدَّىٰٓ (١١) إِنَّ عَلَيْنَا
لَلْهُدَىٰ (١٢) وَإِنَّ لَنَا لَلْـَٔاخِرَةَ وَٱلْأُولَىٰ (١٣) فَأَنذَرْتُكُمْ نَارًا تَلَظَّىٰ (١٤)
لَا يَصْلَىٰهَآ إِلَّا ٱلْأَشْقَى (١٥) ٱلَّذِى كَذَّبَ وَتَوَلَّىٰ (١٦) وَسَيُجَنَّبُهَا
ٱلْأَتْقَى (١٧) ٱلَّذِى يُؤْتِى مَالَهُۥ يَتَزَكَّىٰ (١٨) وَمَا لِأَحَدٍ عِندَهُۥ مِن نِّعْمَةٍ
تُجْزَىٰٓ (١٩) إِلَّا ٱبْتِغَآءَ وَجْهِ رَبِّهِ ٱلْأَعْلَىٰ (٢٠) وَلَسَوْفَ يَرْضَىٰ (٢١)

سُورَةُ الضُّحَىٰ

بِسْمِ ٱللَّهِ ٱلرَّحْمَٰنِ ٱلرَّحِيمِ

وَٱلضُّحَىٰ (١) وَٱلَّيْلِ إِذَا سَجَىٰ (٢) مَا وَدَّعَكَ رَبُّكَ وَمَا قَلَىٰ (٣)
وَلَلْـَٔاخِرَةُ خَيْرٌ لَّكَ مِنَ ٱلْأُولَىٰ (٤) وَلَسَوْفَ يُعْطِيكَ رَبُّكَ
فَتَرْضَىٰٓ (٥) أَلَمْ يَجِدْكَ يَتِيمًا فَـَٔاوَىٰ (٦) وَوَجَدَكَ ضَآلًّا فَهَدَىٰ (٧)
وَوَجَدَكَ عَآئِلًا فَأَغْنَىٰ (٨) فَأَمَّا ٱلْيَتِيمَ فَلَا تَقْهَرْ (٩)
وَأَمَّا ٱلسَّآئِلَ فَلَا تَنْهَرْ (١٠) وَأَمَّا بِنِعْمَةِ رَبِّكَ فَحَدِّثْ (١١)

سُورَةُ الشَّرْحِ

بِسْمِ ٱللَّهِ ٱلرَّحْمَٰنِ ٱلرَّحِيمِ

أَلَمْ نَشْرَحْ لَكَ صَدْرَكَ (١) وَوَضَعْنَا عَنكَ وِزْرَكَ (٢)
30 - 95 - 597 ٱلَّذِىٓ أَنقَضَ ظَهْرَكَ (٣) وَرَفَعْنَا لَكَ ذِكْرَكَ (٤) فَإِنَّ مَعَ ٱلْعُسْرِ يُسْرًا (٥)
إِنَّ مَعَ ٱلْعُسْرِ يُسْرًا (٦) فَإِذَا فَرَغْتَ فَٱنصَبْ (٧) وَإِلَىٰ رَبِّكَ فَٱرْغَب (٨)

سُورَةُ التِّينِ

بِسْمِ ٱللَّهِ ٱلرَّحْمَٰنِ ٱلرَّحِيمِ

وَٱلتِّينِ وَٱلزَّيْتُونِ (١) وَطُورِ سِينِينَ (٢) وَهَٰذَا ٱلْبَلَدِ ٱلْأَمِينِ (٣)
لَقَدْ خَلَقْنَا ٱلْإِنسَٰنَ فِىٓ أَحْسَنِ تَقْوِيمٍ (٤) ثُمَّ رَدَدْنَٰهُ أَسْفَلَ سَٰفِلِينَ (٥)
إِلَّا ٱلَّذِينَ ءَامَنُوا۟ وَعَمِلُوا۟ ٱلصَّٰلِحَٰتِ فَلَهُمْ أَجْرٌ غَيْرُ مَمْنُونٍ (٦)
فَمَا يُكَذِّبُكَ بَعْدُ بِٱلدِّينِ (٧) أَلَيْسَ ٱللَّهُ بِأَحْكَمِ ٱلْحَٰكِمِينَ (٨)

سُورَةُ العَلَقِ

بِسْمِ ٱللَّهِ ٱلرَّحْمَٰنِ ٱلرَّحِيمِ

ٱقْرَأْ بِٱسْمِ رَبِّكَ ٱلَّذِى خَلَقَ (١) خَلَقَ ٱلْإِنسَٰنَ مِنْ عَلَقٍ (٢) ٱقْرَأْ
وَرَبُّكَ ٱلْأَكْرَمُ (٣) ٱلَّذِى عَلَّمَ بِٱلْقَلَمِ (٤) عَلَّمَ ٱلْإِنسَٰنَ
مَا لَمْ يَعْلَمْ (٥) كَلَّآ إِنَّ ٱلْإِنسَٰنَ لَيَطْغَىٰٓ (٦) أَن رَّءَاهُ ٱسْتَغْنَىٰٓ (٧)
إِنَّ إِلَىٰ رَبِّكَ ٱلرُّجْعَىٰٓ (٨) أَرَءَيْتَ ٱلَّذِى يَنْهَىٰ (٩) عَبْدًا
إِذَا صَلَّىٰٓ (١٠) أَرَءَيْتَ إِن كَانَ عَلَى ٱلْهُدَىٰٓ (١١) أَوْ أَمَرَ بِٱلتَّقْوَىٰٓ (١٢)
30 - 97 - 598 أَرَءَيْتَ إِن كَذَّبَ وَتَوَلَّىٰٓ (١٣) أَلَمْ يَعْلَم بِأَنَّ ٱللَّهَ يَرَىٰ (١٤) كَلَّا لَئِن لَّمْ يَنتَهِ
لَنَسْفَعًۢا بِٱلنَّاصِيَةِ (١٥) نَاصِيَةٍ كَٰذِبَةٍ خَاطِئَةٍ (١٦) فَلْيَدْعُ نَادِيَهُۥ (١٧)
سَنَدْعُ ٱلزَّبَانِيَةَ (١٨) كَلَّا لَا تُطِعْهُ وَٱسْجُدْ وَٱقْتَرِب ۩ (١٩)

سُورَةُ القَدْرِ

بِسْمِ ٱللَّهِ ٱلرَّحْمَٰنِ ٱلرَّحِيمِ

إِنَّآ أَنزَلْنَٰهُ فِى لَيْلَةِ ٱلْقَدْرِ (١) وَمَآ أَدْرَىٰكَ مَا لَيْلَةُ ٱلْقَدْرِ (٢)
لَيْلَةُ ٱلْقَدْرِ خَيْرٌ مِّنْ أَلْفِ شَهْرٍ (٣) تَنَزَّلُ ٱلْمَلَٰٓئِكَةُ وَٱلرُّوحُ فِيهَا
بِإِذْنِ رَبِّهِم مِّن كُلِّ أَمْرٍ (٤) سَلَٰمٌ هِىَ حَتَّىٰ مَطْلَعِ ٱلْفَجْرِ (٥)

سُورَةُ البَيِّنَةِ

بِسْمِ ٱللَّهِ ٱلرَّحْمَٰنِ ٱلرَّحِيمِ

لَمْ يَكُنِ ٱلَّذِينَ كَفَرُوا۟ مِنْ أَهْلِ ٱلْكِتَٰبِ وَٱلْمُشْرِكِينَ مُنفَكِّينَ حَتَّىٰ
تَأْتِيَهُمُ ٱلْبَيِّنَةُ (١) رَسُولٌ مِّنَ ٱللَّهِ يَتْلُوا۟ صُحُفًا مُّطَهَّرَةً (٢) فِيهَا كُتُبٌ
قَيِّمَةٌ (٣) وَمَا تَفَرَّقَ ٱلَّذِينَ أُوتُوا۟ ٱلْكِتَٰبَ إِلَّا مِنۢ بَعْدِ مَا جَآءَتْهُمُ
ٱلْبَيِّنَةُ (٤) وَمَآ أُمِرُوٓا۟ إِلَّا لِيَعْبُدُوا۟ ٱللَّهَ مُخْلِصِينَ لَهُ ٱلدِّينَ
حُنَفَآءَ وَيُقِيمُوا۟ ٱلصَّلَوٰةَ وَيُؤْتُوا۟ ٱلزَّكَوٰةَ ۚ وَذَٰلِكَ دِينُ ٱلْقَيِّمَةِ (٥)
30 - 98 - 599 إِنَّ ٱلَّذِينَ كَفَرُوا۟ مِنْ أَهْلِ ٱلْكِتَٰبِ وَٱلْمُشْرِكِينَ فِى نَارِ جَهَنَّمَ
خَٰلِدِينَ فِيهَآ ۚ أُو۟لَٰٓئِكَ هُمْ شَرُّ ٱلْبَرِيَّةِ (٦) إِنَّ ٱلَّذِينَ ءَامَنُوا۟
وَعَمِلُوا۟ ٱلصَّٰلِحَٰتِ أُو۟لَٰٓئِكَ هُمْ خَيْرُ ٱلْبَرِيَّةِ (٧) جَزَآؤُهُمْ
عِندَ رَبِّهِمْ جَنَّٰتُ عَدْنٍ تَجْرِى مِن تَحْتِهَا ٱلْأَنْهَٰرُ خَٰلِدِينَ
فِيهَآ أَبَدًا ۖ رَّضِىَ ٱللَّهُ عَنْهُمْ وَرَضُوا۟ عَنْهُ ۚ ذَٰلِكَ لِمَنْ خَشِىَ رَبَّهُۥ (٨)

سُورَةُ الزَّلْزَلَةِ

بِسْمِ ٱللَّهِ ٱلرَّحْمَٰنِ ٱلرَّحِيمِ

إِذَا زُلْزِلَتِ ٱلْأَرْضُ زِلْزَالَهَا (١) وَأَخْرَجَتِ ٱلْأَرْضُ أَثْقَالَهَا (٢) وَقَالَ
ٱلْإِنسَٰنُ مَا لَهَا (٣) يَوْمَئِذٍ تُحَدِّثُ أَخْبَارَهَا (٤) بِأَنَّ رَبَّكَ أَوْحَىٰ لَهَا (٥)
يَوْمَئِذٍ يَصْدُرُ ٱلنَّاسُ أَشْتَاتًا لِّيُرَوْا۟ أَعْمَٰلَهُمْ (٦) فَمَن يَعْمَلْ
مِثْقَالَ ذَرَّةٍ خَيْرًا يَرَهُۥ (٧) وَمَن يَعْمَلْ مِثْقَالَ ذَرَّةٍ شَرًّا يَرَهُۥ (٨)

سُورَةُ العَادِيَاتِ

بِسْمِ ٱللَّهِ ٱلرَّحْمَٰنِ ٱلرَّحِيمِ

وَٱلْعَٰدِيَٰتِ ضَبْحًا (١) فَٱلْمُورِيَٰتِ قَدْحًا (٢) فَٱلْمُغِيرَٰتِ
صُبْحًا (٣) فَأَثَرْنَ بِهِۦ نَقْعًا (٤) فَوَسَطْنَ بِهِۦ جَمْعًا (٥)
30 - 98 - 600 إِنَّ ٱلْإِنسَٰنَ لِرَبِّهِۦ لَكَنُودٌ (٦) وَإِنَّهُۥ عَلَىٰ ذَٰلِكَ لَشَهِيدٌ (٧) وَإِنَّهُۥ لِحُبِّ
ٱلْخَيْرِ لَشَدِيدٌ (٨) ۞ أَفَلَا يَعْلَمُ إِذَا بُعْثِرَ مَا فِى ٱلْقُبُورِ (٩)
وَحُصِّلَ مَا فِى ٱلصُّدُورِ (١٠) إِنَّ رَبَّهُم بِهِمْ يَوْمَئِذٍ لَّخَبِيرٌۢ (١١)

سُورَةُ القَارِعَةِ

بِسْمِ ٱللَّهِ ٱلرَّحْمَٰنِ ٱلرَّحِيمِ

ٱلْقَارِعَةُ (١) مَا ٱلْقَارِعَةُ (٢) وَمَآ أَدْرَىٰكَ مَا ٱلْقَارِعَةُ (٣) يَوْمَ
يَكُونُ ٱلنَّاسُ كَٱلْفَرَاشِ ٱلْمَبْثُوثِ (٤) وَتَكُونُ ٱلْجِبَالُ كَٱلْعِهْنِ
ٱلْمَنفُوشِ (٥) فَأَمَّا مَن ثَقُلَتْ مَوَٰزِينُهُۥ (٦) فَهُوَ فِى عِيشَةٍ
رَّاضِيَةٍ (٧) وَأَمَّا مَنْ خَفَّتْ مَوَٰزِينُهُۥ (٨) فَأُمُّهُۥ هَاوِيَةٌ (٩)
وَمَآ أَدْرَىٰكَ مَا هِيَهْ (١٠) نَارٌ حَامِيَةٌۢ (١١)

سُورَةُ التَّكَاثُرِ

بِسْمِ ٱللَّهِ ٱلرَّحْمَٰنِ ٱلرَّحِيمِ

أَلْهَىٰكُمُ ٱلتَّكَاثُرُ (١) حَتَّىٰ زُرْتُمُ ٱلْمَقَابِرَ (٢) كَلَّا سَوْفَ تَعْلَمُونَ (٣) ثُمَّ
كَلَّا سَوْفَ تَعْلَمُونَ (٤) كَلَّا لَوْ تَعْلَمُونَ عِلْمَ ٱلْيَقِينِ (٥) لَتَرَوُنَّ ٱلْجَحِيمَ (٦)
ثُمَّ لَتَرَوُنَّهَا عَيْنَ ٱلْيَقِينِ (٧) ثُمَّ لَتُسْـَٔلُنَّ يَوْمَئِذٍ عَنِ ٱلنَّعِيمِ (٨)

سُورَةُ العَصْرِ

30 - 103 - 601

بِسْمِ ٱللَّهِ ٱلرَّحْمَٰنِ ٱلرَّحِيمِ

وَٱلْعَصْرِ (١) إِنَّ ٱلْإِنسَٰنَ لَفِى خُسْرٍ (٢) إِلَّا ٱلَّذِينَ ءَامَنُوا۟
وَعَمِلُوا۟ ٱلصَّٰلِحَٰتِ وَتَوَاصَوْا۟ بِٱلْحَقِّ وَتَوَاصَوْا۟ بِٱلصَّبْرِ (٣)

سُورَةُ الهُمَزَةِ

بِسْمِ ٱللَّهِ ٱلرَّحْمَٰنِ ٱلرَّحِيمِ

وَيْلٌ لِّكُلِّ هُمَزَةٍ لُّمَزَةٍ (١) ٱلَّذِى جَمَعَ مَالًا وَعَدَّدَهُۥ (٢)
يَحْسَبُ أَنَّ مَالَهُۥٓ أَخْلَدَهُۥ (٣) كَلَّا ۖ لَيُنۢبَذَنَّ فِى ٱلْحُطَمَةِ (٤)
وَمَآ أَدْرَىٰكَ مَا ٱلْحُطَمَةُ (٥) نَارُ ٱللَّهِ ٱلْمُوقَدَةُ (٦) ٱلَّتِى تَطَّلِعُ
عَلَى ٱلْأَفْـِٔدَةِ (٧) إِنَّهَا عَلَيْهِم مُّؤْصَدَةٌ (٨) فِى عَمَدٍ مُّمَدَّدَةٍۭ (٩)

سُورَةُ الفِيلِ

بِسْمِ ٱللَّهِ ٱلرَّحْمَٰنِ ٱلرَّحِيمِ

أَلَمْ تَرَ كَيْفَ فَعَلَ رَبُّكَ بِأَصْحَٰبِ ٱلْفِيلِ (١) أَلَمْ يَجْعَلْ
كَيْدَهُمْ فِى تَضْلِيلٍ (٢) وَأَرْسَلَ عَلَيْهِمْ طَيْرًا أَبَابِيلَ (٣)
تَرْمِيهِم بِحِجَارَةٍ مِّن سِجِّيلٍ (٤) فَجَعَلَهُمْ كَعَصْفٍ مَّأْكُولٍۭ (٥)

سُورَةُ قُرَيْشٍ

30 - 106 - 602

بِسْمِ ٱللَّهِ ٱلرَّحْمَٰنِ ٱلرَّحِيمِ

لِإِيلَٰفِ قُرَيْشٍ (١) إِۦلَٰفِهِمْ رِحْلَةَ ٱلشِّتَآءِ وَٱلصَّيْفِ (٢)
فَلْيَعْبُدُوا۟ رَبَّ هَٰذَا ٱلْبَيْتِ (٣) ٱلَّذِىٓ أَطْعَمَهُم
مِّن جُوعٍ وَءَامَنَهُم مِّنْ خَوْفٍۭ (٤)

سُورَةُ المَاعُونِ

بِسْمِ ٱللَّهِ ٱلرَّحْمَٰنِ ٱلرَّحِيمِ

أَرَءَيْتَ ٱلَّذِى يُكَذِّبُ بِٱلدِّينِ (١) فَذَٰلِكَ ٱلَّذِى يَدُعُّ
ٱلْيَتِيمَ (٢) وَلَا يَحُضُّ عَلَىٰ طَعَامِ ٱلْمِسْكِينِ (٣) فَوَيْلٌ
لِّلْمُصَلِّينَ (٤) ٱلَّذِينَ هُمْ عَن صَلَاتِهِمْ سَاهُونَ (٥)
ٱلَّذِينَ هُمْ يُرَآءُونَ (٦) وَيَمْنَعُونَ ٱلْمَاعُونَ (٧)

سُورَةُ الكَوْثَرِ

بِسْمِ ٱللَّهِ ٱلرَّحْمَٰنِ ٱلرَّحِيمِ

إِنَّآ أَعْطَيْنَٰكَ ٱلْكَوْثَرَ (١) فَصَلِّ لِرَبِّكَ وَٱنْحَرْ (٢)
إِنَّ شَانِئَكَ هُوَ ٱلْأَبْتَرُ (٣)

سُورَةُ الكَافِرُونَ

30 - 109 - 603

بِسْمِ ٱللَّهِ ٱلرَّحْمَٰنِ ٱلرَّحِيمِ

قُلْ يَٰٓأَيُّهَا ٱلْكَٰفِرُونَ (١) لَآ أَعْبُدُ مَا تَعْبُدُونَ (٢)
وَلَآ أَنتُمْ عَٰبِدُونَ مَآ أَعْبُدُ (٣) وَلَآ أَنَا۠ عَابِدٌ مَّا عَبَدتُّمْ (٤)
وَلَآ أَنتُمْ عَٰبِدُونَ مَآ أَعْبُدُ (٥) لَكُمْ دِينُكُمْ وَلِىَ دِينِ (٦)

سُورَةُ النَّصْرِ

بِسْمِ ٱللَّهِ ٱلرَّحْمَٰنِ ٱلرَّحِيمِ

إِذَا جَآءَ نَصْرُ ٱللَّهِ وَٱلْفَتْحُ (١) وَرَأَيْتَ ٱلنَّاسَ
يَدْخُلُونَ فِى دِينِ ٱللَّهِ أَفْوَاجًا (٢) فَسَبِّحْ بِحَمْدِ رَبِّكَ
وَٱسْتَغْفِرْهُ ۚ إِنَّهُۥ كَانَ تَوَّابًۢا (٣)

سُورَةُ المَسَدِ

بِسْمِ ٱللَّهِ ٱلرَّحْمَٰنِ ٱلرَّحِيمِ

تَبَّتْ يَدَآ أَبِى لَهَبٍ وَتَبَّ (١) مَآ أَغْنَىٰ عَنْهُ مَالُهُۥ وَمَا كَسَبَ (٢)
سَيَصْلَىٰ نَارًا ذَاتَ لَهَبٍ (٣) وَٱمْرَأَتُهُۥ حَمَّالَةَ ٱلْحَطَبِ (٤)
فِى جِيدِهَا حَبْلٌ مِّن مَّسَدٍۭ (٥)

سُورَةُ الإِخْلَاصِ

30 - 112 - 604

بِسْمِ ٱللَّهِ ٱلرَّحْمَٰنِ ٱلرَّحِيمِ

قُلْ هُوَ ٱللَّهُ أَحَدٌ (١) ٱللَّهُ ٱلصَّمَدُ (٢) لَمْ يَلِدْ وَلَمْ يُولَدْ (٣)
وَلَمْ يَكُن لَّهُۥ كُفُوًا أَحَدٌۢ (٤)

سُورَةُ الفَلَقِ

بِسْمِ ٱللَّهِ ٱلرَّحْمَٰنِ ٱلرَّحِيمِ

قُلْ أَعُوذُ بِرَبِّ ٱلْفَلَقِ (١) مِن شَرِّ مَا خَلَقَ (٢) وَمِن شَرِّ
غَاسِقٍ إِذَا وَقَبَ (٣) وَمِن شَرِّ ٱلنَّفَّٰثَٰتِ فِى ٱلْعُقَدِ (٤)
وَمِن شَرِّ حَاسِدٍ إِذَا حَسَدَ (٥)

سُورَةُ النَّاسِ

بِسْمِ ٱللَّهِ ٱلرَّحْمَٰنِ ٱلرَّحِيمِ

قُلْ أَعُوذُ بِرَبِّ ٱلنَّاسِ (١) مَلِكِ ٱلنَّاسِ (٢) إِلَٰهِ
ٱلنَّاسِ (٣) مِن شَرِّ ٱلْوَسْوَاسِ ٱلْخَنَّاسِ (٤) ٱلَّذِى
يُوَسْوِسُ فِى صُدُورِ ٱلنَّاسِ (٥)
مِنَ ٱلْجِنَّةِ وَٱلنَّاسِ (٦)

دُعَاءُ خَتْمِ القُرْآنِ العَظِيم

بِسمِ اللهِ الرَّحمٰنِ الرَّحيمِ. صَدَقَ اللهُ مَوْلَانا العَظِيمُ. وَبَلَّغَ رَسُولُهُ الكَرِيمُ. وَنَحْنُ عَلَى مَا قَالَ رَبُّنَا وَخَالِقُنَا وَرَازِقُنا وَمَوْلَانا مِنَ الشَّاهِدِينَ. اللَّهُمَّ رَبَّنَا تَقَبَّلْ مِنَّا خَتْمَ القُرْآنِ. وَتَجاوَزْ عَنَّا مَا كَانَ فِي تِلَاوَتِهِ مِنَ السَّهْوِ وَالنِّسْيَانِ. أَوْ تَحْرِيفِ كَلِمَةٍ عَنْ مَوْضِعِهَا أَوْ تَغْيِيرِ حَرْفٍ أَوْ تَقْدِيمٍ أَوْ تَأْخِيرٍ أَوْ زِيَادَةٍ أَوْ نُقْصَانٍ. أَوْ تَأْوِيلٍ عَلَى غَيْرِ مَا أَنْزَلْتَهُ أَوْ رَيْبٍ أَوْ شَكٍّ أَوْ تَعْجِيلٍ عِنْدَ تِلَاوَتِهِ أَوْ كَسَلٍ أَوْ سُرْعَةٍ أَوْ زَيْغِ اللِّسَانِ أَوْ وُقُوفٍ بِغَيْرِ وَقْفٍ أَوْ إِدْغَامٍ بِغَيْرِ مُدْغَمٍ أَوْ إِظْهَارٍ بِغَيْرِ بَيَانٍ. أَوْ مَدٍّ أَوْ تَشْدِيدٍ أَوْ هَمْزَةٍ أَوْ جَزْمٍ أَوْ إِعْرَابٍ بِغَيْرِ مَكَانٍ. فَاكْتُبْهُ مِنَّا عَلَى التَّمَامِ وَالكَمَالِ وَالمهَذَّبِ مِنْ كُلِّ الإِلْحَانِ. فَاغْفِرْ لَنَا يَا رَبَّنَا. يَا سَيِّدَنَا لَا تُؤَاخِذْنَا. يَا مَوْلَانَا ارْزُقْنَا فَضْلَ مَنْ قَرَأَهُ مُؤَدِّيًا حَقَّهُ مَعَ الأَعْضَاءِ وَالقَلْبِ وَاللِّسَانِ. وَهَبْ لَنَا بِهِ الخَيْرَ وَالسَّعَادَةَ وَالبِشَارَةَ وَالأَمَانَ. وَلَا تَخْتِمْ لَنَا بِالشَّرِّ وَالشَّقَاوَةِ وَالضَّلَالَةِ وَالطُّغْيَانِ. وَنَبِّهْنَا قَبْلَ المَنَايَا عَنْ نَوْمِ الغَفْلَةِ وَالكَسَلَانِ. وَأَمِّنَّا مِنْ عَذَابِ القَبْرِ وَمِنْ سُؤَالِ مُنْكَرٍ وَنَكِيرٍ وَمِنْ أَكْلِ الدِّيدَانِ. وَبَيِّضْ وُجُوهَنَا يَوْمَ البَعْثِ وَأَعْتِقْ رِقَابَنَا مِنَ النِّيرَانِ. وَيَمِّنْ كِتَابَنَا وَيَسِّرْ حِسَابَنَا وَثَقِّلْ مِيزَانَنَا بِالحَسَنَاتِ وَثَبِّتْ أَقْدَامَنَا عَلَى الصِّرَاطِ وَأَسْكِنَّا فِي وَسَطِ الجِنَانِ. وَارْزُقْنَا جِوَارَ سَيِّدِنَا مُحَمَّدٍ عَلَيْهِ الصَّلَاةُ وَالسَّلَامُ وَأَكْرِمْنَا بِلِقَائِكَ يَا دَيَّانُ. اسْتَجِبْ دُعَاءَنَا بِحَقِّ التَّوْرَاةِ وَالإِنْجِيلِ وَالزَّبُورِ وَالفُرْقَانِ. أَعْطِنَا جَمِيعَ مَا سَأَلْنَاكَ بِهِ فِي السِّرِّ وَالإِعْلَانِ. وَزِدْنَا مِنْ فَضْلِكَ الوَاسِعِ بِجُودِكَ وَكَرَمِكَ يَا رَحِيمُ يَا رَحْمٰنُ. اللَّهُمَّ صَلِّ عَلَى سَيِّدِنَا مُحَمَّدٍ صَاحِبِ الشَّرِيعَةِ وَالبُرْهَانِ. بِرَحْمَتِكَ يَا أَرْحَمَ الرَّاحِمِينَ. اللَّهُمَّ انْفَعْنَا وَارْفَعْنَا بِالقُرْآنِ العَظِيمِ. وَبَارِكْ لَنَا بِالآيَاتِ وَالذِّكْرِ الحَكِيمِ. وَتَقَبَّلْ مِنَّا إِنَّكَ أَنْتَ السَّمِيعُ العَلِيمُ. وَتُبْ عَلَيْنَا إِنَّكَ أَنْتَ التَّوَّابُ الرَّحِيمُ. اللَّهُمَّ زَيِّنَّا بِزِينَةِ القُرْآنِ. وَأَكْرِمْنَا بِكَرَامَةِ القُرْآنِ. وَأَلْبِسْنَا بِخِلْعَةِ القُرْآنِ. وَعَافِنَا مِنْ كُلِّ بَلَاءِ الدُّنْيَا وَعَذَابِ الآخِرَةِ بِحُرْمَةِ القُرْآنِ. وَأَدْخِلْنَا الجَنَّةَ مَعَ القُرْآنِ. وَارْحَمْ جَمِيعَ أُمَّةِ سَيِّدِنَا مُحَمَّدٍ بِحَقِّ القُرْآنِ.

اللَّهُمَّ اجْعَلْ القُرْآنَ لَنَا فِي الدُّنْيَا قَرِينًا وَفِي القَبْرِ مُؤْنِسًا وَفِي القِيَامَةِ شَفِيعًا وَعَلَى الصِّرَاطِ نُورًا وَإِلَى الجَنَّةِ رَفِيقًا وَبَيْنَنَا وَبَيْنَ النَّارِ سِتْرًا وَحِجَابًا وَإِلَى الخَيْرَاتِ كُلِّهَا دَلِيلًا وَإِمَامًا بِفَضْلِكَ وَجُودِكَ وَكَرَمِكَ يَا أَكْرَمَ الأَكْرَمِينَ. اللَّهُمَّ اهْدِنَا بِهِدَايَةِ القُرْآنِ. وَعَافِنَا بِعِنَايَةِ القُرْآنِ. وَنَجِّنَا مِنَ النِّيرَانِ بِكَرَامَةِ القُرْآنِ. وَأَدْخِلْنَا الجَنَّةَ بِشَفَاعَةِ القُرْآنِ. وَارْفَعْ دَرَجَاتِنَا بِفَضِيلَةِ القُرْآنِ. وَكَفِّرْ عَنَّا سَيِّئَاتِنَا بِتِلَاوَةِ القُرْآنِ. يَا ذَا الفَضْلِ وَالإِحْسَانِ. اللَّهُمَّ ارْزُقْنَا بِكُلِّ حَرْفٍ مِنَ القُرْآنِ حَلَاوَةً. وَبِكُلِّ كَلِمَةٍ كَرَامَةً. وَبِكُلِّ آيَةٍ سَعَادَةً. وَبِكُلِّ سُورَةٍ سَلَامَةً. وَبِكُلِّ جُزْءٍ جَزَاءً وَبِكُلِّ حِزْبٍ حَسَنَةً. وَبِكُلِّ نِصْفٍ نِعْمَةً. وَبِكُلِّ رُبْعٍ رِفْعَةً. وَبِكُلِّ ثُمْنٍ ثَنَاءً. اللَّهُمَّ ارْزُقْنَا بِالأَلِفِ أُلْفَةً. وَبِالبَاءِ بَرَكَةً. وَبِالتَّاءِ تَوْبَةً. وَبِالثَّاءِ ثَوَابًا. وَبِالجِيمِ جَمَالًا. وَبِالحَاءِ حِكْمَةً. وَبِالخَاءِ خِلَّانًا. وَبِالدَّالِ دُنُوًّا. وَبِالذَّالِ ذَكَاءً. وَبِالرَّاءِ رَحْمَةً. وَبِالزَّايِ زُلْفَةً. وَبِالسِّينِ سَنَاءً. وَبِالشِّينِ شِفَاءً. وَبِالصَّادِ صِدْقًا. وَبِالضَّادِ ضِيَاءً. وَبِالطَّاءِ طَهَارَةً. وَبِالظَّاءِ ظَفَرًا. وَبِالعَيْنِ عِلْمًا. وَبِالغَيْنِ غِنَاءً. وَبِالفَاءِ فَلَاحًا. وَبِالقَافِ قُرْبَةً. وَبِالكَافِ كِفَايَةً. وَبِاللَّامِ لُطْفًا. وَبِالمِيمِ مَوْعِظَةً. وَبِالنُّونِ نُورًا. وَبِالوَاوِ وُصْلَةً. وَبِالهَاءِ هِدَايَةً. وَبِلَامِ الأَلِفِ لِقَاءً. وَبِاليَاءِ يُسْرًا. وَصَلَّى اللهُ عَلَى سَيِّدِنَا مُحَمَّدٍ وَآلِهِ الطَّاهِرِينَ أَجْمَعِينَ. اللَّهُمَّ بَلِّغْ ثَوَابَ مَا قَرَأْنَاهُ وَنُورَ مَا تَلَوْنَاهُ إِلَى رُوحِ سَيِّدِنَا مُحَمَّدٍ عَلَيْهِ السَّلَامُ وَإِلَى أَرْوَاحِ أَصْحَابِهِ رَضِيَ اللهُ عَنْهُمْ أَجْمَعِينَ. وَإِلَى أَرْوَاحِ جَمِيعِ الأَنْبِيَاءِ وَالأَوْلِيَاءِ وَالمُرْسَلِينَ. وَإِلَى أَرْوَاحِ آبَائِنَا وَأُمَّهَاتِنَا وَإِخْوَانِنَا وَأَصْدِقَائِنَا وَأَسَاتِذَتِنَا وَمَشَايِخِنَا خَاصَّةً وَإِلَى أَرْوَاحِ جَمِيعِ المُؤْمِنِينَ وَالمُؤْمِنَاتِ وَالمُسْلِمِينَ وَالمُسْلِمَاتِ الأَحْيَاءِ مِنْهُمْ وَالأَمْوَاتِ أَجْمَعِينَ عَامَّةً وَإِلَى جَمِيعِ أَصْحَابِ الخَيْرَاتِ مِنَ المُؤْمِنِينَ وَالمُؤْمِنَاتِ. اللَّهُمَّ انْصُرْ مَنْ نَصَرَ الدِّينَ. وَاخْذُلْ مَنْ خَذَلَ المُسْلِمِينَ آمِينَ يَا رَبَّ العَالَمِينَ بِرَحْمَتِكَ يَا أَرْحَمَ الرَّاحِمِينَ

سُبْحَانَ رَبِّكَ رَبِّ العِزَّةِ عَمَّا يَصِفُونَ وَسَلَامٌ عَلَى المُرْسَلِينَ وَالحَمْدُ للهِ رَبِّ العَالَمِينَ